U0857669

1 月 9 日，山东大学 2014 年度获三项国家科学技术二等奖

1 月 22 日，山东大学校长张荣为处级以上干部作学校改革发展专题报告

2月8日，李守信为山东大学在美国首个孔子学院揭牌

3月4日，山东大学威海校区天文台获评优秀全国科普教育基地

3月6日,山东大学庆祝"三八"国际妇女节暨表彰大会

4月15日,"儒家文明与当代中国"学术研讨在山东大学举行

4 月 29 日，山东大学与法国国家图书馆签署合作协议

5 月 4 日，山东大学“创 e 家”成立

5 月 26 日，山东大学青岛校区启用倒计时 400 天

6 月 27 日，山东大学举行 2015 届毕业生典礼

6 月 29 日，日本著名政治评论家森田实受聘山东大学名誉教授

8 月 14 日，山东大学彭实戈院士在 ICIAM 大会作一小时邀请报告

8 月 17 日，山东大学与芝加哥大学续签合作谅解备忘录

8 月 23 日，第 22 届国际历史科学大会在济南开幕

8 月 27 日，山东大学举办“抗战中的山大人”图片展

9 月 10 日，山东大学庆祝 2015 年教师节暨优秀教师表彰大会

9 月 14 日，山东大学召开深化巡视整改工作会议

9 月 25 日，山东大学举行 2015 级开学典礼

10 月 14 日，山东大学首届国际音乐节开幕

10 月 16 日，山东大学青岛校区附属小学及幼儿园奠基典礼

10 月 24 日，首届中日韩法律论坛在山东大学举行

10 月 30 日，山东大学举行第十五届国际文化节

11 月 2 日，乌克兰国家科学院通讯院士谢·阿·伊万赫年科受聘山东大学客座教授

11 月 12 日，山东省省长郭树清视察山东大学

11 月 20 日，山东大学召开学科建设委员会第一次会议

12 月 31 日，山东大学生殖课题攻关项目组部分成员与国内首例耳聋基因 PGD 检测后健康试管婴儿合影

山东大学年鉴

（2015）

胡金焱　赵爱国　主编

山东大学出版社

图书在版编目(CIP)数据

山东大学年鉴.2015/胡金焱,赵爱国主编.—济南:山东大学出版社,2016.11
ISBN 978-7-5607-5654-7

Ⅰ.①山… Ⅱ.①胡…②赵… Ⅲ.①山东大学-2015-年鉴
Ⅳ.①G649.285.21-54

中国版本图书馆 CIP 数据核字(2016)第 275342 号

责任编辑:王桂琴
封面设计:牛 钧

出版发行:山东大学出版社
社 址 山东省济南市山大南路 20 号
邮 编 250100
电 话 市场部(0531)88364466
经 销:山东省新华书店
印 刷:山东省东营市新华印刷厂
规 格:787 毫米×1092 毫米 1/16
8 插页 36.75 印张 845 千字
版 次:2016 年 11 月第 1 版
印 次:2016 年 11 月第 1 次印刷
定 价:100.00 元

《山东大学年鉴》编纂委员会

主　任　李守信　张　荣

副主任　胡金焱

委　员　（按姓氏笔画）

于良春　马传峰　马晓琳　王　飞　王玉莲　王君松　王学典
王炳学　王琪珑　方　辉　孔令栋　仝兴华　邢占军　曲　波
曲明军　乔幼梅　朱德建　刘学祥　刘洪渭　刘建亚　杜言敏
何祖诚　李　红　李术才　李平生　李守信　李建军　李剑峰
李彦英　李振奎　陈子江　陈向阳　陈宏伟　邹　难　张　荣
张　健　张永兵　张立华　张桂珍　周　申　赵爱国　赵炳新
耿德良　胡金焱　贾　磊　曹升元　曹宪忠　韩圣浩　楼蔚文
臧旭恒　戴智章

主　编　胡金焱　赵爱国

副主编　李彦英　张立华

参编人员（按内容的先后顺序排列）

赵爱国　李彦英　张立华　田　磊　巩　勇　赵　海　马毓轩
袁　芳　徐博伦　朱桂英　翁祥栋　彭　鑫　姜玉琢　滕振珍
王智杰　陈一远　郑寅朋　孙鹏程　张　莹　梁　健　任敏利
秦丽媛　牛艳华　许　文　焦　强　罗桂花　王　震　刘丕平
李　俊　马　宁　刘晓晨　蒋秀丽　楼蔚文　沙晓红　侯岱云
张　莉　吴雪松　高月辉　蔡清香　冯光东　褚　雷　郭思东
陈海伟　朱瑞富　洪新伟　刘　琪　孙大永　刘京希　牟　进
宋　艳　朱子炎　孙桂青　周　迎　何立光　朱子川　李汉烨
鲁振环　高　山　江小荃　杨俊娇　孔　南　陈　曦　赵兴胜
罗　超　于新好　季书豫　刘　红　王卿璞　赵　萍　杨现航
曲　刚　吕宇鹏　李建勇　辛　帅　刘灿伟　王晓龙　宋尧玉
赵永新　王　庆　李玉蓉　夏逸群　曹　源　刘丽娟　肖　柯
齐子萍　赵英豪　袁淑娟　杨现航　刘丽丽　韩　悦　温　磊
王　敏　罗　娇　巴金文　杨建刚　田　川　丰贵花　蒋宛莉
董　春　王明星　孟昭敏　崔　捷　顾　炜　赵林林　张　啸
连雪洪　韩　双

编写说明

一、《山东大学年鉴》（2015）（简称《年鉴》）是山东大学权威性的资料工具书和史料性文献。定期编纂《年鉴》是我校文化建设及校史编纂的基础性工作。《年鉴》编纂坚持以马列主义、毛泽东思想、邓小平理论和科学发展观为指导，客观、公正地记载本年度学校在各项工作中取得的成绩，及时总结存在的问题，以史为鉴，促进学校的改革与发展。

二、《年鉴》按自然年度记载2015年学校各方面的工作情况，以学校事业发展为主线，从党政管理、人才培养、科学研究、国际合作与交流、基本建设、校办产业以及图书、档案、出版等各个方面反映了山东大学办学的全貌。内容包括：学校概况、特载、党的建设与思想政治工作、行政工作、学院建设、科研机构、威海校区、齐鲁医院、第二附属医院、全日制毕业生名单、学校各类“委员会”“领导小组”名单、校级及其以上各类先进表彰名单、聘任的各类专业技术人员名单、干部任命名单、大事记及基本情况统计等。

三、《年鉴》编写工作涉及学校各个职能部门，各学院、教学部，威海校区，各附属医院等单位。由于时间仓促、出版任务重及编撰人员水平所限，书中难免存在缺点和不足，敬请读者提出宝贵意见，以便改进。

《山东大学年鉴》编委会

2016年9月

目　录

概　述

特　载

党的建设与思想政治工作

行政工作

学院建设

科研机构

2015 届毕业生名单

各类“委员会”“领导小组”名单

各类先进表彰、奖励名单

聘用相关专业技术职务及岗位人员名单

新聘研究生指导教师名单

组织机构与干部任职名单

基本情况综合统计

大事记

威海校区

附属医院

概　述

2015年山东大学概况

2015年，山东大学认真学习贯彻党的十八大和十八届三中、四中、五中全会精神，认真学习贯彻习近平总书记系列重要讲话精神，紧紧围绕立德树人根本任务和提高教育质量工作主线，团结、带领广大师生员工，坚持走“科学发展，内涵发展，特色发展，创新发展”之路，锐意进取，积极作为，不断加强党的建设，扎实推进教学科研等各项工作，学校事业取得新进展，为创建世界一流大学奠定了坚实的基础。

一、认真制定和实施综合改革方案

着眼于破除制约学校事业发展的体制机制障碍，聚焦影响发展的突出问题，深入推进各项改革。编制完成学校综合改革方案，并经教育部审核备案。改革方案抓住制约学校发展的重大问题和关键环节，明确了内部治理体系、学科建设体系、教育教学体系、科研创新体系、国际合作体系、人事管理体系、资源配置体系等七个方面的重点改革任务，突出改革的系统性、结构性、协同性，为学校创建世界一流大学明确了路径。成立七个专项改革工作领导小组，细化分领域改革实施方案，按照既定的路线图、时间表、任务书，推进落实各专项改革任务。为顺利实施学校综合改革工作，学校先行开展了机关和直属单位“三定”工作，核定完成了39个单位的工作职责、内设机构、人员编制及领导职数。其中，新核定内设机构117个，较“三定”前减少35.7%；事业编制人员1083人，减少14.3%；处级干部岗位162个，减少10%。通过“三定”工作，减少了内设机构和管理层次，理顺了运行机制，推动了管理工作的扁平化，达到了精兵简政的效果。按照学部制改革要求，重新组建了齐鲁医学部的党政班子，实施医学教育管理体制改革方案，优化了内设机构和管理干部队伍，为全面推进医学教育改革奠定了良好基础。按照“统筹布局，一体发展”的方针，探索构建异地多校区管理体制和运行模式，初步确立了青岛校区启动运行阶段管理组织架构，为构建具有山大特色的办学体制迈出了重要一步。

二、大力推进依法治校

坚持党委领导下的校长负责制，认真贯彻执行民主集中制。强化学术委员会职责，健全工会、校务委员会等组织，进一步发挥其民主参与、民主管理、民主监督的作用。建立完善了校务委员会工作机制，制定了《校务委员会规程》，基本完成校务委员会组建工作。严格贯彻学校章程，重大决策形成决议前，广泛听取教代会、学术委员会、董事会、民主党派、群团组织和离退休老同志等方面的意见，充分发挥各民主党派、无党派知识分子参与学校民主管理、民主监督作用，进一步把广大师生员工的智慧和力量凝聚到了学校改革发展事业上。

三、努力加强学科建设

把学科建设作为创建一流大学的龙头性工作，加强统筹布局和顶层设计。成立了学科建设委员会和学科建设工作小组，召开学科规划咨询论证会，完成了《“十三五”学科建设规划》（草案）编制工作。制定并实施“学科高峰计划”，完成了首批 3 个优势学科、15 个特色学科遴选工作。启动有关学科布局改革和学科建设管理机制改革，制定《学科建设项目绩效考评办法》。马克思主义学院入选中宣部、教育部联合支持的“重点建设马克思主义学院”计划。启动与省委宣传部共建新闻学院工作，与中央社会主义学院合作共建统一战线学科。环境工程与生态学、社会科学总论、免疫学 3 个学科新进入 ESI 前 1%排名，进入 ESI 前 1%排名学科数达到 13 个，位列国内高校第 8 名。

四、大力提高教育教学质量

坚持育人为本，以提高教育质量为核心，不断深化教育教学改革。深入推进学分制改革，初步构建了与之相适应的教学管理与运行机制。研究制定了人才培养综合改革方案，强化了泰山学堂、尼山学堂等拔尖创新人才培养和国际化专业建设。卓越计划、科教结合协同育人取得良好效果，累计获批 5 个国家级工程实践教育中心，与中科院合作办学的学院扩大到 10 个。开展慕课教学，实施“翻转课堂”，有力推动课程和教学方法改革。组建“创新创业学院”，制定创业教育行动方案，与海尔共同发起“2025 创新创业联盟”和创业孵化基地，创新创业教育取得良好开端。分类推进学术学位与专业学位研究生培养机制改革，继续实施研究生生源质量工程，扩大博士生招生“申请—考核”制招生范围，强化过程培养，建立健全研究生学位论文质量保障体系，研究生培养质量不断提高。不断改进学生就业工作机制，拓宽就业渠道，实现了本科、硕士、博士毕业生就业率稳步增长，列 QS 全球毕业生就业力排名全球第 175 名、中国大陆高校第 8 名。继续教育工作不断加强。

五、努力提升科学研究水平

以科研创新能力提升为核心，加强科研工作，努力服务国家创新驱动战略，支撑高层次人才培养。制定《科研团队成果及项目评价指导意见》等规章制度，规范科研管理。不断加强重点科研平台建设，电子商务交易技术国家工程实验室获批立项，新增 7

个省部级重点科研平台。年度到账科研经费8.62亿元，比上年增长23%。获得国家奖6项，创历史新高；获省部级奖励44项，其中，获山东省最高科技奖2项。以第一完成单位获教育部高校科学研究优秀成果奖数，列全国高校第8位。科技论文数量不断增长，质量稳步提高，SCI收录论文总数位列全国高校第8位，表现不俗的论文数列全国高校第9位。10位学者获国家自然科学基金重点类资助。人文社科3项成果入选国家哲社科学成果文库，11项成果获教育部第七届高等学校科研优秀成果奖。国家社科基金年度立项37项，并列全国高校第3位；教育部人文社科项目年度立项数居列全国高校第8位。积极推进人文社科重点研究基地智库转型，与中共山东省委宣传部共建"中国基层意识形态调查"高端智库。

六、大力加强教师队伍建设

把教师队伍作为促进事业发展的核心力量，作为学校各项工作的重中之重。制定青年学者未来计划，修订"齐鲁青年学者"聘任办法，设立基本科研业务费资助项目，加大青年人才培养力度。修订教师专业技术职务及岗位聘用申报条件，全面提升教师职务评价标准。建立专职科研人员聘用制度，构建以博士后、专聘科技人员、科研助理为主的专职科研队伍。制定杰出人才体系建设方案，不断加大高端人才的培育、引进和考评力度。新增千人计划特聘教授2名、长江学者5名、杰出青年基金获得者2名、百千万工程国家级人选2名、青年千人计划入选者7名、青年拔尖人才3名、优秀青年基金获得者1名、泰山学者26名，高层次人才队伍阵容进一步壮大。

七、努力增强社会服务能力

高度重视社会服务能力建设，积极为国家和区域经济社会发展做贡献。与青岛、德州、济宁、菏泽等地市签署多项合作协议，与海尔集团、山东能源集团、玲珑集团等50余家大企业开展务实合作。以苏州研究院、深圳研究院为平台，加强与江苏、广东等省份相关领域的合作。创新体制机制，推进山东工业技术研究院、中美国际科技创新园建设。加强产学研合作，共建20多个合作平台，建设了10个技术转移分中心，签订了一批合作项目。流域治污团队历经十年攻克南水北调东线治污难题，为东线顺利通水做出重要贡献。对口支援新疆昌吉学院、宁夏医科大学工作稳步开展，与青海师范大学签署对口支援合作意向书。加强定点扶贫河南确山工作，增派挂职干部，捐资助学教育扶贫、项目攻关科技扶贫、人员培训医疗扶贫，取得良好效果，被河南省评为驻豫定点扶贫先进单位。

八、深入拓展国际交流合作

成功承办第22届国际历史科学大会，注册参会国家数量、发展中国家历史学家与会人数和青年学者参会人数等方面均创最高记录。设立"国际历史科学大会—山东大学青年历史学家奖"，永久留下山大印记。深化同荷兰莱顿大学、加拿大达尔豪斯大学、美国弗吉尼亚理工大学以及德国亥姆霍兹联合会等境外名校、机构务实合作，拓展了同以色列希伯来大学、印度尼赫鲁大学、俄罗斯总统学院等高校的校际合作。在美国首个孔子学院揭牌。同法兰西国家图书馆、大英图书馆、俄罗斯国立图书馆签署合作协议，推进全球汉籍合璧工程和国际汉学联合研究。山大—青岛中美大学国际科技创新园、德国学院筹建工作积极推进。

九、积极推进校区建设和附属事业发展

青岛校区基本建设全面加速，教学楼 E 区项目竣工，学生公寓、食堂即将交付使用，人文社科与行政办公综合楼和博物馆主体工程已完成，教学科研楼、图书馆、市政管网及各种配套设施等工程进展顺利，教职工住宅收尾工程稳步推进。完成教职工住房选购工作，成立教职工住房业主理事会。青岛校区基本建设一期工程正按计划向前推进，校区启动运行阶段管理组织架构已经落实，为顺利启用奠定了良好基础。

威海校区稳步发展，教育教学改革不断深化，学科建设和科学研究水平不断提高，特色学科发展势头良好，师资队伍建设不断优化，国际合作进一步深化，特色校区发展步伐不断加快。

齐鲁医院、第二医院、口腔医院、生殖医院等附属医院事业健康发展，品牌效应持续增强。附属幼儿园办园声誉好，附属小学教学质量高。附属中学办学水平不断提升，社会影响力进一步扩大，为拓展优质教育资源做出了积极贡献。

十、努力改善办学条件和推进民生工程

千佛山校区工学教学科研综合楼一期工程、中心校区学生公寓项目一期工程将于 2016 年竣工。中心校区学生公寓项目二期工程将于 2016 年开工建设，趵突泉校区动物实验中心、学生活动中心等一批建设项目正积极推进。严控伙食成本，提升伙食质量，师生满意度不断提高。学生宿舍和公共教室空调安装工作启动，努力改善学生学习生活条件。民生工程稳步推进，针对 22 栋教职工住宅危楼，积极与济南市沟通协商，取得了阶段性成果，将按济南市棚户区改造相关规定进行改造，目前正积极规划建设方案。不断加快推动房产证办理工作，已为 3301 户教职工办理完毕个人房产证，预计到 2016 年底剩余符合条件的住户将全部办理完毕。

（田　磊）

特 载

在2015年春季新学期工作会议上的讲话

（2015年3月3日）

党委书记　李守信

同志们：

刚才，张荣校长分三个大的部分、从八个方面对学校新学期重点工作作了部署。这些工作是按照教育部的部署和要求，针对当前学校发展面临的形势和任务，经学校领导班子集体研究讨论确定的。认真完成好这些工作任务，对于进一步推动学校质量发展、内涵发展、特色发展，顺利推进世界一流大学建设进程，都有着十分重要的意义。希望各学院、各部门密切联系工作实际，认真学习领会，切实抓好贯彻落实。

全面加强和做好党建工作，是顺利完成这些工作任务的坚强保证。去年底，全国高校第23次党建工作会议对做好高校党建工作作了全面部署。习近平总书记专门作出重要指示，强调高校肩负着学习研究宣传马克思主义、培养中国特色社会主义事业建设者和接班人的重大任务；指出加强党对高校的领导，加强和改进高校党的建设，是办好中国特色社会主义大学的根本保证；要求要坚持立德树人，把培育和践行社会主义核心价值观融入教书育人全过程；强化思想引领，牢牢把握高校意识形态工作领导权；坚持和完善党委领导下的校长负责制，不断改革和完善高校体制机制；全面推进党的建设各项工作，有效发挥基层党组织战斗堡垒作用和共产党员先锋模范作用。会上，刘延东同志紧扣党要管党、从严治党这条主线，强调要踏石留印、抓铁有痕，推动高校党的建设各项任务落地生根，要求各高校党委要坚持抓方向、抓改革、抓制度、抓班子、抓基层、抓作风，努力开创高校党的建设新局面。

学校党委按照这次党建会议精神要求，努力把思想和行动统一到习近平总书记重要指示精神上来，把学习贯彻习近平总书记批示精神，作为学校当前和今后一段时期的重大政治任务，落实到党的建设各项工作中去。同时按照教育部党组工作部署，紧密结合学校实际，研究形成了2015年学校党委工作要点，从5个大的方面对2015年学校党建工作进行了部署，明确了20项主要任务。这次会议后，将和行政工作要点一起发给大家，请各学院、各部门高度重视，把握好精神实质，认真抓好贯彻落实。

做好今年工作的总体要求是：要以习近平总书记重要指示精神为指导，按照中央全面建成小康社会、全面深化改革、全面推进依法治国、全面从严治党“四个全面”现代化建设战略布局要求，认真学习贯彻23次党建会议精神，落实教育部党组各项工作部署，牢牢把握正确的办学方向，落实好立德树人的根本任务。把以上总体要求落到学校工作实处，同具体实际紧密结合起来，需要我们突出把深化改革、依法治校和从严治党作为“三个主题词”贯穿于学校各项工作的全过程。这三个主题词是“四个全面”战略布局中重大举措在学校工作中的具体化，也是对学校工作的三个基本要求。下面，我就今年学校党建工作如何体现和贯彻好这三项基本要求，讲几点意见。

一、关于深化综合改革

这是需要贯彻落实到学校工作全过程的第一个基本要求。

党中央在“四个全面”现代化建设战略布局中，把全面深化改革放在首位，因为不深化改革，中国就迈不过“中等收入陷阱”这道坎，就不可能推动经济社会持续健康向前发展。教育也是如此，要真正办好人民满意的教育，根本靠改革。今天中国教育能取得如此辉煌的成绩，我们学校的建设和发展能达到今天的水平，靠的就是改革。大家还应注意到，我们的改革是从先易后难走过来的，到目前已进入深水区、攻坚期，不持续推进改革或者改不好，学校存在的深层次矛盾和问题就得不到解决，体制机制上的藩篱就难以突破，一流大学的目标就不可能如期实现。所以我们必须把全面深化综合改革作为学校重大政治任务摆在首位，党委要加强和改进对改革工作的领导，为改革提供坚强的思想保证、政治保证和组织保证。全校教职员工都要把改革作为决定学校命运的攻坚战，拿出敢啃硬骨头、敢于涉险滩的劲头，以更大决心和勇气冲破思想观念的束缚，以“不用扬鞭自奋蹄”的精神状态积极投身改革，推动我们学校在不断激发活力和增添动力中前行。改革涉及现行利益的调整，既包括存量的调整，也包括增量的调整，会触动一些人、一些单位的奶酪，进而关乎发展稳定大局，要坚定矢志前行，但要确保沿着正确方向有序推进。从新学期开始，我们要重点推进以下任务：

一是完善改革方案并抓紧实施。按照教育部的部署，自去年9月开始，学校就组织专门力量研究综合改革方案，目前已经形成基本成熟的文稿，准备在近期内进一步扩大范围征求意见后，经修改和审定后，按程序上报教育部。这个综合改革方案是按照国家明确的改革方向、紧密结合学校实际和充分借鉴其他高校经验的基础上，经充分论证提出的，从内部治理体系、学科建设体系、教育教学体系、科研创新体系、国际合作体系、人事管理体系、资源配置体系等7个大的方面提出了改革的思路和措施。按照教育部要求，这个综合改革方案要在今年6月底前上报。一经向教育部报备后，我们将全面启动实施。围绕改革主要任务，将分别成立学科建设发展、人才培养、科研体制、人事制度与薪酬分配等专项改革工作小组，使每项改革措施都有人“去管，去盯，去促，去干”，确保改革按既定“时间表”和“路线图”推进。

二是启动推进改革的先行及基础性工作。主要有三项任务。第一，完善异地多校区管理体制。根据青岛校区建设的进展情况，我们近期将把完善异地多校区管理体制作为综合改革的先行任务，启动研究和总体设计工作，主要是按照“统筹布局，一体发展”的原则，完善学校整体管理模式框架。在这一总体框架下，重点明确青岛校区管理模式，以便规划和指导青岛校区的启动运行工作。第二，深化医学教育体制改革。以学科门类或集群为口径建设实体型学部，是学校综合改革方案明确的改革举措。近期，准备把深化医学改革作为探索学部制改革的试点，进一步理顺医学教育管理体制，创新医科学术组织构架，优化资源配置，推进医教协同，为学部制改革奠定基础和创造经验。第三，完成校部机关“三定”工作。机关“三定”工作已进行两批，因巡视工作的开展向后推延到现在。这项“三定”实质上是推进学校综合改革的基础性工作，对实现“职责分明，界限清晰，分工合理，权责一致”的机关机构改革目标十分重要。我们将继续统筹推进校部机关和学校直属单位“三定”工作。同时，我们要结合人事制度改革，适时启动各学院的“三定”工作。

人心齐，泰山移。改革是山大广大教职员工的共同事业。只有把广大师生的积极性调动起来，改革才能取得应有成效。我们所说的凝心聚力，就是凝聚广大师生共识，形成改革的强大合力。实施好综合改革方案，学校要加强对改革举措的宣传，各级党组织要自觉承担起思想动员的任务，让广大师生理解改革、拥护改革、参与改革，营造合力推动改革的良好环境，确保顺利完成各项改革任务。

二、关于推进依法治校

这是需要贯彻落实到学校工作全过程的第二项基本要求。

全面推进依法治国在国家现代化建设“四个全面”战略布局中处在十分重要的位置，并在党的十八届四中全会上对各项任务作了全面部署。高校贯彻落实好四中全会精神，就是要把法治思维和法治方式贯穿办学理校全过程。最近，习近平总书记特别强调了各级领导干部的信念、决心、行动，对全面推进依法治国具有十分重要的意义，指出领导干部要牢记法律红线不可逾越、法律底线不可触碰，带头遵守法律、执行法律，带头营造办事依法、遇事找法、解决问题用法、化解矛盾靠法的法治环境。说到底，我们学校能否贯彻落实好四中全会精神，谋划工作能否运用法治思维，处理问题能否运用法治方式，今天在座的各位是关键。请大家认真学习习近平同志讲话精神，带头做遵法学法守法用法的模范，带动全校师生员工一起努力，在依法治校上取得应有成效。

把依法治校要求落到今年工作实处，需要重点完成好的几项任务是：

第一，贯彻落实党委领导下的校长负责制。去年下发了关于党委领导下的校长负责制实施意见（中办发［2014］55号）。这是符合中国国情和高等教育发展规律的一项基本制度，也是党对高校领导的根本制度，我们必须毫不动摇、长期坚持和不断完善。我们要按照中央要求，结合学校实际，在今年制定完成学校贯彻落实的实施细则，将坚持党委领导核心地位，保证校长依法行使职权进一步具体化，建立健全党委统一领导、党政分工合作、协调运行的工作机制。需要强调的是，我们要围绕着落实党委领导下的校长负责制实施意见，构建起学校党的建设制度体系，使制度治党和依法治校高度契合起来。在学校层面，主要是完善党委领导下的校长负责制的相关配套制度措施；在院系层面，主要是完善并严格执行党政联席会制度；在基础党支部层面，主要是抓好制度规范建设，严肃执行党内生活制度。

第二，贯彻执行好学校管理规章制度。核心是实施好《山东大学章程》。教育部已在去年批准了我校章程，现在需要认真执行好这个“宪章”，真正按章程办事，实现自我定位、自我发展、自我约束。我们要以贯彻章程为契机，积极推进现代大学制度建设。建立完善校务委员会、董事会工作机制，充分发挥其对学校事业发展的咨询建议作用；加强教代会、学代会、团代会有关制度建设，充分发挥各民主党派、无党派知识分子参与学校民主管理、民主监督的作用。同时，我们要本着于法周延、于事简便的原则，坚持法治思维和问题导向，建立健全教学、科研、后勤等各项工作制度，并认真贯彻执行好。总之，我们要通过章程和各项制度的贯彻执行，把法治思维和法治方式体现到办学理校各项工作中去。

第三，依法管理好宣传思想阵地。我国实行社会主义制度，这是我国宪法所规定的。中国特色社会主义大学培养社会主义事业建设者和接班人，也是教育法和高教法所规定的。因此，如果高校出现违背我国社会主义制度的言行，我们必须旗帜鲜明地依法进行管治。针对当前高校意识形态工作的新形势、新情况、新任务，我们要贯彻落实好中央的要求，加强和改进学校宣传思想工作，深入推进中国特色社会主义理论体系进教材进课堂进头脑，积极培育和践行社会主义核心价值观，不断坚定广大师生的道路自信、理论自信、制度自信。与此同时，要重点加强宣传思想阵地管理，强化课堂教学纪律，坚持学术研究无禁区，课堂讲授有纪律，严格执行教学考核、教材使用、教学过程督导制度。加强对西方原版教材的使用管理，坚决抵制传播西方错误观点的教材进入课堂；决不允许各种攻击诽谤党的领导、抹黑社会主义的言论在大学课堂出现；决不允许各种违反宪法和法律的言论在大学课堂蔓延。进一步加强校园网络安全管理，严格规范校内网站审批和信息发布制度，坚持实名登记制度和可追溯制度，加强校园网络技术安全管理，管好建好用好网络。积极运用新兴网络媒体改进工作，大力推动网络育人。重视网络舆情收集、分析和研判，决不给错误思潮和观点提供任何传播渠道。

三、关于全面从严治党

这是需要贯彻落实到学校工作全过程的第三项基本要求。

从严治党已成为加强党的自身建设的新常态。党的十八大以来，党中央采取一系列重要举措，彰显了“党要管党，从严治党”的决心，赢得了广大人民群众的拥护。习近平总书记在去年党的群众路线教育实践活动总结大会上的重要讲话中，就新形势下坚持从严治党提出了八项要求，即落实从严治党责任、坚持思想建党和制度治党紧密结合、严肃党内政治生活、坚持从严管理干部、持续深入改进作风、严明党的纪律、发挥人民监督作用、深入把握从严治党规律。这八项要求将成为党持续推进作风建设的新起点。我们还应充分认识到，我们党把从严治党的重拳放在了党风廉政建设和反腐败斗争上，以强烈的历史责任感、深沉的使命忧患感、顽强的意志品质推进党风廉政建设和反腐败斗争，坚持无禁区、全覆盖、零容忍，严肃查处腐败分子，着力营造“不敢腐，不能腐，不想腐”的政治氛围，彰显了从严治党的鲜明态度，深得党心民心。当前，党风廉政建设和反腐败斗争形势依然严峻复杂，主要是在实现“不敢腐，不能腐，不想腐”上还没有取得压倒性胜利。高校作为社会的重要组成部分，党风廉政建设和反腐败斗争的形势也严峻复杂，从严治党的任务也十分繁重。我们要按照习近平总书记的要求，把严明政治纪律和政治规矩作为从严治党的基础来强化，把推进反腐倡廉制度建设作为长期保障来推进，把强化党风廉政建设主体责任和监督责任作为“牛鼻子”来落实，一定要在从严治党上不断取得新成效。

把从严治党的基本要求贯穿在学校工作的全过程，当前需要我们突出做好以下几项工作：

一是巩固和拓展教育实践活动成果。习近平同志指出，作风建设永远在路上，永远没有休止符。历经一年多的时间，学校群众路线教育实践活动取得了应有的成果。在活动中，大家受到马克思主义群众观点教育，“四风”问题得到有力整治，批评和自我批评的优良传统得到恢复发扬，以作风建设为重点的制度规定得到完善，影响师生员工利益的难点问题得到突破，成果实属来之不易。但作风建设具有长期性、反复性和艰巨性，抓作风建设一丝都不能放松，一刻都不能停顿。我们要根据中央部署，深入做好巩固和扩大活动成果的工作，按照“两方案，一计划”，深入落实中央八项规定要求，把承诺的事情一定落实到位，以实际行动取信于师生员工。要持续深化教育实践活动整改落实，把具体的整改措施融入制度建设，形成作风建设的长效机制。加强监督检查，既扫清作风问题上的死角，也避免问题反弹。要将教育实践活动成果，真正运用到学校党的建设工作中，将好的作风切实落实到教学科研管理工作上，真正使我们的作风建设落地、生根、开花。

二是整改落实巡视反馈意见。去年，教育部巡视组对我校进行了巡视，反馈意见对我校近年来的工作给予了肯定，但也严肃地指出了存在的突出问题。这次巡视是对我校工作的一次“整体把脉”，是对学校领导班子和领导干部政治上的一次“全面体检”，为我们学校促进转变作风、解决问题、改进工作提供了重要契机。我们要深刻认识到，对高校开展巡视工作，是部党组在新形势下强化党要管党、从严治党采取的重要举措，也是加强高校党风廉政建设和反腐败斗争的重要方式。因此，我们要把深化巡视反馈意见的整改落实作为一项极其严肃的政治任务，高度重视，努力完成好。有些整改任务，我们在边巡边改时或巡视后一段时间就完成了，但大量的整改任务是要通过制定制度、规定及措施来完成的。请各有关部门严肃认真对待，严格按照整改任务、分工及完成时限，保质保量地做好相关工作。坚持标本兼治，把整改工作尽快见效与建立长效机制结合起来，通过解决当前问题推动长远制度建设。

三是加强干部监督管理。从严治党，重在从严管理干部。毛泽东同志早就讲过，政治路线确定之后，干部就是决定的因素。习近平总书记指出：我们国家要出问题主要出在共产党内，我们党要出问题主要出在干部身上。因此，从严管理干部，“要坚持以严的标准要求干部、以严的措施管理干部、以严的纪律约束干部，使干部心有所畏，言有所戒，行有所止”。去年，结合教育实践活动和巡视整改工作要求，学校先后出台了若干加强干部监督管理的文件，目的是推进干部工作制度体系建设，用制度规范选人用人，靠制度依法管人管事。我们希望这些文件发挥双重作用，一方面，这些规定把哪些能做、哪些不能做讲得清清楚楚、明明白白，每位干部都知道如何去做；另一方面，我们会严格执行这些规定，讲原则不讲关系，让干部感到身边有一把戒尺，随时受到监督。希望各级领导干部，对照规定要求，自觉执行好。此外，我们还将启动校内巡视工作，推动形成从严监督管理工作常态化。学校组织部、纪委等相关部门，也要加大监督检查力度，保证制度落实。强调地讲，加强干部监督管理，是落实学校各项工作任务的重要保证，是保证学校各项事业健康发展的需要。希望各级干部特别是领导干部按照“三严三实”要求，争做一心为公、兢兢业业、敢于担当、勇于奉献的好干部。

四是推进党风廉政建设。从严治党，首在加强党风廉政建设。按照中央要求，加强党风廉政建设，关键是要抓住落实主体责任这个“牛鼻子”。需要强调的是，落实学校党风廉政建设主体责任，学校党委和院系党委要牢固树立不抓党风廉政建设就是严重失职的意识，切实种好自己的“责任田”，还要实行终身责任追究制，对发生腐败案件，不仅要查办当事人，而且还要上追一级或多级责任。班子其他成员要根据分工，对职责范围内的党风廉政建设负起主要领导责任，切实做到“一岗双责”。正如王岐山同志强调的那样：“能否把这份沉甸甸的责任扛起来，是对党的领导干部担当精神的检验，狠抓落实没得‘推’、没得‘脱’”。只有把主体明确了，追责才能找到人，党风廉政建设各项工作才能落到实处。今年我们将通过细化党风廉政建设任务分解和责任落实，加强监督检查，加大办信查案力度，严肃查处违反党纪行为。强化党纪党规教育，坚决纠正组织涣散、纪律松弛问题。完善述职述廉、提醒谈话和组织工作重要事项请示报告制度，把“风险清单”转化为“责任清单”。强化对干部选任、招生录取、基本建设、招标采购、财务管理等重点领域和关键环节的监管。进一步加强科研经费管理，完善学术不端行为惩治查处机制。

同志们，2015 年，对于我们国家来讲，是全面深化改革的关键之年，也是全面推进依法治国的开局之年。对于我们学校来讲，是改革发展稳定工作任务繁重的一年，也是为实现世界一流大学目标奠定重要基础的一年。一年之计在于春。希望大家对新一年工作做到心中有数，起好步、开好头。同时，切实增强使命感、责任感和紧迫感，敢于担当、勇于争先，真抓实干，攻坚克难，以饱满的热情、优良的作风、辛勤的工作，努力促进学校改革发展迈出新步伐，各项工作都能迈上新的台阶。

谢谢大家！

在纪念“三八”国际劳动妇女节暨表彰大会上的讲话

（2015年3月6日）

党委书记　李守信

同志们：

在第105个“三八”国际劳动妇女节来临之际，学校今天召开大会，隆重庆祝这个节日，表彰先进典型。在此，我首先向受到表彰的集体和个人表示热烈祝贺，向全校的女职工、女同学致以节日的问候，并借这个机会，向为学校事业发展做出应有贡献的广大妇女同志表示衷心感谢！

2014年是学校事业发展的重要一年，也是硕果累累的丰收之年。一年来，学校深入学习贯彻党的十八大，十八届三中、四中全会精神和习近平总书记系列重要讲话精神，围绕立德树人的根本任务，不断加强党建工作，认真落实党的群众路线教育实践活动整改和教育部巡视整改任务，扎实推进学校综合改革和青岛校区建设，在人才培养、科学研究、社会服务、文化传承与创新等各方面均取得了长足进步。这些成绩的取得，是全体山大人共同努力的结果，凝聚着各位女同志们的辛勤付出。目前，山东大学女教职工人数占教职工总数的41%，女大学生则占学生总数的50%。大家在创建世界一流大学的进程中，一直辛勤地在教学科研、管理后勤等各个岗位恪尽职守，奉献自己的智慧和力量，为学校事业发展增砖添瓦。

2015年是学校改革发展任务繁重的一年，也是为实现世界一流大学目标奠定重要基础的一年。前几天的新学期工作会议，对学校今年的工作进行了安排和部署。我们突出强调，要把深化改革、依法治校和从严治党作为“三个主题词”贯穿于学校各项工作的全过程，推进学校事业科学发展。实现学校新的发展目标，必须充分发挥广大妇女同志“半边天”的作用。在此，我想提几点希望，与大家共勉：

一是主动适应时代发展要求，积极投身国家社会经济建设主战场。新中国成立65年来，在中国共产党的领导下，我国亿万妇女弘扬“三八”精神，投身社会，艰苦奋斗，创造了可歌可泣的不朽业绩，真正顶起了我国改革和建设事业的“半边天”。实现中华民族伟大复兴的中国梦，是全国各族人民的共同期许和美好愿望，需要我们为之不懈奋斗。广大女同胞要进一步增强民主参与意识，不断提高参与国家和社会事务管理的能力和水平。要发扬中华民族识大体、顾大局的优良传统美德，积极参与社会主义精神文明建设，始终保持积极向上的人生追求。要把个人的前途命运同国家民族的前途命运紧密地联系在一起，自觉融入国家政治经济发展大局，成为推动社会发展和促进社会和谐的重要力量。

二是强化责任意识和担当精神，为加快创建世界一流大学建设做出积极贡献。我校广大女同胞爱岗敬业，以主人翁的姿态积极投身于学校建设和发展，涌现出了一批批先进人物，充分展示了广大女同胞自强不息、吃苦耐劳、甘于奉献、勇于创新的巾帼风采。希望广大女同胞继续弘扬优良传统，进一步强化责任意识和担当精神，不断加强政治理论和业务知识学习，增强干事创业本领，在人才培养、科学研究、社会服务、文化传承与创新方面做出新的贡献，加快推进创建世界一流大学建设的进程。

三是发扬中华女性传统美德，争做新时期女性楷模。聪慧友善、坚韧自信、勤俭淳朴是我们中国女性的传统美德和优良品质。我校广大女同胞同全国广大女性朋友一样，自尊、自信、自立、自强，立足岗位实践，在平凡的工作岗位上创造出不平凡的业绩。希望广大女同胞进一步弘扬社会新风，在维护社会和谐稳定中发挥自身优势，主动参与群众性精神文明创建活动，进一步弘扬男女平等、友爱互助的社会风尚，为提升道德风尚、增强精神力量、筑造精神家园做出贡献。同时，要扮演好女性在家庭和社区建设中的独特角色，在构建和谐社会中更好地起到示范带动作用。

四是强化工作职能和业务指导，更好地发挥妇女组织在凝聚妇女方面的作用。各级妇女组织要充分认识广大妇女的重要作用和做好新形势下妇女工作的重大意义，坚持以科学发展观为指导，增强依法治校意识，强化大局意识，全面履行各项职能，不断开创妇女工作新局面。要认真研究解决妇女工作中遇到的新问题，牢固树立为全校女教职工、女大学生服务的理念，积极协调各方面关系，解决她们最关心、最直接、最现实的问题，不断提升山大女性的思想道德素质、科技文化素质、身心健康素质，切实维护好妇女的合法权益，不断增强妇女组织的吸引力、凝聚力、影响力，为充分调动起广大妇女同志工作积极性而不懈努力。

最后，衷心祝愿女同胞们身体健康、家庭幸福、工作顺利。

谢谢！

在山东大学2015年党风廉政建设工作会议上的讲话

（2015年3月30日）

党委书记 李守信

同志们：

刚才，张荣校长传达了十八届中央纪委五次全会和国务院第三次廉政工作会议精神，陈向阳书记结合贯彻教育部党风廉政建设会议要求作了工作报告，对学校今年廉政工作作了安排。请大家认真学习领会今天的会议精神，紧密结合实际切实抓好贯彻落实。

当前，以习近平同志为总书记的党中央以新的思维和方略，以前所未有的决心和力度，坚持无禁区、全覆盖、零容忍，党风廉政建设和反腐败斗争进入一种新常态。我们要主动适应党风廉政建设新常态，进一步增强责任感和紧迫感，不断把党风廉政建设推向深入，努力营造学校山清水秀的政治生态。

下面，结合今天会议的部署和要求，我再强调5点意见。

一、着力加强纪律建设，把守纪律讲规矩摆在更加重要的位置

主动适应从严治党的新常态，要求我们必须从严从实加强纪律建设，让纪律真正成为带电的“高压线”。

一要严明政治纪律和政治规矩。始终在思想上、政治上、行动上同党中央保持高度一致，坚决贯彻落实中央决策部署，确保中央教育政策落地生根。要把政治纪律、政治规矩融入立德树人根本任务和学校改革各项措施，加强课堂、报告会、研讨会、讲座、论坛和校园网等宣传思想阵地管理，牢牢把握意识形态工作的领导权管理权话语权。对在课堂教学中传播违法有害观点和言论的，必须严格教育处理；加强对西方原版教材的使用管理，坚决抵制传播西方错误观点的教材进入课堂；对散布反动言论、编写制作政治性非法出版物或从事非法活动的，必须严肃查处。

二要强化党的意识和组织观念。党员干部在任何时候都必须做到对党绝对忠诚，与党同心同德。要严格遵守党章规定的“四个服从”，严格执行民主集中制、党内组织生

活制度和请示报告制度，坚守组织原则，遵循组织程序，服从组织决定。我这里要强调，各单位要坚持民主科学决策，特别是各学院要完善和实施好党政联席会议制度，重大事项决策、重要干部任免、重要项目安排、大额资金的使用，必须经集体讨论作出决定。

三要保持守纪律讲规矩的政治定力。要教育引导广大党员干部自觉遵守党章，自觉执行党的路线、方针、政策，自觉遵循党在长期实践中形成的优良传统和工作惯例。全校党员干部要带头遵守纪律、模范执行纪律，自觉做政治上的“明白人”。广大教师要严格遵守纪律规章，严守教育规矩、教学规矩、课堂规矩，把握教书育人的正确方向。组织人事部门、宣传部门、纪检监察部门要把维护党的纪律放在突出工作位置，自觉担当起责任，严把纪律关，确保纪律刚性运行。

二、全面强化“两个责任”，进一步完善党风廉政建设工作格局

落实好党风廉政建设主体责任和监督责任，是从严管党治党的迫切要求，也是学校各级党组织和纪检监察部门的重要政治责任。

一要落实主体责任。加强党风廉政建设，关键是要抓住落实主体责任这个“牛鼻子”。再次强调，学校领导班子要落实好党风廉政建设主体责任，各单位领导班子也要落实好。各单位领导班子对本单位党风廉政建设承担全面领导责任，领导班子主要负责同志是第一责任人，班子副职根据工作分工，对职责范围内的党风廉政建设负主要领导责任。各单位领导班子及其成员要切实抓好对分管范围党员干部的教育管理和监督职责，推动党风廉政建设各项任务在职责范围内落实。有责任就要有担当，学校各级领导班子和成员要牢固树立抓好党风廉政建设是本职、不抓是失职、抓不好是渎职的意识，对分管领域的工作部署要体现惩治和预防腐败要求，同步考虑、同步部署、同步实施，切实将党风廉政责任放在心上、扛在肩上、抓在手上。

二要落实监督责任。学校纪委要认真履行党章赋予的职责，协助党委加强党风廉政建设和组织协调反腐败工作，督促检查相关单位、部门落实惩治和预防腐败工作任务，经常进行监督检查，严肃查处腐败问题，切实发挥党内监督专门机关作用。纪检监察部门要按照中央关于纪律检查体制机制改革的总体部署，进一步转职能、转方式、转作风，聚焦监督主责主业，提高监督能力。

三要层层传导压力。落实党风廉政建设责任制，必须以上率下，一级抓一级，层层传导压力。要在巩固和强化主体责任成果的基础上，进一步把责任分解落实到基层单位、细化实化到具体领导岗位，严格执行党风廉政建设承诺背书、逐级报告、定期约谈、问责追究等制度，切实做到责任覆盖无盲区、压力传导无衰减。

四要严肃责任追究。严格执行学校党风廉政建设责任制考核办法和责任追究办法，发现有对党风廉政建设工作领导不力、对本单位发现的违法违纪行为隐瞒不报或处理失之于宽、失之于软的，疏于监督管理、致使领导班子成员或者直接管辖的下属发生违纪违法问题的，要严肃追究有关领导班子和领导干部的责任。要建立责任追究工作机制，形成“责任分解，检查监督，倒查追究”的完整链条。要严格实行“一案双查”制度，实现党风廉政建设责任追究的制度化、程序化和常态化。

三、严格落实八项规定，持之以恒抓好作风建设

作风建设永远在路上。我们必须在抓常、抓细、抓长上狠下工夫，以踏石留印、抓铁有痕的劲头和绳锯木断、滴水穿石的恒心，把作风建设不断引向深入。

一要在坚持中见常态。作风建设贵在持之以恒，重在抓出习惯。要认真贯彻落实中央八项规定和中央纪委一系列禁令，严格执行教育部关于高等学校领导班子及领导干部深入解决“四风”突出问题和改进工作作风的有关规定。严格执行教师收受礼品礼金六条禁令，落实高校师德建设“七条红线”。要坚持抓早抓小，对苗头性、倾向性问题，及时“扯袖子”“敲戒尺”，早打招呼、早作提醒。抓住春节、元旦、教师节、升学毕业等关键节点，重点查处党员干部和教师违规收受礼品礼金等突出问题。坚决查处党员领导干部出入私人会所、公款吃喝、公款旅游等问题。

二要向制度建设要长效。从根本上解决“四风”问题，必须建立起管长远、固根本的制度，堵塞不良作风的制度漏洞，扎紧改进作风的制度笼子。要进一步抓好建章立制工作，细化学校关于厉行节约、公车配备、公务接待、职务消费、公款出国等规定，以制度化的成果推动作风建设常态化长效化。要加强对制度执行情况的监督检查，确保制度落到实处。

四、强化重点部位关键环节的监管，建立权力运行制约和监督机制

一要加强国有资产管理。加快建立现代企业制度，推进校办企业国有资产产权登记，理顺产权关系，建立绩效评价指标。加大国有资产管理情况检查力度，保证国有资产的保值增值。禁止院系和教师违规利用学校资源办企业，界定国有产权，保障国有权益，杜绝“一手办学，一手经商”。

二要加强科研经费管理。必须严肃指出，我们在科研经费管理上仍存在一些问题。如经费仍存在违规支出现象，自觉加强科研经费管理的意识不强，学院、科研机构对科研经费使用的监管不够、有的科研人员私自成立公司套取科研经费，等等。我们已经查处过一些问题，目前仍在暴露出新问题，还能查出哪些问题我们心里还没有底。因此，加强科研经费管理问题治理仍是十分繁重的任务。要加强教育和政策宣传，使大家清楚地明了，进入高校的科研资金具有公共属性和财经纪律约束，不属于个人所有，换句话说，科研经费姓公，一分一厘也不能乱花。要建立内控机制，严格执行上级有关规定，建立完善学校科研经费管理制度，规范从严管理科研经费。要加大查处力度，有关部门要协同纪委、监察部门做好科研经费违规违纪问题的信访举报和查处工作，为科研工作保驾护航。

三要加强招投标领域监管。我校建设工程量大，摊子多，特别是青岛校区处于建设的攻坚期，招投标领域反腐任务十分繁重。要严格执行“领导干部不准利用职权违反规定干预和插手建设工程招标投标”等规定，进一步研究和完善招投标程序，依法依规科学进行招投标活动。大力加强对招投标工作的监管，提高风险防范能力，严格防范社会上形形色色的诱惑，绝不能出现“楼建起来，人倒下去”的情况。

四要开展校内巡视工作。作为加强党内监督的一项重要措施，学校已决定开展校内

巡视工作。各有关部门要抓紧落实校内巡视工作暂行办法，聚焦党风廉政建设和反腐败斗争这个中心任务，强化对有关单位领导班子及其成员特别是主要负责人的监督，重点检查在遵守政治纪律、落实中央八项规定、意识形态工作等方面存在的突出问题。要确保巡视工作切实做到扎实有序，富有成效，推动我校党风廉政建设工作不断走向深入。

五、加强纪检监察队伍建设，推进纪检工作聚焦主责主业

落实好党风廉政建设各项任务，关键要建设一支忠诚、干净、担当的纪检监察工作队伍。要大力支持纪检监察工作，维护纪检监督的权威性和独立性，保证纪检监察部门更好地履职尽责。学校党委将经常听取党风廉政建设和反腐败工作汇报，分析研判形势，研究制定工作计划、目标要求和具体措施，加强对大案要案查办的指导、协调和推动，及时解决重大问题、重要案件和重大事项。学校党委将全力支持推动纪检监察部门转职能、转方式、转作风，选优配强纪检监察干部队伍，加大培养交流力度，大胆使用优秀的纪检干部，切实关心他们的成长进步。纪检监察干部要做到忠诚于党、忠诚于人民、忠诚于教育事业，保持清正廉洁，守住政治底线，按照党章要求，扛起监督职责，敢于负责、敢于担事、敢于亮剑。

同志们，全面从严治党的任务十分艰巨。我们要紧密团结在以习近平同志为总书记的党中央周围，全面贯彻落实中央、教育部党组决策部署，凝神聚力，开拓创新，求实奋进，真正做到守土有责、守土负责、守土尽责，不断取得党风廉政建设和反腐败工作新成效，为全面深化学校综合改革，为创建世界一流大学提供坚强保障！

在2015年秋季新学期工作会议上的讲话

（2015年9月14日）

党委书记　李守信

刚才，张荣校长在总结我校承办国际历史科学大会有益经验和取得的丰硕成果的基础上，从完成“十三五”规划、落实综合改革方案、做好青岛校区工作、抓好整改落实工作等四个大的方面对学校新学期重点工作作了安排。这些工作任务，是张荣校长按照教育部的部署和要求，针对当前学校改革发展工作实际提出的，并经过今年暑期学校领导班子会议研究讨论确定的。认真完成好这些工作任务，对于进一步贯彻落实立德树人根本任务、大力提高教育教学质量有着十分重要的意义。希望各学院、各部门密切联系工作实际，认真领会贯彻，以严和实的工作作风，把张校长提出的工作任务和要求落到工作实处，努力开创学校工作新局面。

利用这个机会，我再强调两点意见：

一、深入学习贯彻刘延东副总理讲话精神，把创新要求贯穿于学校教学科研等各项工作

正如张校长讲到的那样，今年7月教育部召开了第25次直属高校咨询工作会议，刘延东到会做重要讲话，提出高等学校要全面提升创新能力，服务支撑创新驱动发展战略实施。这是国家在经济发展新常态下赋予高等学校的新使命。大家知道，我们国家正在进入一个新的发展时期。按照我国五年一个发展规划期来计算，到2020年是我国全面建成小康社会的最后一个五年规划期，是我国全面建成小康社会的决战阶段和实现中国梦的关键时期。为实现这一宏伟目标，党中央提出了“四个全面”的战略布局，作出了加快实施创新驱动发展战略的重大部署，把科技创新作为提高社会生产力和综合国力的战略支撑，摆在国家发展全局的核心位置。我们要深刻认识到，高校一直是国家创新体系中的举足轻重的力量，在全面建成小康社会的关键时期，要比以往任何时候都更加自觉地承担起创新使命，增强责任感和紧迫感，把全面提升创新能力摆在高等教育综合改革的核心位置，为实施创新驱动发展战略和建设创新型国家贡献力量。请大家注意，

过去我们理解提高创新能力，一般是指提高科技创新能力。现在是指全面提升高校教学、科研、制度、评价、文化、开放创新的能力，即把创新贯穿于人才培养、科学研究、社会服务、文化传承创新、国际交流合作等各项工作，在内涵和外延上都不一样了。具体体现在六个方面：一是推进教育教学创新，作为核心任务，突出地要把创新创业教育融入人才培养全过程；二是推进科研创新，放在重心地位，切实把高校的源头引领和科技服务支撑作用充分发挥出来；三是推进评价创新，发挥导向和牵引作用，形成利于创新、激发创新的激励机制；四是推进体制创新，释放活力动力，为全面持续创新提供制度保障；五是推进开放创新，增强国际竞争力和影响力，更好地服务国家对外开放战略；六是推进文化创新，增强创新的思想引领和精神激励，为提升国家软实力发挥更大支撑作用。刚才，张荣校长明确了下半年乃至今后一段时期的重点工作任务，包括制定“十三五”规划、通过深化改革来提高教育教学质量、加强学科建设、提高师资队伍水平、提升科学研究能力、推进医学教育又好又快发展，以及加快青岛校区建设、做好巡视整改落实等方面。完成好这些工作任务，我们要以刘延东副总理讲话精神为指导，以“全面创新”为基本要求，以“能力提升”为根本目标，主动作为、落实责任，创新思路和举措，通过不懈的努力和扎实的工作，全面提升我们学校的创新能力，在大力提高教育质量的同时，切实承担起引领和服务创新战略的历史使命。

二、全力加强党的建设，为顺利完成新学期工作任务提供坚强政治保证

完成新学期的工作任务，必须加强党的领导，必须加强党的建设，必须加强党风廉政建设，这样才能为中心工作的顺利推进把握住正确的方向，提供坚强的政治保证。根据中央的部署和教育部的要求，结合我校实际，我们要在全面做好各项党的工作的同时，重点做好以下几项工作：

（一）全力推进综合改革

深化综合改革，扫除体制机制障碍，是提高学校创新能力、激发释放办学活力的本质要求，是学校党委必须首先抓好的根本大事。按照教育部的部署，学校第四次党委全委会已审议通过了《山东大学综合改革方案》，并上报教育部备案。这个方案，既是学校深化综合改革的具体行动纲领，也是规划学校未来发展的宏伟蓝图，扎实实施好这一方案，对于学校顺利实现世界一流大学建设目标至关重要。待教育部正式反馈意见后，我们就要全面启动改革方案的实施工作。从现在开始，我们就要行动起来，按照方案中明确的七方面重点任务，分别成立学科建设、人事制度、人才培养、科学研究、资源配置等专项改革工作小组，各有关部门负责提出各专项改革工作小组组成及成员建议，报学校综合改革领导小组确定。各专项改革工作小组成立后，要主动担责和积极作为，尽快细化分领域改革实施方案，按照既定路线图、时间表、任务书，责任到人，确保每项改革任务都有人“去管，去盯，去促，去干”，扎实落实并推进各项改革任务。当前，要重点推进张荣校长提出的人事制度、学科布局、教育教学、科技创新、内部治理等方面的改革。我们要在全面启动整体综合改革各项工作的同时，抓紧完成好前期已经启动的几项改革任务。其中，作为学校内部管理体制改革的机关和直属单位“三定”任务已经基本完成，各单位正、副职领导干部调整工作和以竞争为主要形式的干部上岗工作已基本结束，要抓紧下达最终确定的各单位的内设机构、职责、编制及干部职数方案，做到善始善终。深化医学教育改革事关学校发展大局，整个改革工作已经启动，学校重新搭建了齐鲁医学部的党政班子，并批准了学校医学教育管理体制改革方案，要抓紧落实到位，奠定起体制框架和组织基础，并按照顶层设计和整体谋划，积极稳妥分步骤地推进实施医学教育改革。作为推进综合改革的先行任务，我们前期还布置了完善异地多校区管理体制的研究和总体设计工作，重点是研究确定青岛校区的管理体制和运行机制。这项工作要在9月份前后完成，拿出较为成熟的和可操作的方案，以便指导青岛校区的启动运行工作。学校整个综合改革工作在学校综合改革领导小组领导下进行，各有关部门分工负责，综合改革办具体负责综合协调工作，并牵头承担有关改革方案的制定工作。

（二）抓好“三严三实”专题教育

开展“三严三实”专题教育，是党中央持续深入推进作风建设、严明党的纪律的重大举措，是学校党委必须严肃认真抓好的政治任务。按照中央要求，全校处以上干部，都要在专题教育中突出问题导向，紧紧盯住不严不实的问题和具体体现，一条一条梳理、一项一项分析，带着问题把自己摆进去，对照党规党纪、国家法律，对照正反两方面典型，联系个人思想工作生活和作风实际，列出清单，立行立改。当前，要深入查找跳不出条条框框限制、走不出思维定式的问题；囿于既得利益、局部利益，本位主义的问题；畏首畏尾、不敢出招、怕得罪人的问题；不经过充分调研论证、不考虑实际效果，只想出台新政策、新举措的问题。目前，我校专题教育已经进入第二个环节，正对严于律己这一专题进行学习和研讨。中央要求，这一环节要以严重违纪违法案件为反面教材，聚焦严守党的政治纪律和政治规矩，深刻总结反思，吸取教训、引以为戒，真正在思想上、工作上、作风上严起来、实起来。我们要按照这一要求认真准备、精心组织，深入研讨，确保取得应有效果。在以后的专题教育和民主生活会环节中，我们要一如既往，把从严从实贯穿始终，高标准、高质量地做好各项工作，切实把作风建设引向深入，确保“三严三实”专题教育取得实效。“三严三实”专题教育整体和面上的工作由党委组织部具体负责。

“三严三实”教育必须动真碰硬，不搞纸上谈兵，要联系学校实际，针对典型案例，深入剖析，由点带面地解决学校工作中存在的不严不实问题。我们要从不久前学校发生的由学分制收费引起的网络舆情事件入手，彻底查清在事件表象后面隐藏的作风问题。实事求是地讲，我们提供给学生的住宿条件是有欠缺和不完善的，这也是在群众路线教育实践活动中和巡视工作中被明确指出的问题，学校也正在按要求努力改善。但由于这是一个长期积累下来的问题，加上一些客观因素的限制，我们解决好这一问题需要一个工作过程。可以负责任地讲，这次由学分制收费引起的网络舆情事件，更多地暴露的是我们在管理和作风上的问题。学生伤心的主要不是学费高，而更多的是我们没有提供等值的服务，学生抱怨的不是多付了多少钱，更多抱怨的是我们有些管理人员的不作为。我们要以这次事件为反面教材，认真查找为学生、教师服务不严不实问题，大力整顿工作作风，切实整改存在的问题。学校有关部门要在严肃认真查找问题的基础上，抓紧提出改进服务师生的工作意见，明确建立固定服务地点和定期巡访等工作措施，并针对服务事项建章立制和建立绩效考核机制，其中要明确一条硬措施，每年年终要由服务对象对有关部门及具体责任人进行打分评价，学校将根据评价情况作出相应的表彰和惩罚处理，不胜任者及时调整出工作岗位。这项工作具体由学工部会同后勤保障部等部门负责。

（三）认真落实巡视整改要求

开展巡视是中央从严治党的有力手段，也是加强党风廉政建设的有效手段，认真落实巡视反馈意见和对查找出的问题进行严肃整改，是学校党委必须高度重视并一丝不苟完成好的政治任务。一年来，我们按照教育部对我校巡视反馈意见要求，遵循标本兼治的原则，坚持问题导向，正在持续推进整改意见的落实。从目前总体进展情况看，能立即整改的问题已整改完毕，有整改时限要求的问题已严格按时完成，个别需长期努力解决好的问题也在抓紧时间办理，但仍有一些重点和难点问题整改效果不明显，主要集中在校办产业管理、民生改善工程特别是危房改造等方面。同时，最近三个多月，国家审计署工作组又对我校进行了审计，这是一种常规审计，但更主要的是与巡视相关联的延伸审计。目前，我们已接到审计情况反馈报告，反映出我校在科研经费使用、校办产业管理和基本建设管理等方面存在着一些突出问题，需要我们一并纳入巡视整改范围进行认真整改。特别是最近我们向部里汇报巡视整改工作情况时，部领导对我校深入开展巡视整改工作作出明确指示，要求我校继续把党风廉政建设放在突出位置，抓住重点环节问题进行深入整改，并加强干部管理，强化担责、纪律意识。以上情况说明，我校的巡视整改任务仍然很重，一口气都不能放松，必须发扬钉钉子精神，不折不扣地完成好。如果我们巡视整改这一关过不去，就是在党风廉政建设方面失职。我们必须从这样的高度来认识和对待这一问题。从现在开始，各有关部门和单位要按照过去的职责分工，对过去整改过的问题重新排查，认真核查有无不严不实的问题、有无整改不到位的问题、有无整改不动的难点问题，连同这次审计署新审计核查出的问题，一并进行严肃认真的整改。如在整改过程中出现推脱、敷衍、糊弄、不到位等现象，要严肃追责处理。我们要在今年 11 月份左右基本完成巡视整改任务，向教育部和广大师生员工交上一份满意的答卷。我们今天下一个会议，将专门对深化巡视整改工作进行部署。这项工作在学校巡视整改工作领导小组统一领导下进行，学校纪律检查委员会和监察处会同有关部门具体负责。

（四）加强基层党组织建设

学校基层党组织是党联系教职工的桥梁和纽带，是学校党的全部工作和战斗力的基础，学校党委必须把加强基层党组织建设摆在一个十分重要的位置。在年初的党委工作要点中，我们已经把加强基层党组织建设问题列为党建工作的重要任务，下半年要狠抓落实，取得实效。最近，网上有一篇报道提及，中央巡视组在一所大学巡视时，了解到一些院所，竟然没有老师愿意担任党支部书记。这从一个侧面反映了当前高校基层党建工作存在的困境。据有关资料，当前高校基层党组织特别是党支部的工作十分脆弱，有组织无活动，选拔支部书记困难，支部工作职责、任务、程序不明确，入党积极分子减少，党员意识淡薄等现象比较普遍。这也说明了加强基层党组织建设的必要性和紧迫性。我们要通过加强基层党建工作，认真查找我校是否存在类似的问题，并通过制度性建设，避免类似问题的发生。我们要按照中央要求，实行党的工作重心下移，在深入调查研究和充分准备的基础上，党委专门召开一次基层党建工作会议，以新思路和新举措，创新基层党组织工作，全面建立基层党组织工作的组织保障、学习创新、考核评价、激励引导、监督约束等机制，通过服务型党组织创建活动，服务改革、服务师生、服务党员，打通联系师生的“最后一公里”，使之变成“零距离”，切实开创出一个基层党建工作的新局面，真正发挥出基层党组织的战斗堡垒作用和党员的先锋模范作用，为学校各院系和基层单位教学科研工作提供坚强的政治保证。这项工作由党委组织部具体负责，其他党委有关部门配合。

在着力做好上述四项重点工作的同时，我们要继续按照年初学校党委确定的工作要点，认真抓好有关工作的贯彻落实。其中，有三项工作需要特别强调一下：

一是关于加强学校规章制度建设。我们年初提出，要以贯彻山东大学章程为契机，积极推进现代大学制度建设。主要工作之一是建立完善校务委员会、董事会工作机制，充分发挥其对学校事业发展的咨询建议作用。要具体落实的是校务委员会的组建工作，由党委办公室负责。同时，我们还提出，要加强教代会、学代会、团代会有关制度建设，充分发挥各民主党派、无党派知识分子参与学校民主管理、民主监督的作用。要落实的具体工作是要在今年年底前召开新一届教代会和新一届工会代表大会，具体由学校工会负责。

二是关于学校意识形态工作。我们要按照中央关于高校意识形态工作的要求，一刻都不放松地加强和改进学校宣传思想工作，重点是把宣传思想阵地管理好。要强化课堂教学纪律，坚持学术研究无禁区，课堂讲授有纪律，加强对西方原版教材的使用管理，坚决抵制传播西方错误观点的教材进入课堂。要进一步加强校园网络安全管理，积极运用新兴网络媒体改进工作，重视网络舆情收集、分析和研判，决不给错误思潮和观点提供任何传播渠道。年底前党委常委会要召开一次专门会议，研究意识形态工作的形势和任务，请党委宣传部牵头作好汇报准备。

三是关于大学生思想政治教育。年初时我们提出，要增强学生思政教育的针对性和实效性，以学生党建为龙头，进一步完善学生党员教育培训体系，充分发挥学生党支部战斗堡垒作用和学生党员先锋模范作用。我们还提出，要巩固形势政策与社会实践课创新成果，提升网络思政教育实效，试点建设辅导员工作室，推进学生思政教育工作研究和实践创新。进一步完善全员全过程全方位育人格局。年底前，我们要召开专题党委常委会，对这些工作成效进行评估，研究提出下一年的工作任务。请学工部牵头作好汇报准备。

各分管校领导要对分管部门承担的工作任务负有领导责任，要工作关口前移，在加强领导和指导的同时，靠前指挥，帮助出主意、想办法，共同研究对策，并加强监督检查，及时听取汇报，解决问题，为完成好工作任务发挥“关键少数”的作用。

同志们：

按照年初的工作计划，我们仍有许多工作要继续做好，同时按照教育部部署，我们还要完成一些新的任务。因此，我们下半年的工作担子仍然很繁重。希望大家切实增强使命感、责任感和紧迫感，敢于担当、勇于争先，真抓实干，攻坚克难，以饱满的热情、优良的作风、辛勤的工作，促进学校改革发展各项工作迈上新的台阶。

谢谢大家！

在党委理论学习中心组（扩大）会议上的讲话

（2015 年 11 月 18 日）

党委书记　李守信

同志们：

党的十八届五中全会召开以来，学校党委中心组已经集中开展了一次专题学习，制定并下发了学校关于学习贯彻十八届五中全会精神的通知，面向师生举办了宣讲报告会。郭树清省长还来我校为驻济高校师生宣讲五中全会精神，与师生代表进行了座谈交流。目前，校内已经掀起了学习宣传贯彻五中全会精神的热潮。

今天，我们再次召开学校党委理论学习中心组（扩大）会议，主要目的是：进一步学习贯彻党的十八届五中全会精神，落实中央“十三五”规划建议提出的提高教育质量等任务，统一思想，提高认识，认真谋划思考学校事业发展，深入落实立德树人根本任务，全面深化综合改革，全面落实从严治党要求，为创建世界一流大学提供坚强保障。

今天会议的议程是，先请四位同志作学习领会五中全会精神的专题发言，然后，我代表学校党委就深入学习贯彻落实党的十八届五中全会精神谈几点意见。

首先，请人文社科研究院院长邢占军同志作关于“‘十三五’时期的目标要求”的专题发言。

……

谢谢占军同志。

※ ※ ※ ※ ※

下面，请马克思主义学院院长王韶兴同志作关于“‘十三五’时期的发展理念”的专题发言。

……

谢谢韶兴同志。

※ ※ ※ ※ ※

下面，请建亚同志作关于“提高教育教学质量”的专题发言。

……

谢谢建亚同志。

※ ※ ※ ※ ※

最后，请张荣同志作关于“加强世界一流大学建设”的专题发言。

……

谢谢张荣同志。

※ ※ ※ ※ ※

刚才，四位同志分别从“十三五”时期目标任务、发展理念、提高教育教学质量和加强世界一流大学建设等方面，作了专题发言，讲得很到位、很深刻，让人很受启发，有助于我们深入学习领会五中全会精神，进一步推动学校当前和今后一段时期的工作。特别是张荣校长就深入贯彻落实五中全会精神，紧紧围绕一流大学和一流学科建设，发表了我们学校如何在国家“十三五”发展时期抓住机遇、迎接挑战、努力创新、争创一流的意见。这对于我们扎实推进世界一流大学进程具有重要的指导意义，希望大家在工作中认真领会、贯彻落实好。

同志们：

学习好、宣传好、贯彻好党的十八届五中精神，是学校当前和今后一个时期的重大政治任务。我们要认真学习领会全会精神，全面理解和准确把握其精神实质，切实把思想统一到中央的决策部署上来。我们要按照教育部党组的要求，做到“四个准确把握”和“四个深刻理解”：一要准确把握中央对“十三五”时期形势的重大判断，深刻理解“两个没有变”、经济发展进入新常态等科学论断，把教育放到党和国家工作大局中去推动，放到改革发展的历史纵深中去思考。二要准确把握中央“四个全面”战略布局，深刻理解这是“十三五”时期我们党和国家的总遵循、总抓手、总方略，在这个战略布局中去谋划和推进教育事业的各项工作，既充分体现“四个全面”的精神实质，又切实贯彻“四个全面”的工作要求。三要准确把握全面建成小康社会的奋斗目标，深刻理解创新发展、协调发展、绿色发展、开放发展、共享发展的理念。毫不动摇地坚持把发展作为第一要务，解决好发展的质量和效益问题，着力补齐发展的短板，为如期建成小康社会做出贡献。四要准确把握加强党的领导这个根本保证，深刻理解坚持全面从严治党、依规治党的重要性，不断加强学校党的建设，强化思想理论武装，教育引导党员干部坚定理想信念、站稳政治立场，为实现学校“十三五”新的发展目标提供坚强的政治和组织保证。

深入学习领会五中全会精神，核心是要贯彻落实好中央建议提出的“提高教育质量”的重大部署。这是“十三五”时期中央对教育发展提出的新要求，也体现了中央对教育事业的高度重视和殷切希望。我们要深刻领会这一新要求的精神实质，全面把握其基本内涵，把贯彻落实五中全会精神同落实立德树人的根本任务结合起来，同全面推进综合改革任务结合起来，同科学制定“十三五”规划结合起来，同实现世界一流大学建设目标结合起来，同贯彻全面从严治党要求结合起来，凝心聚力，真抓实干，推动学校事业发展跃上一个新台阶。当前，要突出抓好五方面的工作。

1. 坚持立德树人，不断提高教育教学质量。落实立德树人根本任务，是教育系统坚持和发展中国特色社会主义的核心所在，是“十三五”时期提高教育质量的关键。落实好这一根本任务，首先，必须全面贯彻党的教育方针。衡量一个学校办得好不好，关键看给国家和社会提供了多少高质量人才和高质量成果。我们要把促进学生健康成长作为学校一切工作的出发点和落脚点，针对学生的个性差异及成长规律，为他们提供适合的教育，促进学生全面发展。其次，必须与加强社会主义核心价值观教育紧密结合。要把社会主义核心价值观真正落实到教材课堂中，落实到文化育人中，落实到实践活动中，落实到政策制度中，建立社会主义核心价值观建设长效机制。加强社会主义核心价值观教育，要同中华优秀传统文化教育，同民族团结教育，同提高法治意识、环境意识、国防意识等紧密结合，形成全员全过程全方位育人的强大合力。最后，必须把增强学生社会责任感、创新精神、实践能力作为工作重点。要深化教育教学改革，遵循教育规律、教学规律和人才成长规律，注重教学、科研、实践紧密结合，注重学思结合、知行统一、因材施教。要加强创新创业教育，在教育和引导学生积极投身大众创业、万众创新上做文章，建立健全课堂教学、自主学习、创新思维、创业实践、创业帮扶、文化引领为一体的创新创业教育体系。

2. 深化综合改革，为学校发展提供不竭动力。加快推进教育现代化，必须加快教育改革步伐。全面深化学校综合改革，进一步完善学校治理体系、提升治理能力，是加快创建世界一流大学的关键所在。我们要深刻把握国家在“十三五”时期新形势下对高等教育提出的新任务新要求，按照教育部核准的学校综合改革方案，紧紧围绕“立德树人”根本任务和“提高质量”工作主线，以更加强烈的使命意识、责任意识和危机意识，锐意进取，聚焦制约学校发展的重大问题和关键环节，加快推进体制机制改革，重点抓好内部治理体系、学科建设体系、教育教学体系、科研创新体系、国际合作体系、人事管理体系、资源配置体系等七大体系的建设与完善，高标准、严要求，树立紧迫意识，聚精会神完成好各项重点改革任务。要将学校综合改革方案的贯彻落实由战略构想、顶层设计转向具体实施的行动计划，拟定切实可行的方法步骤，一步一步地向前推进，通过改革的不断深化，形成推动学校发展的持续动力，显著提高学校综合实力，在“十三五”末为建成世界一流大学奠定坚实基础。

3. 编制好学校“十三五”规划，科学谋划学校发展蓝图。科学编制好学校“十三五”规划，充分发挥规划的先导性和指导性作用，对于未雨绸缪、统揽全局地推进学校事业科学发展极为重要。我们要以全会提出的创新、协调、绿色、开放、共享发展理念为指导，认真总结“十二五”期间学校事业发展的经验，立足学校实际，坚持问题导向和目标导向，高起点、高水平编制好学校的“十三五”规划。要重点编制好学科发展规划，要在调研论证基础上，科学制定学科发展的目标、路径和措施，实行分类设计、重点突破，全力支持重点学科、特色学科、新兴学科的发展。要深刻认识技术创新在国家创新体系中的核心地位，紧密对接国家和山东经济社会发展需求，组织谋划重大项目、平台和基地，力争在国家科技创新体系中占据重要位置。同时，把队伍发展规划、校园发展规划、基建发展规划等做实做好。在规划的编制过程中，各单位要充分沟通协作，保证规划发展目标、思路和举措的一致性。要充分发扬民主，广泛听取广大师生员工、民主党派和专家学者的意见建议，使规划编制过程变为全校统一思想、凝聚人心的科学决策过程，把五中全会的要求落到工作实处。

4. 推进一流大学和一流学科建设，为实现历史性跨越打下坚实基础。提高高校教学水平和创新能力，使若干高校和一批学科达到或接近世界一流水平，是五中全会对高等教育提出的新要求。近日，国务院已经发布了统筹世界一流大学和一流学科建设总体方案。我们一定要紧紧抓住这一难得的发展机遇，加强系统谋划，加大改革力度，完善推进机制，坚持久久为功，加快我校一流大学和一流学科的建设步伐。要继续深入实施人才强校战略，强化高层次人才的支撑引领作用，加快培养和引进一批活跃在国际学术前沿、满足国家重大战略需求的一流科学家、学科领军人物和创新团队。要遵循教师成长发展规律，以培养学术中坚力量为目标，实施好“青年学者未来计划”，以中青年教师和创新团队为重点，优化中青年教师成长发展、脱颖而出的制度环境，培育跨学科、跨领域的创新团队，增强人才队伍可持续发展能力。要加大拔尖创新人才培养力度，完善人才培养质量保障体系，将学生成长成才作为出发点和落脚点，建立导向正确、科学有效、简明清晰的评价体系，激励学生刻苦学习、健康成长。要加强学科布局的顶层设计和战略规划，推进“学科高峰计划”，重点建设一批国内领先、国际一流的优势学科和领域。以国家重大需求为导向，提升科学研究水平，争做国际学术前沿并行者乃至领跑者。要推动加强战略性、全局性、前瞻性问题研究，着力提升解决重大问题能力和原始创新能力。大力推进科研组织模式创新，依托重点研究基地，围绕重大科研项目，健全科研机制，开展协同创新，优化资源配置，提高科技创新能力。要加强大学文化建设，增强文化自觉和制度自信，形成具有山大特色的一流大学精神和大学文化。要深化产教融合，将一流大学和一流学科建设与推动经济社会发展紧密结合，着力提高学校对产业转型升级的贡献率，努力成为催化产业技术变革、加速创新驱动的策源地。

5. 坚持全面从严治党，深化“三严三实”专题教育，为学校事业改革发展提供坚强政治保证。加强党对高校的领导，加强和改进高校党的建设，是办好中国特色社会主义大学的根本保证，也是贯彻落实好五中全会精神、扎实做好学校改革发展稳定工作的政治保证。我们必须坚持社会主义办学方向，贯彻党的教育方针，把根本任务紧紧放在培养中国特色社会主义建设者和接班人上。要抓住意识形态工作不放松，学习研究宣传马克思主义，把意识形态工作纳入党建工作整体安排，摆上突出位置，牢牢占领宣传思想阵地。要紧紧抓住基层党建工作不放松，建立基层党组织工作的组织保障、学习创新、考核评价、激励引导、监督约束等机制，开展好服务型党组织创建活动，真正发挥出基层党组织的战斗堡垒作用和党员的先锋模范作用。要紧紧抓住反腐倡廉建设不放松，切实抓好《中国共产党廉洁自律准则》和《中国共产党纪律处分条例》的学习贯彻。要抓住党风廉政建设“两个责任”特别是主体责任这个“牛鼻子”，认真落实全面从严治党责任。党委要履行好主体责任，层层传导压力，强化责任追究，纪委要履行好监督责任，切实把纪律和规矩立起来、严起来，挺在前面，坚持用党纪党规管理干部、监督干部、约束干部。所有党员干部都要严格遵守政治纪律、政治规矩，带头践行廉洁自律规范，带头维护纪律的严肃性和权威性，既重视高标准引领，又强化底线防守。要发扬钉钉子精神，不折不扣地完成好巡视整改工作，锲而不舍地抓好尚未整改到位事项的整改，不解决问题绝不松劲，不取得实效决不放手，直至改到位、改彻底。要继续以严和实的作风抓好“三严三实”专题教育各项工作，坚定理想信念，始终对党绝对忠诚，突出问题导向和效果导向，深入查摆和整改不严不实问题，高质量开好专题民主生活会和组织生活会，并切实把教育成效体现在破难题、抓落实、促发展上，确保“三严三实”专题教育取得实效。

同志们，我们一定要更加紧密地团结在以习近平同志为总书记的党中央周围，深入贯彻落实党的十八届五中全会精神，顽强拼搏，开拓创新，努力将学习教育成果转化为推动学校事业发展的强大精神动力，切实把“十三五”时期学校各项工作做得更好，为实现创建世界一流大学的目标任务而不懈努力。

在山东大学党风廉政专题学习会议暨贯彻落实教育部关于违反中央八项规定典型案例通报会议精神工作会议上的讲话

（2015 年 12 月 4 日）

党委书记　李守信

同志们：

根据上级部门的要求和学校党委的工作安排，我们今天在这里召开一次党的纪律教育会议，主要内容是深入学习贯彻《中国共产党廉洁自律准则》和《中国共产党纪律处分条例》，贯彻落实教育部关于违反中央八项规定典型案例通报会议精神，目的是以《准则》和《条例》为准绳，进一步强化学校党员干部的党章党规党纪意识，深入落实好中央八项规定精神，打造风清气正的教育政治生态，为顺利推进学校改革发展稳定各项工作提供坚强保证。

我重点强调两点意见：一是关于开展好党的纪律教育，二是关于落实好党的纪律要求。

一、严肃认真深入开展好党的纪律教育

党的十八大以来，以习近平同志为总书记的党中央把加强党的纪律建设摆在更加突出的位置，强化纪律刚性约束，加大正风肃纪力度，取得明显成效，深得党心民心。然而，在“四大考验”“四种危险”面前，个别党的组织和党员干部依然党性弱化、纪律松弛、有禁不止、心存侥幸、自我膨胀、自作聪明、欺上瞒下，违反党规党纪的情况时有发生。教育部党组近期通报的四所高校一些党员领导干部违反中央八项规定精神等违规违纪问题，是党的十八大以后不收敛、不收手、顶风违反中央八项规定精神等问题的典型案例，足以敲响警钟、亮起红灯，发挥警示教育作用。违法始于破纪，违纪源于不敬。当前，严明党纪已经刻不容缓，以教育部党组近期通报的典型案例为警示，学校各单位要深入开展一次党的纪律教育，使广大党员干部对党规党纪怀有敬畏，心存戒尺，结合当前的实际工作，切实把《准则》和《条例》学习领会好，落实在思想行动上。

一要充分认识其重大意义。新修订的《准则》和《条例》，贯彻了党的十八大和十

八届三中、四中全会精神，贯彻了习近平总书记系列重要讲话精神，充分体现了坚定不移推进党风廉政建设和反腐败斗争的坚强意志，向全体党员发出了道德宣示，对全国人民作出了庄严承诺，在我们党的建设史上具有开创性、里程碑意义。贯彻执行《准则》和《条例》，对于强化党章党规党纪意识、深入推进党风廉政建设和反腐败斗争、永葆党的先进性和纯洁性，对于协调推进“四个全面”战略布局、确保党始终成为中国特色社会主义事业坚强领导核心，具有十分重大而深远的意义。

我们高校肩负着立德树人的根本任务，直接关系着青年学生的健康成长，直接关系党的长期执政和国家长治久安。学校各单位党组织要充分认识学习贯彻落实《准则》和《条例》的重大意义，切实增强政治责任感，以对党的事业和党员干部高度负责的精神，切实抓好《准则》和《条例》的学习贯彻，并作为一项重要政治任务抓紧抓好，把党的纪律真正刻印在全体党员领导干部的心上，为学校事业健康发展筑起牢固基石。

二要深刻领会其精神实质。《准则》是我们党执政以来第一部坚持正面倡导、面向全体党员的规范全党廉洁自律工作的重要基础性法规，是对党章规定的具体化。它重申党的理想信念宗旨、优良传统作风，紧扣廉洁自律、坚持正面倡导、面向全体党员、突出关键少数，强调自律，重在立德，为党员和党员领导干部树立了一个看得见、够得着的高标准，展现了共产党人的高尚道德追求。《条例》坚持纪法分开、纪在法前、纪严于法，突出政党特色、党纪特色，严明政治纪律和政治规矩、组织纪律，围绕党纪戒尺要求，开列负面清单，强调他律，重在立规，划出党组织和党员不可触碰的底线，对于贯彻全面从严治党要求，把纪律和规矩挺在前面，切实维护党章和其他党内法规的权威性、严肃性，贯彻落实党的路线、方针、政策、决议和国家法律法规，协调推进“四个全面”战略布局，提供了强大的纪律保障。

《准则》和《条例》是对党的性质宗旨认识的新飞跃，是对党的执政地位巩固认识的新飞跃，是对全面从严治党认识的新飞跃，是对纪律挺在法律前面、党纪严于国法认识的新飞跃，是对党内监督科学化认识的新飞跃，是对标本兼治、深化党风廉政建设和反腐败斗争认识的新飞跃，进一步突出了坚定的政治性、党的先进性、纪律处分的严格性、纪律覆盖的全面性、内容的科学性、执纪的可持续性、很强的可操作性、民意的广泛性，是以习近平同志为总书记的党中央新形势下推进全面从严治党的治本之举。广大党员特别是党员领导干部要全面领会两部党内法规的丰富内涵和精髓要义。

三要认真抓好《准则》和《条例》的学习宣传。学校各单位党组织要把对《准则》和《条例》的学习宣传教育作为当前和今后一个时期的重要政治任务，摆上重要议事日程，周密部署，精心组织，务求实效，引导广大党员干部认真学习，深刻领会，自觉遵守，迅速在全校形成学习贯彻两部党内法规的热潮。

要认真制订方案。学校各单位党组织主要负责同志要高度重视，亲自部署，列入重要议事日程，结合本单位实际制定切实可行的学习宣传教育工作方案，将学习《准则》和《条例》与学习党章、学习贯彻党的十八届五中全会精神、学习习近平总书记系列重要讲话精神结合起来，与学校当前正在推进的“三严三实”专题教育活动结合起来，与正在进行的教育部巡视整改工作落实结合起来，与学校综合改革、世界一流大学建设结合起来，统筹安排，精心组织，扎实开展学习宣传教育，确保取得实效。

要深入学习领会。坚持集中学习与个人学习相结合，分层次、全覆盖地组织学习，通过学习原文、讲座辅导、座谈交流等多种形式，举一反三、融会贯通，抓好《准则》和《条例》的学习培训。近期各单位要召开领导班子专题学习会议，发挥党员干部示范表率作用，努力做到真学、深学、常学，全面把握《准则》和《条例》的思想精髓，把思想和工作摆进去，明确什么必须做、什么不能做、什么应该做，明确严明党纪不可触碰的底线，真正把《准则》和《条例》作为党员领导干部修身做人的基本遵循，作为干事创业的行为准则，做到内化于心、外化于行。

要加强宣传引导。把宣传《准则》和《条例》作为学校和各基层党委宣传思想工作的重要内容，充分利用校内广播、电视、校报、宣传栏、网络、微博、微信等媒体平台，及时传达党中央关于《准则》和《条例》的政策解读和工作部署，重点宣传全面从严治党的新要求，释放一种强烈信号，把纪律规矩挺在前面。通过撰写理论文章、组织知识竞赛、举办专家访谈、召开研讨交流会、开办专题专栏等多种形式广泛宣传，全方位、多角度地宣传报道基层党组织学习贯彻的有效做法、措施和经验，曝光违规违纪问题，努力营造学习贯彻《准则》和《条例》两部党内法规的良好舆论氛围。

二、严格贯彻落实好党的纪律要求

当前，我们要把贯彻落实教育部通报会议精神同学习贯彻《准则》和《条例》紧密结合起来，把落实执行中央八项规定作为学习贯彻《准则》和《条例》的着力点，直面问题，深入开展党风廉政建设，坚决把管党治党政治责任落到实处。教育部通报会议强调：党风廉政建设和反腐败斗争是一场输不起的斗争，全面从严治党是各级党组织的政治使命，贯彻中央八项规定、坚决反对和纠正“四风问题”是硬任务，教育系统决不允许不正之风和腐败问题有存在之地，也决不允许个别领导干部在其位不履职、不尽责、不担当。针对四所高校一些党员领导干部违反中央八项规定精神等违规违纪问题，教育部通报会议要求，各级党组织、广大党员干部必须警醒起来、行动起来、严格起来，同频共振、同向发力：一是高度警醒、深刻反思，切实从典型案例中吸取教训；二是突出重点、直面问题，全面加强教育系统党的建设；三是严明责任、强化担当，坚决落实全面从严治党要求。

我们贯彻落实教育部通报会议精神，并按照教育部的部署和要求，要突出抓好以下几项工作：

（一）对贯彻执行中央八项规定情况进行回头看。学校各单位要认真对照中央八项规定精神、教育部20条实施细则和教育部党组关于高等学校领导班子及领导干部深入解决“四风”突出问题有关规定开展回头看。一是要查找违规公款吃喝问题，严禁超标准、超范围接待，严禁转嫁公务用餐费用，严禁以会议、培训等名义组织宴请或大吃大喝。这项工作由办公室牵头负责，财务部等部门参加。二是要查找公款旅游问题，严禁用公款旅游、借公务差旅之机旅游或以公务差旅为名变相旅游，严禁以考察、学习、培训、研讨、招商、参展等名义变相用公款出国（境）旅游。这项工作由监察处负责。三是加强领导干部因私出国（境）证件集中管理，严禁使用因私护照出国执行公务；这项工作由组织部负责。四是查找违规使用公车和办公用房问题。严禁超标准配备、购买、更换、装饰公车，严禁公车私用，清理出来的公车要明确使用范围，防止变相违规使用。要严格对照标准、实事求是地进行办公用房清理，领导干部实际办公用房要在单位内公开。这项工作由资产部牵头负责，校办等部门参加。五是要查找违规发放津贴或福利问题，对违规发放的要按规定立即纠正。这项工作由财务部负责。六是要查找大办婚丧喜庆问题，坚决抵制陈规陋习，倡导文明新风，严格报告制度，对不良倾向和苗头要早提醒、早制止，严禁听之任之、包庇纵容甚至参与其中。严禁违规收受礼品礼金，对收受、赠送可能影响公正执行公务或超出正常礼尚往来的礼品、礼金、消费卡等钱物，要按规定严肃查处。这项工作由纪委负责。七是要查找违规兼职取酬问题，严禁领导干部在企业兼职；领导干部在社会团体兼职，包括在学术团体兼职，必须符合要求，所有兼职要按干部管理权限审批；兼职不得取酬，已取酬的必须退缴。这项工作由组织部牵头负责，资产部等部门参加。在这次回头看工作中，要加大责任追究力度，典型问题要点名道姓通报曝光，层层传导压力，形成震慑。

（二）深入开展财经纪律大检查。检查工作要做到全覆盖，不留死角、不留空白。彻底根绝“小金库”，找准症结，铲除滋生问题的土壤。重点检查科研经费使用中的问题，严格执行科研项目、科研经费、科研行为管理规定，严肃查处科研经费领域的“四风”问题。深入检查收支两条线管理情况，确保各项收入及时、足额入库，应收尽收，严防跑冒滴漏、虚报冒领。全面检查财务管理漏洞，倒逼改革，健全内控机制，实现对经济活动的全面控制，向管理要廉政。要编制立体监管网，充分发挥内部审计、纪检监察、外部监管等多方面作用，增强监督合力，管住用好教育资金。这项工作由财务部牵头负责，科研院、纪委等部门参加。

（三）切实落实“两个责任”。学校各单位党组织要切实履行党章赋予的职责，把全面从严治党的主体责任扛在肩上、落到实处，一把手要履行好第一责任人的职责，抓好班子、带好队伍，敢于担当、敢于亮剑。这项工作由各学院和有关单位党委、党工委、党总支负责，并按时间要求向学校党委提交履职情况报告。纪委要协助学校党委或本单位党委深化党内监督，运用好监督执纪“四种形态”，依规依纪开展纪律审查。要对十八大以来收到的信访件开展一次大起底，按照中纪委规定的五类标准加快进行处置，做到件件有着落，严禁有信不办、压案不查。这项工作由学校纪委以及威海校区、齐鲁医院、第二医院纪委负责。威海校区、齐鲁医院、第二医院纪委要向学校纪委提交纪律审查情况报告。

今天会后，各单位要立即召开会议，传达本次会议精神，抓紧自查自纠，发现问题抓紧改、认真改，严查立改、即知即改。各单位党委和纪委要在本月 20 日前完成检查整改工作，并在同一时间向学校党委或纪委提交关于检查、整改和涉及违纪违规问题初步问责建议的报告。

强调一句，越往后执纪越严，此后再发现类似问题，将从重查处，严肃追责。

学校和各单位领导班子的其他成员，要强化“一岗双责”，在这次检查整改工作中一定要关口前移，站在第一线，主动带领分管部门，把责任落实具体化、留痕迹、可倒查。出现问题，坚决追责问责。

我就讲到这里，谢谢大家！

弘扬正气　引领未来

——在山东大学2015届毕业典礼上的讲话

（2015年6月26日）

校长　张荣

亲爱的同学们，老师们，来宾们：

大家好！

时光荏苒，转眼又到了毕业的夏天，当年刚进校门的青葱少年，即将带着四年的积淀，扬帆起航，迈向新的人生征程。今天，你们迎来了属于自己的毕业典礼，和你们的老师、家长、校友齐聚一堂，共同分享喜悦。此时此刻，我想你们的心情是复杂的，或许有对过去的不舍怀念，或许有对未来的殷切期许，但不论如何，今天于你们而言，都将是一个值得永远纪念的日子。首先，我代表学校向圆满完成学业的2015届毕业生们，致以最热烈的祝贺和最美好的祝福！向为你们的成长付出辛勤劳动的广大教职工表示最衷心的感谢！向含辛茹苦培育你们的家长表示最诚挚的问候！

2011年是山大历史上一个重要的年份，也是在座各位同学共同记忆的开始。你们这一届的同学是非常幸运的，你们在山大历史上留下了独特的印记。四年前，就在这座宏伟的体育馆，学校为你们举行了盛大的开学典礼，你们有幸成为她迎来的第一批同学，在这里开启了你们新的人生梦想。还是四年前，也是在这座宏伟的体育馆，学校迎来了110岁华诞，你们有幸赶上了那次难忘的校庆典礼，那些高端的学术盛宴让你们受益无穷，那梦幻般的灯光秀让你们兴奋难忘。更加令人振奋的是，在这里，你们和古老的学校一起，共同开启了建设世界一流大学的山大梦。

在山大的这几年中，你们与山大一起成长，参与并见证了学校蓬勃的发展和学科建设日新月异的变化。你们见证了青岛校区的规划和建设，而它明年就将启用，成为山大建设世界一流大学的新支点；你们见证了学校实力的快速提升，现在我们已经有12个学科进入ESI前1%行列；你们见证了学校师资队伍的不断优化，亲耳聆听了诺奖大师的讲座课程。还有，2015年新版中国大学综合排行榜中，山东大学位居全国高校第十位；在美国US News和Thomson Reuters公司合作发布的2015年全球顶尖500所大学排行榜中，山东大学列中国高校第14名。学校正在全方位部署“十三五”规划，全面深化综合改革，加快推进世界一流大学建设。可以说，学校正进入一个发展的新轨道、新时期，相信未来学校会实现更好的发展、创造更多的辉煌。

同学们，大学时光转瞬而过，让我们仔细回想一下，在山大收获了什么？临别之际，你又能带走什么？或许，你在山大汲取了知识，收获了友谊，邂逅了爱情。但我想，更为重要的，是铭刻在你们心中的山大印记，这个印记是什么呢？首先，我想和你们分享一下我们学校荣誉博士程抱一先生的人生经历。

去年，我们在法国举行了一个学校最高荣誉——名誉博士的学位授予仪式，我代表学校向法兰西学院院士程抱一先生颁发了荣誉博士学位证书。程抱一先生是法国著名的华裔作家、诗人、翻译家，是法兰西学院仅有的四十名终身院士中的一位，也是迄今为止唯一的一位华裔院士。他用法国文化的精华来丰富中国文化，以中国文化的深邃丰富法国文化，为中法文化的交流做出巨大贡献，被法国学术界誉为“不倦的摆渡人”。鉴于他卓越的文化成就，以及对中法文化交流的杰出贡献。2002 年，程抱一先生被评选为法兰西学院院士，成为与孟德斯鸠、伏尔泰、雨果等大师比肩的“不朽者”。根据传统礼仪，学院为新当选的院士举行了隆重的佩剑仪式。每位院士的佩剑都是自己构思、专人设计、独一无二的珍品，程抱一先生的佩剑柄上，用中文镌刻着掷地有声的五个大字“天地有正气”。

他为什么要选择这句话刻在院士剑上呢？我想，这简短的五个字体现了他对中国传统文化的敬仰和深情，更沉淀了他个人的人生信念与价值追求，是他对自己人生经历的一个深刻总结，是对自己人格精神的集中概括。程抱一先生在中国仅念了半年大学便随父亲赴法国定居。初到法国，他生计无着，十分窘迫。自幼身体孱弱的他，不得不到餐馆洗碗谋生，但他刻苦自学，20 岁开始，在法语联盟学习法语，在巴黎各大学旁听，在巴黎图书馆苦读，用了 12 年才获得大学本科文凭。彷徨困苦中的程抱一，坚持读完了法国文学博士学位。1971 年他进入高等社会研究院，有了第一份正式薪水，此时，他已经 42 岁。1974 年，他被聘为巴黎七大教授，成为法国首位华人教授。多年来，在开展理论研究和文学创作的同时，他苦苦地思考着生命的本质，他说，“心中长存着一把火，从来没有熄灭过。”我想这团火就是天地正气，就是浩然之气。这种正气外化为他逆境中的坚持、对事业的执着、对社会的责任，支撑着他不懈地奋斗。

大家知道，文天祥的“天地正气”与孟子的“浩然之气”是一脉相承、相互贯通的，在历史上影响深远。任何一个社会、一个时代都是在正邪较量、激浊扬清的过程中不断前进的。中华民族历来弘扬“浩然之气”，崇尚“富贵不能淫，贫贱不能移，威武不能屈”，信奉“天行健，君子以自强不息”，这些品质都深深融进了中华民族的血液，成为中华民族的共同性格，使得中华民族在绵延不绝的发展中始终保持着旺盛的生命力。

在任何一个时代，这种浩然之气都彰显出对国家、社会、个人的重要价值，只是每一个时代都有不同的内涵和表现形式。在今天我们这个价值多元的时代，弘扬浩然之气同样重要，但这种正气对于每一个人来说，它不再是一种抽象空洞、遥不可及的价值理想，而应当成为我们行动时的一种思考、一种取向、一种精神境界，成为思维方式的一部分。它不仅体现在对国家、对民族、对历史的承诺，而且还体现在我们对家庭、对个人、对未来的承诺，体现在每个人生活的点点滴滴、举手投足的微小瞬间。比如，当你看到五星红旗冉冉升起的时候，你能够油然生出一种敬意，把祖国装在心中；当你进入一个职场，你能够一丝不苟地做好工作，表现出你的敬业精神；当你在与他人合作时，能够坦坦荡荡，让人感到你的诚信；当你和他人相处时，你能设身处地地为他人着想，让人感到你的友善。这些就是正气。比如，为了尚处于贫困地区的孩子们，你选择默默行走在大山深处崎岖的小路上；为了用好难得的观测机会，你坚守在苦寒的极地、缺氧的高原；当有人在权贵面前曲意逢迎的时候，你却昂起你高贵的头；当有人肆意践踏弱者尊严的时候，你却挺身而出，仗义执言。这些就是正气。比如，如果你是一个法官，就要铁面无私，公正司法；如果你是一个医生，就要敬畏生命，救死扶伤；如果你是一个官员，就要依法用权，清正廉洁；如果你是一个学者，就要崇尚学术，坚持真理。这些就是正气。正气就在我们的生活中。

而这种“浩然之气”正是山大独特的内涵和品格，是一种十分宝贵的精神财富，就是能够让大家受益终生的山大印记。“一点浩然气，千里快哉风”，气正则心正，心正则人正，人正才会涵养受人尊重的人格，人正才能抵御任何邪恶之气的侵袭，才可以立于天地。这是实现人生价值的指明灯，是事业成功的基石，我希望大家铭记这种山大印记，传承好这个文化基因，并把这种“浩然之气”真正内化于心，外化于行，用一生去理解、去践行、去诠释、去丰盈，做一个饱含正气的山大人，凭借一身正气闯天下。

亲爱的同学们，你们人生的第一步已经与山东大学结缘，而山东大学向来是杰出人才的摇篮。在本科毕业学校的两院院士统计中，山大排名第二；在最新公布的“中国大学杰出政要校友排行榜”中，山大位列第六；我们还培养了一大批知名的企业界领袖。刚才，我们的杰出校友张恭运先生和大家分享了他的创业经历，他带领豪迈公司，由一个倒闭乡企的维修车间，成长为世界最大的轮胎模具生产商，为我们树立了创新创业的典范。我相信你们也一定会不负母校和老师的培养，祖国与人民的重托，成就属于你们的事业，续写山大人的自豪与辉煌。

人总是无法脱离时代而存在。要做时代的引领者，就必须有高度清醒的时代自觉，把自己置身于时代的大背景下，感受时代的脉搏，倾听时代的召唤，把握时代赋予的机遇。

同学们，你们是幸运的，你们遇上了一个伟大的时代。

当前，中国进入了一个加速创新、不断创新的时代，党和国家空前重视创新发展，从习近平总书记的“人人皆可成才，人人尽其才”到李克强总理的“大众创业，万众创新”，创新创造已经成为新的时代主旋律，可以说，创新创业迎来了前所未有的机遇和蓬勃发展的春天。同时，我们正处于“互联网＋”时代，互联网正以改变一切的力量，在全球范围掀起一场影响人类各个层面的深刻变革，它赋予每一个人无穷的机遇和无限的可能，也为每一个人都能成为创造者准备了最好的条件。

在“大众创业，万众创新”的背景下，在这个比任何一个社会阶段更加崇尚创新创造的时代，创新创业不再单单是“精英”群体的事情，也是每个有能力的“草根”群体的梦想。作为山东大学的优秀学子，就要发扬敢为天下先的精神，积极投身创新创业，引领时代风骚。在这里，我有三句话与各位同学共勉：

第一，创业从心开始。这里的心是创业的决心、信心和恒心，这里的业可以理解为你们希望开创的任何人生事业。这是海尔集团董事局主席、首席执行官张瑞敏先生在不久前我们共同发起的“2025 创新创业联盟”成立仪式上讲到的，我很赞同这个观点。如果一个人没有创业的心，就是把创业的成功案例完全复制一遍，也不可能成功。所以，首要的就是你要有一颗敢于迎接挑战的心。

第二，创意引领成功。互联网的出现让普通人的兴趣与辉煌之间再没有沟壑与围墙，许多发明创造源于爱好者的灵机一动。比如第一封电子邮件的诞生，源于软件工程师雷·汤姆林森试图通过网络与朋友隔空聊天；第一家拍卖网站易贝的问世，源于皮埃尔·奥米迪亚为了实现搜集天下糖果盒的愿望。所以，不要放弃任何一个富有灵性的念头，当你把它一点点凝固下来，就有可能成长为全球创新园地里的参天大树。

第三，创新成就未来。我们的校训要求“学无止境”，这里的学既是已有知识的学习，也包括知识的创造，也就是创新。学习是创新的基础，创新是学习的升华。读书学习，是长久葆有敏锐思维、开阔视野、创新能力和进取精神的最好方法。特别在知识更新周期越来越短的新时代，我们必须不断地学习，做到持之以恒，知行合一，永远站在创新创业的前沿，才能创造光辉的未来。

毕业是大学时光的终点，同时也是新生活的起点，是真正的启程。我们殷切地期盼着你们能够把握时代脉搏，立大志，谋大业，在实现国家需要、社会期望和人生价值三者统一中奋勇前行。我相信在座的各位一定可以弘扬天地正气，创造与众不同的精彩，成为引领未来的杰出英才！

今天，你们就要离开，走向各自的远方。不管你今后身在何处，所做何事，你们都要记住：你们永远属于山大，你们代表山大，你们就是山大，你们是母校永远不变的牵挂，母校永远是你们可以随时停靠的港湾。

永远地祝福你们，亲爱的同学们！

谢谢大家！

以学习为伴　与山大同行

——在2015年开学典礼上的讲话

（2015年9月25日）

校长　张荣

亲爱的同学们：

大家下午好！

今天，对我们每个人来说，都是一个非常特别并值得永远铭记的日子。你们选择了山大，并将从这里开始一段新的人生旅程，度过最宝贵的青春岁月。山大拥有了你们，也将整装待发，再次焕发出勃勃生机。作为校长，我热烈地欢迎你们来到山东大学！由衷地感谢你们为百年山大带来的蓬勃朝气！我和全校师生非常高兴，从此刻起，我们一路同行，共同创造美好的未来！

进入大学，对每一位同学来说，都是一件人生大事，因为无论从哪个意义上说，大学阶段都可以说是你真正的人生起步。在这个阶段，你的思想和心智加快发展、走向成熟，世界观、人生观、价值观开始升华、逐步成型。同样在这个阶段，你将学习科学的思维方法、储备丰厚的专门知识，也将与你的老师和同学相识相知，结下一辈子的友谊。对绝大多数人而言，大学经历只有一次，而你在母校的足迹将永久性地留在你自己的人生记录上。因此，对于每一位初入山大的你们而言，都面临着一个严肃而深刻的问题，那就是如何开始这段新的旅程？刚才侯雯同学对这个问题给出了很好的回答：“你历经千难，挤过高考独木桥，来到这里，不应该就此松懈。”正如习近平总书记所说：“本领不是天生的，是要通过学习和实践来获得的。”我们只有努力学习、不断学习，才能撑起属于我们个人、家庭和民族未来的天空。

关于学习问题，我后面再和大家作深入的交流，在此我想先提一下我认为对你们此刻来说同样重要，甚至应当放在更加优先位置的，就是一定要读懂你所选择的这所学校究竟是一所怎样的大学。这是一个很重要的问题，它将会影响你大学生活的质量，从而影响你的一生。如果我们不能深刻认识这所大学的本质特征，那么你的大学生活将变得苍白甚至茫然。只有我们用心去感受她、认同她、融入她，和她一起欢笑、一起律动，你才能从她的历史传承中汲取力量，从她的现实发展中坚定理想，从她的博大胸怀中陶冶情操，从而书写出无悔的青春华章，与她一起进步成长。

那么，你所置身其中的究竟是怎样的一所大学呢？我可以自豪地告诉你，在中国，她是独特的。

首先，山东大学拥有独特的品质。同学们，你们的大学时代开始于学校创造历史的光荣时刻。在刚刚过去的暑假里，全球学术界的目光聚焦到了山东大学。因为我们成功举办了素有“史学奥林匹克”美誉的第22届国际历史科学大会。在中国高校乃至欧美之外的大学中，能够享此殊荣的，115年来山东大学是第一家。习近平总书记为大会专门发来贺信，刘延东副总理亲临大会并发表重要讲话，76个国家和地区的2000余名中外学者欢聚一堂，切磋对话历史，推动多元文明的交流互鉴。特别令我们骄傲的是，大会留下了鲜明的山大印记，“国际历史学会—山东大学青年历史学家奖”与号称“史学诺贝尔奖”的积家历史奖一起在大会颁发，并成为目前仅有的两个大会常设奖项，山东大学永远地和国际历史科学大会联系在了一起。为什么国际史学会能把这个重要的机会给予山大？一个重要的原因，就是山东大学具有“文史见长”的办学传统。“文史见长”是山东大学的一张闪亮名片，肇始于20世纪30年代山东大学的第一次辉煌。20世纪50年代起，山东大学的发展进入了第二个高峰期。在相当长的一段时间里，山东大学作为文史哲领域各种学术思潮的领导者和参与者，一直都是海内外瞩目的文史研究重镇，续写着“文史见长”的辉煌。与此同时，山东大学在很多其他领域同样留下了不可磨灭的印记。童第周先生在实验胚胎学、细胞生物学和发育生物学领域的诸多重大学术贡献，将中国的生物进化和细胞遗传与变异研究推到世界前列。60年代初，我们的老校长、当时仅27岁的潘承洞先生在解析数论领域的一系列成果使中国在哥德巴赫猜想的研究中处于世界领先地位，被国际数学界公认为实现了哥德巴赫猜想研究的关键性突破。这一次辉煌还为山大赢得了“海洋学科远东第一，生物学科中国最好”的美誉。如果将山东大学的前两次辉煌比作山大学术1.0和2.0版的话，现在我们所做的可以说是在打造山大学术的升级版——3.0版。前面所介绍的第22届国际历史科学大会正是3.0版的一大亮点，为山大“文史见长”的传统打上了鲜明的新时代烙印。同样的，3.0版中还包含“彭一般原理”、一系列新型晶体材料，以及为寻找暗物质和发现“上帝粒子”所做出的卓越贡献。就在十天前，我们的3.0版又有了新的突破。根据ESI的统计，山东大学第一次有13个学科的学术影响力和贡献能力跨入世界前1%的行列，这13个学科分别是：数学、物理学、化学、生物学与生物化学、动物学与植物学、环境科学与生态学、工程学、材料科学、临床医学、药理学与毒理学、神经科学与行为、免疫学、社会科学综合。所有这些独特的学术品质让山大更加富有魅力。

其次，山东大学拥有独特的品格。每一所古老的大学都有其骄傲的历史，而独有的历史和传统将塑造这所学校特有的文化和品格。在中国，山东大学在近代高等教育史上的作用不可替代，山大的历史堪称是中国高等教育发展的缩影。刘延东副总理多次指出，山东大学是中国近代高等教育的起源性大学。山东大学的办学史可追溯到1864年创建的登州文会馆，这里是中国近代高等教育最早的发祥地。1901年创办的山东大学堂是中国第一所京外国立高等学府，开启了山东大学的建校史。当时的《山东大学堂章程》是中国人制定的第一份大学章程，被光绪皇帝晓谕全国推广，对国立新式高等教育的设立起着制度引领作用，为废科举和兴新学扫清了道路。新中国成立后，山东大学又为高等教育体系的形成做出了独特贡献，北到长春，南到郑州、南京、上海，西到武汉，东到青岛，十余所大学都能从山东大学找到源头。就在这样绵延跌宕的历史中，山东大学积淀了博大精深、历久弥新的文化底蕴，涵养了兼济天下、追求卓越、百折不挠的大学精神。学校创建之初，即把“为天下储人才，为国家图富强”作为办学宗旨，体现出山大人永不过时的天下情怀和世界担当，而这恰恰是山大品格不朽的内核，也是我们历百年而不衰的精神财富。

再次山东大学拥有独特的品位。从空间分布上来说，山东大学可谓气势恢弘。她植根齐鲁大地，在济南、青岛、威海三地办学，八个校园多姿多彩，各具特色。她南望泰山，北依黄河，东临黄海，既有山的雄浑，又有海的博大，山魂海韵，浑然天成，相得益彰。不仅如此，我们还分别在长江三角洲、珠江三角洲、黄河三角洲建有研究院。这种异地多校区的办学格局，使得山东大学真正立足山东、辐射全国、面向世界。这种格局不仅为我们直接面向区域经济主战场提供了便利，也为我们实现内涵发展，加快世界一流大学建设进程提供了机遇。特别是青岛校区的建设，承载了山东大学建设世界一流大学的梦想，成为我们开创第二个百年辉煌的新起点，是我们打造山大学术 3.0 的重要基础。我们将充分利用青岛这个国际化都市及其环境优美的优势，结合国家蓝黄战略和海洋强国战略，进一步谋划办学特色，使青岛校区成为推进山大快速发展的强大引擎。目前，在美丽的鳌山湾畔，一幢幢建筑正在拔地而起，一些教学楼已经交付使用。就在今年的 8 月底，学校在青岛校区举行了暑期读书班，谋划部署学校工作。这一看似平常的举动实则蕴含着里程碑式的意义，它标志着经过三年的建设，青岛校区运行启用已经拉开帷幕。2016 年，一座充满现代气息的大学校园将呈现在人们的眼前，明年的第一批新生、你们的学弟学妹们将在那里追逐蓝色的梦想。

同学们，山东大学具有光荣的历史与传统、美好的现在与未来。但世界上没有十全十美的大学，山东大学也不例外。学校在办学条件、管理服务等方面，与一流大学的标准、与同学们及你们家长的期望和要求还有很大差距，这都是我们下一步需要努力的方向，我们将坚持以学生为本，深化综合改革，为同学们的成长成才创造良好的环境。而对同学们来说，当你选择山大的那一刻，你就永久性地成为山大的一员，与山大建立起割舍不断的血脉联系，从此我们将休戚与共，风雨同舟。

作为一位山大人，使自己成长为社会的领军人才既是学校永恒的使命，无疑也是你为之不懈努力的人生追求，而如何在山大辉煌的百年校史上写好属于你的浓重一笔则更应当时刻校准你前进的方向。要实现这个目标，学习是必经之途。山东大学的校训，“学无止境，气有浩然”，八个大字高悬于图书馆之上，无声地诠释着、昭示着这个道理。

去年在这里，我对你们的学长们讲了养成“浩然之气”要从四方面努力。现在，我想与你们就如何践行“学无止境”，再分享三句话：

第一句话：让学习成为积极的生活方式。我始终认为，教育的目标最终是通过学习来实现的。每一个人都是通过学习来完善自己、塑造自己。我国著名数学家华罗庚说过："在寻求真理的长河中，唯有学习，不断地学习，勤奋地学习，有创造性地学习，才能越重山跨峻岭。"所以，学习就是你们在学校的第一要务，它是一切行动的根基。特别是在当今时代，知识更新周期大大缩短，新知识、新事物层出不穷，互联网正以改变一切的力量，在全球范围掀起一场影响人类所有层面的深刻变革。在这个时代里，没有什么是恒常不变的，没有哪项学习是可以一劳永逸的，如果不主动加快知识更新、持续优化知识结构，不努力增长才干、拓宽眼界视野，就没办法跟上时代前进的脚步，也就必然会被时代所淘汰。所以，大家应当把学习作为一种责任、一种精神追求、一种生活方式。

我们的学习，既要做好"学"，更要做好"习"。"学"是汲取知识掌握规律的过程；"习"则是获取知识的延伸，是学以致用知行合一的实现。"学习的目的全在于运用"。"学而时习之，不亦说乎"，说的就是这个意思。习近平总书记强调，"读书是学习，使用也是学习，并且是更重要的学习"。"知是行之始，行是知之成。"知行合一、躬身实践，才能不断地完善自我、历练成才。所以，无论你正在学习什么课程、什么专业，如果能在学习中努力实践，将所学知识与具体应用结合起来，做到干中学、学中干，就一定可以融会贯通。

第二句话：让创新成为学习的不懈追求。山东大学为社会培养了众多优秀人才，今天应邀出席开学典礼的凌沛学校友就是其中的优秀代表。他在 30 年的时间里，专注于玻璃酸钠的研究、开发和产业化，获得了巨大的商业成功，造福了社会，造福了人民。这些杰出校友成功经历给我们一个重要的启示：就是要融于时代、勇于创新。

我们正置身于一个"大众创业，万众创新"的时代，国家正在大力推进实施创新驱动发展战略，这个时代比任何时代都强调创新，这对我们的学习方式提出了新的要求。一方面我们要用创新思维来指导学习。要站在全球的高度，开阔视野，提高境界，为思想插上翅膀，以兴趣引领探索。要充分发挥批判性、创造性思维和实践能力，敢于想前人之未想，做前人之未做，敢于超越权威，敢于探索新的世界，做到不断变革、进步和超越；另一方面，要改变传统的被动学习方式，充分发挥主观能动性。最佳的人才培养过程不是老师单向的指导和知识灌输，而是老师、学生的双向互动。你们不仅仅是学校和老师的产品，更是自己的作品。你们既是学校的服务对象，又是人才培养过程中的合作伙伴。因此，从现在开始，你们应该努力参与到塑造自己的过程中去，学会自己选择成才的目标和路径，自己选择成为什么样的人才，走什么样的成才之路。学校会尊重和满足你们多元的选择需求，着力为你们创设个性化的发展空间。

第三句话：让修身成为学习的永恒主题。国无德不兴，人无德不立。道德之于个人、之于社会，都具有基础性意义，做人做事第一位的是崇德修身。我们的古人说："大学之道，在明明德，在亲民，在止于至善。"把修德置于首位。大学作为教育机构，就是要"千教万教，教人求真；千学万学，学做真人"，就是要向学生传递道德的力量、信念的力量、知识的力量。

山东大学在这方面有先天的基因，我们有着崇高的天下观和家国观。立校之初选人育人即坚持德才并举、以德为先，要求学生"正心术，敦品行，明伦理，知大体"，激励学生崇实求新，这也涵养了山大人刚毅、厚重、朴实、内敛的内在品格。

我们医学系1980级校友王晨就是这样一个代表，他在欧洲打拼十几年，拥有高技术发明专利和行销全球的医药产品。这些年他对母校共计捐款6000万元，成为山大校史上捐款最多的个人。他每次回母校都不要学校接送，不要学校安排住宿，谢绝学校的宴请。他说在国外生活多年，母校的精神和灵魂始终影响着他，“如果一个人是品格高尚的人，有大智慧的人，就不会去在乎是不是在做好事，不去争名夺利”。

当然，这个时代，在利益的驱动下，也会有人把理想、信念、道德当作筹码去换取所谓的价值，但作为一个山大人，应该自觉远离这样的趣味，始终牢记“三个承诺”：一是对真理的承诺，弘扬科学精神，只问是非，不讲利害；二是对历史的承诺，要让每一个今天在成为过去的时候经得起历史的检验；三是对人民的承诺，使学习和做人对得起社会大众、对得起父母亲人。

同学们，前路漫漫，学海无涯，使命在肩，砥砺前行。请你们带着滚烫的理想、带着火红的青春，以学习为伴，与山大同行！

谢谢大家！

在 2015 年春季新学期工作会议上的讲话

（2015 年 3 月 3 日）

校长　张荣

同志们：

新春佳节刚过，先向大家拜个晚年，祝大家羊年吉祥，事事如意！

新年新气象，大家都希望学校的事业在新的一年能够取得新的突破，希望学校的改革发展能够推向一个新的高度。前几天，学校领导班子集中研讨了新学期工作，就新一年的重点工作进行了认真梳理，明确了 2015 年学校党政工作的要点。今天我们召开全校的新学期工作会议，我着重把学校的行政工作思路与大家作一个交流，具体的工作要点随后将下发给各单位。守信书记稍后将部署党委工作并作总结讲话。

首先，我们一起对 2014 年的工作做一个简要回顾。

2014 年，对山东大学来说是非常重要的一年，有几项工作将对山东大学的发展产生深远影响：《山东大学章程》经教育部核准颁布，为我们在新形势下推进依法治校、科学发展提供了准则和依据；党的群众路线教育实践活动和巡视整改工作深入推进，帮助我们查找和解决了阻碍学校发展的诸多深层次问题，成为促进学校科学发展的重要机遇；机关三定工作有序推进，内部治理结构不断完善，为深化综合改革打下了坚实基础，也为学校发展注入了活力。

在这样的背景下，学校各项工作都取得了进展，这些进展主要表现在以下几个方面：

一是师资队伍建设取得新成效。新增双聘院士 5 人，新增国家“千人计划”特聘教授、“青年千人计划”入选者、“长江学者”特聘教授和讲座教授、国家杰出青年基金获得者、“泰山学者”攀登计划专家等高层次人才 21 人。新增科技部创新人才推进计划创新团队 1 个，中青年科技创新领军人才 2 人。

二是人才培养工作开创新局面。本科招生质量不断提高，生源结构进一步优化，学分制改革全面实施，人才协同培养深入推进；研究生培养工作持续创新，培养机制改革不断深化。学生就业率保持较高水平，本科毕业生就业率为 93.91％，硕士研究生就业率达 95.58％，博士研究生就业率达 96.74％。

三是科学研究实力实现新提升。获批准立项“973”计划项目2项、国家“863”计划项目1项。国家自然科学基金立项主要指标进入全国前10位。获得三项国家科学技术二等奖。SCI收录论文总数排全国高校第8位，连续7年保持在全国高校前10名。CSSCI收录论文1176篇。SSCI收录论文62篇，较上年度增长59%。对SSCI我多说几句，这件事不仅代表对论文作者个人学术水平一定程度上的国际认可，它与A&HI一起也是反映一个学校、一个人文社会学科国际化水平的重要指标之一，对山东大学这样一所文史见长的学校来说尤其如此，希望文科的老师们要高度重视。我校参与的国际重大科研项目AMS实验在暗物质探测方面再次取得新的重大进展。国家哲学社会科学年度项目立项数量全国高校排名第2位。“全球汉籍合璧与传播工程”项目启动。

四是对外交流合作迈上新台阶。校外研究院建设初见成效，获取各类经费达2500余万元。全年捐赠资金到账5400万元，争取教育部配比奖励3146万元。国际合作交流呈现新局面。授予国学大师饶宗颐教授、著名数学家彼得·萨奈克教授、法兰西学院院士程抱一教授名誉博士学位，授予台湾海峡交流基金会原董事长江丙坤、泰国公主诗琳通女士名誉教授。入选欧盟第七框架计划成员单位，再获“孔子学院先进中方合作机构”奖。金光亿教授荣获“齐鲁友谊奖”。

五是青岛校区建设进入新阶段。确定青岛校区首批学科设置方案，新增学科培育和人才引进工作开始起步。校区建设全面加速，博物馆、图书馆、体育中心进行了优化提升，并调整为青岛市政府的“交钥匙工程”，多幢重要建筑开工建设。规划出台青岛校区办学用房配置初步方案，教职工住房选购工作和学院搬迁工作平稳展开。

六是民生事业发展跨越新节点。全年立项220余项，用于水电暖基础设施改造、学生宿舍等维修改造。特别是配合国家和地方环境治理宏观政策，加大绿色校园建设力度，完成学校节能监控平台一期建设，申请教育部供暖配套费专项资金5000万元和国家大气污染防治专项资金718万元，中心校区加入济南市集中供暖，彻底改变学校用能方式。积极推进职工住宅物业服务的社会化、市场化。认真做好青年教职工公寓租赁选房及教职工住房管理工作。完成交通车货币化改革。教职员工收入稳步增长。

总体来说，我们在2014年取得了不错的成绩，在世界一流大学建设的征程上又迈出了坚实一步，值得欣慰。

那么，在已经到来的2015年，我们该如何面对？如何走好这段路程？

2015年，国家层面的全面深化改革已进入关键之年，高等教育改革作为国家全面改革重要组成部分，也进入新的阶段。对于山东大学来说，改革理所当然是2015年的主题，也是学校工作的主线。今天，我将重点围绕学校的改革工作谈三点意见。

一、树立改革意识，坚定改革信念

十八大以来，以习近平同志为总书记的党中央统筹谋划、全面布局，改革部署全面展开，改革向纵深推进，行动之快、效率之高，让全党全国精神为之一振。随着一系列具有标志性、关键性、引领性的改革措施落地生根，一些重要领域和关键环节的坚冰正在被打破。这种深度改革、“点穴式”改革，必将重塑中国经济社会，必将重塑高等教育发展新环境，对高校人才培养、科学研究、服务社会和文化传承与创新的功能提出更高的要求，同时也为高校迅速发展提供新的机遇。

十八届三中全会对全面深化改革的重要领域和关键环节作出重大部署，特别是围绕“深化教育领域综合改革”总体要求，明确了教育改革的攻坚方向和重点举措，关系教育发展的核心问题成为改革的主要对象，精准发力、综合实施成为这次改革的基本特征。去年7月份举行的教育部直属高校咨询会议专门对深化高等教育综合改革作了部署，并分别推出高校和地方改革试点，地方政府的高等教育改革重点在高考，目前试点地区的改革方案重点在引导高校加大学科建设力度，突出学科特色，在学科层次上实现竞争发展。最近一段时间，各高校都在紧锣密鼓制定综合改革方案。可以预见，不久的将来，全国高校将会呈现百花齐放、千帆竞发的新局面。

可以说，改革成为一种新常态。刘延东副总理强调：“不改革就没有出路，甚至连已有的改革成果也保不住。”谁能把握好节奏，尽早实行改革，谁就会占得先机。在这样的局面下，我们必须树立改革意识，把全面深化综合改革作为培育学校竞争力的根本出路放在各项工作的首位。

几年前，我们确立了建设世界一流大学的目标，并以这个目标牵引学校的各项工作，学校的综合实力和社会影响力得到了显著提升。但是，我们还存在很多制约发展的深层次矛盾和问题，有些问题在教育部巡视工作中已经揭露，这些问题不解决，将严重阻碍我们建设世界一流大学的进程。春节前发生的医学院教学标本外流事件，严重伤害遗体捐赠者亲属的感情和中国传统伦理观念，影响学校的社会形象，进一步暴露了我们在管理体制和工作作风上存在的严重问题，学校将在查清事实的基础上对相关责任人追究责任，同时加大整改力度，对制度和作风进行严肃整顿。

面对复杂的发展环境，我们必须对自己所处的历史方位有一个准确的判断，对面临的严峻挑战有一个全面的认识，并对自身的发展时刻保持头脑的清醒。一周前，美国US News和Thomson Reuters公司合作发布了2015年世界大学排名，在前500名中，中国有27所高校上榜，山东大学名列全球第343名，中国第14名。但是，这只是对学校的综合排名。寒假前，在处级干部专题报告会上，我曾经和大家交流过一个学科评价的信息，是由中国校友会网发布的2014年中国大学排名情况。在这个榜单里面，按照综合排名，山东大学是第16名，而按照学科排名，却是第63名。这个名次意味着有将近30所非“985”高校从学科指标上排到了我们的前面。今天，我再和大家交流一个信息，是Nature出版集团关于科研代表性成果的评价指标，这个指数受到了全世界科研机构和高等学校的重视，已经成为一个高端成果的重要指标。在2014年公布的指数中，山东大学在全国排在第29位，加权成绩较上年下降38.4%，而整个中国高校的平均增长率达到14.9%，绝大部分高校加权成绩都是增加的，在前50名的学校里，山东大学是下降幅度最大的。这是非常危险的信号，值得我们每一个人高度警醒。

为什么会出现这样的问题？这说明我们的发展模式已经不能完全适应新时期高等教育趋势和要求，说明我们的体制机制已经不利于我们科学发展，说明我们的许多工作理念已经跟不上时代的变化。

如何解决这个问题？我们必须想办法出实招、出高招，改革就是关键一招。唯有通过改革，才能为学校发展注入生机和活力，因此，我们必须要牢固树立改革意识。

我们现在面临的这轮改革不同以往，任务非常艰巨，决定着学校的长远发展。这场改革硬仗我们只能胜不能败。

要打赢这场硬仗，必须解放思想，转变观念。要放眼全球，以国际视野审视问题。更要务实地解剖分析我们自身的问题，找准病灶，精准发力，针对性地解决问题。要打破传统思维，积极开拓创新，不能跟在别人后面亦步亦趋，要想他人之未想，做他人之未做，敢于走在改革前列，力创改革的标杆。

要打赢这场硬仗，必须鼓足政治勇气，敢于担当。要深刻认识到我们所处的充满危机和挑战的环境，充分认识改革的艰巨性和复杂性，敢于向自己开刀，敢于啃硬骨头。既勇于冲破思想观念的障碍，又勇于突破利益固化的藩篱，取得实质性突破。

要打赢这场硬仗，必须转变作风，狠抓落实。要增强改革的主体意识，用实际行动支持改革、推动改革。不空喊口号、不虎头蛇尾、不做表面文章，要动真格，求实效，做到措施落实、责任落实，把改革推向纵深。

二、聚焦改革目标，明确改革路径

对于“985”高校来说，改革的目标很明确，就是创建世界一流大学。我们早在5年前就确立了这一目标，尽管我们与世界一流大学还有很大距离，尽管我们遇到了这样那样的困难和挑战，创建世界一流大学始终是我们毫不动摇的奋斗目标，我们要坚定这个信念。

要创建世界一流大学，首先就要研究世界一流大学的特征和实现一流大学的路径。一般来说，世界一流大学应该拥有一流的学科体系，一流的文化影响力和学术影响力，一流的毕业生和一流的支撑保障系统。从另一个角度也可以归结为，世界一流大学应该具有综合性、创新性、国际性、引领性四个特征：

综合性主要是指学科维度，拥有理想的学科结构，有以优势学科为依托的多个学科群，具有强大学术竞争力。培养的学生也具有宽广的知识面和综合运用多学科知识的能力。

创新性是指具有良好的学术氛围和创新机制，有原创性科研成果不断产出的优秀土壤，有独具特色的创新人才培养模式。

国际性是指世界文明交流互鉴的重要平台，是世界学术交流的重要中心，是国际杰出人才培养的重要基地。在学生培养中尤其重视国际视野、国际思维和驾驭复杂国际事务能力的培养。

引领性是指拥有一大批影响人类文明和社会经济发展的成果，能够影响世界的科技和文化，所创造的思想和知识让世界受益，所培养的人才具有引领社会的能力和魅力。

对比这个要求，我们确实还差得很远。在下一步的工作中我们要围绕办学目标，坚持问题导向，聚焦关键节点，加强顶层设计，寻求切实可行的解决方案，妥善处理解放思想和实事求是、整体推进和重点突破、改革发展稳定的关系，着力完善支撑学校发展的内部治理、学科建设、教育教学、科研创新、国际合作、人事管理、资源配置等七大体系，调整发展结构，转变驱动方式，创新体制机制，激发创新活力，全面提升学校办学水平。

这学期的一项重要工作是制定“十三五”规划，与之相关的是综合改革方案。上学期我们一直在研究制定《山东大学综合改革方案》。这个方案已经形成了文本，并在一定范围内经过多次征求意见和反复讨论修改，这学期还要在全校范围内听取意见，修改完善，成熟后将成为未来学校改革的路线图。下一步，我们将在这个方案的框架内深入推进各项改革。

三、落实改革举措，推动改革向纵深发展

2015 年是山东大学改革的关键之年，千里之行始于足下，今年我们就要以改革的精神扎扎实实做好几项工作。2015 年的行政工作要点将于会后上网公布，在此我就不一一列举，这里我重点强调以下几个方面：

第一，学科建设。我们一直说学科建设是龙头，一直在强调学科建设的龙头地位和龙头作用。但是说了很多年，关键性问题还没有解决，今年务必有所突破。一是要制定学科发展规划。今年上半年，各学院要在调研论证基础上，提交学科建设分析报告。这个报告要有对比分析，每个学院都在国际和国内高校的相近学科中找一个参照对象进行对比，提出发展目标、路径和措施。学科建设办公室据此汇总形成新的学科发展规划。二是要对学科的发展进行分类指导、突出重点。重点支持三类学科，一类学科是已经在国内享有一定优势的学科，叫重点学科，或者叫优势学科。一类是虽然现在整体优势不突出，但是在某一个方向或者说在某一个二级学科上有优势，这一类学科我们称之为特色学科，要给予一定的优先保障。第三类就是新兴学科，为未来的学科竞争下好先手棋。三是要创新学科管理体制。积极探索学部制等一些改革措施，真正落实两级管理体制，调动学院的积极性，解决我们学科碎片化的问题，解决我们学科资源过于分散的问题，解决我们学科竞争力太弱的问题。今年学校还将启动医学教育改革。

第二，队伍建设。一是制定队伍建设的规划。加强调研，在调研基础上制定切实可行的教师队伍、管理队伍、教辅队伍等一系列的队伍建设规划。二是推进人事制度改革。完成校部机关“三定”工作，树立“岗位管理、全员聘任”的理念，坚持按需设岗、优化结构、精简高效的原则，进一步明确各类各级岗位聘用条件、岗位职责、目标任务及聘期考核标准。探索建立与之配套的分流制度，形成岗位能上能下、人员能进能出，充满活力的用人机制。三是高层次人才队伍建设。大家首先要高度认识人才队伍建设和高端人才引进的重要性，人才的引进不仅仅是增加人才的数量，同时也是改变我们的学缘结构，增强队伍的竞争力，拓展学科的增长点。我们学科队伍存在的问题中除高端人才不足外，近亲繁殖、学缘单一导致的学科方向老化、活力不足也是特别需要重视的问题。高端人才的引进要和学科结合，学校要加大对学院这项工作的考评力度，任务完成好的我们要给予激励。加强引进的同时要特别注重考评带头人的带头作用，考评带头人帮着学校引进了多少人，争取了多少大的项目，建设和帮助搭建了多少平台。

第三，人才培养。尊重学生主体地位，将学生成才路径的选择权还给学生。本科生培养方面：一是落实好学分制改革。促进学生自主选择专业、自主选择课程和自主选择学习进程，尊重和满足学生多元化选择需求，着力为学生创设个性化的成才通道。二是以新一轮本科教学评估为契机，更新人才培养理念，推进教学方法改革。三是加强学生

的创新创业能力的培养。利用青岛校区中美大学科技创新园、山东工业技术研究院等平台培养、强化学生的探究意识和创新精神，在创新创业教育方面尽快形成我们的特色。研究生培养方面：一是在学科改革的基础上，调整学位点的结构。二是用研究生培养质量和招生指标倒逼研究生培养条件建设，加大对导师培养能力的考评要求。

第四，科学研究。一是加强创新能力建设。面向学术前沿和国家重大需求，进一步破除学科壁垒，加强国家级平台、国家重点实验室建设，依托文科雄厚积淀，深化教育部人文社科重点研究基地改革，加强国家智库建设。二是改革科研管理体制，使我们的资源既充分地释放活力，同时又不导致力量的分散。三是努力争取科研资源。搭建大平台、争取大项目、组建大团队、创造大成果依然是我们今年一项非常重要的任务。四是调整成果考评机制。建立健全以质量和贡献为导向的科研评价机制，实施科学的分类评价，着重加强高影响力成果的激励。五是加强产学研合作。这既是成果的出口，其实也是争取资源的一个重要途径，要设计新的政策对成果转化进行持续稳定支持。

第五，青岛校区建设。要把青岛校区建设作为改革的试验田，进一步研究完善青岛校区首批学科设置总体方案，创新青岛校区管理模式和运行机制，彰显办学特色。按照改革的思路，统筹考虑青岛校区启动运行的必备条件，充分做好搬迁前期的各项准备工作。各部门从今年起要将青岛校区的延伸管理列入工作计划。

第六，内部治理结构。积极推进依法治校，落实党委领导下的校长负责制。完善学术委员会制度，理顺学术权力和行政权力的关系。健全董事会制度、校务委员会制度，促进民主决策、科学决策。积极探索异地多校区管理体制和运行模式，推动各校区协调发展。这件事涉及到每个部门、每个学院，大家都要广泛调研认真思考，精心谋划，稳妥推进。

第七，国际合作。转变国际合作理念，服务学校中心工作，推动学科、人才、科学研究的全方位国际化。配合青岛校区的建设，做好中美大学科技创新园、德国学院、海洋研究院相关工作。以推动全球汉学联盟和汉籍合璧工程、承办第 22 届国际历史科学大会为契机，推动高端国际交流与合作。

第八，后勤保障。要深化财务管理体制改革，加强财务监管，转变资金投放观念，由“重物”到“重人”；拓宽筹资渠道，实现办学经费快速增长。优化资源配置方式，合理调整空间布局。改革能耗管理机制，坚持技术节能、管理节能并举；探索实行校院物业费分担机制，降低管理成本。

同志们！2015 年工作任务已经明确，关键在于如何落实。习近平总书记强调，干部就要有担当，有多大担当才能干多大事业，尽多大责任才会有多大成就。在座的各位就是推动学校改革发展的中坚力量，是承上启下的关键环节，既是学校决策和谋划的参与者，更是学校工作的落实者、推动者，同时还是本部门、本学院工作的谋划者、决策者、组织者。各位能否尽到责任，直接关系到学校事业发展，关系到世界一流大学建设的进程。所以，希望在座的每一位增强责任感和紧迫感，勇于担当，开拓创新，以身作则，率先垂范，扎实推进综合改革，做到真改、实改、深改，为山东大学世界一流大学建设和新百年辉煌做出更大贡献！

谢谢大家！

在 2015 年秋季新学期工作会议上的讲话

（2015 年 9 月 14 日）

校长　张荣

同志们：

今年这个暑假恐怕是我们近年来最紧张最繁忙的一个假期了。这个暑假里的山东大学有史以来得到全球学术界最为集中的关注，因为在 8 月 23～29 日，我们在山东省、济南市和有关各方的支持下成功举办了第 22 届国际历史科学大会。

本届大会取得了空前的成功。国际史学会主席玛利亚塔·希耶塔拉、国际史学会秘书长罗伯特·弗兰克给予大会高度评价，称“济南大会是历届国际历史科学大会中最成功的一次盛会，在济南的一周是精彩的一周”。

本届大会受到中央的高度重视。习近平总书记为大会专门发来贺信，刘延东副总理亲临大会并发表重要讲话。习总书记的贺信和刘延东副总理的讲话引起了参会学者的广泛热议，引发了学术界高度共鸣，对于世界准确把握当代中国、更好地开展学术研讨、推动不同文明交流互鉴具有重要指导意义。

大会取得了一系列重要成果，意义重大，影响深远。

本届大会创造了到会人数特别是发展中国家参会人数、覆盖国家及地区数和青年学者参会人数三项新纪录。大会创立 115 年来第一次走进亚洲，来到中国，成为一次摆脱欧洲中心历史观的成功尝试，代表着国际学术视野的扩展和人文方向的转变，标志着国际历史学研究的重大转折。

本届大会凸显中国元素，讲述中国故事，传播中国声音，成为展示华夏文明、推动中华文化走出去的绝好时机，成为展示中国综合国力和国际影响力的重要舞台。同时，大会与世界反法西斯战争暨中国抗日战争胜利 70 周年纪念活动紧密结合，使国际历史学家重新认识并高度评价了中国为二战胜利所做出的巨大贡献和牺牲。此外，大会也显示了中国历史学、中国历史学家在世界历史学及其学术共同体的影响与地位。

这次大会较为系统地展示了齐鲁文明和山东形象。大会结合主会场议题，在济南、青岛、淄博、泰安、济宁、聊城六市举行卫星会议，进一步展示了山东文化的深厚底蕴，提升了齐鲁文化软实力，推动山东进一步走向世界。

本届大会大大提升了山东大学的知名度和影响力。这可以从三个方面来说。首先，树立了山东大学的良好形象。我们认真遵循“坚持学术主导、尊重办会传统、坚持一流标准、坚持勤俭办会”的原则，确保大会在完全自由的气氛下进行学术讨论，获得了高度评价。其次，在国际历史科学大会史上留下了山大印记。这主要体现在大会首设的两个奖项。大会第一次设立“国际历史学会—积家历史奖”，被誉为“史学诺贝尔奖”，创造了大会的历史。获奖者法国著名史学家格鲁津斯基与我们达成了合作意向，他将把他后十年主要用来研究中国的问题，而研究中国的基地就放在山东大学。第二个奖项是“国际历史学会—山东大学青年历史学家奖”。经国际史学会全体会员讨论通过，将该奖项作为以后历届大会的常设奖项，鼓励并带动青年学者的发展，该奖项由山东大学来组织评选和颁发。再次，彰显了山东大学“文史见长”的办学传统。通过大会，与会学者更深切地了解了山东大学办学历史和学术底蕴，扩大了我们的学术影响。

第22届国际历史科学大会的成功举办，是山东大学发展史上的重要里程碑。这是我们的荣耀，毕竟在中国高校乃至欧美之外的大学中，能够承办这一“史学奥林匹克”的，115年来我们是第一家。这也是我们的压力，举办这样的学术盛会，就要求我们“文史见长”的这面旗帜举得更高，要求我们的文史之长在更加宽广的学术舞台上经受检验和考查。这更是我们的动力，同时也为我们的发展提供了机遇，我们应该全面总结大会成果和经验，乘着第22届国际历史科学大会的东风，推动各方面工作上新的台阶，特别是要精心谋划，抓住机遇，开拓创新，制定实施“文史复兴计划”，推动人文社会科学的“四化”建设，使我们的文史学科迈向更高的台阶。

下面，我和大家交流一下我们新学期的工作，在一丝不苟落实好2015年行政工作要点的基础上，重点要抓好以下几件大事。

第一件大事是完成“十三五”规划。“十三五”是学校全面深化综合改革，加快推进世界一流大学建设的关键时期，我们面临着空前的机遇和严峻的挑战。做好“十三五”规划对学校事业发展具有重要意义。“十三五”规划涉及学校工作的方方面面，上个学期我们已经做了部署，但目前看来，效果还不理想，究其原因：一是重视程度不够，二是用的时间、花的精力还不够。这个学期，我们要下大力气做好这项工作。各位领导要带着各分管部门和相关院系，做深入细致的调查研究，找准我们和别人的差距，认清哪些是我们的短板，精准发力，拿出有针对性的措施和方案。从步骤上来说，我们需要：

首先编制好学科发展规划。“学科建设是龙头”，把学科的事情搞好了，很多其他的东西就可以看得更清楚。要按照“有所为，有所不为”的原则，重点建设优势学科、特色学科和新兴学科，整合淘汰老化学科和弱势学科；按照“升位，错位，占位”的要求，切实做好学科方向凝练工作，学科方向设置要突出重点、控制数量。每一个学院、每一个学科应该至少有一个国内外大学的、具有可比性的标杆学科，将它作为参照系，来反观自身，谋划论证。同时，学科发展规划还要和“双一流”专项的申报联系起来，这也是需要我们提前谋划的。在“双一流”的材料准备中，我们需要精心地去开展统筹研究，进行策略设计，看看怎么来组织队伍、调配力量。

其次要做好其他的相关工作。除了学科发展规划外，其他的工作包括事业发展规划、校园发展规划、基建规划，都得跟上，全校上下要进一步增强责任意识和服务意识，齐心协力圆满完成“十三五”规划编制工作。

第二件大事是落实综合改革方案。我们的综合改革方案，已于6月底报给了教育部。这学期我们要按照综合改革方案的设计，尽快启动以下几个方面的工作：

一是医学教育改革。9月4日下午，第42次党委常委会审议通过了医学教育管理体制改革实施方案，现在方案已经印发，下一步就是如何落实的问题。这次的方案体现了尊重医学学科规律、实现管理重心下移、下放办学自主权的改革思路，我们要从学校发展全局角度全力给予支持保障，以“严”和“实”的精神积极稳妥推进方案的实施，确保改革取得实效。

二是人事制度改革，特别是薪酬制度改革。人事制度改革是所有改革的基础，因为它直接涉及到人，不解决人的问题，其他问题都难以治本。山东大学现在面临的问题，很多也是人的问题，我们教职员工的积极性、主观能动性还没有充分调动起来。怎么来调动积极性？就是要通过薪酬制度改革，通过人事制度改革。目前，我们人事制度的主要问题在于：一、薪酬和贡献挂钩不紧，贡献的大小在薪酬体系里体现得不够。二、对教师的要求偏低。如果把我们的职称晋升的标准拿到全国其他985高校去比是偏低的，我们报名的门槛和考评的标准都太低。目前考虑的办法就是年薪和常薪双轨制。对外招聘人才也好，校内教师也好，都可以申请经评审进入年薪制轨道，但是同时会对你提更高的要求。要从整体上优化薪酬结构，完善以岗位绩效工资为主，年薪制、协议工资制、项目工资制和团队薪酬制为辅的多元分配模式，将薪酬和贡献相结合。我们要统筹好不同队伍的建设，深化人事制度改革。要实行“岗位管理、全员聘任”，严格聘任考核。实施考核评价制度改革。

三是学科布局改革。无论是学位点的设置，学科的重组，还是本科专业的调整，都与学科布局改革有关系。总体来说学校学科摊子还是偏大，面铺得太宽，现有的资源支撑不了。要通过实施学科高峰计划，对一部分学科给予重点支持。在这个计划中，我们特别要做好人文社会学科复兴计划，在文科里面精心选择若干个基础比较好、有发展空间、有发展条件的学科，结合具体项目，给予重点扶持。

四是教育教学改革。今年教育部咨询会把教育教学改革放在特别重要的位置上，因为任何工作最终还是要靠人，学校办学的根本任务还是在人才培养。要着力抓好几件事情：一方面是要本着改革精神，探索一些对学生进行教育培养的新模式；另一方面是把创新创业教育当作改革的一个抓手，通过创新创业教育，解决教育教学当中存在的一些根本性的问题；要做好首届中国“互联网＋”大学生创新创业大赛的相关工作。

五是科技创新体制改革。这里我特别强调一下有几件事要抓紧：一个是协同创新的问题，协同创新中心的建设和计划申报工作要抓好。在科研方面另外一个重头就是海洋研究院，包括MECS项目，要尽快完成可行性研究，争取国家的支持。此外，要在科研经费提升、科技奖励申报、科研平台建设上下工夫，争取实现更大的突破。

六是内部治理体制改革。首先要解决的问题就是校区管理体制。要按照“统筹布局，一体发展”的总要求，做好相应的改革。这里特别说一下软件园校区。过去软件园校区是委托计算机学院来管理的，现在计算机学院涉及到搬迁，所以不能沿用过去完全委托学院来管理的模式，学校要把它管起来。内部治理还不仅仅是校区管理的问题，还涉及到部门三定、学科管理体制、民主管理体制等，这个学期都要着力解决。

第三件大事是做好青岛校区的工作。明年青岛校区就要正式启动运行，今年是关键的一年，这学期尤为关键，很多事情必须确定：首先要把原有的青岛校区建设领导小组进一步扩大，要加入更多的力量来支持青岛校区的建设，要扩充职能，不仅是在青岛校区建设的过程中，还要把青岛校区的启动运行、日常管理、搬迁、新学科的建设全部纳入统一管理体系；其次是要在青岛校区的教学科研、管理服务，包括若干学院的搬迁等方面，提前做好布局，要按照改革的思路，创新青岛校区管理模式和运行机制，研究确定职能部门延伸管理体制，充分做好启动运行各项准备工作。

第四件大事是下大力气做好整改落实工作。

关于这个问题，守信书记会作系统的部署，接下来我们还要开专门的整改工作会议落实，这里我只从行政配合角度谈一些意见。通过前期教育部巡视、近期国家审计署延伸审计和目前学校开展的“三严三实”专题教育活动，集中发现了一批制约学校健康发展、影响事业全局的突出问题，年初的“医学标本事件”以及暑假期间的“学费事件”更是集中暴露出我们在管理理念上没有做到以师生为本，管理工作不精细、执行力不高、作风上不严不实的现象还相当普遍。

整改落实工作，是学校必须完成的首要政治任务，更是推进解决阻碍学校发展突出问题，推动世界一流大学建设的重要支撑，我们必须以高度的政治责任感和历史使命感在党委的统一领导下抓好整改落实。一要强化问题导向，问题无论大小都要列出问题清单、路线图、时间表，即知即改、立行立改。二要聚焦突出问题。这次“学费事件”同学们对学校提出了不少意见，座谈会上提出的问题归纳了40条，前几天我到趵突泉校区调研，听取同学们对学校工作的意见，也提出了不少问题。下一步的工作重点是，对师生们反映的问题要认真梳理，创造条件逐条解决，真正让师生满意，接受群众监督。三要聚焦问题发生的深层次原因，坚持思想问题和实际问题一起整改，突出长效机制建设，真正解决好制约学校发展的根本问题，确保老问题不反弹、新问题不发生。

同志们，山东大学正处于推进综合改革这一“爬坡过坎”的关键时期，机遇和挑战并存，希望大家以高度的政治自觉和勇于担当的精神，以更加坚决的态度和更加有力的措施，激发改革发展的活力，埋头苦干，开拓进取，以从严从实的作风推动学校各项事业跃上新台阶！

谢谢大家！

在第22届国际历史科学大会闭幕式上的讲话

（2015年8月29日）

校长　张荣

尊敬的玛丽亚塔·希耶塔拉主席，

尊敬的安德烈·吉亚迪纳主席，

尊敬的张海鹏会长，

尊敬的各位专家、学者，

女士们，先生们，朋友们：

大家上午好！

当第22届国际历史科学大会的大幕徐徐落下的时候，我们同时也书写了历史研究的崭新历史。这个新的历史的标志，不仅仅在于国际历史科学大会创立115年来第一次走进亚洲、来到中国，更重要的是，正如罗伯特·弗兰克秘书长在接受媒体采访时所希望的，人们听到了更多中国学者以及来自拉丁美洲、亚洲、非洲的声音，使国际历史科学大会在多元文明交流互鉴中的平台作用更加彰显。

中国史学会和山东大学为能够不辱使命而感到欣慰。但我们知道，此次大会之所以能够书写新的历史，在于众多书写者的卓越贡献。我们首先要感谢所有的与会者，每一位与会者都对大会的成功做出了不可或缺的贡献！我们衷心感谢玛丽亚塔·希耶塔拉主席、罗伯特·弗兰克秘书长及国际历史学会全体同仁给予的信任和支持，衷心感谢中华人民共和国教育部和中国社会科学院给予的热情指导，衷心感谢山东省人民政府和济南市人民政府给予的全力保障，衷心感谢卫星会议承办地市的通力合作，衷心感谢全体工作人员、志愿者和媒体朋友的倾情付出！

中华人民共和国主席习近平专门发来贺信，国务院副总理刘延东亲自出席会议并发表重要讲话，这体现了中国政府和中国人民对本届大会的重视和关怀，也体现了对历史研究和全世界历史学家的尊重和期待，是对我们的莫大鼓舞。习近平主席的贺信强调了历史研究对于人类社会发展的重要作用，指出了历史学家对于每个国家和民族历史的应有态度，提出了世界认识当代中国的正确路径。刘延东副总理的讲话充分阐释了中国历史的内涵，介绍了当代中国的特征，发出了关于深入开展历史研究的倡议。这对于我们准确把握当代中国，更好地开展学术研讨，推动不同文明交流互鉴，无疑具有重要的指导意义。

七天来，来自全世界76个国家和地区的2000余名史学专家和学界精英汇聚美丽的齐鲁大地，创造了到会人数之最，创造了发展中国家历史学家参会之最，创造了青年学者参会之最。本届大会坚持以学术为主导，围绕“历史：我们共同的过去和未来”的大会主旨，就“全球视野下的中国”“书写情感的历史”“世界史中的革命”“历史学的数字化转向”等多个议题展开深入探讨，可谓“百家争鸣，百花齐放”。经过平等友好的对话交流、高规格的学术共享，学者们深入挖掘自然与人类和谐相处的历史智慧，探寻历史学的发展路径及其现实意义，取得了丰硕的成果。本届大会规模之大、层次之高，史无前例，其内容之丰富、影响之深远，必将载入国际历史科学大会的史册！

承办此次大会是我们的荣幸，更是我们的使命，山东大学全力以赴，不敢有丝毫怠慢，本着把本届大会办成一次最成功、最精彩大会的目标要求，做了许多积极探索。在会务筹备上，我们始终坚持省院校三家联动工作机制，加强与中国社科院、山东省的会务谋划；在会务策划上，我们坚持全球化与民族化为一体，继承国际历史学会的办会原则和习惯，也在会务筹备中融入中国的文化元素，比如大会的形象标识所体现出的汉文化特征，被广泛赞誉；在会务开展上，我们坚持时代性与创新性为一体，以卫星会议来传播承办地的特色地域文化，以微信、微博、二维码等现代信息技术提高会议的宣传与会务的处理效率。

具体来说，在办会过程中，我们做了以下创新性的工作。这次大会增设了第四个研讨主题——历史学的数字化转向，体现大数据时代下的传统历史学研究的现代化倾向；在济南、青岛、淄博、济宁、泰安、聊城六市增设卫星会议，发挥山东丰厚的历史文化资源优势，彰显山东蓬勃发展的现代风韵；召开中国历史学科教学指导委员会年会暨全国历史系系主任联席会议、中国博士后学术研讨会等平行会议，搭建中外历史学家和青年学者的沟通平台；在全球范围开展青年研究生学术墙报征集活动，促进史学研究后备力量的成长；配合国际历史学会设立首届“国际历史学会一积家历史奖”奖项，提升公众对历史学的认知；创办《中国历史评论》，扩大大会在中国学术界的影响。令我们欣慰的是，这些尝试使得大会内容更加丰富，亮点更加突出，为今后的国际历史科学大会提供了有益的启示。

女士们、先生们，朋友们：

今天各位会议代表走进山东大学的校园，在此请允许我向大家简要地介绍一下我们所在的这所学校。

虽然与世界其他著名学府相比，山东大学尚属年轻，但在中国，它是一所古老的大学。山东大学的建校史有114年，其前身为创办于1901年的山东大学堂，是继京师大学堂之后中国创办的第二所国立大学。山东大学的办学史有151年，可以追溯到1864年，当时美国人狄考文（Calvin Wilson Matteer）在山东蓬莱创建了齐鲁大学的前身登州文会馆，此后齐鲁大学的历史和传统又被山东大学所吸收。经过百余年的薪火相传，如今的山东大学已经发展成拥有 6 万全日制学生的重点综合性大学，并在济南、青岛、威海三地办学，形成了中国高等教育独具特色的办学模式。目前，我们正在抓住历史机遇，致力于建设世界一流大学。

山东大学是中国近代高等教育的起源性大学。1864 年创建的登州文会馆，率先引入西方教育体系，确立了先进的办学制度，实现人才培养的职业化，她所培养的毕业生遍布全国，其中有一批被京师大学堂等高校聘为西学教习，为中国近代高等教育和现代科学技术的发展奠定了基础。1901 年创办的山东大学堂是中国第一所京外官办高等学府，也是我国第一所按章程办学的大学，《山东大学堂章程》被清朝光绪皇帝晓谕全国推广，对国立新式高等教育的设立起着制度引领作用，为 1905 年的废科举和兴新学扫清了道路。一百多年的历史传承奠定了山东大学作为中国近代高等教育起源性大学的地位。

山东大学是海内外瞩目的文史研究重镇。山东大学地处齐鲁大地，孔孟故里，被泽儒风墨雨，涵养了“文史见长”的办学特色。历史上，曾汇聚了一批著名人文学者，使山东大学的中国古史研究达到高峰。学校创办的《文史哲》杂志，开风气之先，是文史哲领域各种学术思潮的领导者和参与者，堪为中国人文社科研究的风向标，在中国高等教育界保持着“文科学报之王”的地位，《文史哲》已经发行至 30 多个国家和地区，世界著名大学图书馆大都有对《文史哲》的收藏。近 60 年来，中国历史学界的若干重大学术话题的讨论乃至激辩，都是由山东大学发起的，并产生了深刻影响。为适应世界文明转型、中华文明全面复兴的需要，山东大学整合组建的儒学高等研究院，积极挖掘儒学当代价值，努力推动儒学走向世界。此外，山东大学考古专业成果斐然、实力雄厚，山大博物馆是国内高校唯一的二级博物馆，馆藏着很多山大师生亲手考古发掘的国宝级文物。所有这些都奠定了山东大学在文史领域的引领地位。

山东大学有着“兼济天下”的博大胸怀。山东大学的血脉中流动着国际化基因，从登州文会馆到山东大学堂，都留有深刻的国际化烙印。山东大学堂开办之初，即把“为天下储人才，为国家图富强”作为办学宗旨，这里的“天下”二字充分体现了山大人的国际化视野和世界担当。100 多年来，我们秉承这个宗旨，为国家和社会培养了 40 多万各类优秀人才，成为国家栋梁和社会中坚，其中，有很多学生走出国门，遍布世界各地，在各自领域为所在国家和世界贡献着自己的聪明才智。在参加此次国际历史科学大会的代表中，就有不少是我们的杰出校友，比如来自美国芝加哥大学的著名历史学家彭慕兰教授。100 多年来，走国际化道路成为山东大学的办学传统。近年来，山东大学一直活跃在国际交流的舞台，先后与耶鲁、芝加哥、加州伯克利、莱顿、多伦多、澳大利亚国立大学等 40 多个国家的近 170 所学校签署校际合作协议，开展多种形式的重大科研项目合作，有不少项目取得的成果在国际上引起了轰动。

女士们、先生们，朋友们：

大学是文化传承创新、文明交流互鉴的重要载体和媒介，在本届大会中我们竭诚为大家的交流对话提供最好的平台，我们希望通过这个平台，不同种族、不同年龄、不同信仰的人聚集在一起，共话历史、分享经验，传承智慧、启迪未来。我们很荣幸地看到，这一切正在实现，通过第22届国际历史科学大会的成功举办，历史学的现实意义及社会影响正在进一步被挖掘，中外文化交流互鉴的更大平台正在形成，各国史学家的友谊种子正在生根发芽。相信本届大会结下的累累硕果，不仅会为国际历史科学发展带来跨时代的机遇，也将为山东大学的未来发展注入强劲的动力！

在全球化不断发展的今天，重大学术研究已经突破了国别和民族的藩篱，越来越注重全球视角和整体思维。希望大家在留下美好回忆的同时，能够和山东大学保持密切的联系，深化交流合作；期盼各位中外学者与我们共同携手，推进中华文化和世界文明的交流互鉴。

最后，我们共同分享一个真实的故事：几天前，准备参加史学大会开幕式的鲍德威先生误乘了49路公交车，随后发现路线不对，于是他下车准备步行到山东大厦。这个时候，他偶遇了一位济南老人，两人一见如故，聊了很多关于家庭的话题。分别时，老人主动将自己的自行车借给鲍德威先生，两人约定大会结束后归还自行车。鲍德威先生感慨地说："因为一次大会，我来到一座城市；因为这座城市，我结识了一个人；因为这个人，我更加爱上了这个国家。"这个故事其实也是国际历史科学大会精神的延伸。这标志着大会不仅取得了丰富的学术成果，也让我们彼此结下了深厚的友谊。希望我们的友谊长存！希望能与各位在济南重逢，期待下次的握手！

谢谢大家！

在庆祝 2015 年教师节暨优秀教师表彰大会上的讲话

（2015 年 9 月 10 日）

校长　张荣

亲爱的老师们、同学们、同志们：

大家好！

今年的这个季节与往年有很大的不同。9 月 3 日，大家共同见证了为庆祝中国人民抗日战争暨世界反法西斯战争胜利 70 周年而举行的气势磅礴的大阅兵。在这之前，我们成功举办了为期一周、第一次走进亚洲、精彩纷呈的第 22 届国际历史科学大会。前几天，我们怀着兴奋的心情迎来了 1 万多名新同学和 100 多位新教师。现在我们又带着感恩和自豪的情怀欢聚一堂，隆重庆祝属于我们自己的节日——第 31 个教师节。

首先，请允许我代表学校向所有获奖的老师表示最衷心的祝贺！向辛勤工作在教学科研、管理服务第一线的全体教职员工致以节日的祝福和美好的祝愿！向为学校改革和发展贡献过巨大心力的老教师、老领导、老同志表示节日的问候，并致以崇高的敬意！也向刚刚进入山东大学工作的新同事表示诚挚的欢迎！

教育是人类进步和社会发展的重要基石，是检验社会文明程度的重要标准，是社会发展的重要推动力。古往今来，任何一个时代，教育都以其特殊的地位对国家和社会产生重要的影响，而每一个时代对教育也都有不同的要求和期待。当前，中国的高等教育正发生着一系列深刻的变化，面临很多新的挑战和压力。

首先是教育需求在变化。在中国教育是一项古老的事业，但是今天却面临新的需求。这首先体现在教育的规模在变化。2014 年全国高等教育的毛入学率达到了 37.5%，我国高等教育进入了深度大众化教育阶段。深度大众化对包括山东大学在内地所有高校都提出了一个新的课题，即在高等教育体系中如何找准并实现自己的定位，便显得越发重要。山东大学是一所历史悠久且具有全国影响力的大学，始终位居高等教育发展的前列。高等教育发展到大众化教育阶段后，相对于过去的精英教育，教育需求已经发生了重大改变。山东大学如何适应这种变化，并对发展策略做出及时有效的调整，是一个值得我们大家共同思考的问题。作为国家重点建设的综合性、研究型大学，山东大学当然应当始终将发展目标放在引领的位置上，加快建设世界一流大学的步伐，打造具有综合性、创新性、国际性、引领性的一流学科体系和一流教师队伍，但是同样要考虑到不断发展的形势呈现的新特点。当前，国家和社会均对高等教育提出了新的要求和期待。一方面，国家明确提出要将“立德树人”作为我们教育的根本任务，教育的内涵与过去相比发生了显著变化。另一方面，社会对教育也提出了新的更高要求，每一位受教育者都希望能够将受教育的经历和未来的职业生涯更加紧密地联系在一起，这已经成为一种新的趋势。

其次是教育环境在变化。从大的方面来说，今天的世界与过去的世界已经有了很大不同。政治的多极化和经济的全球化成为不可阻挡的潮流，我们培养的人才不但要了解中国的国情、民情和中国文化，还应当具备世界公民的基本素质。山东大学作为“985”高校，致力于建设“世界一流大学”，在人才培养上应该有更高的要求，我们培养的人才应当具有熟练驾驭国际事务的能力。此外，经济的高速发展，不仅带来物质的极大丰富，气候变化问题、能源问题、环境问题、突发公共卫生事件、自然灾害等问题也接踵而来并愈发严重，给人类的发展和福祉带来新的挑战。如何应对解决这些问题，对高等教育提出了新的要求。从小的方面来说，社会的每一个进步和衍生出的问题也会反映到学校教育中。中国30多年的高速发展造就了发达的经济和社会，高校与社会的互动前所未有地密切，支撑高等教育发展的资源也史无前例地丰富，但长期积累的大量深层次问题和矛盾也会传递给高校，其中一些矛盾还面临集中爆发的风险，这是中国高校所普遍面临的发展形势和办学环境，可谓严峻的挑战与良好的发展条件并存。

第三是教育手段在变化。随着技术的发展，人们的思维方式、生活方式和生产方式都在发生深刻的变化。历史的经验表明，“一代技术一代文明”。今天的技术和过去的技术相比有了很大的不同，互联网＋的时代必然会带来与以往不同的文明特征和教育手段。所以，如何适应互联网＋的时代需求，如何改革我们的教育内容、教育方式，革新教育技术，是每一所学校、每一位教师都无法回避的问题。

最后是教育对象在变化。因为环境的开放和技术的进步，当代的大学生思想观念、价值取向、接受习惯都发生了巨大变化，但是高校的教育理念、教育模式、教育内容和教育手段却相对滞后。现在有一种普遍的情形，我们的老师在新技术应用的很多方面落后于我们的学生，学生学得更快，用得更好。学生获取信息比老师速度更快、信息量更广。而学生对传统的教育方式又缺乏兴趣和耐心，传统模式教育教学的效果大打折扣。

除了这些外在要求在不断变化外，山东大学内部也面临着许多突出问题，在师资队伍建设上突出表现在高端领军人才匮乏，教师队伍整体活力不足，人事管理体制不尽完善。因此，学校把人事制度改革作为学校综合改革的重点工作，结合学校现实情况，本学期将重点推进。目标是探索建立权责清晰、分类科学、机制灵活、监管有力，符合学校特点和人才成长规律的人事管理制度，为教师成长提供脱颖而出的机会，为教师创造力的提升提供制度上的保障。

第一，在队伍规划的基础上逐步推进编制改革，强化岗位管理。编制管理是对学校人力资源的宏观把控，对学校的建设和发展需要多少人、需要多少岗位做到心中有数。现在学校正在开展第三批的“三定”工作，今年还要按照学校“十三五”规划工作的总体要求制定各类人员的队伍建设规划，对学校各类人员的现状要摸底，对未来发展规模要有整体的、清晰的设计，要根据规划情况合理配置资源、设计相应的选聘、培养及管理机制，最终的目标是实现人尽其才、人尽其用，使有限的资源发挥最大的价值。要变身份管理为岗位管理。岗位具有开放性，可以在全国乃至全球范围内，面向所有人招聘，推动教师“能上能下”，这是大家都应该适应的一个变化。

第二，实施全员聘任，转换用人机制。从国家到学校，推行全员聘任已经谋划了很多年。但是在现有体制下实施起来，仍面临很大的阻力。聘任需要与岗位联系在一起，教育部对人事制度改革的基本要求是全员聘任、岗位管理。每一个岗位上的每一位同志和学校都是一种聘任关系，这是我们改革的一个目标，也只有如此，才能够激发和调动教职员工的积极性。

全面推行合同制管理，不仅是教育部的要求，更是学校发展本身内在的需求。从现在开始，学校将逐步实行全员聘任。对新聘的人员采用预聘制度，明确岗位职责和工作目标，达不到岗位要求的，我们就要采取“非升即走”的办法。学校已经完成了预聘制的文件编制工作，现已经在计算机学院进行了试点并收到了很好的效果。

另外，我们现在还要考虑教师存量的问题。下半年，山东大学会有 4000 多人第二聘期即将期满，我们会归并岗位聘请期满的考核和合同聘期的考核，在这个过程中逐步推行全员聘任，与全体教职工签订聘任合同，用合同来约定岗位职责，根据合同进行考核。通过合同管理来进一步明确学校和教职工之间的关系。这一改革不仅仅是为了激发我们队伍的活力和提升队伍建设的整体水平，也是依法治校的内在要求。十八届四中全会非常明确地提出了“依法治国”的要求，落实到学校就是要实现依法治校，要依法办事、依规矩办事。

第三，实施分类管理，完善考核评价机制。今年要在广泛调研的基础上，结合教师队伍现状，完善和提升教师职务学术评价标准。现在我们的职称评定已经改为岗位招聘，不再是传统的评职称，而是从学科发展的需求出发，设置若干个岗位，不讲论资排辈，评价标准除工作经历基本要求外，主要是竞争力和优势的比拼，有能者居之。

相比其他的“985”高校，我们现有的评价标准偏低，基本条件定得比较宽松，不利于学科的建设和发展，不利于优秀人才的脱颖而出，我们必须要逐步调整。下一步，我们还要根据不同的学科特点，构建分类指导、注重质量的多元学术评价体系，更加体现质量和贡献的体系。此外，还要逐步把对个人的考评转变为对个人和团队并重的考评，鼓励大家团结起来做事，鼓励大家组织起来干大事。

老师们、同学们、同志们，大学的使命是人才培养、科学研究、社会服务和文化传承与创新。这个使命主要是由教师完成的，大学办学以教师为主体就体现于此，所以教师是大学当中最重要的财富。一流的大学，必须要有一流的教师。我们今天的辉煌业绩是一代代山大人肩负神圣使命、怀揣坚定梦想，以辛勤汗水和坚实足迹铺就而成。学校的改革事业同样需要依靠全校所有教职员工凝心聚力、携手并肩、共同拼搏和奋斗。在这儿我想借这个机会给我们的老师们提几点希望，与大家共勉。

要坚持一个目标，牢记三项承诺。坚持“一个目标”，是指任何工作都要服从于实现中华民族伟大复兴的“中国梦”这一宏伟目标，重点聚焦“中国梦”的山大篇章——

创建世界一流大学的“山大梦”这一具体目标，评价工作的成效要看其是否有利于实现这一目标。学校当前的改革和建设进入关键节点，在“三地八校区”的办学格局之下，学校发展规模之大、建设任务之重、面对头绪之多，都是前所未有的。在高校教育改革全面推进的过程中，如何尽快理顺管理思路，构建合理高效、又充满活力的管理体制，跟上时代发展步伐，如何创新教育理念、探索新的育人模式、提高社会竞争力，如何加强人才强校战略、延揽海内外优秀人才、打造高层次教师队伍，尽快实现创建世界一流大学的目标。这些都是影响学校事业整体发展的重大课题，每位教职员工都应当树立高度的目标意识和责任意识，开拓进取，锐意创新，将自己的发展与学校的发展紧密结合起来，将个人的事业融入学校的事业。

其次，要牢记“三项承诺”。首先要牢记对真理的承诺，著名教育家陶行知说：“千教万教，教人求真，千学万学，学做真人。”这句话非常准确地说出了教育的终极追求，也说出了教育工作者对真理的态度。浙江大学前校长、著名教育家竺可桢先生说：“科学精神是只问是非，不计利害。这就是说只求真理，不管个人的利害，有了这种科学的精神，才能够有科学的存在。”作为人类知识保存、传承和创新的机构，对真理的服从和承诺是最重要的，我们要时时刻刻把对真理的承诺记在心上。这里包含三层意思：首先，要敬畏真理。我们的身份是教师、是学者，肩负着人类文化传承的使命，肩负着社会发展的期待，必须要坚定职业操守，严守学术规范，在学术问题上一定要严肃，不能讲情面、讲关系；一定要公正，不能讲利益、讲交易；一定要诚实，不能容忍任何虚假和欺骗。中央正在开展“三严三实”专题教育活动，所提倡的严与实的精神同我们对学术的要求、对学术工作者的要求在实质上是相通的。第二，要追求真理。不怕辛苦，不畏艰难，耐得住寂寞，顶得住诱惑，熬得过困难、挫折的压力。对真理的追求是我们知识分子的底线，是知识分子内生的动力。第三，坚持真理。在追求真理的过程当中，要不惧权威，不怕阻挠，在充分论证的基础上敢于坚持自己的观点。学术来不得半点虚假，如果你坚信真理在手，就请你坚持。

第二要牢记对历史的承诺。这个历史就是山东大学的历史和中国的高等教育史，要使我们的各项工作经得起历史的检验。历史是最客观、最严厉的裁判，如果我们不够用心，如果我们不用真力，如果我们不守规则，那我们造就的“豆腐渣”工程迟早有一天就会露馅，就会受到历史的惩罚。到那个时候，不仅个人的学术前途毁于一旦，而且家庭和学校也会受到严重的拖累。对历史承诺的另一个方面是必须跟上历史前进的步伐，我们要把这种承诺继续下去、传递下去，要与时俱进，掌握时代的变化和要求，及时调整办学思路和目标，改革管理体制机制，创新教学方式方法。每一项措施的出台不仅要着眼当前，更要谋划长远，看是否有利于学校全面、协调、可持续地发展，是否适应不断变化的形势要求，是否经得起未来的考验。

第三要牢记对人民的承诺。我们的学校、我们的每一位教师都是人民供养的，必须使我们的各项工作对得起社会大众、对得起学生，经得起人民的评判。这里包含几层含义，第一层含义是我们要能深刻理解和准确把握人民对高等教育的期盼。高等教育给予人民的承诺，就是要办人民满意的教育，是在充分尊重学生成长发展规律的基础上，培养出适应社会发展要求，具备高度竞争力，满足中国特色社会主义建设要求的社会精英和国家栋梁。第二层含义就是人民需要高校贡献什么样的成果。除了培养人之外，需要我们推出能够解决实际问题、有利于经济社会发展的学术成果。因此，我们要思考，如何杜绝伪学术、假成果，坚持高标准、严要求，做好学生的表率，真正发掘学生的潜能，帮助他们掌握科学的思想方法，形成活跃的创新思维，培育扎实的开拓能力，是作为教师每时每刻都必须思考、探索的课题。

老师们，优秀的教师不是天生的，而是在教学管理实践中、在教育改革发展中自我要求、自我约束而培养发展起来的。今天受到表彰的各位老师都是在教育战线上严谨自律、勤奋敬业、勇于创新，并做出突出贡献的标兵，希望我们每一位老师都要自觉向他们学习，在未来的工作中继续保持饱满的热情和执着的精神，为山东大学教书育人的伟大事业、为创建世界一流大学的共同目标而奋斗！

中共山东大学委员会
关于印发《山东大学综合改革方案》的通知

（山大党字［2015］37号）

全校各单位：

《山东大学综合改革方案》业经中共山东大学第十三届委员会第四次全体会议审议通过，上报国家教育体制改革领导小组办公室审核并获准正式备案。现印发给你们，请按照学校的统一部署和安排，积极稳妥地推进实施工作。

中共山东大学委员会

2015年12月28日

山东大学综合改革方案

过去110多年，山东大学作为我国现代高等教育的起源性大学，始终秉承“为天下储人才，为国家图富强”的办学宗旨，为国家培养了40多万各类人才。近年来，经过“211工程”“985工程”重点建设，学校的综合办学实力显著增强，教育教学质量显著提高，国际影响力大幅提升。展望未来，面对高等教育改革发展的新形势新任务新要求，学校将以更加强烈的使命意识、责任意识和危机意识，锐意进取，深化改革，着力破除制约学校事业发展的体制机制束缚，最大限度地激发和释放办学活力，在新的历史起点上全面推动科学发展、内涵发展、特色发展、创新发展，扎实推进世界一流大学建设。为此，特制定和实施本综合改革方案。

一、基本思路

（一）指导思想

以中国特色社会主义理论体系为指导，以“四个全面”战略布局为引领，深入贯彻党的十八大、十八届三中、四中全会和习近平总书记系列重要讲话精神，全面贯彻党的教育方针，坚持社会主义办学方向，遵循高等教育规律，落实《国家中长期教育改革和发展规划纲要（2010～2020年）》要求，瞄准创建世界一流大学的办学目标，紧紧围绕“立德树人”根本任务和“提高质量”工作主线，聚焦制约学校发展的突出问题，加快推进体制机制改革，积极探索具有山大特色的世界一流大学建设之路。

（二）基本原则

1. 坚持解放思想。遵循高等教育规律，借鉴国内外先进办学经验，把握发展趋势，研究新情况，解决新问题，大胆尝试，锐意创新，着力破除体制机制束缚。

2. 践行群众路线。尊重和凸显师生员工的主体地位，充分发挥广大师生员工改革的积极性、主动性和创造性，最大限度地实现好、维护好、发展好广大师生员工的根本利益。

3. 突出改革重点。以求真务实的科学态度，树立问题意识，坚持问题导向，集中力量破解影响学校发展的薄弱环节和突出问题。

4. 加强统筹协调。注重改革的整体设计和系统安排，统筹长远目标与近期任务，形成全校上下联动、横向协作、合力推进的工作格局，分阶段、分步骤地稳步推进各项改革。

5. 贯彻法治思维。将法治思维和法治方式贯穿于整个改革过程，加快完善以《山东大学章程》为核心的学校制度体系，保证改革工作在法治轨道上有序推进。

（三）改革目标

通过系统性、结构性、协同性的改革，着力完善支撑学校发展的内部治理体系、学科建设体系、教育教学体系、科研创新体系、国际合作体系、人事管理体系、资源配置体系等七大体系，创新发展模式，优化体制机制，激发创新活力，全面提升学校办学水平。

到2020年前后（中国共产党成立100周年、建校120周年），完成本方案确定的各项改革任务，学校综合实力显著提升，5个左右的学科初步达到世界一流水平，为建成世界一流大学奠定坚实基础。

到2050年前后（新中国成立100周年、建校150周年），学校整体实力及主要办学指标跻身世界一流行列，全面建成具有山大特色的“综合性，创新性，国际性，引领性”世界一流大学。

二、重点任务

（一）以构建现代大学制度为核心，进一步完善内部治理体系

全面落实《山东大学章程》，构建与世界一流大学建设目标相适应的现代大学制度，推进学校治理结构和治理能力现代化。

1. 优化治理结构

建设和完善“党委领导，校长负责，教授治学，民主管理，社会参与，依法治校”的法人治理结构。坚持党委领导下的校长负责制，发挥党委领导核心作用，支持校长依法独立负责地行使职权，认真贯彻执行民主集中制，建立健全党委统一领导、党政分工合作、协调运行的工作机制。完善学术委员会制度，强化学术委员会职能，理顺学术权力与行政权力的关系，真正实现教授治学。充分发挥教代会、学代会、工会、共青团、民主党派等在学校治理中的重要作用。健全校务委员会、董事会制度，探索完善决策咨询、民主监督、社会支持的长效机制。推进党务公开、校务公开和信息公开，完善新闻发言人制度，保障师生员工和公众的知情权、参与权、监督权。畅通师生员工申诉渠道，保障各类权利主体的合法权益。

2. 探索异地多校区管理体制

按照“统筹布局，一体发展”的方针，确定各校区在学校总体发展格局中所担承的使命和任务，系统谋划济南、青岛、威海三地各校区的功能定位，探索完善异地多校区管理体制和运行模式，推动各校区协调发展。

青岛校区作为体制机制改革的先行区，秉承“开拓开放，创业创新”的理念，着力打造“引领学术前沿的创新型校区、全面开放办学的国际化校区、深化综合改革的示范性校区”。探索部、省、市共建新模式，实行“条块结合，以条为主；延伸管理与属地管理相结合，以延伸管理为主”的校区管理体制。

威海校区要根据学校创建世界一流大学的总体定位，在30多年办学积淀的基础上，深入推进全方位开放式发展战略，以特色引领发展，以应用促进提高，进一步优化结构，丰富内涵，提高质量，努力建设成为“面向亚太合作的开放型校区、培养应用型人才的特色型校区、推动地方经济社会发展的动力型校区”。

3. 推进学部制改革

以学科门类或学科集群为口径，逐步建立10个左右实体性学部，学部下设学系（也可以称学院）和研究机构，形成矩阵式教学科研组织体系。按照人权财权事权相匹配、责权利相统一的原则，探索建立以人事和财务二级管理制度为核心，人事权、资源配置权和事务处置权统分结合的“学校—学部”两级管理体制，推动管理重心下移，把学部建设成为充满活力的办学主体。

首先启动医学教育学部制改革，完善医学部党政组织和教学科研组织，优化医学教育管理运行机制，打破医学学科壁垒与行政壁垒，促进医教协同和学科交叉融合，优化医科资源配置，推动医学教育一体化发展。充分发挥“齐鲁”医学的品牌优势，加强对附属医院工作的领导，推动临床学科发展，提高医疗服务水平。

4. 加强和改进党的建设

以改革创新精神加强学校党的思想、组织、作风、反腐倡廉和制度建设，加强管理队伍、人才队伍和党员队伍建设，加强和改进思想政治工作，努力探索学习型、服务型、创新型党组织的建设机制。适应教学科研组织方式改革需要，优化党组织设置，加强党支部建设，注重从学科带头人、业务骨干中选拔党支部书记，选好配强支部班子，营造和谐创新的组织文化，推动基层党组织在服务中更好地发挥领导核心和政治核心作用。建立和完善党员轮训制度，加强对党员的党性教育和业务培训。制定和建立健全党内激励、关怀、帮扶机制，更好地激发师生和党员干部为党的事业和学校目标不懈奋斗的热情和动力。

全面推进从严治党，严格落实党风廉政建设责任制，强化党委管党治党的主体责任和纪委执纪问责的监督责任。成立巡视工作领导小组及其办公室，充分发挥巡视制度监督作用，以巡视促发展、以巡视促廉洁、以巡视促和谐。加强意识形态阵地管理，强化网络舆情监测与研判，建立健全网络安全和舆情事件应急处理工作机制。

（二）以提升学术竞争力为核心，进一步完善学科建设体系

强化学科建设的龙头地位，优化学科布局，推动学科升级，促进学科交叉，改进学科管理，集中优势资源打造学科高峰。

1. 优化学科布局，推动学科现代化

按照“升位，错位，占位”的发展思路，加强学科方向整合凝练，推动学科优化升级和学科现代化，有效解决目前学科老化、碎片化问题；统筹谋划各校区学科布局，错位设置学科方向和学科板块，分别形成独具优势和特色的学科集群；瞄准国家需求和学术前沿，积极布局具有前瞻性和战略性的学科方向，抢占学科制高点。

坚持“有所为，有所不为”，面向国家战略、面向国际学术前沿、面向经济社会发展需求，着力建设重点学科，淘汰整合弱势学科，培育发展新兴交叉学科，构建结构合理、特色鲜明、优势突出、可持续发展的学科体系。实施“学科高峰计划”，重点建设5个左右的优势学科，冲击世界一流水平；重点发展15个左右的主流特色学科，打造国内一流的学术高地；重点扶持一批新兴交叉学科，培育新的学科增长点。

2. 完善学科评估指标体系与评估机制

进一步优化队伍建设、人才培养、平台建设、科学研究、国际交流等各学科要素的评估体系。科学确定各要素之间的权重关系，按照不同学科分类指导、定量与定性并重、纵向比较与横向比较相结合的原则，完善学科水平评估指标体系。建立科学规范、分工负责的学科评估机制，定期组织实施学科水平评估，有关评估结果作为学科调整的主要依据。以学科水平评估为基础，综合学科项目建设成效和投入情况，开展学科建设项目绩效评估，以绩效评估结果引导学科资源配置。探索引入国际评估，梳理学科目标定位，凝练学科方向，提升国际化水平。

3. 加强和改进学科建设管理

改革“一流大学建设工程”规划建设机制，围绕学校重点建设的学科领域，统筹布局各类建设项目，集中配置办学资源，实行学科、队伍、平台、科研、人才培养和国际交流多位一体的建设机制。在学科建设过程中探索更加科学的人、财、物配置机制，进一步强化学科建设绩效在资源配置中的导向作用。改进学科建设项目管理模式，在项目负责人负责制的基础上，强调发挥项目组集体作用，突出公益性建设内容。明确教学科研单位主要负责人和学科带头人的学科建设主体责任，探索学科建设绩效与教学科研单位主要负责人、学科带头人岗位考核挂钩的制度。

4. 围绕学科发展强化人才队伍建设

按照“引育并举，内外并轨，目标导向，动态管理”的方针，统筹国家、部（委、

省）及学校各类人才计划、人才项目，完善高层次人才支持体系。探索与学科发展相适应的人才队伍建设模式，聚焦学校重点建设的学科领域，大力提升人才队伍质量，进一步优化人才队伍结构。实施“人才倍增计划”，着力引进和培养院士、“长江”“杰青”等杰出学者和“优青”“青千”“青年拔尖人才”等青年学者，到2020年，杰出人才数量争取在现有基础上翻一番。启动“青年学者未来计划”，遴选极具发展潜力的年轻学术骨干进行重点培养。

（三）以提高人才培养质量为核心，进一步完善教育教学体系

坚持育人为本，坚守“朴实，扎实，务实”的山大品格，注重知识、能力和价值的有机统一，全面深化教育教学改革，营造有利于各类拔尖创新人才脱颖而出的成长环境。

1. 改革招生录取机制

优化人才培养结构，调整本科生布局，逐步扩大研究生和国际学生规模。

健全本科生源选拔监督机制。组建有社会人士参与的招生工作委员会及专家委员会。完善自主招生录取，推进拔尖创新人才的选拔。

完善研究生招生选拔机制。改革研究生招生指标分配办法，招生指标优先向杰出人才、国家级科研平台、承担国家重大重点课题的学科倾斜；扩大推免生、直博生、硕博连读生招收比例；推进博士招生“申请一考核制”改革，进一步发挥和规范导师的作用。

2. 完善本科人才培养机制

推动实现“三个转变”（即：以教师为中心转变为以学生为中心、以教为中心转变为以学为中心、以供给为中心转变为以需求为中心），确立学生在教育教学中的主体地位。

全面深化学分制改革，满足学生多元选择需求，为学生创设个性化的成才通道。优化通识教育与专业教育相融合的课程体系，强化实践教学，促进学生知识、能力和素质的全面发展。建立学生学业导师制，完善学业指导体系，引导学生自主选择专业、自主选择课程、自主选择学习进程。

实施“本科专业现代化工程”，推动本科专业不断优化升级。探索本科专业动态调整机制，构建结构合理、特色鲜明的本科专业体系。

探索多样化育人模式，为学生提供更多的成才机会。加强“泰山学堂”和“尼山学堂”建设，完善应用学科卓越、交叉学科复合、协同育人、“三跨四经历”等人才培养计划，推进拔尖创新人才培养。

整合国内外优质网络教育资源，推动慕课建设，打造基于现代网络及信息化技术的立体化学习环境，促进优质教学资源共享。创新教育教学方法，倡导启发式、探究式、讨论式教学，强化学生创新思维的培养。

健全基层教学组织，严格落实教授为本科生上课制度，推行本科生导师制。完善具有山大特色的教师荣誉体系，激励教师热爱教学、投入教学。改进学生学业和教师教学评价机制，发挥学生在教师教学评价中的主体作用，建立常态化的本科人才培养质量评估报告制度。

3. 创新研究生培养机制

推行研究生培养全程学分制，探索以学分为基准的弹性学制。构建全校研究生课程教学系统，打破跨学科选课壁垒，促进资源共享和交叉融合。完善讨论班制度，强化导师的学术指导作用，促进导师与研究生、研究生与研究生之间的学术互动。

以提高实践能力为重点，改革专业学位研究生培养模式，健全研究生双导师制，强化实践实习训练，推动专业学位教育与职业资格认证的有机衔接。

强化研究生导师岗位管理。取消研究生导师终身制，综合学术水平、科研任务、培养质量、师德表现等因素确定导师的招生资格。

探索学位授权点动态调整机制。定期开展学位点评估工作，对优势学位点给予重点支持，对低水平的学位点实行减招、停招政策，淘汰部分落后学位点。依据学位点建设成效及评估结果优化资源配置。

4. 推进创新创业教育

将创新创业教育贯穿于人才培养全过程，实现创新创业教育与专业教育的深度融合。整合校内外创新创业教育资源，成立“山东大学创新创业学院”，构筑“2025 创新创业联盟”，打造创新创业教育实践基地，完善创新创业教育课程体系，培育创新创业教育文化，提升学生的创新精神、创业意识和创新创业能力。

5. 全面深化素质教育

坚持德育为先，以社会主义核心价值观为引领，加强和改进大学生思想政治教育，增强思想政治理论课的针对性和实效性。加强美育和体育，提高学生的审美能力和人文素养，促进学生身心健康、体魄强健。推进校园文化建设，彰显大学文化育人功能。强化实践育人，注重培养学生的社会责任感和解决实际问题的能力。加强心理健康教育，提高学生的心理素质，促进学生健康成长。

试点探索书院制。书院下设学生思想教育、发展指导、事务管理、心理咨询、社团活动等若干工作室，承担学生日常思想教育以及发展指导服务职能，致力于通识教育、素质拓展和人格养成，引导和促进学生全面成长。

6. 加强学生就业工作

建立校、部（院）两级“人才培养与就业发展咨询委员会”，推进就业工作与人才培养各个环节的紧密衔接。

构建学生发展和职业生涯规划指导服务体系，为学生提供个性化的咨询指导，营造山大特色的就业文化。加强市场调研，拓宽就业渠道，优化区域布局，提升就业质量。

建立毕业生就业、校友发展质量报告发布制度，探索“学生—校友”成长发展的全程跟踪反馈机制，完善校友、用人单位对学校人才培养的评价机制。

（四）以提升创新能力为核心，进一步完善科研创新体系

面向学术前沿和国家重大需求，构建创新体系，重组科研力量，改进科研管理，优化评价机制，全面提升学术创新和社会服务能力，凸显学校在国家“基础研究主力军”“技术创新方面军”“成果转化生力军”中的作用和地位。

1. 改革科研组织模式，构筑科研创新体系

进一步破除学科壁垒，建立更加开放的跨学科、跨学校、跨国界的科研组织，构筑

具有山大特色的文化创新、知识创新、技术创新和成果转化紧密结合的科研创新体系。

依托人文社会科学雄厚积淀，以文化创新体系建设为重点，以研究解决重大现实问题为主攻方向，以培育“名家名著，精品精英”为核心任务，整合资源，推动儒家文明等协同创新平台建设，深化教育部人文社科重点研究基地改革，打造国家急需、特色鲜明、引领发展的高端智库，致力于为政府和行业提供高水平决策咨询服务。

推进知识创新体系建设，加大对基础研究的支持力度，营造宽松自由的学术氛围，鼓励多学科交叉融合。充分发挥我校基础学科传统优势，积极推进国家实验室、国家重点实验室和省部级重点实验室建设，使之成为原始创新的发源地。

加强技术创新体系建设，适应国家和区域经济发展需要，突出市场导向，加强集成创新，推动国家工程技术研究中心（工程实验室）、省部级工程技术研究中心及国家大学科技园的建设。

深化医学科研组织模式改革，以医学及相关学科为依托，联合国内外高水平大学和研究机构，构建“以临床需求为导向，以基础研究为支撑”的医学研究体系。成立转化医学研究院，以人类健康及重大疾病为中心开展转化医学和交叉学科研究，探求人类健康科学研究的新突破。

以服务国防为目标，以重大需求为牵引，以晶体材料为重点，依托材料、物理、化学、电子信息、计算机、机械、控制等学科力量，推进国防科学技术研究院实体化建设。

2. 改革科研管理体制机制，释放创新要素活力

改革科研人力资源配置，加强科研团队建设。探索科研团队 PI 制模式，组建“以 PI 为核心，以专职科研人员、教师、博士后、研究生、技术支撑人员为主体”的科研团队。鼓励团队之间的合作，建设若干前沿、交叉的科研创新平台，使之成长为具有重要国际影响、在国家科技和社会发展中发挥重要作用的研究基地。

切实调整政策，建立科研全成本核算制度，根据不同类型科研活动的实际需要，提高人力成本在科研经费中的使用比例，着力解决科研经费管理使用中“重物轻人”的问题，充分释放创新要素的活力。

3. 改革社会服务体制机制，服务经济社会发展

服务国家创新驱动发展战略，创新产学研合作新模式，加大对成果转化的支持力度。加强对校地、校企合作的规划和统筹，打造山东工业技术研究院、企业联合实验室等开放式协同创新平台，组建专业化技术转移队伍，服务区域经济社会发展。统筹人才、科研、金融、管理等各种创新要素，探索促进产学研合作、技术转移、成果转化的激励机制，制定相关配套政策，保障研发团队及个人依法享有的权益。以市场为导向，建立专业科研成果转化服务机构。规范科研人员从事科研成果转化活动，探索符合科研成果转化特点的岗位聘任、管理、考核评价和绩效奖励制度，营造促进科研成果转化的良好氛围。

（五）以提升国际化水平为核心，进一步完善国际合作体系

按照“汇聚全球一流学者，培养国际一流人才，培育世界一流成果”的目标要求，制定学校未来 5～10 年的国际化发展战略，加入具有较高声誉的全球大学联盟，全面推

动国际化进程。

1. 推进人才培养国际化

拓展海外教育合作项目，扩大与海外高校合作的规模，创新合作模式，提升合作层次与水平，提高学生国际交流的比例。扩大国际学生规模，到 2020 年在校学历生人数增加一倍。

构建国际化育人平台。以国际化课程群建设为抓手，打造一批全英文国际化课程，建成若干个具备国际水准的本科专业。大力推进研究生全英文课程建设，到 2020 年建成不少于 20 个全英文课程体系。

与国际著名大学和科研机构合作，探索构建国际联合培养的新机制，进一步提高研究生国内外联合培养比例，到 2020 年，博士研究生不低于 20％、硕士研究生不低于 10％。

2. 推进科研国际化

创新中外科研合作的组织管理机制，以前沿科学问题为切入点，与国际高水平大学和科研机构开展“目标一致，团队共建，资源共享，成果共有”的紧密型国际科研合作。以中美国际科技创新园（与美国芝加哥大学、霍普金斯大学、加州大学伯克利分校、莱斯大学等高校合作）为重点，加大与世界一流大学及科研机构的合作力度，在强化现有生命、医学等领域合作的基础上，积极拓展海洋、考古、天文等合作领域。

发挥传统人文学科优势和地域文化优势，联合一批世界一流大学和学术机构共同发起成立“全球汉学联盟”，积极推进全球汉籍合璧和国际汉学联合研究等工作，着力打造汉学研究的国际中心。

发挥青岛校区地缘优势，通过与德国亥姆霍兹联合会合作共建生物医药技术研究中心、与亚利桑那州立大学共建生物设计研究院等，着力打造一批前沿性、高水平、国际化的科研平台，大幅提升学校的国际学术影响力。

3. 推进师资国际化

建立融入人事、科研和教学系统的山东大学海外引智体系，发挥海外校友会作用，建设海外宣传交流平台，大力引进具有国际视野和学术创新能力的高水平师资。推行海内外师资管理并轨，为海外引进人员创造更加完备和更具针对性的服务体系。

进一步拓展与海外知名高校的职员互换项目，有计划地派出管理人员赴海外研修，学习国际先进管理经验，提升国际交流与合作能力。

（六）以提高师资水平为核心，进一步完善人事管理体系

深入推进人事制度改革，完善以岗位分类管理为基础的全员聘任制度，探索能够充分激发教职员工内生动力的考核评价机制、激励约束机制和退出分流机制。

1. 推行岗位分类管理

实施编制管理和岗位分类管理改革，改身份管理为岗位管理。综合考虑学校长远目标和当前实际，根据国家有关规定，统筹核定各类人员的编制控制数。坚持按需设岗、优化结构、精简高效的原则，科学设置各类各级岗位，进一步明确岗位职责、聘用条件和聘期考核标准。在全校编制和岗位总量范围内，全面推进“三定”工作，合理确定学校承担用人成本的二级单位各类编制总量和各级岗位数量。

2. 实行全员聘用制度

坚持公开招聘、平等竞争、择优聘任，进一步完善以合同管理为基础的全员聘用制度，逐步建立“岗位能上能下，人员能进能出”的充满活力的用人机制。积极探索终身教职制度和教师预聘制度，对预聘制教师实行最长两个三年的聘期管理，考核优秀者纳入终身教职序列，达不到要求的不再续聘，通过高门槛标准、高目标要求、高薪酬待遇、高服务质量延揽优秀人才。

3. 改进考核评价制度

根据不同学科特点，构建分类指导、注重质量的多元学术评价体系。规范教师特别是杰出人才聘用过程中的学术水平评价，引入“学术代表作评价”和“国内外同行专家评价”。

建立和完善以教师岗位分类为基础、岗位职责为依据，同行专家、学术组织和学生多元参与的教师考核制度。强化教师个人聘期考核，弱化年度考核。探索团队年度考核制度和团队负责人考核制度，加大团队整体建设成效在负责人考核中的权重。建立以绩效为核心的年度考核指标体系和多维度考核机制，规范二级单位（包括教学科研单位和学校职能部门）年度考核。以所在单位年度考核结果为主要依据，加强二级单位领导班子和主要负责人的年度考核。

4. 完善收入分配制度

完善以岗位绩效工资为主，协议工资制、项目工资制为辅的多元分配模式。按照以岗定薪原则，建立能够体现岗位责任和分级分类管理的分配制度。调整岗位绩效工资标准，优化薪酬结构，发挥绩效工资的激励作用。探索绩效工资团队分配制度，依据团队年度考核结果，打包分配团队绩效工资。加大绩效工资学校包干力度，扩大绩效工资分配自主权。

5. 改进干部选任和监督管理办法

落实《党政领导干部选拔任用工作条例》和《事业单位领导人员管理暂行规定》要求，严格执行学校中层干部选拔任用实施办法，多种选任方式并举，保证选任质量。教学科研机构主要学术负责人实行公开招聘制度和岗位聘任制度。实行职务任期制，加大轮岗交流力度。完善干部培养机制，拓宽干部外派、挂职渠道，加强优秀年轻干部和后备干部队伍建设。优化干部考核评价体系，落实干部目标责任制，规范和加强干部考核工作。落实中央从严监督管理干部的要求，贯彻执行学校加强干部监督管理的相关规定。

（七）以提高办学效益为核心，进一步完善资源配置体系

树立经营大学意识，积极拓展办学资源，着力优化资源配置，切实提高办学效益。

1. 完善办学经费筹措和预算管理机制

通过部省共建、校地共建、校企共建等多种途径，保障学校办学经费的稳定增长。依托学校董事会、教育基金会和校友会，完善学校、学部两级社会筹资工作体系，建立有效的筹资激励制度，积极开拓面向社会、面向市场的多元化筹资渠道。推进校办产业规范化建设，提升产业创新和盈利能力。统筹兼顾培养成本与社会承受能力，探索学费标准调整机制。

组建山东大学预算委员会，完善预算审定机制，加强预算项目必要性、可行性论证，量入为出，严控预算规模。优化学校支出结构，严控“三公”经费和学校基础运行费用，提高用于人力成本比例。统筹安排各类专项资金，减少条块切分和重复投入，集中财力保障学校发展重点。实行绩效预算，对于预算执行不好、建设成效差的项目，相应调减预算。健全经费收支内部控制制度，完善学校和二级单位两级财务公开制度，加强预算执行过程监控。建立以目标为导向的专项资金绩效考评制度。

2. 推进资产管理模式与资源共享机制改革

按照“统一领导，归口管理，分级负责，责任到人”的要求，深化国有资产管理体制改革，建立二级单位资产使用管理和再配置机制。完善资产管理信息系统，把济南校本部、青岛校区、威海校区国有资产纳入一体化系统管理，将流动资产、固定资产、无形资产和对外投资等各类国有资产统一纳入学校监管范围。创新异地多校区资源共享模式，实现各校区主要办学资源在全校范围内开放共享。

探索“分类量化，定额配置，超额收费，效益考核，有序流转”的公房管理机制，进一步盘活学校房产资源。按照集中管理、开放共享的原则，统筹规划建设若干功能性科研支撑平台，完善大型仪器设备共享体系和管理运行机制。加强智慧校园建设，完善学校基础信息系统，实现教师个人学术信息和教学科研单位学术信息动态采集，部门信息互联、互通、协调、共享，学校整体信息出口规范、统一。

3. 深化后勤社会化改革

推动后勤体制机制创新，有效改变学校承担社会职能过多的局面。稳步开放服务市场，积极引入优质服务资源，逐步形成竞争机制，切实控制成本和降低能耗，进一步提高物业、饮食等后勤保障水平和服务质量。适应办学重心下移的变化趋势，探索将后勤管理的部分权责下放到二级单位，实行后勤工作分级管理。推动校医院管理体制改革，探索社会化、市场化托管运行模式，进一步方便师生员工就医，提高医疗服务水平。探索成立基础教育集团，推进附属中小学、幼儿园办学体制改革。利用社会资源，积极创造条件，与地方政府协同推进职工住宅区建设和管理的社会化改革。

三、组织领导

综合改革是一项复杂而艰巨的系统工程，事关学校长远发展和师生员工切身利益。学校党委要把综合改革实施工作作为重大政治任务摆在首位，充分发挥领导核心作用，为实现改革目标提供坚强的思想保证、政治保证和组织保证，并拿出啃硬骨头、敢于涉险滩的劲头，以更大的决心和勇气冲破思想观念的束缚，突破利益固化的藩篱，尊重科学，遵循规律，确保改革沿着正确方向有序推进。

学校成立以党、政主要负责同志为组长的综合改革工作领导小组，统筹负责综合改革的顶层设计、整体推进和督促落实。下设学科建设、人事制度、人才培养、科学研究、资源配置和后勤社会化等专项改革工作小组，由分管校领导担任组长，有关职能部门主要负责人为成员，具体落实有关专项改革工作。建立和健全改革责任制，确保每项改革措施都有人去管、去盯、去促、去干，确保各项改革任务如期完成。

把充分调动广大师生员工积极性作为综合改革取得成效的关键，加强正面宣传和舆论引导，做好改革的思想动员，充分发挥师生员工的主体作用，完善群众利益表达和协调机制，问需于师生，问计于师生，最大限度地集中智慧、凝聚共识，让广大师生理解改革、拥护改革、参与改革，形成改革的强大合力。

党的建设与思想政治工作

中共山东大学委员会2015年工作要点

2015年学校党委工作的总体要求是：全面贯彻落实党的十八大和十八届三中、四中全会精神，深入学习贯彻习近平总书记系列重要讲话精神，深化学校综合改革，全面推进依法治校，巩固教育实践活动成果，认真抓好巡视整改落实，持续深化作风建设，为推进世界一流大学建设进程提供坚强保证。在全面做好党的各项工作的同时，重点完成以下任务。

一、全面深化综合改革

1. 制定实施学校综合改革方案。广泛征求意见，于6月底前完成综合改革方案并向教育部备案。成立人事制度、学科建设、人才培养等专项工作小组，积极有序推进各项改革任务。

2. 完善异地多校区管理体制。把完善异地多校区管理体制作为综合改革的先行任务，按照“统筹布局，一体发展”的原则，完善学校整体管理模式框架，重点明确青岛校区管理模式。

3. 深化医学教育改革。把医学教育改革作为探索学部制改革的试点，进一步理顺医学教育管理体制，创新医科学术组织构架，优化资源配置，推进医教协同。

4. 完成校部机关“三定”工作。把“三定”作为综合改革的基础性工作，按照职责分明、界限清晰、分工合理、权责一致的原则，统筹推进，完成校部机关和学校直属单位“三定”工作。结合人事制度改革，适时启动各学院的“三定”工作。

二、加强和改进宣传思想工作

5. 加强社会主义核心价值观教育。充分利用主题教育、道德实践、典型选树等方式，把社会主义核心价值观教育落细落实。更好发挥思政课的主渠道作用，按要求实施思政课建设体系创新计划，完善思政课的目标要求、建设标准和考评体系。强化网络教学、案例教学和实践教学，推进教学方式方法改革。加强思政队伍建设，保证思政课教师、辅导员的基本规模和应有地位。以纪念抗日战争胜利70周年为载体，加强大学生爱国主义教育。

6. 加强意识形态阵地管理。强化课堂教学纪律，落实好高校课堂教学管理办法。严格执行报告会、研讨会、讲座论坛审批备案制，加强对各种读书会、学术沙龙的引导管理。加强对广播、电视、报纸、宣传栏、出版物的管理，严禁出现违规违纪行为。坚决抵御境外各种敌对势力利用学术研究、合作研究或宗教对学校进行渗透。

7. 加强大学生思想政治教育。全面落实立德树人根本任务，增强学生思政教育针对性实效性。以学生党建为龙头，进一步完善学生党员教育培训体系，充分发挥学生党支部战斗堡垒作用和学生党员先锋模范作用。巩固形势政策与社会实践课创新成果，提升网络思政教育实效。试点建设辅导员工作室，推进学生思政教育工作研究和实践创新。进一步完善全员全过程全方位育人格局。

8. 加强校园网络安全管理。强化网络舆情监测与研判，建立网络安全和舆情事件应急处理工作机制，建立网络评论员队伍，掌握网上舆论的主导权、主动权。

9. 加强校园文化建设。开展学习宣传榜样模范活动，弘扬优良师德师风。以国际历史科学大会召开为契机，大力开展中华优秀传统文化教育。开展校园文化建设优秀成果评选活动，增强文化育人功能。

三、全力推进依法治校

10. 落实党委领导下的校长负责制。深入学习领会中央关于党委领导下的校长负责制实施意见精神，制定学校贯彻落实的实施细则，健全党委统一领导、党政分工合作、协调运行的工作机制。

11. 学习贯彻《山东大学章程》。以章程学习贯彻为契机，积极推进现代大学制度建设。充分发挥学术委员会作用，保障学术自由和学术民主，促进学术发展。建立完善校务委员会、董事会工作机制，充分发挥其对学校事业发展的咨询建议作用。加强教代会、学代会、团代会有关制度建设。完成学校工会、教代会换届工作。充分发挥各民主党派、无党派知识分子参与学校民主管理、民主监督的作用。继续加强离退休工作。

12. 编制“十三五”事业发展规划。高度重视规划对学校改革发展的宏观指导和统筹推进作用，科学编制好学校“十三五”事业发展规划。

四、全面推进从严治党

13. 加强领导班子建设。加强理论武装，坚持理论中心组学习制度，在“三严三实”主题教育上取得实效。认真执行民主集中制，健全领导班子议事规则和决策机制。坚持社会主义政治家教育家的目标要求，不断提高办学理校能力。严格执行党员领导干部双重组织生活会制度，认真开展批评和自我批评，切实增强党内生活的严肃性、原则性。完成学校领导班子补充调整工作。

14. 深化作风建设。坚持从严从实和问题导向，努力改进思想作风、工作作风、领导作风、干部生活作风。严格落实中央八项规定精神，巩固和拓展教育实践活动成果，持续用力抓好教育实践活动整改落实。加大干部作风监督检查力度，坚决防止作风问题反弹。

15. 加强干部监督管理。认真落实中央从严管理干部要求，严格执行学校加强干部监督管理的十项规定。启动校内巡视工作，集中开展干部人事档案专项审核，推动形成从严监督管理工作常态化。加大优秀年轻干部培养选拔工作力度，加强后备干部队伍建设。加强干部教育培训，增强干部队伍素质能力。

16. 加强基层组织建设。加强分类指导，积极稳妥做好基层党组织换届选举工作。制定加强基层党支部建设的意见，完善基层党支部考核办法，选好配强基层党支部书记，突出抓好教师党支部建设。健全党组织活动项目化管理机制，增强党组织活动吸引力和党员教育实效性。坚持和完善“三会一课”制度，着力提高组织生活会质量。建立基层党建专项经费，落实教师党支部书记有关待遇，加大对基层党建工作的支持力度。

五、加强党风廉政建设

17. 深化巡视反馈意见整改落实。把深化巡视反馈意见的整改落实作为一项极其严肃的政治任务，严格按照整改任务、分工及完成时限，推动整改工作深入开展。坚持标本兼治，把整改工作尽快见效与建立长效机制结合起来，通过解决当前问题推动长远制度建设。

18. 落实好党风廉政建设“两个责任”。强化党委管党治党的主体责任和纪委执纪问责的监督责任，细化党风廉政建设任务分解和责任落实，压实领导班子成员“一岗双责”。强化各级党组织党风廉政建设主体责任，抓细廉政风险点的防范工作。适时开展“两个责任”执行情况检查。做好党风廉政建设责任制的考核和责任追究工作。

19. 加强廉政风险防控体系建设。深入开展廉政文化教育，深化对党员领导干部、重要岗位重点部位人员的廉洁教育。加强制度建设，完善廉政风险防控体系。加强民主监督，健全重大决策公示和听证制度。深化党务校务公开。强化审计监督，建立审计结果应用制度和审计问题责任追究制度。

20. 强化权力运行的监督制约。加强监督检查，加大办信查案力度，严肃查处违反党纪国法行为。强化党纪党规教育，坚决纠正组织涣散、纪律松弛问题。完善述职述廉、提醒谈话和组织工作重要事项请示报告制度，把“风险清单”转化为“责任清单”。强化对干部选任、招生录取、基本建设、招标采购、财务与资产管理等重点领域和关键环节的监管。进一步加强科研经费管理，完善学术不端行为惩治查处机制。

纪检监察工作

2015 年，在学校党委坚强领导下，学校纪委以教育部巡视意见整改落实和深化巡视整改为契机，贯彻全面从严治党要求，紧扣落实“两个责任”，强化监督执纪问责，切实加强党风廉政建设，推动党委主体责任由虚到实、纪委监督责任由软到硬转变。

一、协助党委抓好党风廉政建设和反腐败工作

2015 年，按照学校党委党风廉政建设年度工作计划，召开了 1 次全校党风廉政建设工作会议和 2 次党风廉政建设专题党委常委会，组织全校处级以上领导干部逐级签订党风廉政建设责任书，层层压实各项任务。协助党委在全校所有基层单位开展 2015 年度中层领导班子落实党风廉政建设责任制考核。严格落实向党委报告党风廉政建设情况制度，多次向党委进行专题汇报，提出推动和改进工作的具体措施。

二、认真做好巡视整改相关工作

协助党委开展深化巡视整改工作，承担深化巡视整改领导小组办公室职责。先后召开 5 次领导小组会议、12 次校级专题工作会议，将教育部巡视整改尚未取得明显效果的问题、审计署延伸审计、财政部驻山东专员办专项检查及青岛校区内控审计中发现的问题一并纳入深化巡视整改范围，共梳理出 34 个问题，制定了 119 项措施进行深入整改。按照党委要求，认真做好教育部第六巡视组为期一周的巡视整改落实回访检查的综合协调工作，在初步沟通意见中，检查组对学校巡视整改工作整体评价较好。

三、坚持正风肃纪狠抓作风

紧盯重要节点，多次下发落实中央八项规定精神的通知。认真受理信访举报，严肃查处违反中央八项规定精神问题，持之以恒纠正“四风”，对学校 4 名违反八项规定精神责任人给予了党纪政纪处分。按照教育部要求，对学校在公务接待检查过程中发现的购买购物卡、超标准、超范围公务接待、承担对方住宿费等问题的 29 名责任人进行了追究问责。做好领导干部个人有关事项报告、企业兼职任职清理、因私出国（境）证件专项治理、干部档案专项审核等工作，全面从严监督管理干部。去年有 4 名处级领导干部，因未如实填报个人有关事项被取消提拔资格。

四、加大纪律审查工作力度

对巡视整改以来的所有信访件重新进行梳理排查，规范纪律审查工作各项程序。一年来，按照问题线索处置相关规定，认真处理信访件；按规定给予 12 人党纪政纪处分，组织处理 6 人，诫勉谈话 13 人，提醒谈话 29 人，通报批评 8 人，下达纪律检查建议书 11 份。与往年相比，处分人数及问责力度大幅提高。在纪律审查中，实行“一案双查”，除了按规定对相关人员进行严肃处理外，对相关责任单位一并下达纪律检查建议书。

五、加强基层单位党风廉政建设工作

学校所有基层单位向纪委提交了 2015 年度党风廉政建设工作情况报告。学校 41 个基层单位选配了兼职纪检员，部分单位完善了二级纪委机制，基层纪检工作力量得到增强。加强对校区、附属医院纪检监察工作领导和指导，制定了《山东大学校区纪委、附属医院纪委工作报告制度》，相关单位纪委定期向学校纪委报告了工作和信访件处理情况。

六、有效深化重点部位、关键环节监督监察

严格落实加强重点部位、关键环节监督工作的暂行办法，一年来共开展招标、招生、招聘等监督监察 410 人（场）次。通过监督监察，不断督促相关单位完善工作程序，规范工作流程，最大限度地减少腐败问题隐患。充分发挥审计监督作用，首次开展对青岛校区的内控审计，对 6 名中层领导干部进行离任经济责任审计，对第 22 届国际历史科学大会筹备工作实现全过程审计，协调配合审计署对学校的延伸经济责任审计。

七、突出重点抓好党风廉政教育

对不同类别人员有针对性地开展了教育活动，在全校范围开展了“守纪律，讲规矩”专题教育活动；利用学校典型案例和教育部通报案例开展警示教育；分两批次组织 200 多名重点岗位、重点部位工作人员赴济南市人民检察院、历城区人民检察院廉政教育基地参观学习，收到了良好的教育效果。

八、不断加强纪检监察队伍建设

在校部机关内设机构精简、人员编制压缩、处级岗位减少的背景下，学校纪检监察人员编制不减少。学校新成立了巡视工作办公室，配备 3 名专职干部，负责校内巡视工作。根据纪检监察“三转”工作要求，纪委重新调整内部机构设置，人员配备向查信办案一线倾斜，初步实现全员查信办案的氛围。

（巩　勇）

组织工作

一、完善体制机制，加强领导班子和干部队伍建设

（一）树立正确用人导向，健全选人用人机制

2015 年，我们认真贯彻落实中央《党政领导干部选拔任用工作条例》，严格执行《山东大学处级领导干部选拔任用工作实施办法》和有关制度规定，坚持德才兼备、以德为先，群众公认、注重实绩的用人导向，按照“三严三实”要求，不断完善干部选拔任用工作机制，切实提高选人用人公信度。推进干部能上能下，加大干部交流力度，统筹推进校部机关、直属附属单位、学院之间的干部交流，积极推进党务和行政之间的交流任职以及班子成员的分工调整。坚持多种选任方式并举，进一步规范竞争性选拔干部方式，拓宽选人用人视野。根据学校领导班子建设实际，报经教育部党组同意，通过竞争上岗方式选拔产生了 3 名副校长。根据学校中层领导班子建设实际，采取民主推荐方式，对校部机关和学院的部分领导班子进行了调整补充，共提拔任用处级领导干部 12 名，其中正处级干部 5 名，副处级干部 7 名。同时，结合学校“三定”工作、医学教育管理体制改革和青岛校区启动运行等工作，积极稳妥做好处级领导干部调整安排。

（二）严格选拔任用程序，提高选人用人质量

规范干部选拔任用初始环节，把好动议关，在充分酝酿沟通和认真听取有关方面意见基础上提出初步方案，推动形成统一意见。着力提高民主推荐质量，合理确定民主推荐范围，增强民主推荐的科学性和真实性。改进考察方式方法，全面、动态地考察干部，强化日常对干部进行考察了解的责任。坚持问题导向，增强任前考察的针对性和有效性，强化审核措施，做到纪检监察部门意见“凡提必听”，个人有关事项报告“凡提必核”，干部档案“凡提必查”，对考察中发现的问题及时调查，疑点未消除、问题未查清前不上会讨论。坚持民主集中制，决策前充分酝酿沟通，注意听取分管联系领导意见，力求形成共识。严格执行干部任用票决制，杜绝临时动议干部。

（三）全面落实监督责任，强化干部管理监督

认真贯彻落实中央关于加强干部监督管理的有关规定，严格执行学校党委《关于加强干部监督管理的十项规定》，落实并完善谈心谈话、函询诫勉、述职述廉、任前承诺、经济责任审计等制度，推进干部从严管理、从严监督常态化。按照中组部和教育部通知要求，认真做好领导干部个人有关事项报告、企业兼职（任职）规范清理、因私出国

（境）证件专项治理、干部档案专项审核、“裸官”摸底排查和岗位调整等工作。狠抓作风建设，强化责任追究，对岗位责任意识不强、工作失职渎职、不遵守请示报告制度、违规兼职取酬、档案造假等违反《十项规定》的有关人员进行了从严查处，严肃问责，依规依纪给予了相应的组织处理或党纪政纪处分，促使领导干部自觉践行“三严三实”要求，推动形成能者上、庸者下、劣者汰的用人机制。

（四）拓宽干部培训渠道，加强干部教育培养

按照《全国教育系统干部培训规划（2013～2017年）》要求，认真组织实施2015年度干部教育培训工作，着眼于全面提高干部能力素质，将理论武装、党性教育、能力提升等作为重点内容，不断提高全校干部的政策理论水平和办学治校能力。2015年组织开展了5场校内专题培训报告，覆盖全体处级以上领导干部，取得了良好效果。有计划、有重点地选派干部参加中组部、教育部、中央党校、干部学院、省委高校工委等上级部门和单位组织的各类调训57人次。进一步升级完善干部在线学习中心系统，满足干部自主选学和随时随地学习的需要，优化培训效果。注重多岗位多渠道培养锻炼干部，选派多名干部教师到山东省科技副县长、江苏省科技镇长、孔子学院中方院长、村第一书记等地方岗位挂职锻炼共27人次，促进干部教师在服务社会发展中拓宽视野、增长才干。

（五）完善考核评价体系，提高考核工作质量

进一步优化和完善中层领导班子和领导干部考核指标体系。对领导班子的考核，在重点考核思想政治建设、领导能力、工作实绩、党风廉政建设的基础上，强化对学科建设、队伍建设、人才培养、科研工作、服务社会、国际合作的单项考核，以及落实党风廉政建设责任制和安全稳定情况的专项考核。对领导干部的考核，在全面考核德能勤绩廉的基础上，加强对遵守政治纪律、组织纪律、廉洁纪律、群众纪律、工作纪律、生活纪律，执行民主集中制，“三严三实”专题教育，深化巡视整改落实等情况的考核。加强对考核工作的统筹，根据领导班子和领导干部考核测评结果，结合单项考核、专项考核、校部机关作风建设评议等结果，综合比较分析，形成考核意见。

二、坚持抓基层、打基础，扎实开展基层党建工作

（一）认真学习宣传、贯彻落实新细则要求，做好新形势下发展党员工作

通过集中学习、专题研讨、座谈交流等多种形式，认真学习、深刻领会《细则》的新规定、新要求，进一步明确了发展党员工作的总体要求、目标任务、工作程序、方法步骤和工作纪律。坚持问题导向，紧密联系学校实际，进一步明确了入党积极分子确定、发展对象集中培训、支部大会表决方式等方面的程序和要求，制定下发了《关于认真落实发展党员工作有关要求的通知》。为全校所有党支部、党务工作干部统一配备了《细则》单行本、《发展党员工作手册》等学习资料，原汁原味、逐字逐句、逐章逐节地进行解读，切实吃透文件精神，做政策上的明白人。以迎接山东省委高校工委发展党员工作专项检查契机，开展发展党员工作自查工作，严格落实党建工作责任制，对查找出的突出问题，严肃认真进行整改，坚决纠正和杜绝在发展党员工作中存在的不坚持标准、不履行程序、培养考察失职、审查把关不严等现象。在此次专项检查中，我校发展党员工作赢得了山东省委高校工委专项检查组的充分肯定。

2015 年度，按照省委高校工委下拨的发展党员计划指标，全校共发展新党员 1348 人，发展党员质量进一步提高。

（二）加大立项活动支持力度，推进基层党组织立项活动深入开展

完善党组织活动项目化管理机制，紧紧围绕教学科研、人才培养等中心工作，创新党组织活动方式和载体，增强党员教育和党组织活动的吸引力、实效性。从 2015 年起，将每个立项活动的经费资助额度由 1500 元增加到 2000 元，优秀党组织活动评选数量由 35 项增加到 40 项。在总结以往工作基础上，认真开展了 2014 年立项活动总结验收与 2015 年立项申报评审工作，2014 年共开展立项活动 108 项，90 项活动通过验收，评选出优秀立项活动 40 项。2015 年全校共申报立项方案 114 项，90 个方案获得立项。

（三）突出教育重点，做好新生党员、毕业生党员和新发展党员的教育工作

抓住新生入学、毕业生离校等关键节点，加强党员入党后的培养教育。新生入学后，面向新生党员开展系列教育培训活动，提高他们的理论水平，强化党性锻炼。“七一”前夕，集中开展新党员入党宣誓活动和毕业生党员教育，组织开展了以“七个一”为主要内容的毕业生党员奉献月活动，提高了学生党员整体素质。坚持把实践锻炼作为加强党员经常性教育的重要途径，通过党员责任区、党员先锋岗、党员承诺、结对帮扶和志愿服务等形式，组织党员立足岗位，开展丰富多彩的主题党日活动和主题实践活动，为党员服务师生群众、加强党性锻炼搭建了平台。坚持网下网上相结合，充分运用网络新媒介，在全校组织开展了共产党员微信、共产党员易信订阅使用工作，提高了党员教育信息化水平。为基层党组织订阅《人民日报》《新华每日电讯》《中国文化报》等教育学习资料，为全校各基层党组织开展党员教育工作提供了保障。

（四）严格党员队伍管理，抓好日常党务工作

认真做好组织关系接转和新生党员审核工作，共为 3371 名毕业生党员办理组织关系转出手续，完成 1263 名新生党员的资格审查和组织关系转入手续办理工作。对发现问题建立台帐，建立销号管理制度和问题解决跟踪机制，将工作落到实处。按照中组部关于做好高校毕业生党员组织关系管理工作的通知要求，研究制定学校关于毕业生组织关系管理的相关规定，进一步严格毕业生组织关系管理，妥善解决好个别毕业生长期不转接组织关系问题。进一步加强党员党组织信息库建设，认真做好 2015 年度党内统计工作，准确生成《2015 年中国共产党党内统计年报表》《2015 年中国共产党党内统计附表》《2015 年中国共产党党内统计年报表说明》等三类表格，及时上报省委高校工委。完成教育部思政司 2015 年全国高校基层党组织和党员队伍状况统计工作。

（五）落实党建主体责任，认真组织开展基层党组织书记述职评议考核

按照中组部、教育部有关要求，制定学校开展院系级单位党组织书记抓基层党建工作述职评议考核的工作方案，20 余位基层党委书记进行了现场述职，其他党委书记也进行了书面述职，学校党委根据述职情况开展了评议考核。通过开展述职评议考核活动，推动基层党委进一步践行“三严三实”要求，突出问题导向，强化了基层党委书记抓党建第一责任人意识，形成大抓基层、强基固本的鲜明导向和浓厚氛围，全面落实党建工作责任制，明确责任清单，层层传导压力，提高基层党建工作科学化水平。

（六）设立基层党建专项经费，完善党建经费保障

2015 年，设立基层党建专项经费 240 万元，用于基层党组织建设、开展党的活动、加强党员教育管理、完善阵地建设，进一步完善了基层党建工作经费保障机制。制定经费使用管理办法，下放管理使用权限，在学校财务部门为全校各单位党委（党工委、党总支）专门设立了基层党建专项经费账户，各单位党委书记为经费项目负责人，节省了办事程序。严格党费收缴、管理和使用。下发了《中共山东大学委员会关于公布 2014 年度党费收支情况的通知》。认真做好 2015 年度党费的收缴、管理和使用工作，全年共收入 80 万余元，支出 60 万余元。按照山东省委高校工委，完成了中管党费收支情况、省管党费收支情况以及省委高校工委代管党费收支情况的公示工作。

（七）发挥党建研究基地作用，推进基层党建理论创新

作为全国党建研究会高校专委会副秘书长单位和全省高校党建重点研究基地首批挂牌单位，依托学校相关学科平台，聚焦全面从严治党主题，开展理论研究，着力打造党建研究新型智库建设上的山大品牌，努力发挥“试验田”“助力器”和“智慧库”作用。2015 年重点围绕学习贯彻习近平总书记系列重要讲话精神，着眼于抓好依法治党、依规治党长效机制建设，在全校组织开展了“高校党建制度体系建设研究征文活动”，参加了全国党建研究会高校专委会秘书长工作会议和专委会 2015 年年会，按照职责范围和工作要求，有效履行推动区域高校与专委会沟通交流的职责，努力搭建理论研究与工作交流平台，进一步发挥好桥梁纽带作用。2015 年 12 月，参加了山东高校党建研究基地工作座谈会，并以“聚焦全面从严治党主题，充分发挥党建研究基地智库作用”进行了主题发言。2 项成果获 2015 年山东高校组织工作优秀论文一等奖。完成了 2013～2014 年度六项全校高校党建研究课题结题结项申报工作。

（八）深入开展专题调研，摸清基层党建工作底数

通过召开基层座谈会等形式，围绕目前各单位党支部建设与党员队伍建设中的突出问题和薄弱环节进行深入调研，为召开全校基层党建工作会议做好准备、打好基础。通过调研，基本摸清了当前制约我校基层党组织和党员队伍建设的突出问题，形成了调研报告，提出了有关问题的解决思路和具体措施。特别是针对梳理出来的突出问题，我们将坚持以中央关于全面从严治党的部署要求和习近平总书记关于加强党的基层组织建设的重要指示精神为指导，以严的标准和实的要求，聚焦基层党建工作中的薄弱环节，推动形成重视基层、关心基层、大抓基层的鲜明导向和良好氛围，努力提升新常态下基层党建工作水平。

三、坚持从严从实，认真抓好“三严三实”专题教育

按照中央部署，我校“三严三实”专题教育于 4 月底启动，我们贯彻落实中央部署和学校党委要求，认真研究制定和组织实施专题教育方案，扎实推进全校“三严三实”专题教育。在学校党委领导下，做好学校领导班子专题党课、专题学习研讨、专题民主生活会及整改落实等工作的组织安排，确保专题教育扎实推进。认真抓好中层领导班子和领导干部专题教育，对讲好党课、开展学习研讨加强督导检查，统筹安排好中层领导班子专题民主生活会，推动各项任务要求落到实处。中央“三严三实”专题教育情况通报先后 2 次对我校有关经验做法进行了专门介绍。

（组织部）

宣传思想工作

2015年，党委宣传部根据中央、中宣部、教育部、中共山东省委的指示精神，认真贯彻落实学校党委工作要点及行政工作要点，围绕中心，服务大局，突出重点，强化理论武装，凝聚师生力量，优化社会形象，不断完善宣传思想工作体系，为推动学校改革发展提供思想政治舆论保证。

一、加强意识形态工作，突出理论武装和思想引领，不断壮大主流思想

（一）坚持用中国特色社会主义理论体系武装师生头脑，加强思想引领工作

加强和改进校院两级党委理论学习中心组工作，及时传达贯彻上级有关精神，分专题学习中央文件指示、习近平总书记重要讲话精神、“三严三实”、全国两会精神、党风廉政建设有关精神等。做好教职工理论学习工作，强化集体学习，鼓励自主学习，确保学习时间和效果。制定学校贯彻中央59号文件精神实施意见、学习贯彻党的十八届五中全会精神、学习宣传《中国共产党纪律处分条例》《中国共产党廉洁自律准则》等法规文件。开展各类主题教育活动。深化中国特色社会主义和“中国梦”宣传教育，积极培育和践行社会主义核心价值观，传承和弘扬中华优秀传统文化，举办“学习贯彻党的十八届五中全会精神”宣讲报告会等活动。组织开展教职工思想状况调研。密切关注具有热点性、倾向性、苗头性的重要思想动态，认真做好相关信息的汇集、分析、研判和报送工作。

（二）加强宣传思想阵地管理

严格哲学社会科学报告会、研讨会、讲座、论坛等审批管理，累计审批备案活动85场次。加强民族团结教育，防范和抵御宗教渗透和校园传教活动，开展排查并形成情况报告。组织专家参与山东省普法讲师团，完成“六五”普法活动总结。推进与中共山东省委宣传部共建新闻学院工作，加强马克思主义新闻观教育，启动新闻专业时事政治课堂教育教学。

（三）加强思想政治理论研究

组织专家积极参与马克思主义理论研究和建设工程，承担了《中国特色社会主义与相关“主义”比较研究》国家重大招标课题、《马克思主义文化理论发展研究》教育部人文社科重大攻关项目、《中国共产党自身建设与实现中国梦关系问题研究》马工程重点课题，推出《社会主义政党政治逻辑》等理论成果。

（四）加强思想政治理论课和全国重点马院建设

推进思想政治理论课综合改革创新，研究制订《山东大学思想政治理论课建设标准》（讨论稿），明确思想政治理论课在学校教育教学体系中的重点建设地位。加强思想政治理论课教师队伍建设，徐艳玲获评全国高校思政课教师影响力标兵人物，夏巍入选教育部高校思政课教师“择优资助计划”。积极探讨思想政治理论课教育教学方法改革，发挥“山东高校思政课教师培训基地”作用，开展 11 期专项培训。牵头做好首批全国重点马克思主义学院申报迎评工作，马克思主义学院顺利入选首批全国重点马院建设工程。

二、圆满完成学校重要活动的宣传任务，有力提升了学校的社会影响力、师生的凝聚力

2015 年，学校的对外宣传工作保质保量地完成了“平均每月在全国重要媒体、每周在省内媒体上有关于山大的专题信息，平均每天在媒体上有山大的新闻报道”的总体宣传任务，和“进一步加大在中央媒体的报道力度”“争取在深度报道方面有所突破”的具体目标。全年新闻发稿 21038 条，转载 41278 篇。以山东大学为第一人称的新闻报道共 3684 篇。其中，中央级媒体报道 758 篇（重要媒体报道 209 篇），省级媒体报道 2120 篇（重要媒体报道 609 篇），地市及媒体报道 797 篇。校内媒体宣传稳中有升，特色鲜明。山大视点网站发稿 8400 余篇，文字、摄影工作 500 多次，储存重要新闻图片 7.5 万余幅、音频资料 220 余个。山大广播电视台拍摄各类视频新闻 220 余条，制作专题宣传片近 10 部，录制各类活动 40 余场，制作播出广播节目 250 余期。山大校报突出学术文化宣传特色，全年共出版 40 期。

（一）高质量完成国际历史科学大会的宣传工作

做好国际历史科学大会四次新闻发布会和一次媒体通气会的组织工作，参与 185 场会议的新闻报道工作，策划组织近 40 场专家媒体访谈，共邀请 60 余家媒体的 300 余名记者参与大会现场报道。媒体刊播国际历史科学大会有关新闻原创报道 600 余篇，其中中央级媒体报道 200 余篇，境外媒体 10 余篇，省市级媒体 400 余篇。520 余家媒体参与大会新闻原发及转载报道，稿件累计 15500 余篇。150 余家海外媒体及网站转发大会英文消息 50 万余条，大大提升了山东大学的社会影响力和海外影响力。山大视点网站设计制作史学会专题新闻网，推出十多个主题形成全方位报道，发布报道 174 篇，被社会媒体广泛转载，拍摄新闻图片约 5 万余幅，采集现场录音 120 余个，采访 15 个国家 80 余位与会学者；大会期间网站访客接近 30 万人次，涉及 65 个国家和地区；山东大学报推出报道专刊，广播电视台制作了专题宣传片。

（二）通过创新策划形成校内外联动的新闻宣传新局面

整合校内报纸、广播、视频制作、校园网等资源，加强策划，开创校内外新闻宣传工作新局面：围绕学校中心工作、师生关注热点难点，先后推出“三严三实”、毕业季、迎新季、青岛校区、财务资金专项使用、综合改革、创新创业等 10 余个系列报道及新闻月报，制作“四季山大”专题片等，创新新闻宣传途径。加强对山大人物的宣传，推出创业先锋以及学者如朱维申、袁益让等人物报道 57 个。邀请多家媒体对王文兴院士进行采访，6月1日的中央新闻联播以“留住蓝天　卫护家园”为题播报了王文兴院士的先进事迹，《人民日报》、新华社、《光明日报》《科技日报》《中国教育报》及中央十台《大家》栏目等对王文兴院士的先进事迹进行专题报道。山大日记品牌建设增强，发布文字及图片日记近3000篇，访客留言近5000条，网站总访问量达310万次。改进英文网站，突出国际化办学和学术文化特色，加强师资队伍国际化进程和校园文化氛围宣传，优化页面设计与网络安全。策划出版“山东大学报2000期特刊”，传承办报传统，总结办报经验，凝炼办报特色，坚定办报信心。

（三）新媒体发展与时俱进，打造宣传思想工作新阵地

学校官方新媒体在新闻宣传中的作用日益凸显。2015年，官方微博共发布微博2708条，总阅读量达5805.3万，总评论量3.4万，总转发量9.2万，总点赞量86.3万，净增粉丝2.4万，目前拥有粉丝数为23.6万；官方微信共发布图文消息751条，总阅读量273万，分享转发次数15万，粉丝增长数3万，目前拥有关注用户7.6万。学校官方微信微博被教育部新闻宣传中心评选为“2015年十大全国最具影响力教育官微”“2015年度教育系统优秀官方微博”。组织筹建山东省高校第一家新媒体联盟，176家校园新媒体成为首批成员单位，打造宣传思想工作建设新阵地。

三、推动校园文化建设，营造良好育人环境

（一）加强校园文化成果培育，营造文化育人氛围

组织开展学校首届文化建设成果评选和第二届“礼敬中华优秀传统文化”系列活动，所申报的山东大学“文学生活馆”，在全国高校第二届“礼敬中华优秀传统文化”系列活动中被评为“特色展示项目”。举办齐鲁大讲坛6期，校内外2000余人听取了报告，提高了文化的辐射力。制作“四季山大”“师说”系列微访谈，改版山东大学专题片，组织各种文化活动，通过环境文化建设将中华优秀传统文化、社会主义核心价值观、党的教育方针融入文化育人全过程。李平生的《大力加强网络舆论引导工作》、孙世明的《沈肖三问，勿以己昏昏使人昏昏》分获全省高校网络宣传思想教育优秀作品一等奖。

（二）加强校园氛围布设管理，营造高雅文化环境

完成国际历史大会期间宣传栏、道旗等文化宣传品设计制作，完成毕业典礼、开学典礼等重大活动期间的氛围布设，配合马克思主义学院做好楼宇文化氛围营造工作。做好明德楼及其他有关单位相关标识系统的更新维护。做好校园宣传品审批与校园文化环境管理，做好阅报栏日常更新维护，进一步完善校园文化环境巡视制度、校园文化宣传品管理制度，印发《中共山东大学委员会关于进一步加强校内宣传品审批管理工作的通知》，审批各类校园文化活动850余次。

（三）加强管理与引导，提高网络文化建设水平

加强网站建设的日常监管。做好校内新建网站审批、网站变更登记、网站撤销登记、校园网交互式栏目审批、上网服务场所备案等工作，为40余家网站办理新建、更改、撤销备案登记。开展校园网络与信息安全检查，强化网络宣传阵地建设。对存在安全问题的60多家网站下达整改通知，确保校园网络健康发展。创新全校优秀网站评选

方式方法，提高网站建设及校园网络文化建设水平。哲学与社会发展学院等 18 个网站被评为“2015 年度山东大学优秀网站”，万林等 27 人被评为“2015 年度山东大学网络文化建设与管理先进个人”。

加强网络舆情监测与引导，提高网上舆论把控力。建立起由专家学者、党政干部、辅导员和共青团干部及学生等组成的山东大学网评员队伍。组织网评员参加中央网信办、教育部、山东省及学校的培训，提高网评员专业素养和应对能力。在应对袁贵仁部长讲话受网络舆论攻击、医学院人体标本外流、洪家楼教堂挑起争端、学生反映学费较高等舆情事件中，发挥良好应对引导作用。扩大舆情检测研判，积极协调有关部门及时处置相关事件。全年监测研判 50000 余条信息，推送舆情信息 500 余条，对 13 个专项事件进行重点监测研判，编发舆情年报、月报、专报 41 期。做好中宣部、中共山东省委宣传部舆情直报点的报送工作，报送舆情信息 4 万余字。

（赵　海）

统战工作

一、工作业绩

2015 年，党委统战部被评为全省统战工作先进单位、全省统战理论调研宣传“四新工程”先进单位，党委统战部黄红被评为全省统战工作先进个人，记三等功。

（一）加强领导，提高认识，夯实统一战线共同思想政治基础

一是学校党委高度重视，强化政治共识。学校党委将统战工作列入党委重要议事日程，切实加强领导，定期听取统战工作汇报，经常研究统战工作。党委统战部牵头协调，定期召开统一战线联席会，部署工作、研讨问题、集思广益。校领导利用重大节日走访看望我校党外代表人士，确保统一战线的经费投入，为统战工作开展提供必要保障。

二是贯彻落实有关要求，加强组织领导。学校党委认真贯彻落实中央统战工作会议、第二次全国高校统战工作会议、省委统战工作会议精神，深刻学习领会习近平总书记重要讲话精神，党委常委领导班子会议、全校基层党委书记会议分别传达学习会议精神和讲话精神，制定贯彻落实《条例》《方案》的具体实施意见。目前，正积极筹备召开学校党委统战工作会议，修订完善（山大党字［2007］1 号）《中共山东大学委员会关于进一步加强统一战线工作的意见》。

三是开展学习实践活动，提升五种能力。印发《山东大学统一战线坚持和发展中国特色社会主义学习实践活动学习资料汇编》等学习材料，发放《统战工作》和《画出最大同心圆——习近平总书记在中央统战工作会议上重要讲话精神学习讲座》等理论读物。组织开展形式多样、丰富多彩的参观考察、社会服务活动，引导统一战线成员进一步坚定理想信念，增强对中国特色社会主义的道路自信、理论自信、制度自信。立足于参政议政要求和岗位职能需要，2015 年选调党外代表人士参加各级党委统战部、社会主义学院学习培训 7 人次，发挥学校党校教育和学科资源优势，组织民主党派、无党派知联会负责人聆听高层次、高水平辅导报告 5 场，不断提升他们的政治把握能力、参政议政能力、组织领导能力、合作共事能力、解决自身问题能力。

（二）凝聚人心，汇聚力量，推进统战工作取得新发展

一是民主党派建设取得新进展。支持各民主党派的组织发展，科学制定并实施发展规划，坚持标准，把好政治关，保障各党派的协调均衡发展，今年共发展民主党派成员

49人，截至2015年底，学校共有民主党派成员1089人。九三学社山东大学委员会被九三学社中央评为“2015年全国社会服务工作先进集体”称号，农工党齐鲁医院支部被农工党中央评为“2015年全国社会服务先进基层组织”；徐超丽被民建中央评为“2015年民建全国参政议政先进个人”，侯风云被民进中央评为“中国民主促进会2015年先进会员”。

二是党外代表人士队伍建设实现新突破。把党外代表人士纳入干部、人才队伍及后备干部队伍建设总体规划，建立一支数量稳定、结构合理、素质良好的党外代表人士队伍。重点关注“两院”院士、“千人计划”国家特聘专家、长江学者、泰山学者、重点学科带头人、省级以上荣誉称号获得者等高层次人才，从年龄结构、学历结构、知识结构、任职结构等方面建立党外干部、党外专家为主体的党外人才库，完善党外代表人士综合评价体系。刘大钧教授担任中央文史研究馆馆员，马来平、陈尚胜、林路、李国君四名教授担任省政府参事，王学典、郑杰文、颜炳罡、周峰四名教授担任省文史研究馆馆员，侯桂华等五名教授担任山东省特约人员。结合各级人大、政协换届，民主党派组织换届和学校中层领导班子换届，不断加大党外代表人士的发现、培养、使用、管理的工作力度。截至2015年底，学校有党外副处级以上干部84人，占领导干部总数的12.4%，其中，校级领导干部1人、正处级领导干部15人、副处级领导干部68人。针对海归和有海外经历的教师占全校无党派知识分子85%以上的现状，加大对留学人员的思想引导，不断激发他们参与学校改革发展的热情。11月，完成留学人员相关情况调查，向省委统战部推荐11名山东省留学人员代表人士。

三是港澳台海外工作取得新成效。协办2015年台胞青年千人夏令营山东省分营在山东大学交流活动，承办第一届鲁台中华教育论坛。5月，推荐两位“华文教育·名师巡讲”团成员，受国侨办委派，赴加拿大开展海外师资培训工作；推荐8名教授担任济南市侨联特聘专家委员会委员。6月，在归侨侨眷中开展“鸿雁传书一线牵，侨情乡谊两相连”活动。7月，与学生工作部合作推荐50名同学为山东省“同心·光彩助学行动”受助对象。9月，《实施“互联网工业”发展新模式，山东大学教授黄凯南提出七条建议》，经济南市归国华侨联合会整理上报被中国侨联《侨情专报》采用，并呈报中央领导参阅。12月，与济南市侨办联合在山东大学举行“侨法进校园”巡展活动。

四是民族宗教工作拓展新领域。6月，山东大学清真餐厅被山东省政府授予“全省民族团结进步模范集体”荣誉称号。8月，圆满完成2015年国际历史科学大会的宗教界人士接待工作。

（三）适应形势，创新思路，推动高校统战理论创新

共建一个学科。协助政管学院与中央社会主义学院合作共建“统一战线学”二级学科，打造为统战事业科学发展提供理论支撑和人才支持的有力学科平台。

建好一个基地。中共山东省委统战部在学校建立首个山东省统战理论研究基地以来，在政党制度、国家治理体系和治理能力现代化、中华民族凝聚力等方面开展研究，推出了一批统战理论研究精品项目，两项课题被2015年省社科规划项目和省社科联课题统一战线理论研究专项先后立项。今年3月启动山东大学统一战线史编纂工作，查阅文书档案200多卷，目前已完成党委统战部、各民主党派组织沿革的编纂工作。

（四）服务学校，服务社会，发挥统一战线独特优势

发挥党外代表人士参政议政、民主监督的作用。在加强统战工作的过程中，善于做好结合文章，紧密联系世界一流大学建设，紧密联系学校“十二五”事业发展规划实施和“十三五”事业发展规划制定，紧密联系学校第十三次党代会、群众路线教育实践活动等党建工作实际，引导广大党外知识分子建言献策。学校各级政协委员、人大代表积极履行职责，围绕山东省经济社会发展中的重点难点问题开展调研工作，献计出力，多项提案和报告被民主党派山东省委评为优秀参政议政成果奖、优秀理论成果奖。各级政府参事、馆员、特约人员切实发挥参政议政、民主协商与监督职能，得到各方好评。

发挥党外专家在服务社会方面的独特作用。在学校组织开展的“同心·双建”活动中，党外知识分子积极服务国家，围绕国家与地方经济社会发展的重大课题，实施科技创新，支持企业产品更新换代，辅助企业管理升级，为企业、乡村送医送药送温暖，创造了巨大的经济效益和社会效益。据不完全统计，学校党外专家教授2015年共获得省部级以上自然科学奖、科技进步奖、技术发明等奖项40余项。

二、党风廉政建设

认真承担党风廉政建设主体责任，落实“一岗双责”。统战部领导班子对本单位党风廉政建设承担全面领导责任，部长是第一责任人，班子副职根据工作分工，对职责范围内的党风廉政建设负主要领导责任，切实抓好对分管范围党员干部的教育管理和监督，推动党风廉政建设各项任务在职责范围内落实，业务工作与党风廉政建设工作同步考虑、同步部署、同步实施。

把落实中央八项规定精神“回头看”和开展财经纪律大检查工作，作为一次自我体检、自我预防、自我整改的机会，把工作做在前面，抓好自查自纠工作。

认真学习《中国共产党廉洁自律准则》和《中国共产党纪律处分条例》，深入领会要义，不断提升党员的党章意识、纪律意识、规矩意识和组织意识，树立忠诚、干净、担当的新形象，带头践行廉洁自律规定，维护党的纪律的严肃性和权威性。

三、自身建设

（一）注重理论武装。坚持马列主义、毛泽东思想的指导地位，认真学习贯彻习近平总书记系列重要讲话精神，不断提升思想政治素质，提高政策理论水平。

（二）对党忠诚，向党看齐。讲政治，顾大局，守纪律，始终在思想上、政治上与以习近平为总书记的党中央保持一致。

（三）强化宗旨观念。注重深入基层，密切联系群众，为基层排忧解难。

（四）落实“三严三实”要求。严以修身律己，公道正派。强化严实作风，勇于担当，改革创新。

（五）加强能力建设。注重提升善谋全局、驾驭全局的能力；注重提升发现问题、解决问题的能力；注重提升坚持民主集中制科学决策的能力；注重提升知难而进、破解难题、勇于担当的能力。

（马毓轩）

学生工作

一、大学生思想政治教育实效性进一步增强

深化形势政策教学改革，增强考核实践应用性，开展创新成果展评，学生认可度与教育效果进一步提高。在全校本科生中组织“我为社会主义核心价值观代言”成才大讲堂活动并举办首届主讲人大赛，成为大学生思想政治教育新载体。组织实施网络新媒体“第一触点”计划，开通“i 山大”微信公众平台，有效覆盖 95％本科生，获评省网络思政教育“优秀工作案例”二等奖。在毕业生党员中开展“为党旗增辉，向母校献礼”主题教育；创办“缘来山大人 2015”新生专属微信号，深入开展新生入学教育；组织“创新，创业，创优”暑期实践团走访创业典型，开展调研和志愿服务。以抗战胜利 70 周年与军训 30 周年为契机加强国防教育，科学组织军训，并制作“山大军训 30 周年巡礼”电视片，获省“纪念军训 30 周年”军训案例评选一等奖；认真组织征兵工作，帮助 8 名大学生实现军营梦想。

二、学生发展指导和管理服务水平进一步提高

完善学生荣誉体系与奖学金体系，彰显评奖评优激励作用。本年度共评选先进班集体 66 个，先进个人 780 名，各类奖学金获得者 7821 人，发放金额 1315.3927 万元；全面推行高额奖学金答辩制度，恢复设置校长奖学金单项奖，进一步加强学生典型选拔与宣传力度；实现家庭经济困难学生资助全覆盖，本年度共计资助学生 35392 人次，各项资助资金达 5540.838 万元；进一步完善“添翼工程”资助育人工作体系，开展综合能力提升、勤工助学培训等六大模块 18 项培训活动，指导受助学生爱心社团积极开展公益活动，获校级以上荣誉 9 项，做到不仅“一个不能少”，而且还要“每个都要好”。积极开展心理健康宣传与教育教学工作，加强队伍建设与基地培训，认真进行心理咨询、测量及危机干预工作，大学生心理健康节中获各项奖 11 项，“心理健康教育宣传月”活动获校园文化建设二等奖，并成功承办省学术年会。强化安全稳定教育，注重关键节点和重点人群的信息管理工作；优化分类指导，用心用情做好少数民族学生教育管理工作，积极推进国防生选拔培养教育工作，巩固多层次、多专业、多学科分布格局。出台《学生住宿管理规定》及《研究生公寓住宿承诺书》，完善公寓岗位责任制，维护公寓安全稳定；旧楼改造和新建公寓有计划启动，完成旧楼改造 4 栋，家具更新 650 套，配备

新洗衣机 120 台；启用学生公寓信息管理系统，并筹建校级学生社区自我管理委员会，有效提高公寓管理水平与服务质量。

三、辅导员队伍建设进一步加强

制定《山东大学 2016～2020 辅导员队伍建设规划》；兼职辅导员选聘工作启动，并做好班主任选聘与考核工作；加强队伍培训与指导，组织 1 名辅导员参加海外研修，41 人参加省部级专题培训，举办 7 期辅导员工作坊进行案例研讨，指导辅导员工作室开展理论研究与实践创新，总结工作室建设经验并修订建设管理办法；举办第二届辅导员学术活动月，促进辅导员工作交流与能力提升；选树 66 名先进典型，高弟获评全国辅导员年度人物；薛冰、吕宁分获全国辅导员职业能力大赛二、三等奖；获批主持全国辅导员工作精品项目 1 项，教育部人文社会科学研究专项 2 项；省高校学生教育与管理工作优秀科研成果中 8 篇论文获奖，省高校辅导员工作论坛中 3 篇论文获奖。

（袁　芳）

工会工作

截至2015年底，学校校工会以下院处级基层工会组织43个，下设部门工会或工会小组496个。

2015年，山东大学工会、妇委会在学校党委和上级工会的领导下，在学校行政和广大教职工的大力支持下，积极学习领会党的十八大和十八届三中、四中、五中全会精神，深入贯彻《中共中央关于加强和改进党的群团工作的意见》，按照“围绕中心，服务大局”的指导思想，重点在积极促进学校建设和发展、维护教职工切身利益、构建和谐校园方面开展工作，并取得一定成绩。

一、以学习教育为抓手，提高教职工素质

1. 开展“师德建设教育月”活动，强化教师素质，促进教学质量的提高。

2. 组织工会、妇委会工作人员认真学习党的方针政策和先进理论知识，提高理论水平和文化素质，加强业务学习和培训。

3. 评选表彰山东大学2015年度10名“三八红旗手”、5名“三八红旗集体”、5名“妇女工作先进个人”。推选两位教师参加暑假优秀教师疗养活动。开展2015年妇女工作评优活动。

二、以民主管理为重点，加强工会组织建设

1. 组织第三届教职工代表大会暨第十八次工会会员代表大会筹备工作，制定代表分配、代表团组建、三个委员会的推荐办法、选举办法等方案，各项筹备工作有序进行。

2. 在2014年教代会全面覆盖的基础上，进一步加强基层工会干部的业务培训，健全教代会相关制度，切实履行工会的基本职责。

3. 根据山东大学“三定”工作，完成工会组织的相关调整，新组建青岛校区、直属单位党委等基层工会组织。

三、以规范化建设为核心，提升工会工作水平

加强工会财务管理，实行分级负责制。集体研究制定未来三年的经费预算，合理合法使用工会经费。认真收缴和发放工会经费，及时缴纳上解经费。严格按照学校有关规

定，加强固定资产的摸底排查，做好新增资产的申请购置、注册登记和报废的处理工作。建立完善的会务公开制度，重大事项必须经过基层工会调研、主席办公会讨论、专人记录存档等程序后确定实施方案。涉密文件严格管理登记，及时回收归档。规范网上信息发布审批程序，实行分管领导负责制，并由专人上传。

四、以服务职工为中心，增强工会工作实效

1. 承办"第三届山东省高校教职工排舞比赛"，山东大学中老年代表队荣获团体一等奖、最佳编排奖、最佳编导奖及最佳运动员奖。举办校春季运动会，组织开展教职工羽毛球比赛，举办"中国梦　山大梦"教职工迎新年文艺演出，分别在各个校区设立"阳光课堂"，开办瑜伽班、摄影班、声乐班。

2. 成立"教职工爱歌者协会"，定期开展活动，培养了一支文艺骨干队伍。加强工会网站的建设，创建栏目广泛、内容新颖、功能齐全的新网站，展示工会新风采。在各个校区建立"教工之家"活动中心，配置高级音响设备和体育用品，并加强日常管理，使之成为全校教职工的温馨家园。

3. 主办"山东大学第二届单身教职工联谊会"，并组织参加省教育工会"第十届驻济高校单身教职工联谊会"。携手中国平安保险公司为山东大学 496 名女教职工办理"平安女性安康保险"的投保和续保工作。举办女性保健知识讲座。为 200 多名家庭困难的教职工办理生活困难补助，共计约 20 万元；组织全校教职工开展"扶贫日"活动，为河南确山县筹措扶贫捐款 49 万余元；为 4 名大学生申请办理重大疾病困难补助，合计 1.6 万元。为方便教职工生活，开展平安车险优惠活动，组织 2 次国美电器内购会，为教职工提供贴心服务。

（徐博伦）

妇委会工作

2015 年，妇委会在学校党委和行政的领导下，在上级妇联组织的指导下，按照 2015 年工作要点，紧密围绕学校中心工作，以联系妇女、服务妇女、维护妇女合法权益为根本任务，以全面提高广大妇女的综合素质为目标，充分发挥妇委会的桥梁纽带作用，团结带领全体妇女为推进“双一流”建设而努力工作。

一、思想政治工作

深入学习贯彻落实十八大和十八届三中、四中、五中全会精神，学习贯彻习近平书记系列讲话精神，学习贯彻群团会议精神，加强女职工思想政治教育，提高女职工的综合素质，倡导和培育社会主义核心价值观，力求使全体女职工保持积极向上的精神状态，更好地教书育人、管理育人、服务育人。

二、维护妇女合法权益，关心女教职工的身心健康

关心女教职工生活，力所能及地为她们做好事、做实事。举办保健知识讲座，为 500 余人办理了 2015 年平安女性安康团体重大疾病保险的续保工作；举办了山东大学第二届单身教职工联谊会，组织 170 多名单身职工参加了省教育工会举办的驻济高校“爱心牵手”联谊活动。

三、文体活动

召开了纪念“三八国际劳动妇女节”表彰大会，表彰了为山东大学改革发展做出贡献的个人和集体，并通过各种渠道宣传她们的事迹；承办了第三届山东省高校教职工排舞比赛；组织 16 名女教职工参加了排舞大赛，荣获甲组中老年组一等奖、优秀组织奖、优秀编导奖、优秀编排奖等。

四、女大学生工作

召开了部分学院党委副书记座谈会，探讨新形势下做好女大学生工作的途径、方法；积极为女大学生就业、创业搭建平台。

五、自身建设

加强妇委会队伍建设，健全妇女工作网络；加强妇女干部的培训和学习，提高服务水平；强化妇女干部的奉献精神和服务意识，尽心尽力为广大妇女做好服务。

六、理论研究

重视妇女理论研究工作，组织教职工参加了第三届中国妇女研究优秀成果评选活动，其中2位老师的论文和专著获第三届中国妇女研究优秀成果一等奖，实现了往届零的突破，这也是中国妇女界研究奖项的最高荣誉。

七、交流访问

邀请全国妇联副主席、北京知识产权法院副院长宋鱼水于12月26日访问了山东大学，并做客山东大学“育贤讲堂”，为大学生作了题为“法律是公平和善良的艺术”的青春励志故事讲座。

（朱桂英）

共青团工作

2015年，山东大学团委在学校党委和行政的直接领导下，认真贯彻落实党的十八大、十八届三四五中全会精神以及中央和省委党的群团工作会议精神，深入学习习近平总书记系列重要讲话内容，认真践行社会主义核心价值观，按照团中央和团省委的统一部署，以科学发展观为指导，坚持以育人为中心，突出思想引领和成长服务，提升学生综合素质、促进学生全面发展，按照“校级活动出精品，院级活动强特色，支部活动重参与”工作原则，构建起第二课堂的“金字塔式”三级工作体系。校团委在新常态形势下不断提升团的吸引力、凝聚力，扩大团工作的有效覆盖面，不断开拓共青团工作的新格局，努力为学校建设世界一流大学贡献青春力量。

一、以组织架构更新设计为动力，强化团组织的自身建设

贯彻落实依法治团。以学习党的十八届四中全会和《山东大学章程》为契机，将法治精神引入共青团工作体系，贯彻落实民主管理，通过不定期召开共青团山东大学第十六届委员会常委会、全委会群策群力、共谋未来。

充分发挥共青团工作专门委员会作用。通过不定期举行专门工作委员会会议探索服务青年、引领青年发展的具体措施，不断提升工作的针对性，进一步推进团建创新、校园文化活动、社团工作、社会实践工作、创新创业工作、志愿服务工作、宣传与新媒体建设七个板块工作发展。

进一步规范基层团组织建设。以《关于进一步规范基层团组织建设的指导意见》为指导，加强并规范团的基层（学院）委员会、团支部委员会、附属单位及直属团工委建设，规范学院共青团工作流程。

完成“数字共青团”上线。适应数据时代对于共青团组织建设的要求，山东大学“数字共青团”系统上线，打造青年团员的“网上数据库”“网上通行证”，切实做到共青团组织工作“上网入群”。

加强兼职共青团干部队伍建设。打造专兼职相配合、师生相长、红专并重的团干部队伍，通过团校各项活动的开展加强兼职团干部的管理、培训、激励措施与制度，凝聚和激发优秀团员青年服务团组织、建设团组织。

深化青少年工作理论研究。鼓励团干部紧贴青年发展的社会现实，加强青少年教育科学研究，开展了山东大学2015年青少年工作研究立项工作，促进共青团工作体系化、

理论化。

推进团支部活力工程建设。创新团支部主题团日活动，巩固和活跃班级团支部、社团团支部，加强对团组织建设的考查评定与扶持指导；鼓励以纵向团支部为单位探索研究生团学活动的创新模式，鼓励线上线下联动，适应当前研究生团员的实际需求，切实做到“团建全覆盖，工作到支部”。

二、以核心价值观培育践行为统领，深化团组织对青年团员的思想引领

落实《关于推动培育和践行社会主义核心价值观长效机制建设的实施方案》，通过打造实践育人体系、文化育人体系、长效传播机制相统一的社会主义核心价值观培育践行机制，开展了一系列青年团员喜闻乐见的思想教育活动。组建社会主义核心价值观“大学生百人讲师团”；开展“奋斗的青春最美丽”“与信仰对话”“讲人生”等系列讲座；依托寒暑假社会实践开展形式多样的教育实践活动；大力开展“社会主义核心价值观”主题团日活动；开展团支部“升国旗”主题团日活动，强化仪式教育庄严感。

三、以寓教于乐为宗旨，挖掘校园文化活动的内涵品质

以优秀中华传统文化活动打造书香人文校园。依托传统文化社团和传统文化传播志愿者，广泛开展优秀中华传统文化传承活动，进行形式多样的实践教育，增强学生民族自信心和自豪感。

以艺术团建设繁荣校园群众性艺术活动。积极组织学校艺术团参加校内外举办的各类文艺演出活动，举办各类大学生艺术团专场演出，活跃校园文化生活，繁荣校园艺术活动，营造良好的校园文化氛围。

深入开展大学生“走下网络，走出宿舍，走向操场”主题群众性课外体育锻炼活动。通过全校性“校园吉尼斯”、校园荧光跑等活动把体育锻炼与学风校风建设、良好习惯养成教育紧密结合，帮助和促进大学生提高体育锻炼自觉性，切实做到“人人都参与、班班有活动”。

四、以完善机制为手段，全面推进学生创新创业

完善创新创业体制机制建设，积极拓展创新创业社会支撑体系。充分发挥学校共青团长期以来在创新创业中积累的组织优势与资源优势，推动学校成立创新创业学院并在其中发挥核心作用，推进学校出台“创新创业行动计划”，牵头成立山东大学创客与创业孵化中心，打造山东大学“创客一条街”。积极拓展创新创业社会支撑体系，以山东大学与海尔集团共建“2025 创新创业联盟”为契机，与海尔大学共建“创客实验室”。深入推进校地合作，与青岛高新区共建大学生创业实践基地，用于支持大学生创业项目孵化。2015 年 8 月，获得全国首批实践育人创新创业基地荣誉称号。

构建创 e 家综合创业孵化平台，搭建支持学生创业生态体系。打造有山东大学特色的支持学生创业生态体系，构建集创业实训、创业服务、创业孵化、创业投资于一体的创 e 家众创体系。全年开展创业大讲堂、创业沙龙等论坛讲座五十余场。与青岛高新区共同设立 2000 万元蓝贝青苹果天使基金。组织了两期创业先锋人才培养计划，培训学

员 300 余人。组织开展了苏州创业训练营、青岛创业训练营、北京创业训练营，为学生创业提供全方位保障。

依托竞赛活动，推进创新创业氛围营造。积极组织发动学生参与创新创业类活动。积极参加全国首届“互联网＋”创业大赛，获得省赛金奖两项，国赛银奖一项、铜奖一项。

五、以知行合一为旨归，丰富学生社会实践内涵

以引导青年学生培育和践行社会主义核心价值观为重点，组建了山东大学“社会主义核心价值观”百人讲师团，赴全国 26 个省份面向农村、城市社区、农民工子弟学校开展宣讲。增加了社会实践理论部分授课，2015 年暑假开展了暑期立项活动，立项团队 1130 支，其中 18 支团队获得山东省优秀团队表彰，1 支团队获全国优秀团队表彰，23 名教师获山东省优秀指导教师，50 名学生获山东省优秀学生，山东大学团委获得社会实践优秀组织单位称号，出征前组织了新闻、摄影、安全、急救等方面的培训。新增 10 个山东大学学生社会实践基地。

举办山东大学社会实践年会（SDUPAC-2015）、“实践归来话成长”系列成果分享会。组织学生参加了“调研山东”“远洋之帆”“青年中国行”等专项实践活动。及时总结工作经验，培育学生社会实践工作品牌特色。

六、以优化机制为重点，提升志愿服务的品质成效

贯彻落实中共教育部党组、共青团中央《关于在各级各类学校推动培育和践行社会主义核心价值观长效机制建设的意见》中关于建立完善师生志愿服务体系的要求，倡导学生利用专业特长，整合社会资源开展志愿服务。积极组织参加“志愿服务西部计划”、中国青年志愿者研究生支教团等，带动更多青年到西部、基层地区开创事业新天地。组建完成第 18 届支教团，并组织开展了相关培训。

组织参加山东省首届志愿服务项目大赛，并获得金奖 2 项、银奖 2 项、铜奖 3 项。组织了山东大学首届山东大学志愿服务项目大赛暨 2015 年志愿服务交流会，并对组织了相关赛事培训。

配合团省委要求，完成第二十二届国际历史学科学大会的志愿服务工作，充分发挥校外文化传播志愿者作用，在全国高校范围内传播了国际历史学科学大会盛况。继续推进打造泉城路文明岗团队、鲁能大球场志愿者团队、文化传播志愿者团队等志愿服务精品服务团队。

七、以横向拓展纵向深化为方针，深入巩固宣传工作阵地

巩固以“青春山大”网站为主体，涵盖专题网页、杂志、宣传栏等的媒介群配合开展的各项团属活动做好宣传报道工作。顺应时代发展，进一步开发微信等自媒体平台服务潜力，完善“山东大学团委”微信公众平台建设。根据自媒体特点开展线上互动活动，通过青年学子喜闻乐见的形式使其自发形成对社会热点事件的正确认识。借助“青年之声·山东大学”网络平台建设成山大共青团反映学生呼声、回应学生诉求、维护学

生权益、服务学生成长的品牌项目。

以学院为单位，在各个团支部中建立网络宣传员队伍，提高学员新闻宣传水平，传播正能量。除传统新闻通稿报道外，提倡各学院、团支部利用微博、微信等新媒体形式灵活宣传学院、团支部活动，图文并茂，与“青春山大”微博、微信进行互动，全方位、多角度展现基层学院、支部的活跃动态。重视新媒体宣传，2015 年度校团委组织并举办了首届“指尖微青春”新媒体大赛，开风气之先，为新媒体工作者提供了交流与学习的平台，在全国高校新媒体领域产生了较大影响。

2015 年，青春山大网站获评山东大学优秀网站，山东大学团委获评山东大学网络新闻优秀组织单位，校团委指导的“山东大学团委”和“山东大学学生会”微信公众号获评“山东大学 2015 年度新媒体综合影响力八强”称号。

八、以服务青年师生为宗旨，引领学生组织、青年联合会组织建设

按照《关于加强和改进高校学生会研究生会建设的指导意见》的有关要求，进一步完善新型学生会体系格局，完善学生表达和维护正当权益、参与学校事务决策管理的途径和载体。充分发挥社团联合会理事会、青年志愿者联合会理事会作用，形成理事单位联动机制，促进学生社团和青年志愿者组织有序发展。

充分利用常务代表委员会，推进校、院、班三级学生组织联动，实现各级学生组织之间合理配置、优化资源，保证山东大学学生会系统更加有效地为同学服务。督办学代会、研代会各项提案落实完成情况，进一步探索学生表达合理意见、建议的有效途径，以制度设计保障学生参与学校民主管理。

组织青联委员与青年学生进行交流互动，形成师生相长联动格局。积极与地市级、行业协会等进行交流联系，进一步发挥青联的青年力量、社会效益。

（翁祥栋　彭　鑫）

机关党委工作

2015年，机关党委在学校党委的领导下，深入学习贯彻落实党的十八大和十八届三中、四中、五中全会精神，深入学习贯彻习近平总书记系列重要讲话精神，紧紧围绕服务中心、建设队伍的核心任务，以落实新形势下从严治党要求为主线，严格执行党的基层组织工作条例，认真巩固和拓展教育实践活动成果，扎实开展“三严三实”专题教育，积极营造党建工作新常态，为学校事业发展、深化改革、推进一流大学建设提供坚强政治保障，顺利完成了本年度工作任务，机关党建工作取得了新进展。

一、强化理论学习，注重思想建党

一是注重组织引导，认真研究制订机关党委理论学习计划，深入学习贯彻落实党的十八大和十八届三中、四中、五中全会精神，深入学习贯彻习近平总书记系列重要讲话精神和中国共产党《廉政自律准则》《纪律处分条例》，努力营造浓郁学习氛围。二是坚持学以致用，注重学习实效。采取中心组学习研讨、讲座、支部学习、个人自学等多种形式，突出学习效果。除积极组织处级干部参加学校系统培训之外，还举办了职工培训，购买了相关学习资料。通过学习使党员干部明方向、知敬畏、守底线。

二、固本强基，完善党建工作责任制

一是强化部门负责人一岗双责责任制，推进党建机制规范化。结合“三定”完成后的实际及时调整补充了5位党委委员和18个支部的负责人，主要由党员行政主要负责人或副职兼任。通过机关党委会、支部书记会、谈心谈话、参加各部门民主生活会等方式，层层明确责任，传导压力，强化各支部增强“走在前、做表率”的意识，形成层层抓落实的党建工作格局。二是严肃党内政治生活，认真督导38个支部的民主生活会，严格程序、细化要求，督促整改落实，确保党内生活质量，督促各部门“两方案一计划”整改任务完成，发展党员5名，有10名党员转正。三是制订了《机关党支部工作考评办法》，进一步明确党建工作内容和任务，将党建工作纳入各部门作风建设评议内容中，落细落小，促进了机关党建工作由“虚”变“实”。

三、创新活动方式，提升支部活力

充分调动和发挥各支部和党员的积极性和创造性，不断创新党员教育的思路、方式和载体。一是在各支部开展了以“服务师生，转变作风”为主题的特色党日活动，形成了“党建工作大家抓，服务师生人人做”的浓厚氛围，对活动进行了总结，对取得良好效果的24个支部进行了表彰。有4个支部获得学校党建立项奖励。二是认真组织各支部开展了多种形式的党建专项活动，现正对各支部活动情况进行总结，通过激励方式发挥典型引路作用，提振精气神，凝聚正能量。

四、突出重点，扎实开展“三严三实”专题教育

一是精心筹划，专题研究，制定下发贯彻学校实施方案的通知，明确改进机关作风这条主线，先后召开5次支部书记会议，部署任务。二是以上率下，充分发挥领导班子示范引领作用。校党委常务副书记李建军为校部机关处级和部分科级党员干部上了专题党课。陈向阳、张永兵、方宏建等校领导还分别为分管部门的党员干部讲了党课，进一步廓清了大家的认识，明确了不足和责任，为开展专题教育开了好头，做出了表率，奠定了党员干部坚实的思想基础。三是专题研讨。机关党委理论中心组坚持高标准、严要求，带头学习研讨，带头查摆问题。所有党委委员分别在学校和机关党委的研讨中作了典型发言。通过学习研讨交流，机关党员干部增强了担当，提高了境界，焕发了精气神。四是聚焦重点，坚持问题导向，着力增强专题教育针对性。采取走访调研、座谈交流、个别谈话等形式，多方面听取意见建议，查摆了机关作风不严不实的八个方面问题。督促各部门针对查摆的问题，聚焦服务效能的提升认真整改，重点推进落实“首接负责制”，做好岗位职责界定及服务流程梳理工作，及时向广大师生公开，责任到人，接受监督。

五、建章立制，推进机关作风建设常态化、长效化

本着从严从实的精神起草了《校部机关作风建设评议办法》，通过5次不同层次的座谈会，一对一个别谈话，广泛征求意见，集中群众智慧。在此基础上，又重点了解了教育部、兄弟高校的经验做法，反复修改。《办法》中内部建设的考核内容，主要是考核班子党建工作，这样就把作风建设和部门党建结合起来。《办法》已于2015年12月17日公布。按学校党委要求，已启动问卷调查工作。

六、以党建带群建，积极营造文明和谐机关氛围

一是统筹兼顾，将党务工作、群众工作统一布置。顺利完成了第三届教职工代表大会第一次会议暨第十八次工会会议代表选举推荐工作。二是关心青年干部，努力提升青年干部的综合素质。为200多位青年干部举办了3场讲座，并为每位听众发放了学习用书。三是发挥工会活动优势。组织职工参加学校运动会、羽毛球比赛等活动，取得第三名好成绩；举办了喜迎新年登山活动；组织了为河南确山贫困地区捐款近5万元；开展“帮扶送温暖”活动，为99名30年工龄、50周岁、55周岁、60周岁职工购买了礼物，慰问了38位困难职工，为700多名职工发放了春节礼包。

（姜玉琢）

行政工作

山东大学2015年行政工作要点

2015年学校行政工作的总体思路是：贯彻落实党的十八大和十八届三中、四中全会精神，紧紧围绕中央“四个全面”战略布局，进一步解放思想，转变观念，全面深化综合改革，全面推进依法治校，切实提高办学质量和办学效益，推动世界一流大学建设开创新局面。在完成日常行政工作的基础上，重点做好以下工作。

一、研究编制“十三五”事业发展规划

成立规划编制工作领导小组，充分调研，科学论证，研究制定学校“十三五”事业发展规划，进一步明确学校发展目标、路径和措施，提高规划的科学性、前瞻性、操作性。

二、加强学科建设

1. 制定学科发展规划。加强统筹布局和顶层谋划。各学院在调研论证基础上，上半年提交学科建设分析报告，学科建设办公室据此研究形成学科发展规划。

2. 分类指导学科建设。对学科的发展进行分类指导、突出重点。对优势学科、特色学科、新兴学科等三类学科予以重点支持，加快学科方向的优化升级，抢占学科制高点，推进学科现代化。

3. 创新学科管理体制。积极探索学部制改革措施，启动医学教育改革，整合学科资源，落实两级管理体制，完善学科评估指标体系与评估机制，提高学科竞争力。

三、加强队伍建设

1. 制定队伍建设规划。推进编制管理，为人力资源合理配置提供基础。制定切实可行的队伍建设规划，统筹教师队伍、管理队伍、教辅队伍建设。科学设置学校工作岗位类别和岗位层级，进一步明确各类各级岗位聘用条件、岗位职责、目标任务及聘期考核标准。完成校部机关和直属单位“三定”工作。

2. 深化人事制度改革。实行“岗位管理，全员聘任”，严格聘任考核。实施考核评

价制度改革。优化薪酬结构，完善以岗位绩效工资为主，年薪制、协议工资制、项目工资制和团队薪酬制为辅的多元分配模式。建立教职工薪酬收入正常增长机制。

3. 加强高层次人才队伍建设。以学校重点学科、重点发展方向为导向，加大高端人才的培育、引进和考评力度。召开人才工作大会，进一步推进人才工作。做好院士增选、“千人计划”“万人计划”“长江学者”“国家杰青”“泰山学者”等人才项目的推选工作。制定海外引才计划，适时组织海外人才招聘会，畅通海外引才渠道。

四、加强人才培养工作

1. 改革招生制度。合理调整招生规模与结构，适度调减本科生招生数量，增加研究生招生数量。根据国家考试招生制度改革新导向，探索符合学校办学定位的人才选拔方式。研究制定科学的综合评价体系，探索自主招生录取、推荐录取、破格录取、定向录取等多元招录模式。

2. 创新本科人才培养模式。全面推进学分制改革，促进学生自主选择专业、自主选择课程和自主选择学习进程，为学生创设个性化的成才通道；以新一轮本科教学评估为契机，推进教学方法改革，促进本科专业优化升级；加强学生创新创业能力培养，完善人才培养体制与机制。

3. 创新研究生培养机制。在学科改革的基础上，调整学位点结构。加强研究生培养条件建设，加大对导师培养能力的考评要求，探索下放博士生导师遴选权。推进研究生学制及学分制改革。

4. 提升学生就业竞争力。深化实施大学生人格培育工程，探索书院制育人模式，加强学生心理健康指导，着力提高学生社会行为能力。设立学生创业专项基金，构建创业扶持机制。加强就业指导，完善学生职业生涯规划和就业发展咨询体系。建立系统化的毕业生就业、校友发展质量发布制度，推进就业工作与人才培养各个环节紧密衔接。

五、加强科学研究

1. 加强创新能力建设。面向学术前沿和国家重大需求，进一步破除学科壁垒。加强国家级平台、国家重点实验室建设，深化教育部人文社科重点研究基地改革，推进国家智库建设。做好国家 2011 协同创新计划申报工作，力争实现突破。加快海洋研究院建设。

2. 改革科研管理体制机制。推动管理重心下移，逐步完善包括科研院、二级学院、外派科技干部等在内的科研组织系统；探索 PI 制科研团队建设。建立健全以质量和贡献为导向的多元科研评价机制，强化二级单位管理责任。积极搭建大平台，争取大项目，组建大团队，创造大成果，努力争取科研资源。

3. 加强产学研合作。创新技术转移模式与机制，加大对成果转化的支持力度。推动山东工业技术研究院建设，推进技术转移中心分中心、技术研究院、校企联合基地建设。

六、加强对外合作

1. 构建国内合作新格局。以青岛校区建设为契机，规划设计重大筹资项目，着力拓展与重点城市、大型企事业单位的实质性合作，在争取社会办学资源方面取得新突破。建立和完善干部教师赴地方、企业挂职锻炼的制度。做好校董会、校友会换届工作。加强教育基金会规范化、专业化建设。推动校外研究院发展。推动继续教育向服务行业、企业及区域发展转型，实现经济效益、社会效益双丰收。做好对口支援和定点扶贫工作。

2. 提升国际化水平。全力办好第22届国际历史科学大会，推进国际高端合作。发起成立“全球汉学联盟”，积极推进全球汉籍合璧工程和国际汉学联合研究。加快推动山大一青岛中美大学国际科技创新园、德国学院的筹建工作。加强留学生教育拓展，扩大留学生规模；严格留学生教育质量管理，推动学历留学生研究生层次教育趋同化。继续做好孔子学院工作。

七、统筹校区建设及附属事业发展

1. 全力推进青岛校区建设。加快基本建设工程进度，推进教职工住宅、附属学校等配套设施建设，确保工程质量。进一步研究完善青岛校区首批学科设置总体方案，做好增量学科建设规划。按照改革的思路，创新青岛校区管理模式和运行机制，研究探索职能部门延伸管理体制，充分做好启动运行各项准备工作。

2. 加快威海校区建设发展。研究制定校区“十三五”事业发展规划，积极谋划“一体化”发展，创造条件实现向研究型的新跨越。积极拓展新兴学科与交叉学科，构筑高水平学术创新平台和团队，培育新的学科特色。加强国际合作交流平台建设，进一步深化与国际一流高校的合作项目，积极探索人才培养的新模式。

3. 推动医疗卫生事业发展。落实教育部巡视整改意见，加强对附属医院的领导和监管。树立医教协同理念，积极发挥附属医院在医学人才培养方面的作用。加强学科和人才队伍建设，推进行业文明建设，提高医疗保障能力和服务质量。打造齐鲁品牌，拓展医院发展空间，打造区域医疗健康中心。

八、提升后勤保障能力

1. 推进民生工程。积极争取政府政策支持，推动实施危旧房改造工程。加快职工住房确权发证工作。推进教职工住宅社区业主自主管理。严控伙食成本，保持基本大伙的价格稳定。推动附属中小学、幼儿园和校医院健康发展。

2. 加强支撑条件建设。制定校园建设规划。加快已立项项目建设进度，推进拟建项目的立项工作。推进国有资产管理权限重心下移，建立绩效评价体系，完成公房第一轮使用效益考核和奖惩兑现工作，继续加大办公用房清理整顿力度，盘活学校房产资源；加强教学实验平台、科研支撑平台和大型仪器设备共享平台建设，建立完善学校、学院两级共享体系，提高资源使用效益。加强财务监管，探索成立经费监管中心；拓宽筹资渠道，调整支出结构，实现资金投放方式由“重物”到“重人”的转变；探索实行校院物业费分担机制，落实管理责任，降低管理成本；管理节能和技术节能并举，做好节能减排。完善企业管理体制，推进相关企业的清理和产权转让工作，加强风险管控；积极扶持重点企业上市融资。加强对重点领域和二级单位的审计监督，发挥好内审的保障作用。发挥图书馆、博物馆、档案馆、校史馆的服务保障作用。加强信息化工作，推动智慧校园建设。

3. 做好安全稳定工作。完善校园公共安全体系建设，建立健全安全防范联动机制。更新改造校园安防智能化管理平台，提高技防能力。推广中心校区“绿色校园，步行运动”经验，维护校园交通安全秩序，提升各校园管理水平。做好卫生防疫工作，确保师生员工身体健康。加强对校园文物建筑与重点单位的消防安全管理，提高师生防险自救能力。加强信访和信息工作，完善“校长信箱”“校长热线”及接待日制度。注重网络管理和舆情研判，提高应急反应能力。广泛开展国家安全和保密知识教育，提高师生的安全保密意识。加大学校周边环境整治力度，确保校园和谐安宁。

人才培养

本科招生

2015年是国家全面深化改革的关键之年，国家招考制度改革正式启动运行，本科招生办公室以此为契机，以提高生源质量为宗旨，大胆探索，锐意创新，圆满完成各项工作任务。

一、高度重视，严格落实党风廉政建设

思想上高度重视，严格按照学校党委部署，认真学习贯彻党风廉政建设各项工作，积极开展“三严三实”教育活动，对照检查，立行立改，做到每项工作严谨规范，每位党员同志忠诚、干净、担当。

二、改革创新，本科招生成果丰硕

1. 基础生源质量继续保持高位。2015年，学校普通本科招生计划10000人（济南6200人，威海3800人），校本部实际录取新生6249人。文科录取线高出一本线40分以上的省份有25个；高出一本线60分以上的省份15个；高出一本线80分以上的省份6个。理科录取线高出一本线60分以上的省份有25个；高出一本线80分以上的省份20个；高出一本线90分以上的省份14个；高出一本线100分以上的省份7个。

2. 尖子生源质量持续走高。新生奖学金省外生源数量增加，取得历史新高。山大提前批次试验班专业生源优秀，最高分684分，高出一本线122分，分数比往年提高。尤其今年首次推出的齐鲁医学优才计划，录取最低分683分，高出一本线121分；最高分684分，全省排名600名左右。

3. 自主招生考试模式创新。自主招生定位更加突出“学科特长”和“创新潜质”，考试新增机考等新模式，显现考试模式多样化，受到教育部高度认可。首次录取学科竞赛一等奖学生47名，创历史新高。

4. 艺术类考试形式改革。改革音乐类考试方案，初试采用寄送光盘、专家评审的方式，不仅减轻了考生负担，而且还首次将学校艺术类生源覆盖至全国22个省份，大幅度地扩大了优秀生源选拔范围。

5. 阳光招生公平公正。继续坚持阳光招生，坚持招考分离，坚持集体决策，建立健全招生考试工作机制，切实保障招生录取工作的公平公正和良好秩序。

6. 高考改革持续推进。认真研读、集体学习浙江和上海高考改革方案，将改革政策、形势压力充分传达给学校各学院及相关部门，积极推进大类招生改革，将现行的58个招生专业类压缩调整成38个学院专业类，逐步实现大口径招生。

三、校院协同，教育拓展稳步推进

1. 学校影响力提升。45个招生拓展组400余人深入全国31个省、市、自治区及港澳台的中学进行招生宣传；生源基地中学数量增加23个，总计达到166个；王文兴院士等一批杰出专家走进中学，学校社会影响力持续提高。

2. 品牌活动精彩纷呈。深入开展重点中学校长论坛、名师报告、优秀学子母校行、校园体验月等招生拓展品牌活动，搭建大学与中学联系的多种平台，引导优秀考生感悟山大，选择山大。

3. 拓展队伍建设专业化。首次启动对全体招生拓展人员的系统性业务培训计划，邀请北师大心理学院院长刘嘉教授做心理学报告，着力提高队伍专业化水平。完善工作机制，学校领导为拓展组长颁发聘任证书，明确职责和任务。

4. 新媒体宣传效果明显。契合90后学生特点，针对性设计相关宣传材料，强化宣传效果。设计开发招生信息综合管理系统，科学有效地开展招生研究工作。

（滕振珍）

本科生教育（全日制）

2015年本科教学工作，重点制订山东大学本科教学“十三五”规划、学校本科教育综合改革方案，成立创新创业学院，做好“以学生为中心，提高人才培养质量”一系列教育、教学改革工作，为本科人才培养开启新航程。

一、制定创新创业教育行动方案，深化创新创业教育

（一）挂牌成立山东大学创新创业学院

6月13日，山东大学与海尔集团签署战略合作协议，共同宣布发起成立“2025创新创业联盟”，并挂牌成立山东大学创新学院。中共山东省委副书记、省长郭树清，海尔集团董事局主席，山东大学党委书记李守信、校长张荣出席活动并讲话。

（二）出台《山东大学创新创业教育行动方案》

11月19日，出台了《山东大学创新创业教育行动方案》（山大教字［2015］56号），并以搭建“一街、一园、一平台”创新创业功能区来营造创新创业环境。

（三）举办了卓有成效的创新创业系列活动

1.6月25日～7月28日，首届中国“互联网＋”大学生创新创业大赛山东省大赛在山东大学软件园校区举行。

2. 开辟苏州暑期夏令营，先后有 74 名学生参加暑期夏令营活动。

3. 8 月 26～29 日，全国第十届大学生飞思卡尔智能车大赛，在山东大学中心校区举行。

4. 11 月 28 日，“山东大学高等学校大学生创新创业教育研讨会”在中心校区举行，山东省教育厅高等教育创新创业中心主任李霞、山东大学副校长胡金焱参加了该项活动。来自北京大学、北京航空航天大学、大连理工大学等全国 20 余所大学的 70 多位教师代表参加了会议。

（四）各类竞赛取得佳绩

2015 年组织各类创新创业活动及竞赛 126 次，参与学生 27054 人次。获得国际类竞赛一等奖 9 项，二等 41 项；国家特等奖 2 项，一等 31 项，二等 45 项。国家级大学生创新训练计划项目立项 105 项。

二、设立重大教学研究项目，推进教育教学综合改革

统筹中央专项经费和校拨教学研究经费 580 万元，共立项 36 项教学研究项目，其中重大项目 10 个，其他项目 26 个。将社会工作、旅游管理和能源与环境系统工程 3 个专业作为年度重点支持国际化专业，并纳入到教育教学综合改革重点支持项目进行分期建设和管理，共投入经费 160 万元。

申请增设了海洋科学本科专业，学制四年，授予理学学士学位。归属海洋研究院。

三、完善学分制制度体系，创设学生个性化成才通道

5 月完成每年一度的转专业工作，407 名 2014 级学生转入新的专业学习，其中免试转专业 111 人，考试转专业 306 人。

9 月，共有 1689 名优秀应届本科毕业生获得免试攻读研究生资格，232 人为直博生。其中，中国科学院 176 人、北京大学 101 人、清华大学 52 人、北京协和医院 19 人、浙江大学 70 人、复旦大学 41 人、上海交通大学 67 人、南京大学 41 人、中国科学技术大学 23 人、西安交通大学 29 人、哈尔滨工业大学 26 人、中国人民大学 32 人、同济大学 38 人、南开大学 21 人、北京航空航天 33 人、北京外国语大学 7 人、中山大学 27 人。

四、推进教学信息化建设，提升教学现代化水平

在“教育部一超星产学合作‘在线课程及课程团队建设项目’”建设中，全国总共设立 25 个立项项目和 10 个规划项目，山东大学共有 4 门 MOOCs 获得立项建设，其中立项项目 2 个、规划项目 2 个，课程入选数量位居全国高校之首。年末，学校在“中国大学 MOOC”平台上已经有 19 门课程面向社会公众在线授课，课程上网数量在“985”高校中并列第 2 位。

完善了 30 门尔雅网络通识课程的选课、过程管理、成绩管理。春季学期选课 2550/人次，秋季季学期选课 1660/人次。将网络通识课程作为线下通识课程的补充。

五、强化人才培养特色，探索多元化人才培养模式

泰山学堂加强国际化人才培养，近40名学生到海外进行长短期交流，10多位海外专家到学堂授课及作报告；毕业学生90%以上到海内外名校深造。2015届泰山学堂毕业学生64人，其中11人获得“泰山学堂优等生”称号。首次评选了12位老师作为2015届“泰山学堂毕业生最喜爱的老师”。

尼山学堂第一届学生毕业，23名毕业生中有13人保送进了国内“985高校”，1名进入英国伦敦大学学院（UCL）读研究生。

卓越人才培养。12月8日，在深圳与中兴通讯合作共建的国家级工程实践教育中心揭牌并投入使用。组织申报了土木工程专业和软件工程两专业的“卓越工程师培养计划”。

科教协同育人。信息工程学院先后与中科院上海光学精密机械研究所、上海技术物理研究所联合设立了“尚光英才班”和“技术物理英才班”，学校与中科院联合设立的本科人才培养“菁英班”数量达到11个，列全国高校前列。

“三跨四经历”人才培养工作。2015年接收24所高校交流生273人，派出交流生312人。同时，派出海外交流142人。

推进中学生英才计划工作。从4所省级规范化中学选拔26名学生进入该计划，使相关工作走在了全国前列。

六、健全教学发展机制，完善质量保障体系

举办了8期教师系列化培训，累计开课102学时，培训教师1400余人次。举办“山东省第三届教学促进与教师发展年会”“高校教师教学发展骨干研修班”等系列教师发展活动。选派20名骨干教师赴海内外研修。组织山东省微课教学比赛、校内外青年教师教学比赛和山东省青年教师发展调研。共有17位教师在微课教学比赛中获奖，山东大学荣获优秀组织奖。

评选出222名教师为“2014年度课堂教学质量优秀教师”和12名“2015年度‘我最喜爱的老师’”。经济学院于良春教授入选2015年度教育部“万人计划”教学名师。医学院杨青老师获得霍英东教育基金会第十五届高校青年教师奖三等奖。5位教师入选第九届省级教学名师。

编制发布了《2014年度山东大学本科教学质量报告》；聘任第九届教学督导员27名。教学督导员重点和跟踪听课1165课时；聘任119名学生信息员，听课3733课时；完成“1～4周教学情况调查”和学生发展评估。

组织了专业认证专家咨询会议，推动土木工程专业申请参与2016年度专业评估，无机非金属材料工程、制药工程2个专业参加2016年的专业认证。

4月发起成立“山东高等学校优质课程共享联盟”，组建联盟第一届理事会，先后2次召开理事会。截至年底，联盟理事单位增加到24个。

七、加强制度建设，规范本科教学工作

相继出台了《山东大学本科生第二校园学习经历管理办法》（山大教字［2015］1

号）、《山东大学本科学生海外学习经历管理办法》（山大教字［2015］2 号）、《山东大学应届本科生推荐免试硕士研究生管理办法》（山大教字［2015］3 号）、《山东大学创新创业教育行动方案》（山大教字［2015］3 号）4 个文件，完成并出台了《山东大学本科教学综合改革方案》《山东大学本科教学“十三五”规划》《山东大学本科教学指导委员会章程》等多个重要文件。

（王智洁）

研究生教育

2015 年，研究生院坚持“服务需求、提高质量”的发展主线，分类推进学术学位与专业学位研究生培养机制改革，有效地提升了拔尖创新人才与高层次应用型人才培养水平。

一、人才培养概况

2015 年，山东大学共招收全日制硕士生 4756 人，博士生 918 人；共招收在职攻读硕士学位人员 1543 人，在职攻读 EMBA 人员 97 人，同等学力申请硕士学位人员 679 人，在职申请临床医学与口腔临床医学博士学位人员 747 人，同等学力申请博士学位人员 20 人；共毕业全日制硕士生 3308 人，博士生 735 人；授予 5612 人硕士学位，1061 人博士学位。

二、继续实施研究生生源质量工程，进一步优化招生选拔机制

一是通过奖励优秀推免生改善推免生结构，提高推免生质量。2015 年共奖励优秀推免生 262 人。二是通过组织 10 个学院举办优秀大学生暑期夏令营吸引优质生源。三是设立专项资金支持鼓励学院外出宣讲拓展生源。四是加大硕博连读生、本科直博生招收比例，提高博士生生源质量。2015 年，共招收硕博连读生、本科直博生 443 人，较 2014 年增加 46 人，占博士生招生总量的比重也由 43.5%增至 48.2%。五是扩大博士生招生“申请—考核”制招生范围，进一步优化博士生选拔机制。2015 年，可通过“申请—考核”制招生的导师新增青年千人、优青、“973”首席科学家、青年拔尖人才、国家百千万人才工程入选者、泰山学者、泰山学者海外特聘专家（全职）、山东大学二级教授及国家重点学科所在专业三级教授；共通过“申请—考核”制招收博士生 31 人。

三、严格研究生过程管理，进一步完善研究生培养机制

一是强化研究生课程建设，发挥课程学习在研究生培养中的基础性作用。共立项建设了 54 门示范课程、10 门公共选修课，启动了研究生网络教学平台与课程库建设。二是通过奖励优秀、严把质量强化研究生过程培养。继续资助学院开办博士生高端学术讲坛，奖励研究生优秀科研成果 372 项，首次对中期考核优秀的 247 名博士生给予了奖励。博士生的培养质量稳步提升，对学校的科研贡献也逐渐显现，博士生作为第一作者发表的 SCI 论文在全校产出的 SCI 论文总量中的占比稳定在 76%～77%。三是进一步

提升研究生教育国际化水平。共158人获国家资助赴海外留学，再次获得国家留学基金委高额资助，资助总额超过3000万元；学校另投入262万元资助331名研究生出国出境交流学习。

四、建立健全研究生学位论文质量保障体系，加大对学位论文造假行为的处罚力度

2015年，山东大学共有20篇博士学位论文、16篇硕士学位论文分获山东省优秀博士、硕士论文；因学位论文作假取消4人硕士学位，取消12人硕士学位申请资格；因学术不端行为取消1人以同等学力申请博士学位资格；暂停15名研究生导师招生资格2年。对在2014年国务院学位委员会办公室博士学位论文抽检中“存在问题论文”，暂停三名论文指导教师2016年度博士生招生资格，核减相关培养单位2016年博士生招生计划各1名，并扣减其2015年度岗位津贴（研究生部分）。

五、在职研究生教育工作

进一步规范在职研究生教育工作，在保障质量的前提下，为学校实现创收1.16亿元。

（陈一远）

继续教育

2015年是“十二五”收官之年，在学校党委、行政的领导下，继续教育学院坚持以需求为导向、以学生为中心、以质量为根本，依托学校学科优势和影响力，实现了山东大学继续教育的快速发展、规模发展与特色发展，学费总收入2.5083亿元，超额完成年度预算。

一、推进三个面向，优化办学体系，拓展办学网络

1. 新增了1个学习中心、3个函授站，办学网络覆盖到全国26个省（直辖市、自治区）及省内17地市，在未设立学习中心的1个省份实现了突破。

2. 引导学习中心积极向服务行业、企业、区域发展转型，提高了网络教育的生源集中程度与生源质量，2015年网络教育招生生源集中度超过了60%。

3. 启动了“优秀执业药师能力提升e计划”，与北京大学等高校共同启动了教育部“医学在线教育联盟”，全国“执业药师能力与学历提升计划”项目新增了1个实施省份、3个意向省份。

4. 推出了面向社会学习者的“远程课堂学习项目”，与省内外部分职业院校、技工学校洽谈了学分积累、学分转换合作办学事宜。

二、强化资源建设，提升服务能力，提高服务水平

1. 制定了《资源立项建设管理办法》，以标准化的方式督导、推动了首批资源建设立项的实施，完成了1门国家级精品课程的更新、3门省级特色课程的验收，完成了52门网络课件和培训课件及近20门新型数字化课程的录制。

2. 实施了品牌培训项目培育计划，围绕“一带一路”“创新驱动”“互联网＋”等国家战略组织了立项申报，共收到19个申报项目，对“量化金融理论和应用”重点培育项目进行了初步论证。

3. 完善了实验教学平台，建立了“执业药师考前远程培训平台”，与3个学习中心签署了远程培训服务协议，形成了完整的执业药师人才培养与人才发展体系，巩固了山东大学在全国“执业药师能力提升与学历提升计划”项目中的地位。

三、完成“三定”工作，完善组织机构，推动队伍建设

按照山东大学统一部署与工作安排，本着平稳过渡、面向未来的原则，顺利完成了学院“三定”工作，科学设置了内部机构、职能与岗位，实施了全员竞争上岗，大部分员工找到了适合自己的工作岗位，一批年轻人走上了领导岗位，极大地调动了员工的主观能动性与工作积极性。

四、办学规模不断扩大，办学效益保持增长

全年共招收网络教育学生32575人（其中合作行业、企业招生6448名），毕业19994人；招收成人教育学生5885人，毕业8056人；授予网络教育学士学位1104人，授予成人教育学士学位1477人，授予自学考试学士学位448人，共计3029人；举办非学历培训106班次，参加培训学员7609人次；举办涉外培训项目7个，招收涉外培训学员670名；招收自考网络助学学员2243人，参加学校自学考试强化实践能力考核总数达到70917科次，参加实践课程考核总数达到5389科次，自考毕业人数6354人；老年教育学院招收老年学员99人，在校学员总人数达到427人。

2015年，学院在全国继续教育综合改革的大背景下，在许多重点高校继续教育学费总收入严重下滑的大趋势中，攻坚克难、逆势而上，实现学费总收入2.5083亿元，超额完成了年度预算，较2014年增长近1700万元。

毋庸讳言，山东大学继续教育虽然取得了一定的成绩，但在体制机制、办学条件、队伍建设、激励政策、资源建设、技术保障、经费投入、支撑研究等方面还存在着许多困难与问题。特别是，2016年是高等继续教育综合改革的开局之年，国务院将取消和下放利用网络实施远程高等学历教育的网校审批，取消高校现代远程教育校外学习中心（点）审批，国家也将引导部分普通高校向应用型转变，这些政策环境的重大调整与变化，都给学校继续教育工作带来极大的挑战和机遇。今后一段时间，学院将着力在完善治理体系、优化体制机制上下功夫，在新的历史起点上全面推动继续教育实现规范发展、特色发展、内涵发展和质量发展，创办与世界一流大学建设相匹配的、国际视野下的一流继续教育。

（郑寅朋）

国际教育

一、人才培养与学科建设

学科建设与本硕博人才培养体系继续完善，其理念与结构，教育与科研等均处于行业领先水平。国际化建设取得新的进展，学院研究生阶段的中外学生比例达到2∶1。

2015级本科生（学院第三届）顺利入学。培育精品课程体系，着力培养学生的汉语、文化素养及综合应用能力。

研究生教育，以海内外学术交流、行业技能竞赛等项目活动为抓手，促进硕士生培养模式创新。专业学位研究生实现海外实习全覆盖。

语言与文化传播专业博士学科，紧密结合国家需求、社会发展和大学语境，发挥交叉学科科学研究对行业发展、人才培养、社会服务的综合作用，已成为中国孔子学院研究以及中华优秀传统文化体验、教学与传播的重要人才与成果来源平台。

坚持行业标准建设和教学资源输出。针对当前汉语国际教育行业特点，培育行业公共教学资源，在汉语教学资源库的基础上，筹建教育部来华留学预科教育项目和蒙古国汉语国际教育师资培训项目等云平台。按照试点先行、循序渐进的原则，目前已启动首批项目，通过整合海外需求、教学经验以及网络与信息技术，打造“产、学、研、用”四位一体的样板项目。

中央《关于做好新时期教育对外开放工作的若干意见》强调，教育对外开放要服务党和国家工作大局，自觉服务“一带一路”建设等重大战略。注重为“一带一路”国家培养、培训本土汉语师资。2015年，学院共招收来自俄罗斯、韩国、蒙古、阿富汗、泰国等“一带一路”国家的汉语国际教育专业硕士15名。2015年，学院承担多项国家“一带一路”汉语师资培训项目，包括蒙古汉学家在内的孔子学院教育官员访华团等，总计200余人。

作为学校“三跨四经历”人才培养模式的重要组成部分和学校学生海外经历的重要平台，2015年，国际汉语教师志愿者项目共向10个国家派出汉语教师志愿者40人次，其中派往“一带一路”国家13人。

继续举办海峡两岸研究生论坛，该论坛已经连续举办5届，吸引了越来越多的两岸高校参与，逐渐成为汉语国际教育领域内的品牌论坛；2名研究生入围“孔子学院杯”全国汉语教学大赛决赛，成绩在国内高校中位居前列。

二、中华传统文化研究与体验基地工作

2015 年 6 月，经国家汉办、山东省政府与学校会商，决定由山东大学在充分总结基地建设经验的基础上，承担曲阜孔子学院总部体验基地总体规划设计和人员培训工作，许嘉璐先生担任曲阜基地专家委员会主任委员，宁继鸣教授作为孔子学院总部特聘专家担任专家委员会首席专家。学校校长办公会议专门研究此事，明确有关要求及保障措施。同时，根据山大、曲阜两个基地不同的定位和特色，以及建立联动机制的有关规划，在文化体验馆正常开放运行的同时，以场馆二期工程为基础，对文化场景和教具进行优化、调整和补充。

2015 年，为来自 100 多个国家的外国学生和学员以及“添翼工程”等在校生群体开设定制式文化课程。配合学校及省有关部门完成国际历史科学大会文化考察等活动；《人民日报》对基地专题报道，《光明日报》以“利居众后　责在人先——从弘扬优秀传统文化看山东广大知识分子的责任担当”为题再次对基地进行大幅报道。

三、留学生教育及管理

2015 年，学院共接收来自 101 个国家的 1298 名长期留学生在学院学习，占学校全年长期在校生总数的 55%。其中，硕士研究生 59 名，博士研究生 2 名。学生生源结构显著优化，学历生数量稳步提升。

学校的教育部来华预科教育继续保持行业领先水平。2015 年，学院共接收预科学生 201 人，较去年增长近 30%，学生结业考试通过率与优秀率均居全国前三位。

2015 年，共承担国家有关部门委托、校际交流等短期来华交流项目 20 期，共计 460 余人，来自美、澳、德、法等 10 余个国家，学员类型包括外国政府官员、师生等。

不断加强留学生管理工作，为中外学生组织开展 40 余项学术、文化等活动，凝练多肤色校园文化品牌，同时结合班主任（助理）制度，推动中外学生融合机制建设。

四、孔子学院工作

2015 年，学校在原有工作基础上，继续加强孔子学院工作，在学校各部门的支持下，努力提高办学质量和水平、增强社会影响力、为中外文化的交流和学校国际化发展战略做出了积极贡献。

（一）完成美国加州大学圣芭芭拉分校孔子学院的筹建工作，孔子学院海外布局更加完善

2015 年 2 月，美国加州大学圣芭芭拉分校孔子学院正式揭牌成立，并举行了首届理事会，这是学校在美国设立的第 1 所孔子学院。

此外，蒙古国立大学孔子学院和韩国东西大学孔子学院分别下设了 4 所和 2 所孔子课堂。截至目前，学校孔子学院数量已达 8 所，另有 1 所独立孔子课堂和 8 所下设孔子课堂，孔子学院海外布局得到了进一步完善。

（二）承担海外文化巡演项目，服务于学校的国际化发展战略

2015 年，学校与外方合作单位密切合作，共同策划、联合实施了两次中国民乐海

外巡演项目，分赴法国和加拿大举行了 13 场演出和 4 场艺术交流活动，吸引当地政界、教育界、商界、文化产业界精英人士等各类观众 8000 余人，得到高度评价，有力地提升了学校在国际社会的影响力。

（三）推动实施“孔子新汉学计划”，策划一系列以“儒学”为内涵的学术品牌项目

2015 年 9 月，学校第三批“孔子新汉学计划”博士生顺利入学，其中包括 2 名学校首次招收的联合培养博士生项目的学生。另有来自蒙古、法国的两名“新汉学”访问学者也将陆续抵达山大。

本年度，学校依托优势学术资源，以中外高校交流合作为契机，与孔子学院共同组织、策划了一系列以“儒学”为内涵的学术品牌项目。如新加坡南洋理工大学孔子学院举行“比较视野下的先秦儒学国际学术研讨会”；美国加州大学圣芭芭拉分校孔子学院组织的“国际环境学术研讨会”。注重发挥两校各自的学科优势，将儒学与环境保护有机结合；蒙古国立大学孔子学院组织的“东北亚孔子学院论坛”“蒙古汉学家俱乐部”“中蒙文化论坛”等。

（四）选派优秀师资，支持孔子学院发展

2015 年，学校选拔出 3 名中方院长、2 名汉语教师和 22 名志愿者赴孔子学院任职，并选派 7 名专家教授赴海外孔院讲学。截至目前，学校共向海外孔子学院选派中方院长、汉语教师、教师志愿者 253 名，派遣专家参与孔子学院讲座或者文化活动 240 人次。

学校选派人员以出色的表现多次获得孔子学院总部/国家汉办及所在地政府及相关机构的表彰。其中，中方院长获得“孔子学院先进个人”称号 1 次；外派教师获得各类荣誉 4 次；孔子学院志愿者获得各类荣誉 15 次。

（孙鹏程）

学生就业

一、完成 2015 届毕业生就业创业工作，启动 2016 届毕业生就业创业工作

2015 届毕业生共 10294 人（未含港澳台毕业生、2015 年 12 月毕业学生以及威海校区本科毕业生），截至 2015 年 11 月 30 日，总体就业率为 95.41%。本科、硕士、博士毕业生就业率分别为 94.32%、96.89%、98.10%，较上年同期分别增加 0.41 个、1.31 个、1.36 个百分点。毕业生境外深造、自主创业人数进一步增加。完成 2016 届毕业生生源信息上报和秋季学期校园招聘工作。

二、发布 2015 届毕业生就业质量报告，推进就业质量校内反馈的规范化

发布《山东大学 2015 届毕业生就业质量报告》。同时，面向校领导以及招生、培养等职能部门和学院开展了不同层面、多个主题的就业反馈。

三、出台文件、召开会议、健全机构，进一步改进学生就业工作机制

学校出台了《关于进一步加强和改进学生就业工作的意见》（山大字［2015］17 号）。完成 2014～2015 学年就业工作考评表彰。召开学生就业工作会议。中心在“三定”工作中明确了机构职责、内设科室、人员编制。

四、分类加强学生就业创业指导服务，进一步扩大学生受益面

完善从新生到毕业生的全程化就业指导体系，开设 35 个课头，组织生涯规划大赛、启航讲堂、就业指导月等活动。建成职业生涯发展咨询室。创业孵化基地孵化创业团队 9 支、企业 12 个。山大就业信息网 2015 年 1 月获评“全国高校百佳网站”，全年页面访问量（PV）超 1200 万，迁入学校“网站群”。山大就业微信用户突破 4 万。表彰校优秀毕业生 1144 人（含 567 名省优秀毕业生）及面向西部、基层和国家重点行业就业毕业生 59 人。

五、加强就业市场拓展维护和社会合作，拓展学生就业创业指导服务外部资源

整合校、院力量，重点拓展长三角、珠三角、西三角、京津、东北就业市场和装备制造、军工、通信、卫生等行业市场，深化人才合作。组织春秋季双选会。全年来校招

聘单位 2587 家，另发布在线招聘信息 1897 条。选拔推荐 100 名学生到合作单位实习。举办教育部直属工科院校就业工作研讨会。

（张　莹）

人文社科研究

一、科研项目与经费

2015 年，人文社科各类科研项目立项 360 项，其中，横向项目 161 项，纵向项目 199 项；国家社科基金项目立项 41 项（含重大项目 4 项），教育部人文社科项目立项 41 项。2015 年，科研到账经费总额 4917 万元，其中纵向项目经费 2636 万元，横向项目经费 2281 万元。

二、科研成果与奖励

2015 年，山东大学出版人文社科类著作 128 部。2014 年，在 CSSCI 来源期刊发文 1232 篇（2013 年 1175 篇），SSCI 收录论文 90 篇（2013 年 63 篇）。2015 年，山东大学获第七届高等学校科学研究优秀成果奖（人文社会科学）11 项（一等奖 2 项，三等奖 8 项，普及奖 1 项）；山东省第二十九次社会科学优秀成果奖 39 项（重大成果奖 2 项，一等奖 3 项，二等奖 15 项，三等奖 19 项）。另外，山东大学王凤荣教授的《政府竞争视角下的企业并购与产业整合研究》、林聚任教授的《西方社会建构论思潮研究》和顾銮斋教授的《中西中古税制比较研究》3 项成果入选 2015 年度《国家哲学社会科学成果文库》。

三、科研平台建设

2015 年度，学校的“全国重点马克思主义学院”建设取得突破性进展；儒家文明协同创新中心新增协同单位 17 个，形成了以山东大学牵头、国内 7 所高校为核心，联合相关政府部门、社会组织、研究机构协同创新的发展模式；4 个文科单位参与全球能源互联网协同创新培育建设；全球汉籍合璧工程稳步推进，同法、英、俄国家图书馆相继签署合作协议；新增 8 个文科专题数据库和文科实验室等科研公共支撑平台。

四、智库建设与社会服务

2015 年，山东大学文科智库资政服务水平有较大提高，编发 6 期《山东大学智库快报》，其中有 6 项成果被中央有关部门采用，2 篇被中央有关部门调阅；教育部人文社科重点研究基地智库转型取得突破，依托当代社会主义研究基地，与中共山东省委宣传部共建“中国基层意识形态调查”高端智库。根据经济社会发展需求和国家战略布局，整合校内学术资源，成立了“山东大学文化产业研究院”，并以此为依托与中共济南市委宣传部签订文化产业合作协议，与菏泽市就“共同开展菏泽文化资源研究及挖掘工作”签订合作协议，与章丘市和内蒙古包头市达成人文社科战略合作意向。

五、学术交流

2015 年，山东大学举办或承办人文社科类高层次、大规模、有重要影响的国际学术会议 18 次，其中包括第 22 届国际历史科学大会的成功举行；举办 6 期齐鲁大讲坛活动。

附录：

国家社科基金项目

序号	批准号	项目名称	负责人	工作单位	项目类别	立项经费（元）
1	15ZDB157	科技型中小企业融资征信平台和数据库建设研究	张玉明	管理学院	重大项目	800000
2	15ZDB026	伽达默尔著作集汉译与研究	洪汉鼎	哲学与社会发展学院	重大项目	800000
3	14ZDC006	推进党内法治建设理论与实践创新研究	肖金明	法学院	重大项目	600000
4	15AZX013	孝道的哲学基础和思想含义研究	张祥龙	哲学与社会发展学院	重点项目	350000
5	15BJY142	收入分布、政策偏向与再分配制度改革研究	李　华	经济学院	一般项目	200000
6	15BGJ045	乌克兰危机背景下俄美博弈对中俄、中美关系的影响及对策研究	黄登学	政治学与公共管理学院	一般项目	200000
7	15BZZ002	协商民主的“底层设计”与试点实验研究	马　奔	政治学与公共管理学院	一般项目	200000
8	15BXW032	基于大数据背景的城市品牌传播与管理研究	刘明洋	文学与新闻传播学院	一般项目	200000
9	15BYY170	基于大型语料库的中国学术话语“声音”体系研究	刘世铸	外国语学院	一般项目	200000
10	15BZW065	唐音四变与民俗化新研究	赵睿才	儒学高等研究院	一般项目	200000
11	15BTQ077	信息化背景下城市档案资源体系结构与整合利用研究	赵爱国	历史文化学院	一般项目	200000
12	15BJY183	中国老年人长期护理与医疗保障体系改革研究	王新军	经济学院	一般项目	200000
13	15BGL034	软件企业开源创新模式中的群体决策制定行为研究	魏康宁	管理学院	一般项目	200000
14	15BFX070	冤假错案防范视角下骗供诱供问题研究	胡常龙	法学院	一般项目	200000

续表

序号	批准号	项目名称	负责人	工作单位	项目类别	立项经费（元）
15	15BKS065	21世纪欧洲社会民主党及其转型研究	刘玉安	当代社会主义研究所	一般项目	200000
16	15BGJ040	俄罗斯政党政治发展态势及其趋向研究	臧秀玲	政治学与公共管理学院	一般项目	200000
17	15BSH114	中国社会工作实务督导的知识体系建构与标准化建设研究	张洪英	哲学与社会发展学院	一般项目	200000
18	15BZW140	中国新文学中的志异叙事研究	马　兵	文学与新闻传播学院	一般项目	200000
19	15BTY093	中国武术国际化传播形象研究	李　源	体育学院	一般项目	200000
20	15BZX052	比较视野下的儒家哲学基本问题研究	沈顺福	儒学高等研究院	一般项目	200000
21	15BZW014	“葛兰西转向”后的英国文化研究	杨东篱	历史文化学院	一般项目	200000
22	15BJL091	中国城市劳动力市场外语能力的工资效应研究	张卫国	经济研究院	一般项目	200000
23	15BMZ052	“一带一路”战略下旅游开发促进南疆地区稳定与发展的机制与对策研究	许　峰	管理学院	一般项目	200000
24	15BJY182	延迟退休年龄的经济效应与公平可持续养老保险制度研究	苏春红	经济学院	一般项目	200000
25	15BGJ001	国际公共产品供求体系的新变化与中国的战略选择研究	刘昌明	政治学与公共管理学院	一般项目	200000
26	15BYY173	默认意义的语用—句法研究	张延飞	外国语学院	一般项目	200000
27	15BZS054	宋代《春秋》学史	葛焕礼	历史文化学院	一般项目	200000
28	15BGJ034	基于收入分配视角的人民币汇改绩效研究	李　颖	经济学院	一般项目	200000
29	15BGL070	大数据背景下基于企业生态系统的社会责任互动与多元价值共创研究	辛　杰	管理学院	一般项目	200000
30	15CFX005	基于可驳斥性逻辑的法律推理研究	陈　坤	法学院	青年项目	200000
31	15CJL007	“市场规范”制度下金融网络系统性风险分析研究	隋　鹏	经济研究院	青年项目	200000
32	15CGJ010	中国清洁能源外交战略研究	李昕蕾	政治学与公共管理学院	青年项目	200000
33	15CZS008	清代《尚书》文献研究	江　曦	儒学高等研究院	青年项目	200000

续表

序号	批准号	项目名称	负责人	工作单位	项目类别	立项经费（元）
34	15CKG013	即墨北阡遗址大汶口文化时期古代居民的 DNA 研究	曾　雯	历史文化学院	青年项目	200000
35	15FZW051	20 世纪前半期中国古代文学史学编年	张可礼	文学与新闻传播学院	后期资助项目	300000
36	15FZS015	黄河铜瓦厢决口改道与晚清政局	贾国静	历史文化学院	后期资助项目	200000
37	15@ZH016	中华传统文化的创造性转换与创新性发展	陈　炎	儒学高等研究院	特别委托项目	600000
38	14ZDB073	易代之际文学思想研究（唐五代北宋分卷）	孙学堂	文学与新闻传播学院	重大项目子课题	30000
39	14ZDB008	朱子门人思想研究	翟奎凤	儒学高等研究院	重大项目子课题	80000
40	14ZDB080	欧洲大洋洲华文文学与中华文化的核心价值	黄万华	文学与新闻传播学院	重大项目子课题	70000
41	YXZ2014015	中国节日影像志——胡集书会	王加华	儒学高等研究院	其他	90000

教育部人文社科项目

序号	批准号	项目名称	负责人	工作单位	项目类别	立项经费（元）
1	15JJD720009	科学信念与宗教信仰的认识论和生存论分析	王善波 李章印	犹太教与跨宗教研究中心	基地重大项目	100000
2	15JJD750010	文化转型中的现代中国文艺美学理论进程	高迎刚	文艺美学研究中心	基地重大项目	100000
3	15JJD720008	20 世纪 30～40 年代中国犹太人与日本人的关系及其现代意义研究	傅有德 王志军	犹太教与跨宗教研究中心	基地重大项目	100000
4	15JJD750009	生态美学与生命美学比较研究	仪平策	文艺美学研究中心	基地重大项目	100000
5	15YJA860001	我国高校出版社改制后存在的问题与对策研究	陈海军	出版社	规划基金项目	100000
6	15YJA630036	研发投资的资本选择与制度调节——基于创新二元性的研究	刘春玉	管理学院	规划基金项目	64000
7	15YJA790015	中国人口年龄结构变迁的宏观经济效应分析	盖骁敏	经济学院	规划基金项目	100000
8	15YJA790027	公共转移支付减少农村老人贫困的效应与效率研究	解　垩	经济学院	规划基金项目	100000
9	15YJA710016	俄罗斯联邦共产党理论与实践新发展跟踪研究	李亚洲	外国语学院	规划基金项目	100000

续表

序号	批准号	项目名称	负责人	工作单位	项目类别	立项经费（元）
10	15YJA840012	齐格蒙特·鲍曼后现代消费主义社会研究	穆宝清	外国语学院	规划基金项目	100000
11	15YJA790050	平台垄断、用户迁移与中国支付市场效率研究	曲　创	经济学院	规划基金项目	90000
12	15YJA880069	学院文化生成、动变及塑造研究——以生态学为主的多学科探察	王连森	高等教育研究中心	规划基金项目	100000
13	15YJA740042	基于第二语言教学的汉语口语框架语块研究	王　军	国际教育学院	规划基金项目	100000
14	15YJA790054	中国城市地价与面积非线性关系的测算及其政策意义	唐明哲	经济学院	规划基金项目	100000
15	15YJA751021	明代杜甫接受史	綦　维	儒学高等研究院	规划基金项目	100000
16	15YJC720002	亚里士多德友爱哲学的现象学效应	陈治国	哲学与社会发展学院	青年基金项目	80000
17	15YJC740044	法国对外语言推广政策及其借鉴意义研究	刘洪东	外国语学院	青年基金项目	80000
18	15YJC790138	产品预售中的信息披露和定价策略研究	曾辰航	经济学院	青年基金项目	80000
19	15YJC820065	中国宪法学言论自由观反思	徐会平	政治学与公共管理学院	青年基金项目	80000
20	15YJCZH130	法律经济学的实证方法研究	乔　岳	经济学院	青年基金项目	80000
21	YB1520A001	山东汉语方言调查·曲阜	盛玉麒	文学与新闻传播学院	专项任务项目	90000
22	YB1520A005	山东汉语方言调查·博山	刘　娟	文学与新闻传播学院	专项任务项目	90000
23	YB1520A003	山东汉语方言调查·阳信	岳立静	文学与新闻传播学院	专项任务项目	90000
24	YB1520A006	山东汉语方言调查·济阳	张燕芬	文学与新闻传播学院	专项任务项目	90000
25	YB1520A002	山东汉语方言调查·德州	张树铮	文学与新闻传播学院	专项任务项目	90000
26	15JDSZ2066	高校辅导员职业能力测评指标研究	王海宁	辅导员工作研究会与培训基地办公室	高校思想政治工作专项	20000
27	15JDSZ3035	大学生核心创业能力及培养机制研究——以X地区为例	高　弟	外国语学院	高校思想政治工作专项	10000

续表

序号	批准号	项目名称	负责人	工作单位	项目类别	立项经费（元）
28	15JDSZ3004	基于大数据处理技术的高校辅导员核心能力建设问题研究	何　萌	计算机科学与技术学院	高校思想政治工作专项	10000
29	15JDSZK052	如何理解马克思主义科学信仰与宗教信仰的区别	郑敬斌	马克思主义学院	高校思想政治理论课专项	10000
30	15JDSZK078	如何看待马克思、恩格斯提出的“消灭私有制”与当前我国支持和鼓励发展非公有制经济的关系问题	张士海	马克思主义学院	高校思想政治理论课专项	10000
31	15JDSZK026	“实践化”理念在《马克思主义基本原理概论》课堂教学中的应用研究	夏　巍	马克思主义学院	高校思想政治理论课专项	100000
32		元代易学发展进路及其理论贡献研究	李秋丽	易学与中国古代哲学研究中心	自筹经费项目	50000
33		《周易》经传文本、思想与性质再研究	刘保贞	易学与中国古代哲学研究中心	自筹经费项目	50000
34		焦循易学研究	林忠军	易学与中国古代哲学研究中心	自筹经费项目	50000
35		黄宗羲《易学象数论》研究	张克宾	易学与中国古代哲学研究中心	自筹经费项目	50000
36		易象研究	黎心平	易学与中国古代哲学研究中心	自筹经费项目	50000
37		易学的起源与早期发展研究	李尚信	易学与中国古代哲学研究中心	自筹经费项目	50000
38		王宗传与杨简心学易比较研究	姜　颖	易学与中国古代哲学研究中心	自筹经费项目	50000
39		《易经证释》研究	张文智	易学与中国古代哲学研究中心	自筹经费项目	50000
40		程颐易学与理学研究	刘玉建	易学与中国古代哲学研究中心	自筹经费项目	50000
41		简帛易学研究	刘大钧	易学与中国古代哲学研究中心	自筹经费项目	50000

第七届高等学校科学研究优秀成果奖

成果名称	获奖等级	负责人	工作单位
鲁东南沿海地区系统考古调查报告（上下册）	一等奖	方　辉	历史文化学院
转型时期消费需求升级与产业发展研究	一等奖	臧旭恒	经济学院
科学的社会性和自主性：以默顿科学社会学为中心	三等奖	马来平	儒学高等研究院
儒、释、道的生态智慧与艺术诉求	三等奖	陈　炎	文艺美学研究中心
马克思主义文艺理论研究的边界、问题与方法	三等奖	谭好哲	文艺美学研究中心
索绪尔手稿初检	三等奖	屠友祥	文艺美学研究中心
《竹书纪年》与夏商周年代研究	三等奖	张富祥	儒学高等研究院
人类的合作及其演进研究	三等奖	黄少安	经济研究院
经济全球化条件下产业组织研究	三等奖	杨蕙馨	管理学院
中小型科技企业成长机制	三等奖	张玉明	管理学院
人文博物馆·文学卷	普及奖	王汶成	文艺美学研究中心

（梁　健）

科学技术工作

一、科学技术概况

2015年，山东大学科学技术工作紧紧围绕学校建设世界一流大学的发展战略，以创新求发展，以改革促创新，克服经济发展放缓等大环境变化带来的不利因素，在科研立项、平台基地建设、创新团队建设、科研成果等方面取得了新进展。

2015年，自然科学科研项目实到经费81323.00万元（不含基本科研业务费资助项目），其中，各类基金项目实到经费28827.80万元，国家各级政府高新技术项目实到经费27627.94万元，科技开发项目实到经费17072.00万元，国防军工项目实到经费7795.26万元。

2011～2015年自然科学科研项目实到经费一览表 单位：万元

年度	2011	2012	2013	2014	2015
基金项目	18210.98	20932.07	21121.19	21595.57	28827.80
高新项目	21648.37	23082.90	23089.28	20914.15	27627.94
国防项目	4638.40	5100.00	5383.68	5433.21	7795.26
科技开发	20045.53	20365.26	22237.98	19298.45	17072.00
合 计	64543.28	69480.23	71832.13	67241.38	81323.00

2015年，新上项目1792项，立项经费68570.29万元，其中，各类基金项目新上620项，立项经费23871.40万元；国家各级政府高新技术项目新上397项，立项经费17213.59万元；科技开发签订横向技术合同703项，合同额20485.30万元；国防军工项目新上72项，合同额7000.00万元。

2015年，山东大学获省部级以上奖励共计50项。国家奖6项（含合作5项）；教育部高等学校科学研究优秀成果奖11项（含合作3项）；山东省科学技术奖19项（含合作6项）。

山东大学2015年SCIE收录文献（2014年发表）3341篇（其中论文3222篇），SCIE论文收录列全国高校第8位；科学引文索引扩展版（SCIE）2005～2014年收录的19022篇论文被引用162995次，在全国高校中排名第11位。

2015 年，山东大学申请专利 1535 件，其中国内发明专利 1258 件、PCT 专利申请 9 件；授权专利 896 件，其中国内发明专利 638 件、国外发明专利 4 件。

2015 年，2 人获国家杰出青年基金项目资助，1 人获国家优秀青年基金项目资助。2 人入选科技部“创新人才推进计划”中的“中青年科技创新领军人才”。

二、科研项目

（一）自然科学基金

2015 年，山东大学自然科学各类基金项目实到经费 28827.80 万元，新上项目 620 项，立项经费 23871.40 万元。（其中国家基金为立项直接经费，2015 年度立项间接经费将在 2016 年 4 月份由国家自然科学基金委核定后拨付）

2015 年，山东大学申报国家自然科学基金项目 1679 项，申报数列全国依托单位第 8 位，其中 427 项获批立项，立项直接经费 21155.41 万元，立项经费列全国第 11 位。在获批立项的项目中，获得国家自然科学基金资助金额在 300 万元左右的重点类资助项目共计 11 项，资助直接经费 3470.61 万元。其中，重点项目 6 项、重大科研仪器研制项目 1 项、重大研究计划重点支持项目 1 项、重点国际（地区）合作研究项目 1 项，中以国际合作研究项目 1 项，联合基金重点项目 1 项。此外，面上项目 220 项，资助直接经费 13032.70 万元，资助经费列全国第 11 位；青年项目 165 项，资助直接经费 3153.40 万元，资助经费列全国第 9 位。人才类项目中，获得国家杰出青年基金项目 2 项、优秀青年基金项目 1 项。另有重大研究计划培育项目 4 项、联合基金项目 2 项、专项基金 2 项、应急项目 12 项、海外及港澳学者合作研究基金 2 项，其他国际合作与交流项目 6 项。

2015 年，山东省自然科学基金项目归属及项目类型、资助额度等政策有所调整，限制了部属院校的申报。2015 年，山东大学申报山东省自然科学基金 688 项，其中 171 项获得批准立项，立项经费 2651.00 万元。其中获得山东省杰出青年基金项目 8 项、重点项目 7 项、面上项目 84 项、培养基金项目 21 项、青年基金项目 21 项、优秀中青年科学家科研奖励基金项目 30 项。

2015 年，获得教育部留学回国启动基金 22 项，立项经费 65.00 万元。

1. 杰出人才基金

2015 年，山东大学易凡、高成江 2 位学者获得国家自然科学基金杰出青年基金资助，秦莹莹副主任医师获得优秀青年科学基金资助，资助直接经费共 830.00 万元。

2015 年，山东大学 8 位学者获得山东省自然科学基金杰出青年基金资助，共获得资助经费 480.00 万元。

2. 重点项目基金

2015 年，山东大学 11 位学者获得国家自然科学基金重点资助，立项直接经费 3470.61 万元。

张承慧教授牵头申请的 2015 年度国家重大科研仪器研制专项“动力电池综合测试与智能模拟仪器研制”获立项资助，资助直接经费 695.61 万元。

数学学院刘建亚教授申请的“自守表示与代数簇的算术问题”项目获国家自然科学

基金重点项目资助，资助直接经费 230.00 万元。

物理学院陈峰教授申请的“基于离子束辐照纳米材料的新型介电晶体光波导的基础研究”获国家自然科学基金重点项目资助，资助直接经费 300.00 万元。

材料学院尹龙卫教授申请的“介孔/微孔复合材料的控制制备与储能应用”项目获国家自然科学基金重点项目资助，资助直接经费 290.00 万元。

控制学院刘树堂教授申请的“海洋有害藻类生态建模分析与区域污染控制”项目获国家自然科学基金重点项目资助，资助直接经费 290.00 万元。

齐鲁医院张运院士申请的“ADAM17 对糖尿病心肌纤维化的影响及其分子机制研究”项目获国家自然科学基金重点项目资助，资助直接经费 274.00 万元。

药学院沈月毛教授申请的“安莎的新骨架发掘与药用功能导向的结构优化”项目获国家自然科学基金重点项目资助，资助总金额直接经费 273.00 万元。

物理学院黄性涛教授申请的“高性能离线数据处理与物理分析综合平台的研究”项目获国家自然科学基金委大科学装置科学研究联合基金重点支持，资助直接经费 270.00 万元。

物理学院徐庆华教授领衔申请的“RHIC/STAR 时间投影室的升级和能量扫描二期的实验研究”获国家自然科学基金重点国际合作项目资助，资助直接经费 290.00 万元。

计算机学院陈宝权教授领衔申请的“面向‘社会相机’的视频分析与重组研究”获国家自然科学基金委员会与以色列科学基金会国际（地区）合作研究项目资助，资助直接经费 168.00 万元。

化学院闫兵教授申请的“细颗粒物与生物界面作用机制的系统探索”项目获国家自然科学基金委重大研究计划重点支持项目资助，资助直接经费 290.00 万元。

山东省自然科学基金的重点项目分为前瞻性研究专题、转化医学专题、管理科学发展战略专题及省属高校优秀青年人才联合基金四大类型，其中前三种类型山东大学可以申报。2015 年，山东大学有 7 位学者获得山东省自然科学基金重点项目资助，共获得资助经费 464.00 万元。

龚瑶琴教授申请的“神经肌肉病的转化医学研究”、马春红教授申请的“免疫干预联合介入治疗提高肿瘤治疗效果的转化医学研究”、李延青教授申请的“丁酸型益生菌治疗肠易激综合征的转化医学研究”项目获山东省自然科学基金重点项目资助，分别获得 100.00 万元资助经费。

2015 年各类基金项目新上项目数及实到经费

项目类别	新上项目数	实到经费（万元）
国家自然科学基金（含国际合作）	427	23963.33
山东省自然科学基金（含山东省杰出青年基金）	171	4372.00
教育部留学回国启动基金	22	109.00
其他（含教育部博士点基金结转基金 143 项及其他经费 1 项）	20	383.47
合计	620	28827.80

2001～2015 年自然科学基金类实到经费一览表　　单位：万元

年度	2002	2003	2004	2005	2006	2007	2008
实到经费	1525.00	2701.20	2805.00	3671.00	5746.80	5841.00	7934.30
年度	2009	2010	2011	2012	2013	2014	2015
实到经费	8792.00	13611.00	18210.98	20932.07	21121.19	21595.57	28827.80

（二）高新技术

2015 年，山东大学各级政府各类计划科技项目实到经费 27627.94 万元，其中，国家科技部项目实到经费 12141.52 万元；中央其他部委项目实到经费 947.63 万元；山东省科技厅项目实到经费 6007.48 万元；省内其他厅局及市地项目实到经费 988.48 万元；非政府间国际合作项目实到经费 578.23 万元；国家重点实验室中央财政拨款实到经费 6001.00 万元；大型国企等其他项目实到经费 963.60 万元。

国家重点基础研究发展计划（“973”计划，含重大科学研究计划）主持项目 2 项、主持课题 6 项、参与课题 15 项，实到经费 5517.57 万元；国家高技术研究发展计划（“863”计划）主持项目 1 项、主持课题 2 项、参与课题 8 项，实到经费 1774.75 万元；国家重大科技专项 11 项，实到经费 2049.88 万元；国家科技支撑计划主持课题 1 项、参与课题 12 项，实到经费 842.67 万元；科技部国际合作专项主持课题 1 项、参与课题 2 项，实到经费 182.00 万元；科技部其他计划主持项目 2 项，参与项目 11 项，实到经费 749.65 万元；国家发改委产业技术与开发资金参与项目 10 项，实到经费 1025.00 万元。

2015 年，山东省科技重大专项立项 8 项，批准经费 2200.00 万元，实到 7 项，实到经费 1900.00 万元；2015 年山东省重点研发计划（第一批）新上 121 项，批准经费 1661.00 万元，实到 58 项，实到经费 947.00 万元；2015 年山东省重点研发计划（第三批）立项 10 项，批准经费 187.00 万元，实到 2 项，实到经费 50.00 万元；2015 年山东省软科学重大项目立项 2 项，批准经费 25.00 万元，实到 1 项，实到经费 12.5.00 万元。

计算机科学与技术学院崔立真教授申请的“面向大数据创新研发的支撑环境关键技术研究与应用示范”项目获科技部创新方法工作专项 2015 年度立项资助，资助总金额为 259.00 万元，为山东大学首次获得此类项目资助。

计算机科学与技术学院陈宝权教授作为首席科学家的国家重点基础研究发展计划（“973”计划）项目“城市大数据的计算理论和方法”正式启动。

生命科学学院周传恩教授作为首席科学家的国家重大科学研究计划青年科学家专题项目“复叶发育的分子调控网络研究”正式启动。

体育学院伊向仁教授主持的科技部科技基础性工作专项项目“老年人健康评估工具与参数规范研究”正式启动。

控制学院荣学文高级工程师作为项目首席专家的国家高技术研究发展计划（“863”计划）重点项目“四足仿生机器人”正式启动。

2015 年国家级重大项目实到经费及新上项目数

项目类别	新上项目数（主持及参与）	实到经费（万元）
重大基础研究（“973”）	21	5517.57
高技术研究（“863”）	10	1774.75
国家重大科技专项	11	2049.88
国家支撑计划	13	842.67
科技部其他计划	13	749.65
国际科技合作专项	3	182.00
产业技术与开发资金	10	1025.00

2002～2015 年高新技术项目实到经费一览表　　单位：万元

年度	2002	2003	2004	2005	2006	2007	2008
实到经费（含军工）	4053.20	5274.00	5652.50	7047.00	11760.00	17275.00	17664.70
年度	2009	2010	2011	2012	2013	2014	2015
实到经费（含军工）	18880.50	30273.88	26286.77	28182.90	28472.96	26347.36	35423.2

（三）国防军工（略）

（四）基本科研业务费资助项目（自然科学专项）

2015 年，山东大学基本科研业务费为 8630.00 万元，其中自然科学专项 3860.00 万元，共计 148 项获得立项资助，其中交叉学科培育项目立项 58 项，国际科技合作项目 11 项，仪器和产品研发项目 11 项，前言和新兴学科团队导向项目 5 项，自由探索项目 21 项，科研组织建设项目 42 项。

（五）科技开发

2015 年，山东大学科技开发实到经费 17072.00 万元，签订横向技术合同 574 项，合同额 20485.30 万元，促成百万元以上横向重大项目合作 42 项（200 万元以上 17 项）。

2015 年，山东大学与济南市人民政府、山东省科技厅共建的山东工业技术研究院正式签约，共建深圳、菏泽等 10 个技术转移中心分中心，共建禹城生物工程应用技术研究院等 20 个产学研合作平台，通过竞争答辩，获批山东省知识产权运营试点单位。

参加 2015 中国（北京）跨国技术转移大会，张荣校长出席并作主题演讲；与泰安、临沂、海尔集团等地市和企业的科技对接会 40 余次；与 10 个山东大学科技挂职人员所在县（市）建立产学研合作关系；参加深圳高交会、上海工博会等 7 个大型展会和成果交易会。

2002～2015 年横向实到经费一览表

单位：万元

年度	2002	2003	2004	2005	2006	2007	2008
实到经费	3604.00	5600.00	6188.00	7770d00	15513.00	12524.30	11018.80
年度	2009	2010	2011	2012	2013	2014	2015
实到经费	12012.00	16219.00	20045.53	20365.26	22237.98	19298.45	17072.00

三、平台基地建设

截至 2015 年底，山东大学拥有 2 个国家重点实验室、3 个国家工程技术研究中心、1 个国家工程实验室、11 个教育部重点实验室、3 个卫生部重点实验室、4 个教育部工程研究中心、16 个山东省重点实验室、1 个省部共建国家重点实验室（培育基地）、36 个山东省工程技术研究中心、2 个山东省工程实验室、20 个山东省“十二五”高校重点实验室，4 个山东省协同创新中心。

2015 年山东大学平台基地数量一览表

平台基地类型	数 量（个）
国家重点实验室	2
国家工程技术研究中心	3
国家工程实验室	1
教育部重点实验室	11
卫生部重点实验室	3
教育部工程研究中心	4
山东省重点实验室	16
省部共建国家重点实验室（培育基地）	1
山东省工程技术研究中心	36
山东省工程实验室	2
山东省“十二五”高校重点实验室	20
山东省协同创新中心	4

2015 年，以微生物技术国家重点实验室为平台支撑的微生物基因组工程学科获得教育部“111 计划”引智基地立项建设。糖化学生物学等 8 个重点实验室参加山东省重点实验室的申报立项工作，山东省脑科疾病防治重点实验室等 5 个重点实验室获得批准立项建设；4 个山东省协同创新中心通过山东省省财政厅、教育厅、省科技厅组织的绩效考核，成绩优秀。心血管疾病转换医学等 8 个省重点实验室全部顺利通过山东省科技厅组织的绩效评估，其中心血管疾病转换医学重点实验室获得优秀。

四、创新团队及人才建设

（一）创新团队

山东大学现有3个国家自然科学基金创新群体、2个国家创新人才推进计划重点领域创新团队、9个教育部“长江学者和创新团队发展计划”创新团队、3个山东省优秀创新团队。2015年，“地下工程岩体稳定性和灾害控制”教育部创新团队进入滚动支持计划。

（二）国家杰出青年基金获得者

2015年山东大学易凡、高成江2位学者获得国家自然科学基金杰出青年基金资助。2000年至今，山东大学共有37位国家杰出青年基金获得者。

（三）创新人才推进计划

马春红、张建教授入选科技部2014年“创新人才推进计划”中的“中青年科技创新领军人才”。山东大学现有3人入选国家创新人才推进计划中青年科技创新领军人才。

（四）教育部新世纪优秀人才

2004年至今山东大学共有155人入选教育部新世纪优秀人才。

（五）科技挂职

推荐19人挂职山东省科技副县（市）长。

五、科研成果

（一）科技奖励

2015年度，山东大学获省部级以上奖励共计50项。国家奖6项（含合作5项），其中自然科学二等奖2项、科技进步二等奖4项；教育部高等学校科学研究优秀成果奖11项（含合作3项），其中一等奖2项、二等奖9项；山东省科学技术奖19项（含合作6项），其中最高奖2项、一等奖2项、二等奖10项、三等奖5项；其他各类省部级奖励获奖14项。

数学学院陈增敬教授作为独立完成人完成的项目“资产定价理论中的非线性期望方法”荣获国家自然科学二等奖；控制科学与工程学院刘允刚教授作为第二完成人参与的项目“不确定性系统的辨识与控制”荣获国家自然科学二等奖；山东大学作为第二完成单位参与完成的三个项目—赵国群教授、管延锦教授、张存生副教授参与的“高性能大规格复杂截面铝合金型材挤压成形及应用技术”、陈子江教授参与的“环境与遗传因素对男性生殖功能影响的基础研究与应用”、董玉平教授参与的“农林废弃物清洁热解气化多联产关键技术与装备”和山东大学作为第四完成单位、刘新泳教授参与完成的项目“奥美拉唑系列产品产业化与国际化的关键技术开发”荣获国家科技进步二等奖。李术才教授、陈子江教授获2015年度山东省科学技术最高奖。

2001～2015 年省部级以上科技奖励一览表

年度	国家级二等奖	省部级一等奖	省部级二等奖	省部级三等奖	山东省最高奖	其他	合计
2001	2	4	34	30	—	—	70
2002	3	13	39	44	1	—	100
2003	2	10	37	45	1	—	95
2004	1	4	38	28	—	—	71
2005	3	5	29	39	—	—	76
2006	2	7	28	30	—	—	67
2007	0	6	21	48	—	—	75
2008	4	9	28	23	1	—	65
2009	3	7	25	21		1（何梁何利）	57
2010	3	7	26	20		1（国家特等）	57
2011	5	8	29	20			62
2012	2	10	31	16	1	1（何梁何利）	61
2013	3	8	34	18			63
2014	3	7	31	8			49
2015	6	10	22	10	2		50
合计	42	116	451	400	6	3	1018

（二）科技论文

2015 年，中国科技信息研究所公布：山东大学科学引文索引扩展版（SCIE）收录文献（2014 年发表）3341 篇，其中论文 3222 篇，在全国高等院校排名中列第 8 位，收录文献增加 910 篇，其中论文增加 850 篇，排名与去年相同，其中，表现不俗的 SCI 论文（即被引次数超过所在学科论文被引次数世界均值的论文）1398 篇，在全国高等院校排名中列第 9 位。科学引文索引扩展版（SCIE）2005～2014 年收录的 19022 篇论文被引用 162995 次，在全国高校中排名第 11 位。两个指标数量增加，排名各上升一位。工程索引核心部分（EI）收录期刊论文 1739 篇，在全国高等院校排名中列第 20 位。科技会议录引文索引（CPCI-S）收录论文 342 篇，列全国高校第 26 位。国内收录期刊论文 2595 篇，在全国高等院校排名中列第 18 名。论文被引用 6195 篇 9684 次，在全国高等院校排名中列第 23 位。

山东大学物理学院陈峰教授和西班牙合作者发表在“LASER & PHOTONICS REVIEWS”（2014，8［2］：251-275）上的论文“Optical waveguides in crystalline dielectric materials produced by femtosecond- laser micromachining”入选 2014 年中国百篇最具影响国际学术论文。

2001～2015 年 SCIE、EI、CPCI-S 收录（引证）论文一览表

论文收录年度	SCIE		EI		CPCI-S		国际引证（五年）		国内论文		国内引证	
	篇数	排名	篇数	排名	篇数	排名	篇/次	排名	篇数	排名	篇次	排名
2001	445	7	257	11	86	8	270/602	9	1499	15	1181	21
2002	519	8	304	11	83	21	261/563	10	1685	15	1564	23
2003	742	8	376	9	107	24	522/1091	8	2083	16	1547	23
2004	760	8	489	12	126	32	652/1354	9	3016	10	2517	24
2005	783	8	518	11	145	29	723/1456	7	3472	10	4026	22
2006	963	10	776	21	323	25	1138/2376	8	3576	9	4841	21
2007	1076	11	833	19	341	28	1181/2567	10	3416	14	6308	17
2008	1262	10	959	19	477	20	1395/3303	10	3208	16	8169	22
2009	1477	10	932	26	512	28	1638/4217	10	3083	15	8992	20
2010	1677	10	1039	23	440	29	1977/6090	10	3046	20	9583	22
2011	1865	10	1297	22	677	25	2197/5318	12	2592	24	10551	19
2012	2134	7	1415	20	374	25	2739/7837	10	2394	23	12036	17
2013	2423	9	1381	20	436	19	3375/9706	10	2425	25	11980	19
2014	2975	8	1721	18	327	29	12471/124603（十年）	12	1584	34	12081	20
2015	3341	8	1739	20	342	26	19022/162995（十年）	11	2595	18	6195/9684	23

（三）专利申请与授权

2015 年，山东大学申请专利 1535 件，其中发明专利 1258 件，较上年度增长 37.9%，PCT 专利申请 9 件，实用新型专利 277 件。授权专利 896 件，其中发明专利 638 件，较上年度增长 24.2%，国外发明专利 4 件，实用新型专利 249 件。

2015 年，山东大学通过 PCT 途径申请的四件专利：“诱导胚胎干细胞向血管内皮细胞分化药物中的应用”“2，3-二氢-3-羟甲基-6-氨基-［1，4］-苯并噁嗪在制备诱导胚胎干细胞向血管内皮细胞分化药物中的应用”获得美国授权，“热塑性树脂基体复合材料导线芯棒及其制备模具和方法”获得土耳其专利，“埃博霉素苷类化合物和以其为活性成分的组合物及其应用”获得欧盟专利。

2000～2015 年专利申请与授权统计表

年度	发明专利		实用新型专利		国际发明专利		申请合计	授权合计
	申请	授权	申请	授权	申请	授权		
2001	37	10	8	4			45	14
2002	52	9	18	6			70	15
2003	79	20	13	15	3		95	35
2004	75	60	10	14	1		86	74
2005	148	47	48	19		1	196	67
2006	182	61	73	47		1	255	109
2007	260	92	98	96			358	188
2008	343	111	109	114	1		453	225
2009	434	150	99	115	3		536	265
2010	442	250	140	135	5		587	385
2011	636	299	231	180	6		873	479
2012	783	413	285	248	1		1069	661
2013	839	441	233	303	7	3	1079	747
2014	912	521	181	278	6	3	1093	802
2015	1258	638	277	254	9	4	1535	896
合计	6480	3122	1823	1828	42	12	8330	4962

（任敏利）

人事工作

2015年，人事部紧紧围绕学校党委和行政工作要点，按照综改方案要求，努力营造汇聚和造就人才的良好氛围，积极推进人事制度改革，加快推进世界一流大学建设，较好地完成了年度工作任务。

一、实施人才强校战略，加强师资队伍建设

1. 创新用人机制，对新聘教师实行聘期制管理。截至12月31日，2015年新入校教职工166人，含教学科研岗位90人，统招博士后50人，其他专业技术人员15人，接收军转干部5人，解决引进人才配偶7人。其中，教学科研岗位90人，占新进人员的78%。其中，海外博士28人，占新进教师的31%，具有一年以上海外留学经历49人，占新进教师的54%；来自国内其他著名高校或研究机构25人，占新进教师的27.8%。

2. 做好人才储备，实施青年学者“未来计划”。坚持以学科发展为导向，依托国家和地方各级人才计划，引育并举，通过梳理青年教师队伍梯队发展模式，制定了《山东大学青年学者未来计划实施办法》。通过科研经费支持、提高岗位待遇、拓宽海外研修通道、导师遴选和研究生招生政策倾斜等方式全方位，在未来十年，培养和扶持一支500人左右规模，创新思维活跃、学术视野宽阔、发展潜力较大，有望成为国家青年拔尖人才、国家优秀青年科学基金获得者和学校齐鲁青年学者等相当层次人才实力的青年学术骨干队伍，为学校发展提供坚实的师资力量和人才保障。2015年，首批未来计划遴选54人，培养期内科研经费总资助额度2170万元、岗位补贴预算810万元。

3. 促进教师队伍国际化。充分利用各类平台，拓展教师赴海外进修途径。2015年各类公派出国项目申报139人，录取104（其中国家公派出国留学项目83人）人，派出出国留学人员102人，留学回国人员88人。

4. 完善教师准入制度，构建多元化教师队伍。继续推动后备师资培养计划，积极拓展外籍教师招聘渠道，现有外籍教师56人，其中语言和专业类教师26人，学术类外籍教师30人。2015年新聘外教15人，其中学术类5人。

5. 推进新聘青年教师专业发展。强化新聘教师培训，2015年对146位教师进行了教师资格认定，157人参加2015年岗前培训考试，106人报名参加2016年岗前培训，15人进行了普通话测试。加强基本科研业务费的管理，促进青年教师提高科研水平。

6. 继续做好博士后工作。健全博士后工作制度，稳妥推进校博士后招收管理工作。组织申报第57、58批全国博士后科学基金面上资助，有150位博士后获得资助。组织申报第8批全国博士后科学基金特别资助，有31位博士后获得资助。组织完成2015年度博士后国际交流计划引进、派出和学术会议工作。

7. 根据国家和山东省有关文件规定，调整工作人员工资标准、增加离退休（退职）人员离退休（退职）费、暂存工作人员养老保险费和职业年金。自2014年1月1日起，调整在职人员基础绩效标准。做好事业编制人员养老保险费及职业年金的预扣工作。

二、完善体制机制，推进人事制度改革

1. 根据学校推进综合改革工作的部署，配合综合改革办公室，按照学校“职责分明、界限清晰、分工合理、权责一致”的要求，对机关第三批单位实施“三定”工作。在前期材料准备、论证充分的基础上，对照改革方案和现有情况进行充分讨论，认真核查工作职能，科学核定人员编制，数易其稿，使内设机构及人员编制只减不增，确保做到减员增效。

2. 根据学校《关于做好“十三五”规划工作的通知》要求，明确规划实施思路、对象、目标和原则，出台《关于做好〈山东大学队伍建设发展规划〉编制工作的通知》，加快规划工作推进。成立了由人事部（编制工作办公室）内十余人组成的总规划工作团队和八支由各部门分别牵头的子规划工作团队。将编制测算和队伍规划工作相结合，在校内外充分调研的基础上，分析学校发展形势，从队伍现状中找出存在的问题和不足，提出队伍建设目标，并制定相应的建设措施。

3. 9月11日，在校园网发布《关于山东大学教师岗位申报条件修订工作的通知》，提出了修订工作的指导思想、相关内容、有关要求及组织实施工作安排。截至12月底，陆续召集多次由相关职能部门负责人、专家代表组成的座谈会，也多次参与牵头职能部门召集的座谈会，综合各类意见和建议，分别制定完成理工医类和人文社科类的学校基本资格条件和业绩条件，并上六个学部学术委员会讨论，下一步将反馈给各学院参照修订。

4. 探索和建立专职科研人员聘用制度。结合新聘教师预聘制度，采取以任务为导向的聘用方式，在学习、借鉴同类大学专职科研队伍建设的基础上，广泛征求学院意见和建议，制定了《山东大学专聘科技人员管理办法》，在岗位设置、薪酬分配模式、合同聘用以及考核管理等方面力求可行性和可操作性；同时，探索增量改革和存量并轨的衔接、过渡模式，逐步建设一支对接国家、行业、地方重大战略需求，能持续稳定地承担重大科研项目和重要建设任务，产生一批高水平创新成果的专职科研队伍。

5. 完善非事业编制人员管理办法，加强对非事业编制人员管理，提高了非事业编制人员薪酬待遇。通过划分用工类型、岗位分类，实施契约式管理，通过聘期调整，使用工形式、人员布局更加科学合理。

6. 按照《全国干部人事档案专项审核工作实施方案》要求，和组织部协调配合，对全校及附属单位副处及以上领导干部人事档案进行专项审核工作，目前已进入组织认定环节。

（秦丽媛）

离退休工作

一、工作总体情况

截至 2015 年 12 月底，山东大学共有离退休人员 4437 人，其中离休干部 242 人，退休人员 4195 人，副省级老领导 4 人、厅级实职老领导 37 人，享受副厅以上待遇非实职离休干部 24 人，中共党员 2022 人。另有工作人员 15 人，其中中共党员 14 人。2015 年以来，离退休工作处（离退休党委）领导班子在党的十八届三中、四中、五中全会精神指导下，在学校党委、行政的领导下，以“三严三实”专题教育活动为契机，紧紧围绕学校的中心工作，立足离退休工作实际，主动担当，思想引领、精心服务，积极培养和依托离退休骨干，扎实地开展各项工作，圆满地完成了各项工作任务。

二、以人为本，扎实全面地落实好离退休干部政治生活待遇

1. 完善制度，落实离退休干部的政治待遇

学校坚持并完善了老干部阅读文件、走访慰问、通报情况、征求意见、参加有关重要会议和重要活动等制度，每逢有关重要活动和会议，必邀请老干部代表参加；学校每项改革措施或重大决策出台前，都要事先听取老干部的意见和建议。涉及老同志政治生活待遇的各项文件，离退休老同志优先落实、及时落实。

2. 落实政策，完善措施，在生活上关爱离退休干部

学校党委非常重视离退休干部生活待遇政策的落实，积极向学校领导和有关部门反映涉及离退休老同志切身利益和普遍关心的诸如共享学校改革发展成果、减轻离休干部自费药负担、健康查体和活动场所改善等方面的问题，努力做到件件有着落，事事有回音，对暂时解决不了的问题及时向老同志做解释和疏导工作。

继续为每位离休干部发放 600 元个人学习活动费；老年节期间，为每位老同志发放 30 元节日慰问金，并为年满 90 岁及以上的离退休老人每人发放 1000 元慰问金；春节期间，实现了对全体离退休老同志的普遍走访并为他们购买节日慰问品，等等。

随着学校离退休人员的逐年递增，特别是空巢、多病老人的增加和离休干部整体进入“双高期”，离退休老同志对各种服务性工作提出了更高希望和要求。针对离退休工作出现的这些新情况和新特点，离退休处以满足老同志多元化需求为核心，深化亲情服务，开拓服务渠道，促进服务功能的转变，在完善以往各项服务措施的基础上，坚持做

到省部级干部专人服务，离休干部重点服务，协调原工作单位为全校鳏寡、独居及长期卧病的老人建立信息档案，通过大学生志愿者等多种形式，与老干部结成帮扶对子，提供亲情服务。

在老干部阅览室、活动室建设方面，离退休工作处以实现老同志快乐生活和健康长寿为目的，着力加强活动学习阵地建设。近年来不断加大投入，改善活动环境和条件，保证老干部各项活动的开展。2015 年，统筹经费对三个校区的老干部活动室进行了维修，为广大老同志创造了优雅舒适的学习环境和活动娱乐场所。

三、求真务实，加强离退休干部党的建设和思想政治工作

1. 落实和完善党支部政治学习和组织生活制度，加强老干部党建和思想政治工作

坚持党的组织和行政小组建设全覆盖。离退休党委下设三个党总支，党总支书记均由退下来的老领导担任，一名副处长和若干老同志分别任副书记和委员。三个党总支又共下设 92 个党支部，另有 1 个处直属党支部。非党离退职工则根据方便联系和活动的原则组成 80 个行政组。按照“政治坚定，思想常新，理想永存”的总要求，建立并坚持支部书记、行政组长每月一次例会，处长（书记）或副处长前去通报工作、听取意见、汇集信息，释疑解惑制度。各支部根据老同志实际，采取灵活方式组织支部学习和组织生活会．制定好学习计划，做到“人员，内容，时间，地点”四落实。

2. 配齐配强支部书记，更加注重先进典型的示范作用

积极弘扬以受到习近平总书记亲切会见的全国离退休干部先进个人臧乐源教授为代表的一批先进典型的崇高精神品格。按《党章》要求选配党性强、作风好、威信高、身体健康、乐于为老同志服务的老党员担任支部书记，以此为基础，全面加强离退休党的建设和思想建设。针对新形势下离退休老同志的特点和思想实际，充分发挥离退休党支部的战斗堡垒作用、桥梁纽带作用和党员的先锋模范作用，不断加强离退休党员的教育和管理工作，做到及时传达上级及学校有关文件和会议精神，注意思想引领、理顺情绪，化解矛盾，做好深入细致的思想政治工作。

四、创造条件，搭建平台，充分发挥老干部在建设和谐社会和谐校园中的作用

1. 进一步深化关工委工作。以省关工委工作调研为契机，总结了学校关工委工作的经验不足，明确了关工委工作班子和分工，为 2016 年深化工作、以更高水平参加教育部关工委协作年会等奠定了组织基础。

2. 把离退休干部纳入学校全员育人体系，聘请了部分名老同志为大学生德育指导教师，引导大学生健康成长。

3. 组建了山东大学老干部、老教授报告团，为青年学生做革命传统报告，引导学生树立正确世界观、人生观、价值观，做合格接班人。

4. 鼓励和支持离退休干部党支部与大学生开展“老少互动，和谐共建”活动，教育者和被教育者和谐互动，优势互补，取长补短，共同提高。

5. 完成老教授协会、夕阳红艺术团等老年社团的换届工作，支持他们按照各自章程独立地开展工作。支持各老年艺术团体开展丰富多彩的文体娱乐活动，支持老年社团

深入学生中开展文艺演出活动。夕阳红艺术团、老年京剧社等文艺社团通过参加学校重大纪念日演出、与学生联欢、京剧选修课等形式，潜移默化地对大学生进行爱国主义教育、传统文化的教育和熏陶，取得了很好的效果。

五、组织参观考察，开展丰富多彩的文体娱乐活动，丰富、活跃和充实老同志的离退休生活

1. 参观游览活动。本着安全、适度的原则，多次组织老同志省内游和济南近郊游，为老同志提供休闲相聚和交流的平台，使身心融于自然、开阔眼界、愉悦身心、延年益寿。

2. 体育健身活动。每年组织两次老同志“800 米健步走”体育健身活动，每次参加人数多达 3000 人；每年组织开展各种棋类、牌类、球类、踢毽等适合老同志特点的体育友谊赛活动，选拔、组织部分老同志参加省直老体协举办的桥牌、门球、围棋、乒乓球、象棋、柔力球等比赛活动。积极参加上级部门组织的各类比赛和汇演活动，举行了夕阳红艺术团大型文艺汇演，选派节目参加了学校迎新年演出，展示了学校老同志风采。

3. 文化娱乐活动。重点围绕抗战胜利 70 周年等主题，积极支持组织老同志举办主题鲜明的读书活动，组织情趣高雅的书画、摄影巡回展。积极支持老年文艺团体立足于校区，立足于校内，自娱自乐地开展健康有益的文艺演出活动，各个校区都举办多种形式的文艺演出，为广大离退休老同志送去喜闻乐见的健康节目等。

六、严格要求，提升素质，不断加强离退休工作队伍建设

1. 不断加强离退处团队自身建设，特别是班子政治纪律、组织纪律、廉洁纪律、群众纪律、工作纪律、生活纪律建设，全面落实民主集中制，扎实开展“三严三实”专题教育，深入查摆不严不实情况并认真整改。

2. 明确岗位目标责任，要求工作人员熟悉政策，爱岗敬业，不断加强政治学习和业务学习，不断强化岗位和首接负责意识，全面提升工作水平和工作自觉性，进一步提高服务质量。

2. 认真落实校务公开各项要求，把离退休公用经费使用情况，一笔一笔地向老干部公布，自觉接受老干部的监督。

3. 畅通信息报送渠道，及时采集和上报老干部工作信息，建立并完善离休干部信息库、退休职工信息库和离退休党员信息库，进一步提高工作效率。

4. 加大宣传力度，加强离退休处网站建设，改版更新网站，加强舆论引导，强化服务，努力营造尊老敬老爱老助老的良好氛围。

5. 强化两级管理，力促离退休工作齐抓共管机制全面落实。密切与老同志原工作单位的联系，不断加强对二级单位的业务指导和督促检查，确保党和国家离退休干部工作的方针政策落实到位。

（牛艳华）

学科建设与发展规划

2015年，学科建设与发展规划部在学校党委、行政的正确领导和精心指导下，紧紧围绕学校党政工作中心任务，以党的十八届五中全会精神为指引，深入贯彻国务院《统筹推进世界一流大学和一流学科建设总体方案》和《山东大学综合改革方案》，推进一流大学和一流学科建设，落实“十三五”事业发展规划、学科建设规划和校园规划各项工作，求真务实，开拓奋进，圆满地完成了各项工作任务。

一、完成了部门“三定”工作

按照学校“三定”工作要求，原发展规划部、学科规划建设办公室合并为学科建设与发展规划部。在此基础上，梳理部门工作职责，制订了本单位竞聘上岗实施方案，大力推动岗位间的相互交流，进行了分工调整，严格按照规定程序组织完成本单位内部部门调整和人员的竞聘上岗。

二、编制完成《山东大学“十三五”学科建设规划》（草案）

成立了山东大学学科建设委员会和学科建设工作小组，组织学科建设工作小组分别召开人文、社会、理学、工程、信息、医学学科规划咨询论证会，组织、指导各教学科研单位修改完善本单位“十三五”学科建设规划，加强了学科方向凝练，推动了学科优化升级。初步完成了《山东大学“十三五”学科建设规划》（草案）编制工作。

三、启动“学科高峰计划”，基本完成了优势、特色学科遴选工作

制定了《山东大学“学科高峰计划”重点学科遴选工作方案》，召开了学校学科建设工作会议，论证提出了“学科高峰计划”重点学科评审指标体系。召开学校“学科高峰计划”重点学科评审会议，来自国内高校、科研院所的28位院士和著名学者组成专家委员会，对“学科高峰计划”申报学科进行了评审，在评审结果基础上，学校学科建设委员会评选产生了“学科高峰计划”优势、特色学科建议名单，并提出“学科高峰计划”新兴交叉学科论证建议，经2016年第一次校长办公会议审议通过。

四、深入开展调查研究，科学编制《山东大学“十三五”事业发展规划》

成立了“十三五”规划编制领导小组和事业规划工作小组，根据《关于做好山东大

学“十三五”规划工作的通知》的相关要求，收集整理、研究济南校区、青岛校区、威海校区各部门、各单位“十三五”规划材料，深入开展校内外规划调研，广泛组织各领域各层面的论证咨询会议，完成了《山东大学“十三五”事业发展规划》（草案）的编制工作，提交校长办公会和学校第三届一次教代会审议。

五、积极推进《山东大学校园总体规划（济南）编制设计方案》编制工作

印发了《关于做好〈山东大学校园规划〉编制工作的通知》和《山东大学校园规划委员会工作规程》，成立了校园规划委员会，统筹校园规划编制的领导和咨询论证工作。按照学校的定位、功能、特色和发展任务，依据学科建设发展规划，推动《山东大学校园总体规划》编制工作开展，如期完成整改任务。通过公开招投标，聘请了具备规划甲级、建筑甲级的规划设计研究院进行专业方案设计。召集相关职能部门负责人专题会议，与相关职能部门密切配合，同时聘请学校校园规划专家委员会成员对规划方案初稿进行评议修改，督促设计方尽快完成《山东大学校园总体规划（济南）编制设计方案》（草案）并提交校长办公会讨论。

六、做好学科与学术机构论证工作

组织了微电子学院、网络空间安全一级学科以及青岛校区首批学科布局和科研机构论证工作。针对青岛校区校院两级管理体制、管理架构与组织体系、教学科研组织模式、人事分配制度改革等核心问题开展研究，并提出初步建议。

七、落实学科专项改革工作任务

按照学校统一要求，成立学科专项改革领导小组，启动并推进有关学科布局改革和学科建设管理机制改革，制定了《山东大学学科建设项目绩效考评办法》。

八、组织完成学校数据核查与信息统计工作

开展全校数据核查工作，完善综合校情分析系统，进一步提升统计工作科学化水平。完成2014年度教育事业统计数据核查工作报告和2014年度、2015年度教育事业统计报表上报工作，发布山东大学2014年度、2015年度统计公报；深入开展科学研究，成功申报并顺利完成2014年度全省统计科研重点研究课题《基于高等教育统计信息的“大学综合校情分析系统和网站”建设研究》一项。

九、深入研究国际、国内学科排名，开展学科分析工作

开展了基于ESI、QS数据和自然指数的山东大学学科对比分析研究和学术竞争力分析，在此基础上，编制了四期《山东大学学科建设通讯》，为学校的学科建设提供了有效参考。

（许　文）

国际合作

2015 年，国际事务部在推进学校国际化方面积极进取，开拓创新，精耕细作，多点开花。在促进高水平国际学术交流、加强国际化学科建设、拓展国际化科研平台、提升引进海外智力水平、发展留学生教育工作等方面均取得丰硕成果。

一、对外交往持续热络

全年先后接待包括波兰驻华大使、加拿大新斯科舍省省长、诺贝尔奖得主拉尔斯·彼得·汉森、日本著名政治评论家森田实、台湾知名学者管中闵等各国及地区政要、学者来访团组 90 余个，近 400 人；新签校级合作协议 25 个，深化了同荷兰莱顿大学、加拿大达尔豪斯大学、美国弗吉尼亚理工大学以及德国亥姆霍兹联合会、韩国高等教育财团等境外名校（机构）在人才培养、联合科研、合作办学等领域的务实合作，拓展了同以色列希伯来大学、印度尼赫鲁大学、俄罗斯总统学院等高校的校际合作，学校对外交流布局更为完善；出色完成第 22 届国际历史科学大会 76 个国家和地区近 800 名外宾接待任务，期间策划并实施了一系列参会学者同我校方面对接的特色交流活动。

二、派出工作富有成效

年内共派出各类出访团组 1500 余个，交流人员 2300 余人次。其中校级出访团组 22 个，访问对象以美国芝加哥大学、奥地利维也纳大学、日本东京大学、香港科技大学等世界一流大学为主，还包括出席国外知名大学校庆、高端论坛等，扩大了学校的国际影响力；创造更多机会使师生走向世界，共派出各类赴海外学习学生 800 余名，资助青年学者参加国际会议 80 余人；注重管理人员国际化能力建设，派出 6 名职员赴美、日、韩高校进行互换研修。

三、重点项目加速推进

在 2014 年工作基础上，加速推进了中美国际科技创新园、中外合作办学、德国学院、海洋学院、全球汉学联盟筹备以及中国学专业建设等重点项目。同青岛市高新技术开发区签署了共建山东大学中美科技创新国际产业园协议，国际研发园和国际创投基金的组建初见端倪；同美国弗吉尼亚理工大学、以色列希伯来大学、加拿大达尔豪斯大学在交叉学科、农学、微电子、海洋科学等领域的合作办学轮廓逐渐清晰；确立了德国学院的基本架构，与德国亥姆霍兹感染研究中心及亥姆霍兹药物科学研究所签署合作备忘录；论证通过了建立海洋环境模拟实验体系的可行性和重要性，同法、美、加海洋研究机构达成合作意向；同法兰西国家图书馆、大英图书馆、俄罗斯国立图书馆签署合作协议，全球汉学联盟的成立条件日趋成熟；全英文授课中国学专业于6月获批设置，2016年9月可招收第一批外国留学生。

四、引智工作推陈出新

本年度在海外引智方面大力推动工作转型，打造重点突出、注重成效的海外引智体系。年内获得国家经费支持972万元，山东省引智经费支持30万元。组织申报“外专千人计划”4人次、“国家高端外国专家项目”11个、“国家重点引智项目”3个。项目支持逐步从面面俱到转向强调高端和重点；经费投入上削减对常规项目的支持，转向有发展前景的少数重点项目。推出“海外引智助飞计划”，支持我校重点发展学科团队与国外高水平大学团队开展长期的可持续合作。

五、留学生教育亮点频现

2015年，新录取学历生278人，较去年增长25.2%，生源地更加丰富；留学生教学趋同化程度进一步提高，培育、扶持了“中国学”“国际工商管理”以及“项目管理”等全英文授课专业；设立学校首个国际学生企业奖学金；成立山东大学国际学生联谊会，主办“国际文化节”等留学生品牌文体活动；留学生招生网站建设及学生个人系统信息化建设进一步得到提升。

（焦　强）

国内合作

2015 年，合作发展部面对新形势，创新工作思路，拓展筹资渠道，全校社会捐赠资金总额 3139 万元，获取校地校企综合经费 1476 余万元，推动校地校企科研经费协议额 15800 万元，到账经费 7000 余万元。此外，还为学校争取国家捐赠配比奖励资金 1541 万元，从校园建设、学科发展和人才培养等方面高效支持学校事业发展。

一、“立足山东，服务全国”，积极搭建合作平台，提升校地校企合作水平，服务地方经济发展

1. “立足山东，服务全国”，大力开展校地合作。继续推动落实与山东省 17 地市和百强县合作，先后与菏泽市、青岛高新区、济宁高新区、莒县、青岛市林业局等签署全面合作协议。加快与江苏、浙江、广东等长三角、珠三角地区的重点省市合作。

2. 加强协同创新，搭建平台推动校企合作。继续加强与山东能源集团、威高集团、辉山乳业、潍柴动力、玲珑集团、山东高速、海信集团等大型企业合作，与海尔集团签署全面合作协议，并发起成立“2025 创新创业联盟”，与中磁视讯共建了“特殊群体大数据应用联合实验室”，与中宇科技共建了“山大中宇高端节能装备研究中心”等校企合作平台，与“国家海洋局北海分局”“中国水产科学研究院黄海水产研究所”“青岛海洋地质研究所”等单位建立合作关系，助推山东大学海洋学科发展。

二、积极开拓，稳步推进，大力加强校外研究院建设

实施“走出去战略”，以苏州研究院、深圳研究院为平台加快与江苏、浙江、广东等长三角、珠三角重点省市合作。校外研究院建设实现良性稳步发展，在产学研合作、创新创业教育、人才培养等方面成效显著。2015 年 7 月成立了山东大学北京研究院，研究院筹备工作富有成效。

2015 年，继续深化落实《关于山东大学驻校外研究院建设与发展若干问题的意见》《山东大学关于加强研究院财务管理工作的指导意见》等文件精神，提高驻校外研究院财务、资产管理水平，大力推进规范化建设，深圳、苏州、东营研究院呈现良好发展势头，年度获取各类经费达 1993 余万元。

三、加强教育基金会规范化、专业化建设

1. 服务学校中心工作，加强重大筹资项目设计。围绕青岛校区建设，筹划实施了青岛校区校友小树林项目，推进地方和企业捐设菏泽牡丹园、红豆杉园等；推进青岛绿城捐赠项目、培新政府管理学院项目；人才培养项目齐鲁医学优才计划效果明显，为2015 年山大山东本科录取分最高；推进了趵突泉校区大学生活动中心奠基；唐仲英基金会山大展示等。

2. 以评促建，全面梳理完善社会筹资基础性工作。2015 年，山东大学教育基金会迎来成立后的首次评估。从基础条件、内部治理、工作绩效和社会评价等方面，对全校社会筹资工作进行全面梳理、完善和总结，接受管理机关和评估机构的考核，受到评估组专家高度评价，为今后筹资工作的顺利开展提供基础保障。

3. 强化信息公开，山大基金会透明指数居全国第一位。通过网站、微博、微信等多种途径主动公开筹资工作信息。积极与“基金会中心网”和“中国基金会网”合作，通过第三方独立机构披露信息和财务状况的方式，在专业平台主动接受行业内外、各界公众的监督与评比，提高基金会透明度与公信力。2015 年，山东大学教育基金会 FTI（中基透明指数）得分 100 分，居全国第一位，跨入全国最透明基金会行列。

4. 开展品牌、人才建设，培育校园慈善捐赠文化。2015 年，基金会聘专人加强品牌建设，基金会官方微博、微信相继上线，多品牌宣传联动，增强公益倡导功能，提升学校基金会品牌知名度。12 月，手机端捐赠渠道正式开通，与山大新媒体的合作推广首个手机平台捐赠项目——“小捐多爱”，积极引导、培育校园慈善捐赠文化。

5. 不断规范基金会运行，加强资金运作监管。截至 2015 年通过购买银行稳健理财产品等方式，实现运作收益和银行利息收入 292 万元。

附件一　山东大学第二届校董会校董成员名单

名誉主席：

项怀诚　原财政部部长、原国家社保基金理事会理事长
史大桢　原电力工业部部长
曲格平　中华环境保护基金会理事长、原国家环保局局长
韩寓群　十一届全国人大常委、财经委副主任委员，山东省原省长
张福森　十一届全国政协常委、社会和法制委主任，原司法部部长
王文泽　原国家开发投资公司总经理、中国投资协会会长
杨衍银　港澳台侨委员会副主任
刘振亚　国家电网公司董事长和党组书记
孙　震　原台湾大学校长
张信刚　原香港城市大学校长、荣休教授

主席：

李守信　山东大学党委书记

校董（按姓氏笔画排序）：

卜昌森　山西煤监局局长
于泽水　原国家开发银行山东省分行行长
方润华　香港协成行集团董事总经理、方树福堂基金、方润华基金主席
王　晨　ARTEFACE MEDICAL INVESTMENT LTD Hafod Biocience . B. V 董事长
王　锋　玲珑集团有限公司党委书记、副董事长
王建宏　中国银行北京分行行长
王金玉　北汽福田汽车股份有限公司总经理
王琪珑　山东大学常务副校长
王　勇　西王集团董事长
王　伟　山东银丰投资集团有限公司董事长
宁高宁　中化集团董事长、党组书记
刘庚子　北京元丰盛业科技发展有限公司董事长
吕春泉　国家电网副总工程师、东北分部主任
孙　亮　山东省高速集团有限公司董事长
孙丕恕　浪潮集团有限公司董事长
衣淑凡　台湾立青文教基金会董事长
宋文瑄　原山东省农村信用社联合社理事长
宋作文　南山集团有限公司党委书记、董事长、总经理
张才奎　原山水集团董事长
李　玮　中泰证券董事长
李贵斌　光耀东方集团董事长
杨　凯　辽宁辉山控股集团总裁
杨绍东　香港培新集团董事、总经理
杨卓舒　卓达集团董事长、总裁
周厚健　海信集团有限公司董事长
金在烈　韩国高等教育财团事务总长
赵玉山　瑞阳制药有限公司董事长
郭可尊　原神州数码网络（北京）有限公司董事长
曹升元　山东大学总会计师
曹培玺　中国华能集团公司总经理
黄智雄　香港出路社会服务中心董事会主席
黄克斯　中建八局董事长
傅克辉　山东鲁信置业有限公司总经理
董明珠　珠海格力电器股份有限公司董事长、总裁
谢硕文　澳门名嘉集团董事长
臧健和　通用磨坊（国际）食品有限公司董事及顾问

谭旭光　山东重工集团有限公司董事长
樊丽明　上海财经大学校长
薛　峰　中国建设银行山东省分行行长
校董单位　兖矿集团董事局
校董单位　山东省国家税务局
校董单位　山东省地方税务局
校董单位　中国工商银行山东省分行
校董单位　中国银行山东省分行济南分行
校董单位　招商银行股份有限公司济南分行
校董单位　财政部驻山东专员办
校董单位　鲁南制药集团股份有限公司
校董单位　山东电力集团公司

附件二　山东大学教育基金会第二届理事会理事名单

理事长：
李守信　山东大学党委书记、山东大学校董会主席
副理事长：
王琪珑　山东大学常务副校长
曹升元　山东大学总会计师
理事：（以姓氏笔画为序）
马晓丹　山东天石集团有限公司董事长
井海明　山东大学教授
王　飞　山东大学合作发展部部长
王玉莲　山东大学审计处处长
王琪珑　山东大学常务副校长
刘大钧　山东大学终身教授
刘学祥　山东大学后勤部党委书记
刘洪渭　山东大学学科建设与发展规划部部长
何兴祥　中国农业发展银行副行长
陈宏伟　山东大学人事部部长
李守信　山东大学党委书记
邵公全　香港万友贸易有限公司董事长
邹　难　山东大学国际事务部教授
胡金焱　山东大学副校长
赵炳新　山东大学本科生院院长
贾　磊　山东大学校长助理兼研究生院常务副院长
曹升元　山东大学总会计师
梁绍庄　东利洋行董事经理

戴智章　山东大学党委统战部部长

监事：

黄智雄　香港出路社会服务中心董事会主席

肖金明　山东大学教授

（罗桂花）

校友工作

一、履行校友会秘书处职能，规范运作山东大学校友会

1. 按照山东大学校友会章程规定，2015 年 5 月 23 日，在青岛召开山东大学校友会第三次校友代表大会，同时召开了常务理事会和秘书长工作会议，会议选举张荣校长为会长。同时，按照民政部和教育部要求，完成了山东大学校友会年检以及有关事项备案工作。

2. 地方校友组织建设方面。海外成立蒙古国留学生校友会、法国校友会。国内成立南通校友会，浙江、江西、临沂、淄博校友会成功换届。

二、注重调研走访，提升校友服务水平

暑期，张荣校长专程赴济宁、潍坊、淄博、烟台四地校友会走访看望校友，出席校友座谈会，考察校友企业。座谈会上，张荣强调，社会对一所大学的评价，取决于这所大学所培养的毕业生的全面质量和对社会所做的贡献。校友在社会上的声誉、贡献，是大学最重要的评价标准。校友工作是学校教育工作的延伸，是高校办学体系的重要方面，是大学负起终身教育、继续教育任务的重要途径。

在认识方面，一是要树立“大校友观”，从“山大系”的高度来认识和界定校友范畴，校友不仅仅包含与山东大学有学缘或工作关系的校友，凡是与山东大学历史发展不同阶段有着联系、关心支持学校发展的人都应该纳入山大校友工作的范畴。二是正确理解校友与母校的关系。校友是母校办学成果的展现，母校是校友事业发展的坚强后盾，校友与母校的关系终生维系，不仅是“情感共同体”，更是“发展共同体”。三是正确认识校友对母校的贡献。校友对母校的贡献不仅仅是捐钱赠物。校友资源应是学校教育资源的重要组成部分。

在措施方面，一是搭建校友终身教育和服务平台，以校友需求为导向，逐步整合学校教育资源、公共资源等各类资源，促进开放共享，服务校友发展；二是完善服务校友体系，加强地方校友组织网络建设，完善校友交流平台，创新联络形式，提升活动层次和水平，构建充满活力的“山大系”，进一步扩大山大在校友、在社会中的影响力，为学校发展提供源源不断的动力；三是加强校友资源的整合利用，整合校友资源，发挥校友在教学科研、创新创业、实习实践、产学研转化、教学成果评价等方面的促进作用，

尤其是在校友导师、实习实践、创新创业、课题共研等方面弥补目前教育培养过程中“教多育少，学多习少”的弊端。凝聚全球校友力量，携手奋进，共建世界一流大学。

校友办走访了北京、上海、辽宁、吉林、黑龙江、新疆、广西、宁波、广州、深圳、天津、南京、青岛、枣庄、日照、临沂、菏泽、泰安等地校友会，调研校友工作。

三、做好校友返校服务，积极推进捐赠文化建设

1. 认真组织校友返校活动，配合学院做好协调服务工作，继续推进校友班级理事制的落实。集中聘任2015届毕业生校友班级理事近400人。2015年，为医学1980级、哲学1981级、经济1991级、机械2001级等4000余名返校校友提供了周到的咨询和服务工作。

2. 校友捐赠文化建设方面。充分发挥校友会积极性，踊跃参与青岛校区绿化捐建活动，共有13家校友认捐，青岛校区小树林绿化工程专项捐赠认捐额度1300万元。王晨校友捐资1050万元设立“齐鲁医学优才计划”项目，并颁发首批奖学金，同期举办捐建大学生活动中心奠基仪式。在毕业生中开展校友意识和培育捐赠文化，自2014年起在毕业生中开展“感恩母校　荣我山大”校友年度捐赠项目，取得较好效果。计亮年、第八届研究生会校友等分别向母校山大人书库捐赠图书。返校聚会班级捐款设立奖助学金蔚然成风。

四、充实校友数据，完善宣传平台

1. 校友信息化建设方面。校友数据库新增校友信息1.5万条，即时互动平台新增可联络校友约1.5万人。

2. 校友工作宣传方面。维护、运营山东大学校友网，校友官方QQ服务平台、校友信息库建设。《天南地北山大人》编辑出版第十五、十六辑和电子刊物，并做好有关的邮寄发放工作。

五、学习同行经验，加强工作研讨

参加中国高等教育研究会校友工作研究分会常务理事会和第二十二次研讨会议。参加东北片区、山东省高校校友工作联盟2015年会议。与河北农业大学、江苏师范大学、河北工业大学、安徽大学等高校交流校友工作。

（王　震）

财务管理

2015年，山东大学一方面积极争取落实各类财政拨款、优化支出结构、推进预算管理改革；另一方面以教育部巡视、延伸审计、“公务接待”、科研经费等专项检查为契机，不断完善财务制度，严肃财经纪律，提高了财务规范化水平。在全校各单位的共同努力下，实现了收支规模持续增长，保障了学校各项事业的发展。

一、全力组织收入，统筹安排支出，圆满完成2015年度财务工作

1. 积极落实收入，实现学校总收入稳步增长。在主动申请各级政府拨款与政策支持的同时，积极拓宽筹资渠道，寻找新的收入增长点。在国家财政收入增速放缓、经济发展从高速增长转入中高速增长的新常态下，学校总收入依然保持平稳增长，2015年收入再创新高，实现50.64亿元，较上年增长6.52亿元，首次突破50亿元大关。

2. 统筹安排支出，合理控制运行成本，全力保障青岛校区建设与重点学科建设。优化校内预算支持方向，压缩一般性支出项目，压缩机关部处日常运行经费，按照只减不增的原则安排“三公”经费预算，主动清理预算项目结余，将收回学校统筹安排，实现了投入重点向对人的投入转变。

二、加强预算与专项资金管理，推进学校预算管理改革

1. 改革学校机关及直附属单位的经费安排方式。调整支出结构，压缩一般性支出，并在此基础上取消机关直属单位有偿服务收入分配，将专项业务经费、“公务接待费”全部纳入预算安排，按照只减不增的原则安排“三公”经费预算。通过这些改革措施，将部分隐性支出晒了出来，有效地促进了预算公开、规范。

2. 提前启动三年滚动预算编制工作。按照“近详远略”原则，详细编报下一年度预算，同时滚动编制后两年收支预算。对提前谋划工作、预期重大收支事项发挥了积极推动作用，也为下一步部门滚动预算编制打下基础。2015年7月份，学校按照教育部中期支出规划编制要求，进一步做实三年滚动项目库，顺利完成了2016～2018年改善基本办学条件支出规划编制与项目申报工作。

3. 积极推动预算绩效管理。把预算安排同预算执行、效益结合，预算资金使用分配与事业计划实施结合，切实发挥资金效益；扩大项目绩效考评范围，以中央改善基本办学条件专项为重点，逐步完善以绩效目标为导向的全过程预算管理机制。

4. 坚持优化支出结构，科学理财，降低财务风险。通过调整支出结构、压缩运行支出，设立化债基金等举措，使学校年度预算实现基本平衡，有效控制了学校内债继续扩大的趋势，实现了财务状况的基本稳定。尝试开展精细化资金管理，一方面利用学校基建资金暂时沉淀的时间差，提前归还了全部银行贷款，每年可为学校节约利息支出2000余万元；另一方面，调整银行存款结构，将部分沉淀资金转为定期存款，增加学校利息收入，2015年学校利息收入达到了2031万元。

三、加强对存量资金的管理，狠抓中央专项资金预算执行

1. 创新管理模式，实行预算执行责任制。学校高度重视预算执行工作，2015年第七次校长办公会议研究了签订落实2015年直属高校专项资金预算执行责任书事宜，由总会计师牵头负责落实，校长与分管校长、分管校长分别与涉及中央专项主管部门、主管部门与经费具体使用单位及项目负责人之间层层签订责任书，根据时间节点制定项目实施计划，明确进度目标，促使各部门高度重视预算执行工作，提高资金使用效益。

2. 加大宣传力度，在全校范围内营造加快中央专项资金预算执行的工作氛围。为推进中央专项资金预算执行工作，先后到负责专项资金管理的职能部门和具体使用专项资金的科研院所就预算执行进行集中调研，从国家层面对加快预算执行的背景、意义进行宣传，听取各部门对预算执行工作的意见和建议，协调解决实际工作中遇到的困难，将执行工作落到实处。学校宣传部还为此专门推出“增强预算执行力，提高财政资金使用效益”系列报道，以加强预算执行为契机，签订预算执行责任书这一举措，推动责任体系建设，在校内营造了推进预算执行的良好氛围，进而鼓励各单位真正花好钱，切实办好事，推动学校各项事业发展。

3. 坚持中央专项资金预算执行管理的长效机制。坚持预算执行通报制度，定期通报预算执行情况，确保校领导及各部门主要负责人全面掌握工作进展情况；约谈制度使财务部门可以了解项目执行中存在的困难和风险，便于及时协调有关部门解决问题或作出调整应对；通过预算执行与预算安排相挂钩的制度，对预算执行情况动态调整部门和项目预算，大大提高了相关部门和责任人做好预算执行管理的主观能动性。

4. 主动预算，提高预算的精细化程度和前瞻性。一是财务部门主动参与预算的论证，细化预算的编制，实现财务管理的关口前移，完善重大项目事前评审机制和中期评估机制，硬化支出预算约束力，推进精细化预算；二是加强学校中期财政规划与事业规划的衔接，在编制2015年校内预算编制过程中提前启动了中期规划编制工作，并在2016年预算编制过程中对未来重点工作、重大支出事项进行提前谋划，初步实现了学校财务中期规划与学校事业规划的衔接。

四、以教育部公务接待专项检查与深化巡视整改为主的整改为契机，规范学校经济秩序

1. 完成了以教育部公务接待专项检查为主的各项检查与深化巡视整改为主的整改工作。完成了以教育部公务接待专项检查、财政专员办科研经费与捐赠配比专项检查等各类检查；配合学校完成了审计署济南特派办对我校的延伸审计工作、教育部国有资产

专项检查，通过对检查中发现的问题与提出的意见进行分析，提出相应整改措施。尤其是根据教育部公务接待专项检查的反馈意见，对2013年以来的公务接待经费使用情况进行了全覆盖核查，并配合学校出台了公务接待管理办法补充规定，进一步规范了学校公务接待工作。

2. 按照巡视整改要求，组织了代管款项清理工作。在逐一分析款项性质的基础上，重点对会议费、会费等项目进行检查，清理各类项目239项，规范了代管款项的使用。

3. 加强内部控制建设。认真贯彻落实内部控制规范的各项要求，不断提高内部管理水平，有效防范舞弊和预防腐败。一方面规范大额资金支付审批程序，实现事前审批，有效防范风险。另一方面梳理各类经济活动业务流程和内部牵制流程，分析经济活动风险，确定风险控制点，并此基础上细化岗位设置，制定工作规范，实现了决策、执行和监督的相互分离、相互制约。

五、加强科研经费管理，规范科研经费使用

1. 加强科研经费制度建设，完善科研经费管理体系。进一步加强科研经费管理的制度建设，针对教育部巡视组反馈的间接费用管理不到位的问题，发布了《山东大学国家自然科学基金资助项目间接费用及结余经费管理暂行规定》，建立健全学校科研成本分摊机制，合理补偿学校科研间接成本，明确学校、学院、项目负责人三级管理职责，充分调动了科研人员的积极性。

2. 全面深入排查外协业务隐患，堵塞外协支出管理漏洞。组织科研经费外协支出专项检查，对2011年以来发生的科研经费外协支出进行了检查。通过专项检查，规范了转拨（外协）工作流程，加强了对转拨（外协）业务的审核把关力度，与此同时要求课题组对外协业务中的关联交易实行承诺制，确保项目合作的公允性，减少了外协支出的利益输送问题。

3. 加强对科研项目结余资金的管理，对已结题但未结账的科研项目进行了集中清理。学校除定期梳理科研项目进展情况外，还及时处理项目结存资金，督促课题组按时结题结账。此外，按教育部要求对已结题未结账科研项目集中进行了清理，对已结题项目限期予以结账，对逾期无正当理由已结题不办理结账的科研项目予以强制结转。2015年，共办理科研项目结账手续3123项，盘活学校科研项目结存资金2.5亿元，提高了科研经费结余资金的使用效益。

六、加强会计基础工作，提升服务水平

1. 加强会计核算工作。一是根据高等学校会计制度要求，结合学校实际，重新修订了学校会计核算规范手册，进一步理顺了报销核算流程，做到了财务核算工作流程清晰、尺度统一。二是发挥财务人员勤勉义务，通过建立风险警示记录等方式加强对原始单据的管理，提升教职工遵守财经纪律的自觉性，有效地规范了财务报销行为。

2. 做好会计服务工作。一是加大政策宣传与培训力度，分校区、分层次地组织了经费管理、使用培训会，提高了师生理解和把握政策的能力。二是加强对报账大厅的秩序维护工作，一方面在报账大厅设置报账引导员，引导师生按流程办理各类业务，减少

了排队等候与不必要的问询时间；另一方面通过在报账大厅设置宣传栏、公告栏，及时张贴最新出台的相关财经政策、法规，让师生了解新形势和新要求，使报销工作更加有序。三是在报账大厅醒目位置设立了意见簿，意见箱和投诉窗口，针对师生提出的意见和建议，改进工作方法，提高服务质量，真正做到让师生满意。

3. 进一步加强暂付款管理，集中清理取得显著成效。按照“前款不清，后款不借”“及时核销”原则加强对暂付款管理，严格审核借款手续，并督促借款人在规定还款日期前核销借款；对部分因金额大、手续办理复杂而导致长期挂账的借款，财务部积极与相关职能部门沟通，逐笔核对发票到位及相关手续办理情况，提高了复杂暂付款的核销速度。2015 年，累计核销暂付款共 3248 万元。

4. 做好教育收费管理工作。加强收费管理信息化建设，完成了收费项目管理系统的试运行工作，为进一步实现学校收费项目备案系统化和收费项目库建设的目标做好了准备工作。梳理对涉外语言培训等教育培训，完成涉外语言培训备案工作 18 项，初步实现了对涉外语言培训的收费监管工作。积极协调山东省物价部门完善学校收费政策，完成中外合作办学项目收费标准的报备与宿费调整的可行性论证工作。2015 年，本科生缴费率达到 99.46%，研究生缴费率为 98.20%。

七、继续扎实推进学校招标采购工作

学校以“公开，公平，公正，诚信”为根本原则，认真履行工作职责，依法依规完成各项采购工作，坚持以改革创新提升采购工作质量和水平，有序推进完善招标采购机制改革的各项工作。2015 年共完成采购项目 239 项，实际采购金额 11.83 亿元。

1. 坚持按照“管采分离”原则完善招标采购运行机制。通过不断健全和完善招标采购的运行机制、内控机制和监督机制，逐步推进由探索实践向科学规范的提升转变，招标采购工作取得了较大进展。针对基本建设规模大、相对集中的特点，创新现场组织招标模式，采用“管采分离”的管理体制和运行机制，强化约束了总承包单位的合同主体责任，防范廉政风险，有力地推动了学校事业发展。

2. 创新工作方法，加快预算执行进度，提高资金使用效益。围绕高效完成预算执行任务，关口前移，加大项目前期的有效沟通，积极参与设备管理部门的采购论证，科学评估学校已有同类设备的开机率和使用效益，对使用率不高、重复购置的项目重新调研论证。主动引导校内采购人早提采购计划，早申报采购预算，招标采购部门审批与采购压差进行，加快进度，对每个不同项目，采用适用的招标采购方式，有力地推动了预算的顺利执行。

3. 创新招标采购模式，不断拓宽服务领域。通过与学校基建部、后勤保障部等职能部门多次会商，借鉴其他高校的先进经验，推行工程、设计总承包，大大缩减了招标时间，降低了工程造价。趵突泉校区整体划入文物保护范围，为该校区的新建、修缮工程带来了很大的困难，通过对景蓝斋组织公开招标，对文保修缮项目的招标工作进行了成功的探索，为今后趵突泉校区文保工程的招标工作奠定了坚实基础。

4. 参与教育部重大采购政策研究论证，推动进口产品目录的出台，实现进口设备由一事一批改为目录内产品备案制，在简化审批手续、缩短采购时间方面取得了实质性重大突破。

八、按照“人尽其才，人岗相适”的原则科学合理配备会计人员

认真落实《教育部关于加强直属高校直属单位财务队伍建设的意见》文件精神，结合学校实际，多举措提升财务队伍素质，有效地保障了学校事业发展需要。

1. 以学校综合改革为契机，以机关“三定”工作为突破口，适时调整科室设置，合理配备人员。财务部一方面整合了八个科室，精简了十余个岗位，初步实现了管理“扁平化”的目标；另一方面通过在二级单位设置“财务专管员”作为对财务队伍的补充，实现了部门财务与学校财务的对接，同时避免了大量委派会计退休后带来的管理空白。

2. 注重队伍结构分析，完成了财务部人员结构分析，并在此基础上撰写了会计队伍的“十二五”总结与“十三五”规划，为下一步队伍建设与用人需求提供了依据。

3. 注重理论与业务学习，通过全体职工大会的形式传达教育部袁贵仁同志、杜玉波同志在教育部违反八项规定典型案例通报视频会上的讲话精神，并组织会计职业道德培训，统一了全体同志的思想，提高了对财经纪律刚性要求的认识。加强业务学习，通过专题讲座、科室间业务研讨、派出骨干参加培训等形式，加强业务技能学习。与此同时，邀请专家开展专题讲座，切实提高会计人员的素质与能力。

（刘丕平　李　俊）

资产与实验室管理

一、加强实验教学平台建设，重视实验室安全工作

管理学科虚拟仿真实验教学中心评为国家级中心，数字化设计与制造虚拟仿真实验教学中心通过教育部网上评审；2015 年，实验室投入建设经费 1540 万元，完成率 100%；开展实验技术队伍建设规划编制工作；推进青岛校区公共（创新）实验教学中心建设；丰富了实验室资源，完善了实验教学平台建设。

理顺了学校实验室安全管理体制和制度体系；重点做好实验室危险化学品、辐射及生物安全管理工作；完成安全教育在线考试系统的上线测试。扩大材料集中定点采购范围，论证学校实验耗材管理模式和系统建设实施方案，规范实验材料管理。

二、推动大型仪器设备公共技术平台建设，规范服务功能平台建设

完善以效益为核心的仪器设备全面管理体系建设，启动了青岛校区资产配置工作。截至 2015 年 12 月，纳入山东大学公共技术平台大型仪器设备管理系统的设备共计 414 台，40 万以上设备 354 台，占比 85.51%，较去年增长了 7.63 倍；服务课题组 297 个，较去年增长了 12.08%；测试用户 1739 位，较去年增长了 81.33%。2015 年新增功能平台两个，信息平台 5 个。截至 12 月，共计功能平台 8 个，信息平台 7 个，虚拟平台 2 个。审批设备购置申请 5400 余份，总数量 3 万台（套），价值约 2.2 亿元；议标 122 项，1620 万元，节资率 3.03%；20 万元以上设备招标项目 150 台套，1.2 亿元，节资率 11.7%。设备入账 14468 台，价值 2.99 亿元。完成了学校国产设备退税的资格认定工作，累计申报退税额 70 余万元。

三、制订校办企业发展规划，做好顶层设计

推进经营性资产管理体制改革，成立了经营性资产管理办公室，出台了《山东大学关于进一步规范和加强经营性资产管理的若干意见（试行）》，以管资本为主加强学校所属企业国有资产监管；积极推进 14 家经营性资产单位划转工作，已完成 2 家，正在清理和改制的 12 家。对产权不清晰和股权变动时存在国有资产隐患企业进行整改，已完成 2 家，正在进行 2 家。规范和清理学校处级以上领导干部在企业兼职（任职），撤销了 18 名学校派到企业兼职的干部。

四、推进公房管理体制改革，规范公寓管理

扎实推进公房管理改革，制定了办学用房效益考核方案，完成首轮办学用房效益考核，不断完善标准和操作办法，既要考虑使用效益，也要兼顾公平性，更加科学合理地配置资源。完成行政办公用房清理整改工作，清理腾退办公用房面积 1025.52 平方米。全面推进学校房产出租出借工作的规范管理，完成土地数据统计上报和指界等工作。出台公寓管理办法，启用兴隆山校区专家公寓，申请 80 万元中央专项加强公寓硬件建设，提高服务质量。

五、规范产权管理，推进资产管理信息化

配合教育部国有资产管理专项检查组，对山东大学国有资产状况进行了全面清查。积极探索学校异地多校区资产监管模式。通过划转、拍卖等方式对全校 100 辆公务用车进行了较为彻底的公车改革。推进资产管理信息化建设，建立了仪器设备计划购置管理系统，完善设备与维修管理信息系统，推进教学实验室信息化建设，完成了公房管理信息系统测试运行。2015 年 1 月，设备购置管理信息系统开始上线运行，目前已有超过 2.2 亿元设备在系统内完成了整个采购过程。

（马　宁）

审计工作

2015 年，审计处在教育部和学校党委、行政的领导下，切实贯彻落实《国家中长期教育改革和发展规划纲要（2010～2020 年）》《国务院关于加强审计工作的意见》《教育部关于加强直属高校内部审计工作的意见》精神，紧密围绕学校中心任务，依法开展审计工作，前移审计关口，拓展审计领域，突出审计重点，强化审计整改，在促进依法行政、防范风险、完善内部控制、规范干部权力使用、促进党风廉政建设、提高资金使用效益等方面取得了明显成效。

一、坚守主责主业，突出重点和特色

2015 年，审计处全年共完成各类审计项目 1376 项，审计资金 169467.79 万元，审核资金 1962710.15 万元，共计 2132177.94 万元。其中，开展财务审计 3 项、经济责任审计 6 项、重大项目跟踪审计 1 项、内部控制审计 1 项、科研经费审计 32 项、科研项目结题审签 637 项，审计资金 125517.63 万元，提出审计建议 68 条；审核学校银行对账单资金 1962710.15 万元；工程审计项目 696 项，审计资金 43950.16 万元，审减率在连年提高的基础上比上年又提高了 2.91%，审减资金 6355.47 万元，核减招标控制价 491.52 万元；各项审计纠正违规资金 59.67 万元。参与学校基建、维修工程、货物、服务等各类招投标 300 余次。

（一）以“强管理，防风险，促发展”为目标，向以财务审计和风险、管理审计并重转型

1. 对青岛校区开展内控审计，把内控审计融入各项业务中，切实加强风险防控。除做好现场工程跟踪审计外，还对青岛校区开建以来的制度建设、基建工程管理、招标采购管理、财务管理、综合管理和合同管理等六大方面进行全面内控审计，注重审查实务操作过程，及时发现问题并提出建议。青岛校区高度重视审计结果应用，边审边改，完善内控机制，上缴违规资金 2.64 万元。

2. 从第 22 届国际历史科学大会筹备到会后对其资金管理使用情况进行全过程跟踪审计。审计组渗透到国际历史科学大会各关键环节，及时发现并纠正问题，组委会及时采纳审计意见和建议，切实发挥了内部审计在服务大会、加强内控、规范管理、节约资金的作用。

3. 开展了对苏州、深圳、东营研究院自成立以来的财务收支及管理审计。针对各

自的环境和业务特点，对制度建设、财务管理、会计核算、对外投资、合同管理、资产管理等方面发现的问题提出 29 条建议，上缴违规资金 6600 元。

（二）深入开展科研经费审计

审计处充分发挥审计联席会议机制作用，对 2014 年底所做的 316 项科研经费审计中存在的 16 大类问题提出 24 条处理建议，召开全校审计情况反馈和整改布置会，向涉及审计整改的单位和个人下达了 88 份审计整改意见书，限期整改，收缴违规资金 43.51 万元。6 月 30 日前所有单位对问题整改情况进行了反馈。对 637 项 9359.99 万元科研项目结题审签，严格审核，不走过场。应国家胶体材料工程技术研究中心主动申请，对其 32 项 6287 万元科研项目进行了审计。

（三）深化经济责任审计

按照学校党委部署，审计处对 2015 年学校调整的干部，采取内外审结合方式，完成了 6 位处级领导干部任期经济责任审计任务。被审计干部及所在单位即知即改，并在审计期间上缴学校违规资金 12.86 万元。

（四）积极做好基建和修缮工程审计

积极做好济南和青岛校区基建和修缮工程审计工作，向加强造价控制和规范工程管理并重转变。2015 年，济南校区完成工程审计 673 项，审计资金 28941.52 万元，审减额 3441.37 万元；青岛校区完成工程审计 23 项，审计资金 15008.64 万元，审减额为 2914.10 万元。与上年相比，为学校多节约资金 203 万元。

济南校区在工程招标前期推行跟踪审计单位和招标代理机构“背对背”方式编制工程量清单和招标控制价，减少了清单错项、漏项，提高了工程量的准确度，通过“双编双审”，发现了设计图纸的错误和缺陷，促进设计单位优化设计，核减降低招标控制价 491.52 万元；在招投标、合同签订、施工、变更签证、竣工结算等与造价有关的重要业务及控制环节的审计中，通过审核基建内控制度、检查工程技术资料、现场勘查、与参建各方人员座谈等方式，掌握一手资料，及时发现问题提出审计建议；规范开展修缮工程的委托审计，对中介机构所做的部分较大修缮工程审计结果进行三级复核，有效降低审计风险，确保审计工作质量。

二、顺势而为，借势发力，促进内部审计发展

（一）全力配合完成审计署对学校的延伸审计

努力做好审计署驻济南特派办对我校延伸审计的牵头工作，历时 3 个多月。做好组织协调、沟通联络、现场配合、督促落实、保障服务、资料收集、意见沟通反馈等工作，与各部门密切配合，保障审计顺利实施。

（二）服务学校党风廉政建设大局，开展专项工作

抽调人力投入到配合专案调查和各种检查工作。一是派出骨干力量配合上级纪委开展专案调查工作，参与教育部对高校的国有资产管理专项检查。二是参与学校贯彻执行中央八项规定精神“回头看”和财经纪律大检查工作。三是积极参加配合教育部巡视回访检查工作和巡视整改工作。

（三）深化问题整改，强化审计结果应用

全面梳理审计署的延伸审计、原校长经济责任审计、学校内控审计等各项内外审计发现的问题，把审计整改纳入到深化巡视整改工作中。参与整改工作领导小组，细化方案，健全监督机制，层层传导压力，形成部门联动机制，做到事事有着落，件件有成效。有关单位有效运用内部审计结果，审计问题得到立审立改、及时反馈。

（四）承办教育部直属高校教育审计第一协作组会

10 月 8～9 日，承办教育部直属高校审计第一协作组会，会议围绕贯彻落实教育部文件和视频会议精神、加强内审工作、推进治理审计、加强内部控制审计等方面展开交流研讨，就目前高校审计工作的热点、难点问题进行了探讨，取得了学习提升、推动工作的良好成效。

三、加强内部建设，提升审计能力

（一）加强内部审计制度建设和实施

结合学校实际，制定了《山东大学加强内部审计工作的意见》，明确了今后一个时期我校审计工作的目标、重点和措施；制定了《山东大学财务预算执行与决算审计实施办法》，为加强学校的预算管理和监督提供了制度保障。

（二）加强审计队伍建设

1. 认真学习贯彻中央一系列文件，积极参加“三严三实”专题教育和廉政教育，提高审计人员政治素养和法纪意识。开展多种形式的学习教育和培训，及时学习文件规章制度，借鉴其他高校和外部审计的有益做法，开展业务研讨，不断提高审计人员的政策水平和业务技能，打造学习型、研究型团队。

2. 落实学校“三定”工作，明确审计处为独立设置的审计机构，在济南校区设置综合审计科、财务审计科、工程审计科和科研与专项审计科，择优招聘人员增加审计力量；核定编制 16 人；派驻青岛校区工程审计人员 3 人。

3. 加强理论创新研究，鼓励审计人员撰写论文，参加各类专业考试。两篇论文获评 2015 年度山东省教育审计学会优秀学术论文，余红获得 2015 年山东省内审协会先进个人称号，霍新喜、苏延明获“2015 年度山东省教育审计学会先进个人”。

（刘晓晨）

图书馆工作

一、党政管理

1. 加强党建工作。本年度发展预备党员 7 人，预备党员转正 1 人；组织 7 名入党积极分子上党课，并组织参观了山东党史纪念馆；组织全馆党员参加革命教育活动 2 次。

2. 开展党风廉政建设和“三严三实”专题教育活动。认真贯彻执行党和中央方针政策，认真落实上级部门文件精神，开好“三严三实”教育专题会议及民主生活会议；深化思想政治学习，围绕党风廉政建设，紧抓党员干部的思想教育工作；充分发挥基层党支部的战斗堡垒作用和党员的先锋模范作用，明确传达党的方针政策、学校工作部署和部门职责要求，并落实到位；组织全馆职工学习《图书馆规章制度汇编》，增强其制度意识和规范意识。

3. 组织申报学校基层党组织活动立项。本年度有三项基层党组织活动方案立项申请获得学校党委组织部批准，分别是总馆办公室党支部、文理分馆党支部、政法分馆党支部、医学分馆党支部联合申报的《为党旗添彩　为图书馆增光　为学校做贡献》，文理分馆党支部、文献技术党支部、总馆办公室党支部、尼山学堂本科生党支部联合申报的《创新服务　实践育人——图书馆与读者共建双赢》，信息咨询服务中心党支部、工学分馆党支部和软件园分馆党支部联合申报的《创建以党员为主的馆员训练营，培养党性素质过硬的馆员队伍》。

4. 联合校学工部、研工部、团委三部门成功举办了第二届图书馆文化节，开展了以“畅想阅读　传承文化”为主题的系列活动，参加了学校以“阅读传统经典·品味书香生活”为主题组织开展的第二届“礼敬中华优秀传统文化”系列活动评选，并获得了优秀奖。

5. 加强队伍建设。遵循“减员增效”原则，将人员管理逐步过渡至岗位管理；遵循“普通提高、重点培养、公平竞争、合理使用”指导思想，贯彻“一人多能”理念，注重职工全方位发展；坚持“引进＋培训＋自学”办法，加强队伍建设，将馆内培训与自主学习相结合，鼓励职工基于工作的科研，实现业务能力与学术研究齐头并进。

6. 科学规划新馆。以参观考察、实地调研的形式，完成了对青岛校区图书馆馆舍布局、资源购置和人员配备方面的规划，满足其既肩负高校图书馆职能又对外开放的需要。

7. 馆舍改造和修缮。完成了千佛山校区分馆馆舍改造和修缮，进一步扩大了大流通服务范围，改善了读者借阅环境，提高了馆配资源利用率。

8. 筹建了知新楼B座密集书库，解决了多年书库拥挤、藏书饱和的现象。

二、读者服务

坚持“读者第一，服务至上”的服务理念，不断推动各项工作长足发展和创新。

（一）流通借阅服务

继续采用大流通模式，借鉴洪家楼校区分馆、趵突泉校区分馆、中心校区分馆、软件园校区分馆大流通服务的成功经验，对千佛山校区分馆进行全面装修改造和布局调整，扩大了阅览空间，优化了阅览环境；加强了软硬件配置，引进了电子书借阅机、电子资源使用统计系统、校外访问系统、报纸在线系统等，提升了服务能力。

（二）信息咨询与信息服务

继续开展查新、查收查引和文献传递等服务。2015年，完成科技查新报告201项、收录引证报告2800余份；文献传递实现了注册账户和汇文系统的对接，减少了读者身份认证和账户确认的中间环节，并配合CALIS、CASHL、NSTL等开展了多次优惠活动和用户培训，年馆际互借与文献传递总量3544件；通过电话、电邮、微信等各种渠道解答读者咨询问题，为读者了解和利用图书馆提供了方便，同时编辑咨询简报12期，为以后的咨询服务积累了经验。

（三）学科服务与专题服务

完成了人事部委托的“山东大学未来学者培养计划”申报学者学术评测报告108份，得到人事部相关领导大力支持和肯定，并就后续工作专门立项；完成了学科发展现状及趋势的对比分析报告1份；为申报学校“学科高峰计划”的3个研究方向提供过详实系统数据，为3个院系作了5场专题报告；开展嵌入式信息素养教育，在《经济方法论》课上为经济学院研究生讲授“如何跟踪科技前沿”“博士开题与文献调研”等专题。

（四）数据资源建设

集中搜集了2010～2014年A&HCI、SSCI数据库中山东大学被收录的论文数据，并做了分类下载和管理，对5000余条次的数据初步筛选、精确，为进一步明确我校人文社科学科发展现状和趋势奠定了数据基础。为全校各学院推送硕博士研究生开题查新相关信息及“山大学者库”改版及学术成果确认信息。

（五）读者教育与培训

继续开设文检课教学。本年度为本科生开课44门次，其中承担医学院、法学院本科信息素质教育课程2门次，共计872课时，受众2939人；为研究生开设信息素养教育288课时，受众338人。并将面向研究生的新生入馆教育纳入研工部入学教育周的课程体系。

继续开展培训讲座。本年度共举办讲座共计14场，受众2000余人；为研究生新生举办“图书馆资源与服务”一小时专题讲座30场，受众5307人。

三、资源建设与管理

（一）资源采访

2015 年，改革了订购流程，实行“抢单式订购”，保证图书到馆的速度。本年度文献购置经费支出 2607 万元，完成全年经费支出计划，采购图书 12.5 万多册，其中，认真落实文献采购专家选订办法，在专家推荐意见的基础上，购置的重点大型文献有《民国文献类编》《清华大学图书馆稀见方志》《中国省别全志》，港台大型文献有《古典文学研究辑刊》《古代历史文化研究辑刊》《中国语言文字辑刊》等；续订数据库 214 个，新增数据库 6 个；接收捐赠图书 3434 册；根据各校区学科分布进行图书等文献资源的调整布局，形成各校区分馆馆藏特色；协助管理学院等 3 个院所完成数据库的购买。

教育部文科专款采购：CASHL 协调经费 1396 种，1453 册。

完成院系“985”项目经费验收：图书 4599 册，期刊 3581 册，报纸 13 份，软件 1 套，数据库 1 个，装订刊 914 册。

（二）编目与加工

2015 年，完成图书编目 34312 种，109422 册；接送通还图书 83828 册；回溯建库 101091 册。编目加工及时，提高了源编数据上载 CALIS 的量。2014～2015 年度，我馆馆藏上载量全国高校排名第 19 位，CALIS 联合目录西文书目数据上载量全国高校排名第 15 位，荣获了 CALIS 管理中心颁发的“CALIS 联合目录馆藏数据建设先进单位奖”和“CALIS 联合目录西文数据库建设先进单位奖”。

（三）古籍管理与保护

配合山东省第一次全国可移动文物普查工作，按照学校部署，完成了 15000 册可移动文物普查任务的数据采集工作；实现了“古籍书目”与“馆藏书目”检索系统的合并；举办了“纪念中国人民抗日战争暨世界反法西斯战争胜利 70 周年馆藏满铁、兴亚院文献资料展”。

四、技术保障

加强了服务器、存储、中心机房空调、电源等基础设备设施和网络运行维护管理，CNKI、VIP、万方、CBM、超星等本地镜像数据库的数据更新，对门禁、网络线路、自助借还机、广告机、排队机等设备及时巡视维修，保证各业务系统的正常运行；继续做好汇文、金盘、一卡通、电子资源校外访问、学位论文、图书馆网站门户等系统的运行管理，做好各业务应用服务器、电子资源服务器和存储设备的运行维护工作；各业务系统数据导入、参数规则调整、业务统计、数据备份和所有业务部门及院系资料室客户端维护工作；往期报纸系统定制开发，大型丛书专题数据库研发；实现了图书馆微信与图书借还系统、座位管理系统、信息发布系统、移动图书馆、学术发现系统的对接；汇文系统与山大生活 APP 系统的对接，实现了图书馆藏、在借图书查询，预约到馆、到期图书提醒等功能；完善了视频点播检索系统功能，实现了视频可检索。

五、CALIS省中心和CASHL学科中心工作

继续通过电话、邮件、QQ、网站等各种形式做好CALIS省中心和CASHL学科中心的对外联络和咨询服务工作，根据需要随时跟CALIS和CASHL管理中心沟通，做好对省内高校的CALIS和CASHL服务宣传、协议签署、数据收集提交、信息登记、账号开通与管理、问题咨询与技术指导等工作。

六、合作与交流

接待了美国石溪大学黄柏楼教授、前美国国会图书馆馆长室“世界数字图书馆”专案项目中文珍本库主任及亚洲部学术研究荣休主任居蜜、俄罗斯汉学家波波娃、法国汉学家马修、贵州大学图书馆等专家和兄弟馆的来访，促进了山东大学图书馆与国内外图书馆界的交流与合作。

（蒋秀丽）

档案校史工作

2015 年，在学校党委、行政等的统一领导和部署下，档案馆（校史办）全体人员认真学习了党的十八大，十八届三中、四中全会精神和习近平总书记重要指示等一系列文件精神，积极开展了“三严三实”专题教育活动，并将“三严三实”专题教育活动与实际工作相结合，从实谋事，踏实做事，开创档案工作新局面。

一、加强组织机构建设和制度建设

2015 年 11 月，完成主要负责人工作交接，赵爱国教授任档案馆馆长兼校史办主任。完成学校“三定”工作，档案馆定编 19 人（含校史办 1 人），设馆长 1 人（兼校史办主任），副馆长 2 人，校史办副主任 1 人；内部不设科室，设主任科员 5 人，副主任科员 4 人；完成各岗位职责编制、岗位设置工作；完成科级岗位调整工作。同年，考核引进 2 名档案工作人员。

2015 年，起草发布了《山东大学档案管理办法》。《山东大学档案管理办法》的修订，结合教育部 27 号令和中共中央办公厅、国务院办公厅《关于加强和改进新形势下档案工作的意见》，是今后一定时期内学校档案工作的指导性文件。

二、档案工作

（一）启动归档文件整理工作的重大改变：“卷改件”

随着学校数字化校园建设以及 OA 系统的全面推行，适应数字档案信息管理的归档文件整理成为当前档案工作亟待解决的课题。2015 年，通过大量的调研和考察，组织并完成学校归档文件整理模式的重大改革。起草并发布了《山东大学归档文件整理办法》，明确了“卷改件”后的归档文件的整理方法和分类方法，为“卷改件”立卷模式的改革制定了业务规范；并组织了相应的专题业务培训。此项改革，适应了现代化管理手段，简化了档案整理，顺利完成了当年的归档任务。

（二）重视档案业务培训工作和业务规范建设

组织召开全校范围档案业务培训一次，为继续教育学院、苏州研究院、青岛校区建设办公室等陆续组织了专题培训多次。通过培训，提高了全校专兼职档案员和相关工作人员的档案工作业务水平，促进了学校档案资源建设工作的顺利开展。

重新确定了全校各部门、院系、研究院所等 90 余个立卷单位的文件材料归档范围；

指导协助苏州研究院、口腔医学院（口腔医院）起草建立了相关的业务规范。

通过加强与学校各立卷部门联系，协调全校各类档案归档工作，全年共组织整理归档档案案卷 10901 卷，文件 4843 件，照片 8000 余张，光盘 15 张，整理原山东大学印章 439 枚。

（三）启动数字档案馆二期建设

组织起草《山东大学数字档案馆建设发展规划》及其有关预算报告。组织完成《山东大学档案管理系统》与 OA 系统、研究生系统、教务系统、社科系统、外事管理等数据对接及导入，组织完成当年校报的数据导入任务，组织完成《山东大学校报发布系统》日常维护，初步实现增量档案的案卷级、文件级、部分全文信息的电子化，在大大提高了归档工作效率的同时，提高档案信息数字管理水平。核实完善了学生学籍信息库建设。

（四）完成档案日常借阅工作

2015 年，全国广泛开展了干部档案审核检查工作，档案馆在完成日常借阅的基础上，克服人员紧张等诸多困难，积极配合，热情服务，为广大校友提供各类相关证明。2015 年，累计接待 11000 余人次，调卷 22000 余卷次，出具档案证明 1.8 万余份。

三、校史工作

1. 完成 2014 年度《山东大学年鉴》的编辑出版工作。《年鉴》全书 110 余万字，全面记载了 2014 年山东大学（包括威海校区、青岛校区）各个方面的发展情况，为学校和各个部门以后编写校史和部门史积累了丰富的资料。

2. 完成《山大史话》的编辑工作，已交《中国史话》系列丛书编委会审核。

3. 校史馆定期开放，成为学校文化建设的窗口。全年共接待近 2 万人次参观学习。

4. 启动青岛校区相关档案工作和校史馆建设工作。

在前期调研基础上，起草了《山东大学关于做好青岛校区启动运行专题文件材料归档的通知》《关于青岛校区档案工作、校史工作延伸管理的方案》等文件，并上报学校有关部门。

四、档案文化和校史文化建设

（一）完成学校文物普查工作

根据学校可移动文物普查工作安排，馆内高度重视，成立了档案馆可移动文物普查小组，制定了普查计划，按时完成了可移动文物的清查、拍照、登录、上传入网等工作，完成馆内 237 件可移动文物的普查工作。

（二）积极开展“国际档案日”宣传活动

6 月 9 日，与省档案局联办了“国际档案日”进校园活动，举办“档案与校园文化展”图片展。展览以档案法制宣传、档案人才培养与学科建设、档案与校园文化、档案资源建设为主要内容，展示学校档案工作、档案教育的各项成就。山东大学党委书记李守信，山东省委副秘书长、省档案局局长杜文彬出席活动并观看展览。

（三）开展各类档案、校史展览

1. 举办了图片展“抗战中的山大人”。8月27日，为纪念抗日战争胜利70周年，“抗战中的山大人”图片展在中心校区举行。此次图片展聚焦抗战时期的山大师生，展现山东大学在抗战时的校史以及山大师生为抗战所作的奋斗。展览共有70块展板，每块展板都有一个主题，多以抗战中的山大人物为中心，讲述这些抗战人物的简要生平、与山大的渊源及在抗日中所做的贡献。山东大学党委书记李守信、校长张荣等校领导出席活动并观看图片展。

2. 承办了臧克家先生诞辰110周年系列纪念活动。编辑出版了《高唱战歌赴疆场——臧克家抗战诗文选》。该书收集臧克家先生抗战时期发表的诗歌、通讯等60余篇。将臧克家生前的声像资料数字化，协助新闻中心制作专题片《大爱永在——臧克家》。在10月15日校庆日，组织召开了臧克家先生诞辰110周年纪念大会暨学术研讨会，举办了“纪念臧克家先生诞辰110周年展览”。

3. 举办了蒋维崧先生诞辰100周年纪念活动。11月6日，举办了“蒋维崧先生诞辰100周年图谱展暨山东大学教职工书画展”。山东大学副校长胡金焱、山东省书法家协会主席顾亚龙、山东省书法家协会秘书长靳永出席会议。

五、做好档案及信息安全工作，全年无事故

安排专人负责各档案信息系统和档案馆网站的信息安全工作，定期更换系统密码，检查修补系统漏洞。及时进行了库房消杀工作。组织专人对各校区档案用房进行了全面检查，将存在的安全问题及时向校领导和有关部门做了汇报，并在档案馆能力范围内进行了整改。

完成学校涉密文件、保密管理文件的归档及管理工作。2015年，被评为学校保密工作先进单位。

六、党团、工会和对外交流工作

2015年10月底，馆党支部与部门工会合作，赴山东省蒙阴县开展了“缅怀先烈、继承遗志——参观孟良崮战役纪念馆”活动。活动中，馆支部组织全体党员举起右手，重温了入党誓词。

作为山东省高校档案专业委员会理事长单位，积极参与组织协调全国高校、部属高校、山东省高校有关档案学会的各项工作，承担了全省高校档案工作组织、指导任务。2015年7月，在中国石油大学组织召开“山东高校档案管理专业委员会2015年年会”，刘培平馆长在会上发表讲话。2015年，多次参加全国高校、部属高校有关档案工作、学术交流会并参与有关学术论文评奖活动。

（楼蔚文）

博物馆工作

2015 年，博物馆在学校党委和行政领导下，完成了以下各项工作任务：

1. 博物馆承担了山东大学第一次全国可移动文物普查工作，在由李建军常务副书记等组成的领导小组支持下，颁发了《山东大学可移动文物普查方案》。协调和指导全校有关各单位于 12 月中旬圆满完成预期计划，共完成文物标本 7000 余件、图书 15000 册、生物标本 30000 件、档案资料 200 件、晶体材料及计算机学院 130 余件的信息采集录入工作。

2. 博物馆“山东大学博物馆书画藏品修复保护项目”获得财政部、国家文物局、教育部批准的国家重点文物保护专项补助资金 100 万元，馆内文物保护经费累计已达 172 万元。山东大学是获得此项可移动文物保护资金的唯一高校。

3. 唐仲英基金会支持的无机文物保护实验室已初步建成，“山东大学博物馆馆藏陶器保护修复项目”已启动并完成了馆藏部分陶器的保护和修复工作。“大辛庄遗址出土青铜器保护修复项目”经专家论证后已经启动。博物馆还与南京博物院签订了馆藏书画藏品保护合作协议。

4. 博物馆的精品文物参加了山东省文物局齐鲁瑰宝展、浙江良渚博物院东方玉器展、山东省博物馆黄河流域陶器展等。

5. 博物馆参加了在广州举办的全国高校博物馆学术研讨会，方辉馆长当选为高校博物馆委员会常委。还参加了在武汉大学举办的全国高校博物馆育人联盟第三次会员大会暨“礼敬中华优秀传统文化”系列优秀成果交流会，《山东大学博物馆青年文博人协会项目》被授予二等奖。科研人员参加了中国文化遗产研究院文物保护理念与技术国际学术研讨会及青铜器与山东古国学术研讨会。

6. 为了加强库房建设和文物保护实验室的建设，博物馆分别前往山东艺术学院文化遗产系实验室、山东工艺美术学院博物馆、齐鲁工业大学博物馆、南昌大学博物馆以及南京博物院文物保护科学技术研究所考察交流。

7. 博物馆参加了山东省文物局组织的《博物馆条例》专题学习会。

8. 博物馆对全省 56 所高校博物馆进行了初步统计，撰写了《山东省高校博物馆联盟筹备调研报告》。

9. 在第 22 届世界历史学大会举办期间，博物馆加班加点全天开放接待国内外学者，期间世界历史学会主席一行莅临参观了博物馆。

10. 博物馆举办了山东大学第四届博物馆讲解员大赛以及第一届山东大学博物馆衍生品设计大赛。

11. 博物馆协助配合青岛校区建设指挥部，对青岛校区博物馆的内部装饰进行论证和讨论，提出符合山东大学和博物馆风格和要求的设计和装修建议。

12. 2015 年，博物馆积极开展“三严三实”专题教育活动，同时进行了三定机构改革工作，精简了岗位，明确了职责，提高了全馆工作效率。

13. 2015 年，博物馆共接待国内外观众上万人次，获得了山东省社科联活动基地奖励 1 万元。

（沙晓红）

基本建设

2015 年，在学校党委和行政的领导下，在学校各相关部门的支持下，基建部认真学习贯彻党的十八大精神和十八届三中、四中、五中全会精神，认真学习习近平总书记系列重要讲话精神，紧密结合学校综合改革和基建部工作实际，以“三严三实”专题教育活动为契机，深化改革、锐意进取、勇于担当，努力做好学校基本建设工作，圆满完成了各项任务。

一、在建工程按计划顺利进行

1. 千佛山校区工学教学科研综合楼一期工程，建筑面积 4.4 万平方米，计划投资 1.9 亿元。2014 年 3 月开工建设，计划 2016 年 11 月竣工。

2. 中心校区学生公寓项目一期工程，建筑面积 2.6 万平方米，计划投资 1.1 亿元。2014 年 10 月开工建设，计划 2016 年 7 月竣工。

现两工程主体结构完成，设备安装完成 90%，装饰工程已开始。因监控措施到位，阶段性成果显著，以上两个工程的建筑结构部分均获得了济南市和山东省结构杯工程荣誉称号，工程管理亦被评为省级文明示范工地称号。工学教学科研综合楼一期工程还被评为全国建筑业绿色施工示范工程。

二、工程前期工作按部就班的向前推进

1. 中心校区学生公寓项目二期工程，建筑面积 2.6 万平方米，计划投资 1.0 亿元。已顺利完成施工与监理招标，现正在办理工程开工手续，年底前开工建设。

2. 兴隆山校区深部岩体工程与灾害控制工程实验室工程，建筑面积 4200 平方米，计划投资 2000 万元。该项目的施工图设计审查已完成，规划手续等办理完毕，现正在进行监理与施工的招标。

3. 口腔医学院教学楼扩建工程项目，规划等手续基本办理完成，施工图设计初步完成，近期进行施工及监理招标。

4. 趵突泉校区动物实验中心、学生活动中心两个项目的设计方案正在报批中。

5.《原齐鲁大学近现代建筑群文物保护规划》已完成，现处于征求意见修改阶段，修改完毕后上报国家文物局审批。

三、规划项目正在进一步落实中

1. 千佛山校区工学教学科研综合楼二期工程正在立项报批中。
2. 千佛山校区学生公寓、趵突泉校区学生公寓正在可行性研究报批中。

四、全面加强制度建设和党建工作

根据国家、学校的有关规定和部署，结合教育部巡视、延伸审计整改工作，基建部进行深度自查自纠，进行全面整改和制度建设。共发布学校层次规章 3 项，制定修订了内部规章制度 15 项，结合学校三定工作，完善了岗位设置和职责分工，制定完善了 21 项工作流程，汇编成了《山东大学基建部制度汇编》，形成了较完整的制度体系，构建起了规范化管理的长效机制。

基建部坚持从严治党要求，全面加强党建工作。先后召开多次“三严三实”专题会议，深刻学习领会习近平总书记系列讲话精神；并多次组织全体职工观看廉政教育警示片；在全部形成遵章守纪、依法依规办事的良好风气，形成廉洁高效、服务优良的机关作风。

五、科学编制《山东大学十三五基本建设规划》

在基建部牵头努力下，《山东大学十三五基本建设规划》基本编制完成，为学校未来几年的基本建设奠定了基础和依据。同时基建部协助青岛校区、威海校区进行相关的计划报批和资金申请工作。

（侯岱云）

后勤服务

2015 年，后勤保障部在学校党委、行政的正确领导下，围绕创建世界一流大学目标，以“三严三实”专题教育为基础，扎实开展思想政治工作，深化群众路线教育实践活动取得的效果，积极发挥政治核心和监督保证作用，完成了各项工作。在后勤全体干部职工的大力支持下，以“深化改革，细化管理，提升服务”为主轴，紧紧围绕学校年度工作要点，聚焦民生，把握重点，齐心协力，攻坚克难，重点完成了以下几方面工作。

一、优化机构，完善机制，后勤保障服务体系不断完善

1. 按照学校“三定”工作整体部署和安排，后勤管理体制重新进行了顶层设计，整合了后勤相关资源，优化调整了后勤内部机构设置，成立四个校区管理办公室，物业管理、水电维修等具体事务不出校区，提高了工作效率，第一次真正实现了重心下移和扁平化管理。但同时，随之带来的是大量工作需要梳理。下半年，综合办与各校区负责人主动适应新体制新常态，一道以问题为导向，加强沟通协调，从物业监管、校园物业零星维修、材料采购、社区物业各类合同、办公经费使用等方面，逐一理顺，经过半年时间逐步实现了机构整合，职责明确，队伍融合，物业相关工作逐渐步入新的轨道。

2. 重视建章立制，完善后勤制度体系建设。为保证决策的规范化、科学化、民主化，健全了会议制度，完善了决策程序。重大问题皆由领导班子集体研究。后勤“三定”后，后勤重新规范了后勤保障部办公会议、专题会议等会议制度。为加强物业监管力度，积极推行校园物业“三级”监督检查机制。根据机构设定和人员分工情况，理顺了“后勤一站式服务平台”和 OA 系统管理使用流程，畅通服务咨询投诉渠道，促进后勤服务进一步提质增效。2015 年底，在全校范围内开展物业服务满意度测评，主动征询师生意见。

二、尽职尽责，协同推进，各项服务保障工作取得新进展

1. 学生伙食工作取得长足进展。饮食中心坚持学生食堂公益性原则，通过自主创新、技术引进、创新服务、饭菜改良等途径改革餐饮服务体制，以特色品牌餐厅创建为重点，确保了伙食工作的整体稳定与适度发展。学生食堂服务收入较 2014 年增长 11.3%，师生满意和较满意率达到 93.5%，较 2014 年提高 0.4%。各校区食堂在省市

区季度检查工作中均取得优异成绩。“舌尖上山大”走红网络，“2015 年中国大学情怀排行榜”山东大学“饮食情怀”名列全国高校第 4 位。2015 年，清真餐厅被山东省政府授予“全省民族团结进步模范集体”荣誉称号。

2. 房产证办理进一步加快速度。后勤继续从各单位抽调精兵强将，举后勤之力加快确权发证工作进度。经初步统计，2015 年共为 891 户教职工办理完毕房改售房手续，为 1512 户教职工发放了个人房产证。截至年底，已为 3301 户教职工办理完毕个人房产证。40 名青年教职工选到公寓入住。

3. 基础服务保障硬件建设有了新改善。截至 2015 年 12 月底，工程总计立项 313 项，立项金额为 6927.87 万元，重点完成趵突泉校区电气改造、国家辅助生殖实验室改造、中心校区校医院整体改造、千佛山校区图书馆、中心校区 9 号学生公寓楼、洪家楼校区 10 号学生公寓楼等重点民生工程。

4. 交通通信保障安全顺畅。全年供行驶 82 万余公里，实现了年内未发生责任大事故的安全目标。投资近 40 万元，按国家标准要求改造黄标车 9 台，成功缓解了黄标车淘汰后车辆车型结构不合理的矛盾。全部完成了对全校所有宿舍区宽带网络的升级改造，改善了宿舍区宽带网的上网速度。为改变目前校园快递混乱现状，积极推动校园快递与智能收发整合改造工作。

5. 重视节能工作，节约型校园建设再上新台阶。后勤致力于加大节约型校园建设力度，加强水电气暖等管理，定期检修，及时维修管道，极大地减少了跑冒滴漏，节省了大量资源。2015 年冬季供暖以来，加强能耗统计与考核，第一年实行物业（供暖）服务费与能耗挂钩，明确了物业公司的责任与义务。中心校区建筑面积的基础上，签订了供暖补充协议，确定了按流量计费的方式，每年为学校节省经费 550 万元。通过强化管理，对一些重点拖欠用户采取措施加大回收力度，水电暖经费回收共计 4687.14 万元，比 2014 年增加 559.01 万元，扣除水费涨价增加的 42 万元，实际增收 517 万元。完成节能监控平台建设，10 月份通过国家机关事务管理局节能验收。

6. 幼儿教育水平稳步提升，影响力进一步扩大。后勤将“爱心”理念渗透到日常教学的各个细节中，用爱心呵护幼儿的茁壮成长。2015 年投资 200 余万元，改善幼儿学生生活环境，更新改造了暖气设施、幼儿盥洗间、食堂设备，升级安装幼儿口杯消毒柜、监控设备等。2015 年《幼儿园安全管理及教育实践研究》获中国学前教育研究会“十二五”研究课题论文一等奖。

三、加强党风廉政建设，打造阳光后勤、廉洁后勤

2015 年是全党继续狠抓党风廉政建设，开展“三严三实”专题教育活动、群众路线教育整改落实和八项规定回头看的一年，廉政建设任务重，要求高，力度大。在“三严三实”教育活动中，我们重点抓好专题党课、专题学习研讨、专题民主生活会、整改落实和立规执纪等四个关键动作，收到较好成效。在反腐倡廉方面，后勤坚持“标本兼治，综合治理，惩防并举，注重预防”的方针，加大从源头上预防和治理腐败的力度；坚持关口前移，从教育入手，以制度作保障，以检查为手段，积极构建后勤系统反腐倡廉建设的长效机制。

（一）严格按照“三严三实”专题教育要求，完成规定动作

组织班子成员和各支部成员到河南兰考县，瞻仰焦裕禄烈士墓，参观焦裕禄纪念馆，重温焦裕禄精神；到山东第一个农村党支部——广饶县大王镇刘集村党支部纪念馆参观学习。

（二）加强组织和制度建设，做好党员教育发展工作

1. 建立三级督察制度，部领导不定时到各校区巡视检查，采取三级督查的办法，提高各校区监管力度，加强管理和工作监督。

2. 坚持和完善党委会议制度、部办公会制度，制定并实施《山东大学后勤保障部校区管理监督检查暂行办法》《后勤保障部工作行为规范》《山东大学后勤保障部专题会议制度》及《山东大学后勤保障部办公会议规则》制度，不断提高领导班子科学化、民主化决策水平。

3. 调整党委班子及分工，每位专职党委委员联系两个以上党支部，指导并积极参与各支部活动。

4. 完成了后勤保障部和后勤党委的“三定”工作。调整机构设置，顺利完成科级干部竞争上岗工作。

5. 完成十个中心（办）党（总）支部改选工作，有三个党支部组织活动立项方案在党委组织部获得立项资助。

6. 依托学校党员信息网络管理系统，完善党员管理，确保党员基本信息的准确性、及时性和完整性。

7. 做好党员发展和积极分子培养工作。举办第四期入党积极分子培训班，通过观看《党的基础知识系列微课》《建党伟业》录像。邀请马克思主义学院教授、博士生导师陈家付博士作中国共产党党史专题报告，进行党的知识和党性教育。

8. 组织后勤系统全体党员进行“党规党纪知识竞答”活动。

9. 2015 年共有 2 名预备党员按期转正，发展新党员 4 人；发展入党积极分子 23 人，确定重点培养对象 17 人。

（三）加强宣传工作和校园文化建设培训

1. 全年在学校新闻网山大要闻发表 7 篇、综合新闻 58 篇、教职工山大日记（头条）7 篇。对后勤网站进行持续改进，不断完善“创先争优，魅力后勤”“影音在线”等专栏，集中展示后勤先进人物和团队的风采事迹。2015 年，后勤网共登载新闻 284 篇。

2. 邀请校党委宣传部新闻总编室的老师为后勤各部门的通讯员开展了新闻宣传工作专题讲座。

3. 举行科级干部培训会，邀请学校党委宣传部部长、校园文化建设办公室主任李平生作了《大学文化建设与后勤保障服务工作》专题培训。

（四）群团工作

1. 调整了后勤工会委员及基层工会组长，并组织他们学习习近平总书记在中央群团会议上的讲话精神。

2. 参加学校春季运动会，获得教工组团体第一名。

3. 组织举办后勤第三届职工趣味运动会，饮食、能源、服务公司等单位也举办了不同形式的职工运动会。

4. 积极参加校工会组织的排舞比赛（获全省高校排舞比赛第一名）、新年音乐会及教职工羽毛球比赛（获团体第四名）等活动。

5. 发动后勤全体职工为中心校区物业公司救火英雄李芊捐款1.8万余元。

6. 走访看望困难职工、患病职工及家属三十余次，发放困难补助慰问金1万余元。

7. 承办“山东大学第二届单身教职工联谊会”活动。

8. 举办了“庆三八”游园活动。

四、强化责任，注重预防，服务保障实现全年安全无事故

1. 领导重视，关注安全。安全问题列入重要的议事日程，全年召开后勤保障部办公会议41次，33次会议研究讨论安全有关议题。后勤制定了《后勤保障部安全生产管理规定》《后勤保障部防汛工作制度》等安全制度，明确各单位、各层次、各岗位职责。

2. 加强检查，加大培训。定期巡查基础上，针对节假日、不同季节特点等特殊时间段，对重点部位、重点场进行专项检查。今年先后开展了节假日前、暑期、春季、秋季开学前、冬季等多次安全大检查，及时发现隐患，排除风险。为迎接历史科学大会，后勤系统各相关单位分别进行安全培训，学习消防“5、30、60火警应急处置机制”等。

3. 多措齐举，共抓安全。后勤服务保障方方面面都与安全问题息息相关。食品安全方面形成食品安全行政执法部门的依法监督、学校职能部门依章监管、饮食管理服务中心常规监控和食堂日常巡检的食品安全四级联动监管模式。交通方面所有车辆安装了GPS视频图像监控系统，安全奖罚与驾驶人的考核、经济利益密切挂钩等。幼教方面形成具体细致、规范、科学的全覆盖式、无缝隙的“安全防范网络体系”。校园各种特种设备严格按照行业规范要求维保、检修和强制检验，运行状态良好。

4. 精心组织，周密部署，出色完成第22届世界历史科学大会保障任务。2015年8月，学校承办了第22届世界历史科学大会，后勤承担着大量繁重的保障任务。面对艰巨的任务，我们多次召开协调会，组织部署，多方沟通，制定了《后勤保障方案》。通过上下齐心，圆满完成了餐饮供应、交通通信、卫生保洁、水电能源等保障任务，受到了学校的好评。

（张　莉）

安全保卫

2015年，公安处（610办公室）按照学校党委、行政工作要点及学校各项工作部属，以党的十八届三中、四中、五中全会精神为指导，加强党风廉政建设，打造廉洁处领导班子和安全保卫队伍，强化处级领导干部履行党风廉政建设“一岗双责”的责任意识，促进党风廉政建设责任制的落实，以三严三实的要求开展工作。建设平安校园，创造平安、稳定、和谐的校园环境，做好校园安全秩序整治和管理服务工作，确保了校园安全稳定。坚持“安全第一，生命至上”的理念。2015年未发生大的安全事故，保障了学校教学、科研、生产、生活等工作的顺利进行，维护了学校校园安全稳定。

一、加强制度建设，依法依规开展工作

2015年，公安处对涉及学校安全工作管理服务制度和公安处内部管理制度进行了整理和修订。根据新消防法、教育部高校消防安全管理规定，制定了《山东大学消防安全管理规定》，根据新形势下学校安全工作要求，制定修改了《山东大学公安处工作职责》等各级规章13项。落实“谁主管，谁负责”和“一岗双责”安全工作责任制，逐级签订安全工作责任书，明确安全职责，常态化安全监督检查，健全学校安全工作体系。

二、维护校园政治稳定，完成学校各方面安保工作

2015年，公安处重视学校政治安全的基础工作，密切关注有关信息舆情影响学校安全的引擎作用，注重正面言论的引导。在国家重大活动、重要节点密切关注影响学校安全稳定的各种舆情，到学院和相关部门，开展走访摸底调查活动，针对学校不同活动制定各类切实可行的安保方案和应急预案，完成了“尼山论坛”“第22届国际历史科学大会”国家领导人来校等大型活动安保任务。

公安处配合相关部门做好政治稳定工作，做好重点人员管控工作，建立重点人员信息数据库。做好信息调研工作，加强学校网络信息监管，做好与学院沟通联络工作，及时掌握学生思想动态，控制校园不安定因素，在重要节点和敏感时期实行全时段管控，遇有特殊情况采取特办处理原则。

2015年，公安处为山东大学各类活动出动警力千余人次，确保学校210次活动的各方面的安全，调查发现整理汇总上报各类信息材料160余份、及时处置各类突发事件

9 次。维护了校园政治安全稳定。

三、完善“三防”设施，搞好校园安全设施建设

2015 年，公安处加强消防管理监督，确保校园消防安全。按照学校消防安全要求，安全检查到岗、责任落实到人，举办消防常识讲座和组织新生消防技能培训和逃生训练，更新应急灯具和疏散标志，做好日常维护保养监控设备管理工作，保证了学校消防技防设施的正常运行。用好学校安保消防投入经费，逐步完善学校的消防设施建设，利用好“消巡通”消防智能管理平台，对全校进行消防安全数字化管理。增设监控摄像机，完善技防设施的全覆盖。

四、搞好校园安全防范，确保校园安全，做好户政服务工作

2015 年，公安处加强校园安全秩序管理，利用校园“110”、治安岗的作用，每日 24 小时不间断巡逻巡查，及时受理、妥善处置师生报警救助，确保校园和重点部位安全有序。全年共接、出警 1379 余次，处理治安案件 29 起、协助公安机关查处案件 25 次、调解各类纠纷 150 余次，解救轻生人员 7 起，巡逻中推回、保管、发还未锁自行车、电动车 410 余辆，追回返还学生手机、包裹等物品数十件，组织消防安全大检查 9 次，安全培训 50 次，消防疏散演练 30 次，提高了师生逃生自救能力。

做好学校教职工的户政管理服务工作，全年办理迁出毕业生 1066 余人，师生员工市内移居 2000 余人，新生落户 525 人，借还户籍卡服务 3000 余人次，户籍咨询服务 4000 余人次。

五、加强校园交通安全管理工作

2015 年，公安处重点投入校园道路交通秩序管理工作，在校园主要道路、路口加强交通秩序维护，路面巡逻，规范机动车交通有序停放，采取各种措施拓展机动车停车位，充分发挥校园智能门禁系统的作用，严格管控外来车辆的进出或停放，挖掘停车资源，设置车辆禁行区域，倡导“绿色校园、步行运动”活动，维护校园道路交通安全。2015 年，学校开展的“绿色校园，步行运动”活动获得中央综治委“平安校园”建设成果三等奖。

六、积极做好学会工作

2015 年，公安处在做好本职工作的同时，积极组织各会员单位开展高校保卫工作理论研究和工作交流，使保卫学会成为全省高校保卫组织进行工作互动和信息互通，有关领导机关进行信息传达和工作部署的良好平台。2015 年 8 月份，公安处和省高工委积极筹措，在青岛大学成功举办了高校保卫干部科技创安培训班等一系列活动。省高教保卫学会的工作得到了上级领导机关和会员单位的肯定及好评。

（吴雪松　高月辉）

齐鲁医学部

2015 年，齐鲁医学部在学校的领导下，进一步深化医学教育管理体制改革，统筹医学学院和附属医院管理，在人才培养、学科建设、人事制度改革、交流合作等方面取得一定成绩。

一、深化落实医学教育管理体制改革

2015 年 7 月下旬，山东大学调整齐鲁医学部领导班子，正式成立齐鲁医学部党工委，加强了医学部党的建设和行政工作力量。齐鲁医学部按照《中共山东大学委员会关于印发〈医学教育管理体制改革实施方案〉的通知》（山大党字［2015］20 号）要求，明确了学部功能定位，完善了学部组织架构。

二、制定完成“医学教育十三五规划”

全面动员医学学科各学院和附属医院，经过调研讨论和组织筹划，制定完成《山东大学医学教育“十三五”规划》。

三、科学研究保持高水平，学科建设取得新成果

制定医学“学科高峰计划”，确定“精准医学”作为瞄准世界一流水平的引领性学科申报学校重点建设优势学科，“心血管病”等 5 个学科申报学校重点发展的主流特色学科。获得国家杰出青年基金 2 项、国家自然科学基金重点项目 1 项、山东省科技重大专项（关键技术）2 项（总经费 800 万元）。11 月份，免疫学首次进入 ESI 排名前 1%，进入 ESI 排名前 1% 的生命医学相关学科数达到 5 个（山东大学总数 13 个，占比 38.5%），其中药理学与毒理学排名 91 位。

四、人才培养改革工作稳步开展

完成临床医学、口腔医学硕士专业学位与住院医师规范化培训并轨工作。明确附属医院学生管理权责，各附属医院自 2015 学年开始全面接收和管理本院培养的研究生和临床阶段本科生，为临床医学院建设打下了基础。

五、医学人事制度研究和改革取得新进展

编制完成了《山东大学医学学科师资队伍建设 2014 年度报告》。完成了医学教师职务申报和岗位聘用条件修订工作。

六、交流合作工作发展迅速，拓展更多教育资源

医学 1980 级王晨校友资助设立了“齐鲁医学优才计划”，首期 50 万元奖学金已顺利发放。王晨校友捐建的山东大学趵突泉校区学生活动中心（建筑面积 12873.53 平方米），完成了奠基仪式。与山东省肿瘤医院合作成立了“山东大学附属山东省肿瘤医院”。与哈佛医学院签订了在山东大学建立“山东大学—哈佛医学教育中心”的合作框架协议。2015 年共组织完成 20 余次医学国际学术交流互访及教育合作谈判活动。

（蔡清香）

兴隆山校区管理

兴隆山校区管理办公室2015年工作紧紧围绕《中共山东大学委员会2015年工作要点》和《山东大学2015年行政工作要点》的要求，认真践行“三严三实”要求，以学校“十三五”规划为契机，积极推动校区综合改革，圆满完成各项工作任务。

一、党建工作

1. 扎实开展“三严三实”专题教育活动。按照学校党委的要求，对全体党员进行“三严三实”教育，制订了党员学习制度和学习考核制度，每位党员都列出了学习计划。对照“三严三实”，每位党员都列出了在工作中存在的不严不实问题台账和整改时间表。

2. 组织建设得到强化。2015年9月16日，兴隆山校区管理办公室召开全体党员大会，对兴隆山校区管理办公室党支部进行改选。为做好党政的相互促进、相互监督，经支委会决定行政负责人不再兼任支部书记。同时，特别强调纪检委员作用，将纪检委员作为党政联席会成员，参与管理办决策全过程。

3. 制度建设进一步加强。支部成员主动承担了管理办公室的制度建设任务，共建立健全各类制度19项，其中重新制定并修订6项支部制度。切实实现了有法可依、有章可循、违章必究，将权力关进制度的笼子里。

4. 战斗堡垒作用得到彰显。建立了每位支委联系一个部门、负责几名党员和群众定期沟通制度，不断强化党员意识和组织意识，进一步增强党组织的凝聚力。各支委与联系人沟通谈话都保持在2次以上。

5. 先锋模范作用得到较好发挥。支部进一步强调担当精神，每个党员承诺至少要承担一项落实整改或急需破解的难题。本学期共解决师生意见较大、反映较集中的问题达9项。

6. 加强作风建设，努力为师生员工服务。牢固树立为广大教职工服务意识，重点解决推诿扯皮的问题。开展了4次驻区单位协调会、学生组织代表座谈会、住宅区离退休职工调研座谈会，40余次深入学生宿舍、食堂、教工宿舍区听取意见和建议，提高服务的针对性；重新设置和装饰了13间教师休息室；调配了5间房屋和校工会、离退休工作处一起建立了教工活动室、书画室、舞蹈室、文体室、业主委员会办公室；协助本科生院调配了20间教室；完成了校园快递柜综合整治；争取到捐赠两辆电瓶车为师生义务摆渡；开展了驻区单位趣味运动会、师生书画艺术比赛和安全月活动。

二、完成学校年初下达的各项工作任务

1. 完成兴隆山校区总监控室改造工程，该项目投资 80 万元，彻底解决了校区总监控室瘫痪的状况，目前该项目运行正常，发挥了大型活动及突发事件总指挥、总调度的作用，日常工作中发挥 24 小时值班的作用。

2. 完成学生公寓暖气改造工程，该项目投资 190 万元，基本解决了学生公寓投入运行十余年暖气管道锈蚀严重，跑冒滴漏时常发生，导致供暖期间学生宿舍供暖效果不理想的现象。

3. 完成校区 10 余项基础设施改造工程，该项目投资 290 万元，涉及水电暖、屋面防水、道路维修等，该项目的实施部分解决了校区建成十几年一直没能及时维修反映出的问题。

4. 完成 10000 吨锅炉燃煤的采购工作，经过煤样检测，各项指标较往年有显著提高，达到了质量好、价格低的目标。

5. 完成了校区 135 万元维护专项和 60 万元校区维修材料费的使用，该项目包括校区设备设施维修、应急处理、安全防护、围墙加固、绿化维护等 45 项，保证了校区正常运转，取得了良好的投资效益和社会效益。

三、关注民生，强化服务保障工作

1. 积极推进大学生浴室改造和水电暖管理综合改革，基本完成了锅炉和浴室改造的调研和论证工作。

2. 积极和济南市有关部门联系，争取到海绵城市建设项目政府投资 1700 万元。

3. 强化节能工作，年可节约燃煤 2000 余吨。

4. 加强安保工作，制作了校园交通标识，设立了交通指示牌和安全秩序警示牌，连续被评为“济南市金牌执勤点”，一人荣获“济南市公安系统个人三等功”。

5. 完成了校区资产清理工作，建立了资产管理二级台账，共清查出闲置用房 3.9 万平方米。

6. 加强经营摊点管理，联合省市食药品监制局和市消防支队对校区经营网点进行全方位检查整改，消除 6 大类 70 余项安全隐患。

7. 加强物业监管，多次和物业公司沟通协调，召开物业工作会议，积极探索物业管理等模式、新路子，强化指标量化管理，监管到位。

8. 加强校园文化建设，完成了 30 多个宣传栏的整修布展和师生休息室的文化装饰，强化了校区宣传阵地建设。

9. 彻底拆除了多年盘踞不走的建筑商临舍近万平方米，优化了校园环境。

（冯光东）

青岛校区建设

2015年，青岛校区各部门按照学校建设“世界一流大学”的奋斗目标，攻坚克难，全面推进基本建设和启动运行各项工作，全力保障2016年校区如期启用。

一、以巡视整改为契机，落实“三严三实”要求，建立党风廉政建设长效机制

继续明确落实党工委及下属各党支部人员分工，强化廉政建设和纪律执行，加强工作领导；落实干部“一岗双责”、签订廉政责任书，将党风廉政责任落实到人；对照“三严三实”要求，组织近20次党风廉政建设学习会议、民主生活会等，通过集体教育，强化学习、提高认识，筑牢反腐拒变的思想防线。

在校区建设的重大问题和决策上始终坚持民主集中制，坚决执行“三重一大”决策制度。2015年，共召开近50余次党工委会议及指挥部工作会议、专题工作会议，就基建、招标、人事、财务、综合事务等重要工作进行研究，超出指挥部决策范围的则提交学校相应级别会议研究决策。同时会议纪要及时向校领导、有关职能部门及指挥部干部职工公开，加强决策监督。

做好巡视整改各项工作。领导班子对照教育部专项巡视、袁贵仁部长延伸审计以及学校审计处内部专项审计结果发现的有关问题，进行了分阶段部署，对照检查、查摆问题，主持制定问题清单与整改台账。对查摆出的如理论学习不够深入、基建和招标工作不够规范、服务意识和管理水平有待提高等问题进行了深入整改，狠抓实效。具体来说，主持召开2次党工委专题工作会议并和部门主要负责人谈话，安排部署以下工作：严抓基本建设前期工作，细化管理，减少变更，控制造价；进一步杜绝手续不全即开工的情况发生；妥善处理围墙工程后续建设；规范程序，严格执行变更联签手续问题；规范现场招标管理，坚决杜绝违规现象发生；完善工程量清单、控制价格编制管理工作；加强财务运行管理、综合管理等。

2015年，青岛校区全体干部职工遵守党纪国法和领导干部廉洁从业规定，履行党风廉政建设责任，未发生重大违纪问题。

二、充实力量、积极合作、加强宣传，全力保障校区建设

2015年以来，通过校内外调用、招聘了10余名专业人员，充实了建设队伍；以部处为单位开展了近百次内部培训，加强人员专业水平，提升法律法规意识；召开近百次

指挥部工作会、现场协调会等，基建、财务、审计等有关部门加强合作，提升效率、加快建设；克服地处偏僻、远离中心校区等的不利条件，充分利用各类资源，做好建设现场后勤保障与安全稳定工作。

利用会议、网络等多种形式强化校区宣传工作，启动“决战四百天”行动，在驻地醒目位置设立校区启用倒计时牌并召开两次全体职工大会，研讨校区工作、鼓舞员工士气；完成20余期“每周战报”，定期公布建设进展，加强了宣传力度，营造了良好氛围。

加强与地方政府的联系，特别是与职能部门和公共事业单位的协调沟通，确保地方配套资金和各项优惠政策的落实，按期保质推进教职工住宅、附属学校等配套设施的建设，确保各种市政基础设施及三馆建设进度，为校区建设和启用提供保障。

加强与社会各界的联系，动员各种社会资源支持校区建设。联络驻青科研院所，深化在科研合作、住房销售等方面的合作关系；联系校友以及社会企业投资参与学校创新创业中心以及教师公寓的建设等，积极争取，为学校取得400万元的无偿捐款用于青岛校区的建设。

制定山东大学一青岛市学科共建计划，组织编制青岛校区学科发展专项19项，项目涉及生命、环境、信息、能源、海洋、物理以及人文社科等领域。推进各方面分头合作，与蓝色硅谷核心区签署校地合作备忘录，共建众创空间；山东大学一青岛中美科技创新园国际产业园项目签约；山东大学与弗吉尼亚理工大学合作项目得到了青岛市大力支持。

三、加快校园基本工程建设工作

（一）规划设计工作

1. 完善青岛校区总体规划。完成校区总平面施工图设计招标工作并沟通协调设计单位做好单体回落及调整工作，科学指导单体设计及现场施工工作。

2. 谋划青岛校区智慧校园建设。完成青岛校区智慧校园统筹规划和顶层设计、一期建设单体施工图设计、基础平台及子系统平台设计工作。截至2015年底，学校职能部门沟通交流和校内外专家评审工作均已完成，青岛校区智慧校园总体规划各项工作基本完成。

3. 精心组织单体设计。完成教学楼H4-H5、理科教学科研综合楼F区、工科教学科研综合楼N3-N7、图书馆、博物馆、工科教学科研综合楼K1-K6、N1、N2、N8、地下停车场B等项目约37万平方米的施工图设计及规划、图审、消防等前期手续；完成人防施工图设计及审查工作。完成食堂P2、理科教学科研综合楼F区、图书馆施工图变更设计，食堂P2工艺深化设计及规划、图审、消防等前期手续。完成理科教学科研综合楼F区、教学楼H4-H5、工科教学科研综合楼N3-N7、工科教学科研综合楼K1-K6、N1、N2、N8、地下停车场B、图书馆、博物馆等计37万平方米的智能化专项设计工作。完成网络数据中心3600平方米的施工图设计，并组织专家进行评审。完成博物馆幕墙工程施工图设计及精装修工程方案设计。完成图书馆、博物馆、综合体育馆绿色建筑评价报告编制工作，准备报审。完成图书馆、博物馆夜景照明设计，图书馆项目精装修设计招标文件的编写工作，准备启动招标。完成室外综合管网、道路等施工图设计和审查等相关手续；完成锅炉房、中水站设计论证、施工图设计及审查工作；完成动力中心 R2 及室外地源热泵施工图设计并已报审。完成一期室外运动场地设计招标工作。完成校区东入口、西入口大门方案征集工作。完成校区景观绿化总体方案的专家评审和确定；完成公共景观绿地及教学楼 E 区、学生公寓、食堂、博物馆、教学科研综合楼 F 区等单体项目景观绿化的施工图纸设计。

（二）各单体项目施工工作

截至 2015 年底，完成竣工建筑面积约 16 万平方米，投资约 4.25 亿元；在建项目完成总建筑面积约 48 万平方米，投资约 9.3287 亿元；市政及绿化项目完成投资 1.3 亿元。具体单体施工完成情况如下：

教学楼 E 区项目竣工；学生公寓 S1-S10 正进行竣工前的细部处理和调试工作；理科教学科研综合楼 F 区已完成主体施工；食堂 P2 正进行装饰装修及安装工程；教学楼 H4-H5 已完成主体施工；工科教学科研综合楼 N3-N7 已完成主体施工；工科教学科研综合楼 K1-K6、N1 \ N2 \ N8（含地下停车场 B2）正进行主体施工；市政道路与管网工程已完成 60％的工程量；锅炉房、中水站、智慧校园、绿化等其他室外工程根据校区建设进展同步进行中；博物馆已完成主体施工；图书馆正进行主体施工；体育馆正进行场地平整。

整个校园建设雏形已初步显现，为 2016 年新生进驻创造了条件。

四、稳步推进教职工住宅项目建设

截至 2015 年底，教职工住宅一期 35 座单体楼，总建筑面积 58.7 万平方米，完成总投资约 18 亿元，建筑安装装饰工程与室外水、电、暖、道路、绿化及各项配套工程基本完成，为按时交付奠定了基础。在施工建设与销售过程中以教职工利益最大化为前提，最大限度地限制开发商利润，为教职工争取最大利益。

1. 在教职工住宅储藏室与车位价格确定过程中，提前预案，据理力争，在反映价格真实性的同时，最终促使开发商签字认可了确保职工利益的价格补充协议；为了降低职工入住后采暖费用，与政府、开发商、供暖企业多次谈判，在不增加销售价格的前提下，确定了由政府集中供暖方案，为职工每平米节约 20 余元采暖费，规避了后期职工重新缴纳采暖配套费的隐患。

2. 代表学校与政府、开发商进行了多次磋商与谈判，为学校争取 1.1 亿余元的资金，促成给首批来青教职工每户免费提供一个地下停车位的销售方案，同时将供电供水纳入政府管理，极大地降低了职工后期水电费的支出。

3. 在不增加销售价格的情况下将未封闭阳台增加阳台全封闭的内容，同时把所有能够接通暖气的阳台铺设地暖，保证了原设计宽大入户门及安全的 C 级门锁锁芯；在室外景观绿化工程设计中，把原方案设计中的大面积草坪变更为前期投入大后期管理费用低的绿植；由乔木绿植代替了运行费用较高的大水面景观，既增加了绿化面积，又大大降低了后期物业管理和运营成本，小区内所有道路上可见井盖均为隐形井盖，增强了美观性和小区内休闲的舒适性。

4. 完善了人防、消防审核等手续，保证了住宅手续的完备性，为办理不动产证创造了条件，协调青岛市地铁工程建设指挥部同意在住宅两侧加添隔音隔声屏障，保证了小区安静的居住环境。

五、全力做好校区启动运行工作

（一）充分调研，制定启动运行工作方案和路线图

在广泛调研的基础上，组织形成《青岛校区启动运行工作的调研报告》《青岛校区工作调查·方案·决策》《青岛市人才、科技激励政策》等20余万字的调研材料，为学校决策提供支撑。并制定了青岛校区启动运行工作方案和路线图。方案按照不同层次学生学习条件需求，综合考虑青岛校区基本建设进度，2016年，相关学院一年级本科生进入青岛校区学习。2017年，基本完成搬迁。方案列举了基本设施、生活保障、教学与管理、人员及经费等4个方面17个小项共32条具体任务，提出14项近期重点工作并倒排了时间表，形成完整的计划体系。

（二）创新工作方法，建立工作联席会议和工作通报制度

举办青岛校区启动运行工作推进会，全面部署青岛校区启动运行工作；建立青岛校区工作联席会议制度和青岛校区工作通报制度，召开6次联席会，发布7期工作通报，系统推进青岛校区启用工作。

（三）突出重点，妥善安排教学和实验工作

协调各相关单位紧扣人才培养主题，制定青岛校区本科教学工作计划，初步形成公共课开课方案和实验室临时规划方案；启动实验室、教室装备设施项目；细化教学工作实施方案，选配优秀教师，提前编制青岛校区2016年课程表；创新人才培养模式，推进特色通识课、选修课建设，积极开展创新创业教育，确保2016年青岛校区教学工作顺利展开。

（四）精心组织，争取青岛校区办学条件资金支持

制定青岛校区预算工作方案。相关单位按照学校要求，全面梳理了青岛校区工作，完成了预算草案编制，为青岛校区运行打下了基础。青岛校区公寓、食堂、教学实验室、教室设备设施以及信息化基础工程、室外工程等6个项目获得中央改善办学条件资金立项，共获经费3123.38万元。

（五）加快后勤和公共支撑条件建设

为保证搬迁顺利有序进行，各种基本保障条件建设正有序进行。对2016年教师和管理人员的基本办公条件、住宿交通等作了统一安排，制定工作方案，安排专人提前介入，参与设计和运行准备工作。山东大学（青岛）实验中小学奠基，为在青岛校区工作的教职工子女教育提供好的条件保障。

（六）加强宣传，关注青岛校区搬迁学院舆情工作

深入调研，全面掌握了搬迁学院存在的困难和问题。加强宣传，密切关注网上舆情，与相关单位党政负责人保持密切联系，及时处理和化解了影响稳定的突出问题，加强青岛校区启动运行正面引导工作。

六、完善财务管理与招标工作

（一）财务管理与资金保障

2015年，继续强力推进预算执行。全年基建经费支出62134.19万元。其中：国拨经费支出49556万元（含长效机制12056万元），自筹基建经费支出12578.19万元。基建、审计、财务密切配合，使得青岛校区连续三年中央财政专项资金预算执行率为100%。

2015年，共办理银行保理业务7011.20万元。校区运行经费支出781.08万元，满足了指挥部日常行政、后勤等工作开展的需要。

在日常工作中，加强过程控制，细化过程管理，严格资金审批环节，进一步规范报销审核工作。完成了校区年度财务预决算的编制工作。

（二）招标采购工作

遵循“服务，规范，廉洁，高效”的工作目标，启用造价咨询公司编制工程量清单，建立招标采购联席会议制度。对每一个采购项目涉及的资质、业绩等要求，技术及商务文件、控制价等，都由基建、审计、财务共同讨论决定。

2015年，完成招标采购项目50项，主要包括工科教学科研综合楼N3-N7项目，理科教学科研综合楼F区项目，工科教学科研综合楼K1-K6、N1、N2、N8及地下停车场B项目，学生公寓S1-S10室外管网及配套、锅炉房工程、食堂P2项目、中水站等。采购预算总计94793.06万元，实际采购金额76543.94万元，节约金额18249.12万元，资金节约率为19.25%。

七、严格落实监察审计工作

（一）积极参与各项招标工作

参与青岛校区所有招标文件的讨论及合同的审核工作，参与施工现场设备、材料及各单体项目工程的招标工作。截至2015年底，累计参加各项现场设备、材料招标工作50余次，各项单体项目工程招标工作70余次，并全程参与工程招投标的监督监管工作。

（二）做好工程进度款的拨付审核工作

工程款的拨付情况直接影响工程的质量和进度，根据工程进度和已完工工程量，审批施工单位申报的工程进度款4.76亿元。

（三）严格做好竣工结算审计

2015年，共审计工程项目23项，报审值150086366.23元，审定值120945411.67元，审减值29140954.56元，审减率19.41%。其中：外审结算6项，报审值142363906.81元，审定值114379333.06元，审减值27984573.75元，审减率19.65%；内审结算17项，报审值7722459.42元，审定值6566078.61元，审减值1156380.81元，审减率14.97%。

（四）积极参与和配合学校内控审计工作

2015年，派专人参与配合学校审计组针对青岛校区开展的内控审计工作。通过全程参与、通力配合，使内控审计工作顺利圆满完成。

八、夯实校区安全保卫工作

（一）加强队伍建设，提高管理水平

自2015年开始，安全保卫工作组开展了保卫班组建设工作，建立了一系列安全保卫管理制度，提高了工作质量和保安队员的服务水平。

（二）开展反恐维稳专项工作

为确保青岛校区的安全生产和干部职工的生命财产安全，安全保卫工作组在2015年成立了山东大学青岛校区防范低级暴力恐怖犯罪活动领导小组，有效预防了各类恐怖违法犯罪事件的发生。

（三）积极开展消防安全活动

一是对青岛校区重点区域进行灭火作战计划训练。截至2015年底，共开展灭火计划训练32次，完成率达100％。二是定期开展消防隐患排查工作。截至2015年底，青岛校区综合消防安全检查共102次，发现问题50个，下达隐患整改通知书33份，隐患整改率超过90％。

（四）户政管理与警卫工作

协助派出所对校区内的千余名工程施工人员进行信息录入和暂住人口信息登记。向指挥部同事提供便利服务，继续为校区职工申办居住证。2015年共执行各类安保任务5次，出动警力80余人。

（褚　雷）

校办产业

2015年，校办产业在学校党委和行政的正确领导下，认真贯彻落实教育部有关高校产业发展的各项新政策、新规定，紧紧围绕学校全面建设和促进校办产业持续发展的大局，主动适应、引领创新企业发展新常态，在经济下行压力较大的情况下，继续保持了山大产业整体发展良好态势。

一、校办产业经营管理与发展

（一）经营业绩总体良好，主要经济指标稳定增长

2015年，面对严峻复杂的经济形势，产业党委、产业集团及所属企业全体干部职工团结协作，按照产业集团和企业2015年度发展目标，积极进取、奋勇拼搏，积极应对外部经济环境带来的不利影响，各项经济指标保持了稳定增长。

2015年，产业集团实现销售收入22.41亿元，同比增长－3.76％；实现净利润4.12亿元，同比增长－15.5％；归属于母公司的净利润是1.27亿元，同比增长24.79％。上缴学校利润1700万元，返还事业编制人员工资1128.45万元，上缴财政部国有资本收益895.24万元。

（二）发挥企业优势，促进骨干企业持续健康发展

山大华特：创新、转型双管齐下，稳中求进，企业持续发展能力稳步提高。达因医药适应公司长远发展需要，加大对外合作投资，2015年出资1亿元认缴股权投资基金——北京光大金控财富医疗投资中心66.67％的基金份额。环保产业加大新产品的研发和推广力度，电厂湿式除尘、水厂自动化、滤布滤池、高浓度污水处理以及非固定化理清项目和华特知新化工等项目成效显现。环保工程继续保持了净利润过2000万元的好成绩；环保分公司传统产品和新产品双管齐下，精耕细作，业绩实现了大幅度增长。华特知新化工公司经营逐步走上正轨，2015年实现销售收入8000多万元，净利润334万元。

山大地纬：始终把科研和技术创新放在首位，进一步强化企业内部管理，注重人才培养和职工队员建设，积极推动资本运营，业绩继续保持了稳步增长态势。2015年公司实现营业收入3.0亿元，净利润5280万元，比2014年分别增长33％和31％。2015年公司资本运营工作进展顺利，2月5日公司在北京举行了新三板上市挂牌仪式，5月份实现上市交易。2015年，完成了股权配送和增发融资，增发股票400万股，融资

6805 万元，使市值稳定在 16 亿元以上。2015 年，公司拆资 7100 万元购置了新的办公楼，解决了多年来分散办公的局面，为公司长远发展提供了良好的办公环境。

山大鲁能：根据市场变化及时优化战略布局，加大自主产品的研发力度，进一步优化管理体系，降低管理成本，积极培育新的经济增长点。2015 年，公司开发的教育信息化乐学、乐研、微校等 APP 软件产品，快速适应市场需求，客户反响良好。2015 年，公司自有产品实现销售额 3477 万元。水务信息化业务全年在山东、河北和新疆市场中标 22 个项目，中标金额达 2600 多万元，增加公司的知名度。2015 年，公司实现收入 10521 万元，净利润 705 万元。

鸥玛软件：坚持“新思路，新发展，新常态”的工作理念，强化管理和人才培养，积极推动技术创新。2015 年，在无纸化考试、智能语音识别、题库建设、云平台服务、智能硬件等方面实现了新的突破，为公司带来新的增长点。国家专业技术人员资格考试服务平台首次全面应用。自主创新研发的“外语口语无纸化考试系统”，首次在全国大学英语四、六级口语考试中成功应用，并填补了在考试领域语音考试系统方面的空白。2015 年，公司实现营业收入 7017 万元，实现净利润 2118 万元，公司业绩再创新高。

山大电力：主动适应环境变化，在国家经济发展放缓的大形势下，公司主导产品微机电力故障录波测距装置 2015 年在整个电力系统招标内取得了近 40%的份额，继续保持行业领先；时间同步设备市场占有率排名全国第二；在国网特高压、柔性直流等重点工程中也取得了多次重大突破。目前山大电力已成为国内故障录波器、行波测距、时间同步、智能辅助系统综合监控平台等产品的主流厂家。2015 年，公司实现销售收入 1.86 亿元，实现净利润 2901 万元，缴纳税金 2776 万元。

学府酒店：2015 年，主动适应新的经营形势和行业业态变化，以客房建设为核心，完善综合服务功能，提升客房品质及配套服务质量。进一步“创新经营理念，梳理经营思路，整理经营空间，整合经营资源”、切实树立为顾客提供“规范，时尚，舒适，便利”服务的理念，坚持在变革中的经营，在经营中变革，以适应新形势、新常态。2015 年在酒店内实现无线 WIFI 信号无缝覆盖，对学人大厦五层客房进行全面提升改造，对学府酒店宴会厅进行功能调整等，不断提升核心产品的盈利能力。

山大华天：坚持稳扎稳打，创新进取的经营发展战略，不断加大市场开拓力度。2015 年电能质量产品、智能疏散产品等在国内外市场拓展中取得一系列亮点业绩。电能质量有源滤波器、无功补偿装置等产品顺利交付泰国、俄罗斯等国外客户。有源滤波器、EPS 产品中标上海地铁、石家庄地铁、武汉地铁等轨道交通项目，智能疏散产品进入 Alibaba 西部基地、银泰等项目。2015 年公司实现销售收入 2.1 亿元，净利润 733 万元。

（三）积极配合学校完成教育部国有资产管理专项检查、国家审计署对教育部领导的延伸审计工作

2015 年，先后三次配合学校完成了教育部检查组对学校国有资产管理专项检查、国家审计署对教育部领导延伸审计和对产业集团所投资企业情况的全面调查。教育部国有资产管理专项检查重点是对 2008～2014 年以来学校国有资产使用处置和校办企业的管理情况。对产业集团所投资企业情况的调查，主要包括企业设立背景、产权关系、资

产财务状况、人员情况、历史负担等，产业集团与投资企业之间的关系、对投资企业的管理方式、业务关联程度、上缴利润和管理费情况等。

国家审计署对教育部领导的延伸审计，从产业集团成立以来对所属企业的管理情况、股权变动情况、集团对外担保和对外借款情况、收取企业利润和上缴学校情况以及产业集团及所属企业使用学校资产、自有资产对外出租出借等情况进行了全面审计。专项检查、延伸审计和情况调查三项工作跨度时间长，涉及内容广，情况复杂，产业集团和所属企业上下全力配合，按照检查和审计组要求，积极准备，认真提供检查和审计过程中需要的各类档案、材料，及时回复审计人员提出的问题，对需要说明的事项按要求及时说明，及时补充相关材料，较好地保证了教育部国有资产检查和审计工作的顺利开展。

（四）强化目标责任，扎实推进巡视整改工作的落实

针对国家审计署审计涉及产业集团的问题进行了认真整改。制定了《产业集团深化巡视整改工作实施方案》。成立了由产业集团总经理张兆亮任组长的整改工作领导小组，划分了三个专项整改工作小组具体组织实施。建立了整改台账，明确了问题清单、责任清单、措施清单和落实时限。形成领导小组总体负责，分管领导、职能部门、责任单位分工具体落实的责任体系。目前产业集团按巡视整改意见和延伸审计指出的问题，大部分已整改完，没有整改完成的事项按照计划在一项一项地抓好整改落实工作。

（五）建立健全管理体制，完善管理制度

积极适应新形势、新要求，切实有效地加强对校办国有经营性资产实施有效地监督管理。2015 年，继续抓了规章制度和长效机制建设。在对外贷款担保上修订了《产业集团对外担保管理暂行办法》。在加强参股企业的管理上，制定了《产业集团参股企业管理暂行办法》。在加强企业负责人薪酬管理上，修订了《企业负责人经营业绩考核暂行办法》。在加强作风建设上，制定了产业集团《关于合理确定并严格规范企业负责人履职待遇、业务支出的意见》，规范了企业负责人办公用房、公务用车、业务支出等。在加强对集团独资和控股企财务负责人的监督管理上，制定了《产业集团财务总监（主管）、主管会计委派管理暂行办法》。为进一步加强对派出董事监事管理，修改完善了产业集团《派出董事、监事管理暂行办法》《产业集团投资企业利润分配管理办法》。同时还拟订了《产业集团国有资产管理规程》，从体制上规范和加强了对经营性资产的管理。

（六）积极推进产业集团体制机制改革

根据《中共中央、国务院关于深化国有企业改革的指导意见》（中发［2015］22 号）和教育部《高等学校所属企业领导人员廉洁从业若干规定》（教党［2015］20 号）等文件精神，结合学校产业发展实际，为进一步规范和加强学校经营性资产管理，2015 年 11 月制定了《山东大学关于进一步规范和加强经营性资产管理的若干意见》，明确规定将山东山大产业集团有限公司更名为山东大学资本运营有限公司，将学校所有投资企业待股权规范改制后，划转到资本运营公司。2015 年 11 月 5 日完成了山东山大附属生殖医院有限公司和山东山大胶体材料有限公司股权划转工作，两企业正式隶属产业集团统一管理。目前，校办产业正按《若干意见》要求，有计划、有步骤地推进产业集团的各项改革工作。

（七）加快步伐，积极推进企业的清理和股权转让工作

按照年度工作计划，积极加快企业清理和转让工作步伐，对持续亏损、扭亏无望、问题突出的企业采取关停并转等措施，从根本上规避企业和产业集团风险，整个工作计划2017年底前完成。

1. 积极推进意达公司股权转让工作，公司清产核资及上报教育部确认工作已完成，审计评估工作正在进行中，计划2016年底完成。

2. 启动了有色金属公司、得安公司的股权转让工作，目前完成了有色金属公司的清产核资立项工作，签订了得安公司股权转让意向书，审计评估工作正在进行，计划2016年12月底完成。

3. 启动了参股企业山东浪潮华光电子股份有限公司重组工作，完成了浪潮华光股权回购和受让山东华光光电子有限公司股权工作。

4. 启动了山东天泰新材料有限公司的股权转让工作，计划2017年12月完成。

5. 完成了大工公司债权债务的摸底工作，计划2017年12月完成清算工作。

6. 制定对济南矽华科技公司的清理方案，计划2017年12月完成清算工作。

7. 启动了济南华赛公司的股权处置工作，计划2017年12月完成清算工作。

8. 加快环保水业的债权债务清理方案和亿泉水务公司注销方案的制定，计划2017年12月完成清算工作。

（八）编制“十三五”发展规划

按照教育部有关高校校办产业政策规定和学校的“十三五”发展规划要求，以加快调整转变经济发展方式为主线，以创新发展为动力，以市场为导向，以骨干企业发展带动中小企业发展，着力改造提升主导产品，发展壮大科技型产业，进一步提升管理水平，深化巡视整改，加快推进亏损企业和无发展前景企业的清理整顿。到2020年，集团企业将努力形成主业更加突出、资产结构更加优化、盈利能力更加强劲的产业格局。经济发展目标，到“十三五”末，产业集团总资产达到45亿元以上，营业收入达到30亿元以上，实现净利润达到6.5亿元以上，比“十二五”期末分别增长40%、30%和30%以上。推动有条件的企业上市，使山大产业上市企业达4～5家。科技创新目标，形成以生物医药、计算机软件、环保、节能、新材料等附加值高的产业为主体、与传统产业并存的多层次技术体系。到2020年，申请国家技术中心（实验室）3个，新增省级企业技术中心5个，科研经费投入实现翻番，其中国拨经费到位额由现在的每年1000万～1300万元，增加到每年2000万～3000万元，企业科技创新累计投入达2亿元。使主要经济数据力争进入全国高校科技产业综合排名前十位。

（九）强化技术创新，夯实培育企业新的增长点

1. 一方面积极引导和鼓励企业利用好国家政策，争取资金支持；另一方面不断增加对研发经费投入，营造企业内部科技创新的良好氛围。2015年，集团所属企业承接各类科研项目共31项，（国家级4项，省级5项，市级6项，区级4项，企业横向4项，公司自立8项），总合同经费7180万元，其中政府拨款总合同经费1298万元，公司自筹总合同经费5882万元。2015年申请专利27项，其中发明专利16项；授权专利12项。2015年著作权16项。

2. 积极推动企业与学院或科研机构合作，发挥学科优势，推动产业发展。依托集团重点骨干企业，发挥学校、科研机构的技术优势，构建产、学、研、用相结合的创新体系，培育新的经济增长点。5 月份，产业集团与碳纤维技术研究中心合作，成立了山东山大天维新材料有限公司。

3. 重视科技创新，把科技创新作为企业发展的新动力。

山大地纬公司 2015 年申请科研项目 3 项，申请并获批软件著作权 7 项，获专利权 2 项，申请专利 13 项。公司承担的多项国家高技术开发项目和技术服务项目在同领域内均处领先地位。人力资源和社会保障信息模式系统受到国家、省、市三级人力资源和社会保障部门的高度评价和广泛赞誉，被以内参形式汇报中央有关领导。公司 2015 年获“济南市五一劳动奖状”称号；公司总裁郑永清获“济南市专业技术拔尖人才”称号；公司所属电力软件技术中心总经理史玉良入选山东省首批战略性新兴产业创新类“泰山产业领军人才”、济南市高新区“海右人才计划”；公司大数据集成与智能分析创新团队入选济南市优秀创新团队。

山大华特公司 2015 年共计授权知识产权 27 项。其中：发明 8 项；实用新型 11 项；软件著作权 7 项；外观设计 1 项。公司除达因医药不断加大投入研发创新自有品牌外，环保产业，电厂湿式除尘、水厂自动化、滤布滤池、高浓度污水处理等项目在创新方面已开始实现市场突破，国家课题——印染废水处理中试实验室顺利推进。

鸥玛软件公司 2015 年申请专利 6 项，其中发明专利 1 项、实用新型专利 5 项；申请计算机软件著作权 4 项；获得授权发明专利 2 项、实用新型专利 5 项、计算机软件著作权 4 项。公司在技术创新方面，紧跟时代发展，加强基础性研究及新产品研发，2015 年在无纸化考试、智能语音识别、题库建设、云平台服务、智能硬件等方面实现了新的突破，为公司持续发展夯实了基础。

山大电力公司 2015 年在对多项老产品技术升级改进的同时不断研发新产品，本年度完成了高压直流行波测距、智能站电能质量监测装置、关口电能表监测报警装置 3 个装置类和二次设备在线监视、行波测距综合数据分析平台的 2 个软件新产品；开启了充电桩、故障指示器等多个新项目。

山大鲁能公司 2015 年申请专利 12 项，其中发明专利 10 项；申请软件著作权 18 项，已授权 13 项。完成了济南市知识产权局的专项课题研究项目。公司荣获 2015 年山东省知识产权示范企业称号和国家知识产权优势企业。

山大华天公司 2015 年申请发明专利 1 项，实用新型专利 2 项。有两项课题项目分别通过国家发改委和山东省经信委省对相关项目的验收。2015 年，承担了“基于三电平技术有源滤波器的研究与应用”的高新区科技计划项目与“TSVG 动态无功发生装置”高新区节能项目。公司被 CQC 评为首批 A 类企业。2015 年 8 月，公司还成功承办了第四届全国电能质量学术会议暨电能质量行业发展论坛，有效地提升了公司在行业的知名度与影响力。

拓普液压公司 2015 年承担和参与国家科研项目三项，与同济大学、国家海洋局第一海洋所联合申请发明（实用新型）专利各一项，授权实用新型专利一项。承担国家海洋局《载人潜水器仿真本体系统研制》公益项目，与国家深海基地管理中心联合申请国家重大科学仪器设备开发专项资金项目获得批复，即将启动运行。

吕美公司充分发挥课题组的人才和科技优势，2015 年公司与学校材料学院联合申请国家发明专利 1 项。与学校材料学院联合申请山东省自主创新专项项目“弥散性晶种合金系列产品及有色合金熔体处理先进技术成果产业化，”公司承担的济南高新区重点项目“特种铝磷系合金连续成丝技术及其产业化”2015 年 7 月通过了济南高新区科技经济局组织的专家验收，并得到与会专家的高度评价。

二、党的建设及思想政治工作

2015 年，产业各级党组织以理论为导向，把握方向，服务大局，坚持党建工作融入中心工作，充分发挥政治核心作用，认真组织开展“三严三实”专题教育和贯彻执行八项规定回头看及财经纪律大检查活动，着力在解决不严不实的问题上下功夫，积极推动校办产业快速健康发展。

（一）强化领导班子成员理论学习，把学习作为提高班子成员综合素质的重要途径

一年来，认真学习了党的十八大和十八届三中、四中、五中全会精神以及中纪委三次全会精神，学习了习近平总书记系列讲话精神，除积极参加学校组织的处级干部培训活动外，结合产业实际，有计划地组织产业党委、产业集团领导班子成员进行集中学习，购买学习资料，安排自学内容，开展专题党课教育和反腐倡廉参观活动。进一步提高领导班子和班子成员运用理论指导各项工作的自觉性和针对性。

（二）认真开展贯彻执行“八项规定”回头看和“三严三实”专题教育活动

根据学校统一部署安排和总的要求，在产业党委、产业集团班子成员中开展了“三严三实”专题教育和《贯彻中央八项规定精神“回头看”和财经纪律大检查活动。活动以高度的政治责任感和担当精神，对照相关规定和整改的情况逐条进行了认真排查。目前，大部分已整改完，没有整改完成的事项按照计划在一项一项地抓好整改落实工作。

（三）认真落实党风廉政建设责任，把党风廉政建设和反腐败工作纳入党的建设和全年生产经营管理工作中

始终坚持将反腐倡廉与经营管理工作同部署、同落实、同检查、同考核。一是年初在与企业负责人签订经营目标的同时，一并签订了党风廉政建设责任书。明确责任，分责落实，严格落实“一岗双责”。二是凡涉及产业党委、产业集团的重大事项和活动都经过办公会或董事会集体讨论决定，切实将“三重一大”制度的具体措施落到实处，三是加强对所属企业党风廉政建设和反腐倡廉工作的检查督导。一年来，产业党委先后多次召开企业党风廉政建设会议，强化责任落实。2015 年，产业党政领导成员没有发生违反“八项规定”的问题和违反政治纪律、组织纪律和廉洁纪律的情况。

（四）加强基层党建工作，发挥党员先锋作用

一是全面提高党支部书记的综合素质。针对集团企业党支部书记大都兼职的特点，采取一会代训和专题讲座的形式对所属党支部书记进行了业务培训。二是积极组织开展多项活动，加强党员的管理教育，强化爱国意识和责任意识。2015 年，先后组织基层党支部开展了基层党组织立项方案活动和纪念抗战胜利 70 周年系列活动，在集团企业中组织开展了“中国梦、我的梦”有奖征文，组织党务工作人员、党员干部和党员职工

参观抗战胜利纪念馆和观看有关抗战电影，三是积极参与社会公益活动，在发展产业服务学校的同时，积极开展献爱心活动，按照学校定点扶贫河南确山县的有关工作安排，积极组织广大产业职工向确山县捐款，产业职工共捐款31307元

（五）积极做好企业的安全稳定工作

一是在关心职工切身利益方面，把解决思想问题与解决实际问题相结合，在重视企业发展的同时，注重解决困难职工的问题，特别是关注亏损企业和关停并转的过程中的职工问题，保证企业发展的稳定性，为产业发展创造良好的环境。二是在安全生产方面，积极开展安全检查活动，一年来，先后多次开展安全生产大检查和安全月活动，排查安全隐患，促进防控整改。绝大多数企业组织职工进行消防安全专题培训和应急疏散演练，组织职工学习安全知识，确保企业安全稳定。

附件：

2015年山东大学校办企业一览表

序号	企业名称	法定代表人	注册资金（万元）	产业集团所占股份（万元）
1	山东山大产业集团有限公司	张永兵	30000	—
2	山大鲁能信息科技有限公司	任年峰	12690	12690（100%）
3	山东山大华特科技股份有限公司	张兆亮	18025.4989	3884.14（21.55%）
4	山大地纬软件股份有限公司	李庆忠	7875	4016.25（51%）
5	山东山大鸥玛软件有限公司	马　磊	1233	619.58（51.25%）
6	山东山大电力技术有限公司	梁　军	2040	918（45%）
7	山东学府酒店管理有限公司	潘超平	1100	1100（100）
8	山东山大华天科技集团股份有限公司	李宇兵	6000	1638.6（27.31%）
9	山东山大科技园发展有限公司	贾　磊	1535	1379.965（89.9%）
10	山东山大环保水业有限公司	王申金	800	504（63%）
11	济南亿泉水处理设备有限公司	王申金	220	140（70%）
12	山东吕美熔体技术有限公司	郑　波	150	99（66%）
13	山东拓普液压气动有限公司	郑　波	200	140（70%）
14	济南意达医药有限责任公司	朱效平	140	140（100%）
15	济南大工科技有限公司	张振忠	90	90（100%）
16	济南方智管理咨询有限公司	张　浩	67	67（100%）
17	山东地纬数码科技有限公司	孟祥旭	65	65（100%）
18	济南华赛金属工艺材料有限公司	郑　波	88	88（100%）
19	济南山大有色金属铸造有限公司	白清华	100	41（41%）

续表

序号	企 业 名 称	法定代表人	注册资金（万元）	产业集团所占股份（万元）
20	济南矽华科技有限公司	马洪磊	50	50（100%）
21	山东实成精细高分子材料有限公司	郑　波	150	119（79.33%）
22	山东山大天维新材料有限公司	刘永新	500	260（52%）

（郭思东）

出版工作

2015 年，我社在山东大学校党委的正确领导下，在山东省新闻出版局的正确领导、关怀和支持下，改革、发展工作思路更加明确，各项管理制度更加健全，机构和队伍建设不断加强，从业人员和管理层的素质有了进一步提高，产品结构有了很大的改善，社会效益和经济效益均稳步提升，出版社进入了健康稳定发展的新阶段。教育部公布的统计数据显示，在全国高校净利润排名前 50 强的企业中，山东大学出版社经济效益名列第 48 位。同时，被推选为中国大学出版协会副理长单位。

在 2015 年的出版工作中，我们认真学习贯彻十八大和十八届三中、四中、五中全会精神，围绕党和国家的中心工作，全面贯彻为人民服务、为社会主义服务的方向和百花齐放、百家争鸣的方针，坚持正确出版方向，以更多的优秀出版物来弘扬以爱国主义为核心的民族精神和以改革创新为核心的时代精神，树立和践行社会主义荣辱观。处理好社会效益和经济效益的关系，讲政治，把好关，把坚持正确的出版导向贯穿出版工作的始终，坚持社会效益放在首位的原则。工作中牢固树立阵地意识，做好把关工作。同时，坚持大学出版社为高等学校的教学、科研服务的办社宗旨，贯彻落实党对新闻出版业提出的“加强管理，优化结构，提高质量”的总要求，严格遵守国家关于图书出版的法律、法规和各项管理规定，把握正确的出版方向，不断深化出版改革，切实优化选题结构，进一步完善内部管理机制，逐步提高经营管理水平，使我社的工作走上了可持续发展的道路。截至目前，我社共出版图书 413 种，新版图书 207 种，重印再版图书 206 种。新版图书中，大中专及各类教材 45 种，学术专著 101 种，一般图书 61 种。重印和再版图书中，大中专及各类教材 139 种，中小学教辅材料 32 种，学术专著和一般图书 35 种。图书生产码洋 1. 8 亿多元，完成销售收入 8200 多万元。2015 年，《老年人社会法制研究》、《新闻漫画发展史》获国家出版基金资助，《人类脐血：基础一临床》获国家科技部出版基金资助。

2015 年，我社进一步出精品，创名牌，树特色，全力打造“精、专、特”为特点的大学出版社。使出版物在思想内容、学术价值、装帧设计、印刷包装等环节达到更高品位、更高质量的要求，狠抓出版质量，出版传世之作，培养本社品牌。继续推出了“莫言研究书系”系列，第一辑 6 种 8 卷：《莫言研究三十年》《莫言弟子说莫言》《乡亲好友说莫言》《莫言研究硕博论文选编》《海外莫言研究》《莫言与世界》。毫无疑问，这是学界对莫言研究成就的第一次展示，全面包含了国内态势和海外视域。其中既有作为绝对主流的“专业”性研究，也有作为难得资源的“划要”式眼光。《中国古代地方政治研究》《新史学沙龙》《环境政治学译丛》等一大批学术水平高、社会效益和经济效益具佳的图书也在今年继续出版发行。同时，围绕纪念抗日战争胜利70周年这个主题，组织策划了《高唱战歌赴疆场——臧克家及其抗战诗文》《抗日风去》、历城抗战》等一系列图书，其中，《高唱战歌赴疆场》出版后，《人民日报》专门对此书发表了评论。

我社还出版了一批群众喜闻乐见、贴近市场的优秀出版物，如《活在当下》《七条命的狗》《野河滩》《血在烧》等，从市场反馈的信息来看，反响非常不错。在基础教育和高等教育图书方面，在原有的保有量的基础上，保持了持续增长的态势。其中山东省地方课程系列教材《传统文化》今年销售超过了530多万册。

我社继续深化体制改革，完善机制制度和法人治理结构，提高资本运营水平，推进人事、劳动、分配“三项制度”改革，建立竞争、激励和约束机制，建立合理有效的奖惩办法，宣传教育与严格管理相结合，进一步调动了职工工作热情和积极性。积极启动国家财政部扶持的数字出版项目，目前，《“电子书包”的研发及示范应用》项目第一期接近完成。在版权方面，继续引进了《艾米莉·迪金森诗歌中对象征再现的批评》等学术专著，取得了较好的经济效益和社会效益。同时，不断加强人才队伍建设，补充新鲜血液，并积极参加教育部、新闻出版总署、省新闻出版局的各种培训和学习活动。

我社严格遵守国家新闻出版总署、教育部、山东省新闻出版局为我社规定的专业分工和出书范围，所有图书选题均按有关规定上报山东省新闻出版局和主管单位国家教育部，经双方批复后，认真按批复文件执行。对于按国家规定需经学校党委审稿的选题，我们都按要求请学校党委审稿把关，经学校党委同意出版后方予出版。2015年，我社从未出版过一本违反图书选题管理规定的图书，也没有任何有政治问题或格调低下、内容不健康的图书。在严格管理的同时，我社严格控制出书品种，进一步优化图书结构，图书质量明显提高。在新闻出版总署和省新闻出版局的各项质量抽检工作中，我社被抽检的图书全部为合格产品。

（陈海伟）

工程训练

2015年，中心党政领导班子以“为学生谋成才，为职工谋福祉，为中心谋发展”为使命，带领全体教职员工，求真务实，真抓实干，攻坚克难，改革创新，各项工作跃上新台阶，中心发展进入新阶段，一些重点工作实现新突破。

一、教学条件趋于完善

2015年，获批147万元实验室建设经费，购进各类仪器设备197台套等；维修教学仪器设备39台；建成无人机工作室、机器人工作室和3D打印工作室；工程文化体验馆启动建设，新增44台套仪器设备；大学生创新工坊设备购置完成；完成创客产品智造基地和创客技能实训基地建设；热处理、铸造、锻压等热加工训练模块建设取得新进展；中心二层机械学院、土建学院的专用教室搬迁完成。

二、队伍建设成效显著

职称评定喜获丰收，共9人获得职称晋升或职级提升。其中，1人晋升副研究员，1人晋升高级工程师，2人晋升工程师，3人晋升七级职员，1人晋升六级岗，1人晋升八级岗。1人获得博士学位，4人在读博士学位；11人参加省科协高级研修项目培训学习；2人任教育部教指委委员；1人当选全国创客教育基地联盟常务理事；1人获评山东大学十大优秀教师；2015年共获得校级以上集体荣誉称号11项，个人荣誉称号28人次。

三、工程训练再上台阶

2015年完成实践创新教学工作量13494人次；开设核心通识课程6门次，开设任选课程29门次，开设暑期学校项目4项，圆满完成学校下达的各项教学任务；2015年共承接计划外各类实习1813人次，增收实习费近13.55万元。制定完成1～8个学分的《工程训练教学大纲》《工程训练课程清单》，修订了《教学工作量考核办法》《实践教学质量考核办法》；成功举办了山大工程训练综合能力大赛；组办“山东省大学生工程训练综合能力竞赛”，获省级一等奖1项、二等奖2项、三等奖1项，优秀奖1项；获第四届全国大学生工程训练综合能力竞赛二等奖1项。

四、创新训练再创佳绩

2015 年，创新训练总受益学生 6765 人次，校内受益学生 5815 人次，参赛受益学生 3050 人次。举办各类科技创新赛事 14 项，参加各类赛事 12 次，共获得各类竞赛奖 545 项，其中国赛奖 54 项，省赛奖 100 项，校赛奖 391 项。指导和完成 2014～2015 年度国家级大学生创新训练计划 8 项，其中获校一等奖 3 项、二等奖 3 项、三等奖 2 项；指导和完成山东大学大学生科技创新基金 24 项，全部通过答辩；获批 2015～2016 年度国家级大学生创业训练计划项目 1 项、创新训练计划项目 6 项；组织学生申报 2015～2016 年度山东大学大学生科技创新基金立项 23 项。

五、教研科研成果丰硕

2015 年，获批科技部 2015 年度创新方法工作专项项目 1 项，山东省教育教学综合改革立项（2015）重点项目 2 项，学校教育教学综合改革立项重大项目 1 项、重点项目 1 项，校实验室软件建设项目 3 项；在研教育部教指委教育科学研究项目 2 项；发表教科研论文 15 篇；发明专利 2 项；主编教材 4 部，主审教材 1 部；获山大首届校园文化建设优秀成果二等奖 1 项；获评全国高校“礼敬中华优秀传统文化”系列活动评选十佳示范项目 1 项；获山东省教育技术与装备协会优秀学术论文一等奖 1 篇、二等奖 4 篇。

六、创客教育迅猛发展

2015 年 6 月 13 日上午，在工训中心长廊成功举办了“2025 创新创业联盟”发起暨山东大学海尔集团战略合作签约仪式。在中心挂牌成立了“山东大学创新创业学院”“教育部教育信息管理中心 M-LAB 创客实验室”“山东大学创客空间”和“山东大学创E 家”。当选全国创客教育基地联盟常务理事单位；入选全国首批 50 家“全国高校实践育人创新创业基地”；获批山东省科技厅 2015 年第一批“山东省众创空间”（共 131 个，排名第六），山东省科协首批“山东省创客之家”（共 15 家，排名第二），济南市科技局“泉城众创空间”（共 13 家，排名第二，获批建设经费 80 万元）；组织学生成立了 3D 打印机、无人飞行器、多功能机械臂三支创客团队，并开展了系列创客活动。

七、中心管理趋于优化

制定《工程训练中心规章制度体系建设方案》，制定和修订规章制度 60 项，中心奖惩办法 57 项；完成《工程训练中心“十三五”改革和发展规划》《2015 年工程训练中心岗位绩效工资调整方案》《工程文化体验馆建设实施方案》《山东大学机械厂对外投资清理工作方案》和《山东大学机械厂对外投资清理工作实施方案》的制定工作。

八、增收节支改善民生

2015 年，合计从学校多争取拨款 104.2 万元。据财务科统计，培训部创收再上新台阶，实现毛收入 200.56 万元；生产科节支增收效果明显，实现产值 81.42 万元，实际到账 36.92 万元；教学科实现毛收入 13.55 万元。中心公务接待开支显著降低，由

2014 年的 4.84 万元降至 3.91 万元；公车实现封存上缴，车辆开支显著减少。2015 年，中心全部收入 1373.18 万元，支出 1297.61 万元，结余 75.58 万元。自 2013 年以来，中心人均工资岗贴收入逐年大幅提高，2012 年为 50357 元，2013 年为 76272 元，2014 年为 86465 元，2015 年为 111484 元。

九、党建工作成效显著

制定了工程训练中心《党总支 2015 年工作计划》《贯彻落实中央“八项规定”的实施办法》《关于全面深化开展廉政风险防范管理工作的实施方案》《贯彻落实中央“八项规定”的实施办法》等系列文件，重新修订和编印了《工程训练中心规章制度汇编》。开展了形式多样的党建活动，如召开了新学期工作会议，领导班子民主生活会；举办了“儒家经典中的道德修养问题”主题讲座、“以三严三实为标准，践行社会主义核心价值观”专题党课；开展了教工海阳地雷战纪念馆参观教育活动、“三严三实”专题教育活动、《宪法》《山东大学章程》学习宣传教育活动、党的纪律和规矩教育活动，“四德建设”主题教育活动、“爱心捐助”活动、离退休教工走访慰问送温暖活动等；培养入党积极分子 1 名，入党申请人培训考试合格 1 名；基层党组织活动方案获得立项 2 项、通过验收 3 项、获二等奖 1 项；制作和更换宣传栏版面 24 块；发表网站稿件 125 余篇，其中山大要闻 4 篇、综合信息 39 篇、工作交流 17 篇、中心网站 65 篇。

十、创先争优荣誉称号

2015 年，共获得集体荣誉称号 12 项，个人荣誉称号 28 人次。具体如下：

集体荣誉称号：当选全国创客教育基地联盟常务理事单位；入选“全国高校实践育人创新创业基地”；获批“山东省众创空间”、“山东省创客之家”、“泉城众创空间”；中心代表队在 2015 年山东大学田径运动会获得教工团体总分第四名，拔河比赛中勇夺冠军；获评“山东大学 2015 年度网络新闻宣传工作优秀组织单位”；“传播工程文化，培养卓越人才”项目入选全国高校“礼敬中华优秀传统文化”系列活动十佳示范项目；“工程训练中心工程文化体验馆建设”获批山东大学首届校园文化建设优秀成果二等奖；由中心职工组成的临沂招生拓展组获评山东大学 2015 年“本科招生拓展奖”；第一党支部的《规范党内生活，落实“三会一课”制度》获山大基层党组织立项活动二等奖。中心深度参与的“学校扎实开展创新创业教育，与海尔共同发起成立 2025 创新创业联盟；QS 全球毕业生就业力排名进入全球 200 强；山大学子各类竞赛捷报频传，人才培养质量显著提高”获评山东大学 2015 年度“十件大事”。

个人荣誉称号：陈言俊作为全校唯一教师代表在 2015 年大学生毕业典礼上作典型发言，在“齐鲁大学学生创业计划竞赛”中获优秀指导老师奖，《电子设计竞赛暑期系列培训项目》获评 2015 年暑期学校优秀项目奖一等奖；朱瑞富获评 2015 年山东大学十大优秀教师，受聘全国工程训练综合能力竞赛命题专家，全国大学生热处理创新大赛评委，第四届全国大学生工程训练综合能力竞赛专家委员会委员和竞赛裁判，当选全国创客教育基地联盟常务理事；陈言俊、曹利华“荣获 2015 凤岐茶社杯山东省首届信息技术与信息化创新创业优秀指导教师奖”；在“宏晶杯首届单片机应用设计大赛教学案例设计组”中陈言俊获一等奖、王立志获二等奖、刘甜甜获三等奖；张功国获评 2014～2015 年度教育拓展工作优秀个人；在山东大学 2015 年度网络新闻宣传工作中，高建军获评先进个人，洪新伟获评十佳通讯员，刘甜甜获评优秀作者。

2015 年是“十二五”的收官之年，2016 年是“十三五”的开局之年。在新的一年里，中心将按照“丰富内涵，拓展外延，突出特色，转型升级”的发展思路，以提高人才培养质量为核心，以推进创新创业教育为主题，以全面深化改革创新为动力，在提高现有工程训练教学质量的基础上，引入创客教育，强化创新教育，拓展创业教育，促进中心在新形势下的转型升级，为创建具有示范和引领作用的一流综合性工程训练中心而努力奋斗。

（朱瑞富　洪新伟）

网络与信息建设

2015 年，网络与信息建设取得了以下成绩：

1. 青岛校区延伸管理。完成青岛校区智慧校园总体规划、数据中心规划的推进和设计图纸专家会审、校园网和校园卡系统规划设计，以及图书馆、食堂、学生宿舍等区域信息化支持的实施方案工作。

2. 校园网建设。部署无线前端设备 2000 部，完成部分校园网前端设备、中心校区机房供电环境改造和楼宇间光纤备用链路的网络优化；圆满完成中央改善办学条件专项经费 1720 万元（含追加 1000 万元）项目执行工作。

3. 信息系统建设。新建学生电子迎新系统，优化新生报到流程；对人事、学术等已有系统进行二次开发与技术维护；做好软件工程硕士课程和 MOOC 教学平台的运行维护工作。

4. 网络安全管理。针对校园网每周遭受十几万次攻击，出台虚拟主机网站上线安全审核和木马病毒定期查杀制度，完成 10 栋楼宇的上网实名认证改造和 Web 应用防火墙部署工作；承担六四前后、高考招生、国际历史科学大会、九三阅兵等特殊时期 24 小时技术保障任务。

5. 校园卡工作。完成青岛校区校园卡系统功能测试；继续推进济南校区校园卡自助服务体系建设和业务子系统的整合、迁移、运维工作；完成济南校区校园卡充值额 1.79 亿元，上缴学校各类收入 360 万元。

6. 电子政务服务。通过办公自动化系统累计处理、发布各类文件、通知、合同审核等 33 类线上流程 6900 余条；为教育部公文与信息交换平台、教育厅公文传输系统、山东省人民政府政务专网、教育部信息直报点等学校机要、保密工作提供技术支持；为 30 余次教育部、校内视频会议提供技术支持与现场服务；完成威海校区 OA 系统试运行部署。

（刘　琪）

辅导员工作研究会与培训基地

2015年，辅导员工作研究会与培训基地办公室深入贯彻落实党的十八大、十八届中央历次全会精神，深入学习领会习近平总书记系列重要讲话精神，紧紧围绕学校中心工作和辅导员队伍建设实际，扎实推进各项工作，不断提升工作科学化水平，有力地推动了辅导员队伍的专业化、职业化发展。

一、研究会工作开创新局面

（一）开展第七届“全国高校辅导员年度人物”评选活动，发挥先进典型引领示范作用

组织开展第七届“全国高校辅导员年度人物”评选活动，评选出“全国高校辅导员年度人物”11名、年度人物提名奖39名、入围奖150名。在全国高校辅导员工作现场会上，对第七届“全国高校辅导员年度人物”进行了表彰。年度人物评选活动的引领作用和年度人物的典型示范作用不断增强，对凝聚辅导员职业理想，引领辅导员走专业化、职业化道路，起到了十分重要的作用。

（二）举办第四届全国高校辅导员职业能力大赛，着力提升辅导员专业素质

第四届全国高校辅导员职业能力大赛分初赛、复赛和决赛三个阶段。初赛由各省级党委教育工作部门负责，各地各高校结合实际自行开展；复赛以分赛区比赛的形式开展，全国共分六个赛区，由有关省级党委教育工作部门、有关高校共同承办；决赛由教育部思想政治工作司、光明日报社教育部主办，全国高校辅导员工作研究会、中共重庆市委教育工委、重庆师范大学承办。决赛项目分为笔试（包括基础知识测试、博文写作）、主题班会、案例分析、主题演讲、谈心谈话等5个环节。最终决出一等奖3名、二等奖17名、三等奖20名。与往届大赛相比，本届大赛内容更加翔实，对辅导员学习贯彻中央精神，落实立德树人根本任务，提高职业能力和专业素养等情况进行了全面考察，更加贴近辅导员实际。大赛制定了专门的规程，优化流程、健全规则，更加科学规范，为各省级教育工作部门、各高校及广大高校辅导员提供了赛事指南。大赛以赛代训、以赛代练，显著推动了辅导员队伍专业化、职业化建设。

（三）召开全国高校辅导员工作现场会，部署辅导员队伍建设

5月18日，研究会承办了全国高校辅导员工作现场会，教育部思政司领导出席会议并讲话。会议展示了第七届“全国高校辅导员年度人物”事迹视频，对第七届全国高

校辅导员年度人物、年度人物提名奖获得者以及第四届全国高校辅导员职业能力大赛获奖选手和代表队进行了表彰。会议还进行了优秀辅导员工作交流，全场辅导员进行了庄严宣誓。召开现场会，充分展示了优秀辅导员的先进事迹和精神风貌，谋划部署了辅导员队伍建设工作，对进一步推动高校辅导员队伍的专业化、职业化建设，切实提高大学生思想政治教育的针对性和实效性，发挥了重要作用。

（四）开展全国高校辅导员工作优秀论文评选

研究会组织开展了2015年全国高校辅导员工作优秀论文评选活动。各地各高校高度重视，认真对本地本校上报的辅导员工作论文进行评审，推荐了一批高水平论文参加评选活动。共评出获奖论文127篇，其中一等奖23篇、二等奖43篇、三等奖61篇。获奖的优秀论文，研究会将择优在《高校辅导员》期刊上进行发表。辅导员工作优秀论文评选活动的开展，对于总结辅导员工作经验、促进辅导员工作交流、展示辅导员研究成果、提升辅导员理论研究水平起到了重要作用，充分调动了一线辅导员开展工作研究的热情。

（五）举办《高校辅导员之歌》歌词征集评选活动

在原有《高校辅导员之歌》广泛流传的基础上，根据形势变化，研究会再次征集评选《高校辅导员之歌》歌词。共收到各地各高校推荐的作品229篇，最终评选出一等奖2篇、二等奖4篇、三等奖4篇，优秀奖20篇。歌词征集评选活动的开展，对于在辅导员中培育和践行社会主义核心价值观，凝练辅导员职业理想、引领辅导员职业追求，展现广大辅导员爱岗敬业、甘于奉献的精神风貌，有着重要意义。

（六）开展辅导员国内高校交流活动

辅导员国内高校交流活动每学期组织一次。2015年，为125名辅导员提供了跨校工作交流和多岗位锻炼的机会，有效地整合了教育资源，促进了校际交流与合作，取得了良好的效果。参加交流的高校范围不断扩大，既有教育部直属和各部委所属高校，也有省（区、市）所属院校；既有“985”“211”工程院校，也有普通院校；既有本科院校，也有高职高专院校；既有公办高校，也有民办高校。来自不同类别、不同层次高校的辅导员，在第二校园开阔视野、交流经验、丰富经历、学习本领，个人工作能力、专业化水平等得到全方位提升。

（七）建设完善全国高校辅导员信息管理系统

受教育部思政司委托，研究会开发了全国高校辅导员信息管理系统。该系统集辅导员信息采集、检索、统计、管理功能于一体，能够及时、准确、全面地掌握全国高校辅导员信息，对辅导员信息进行实时统计和动态管理，为辅导员各项政策制定、活动开展、科学研究提供数据信息支持。系统第一阶段已经完成了教育部直属75所高校辅导员队伍的信息采集和统计工作，下一步将开展其他部委所属高校和省属院校辅导员的信息填报工作，实现数据的完整化和分析的可操作性。

二、辅导员培训和研修基地工作再上新水平

教育部高校辅导员培训和研修基地（山东大学）培养培训功能不断强化，目标更加明确。

（一）开展系列辅导员培养培训活动

举办第112期全国高校辅导员骨干培训班暨中外高校学生事务管理工作比较培训班、2015年山东高校辅导员工作论坛、第二届山东高校辅导员职业能力大赛、第七期山东高校辅导员高级研修班，着重提高辅导员培养培训质量。

（二）加强山东高校辅导员名师工作室建设

加强首批8个名师工作室的建设，注重对名师工作室的指导和培养，为工作室建设出谋划策，提高工作室建设的针对性和实效性，并对工作室进行了考核。

（三）实施教育部"高校辅导员在职攻读思想政治教育专业博士学位"专项计划

2015年，基地招收了8名辅导员在职攻读思想政治教育专业博士学位，并根据《教育部高校辅导员培训和研修基地（山东大学）高校辅导员在职攻读思想政治教育博士学位管理规定》等，做好辅导员博士的培养管理工作。

（四）开展高校辅导员访问学者计划

遴选接收大连理工大学、中国石油大学（华东）等高校的4名辅导员访问学者到基地访学，为他们选聘导师，制定访学计划，提供日常的工作生活条件，组织他们在实践中提高学习科研能力。

（五）开展山东大学辅导员职业培训及等级认定工作

组织辅导员参与全国高校辅导员职业能力大赛会务工作、参加山东高校辅导员高级研修班课程学习等，积极开展山东大学辅导员职业培训，有效提升辅导员的知识水平和业务素质。开展2014年度山东大学辅导员职业培训等级认定，共有14名辅导员获高级培训证书，86名辅导员获中级培训证书，38名辅导员获初级培训证书。

三、《高校辅导员》办刊工作扎实开展

自2010年4月创刊以来，《高校辅导员》坚持把内容质量看作刊物的生命线，明确了约稿、组稿制度，制定了选稿标准，把发表高水平论文作为提升刊物质量的重中之重。现已出版35期，发行和赠阅量达到1万册。2015年出刊6期，每期赠阅订阅量达1万份，影响因子、被引频次和web下载量不断提升，影响力不断扩大，入选2015《中国学术期刊影响因子年报》统计源期刊，期刊复合影响因子、综合影响因子、人文社科影响因子均进入同类学科前50%，被中国期刊全文数据库（CNKI）、中文科技期刊数据库全文收录，日益成为高校辅导员的学术圣地和精神家园。

（孙大永）

《文史哲》编辑部

2015年，在保证期刊中英文版日常编辑工作正常运转的前提下，围绕提升期刊内在质量和外在影响力的工作目标，主要做了以下工作：

一、开展学术活动

2015年4月29日至5月1日，举办《文史哲》系列高端论坛之五：“‘性本善’还是‘性本恶’、儒学与自由主义的对话”研讨会。

来自中国大陆及台湾高校的近30位知名学者参会。人性论是东西方政治制度甚至经济制度设计的共同基石，儒学关于人性善恶的思考是否可以、是否必要与西方的人性观相通约？以此为焦点展开讨论，既可表达学术对于现实的关注，也可壮大作者队伍，发掘优质稿件。

二、开展“年度中国人文学术十大热点”评选活动

基于《文史哲》杂志在人文学术研究界所拥有的崇高地位，为了推进人文学术研究，引领人文学术潮流，发掘人文学术研究的潜在热点。2014年，《文史哲》编辑部联合《中华读书报》，首倡并开展“年度中国人文学术十大热点”评选活动。

2014年的中国人文学术，涌现出诸多新进展、新现象、新问题、新趋向，反映了人文学术的进一步繁荣和深刻变迁，这一切都需要及时地予以总结。为此，《文史哲》杂志和《中华读书报》联手，开展了“2014年度中国人文学术十大热点”评选活动。“马克思主义与儒学的关系引起空前关注”等入选十大热点。该项人文学术评选活动的举办，在人文学界引起极大反响，进一步提升了《文史哲》的学术声誉。

三、突出问题意识，加强选题策划

在2015年10月下旬，召开了2016年度选题策划论证会。会议认为，《文史哲》要走一条非“文”非“史”非“哲”、亦“文”亦“史”亦“哲”的道路，进而要在三大学科之间寻找到适合自身传统的专属领域。例如，可以侧重三大学科方法论层面的研究，这乜恰好是三大学科重叠的层面；宜超越学科界限，从不同学科、研究方法、视角共同聚焦同一个问题，进而解决专题和宏观相衔接的问题；宜多刊发有明确的问题意识，以问题而非史实考辨为导向的稿件。

四、进一步推进期刊的数字化

2015 年，主要在以下几个方面推进了期刊数字化工作。第一，与知网合作，参与国际 DOI 中国出版物注册与服务活动。第二，加大优先出版力度。2015 年，在既往每期优先出版三篇的基础上，增加到每期 5 篇。第三，推出微信公众号和官方微博，以适合微阅读的方式对重点文章进行推送。

目前存在的主要问题和挑战，一是如何实现综合性期刊的专业化发展。加强专题策划，是一个关键突破口。二是编辑人员学科结构不平衡，亟需调整补强。三是国际化交流环节比较薄弱，与建设国际化大刊的要求不相适应，亟待加强。四是加强数字化建设，紧跟数字时代步伐。

（刘京希）

《山东大学学报》（哲学社会科学版）

一、学报和编辑部人事变动

魏建出任《山东大学学报（哲学社会科学版）》主编、编辑部主任。

1月24日，山大政任字［2015］2号文件《关于魏建等职务任免的通知》公布任免决定："经第二十八次党委常委会研究决定：魏建任《山东大学学报》（哲学社会科学版）主编、编辑部主任；臧旭恒不再担任《山东大学学报》（哲学社会科学版）主编、编辑部主任职务。"4月3日，经党支部大会选举，魏建兼任山东大学学报哲社版编辑部党支部书记。

二、创设新栏目，全面推进学科研究水平和学报质量提高

在持续办好重点特色栏目"当代中国重大现实问题探讨""国家社科基金项目成果专栏""经典重读""年度学术报告""诠释学与经典诠释"等基础上，创新学科研究栏目设置，新增"文化与经济""国际区域经济与中国发展""新型城镇化研究"等常设重点特色栏目并刊登《征稿启事》。其他栏目有"社会治理研究""行政法治研究""法律方法论研究""交叉学科研究""网络经济研究""资本市场研究"等。各期刊发重要论文有徐祥民《走出国际法范畴的海洋法——服务于我国海洋基本法建设的思考》、肖金明《法治中国建设视域下依法执政的基本内涵与现实途径新探》、郭明瑞《城乡一体化建设的私法原则》、孙光宁等《法治中国背景下的法律方法论研究——2014年中国法律方法论研究学术报告》、苏春红等《延迟退休年龄对中国失业率的影响：理论与验证》、王海兵等《创新驱动及其影响因素的实证分析：1979～2012》、高志刚等《"一带"背景下中国与中亚五国贸易潜力测算及前景展望》、刘雨辰等《美国东亚海权战略与中国海上丝绸之路建设：基于战略外溢效应视角的分析》、马新《中国传统宗族论》、傅才武等《创新我国文化领域事权和支出责任划分理论及政策研究》等。封二、封三版的"学者"和"学术动态"刊载了庞朴、王仲荦、路遥和第二十二届国际历史科学大会、本刊"哲学社会科学前沿问题暨2015年选题研讨会""地缘政治与合作发展：一带一路开放新格局"国际学术研讨会等内容。每期160页码，双月刊全年出版6期，凡发文96篇，约176万字。其中国家社科基金资助项目论文30篇；教育部基金资助项目论文13篇；各级各类基金资助项目论文计72篇，占总量的75%，皆较上年度有所提高。被权威文摘

刊全文主体转载19篇，约占总发文量的20%。

3月，中国科教评价网、武汉大学中国科学评价研究中心和武汉大学图书馆推出了第四届《中国学术期刊评价研究报告（武大版）（2015～2016）》，本刊被评为“RCCSE中国核心学术期刊（A）”并获证书。4月，中国社会科学院中国社会科学评价中心和中国社会科学院办公厅发布中国人文社会科学综合评价核心期刊入选名单，本刊获“中国人文社会科学综合评价AMI”核心期刊证书。10月，又获中国科学技术信息研究所颁发的（中国科技论文统计源期刊）“中国科技核心期刊”证书。

三、主办承办学术会议，以学报媒介聚焦学术热点、搭建研究平台

1月10～12日，学报与人文社会科学研究院举办“哲学社会科学前沿问题暨2015年选题研讨会”，北京大学武树臣教授、清华大学蔡继明教授、南开大学龚刚教授、中国人民大学李军林教授、中国社会科学院张车伟与周文斌研究员、中国政治学会包心鉴教授、《新华文摘》喻阳总编辑、《人民日报》理论部于春晖副主编、《清华大学学报》仲伟民教授、《北京大学学报》刘曙光教授等60余位专家学者亲临会议。全国哲学社会科学规划办公室姜培茂副主任和陈炎副校长出席开幕式并作了报告。与会者就中国哲学社会科学研究的重点、热点和前沿问题，当代中国学术期刊的发展改革问题及2015年的组稿选题计划，进行了交流和探讨。

10月16～18日，学报参与承办了由山东大学亚太研究所主办的“地缘政治与合作发展：一带一路开放新格局”国际学术研讨会。

11月27～29日，本刊举办“文化与经济专栏研讨会暨2016年选题会”。来自清华大学、武汉大学、上海交通大学、中央财经大学、中国海洋大学、中国传媒大学、《新华文摘》杂志社及山东大学的40余位专家学者莅临会议。副校长胡金焱出席并致辞。他指出，文化与经济专栏的设置，适应了当今世界文化与经济建设发展的需求，具有学术前沿性和现实针对性；学报应把该栏目办成引领学术前沿、体现时代要求、展示山大学科特色的高水平学术栏目。与会学者对新设“文化与经济”专栏给予充分肯定，就专栏建设及学报2016年选题策划组稿等问题发表了观点、建议和意见。

4月15日，学报召开政法编辑室与法学院教师座谈会。主编魏建、政法编辑室李春明等与会。会议由法学院副院长李忠夏主持，郭明瑞等15位教师代表出席。双方就本年度学报参考选题、来稿中突出问题、法学类期刊与综合类学术期刊的异同、学报发展的建议等进行了交流和探讨。

4月1日，魏建与学报文史哲、政法、经管三个编辑室主任4人参加了“中国人民大学人文社会科学学术成果评价发布论坛（2015北京）”，会后赴《北京大学学报（哲学社会科学版）》编辑部进行了座谈交流。《北京大学学报（哲学社会科学版）》主编程郁缀、副主编刘曙光参加座谈。

四、深化完善制度建设，保障编辑出版和行政管理的科学运行

试行刊期执行主编制。自2015年第1期开始，由文史哲编辑室、政法编辑室和经管编辑室主任轮流担任学报“本期执行主编”。

建立约请专家加工“代表作”“精品稿”制度。从每一期拟采用的稿件中，选择约3篇当期重要文章，召开小型评议会，专家、作者、编辑面对面，对稿件深入分析研讨，提出进一步完善的意见和建议。

继续实行特约编辑制度。聘请高端学者担任学报的“特约编辑”，主持栏目、参与选题、协助组稿及评审稿件。

3月，编辑部党支部荣获机关党委组织的以转变作风、服务师生为主题的“特色党日活动三等奖”。

12月，山大编字［2015］2号《关于印发山东大学部门主要职责内设机构和人员编制方案》，其中包括有《山东大学学报（哲学社会科学版）》编辑部主要职责、内设机构和人员编制方案。

12月，编辑部新制定了6项管理制度征求意见。新订制度包括：《〈山东大学学报〉（哲学社会科学版）管理办法》《编辑部重大事项决策制度实施办法》《编辑部会议记录纪要管理办法》《匿名评审专家管理办法》《编辑部劳动纪律与考勤办法》《编辑部财务管理实施办法》。

（牟　进）

《山东大学学报》（自然科学版）

2015年，在学校及编委会的正确领导下，在同志们的共同努力下，编辑部承办的4个期刊的学术质量、编辑印刷质量及相关引证数据稳定提高，各项工作都取得了较大的进步。

1. 英文刊工作开展顺利。以彭实戈院士为主编的英文新刊 *Probability, Uncertainty and Quantitative Risk* 在2015年8月成功召开第一届第一次编委会，11月与Springer出版社达成了合作意向，并制定了2016年出版计划。

2. 《山东大学学报》（理学版）入选国家新闻出版广电总局2015年全国百强期刊。获得这一项殊荣，标志着该刊在全国学术界和期刊界的地位和影响又迈上了一个新台阶。

3. 引证数据基本保持稳定。据科技部中信所最新公布的2015版《中国科技期刊引证报告》（核心版）显示，学报引证数据基本稳定，部分学科有所突破，需要进一步努力提高。

4. 数字出版工作开创新局面。建立期刊微信平台，改进网刊发布技术，拓展DOI功能，在超星期刊数据平台搭建专题栏目，多方位立体推广期刊内容。

5. 初步完成了编辑学学科建设调研报告，为编辑学学科建设奠定了基础。

6. 加强内部制度及编辑队伍建设，规范、科学管理。部分职权下放，强化执行主编的职责；引入外援编辑，有效解决编辑力量严重不足的问题；鼓励学科编辑积极参加相关学科学术会议及去兄弟单位调研学习，不断创新办刊模式。优化业务处理流程，注重提升服务水平，密切与专家和作者的联系。

7. 圆满完成4个版学报近40期1000万字编辑出版等任务，相关收入140多万元。经营工作有了一定突破。

8. 加强教学管理，完成了研究生、本科生医学论文写作教学任务。

9. 完成了“十三五”规划编制工作。

（宋　艳）

第一附属中学

在2015年度，山东大学第一附属中学紧紧围绕山东大学2015年工作要点，结合学校实际，积极开展各项工作，脚踏实地地落实学校的各项工作任务。贯彻落实《国家教育中长期发展规划纲要》和学校“十二五”发展规划，秉承“关怀生命成长”的办学理念和“教师发展的沃土，学生成长的乐园”的教育追求，坚持“站在文化的高度思考教育，站在教育的高度思考教学，让学生发生真实性的学习”的指导思想，以“聚焦课堂，深化课改，关注学生，成就发展”为抓手，在遵循教育规律的前提下，研究学科发展的方向与策略，实现各学科优质均衡发展，打造山大附中学科品牌，为学生的全面发展提供有力支撑，引领全校师生共同努力实现“做有信仰的教育”的教育理想。

一、加强思想政治建设，办人民满意的教育

按照党委组织部、宣传部的安排要求，组织全体教工认真学习十八届五中全会精神，贯彻落实习总书记系列重要讲话精神，充分利用学校网站和微信平台等媒介，采取集中学习与分散自学相结合的方式，组织好教职工的政治理论学习工作，使全体教职工及时了解党和国家大政方针，并在思想上与党中央保持一致。以改革创新精神加强党的思想、组织、作风、反腐倡廉和制度建设，加强管理队伍和党员队伍建设，加强和改进思想政治工作，积极探索学习型、服务型、创新型党组织建设。注重从学科带头人、师德高尚的业务骨干中选拔任用党支部书记，健全党支部建设，营造和谐创新的基层党组织，推动基层党组织在教育服务中更好地发挥核心作用。配合“三严三实”主题教育，在全体党员中开设党规党纪、师德教风、反腐倡廉等的专题教育，加强对党员的党性教育和业务培训，更好地激发教职工为学校的发展教育目标不懈努力的热情和动力。

坚持从附中的实际出发，走“科学发展，创新发展”的路子，紧紧围绕着“养心育德，养根育能”的教育策略和“提高教育质量”的工作主线，以“培养学生的学科核心素养”为目标，聚焦课程改革，促进课程的深度融合，致力于改变当前我国课堂教学中“只见知识不见人，只见知识不见能力”、忽略学生全面发展的教育现状，尊重与理解生命，努力办好让人民满意的教育。

二、创新管理机制，提高管理效能，形成科学化、民主化、人文化、网络化的学校管理系统

（一）扎实有效的推进党的“三严三实”专题教育活动工作

按照山东大学党委关于开展“三严三实”专题教育活动的工作部署，学校领导班子以严肃、严谨、认真的态度进行学习反思，自查、自评、自纠。通过集中学习和分散学习，领导班子成员认真剖析自我，以严格的标准、严格的措施、严格的纪律，学习和践行“三严三实”。通过学习，强调领导干部要在自我净化、自我完善、自我革新、自我提高能力上下大气力，对照一附中工作实际和干部队伍现状存在的问题，梳理分析和解决“不严不实”的问题。

（二）加强权力运行制约监督

完善权力制约机制。加强领导班子思想政治建设，结合学校有关制定，积极推动学校完善内部治理结构，完善重大决策征求意见制度和科学民主决策机制，认真落实领导班子民主生活会制度、党政工团联席会、教代会、教师发展委员会制度，规范议事提案及议事程序。坚持民主科学决策，重大决策、重要人事任免、重大项目安排和大额度资金运作事项必须由党政工团联席会领导班子集体研究作出决定。改选成立了附中新一届工会委员会，健全了学校工会组织。

三、加强党风廉政建设

深入贯彻落实中央和山东大学党风廉政建设工作有关会议精神，坚持党要管党、从严治党，推进工作创新，严明党的纪律，坚决纠正“四风”，规范权力运行，推进阳光治校，为学校教育事业改革发展提供了有力的保障。由于成绩突出，被山东大学党委评为“山东大学 2015 年度党风廉政建设责任制考核优秀单位”。

（一）加强党规党纪教育，严格落实党风廉政建设责任制

加强廉政风险防控体系建设，严格落实中央八项规定，建立健全监督约束机制，保持领导干部思想道德的纯洁性，树立为民务实清廉的良好形象。在全体教职工中传达贯彻落实教育部、山东大学党委关于违反中央八项规定典型案例通报会议精神，并学习贯彻《中国共产党廉洁自律准则》和《中国共产党纪律处分条例》，自觉遵守宪法法律和党的纪律；坚持民主集中制，自觉接受监督，不搞大权独揽、独断专行；坚持从实际出发谋划事业、推进工作，敢于担责、有所作为，为实现把附中建成引领中国基础教育发展的名校的目标贡献力量。

（二）规范权力运行制约监督

认真落实《山东大学国内公务接待管理办法》《山东大学附属中学公务接待办法》《中共山东大学委员会关于加强干部监督管理的十项规定》等各项规定，严禁党员领导干部出入私人会所、变相公款旅游；严禁领导干部利用婚丧喜庆、乔迁履新、就医出国等名义收受有利益关系单位和个人礼金礼券的问题；严禁用公款相互宴请、赠送节礼、违规消费。

（三）贯彻落实党委要求

一附中坚决执行学校关于公车使用的规定，把联合办学单位赠送的 3 辆公车如数上交山东大学，把借用联合办学单位济南历源实业有限责任公司的 1 辆商务车也如期归还原单位。为了让全校教职工对报销政策有更加全面深入的了解，领导班子召开财务规范专项会议，把“山东大学报销最新规定”在会上给大家一一讲解，并制定成适用于附中的“报销指南”。成立专门的自查小组到财务部对 2013～2015 年度的财政收支情况进行了认真的自查，查找出一些问题，并提出了相应的整改措施。

（四）加强监督检查，增加工作透明度

推进招生“阳光工程”。认真落实教育部“六不准”和“十禁止”规定，招生领导小组加强对招生考试工作各环节的监督，推进招生“阳光工程”，严肃招生秩序，加大监督力度。完善招标采购、建设维修等的审批、报销流程和监督机制，加大了对财务等重点领域的监督检查，在教师招聘、评优评先、职称评定、学生评优、各类奖学金的评定等领域，加大监督检查力度，确保一切工作公平、公正、公开、透明地开展和实施。

四、学校教育教学工作取得显著成绩

（一）合作办学成绩显著

由一附中管理的山东大学辅仁学校和定陶山大附中实验学校建设取得了长足发展。辅仁学校在习惯养成教育、课程建设、课堂教学改革、学长制、德育课程体系建设等重点工作方面均取得阶段性成果。在小学段引进了“全课程”体系。同时，组织专家和骨干教师积极开发符合学校实际的更加科学的“四季课程”，探索建设打破学科界限、力求提升学生核心素养、培养学生全面发展的课程体系。首届毕业生在学考中取得了优异成绩。

定陶山大附中实验学校初步建立了学校管理制度，科学系统地开展了教师培训，提升了教师理念和教育教学能力，也带动了定陶县整体教育水平的发展，获得当地政府和群众的广泛赞誉。

合作办学的成功，有益于为进一步探索异地多校区办学的管理体制及运行机制积累经验。

（二）进一步加强了德育队伍建设

倡导并实践了德育工作的个性化、人文化，全面实行全员育人。在德育队伍建设方面，通过对以班主任为核心的管理团队的培训、主题班会的课程化建设、家校合作的深入开展等措施，总结提升管理理念，德育课程体系得到进一步完善，形成了较为完善的管理团队的评价制度。以山东大学青少年研究所为平台开展德育课题研究，在山东大学专家教授指导下，创新德育工作。

（三）深化课程改革，建设独具特色的完整课程体系

在注重教育教学常规工作优质化的基础上，积极探索课堂改革的深层次发展和建设。组建了“学科核心素养”课程改革团队，全面提升学校课程建设的水平。深度融合现有课程资源，以培养学生的核心学科素养作为课程开发的出发点和归宿点，建设具有附中特色的十二年一贯制的学校课程体系。

（四）教育科研工作向纵深发展

继续围绕着“教育科研引导并提升学校全面发展，推进素质教育”这一指导思想展开，着重抓住课题研究总结，学习、提升理念。与华东师大庞维国教授合作开展《基于学习科学的有效教学研究》的课题研究取得了阶段性成果，科学地引导教师的教学朝着科学、创新、高效的目标发展。

（五）深入开展教育信息化研究

现代教育技术为促进教学方式的转变提供了技术支持，为促进翻转课堂、智慧教室对学生发展的促进作用，成立了教育信息化研究团队，积极建设“智慧校园”，加快网络管理下的校园一体化建设进程。

（六）稳步实施“山大附中教师人文素养研修”，提升教师人文素养。本年度完成了“史学与人生”专题。

（七）教育教学成绩获得新突破

在各种比赛评优中教师获国家级奖励 22 人次，省级奖励 17 人次，市级奖励 32 人次，区级奖励 51 人次；学生获国家级奖励 94 人次，省级奖励 12 人次，市级奖励 121 人次。2015 年学考成绩再创辉煌：推荐生录取 45 人，创历史之最。省实验中学统招线以上 309 人，占毕业生人数的 41.6％。

学校获得历下区教书育人先进单位、历下区教师职业道德先进单位、历下区未成年人思想道德建设先进单位等荣誉称号。

赵勇校长被山东省教育厅评为山东省首届“齐鲁名校长”，被山东省政府任命为“省政府督学”。

（朱子炎）

第二附属中学

第二附属中学现有 36 个教学班（其中小学部 17 个班），在校生 1900 余人，教职工 117 人。一年来，第二附属中学时刻遵循“为学生的终身发展奠基”的办学理念，围绕“创一流业绩，办精品学校”的奋斗目标，全校师生努力实践“志不求易，事不避难”的校训，积极营造“和谐，淳朴，求精，创新”的校风，在教职工中大力提倡“博爱，严谨，求真，奉献”的教风，激励学生“博学，砺志，求索，奋进”，在各项工作中取得了较好的成绩。

一、党建工作

学校党总支深入学习党的十八大、十八届三中、四中全会精神和习近平总书记系列重要讲话精神，坚持社会主义办学方向，牢牢把握党对意识形态领域的领导权、管理权和话语权，把立德树人根本任务落到实处。制订了干部学习计划和教职工学习计划，规定了学习时间和学习内容，责任到人，层层落实。每周一上午校务会之后的时间是班子或干部学习的时间，每月召开一次党总支扩大会议，全体干部参加，集体学习，商讨学校工作。加强了全体教职工的政治理论学习，每月组织一次集体学习，加大对党支部和广大职工的教育力度，协调好党的建设和学校教育教学之间的关系，努力建设学习型党组织。实行领导班子民主决策制度，定期召开党总支委会议和党政联席会；定期召开教职工代表大会，重要制度和文件通过大教代会讨论和通过。

认真组织开展群众路线教育实践活动和“三严三实”专题教育活动，召开了班子的民主生活会和各支部的专题组织生活会，进一步提高了党员干部的理论水平和领导班子及干部的管理决策能力。

总支下设一附小、二附小、二附中三个党支部，现有党员 68 人。在党总支的领导下，完成了支部的换届工作，开展了丰富的党员活动。二附小支部的大学基层党组织立项课题《争当育人模范，引领学生成长》于 2015 年顺利结题并获得三等奖，二附中支部申报的《党员教师教学行为的现状分析及对策研究》获得 2015 年基层党组织立项。

二、学校管理

（一）民主管理，依法治校

三届二次教职工代表大会于 9 月 23 日召开，51 名代表参加会议，通过了《山东大学第二附属中学十三五规划》《学校章程》（草案）。2014 年 7 月，山东大学第二附属中学“公办学校标准化示范项目”被批准为山东省服务标准化试点项目，以此为契机，在学校引入标准化理念和管理手段，经过一年半的建设实践，以学校现有规章制度为依托，按照“用制度改标准，无制度制标准，缺制度补标准”的原则，将相关制度该规范的规范，该合并的合并，该修订的修订，该废止的废止，把符合工作实际且运行成熟的制度，全部上升为标准的形式固定下来。制定标准 202 项，逐步建立了科学规范的标准体系，并认真贯彻实施。2016 年 1 月 4 日顺利通过省专家团的考核验收。

（二）抓好领导班子和干部队伍学习

学习、实践、总结、交流，各种层次和不同方式的培训，分类推进，让干部队伍、教师队伍、班主任队伍和党员队伍不断地成长和成熟起来。通过举办干部培训班、读书会，外派学习，内部交流等活动，正文风、改会风、转作风、树新风，利用每周一上午办公会时间和周二下午时间组织干部学习上级文件精神，在开展“三严三实”专题教育活动中，学校中层以上干部针对学校实际和分管的工作进行了三次专题研讨，正文风、改会风、转作风、树新风，切实提高班子成员和干部的政治理论水平，使干部在实践中增长才干，在自律中提升品位，努力发挥表率作用、服务作用、人格作用和沟通协调作用。强化责任意识、服务意识、大局意识、创新意识，努力形成勤政务实、团结实干、无私奉献的领导集体。

（三）加强教师队伍建设

利用政治学习，组织教师学习《中小学教师职业道德规范》等文件，与教师签订师德教风建设责任书，并将落实师德教风建设责任制的情况纳入年度考核。在教师队伍中通过校本培训、外出学习，读书工程、专家引领、教育教学年会等多种形式，提高教师的理论水平和专业素养，为老师们提供各种学习机会和施展才华的舞台。先后组织了全员参与育中方略教育咨询有限公司的培训团队专家进行体验式培训，新东方刘旸（名师工坊负责人）讲座：玩法变了；新入职教师培训（7 月 8 日），参加人员一二附小，二中、凤凰路学校入职不满 3 年的教师和部分自愿参加的教师近 60 人；中国教育工作研究会“克服教师职业倦怠，科学转化问题学生”班主任高级培训班 10 月 17～18 日两天在学校举办，老师们积极自愿参加；

不定期地组织读书慧活动 22 次，调动了老师们读书学习的积极性和主动性；积极组织参加上级教育主管部门的远程培训、外出培训、班主任素质大赛，取得了优异的成绩。

（四）加强安全工作，创建平安校园

一年来，学校始终把安全工作摆在各项工作的首要位置，以确保学校财产和师生生命安全为重点，切实维护学校教育教学等工作有序进行。学校成立以校长为组长的领导机构，校长亲自抓，分管领导具体抓，教师和班主任直接抓。建立教师学生执勤制度，做好校园检查。与全体老师层层签订学校安全工作责任书，将学校安全责任制落实到位。建立安全预警机制和突发事件应急预案，定期举办安全知识讲座和疏散演练。德育校本安全课程专题研究小组，开展了一系列教育研讨活动，课程体系日趋完备，开设校本安全公开课，收到了显著的效果。

（五）加强学校文化建设

学校有明确的办学目标和办学理念，并借助山大文化底蕴浓厚，人文环境和谐的优势，重视环境文化的建设，用先进的文化理念凝聚人心。为了促进校园文化的贯彻落实，学校申请了微信公众号，及时推送学校信息，加大宣传力度；印制了学校宣传册，谱写了学校的校歌《在阳光下成长》，拍摄了学校宣传片《向上吧，少年》。

三、工作实绩

（一）学校管理更加规范

在上级有关部门的指导下，学校经过一年半的努力，按照标准化的要求，重新修订了学校管理制度，并认真贯彻实施，取得了满意的效果，年底顺利通过山东省义务教育学校标准化示范项目的考核验收，得到了各位专家的高度赞誉，使学校的管理水平又上了一个新的台阶。2015 年荣获历下区教书育人、未成年人思想道德建设先进单位；山东大学“三八红旗集体”“青年文明号”等称号。

（二）合作办学提升学校知名度

学校自 2014 年 2 月与济南高新技术开发区、国华时代投资公司在国华印象小区售楼中心签署合作办学协议后，经过了一年多的筹备，合作学校—凤凰路学校 2015 年如期招生开学。现有两个年级，100 名学生和 16 位教职工。迈出了输出管理的第一步，提升二附中在社会的知名度，实现了经济效益和社会效益的双赢。

2015 年，与省博物馆签署馆校共建协议，与省公共安全馆签署共建协议，与旧金山南侨学校签署友好学校协议，并开展了丰富多彩的活动。

（三）教学科研成绩显著

2015 年学考，成绩优异，总分居历下区第二名，两位同学分别考取了新加坡中正中学、克信女子中学。以张玲为首的英语备课组成绩优异，被推荐在历下区学考总结会上做典型发言，受到了与会领导和老师的高度赞誉。成绩的取得，是教学管理干部和初三全体老师的辛勤付出的结果。王继萍副校长亲自挂帅，教导处、政教处具体指导，班主任和任课教师，克服重重困难，群策群力，脚踏实地，真抓实干，发扬团队合作精神，向学校、家长交了一份满意的答卷。

教师的科研水平不断提升。2014 年，学校共获准立项省、市级课题 12 项，2015 年已有 3 项省级课题顺利结题。今年有 20 名教师积极参加区教科室的小课题的申报，组织课题主持人参加上级主管部门主办的课题集体结题培训，1 项省级课题、3 项市级课题正在结题鉴定评审中。教师参加市区评优课及技能大赛评比有 30 多人次获奖。有 50 多人次在省市区各种比赛中获优秀指导奖。

（四）课程体系不断完善

学校重视三级课程的构建，今年在校本课程的开发上又有了新的突破。学校以“培养学生的创新精神和实践能力”为德育工作目标，制定了《德育工作规范》《德育工作系列化教育目标》等德育工作标准，注重学生的特长培养，在游泳、篮球等传统项目的基础上，又相继成立了排球队、合唱队等课外活动小组。引进校外资源，开设了围棋课、机器人课、网球课等，活跃了校园生活，为学生提供了更加广阔的舞台。以标准化工作为依托，学校制定了《社团管理规范》，开展了动漫社、考古社、模拟联合国等社团活动；利用假期开设游学课程，积极鼓励并引导学生，到不同文化环境中去探访并沉浸其中，国际游学和国内游学同步进行。在游学活动中，同学们广泛了解、认识和接触社会，用眼睛去观察，用心灵去感悟，在快乐中学习，在团队中历练，开阔了视野，增长了知识，丰富了阅历，深受广大师生家长好评。

着力于德育校本安全课程建设，专题研究小组，在去年的基础上又开展了一系列教研研讨活动。课程体系日趋完备，已经先后开设了心肺复苏、止血包扎、防拐骗和性侵害、防溺水、安全游泳、交通安全、火灾、烧烫伤、踩踏、食品安全、消防安全等主题的教育，现已成为学校的精品特色课程。

（五）艺术体育工作得到长足发展

学校面向全体学生，围绕“2+1”工程，提出了让每个学生至少具备2项体育技能和1项艺术技能的要求。迄今为止，学校体育有游泳、篮球、网球、排球、羽毛球等成为我校的体育特色项目；艺术教育成绩稳中有升，每年的艺术节从校内开始，人人参与，到片上演出，发掘艺术人才，实现了普及与提高的目标，在各项艺术比赛中取得好成绩。团体活动中，中学：2015年4月济南市“体育彩票杯”中小学生篮球赛第六名；2015年10月历下区“体育彩票杯”中小学生篮球赛第二名。学校的中学男子篮球队获济南市“体育彩票杯”中小学生篮球赛第六名；2015年10月历下区第二名。学校的小学男子篮球队获济南市“体育彩票杯”中小学生篮球赛第六名、历下区第三名。中学女子排球队获区第三名；在省市区的游泳比赛中有12人次获奖。在历下区“首善杯”书画比赛中，学校有5名学生获奖，学校获得优秀组织奖。参加旧金山南侨学校组织的首届书画比赛，学校8位学生全部获奖，校长谭鄰亲自到校为学生颁发奖状和奖金。在历下区的合唱节比赛中，学校中小学参赛队均获得一等奖。

（六）校园环境明显改善

投入资金130多万元用来进行去年危楼改造后的修缮及美化。铺设了硅PU操场、大礼堂门前铺设大理石、安装护栏等。粉刷教室走廊、更新了录播教室、尚德楼装修、安装空调28台，所有教室全部配齐空调。校园读书广场成为学校文化特色，办学理念悬挂楼顶、校训上墙，室外建设了历史、地理文化墙，更改了楼名为峻德楼、尚德楼、大礼堂（20世纪30年代韩复榘教导大队礼堂）。图书角、文化墙、荣誉陈列橱窗、读书广场、史地墙等使学校环境焕然一新。

（七）对外交流思路开阔

2015年，学校开设游学课程，国内游学和国际游学同步进行。仅国际游学先后近百名学生、有10多位老师走出国门，到新加坡、澳大利亚、英国等进行友好交流；受国家汉办侨办委托，宁玲赴加拿大讲学，李玉亮参加国侨办赴新西兰、斐济讲学；孙桂青老师参加国侨办组织的赴美国旧金山南侨学校的“中华传统文化大乐园”的授课任务，受到高度评价。接待国外友好学校来访9次，国际交流不断扩大，拓展了师生的视野。

（孙桂青）

山东大学国家大学科技园

2015 年，国家大学科技园管理办公室按照学校工作要点要求，与学校“十三五”发展规划及综合改革有机地结合起来，有效衔接，统筹推进，紧密结合济南市及德州市的经济发展需求，着力落实了大学科技园市中园区、禹城园区的孵化场地建设、人才引进及相关配套措施的完善，取得了一定的成绩，完成了年度工作任务。

一、党政工作

全面贯彻落实党的十八大精神，深入学习贯彻习近平总书记系列重要讲话精神，认真落实全国、全省高校思想政治工作和党建工作会议精神，深入学习、巩固和拓展“三严三实”专题教育成果，以落实大学科技园的建设要求为契机，以深化综合改革为动力，以推进专项巡视、审计整改工作为抓手，以加强党建和思想政治工作为坚强保证，开拓创新、扎实工作，确保山大国家大学科技园“十三五”发展开好局起好步，为建好国家级大学科技园奠定坚实的基础。

二、园区工作

（一）科技园高度重视巡视、整改工作

坚持问题导向，建立问题、任务、责任清单，明确完成时限，针对性地提出解决办法，确保整改工作落到实处、取得实效。

（二）济南市中园区及禹城园区

1. 按照学校与济南市市中区、华润置地集团共建国家大学科技园的协议，市中区政府 2015 年 8 月在马鞍山路又整体租用了一处独立楼房（建筑面积 4777 平方米）作为科技园孵化园区，经过一个多月的整修，达到企业入驻条件。其中有三个入驻企业获得济南市创业人才计划支持。

2. 按照学校与禹城市签署的共建山大国家大学科技园禹城分园的合作协议，禹城市政府出资对孵化场地——创业大厦进行了装修。科技园办公室人员先后多次到禹城与地方政府相关人员就选址、装修方案、入住团队等问题进行交流协商，目前已装修完成，届时可供科研机构和创业企业入驻使用。同时禹城市政府又投资建设了配套的人才公寓，目前装修已基本完成，可以为入住园区的师生进行科研和创业提供服务。禹城园区的建设及各项工作正在积极稳妥地推进中。

三、投资及股权管理

（一）在投资企业分红方面

2014 年山大俱进物流公司、山大吕美公司实现利润分红。

（二）在参股企业股权退出方面

经与股东协商，正在开展山东省（鲁财）产权交易中心有限公司和济南菲森特测控技术有限公司两家公司的清算。鲁财产权公司清算预计 2016 年 3 月结束，科技园公司预增收益 120％。

四、统计上报及其他工作

1. 完成向科技部火炬中心上报科技园 2015 年度统计工作。

2. 完成科技园公司社保系统及劳动用工系统的管理、维护及年检工作。

五、网站建设

为了进一步加强对国家大学科技园的宣传力度，经处办公会研究决定对大学科技园网站进行改版。指定专人负责网站的建设，并先后多次进行专题讨论，集思广益，新建的网站于 2015 年 12 月正式投入使用。经过改版后的科技园网站在网页设计、网站管理上更加灵活、美观，网站的实用性及综合性更加完善。提升了国家大学科技园的服务质量和层次，拓宽了服务内容，为构建和谐的孵化园区起到了积极的推进作用。

（周　迎）

学院建设

哲学与社会发展学院

2015年，在学校党委领导下，学院领导班子团结带领全院教职员工认真贯彻党的十八大和十八届三中、四中、五中全会精神，认真学习习近平总书记系列重要讲话，扎实开展"三严三实"专题教育，紧紧围绕学院中心工作，改革创新，锐意进取，取得了较好成绩。一是完成了学院两个一级学科的"十三五规划"工作。二是哲学学科成功入选山东大学"学科高峰计划"首批重点学科建设行列，同时开展了社会学学科入选"学科高峰计划"第三层次的调研和准备工作。三是学科排名有较大提升，哲学2015QS世界排名列第120位，是山大唯一进入世界排名前150位的学科。四是科研能力进一步提升，哲学专业获国家重大项目立项1项，社会学专业入选《国家哲学社会科学成果文库》1项。五是教师队伍建设良性发展，新增长江学者讲座教授1名，长江学者奖励计划教授达4人，引进海外著名大学毕业博士和博士后2人。

一、围绕中心，服务大局，打造坚强有力的班子集体

一是抓理论学习，提高思想政治素质。学院组织班子成员、党支部书记、党员骨干充分利用理论学习中心组、"三会一课"、主题党课、党政联席会等形式认真学习党的十八大和党的十八届三中、四中、五中全会精神，认真学习习近平总书记系列重要讲话精神，学校党委关于党的建设和学校"双一流"建设系列讲话和文件精神，不断加强"学习型、创业型"管理团队建设，把创建国内乃至世界一流学科和一流学院作为奋斗目标，持续不懈用力，全力推进党的建设和事业发展。二是抓工作落实，锻造干事创业能力。在学校创建世界一流大学的进程中，学院着眼长远，以全面加强党的建设为根本保证，以一流学科建设为龙头，全面加强人才队伍、科学研究、人才培养、国际合作与交流、学生教育管理和社会服务等工作，以严和实的作风狠抓落实，以实际行动为学校创建世界一流大学贡献力量。三是抓党的建设，推进民主治院进程。完成党委换届，实行9名党委委员联系指导基层党支部制度。加强对优秀教工的培养考察，新发展教工党员2名。开展"提素养·修正气·树新风"党员教育专题活动，发挥党员先锋模范作用，

营造风清气正的学院环境。健全完善了党政联席会议议事规则，积极推进信息公开，涉及学院事业发展的重要事项及时在院内发布，接受群众监督。完成院学位委员会的换届工作，建立健全二级教代会制度，建立院系联席会议制度，推动院内民主进程。

二、着眼一流、干事创业，全面推进“双一流”学院建设

一是学科建设取得新进展。2015年哲学QS世界排名第120位，亚洲排名第14位，国内排名第7位，是全校唯一进入前150位的学科。另据中国人民大学《复印报刊资料》学术论文转载指数统计，哲学学科近两年连续保持全国第六位。二是人才队伍建设再创佳绩。以色列特拉维夫大学东亚学系张平教授新增为长江学者奖励计划讲座教授。学院长江学者计划教授达4人。三是科学研究能力得到进一步提升。获2015年度国家社科基金重大项目1项。入选《国家哲学社会科学成果文库》优秀成果1项。获山东省高等学校优秀科研成果奖一等奖1项。获山东省社会科学优秀成果奖一等奖1项、二等奖3项、三等奖1项。获山东省社会科学优秀成果重大奖1项、二等奖1项。四是人才培养工作再上新台阶。2015年共有4位老师的教材进入山东大学第一批精品教材建设立项项目名单。国际化课程和双语课程建设获得学校重点资助。通识教育核心课程数量达15门，名列全校第一。王华平教授获2015年“我心目中的好导师”及“山东大学优秀教师”荣誉称号，傅有德、何中华教授被聘为首届山东大学师资培训课程主讲教师，商逾教授被聘为山东大学第八届教学督导员，陈坚教授评为2015年度“我最喜爱的老师”，李芹教授获第九届山东省教学名师称号，刘杰教授被评为2015年度山东大学和山东省优秀研究生导师。五是学生教育管理工作注重实效。2015届学生就业率超过93%，创历史新高。5名硕士生赴境外名校攻读博士学位。获校长奖学金1人次、省优秀学生1人次，省优秀学生干部1人次。获“山东大学五四红旗团委”“学生思政教育与管理工作先进单位”“学生就业工作创新先进单位”荣誉称号，获山东省省级优秀班集体1个，获山东省十佳辅导员1人。“朱雀博士论坛”获山东大学“礼敬中华优秀传统文化”活动二等奖，“思想者系列活动”获山东大学校园文化建设优秀成果二等奖。10余人在全国性论文征文竞赛中获奖。六是社会服务工作成绩斐然。2015年至今，举办各类培训班13余期，受训人数达1000余人。自学助考招生规模每年基本上稳定在400人左右。大力推动贵州招生拓展工作，1人获“山东大学教育拓展先进个人”称号，学院被评为“山东大学教育拓展先进集体”。

三、“三严三实”专题教育抓得扎实有效

学院党委遵循“规定动作不走样，创新动作有特色”的原则，把专题教育的每一步抓紧抓实。一是坚持把“三严三实”要求引领到对党忠诚的高度上来认识。坚持把专题教育作为党员领导干部进一步坚定理想信念、转变作风、提高科学治院能力的重要契机，作为全面推进“双一流”建设的有力抓手。二是以上率下，示范带动，开好局起好步。先后召开四次专题会议，研究部署专题教育活动。集体学习了学校活动方案，准确把握专题教育的目标和重点，为扎实推进“三严三实”专题教育奠定了良好的基础。进行前期调研，征求师生对开展好“三严三实”专题教育的意见建议，虚心听取群众对处

级以上干部在“严”与“实”方面存在的问题及表现，坚持问题导向，为教育的开展找准着力点，确保教育高起点开局、高标准开展、高质量推进。三是精心备课，讲好党委书记专题党课。院党委书记杨斌同志于6月29日下午作了题为《从严从实要求，做忠诚于党、无愧于师生、无愧于岗位的合格领导干部》的专题党课，并对学院专题教育活动进行了动员部署。要求与会人员要不断加强自我教育和修养，认真学习研讨交流，并将学习成果运用于履行自己岗位职责和齐心协力共同做好学院工作的实践之中。四是切实做好经典原文学习。班子集体学习习近平总书记关于“三严三实”的重要论述、从严治党的八点要求等系列重要讲话及《习近平谈治国理政》《党章》《习近平关于党风廉政建设和反腐败斗争论述摘编》《领导干部违纪违法典型案例警示录》《优秀领导干部先进事迹选编》等学习材料，打牢思想根基。五是扎实做好学习研讨。10～12月，相继召开了三个专题的学习研讨会，校党委常务副书记李建军出席第二专题的学习研讨会并讲话。研讨中，班子成员紧密围绕“三严三实”结合学院事业发展和自身工作生活实际，逐一进行了交流研讨发言，对“三严三实”要求有了更深刻的认识，政治信仰、理想信念和宗旨意识进一步加强。

四、党风廉政建设工作再上新台阶

2015年，学院党委认真落实党风廉政建设党委主体责任，切实履行“一岗双责”，全面落实党风廉政建设责任制，党风廉政建设工作取得明显成效。一是明确工作要求，认真履行职责。明确党风廉政建设党委主体责任要求，将党风廉政建设工作纳入整体工作计划和总结统一谋划、统一部署、统一总结。班子中，党委书记负总责，班子成员坚持“一岗双责”，层层落实党风廉政建设责任制。全年27次党政联席会中，有15次涉及党建或党风廉政建设问题，召开3次党政联席会党风廉政建设专题会议、2次党委会议和4次党支部书记会，传达学校党委会议精神，对学院工作进行研讨和部署。突出抓好对班子成员、党委成员和党支部书记的监督检查。二是严明党的纪律，狠抓作风建设。加强党的政治纪律和政治规矩教育，引导党员干部守红线、守底线。深入开展贯彻落实中央“八项规定”精神“回头看”大检查工作，针对公务接待、公款旅游、公车和办公用房等四个方面进行了有成效的专项整改，修订岗位津贴分配办法，严禁违规发放津补贴。加强教育警示，组织班子成员认真学习中央处理违反中央八项规定精神等违规违纪案例，从中吸取教训，引以为戒，防微杜渐。积极开展党支部书记和教师学生党员教育培训，通过网站党群园地专栏，刊发教职员工理论学习资料，引导党员干部坚定理想信念。深入开展了财经纪律大检查工作，出台科研经费管理办法，规范科研经费报销程序。面向全院教工和学生党支部、全体党员开展了“提素养·修正气·树新风”党员教育月活动，开展师德师风教育，教育引导全体教师和学生修身立德。三是加强源头防控，规范权力运行。成立由5名班子成员组成的财经工作领导小组，规范财务工作领导机制和审批流程。党委书记和院长与班子副职分别签订党风廉政建设责任书，层层落实责任，保持警醒与自觉。进一步完善了“三重一大”、财务管理办法、决策会议制度、信息公开、科研经费管理以及涉及招生、评奖评优、职务晋升等相关规章制度，切实落实民主集中制原则，所涉及重大问题和事项均通过党政联席会进行集体决策。四是重视服务师生，维护群众利益。坚持走群众路线，坚持信息公开和调查研究，有详细的信息公开办法和申请公开程序，主动公开事项通过学院官方网站或教职工信箱主动及时公开，通过教师大会或教代会及时公开财务、人事和各类奖惩事项。学院设有提案委员会，教代会闭会期间，负责收集师生员工对学院工作的意见和建议，并及时加以研究，反馈办理结果。学生工作委员会负责学生的意见和建议的集中受理，召开学生代表座谈会四次，院领导与学生面对面交流解决突出问题。五是班子廉洁自律情况。领导班子及成员无违规收受礼金（卡）、有价证券、支付凭证和干股情况。没有人在企业兼职，学术机构的兼职均符合规范，不取酬。无用不正当手段获取荣誉、职称、学历（学位）情况。无大操大办或利用婚丧喜庆敛财情况。无违规干预和插手招生、基建、职称晋升等情况。均如实报告了个人事项。

（何立光）

经济学院

一、学院概况

山东大学经济学院位于山东大学中心校区，学院下设经济学系、财政学系、金融学系、国际经济与贸易学系、风险管理与保险学系5个系，以及产业经济研究所、泰岳经济研究中心、博弈论与经济行为研究中心等研究机构，拥有应用经济学、理论经济学一级学科博士学位授予权和应用经济学博士后流动站，目前设有9个博士专业、18个硕士专业（含5个专业硕士专业）和6个本科专业，其中产业经济学为国家重点学科，金融工程和财政学本科专业为国家级特色专业。学院拥有省级重点研究基地“山东省公共经济与公共政策研究基地”“山东省反垄断与规制经济学研究基地”“山东省应用金融理论与政策研究基地”“山东省金融风险控制方法与政策软科学研究基地”和省级工程技术研究中心“山东省金融风险控制工程技术研究中心”。学院现有教职工118人，专职教师97人，其中教授38人，副教授31人；博士生导师55人（含兼职、合作导师23人），硕士生导师68人（含兼职、合作导师25人）；国家“千人计划”特聘教授1人，“泰山学者”特聘教授2人，国家级教学名师1人，马克思主义理论研究和建设工程重点教材首席专家1人，教育部“新世纪优秀人才支持计划”3人，山东省有突出贡献的中青年专家3人，享受国务院特殊津贴专家5人。教育部“金融类专业教学指导委员会”委员1人。“金融学专业教学团队”“政治经济学系列课程教学团队”为国家级教学团队，“金融—数学跨学科交叉应用型人才培养实验区”为国家级人才培养模式创新实验区。

二、党政工作

2015年，学院党委继续深化群众路线实践教育活动整改落实工作，围绕“三严三实”专题教育活动，查找“不严不实”存在问题，在整改方案、专项整治、制度建设方面制定整改台账，逐项销号，本年度新制定制度2项，修订制度2项。

本年度，学院以党建专项经费支持院级党组织活动立项6项。学院党建活动创新工作方式，月足用好党建专项经费，组织教职工党员、学生党员多次到教育基地进行党建教育活动。本年度发展党员61人，培养入党积极分子119人。

2016年1月，成功召开经济学院第一届教职工代表大会第二次会议。

三、教学工作

2015 年，学院持续推进本科教学工程建设，新增 1 项省级和校级本科教学综合改革项目。学院逐步扩大研究生招生规模，生源质量明显提升。2015 年完成硕士研究生招生 178 人，其中“2＋7”高校 10 人，列全校各招生单位之首；“985”高校生源 109 人，占比为 61.2％，高于去年 8 个百分点，高于全校平均水平 21 个百分点；211 高校生源 157 人，占比为 88.2％，高于全校平均水平 22 个百分点，生源质量明显好于上年。2015 年完成博士研究生招生 28 人，在职博士生比例控制在 20％以下；招收国际留学生 60 人，英文授课项目招收人数同比增长 5 倍；“美英澳国际教育项目”招生 180 人，同比增长 28.6％。

四、科研与学科建设

学院实施《山东大学经济学院学术繁荣计划》，推动学院科研工作，首批立项 3 项，立项经费 14 万元。学院推动高水平专著资助计划，出资全额资助出版高水平学术专著 9 本。

2015 年，学院获得国家社会科学基金一般项目 4 项；国家自然科学基金面上项目 2 项，青年项目 3 项；教育部人文社科基金规划项目 4 项，青年项目 2 项，山东省社科基金 3 项。项目立项率和学院的项目覆盖率进一步提高。

学院获山东省第二十八次社会科学优秀成果一等奖 2 项、二等奖 2 项。臧旭恒教授获得教育部人文社科优秀成果一等奖，为学院教师首次获得教育部人文社科一等奖奖励。2015 年，学院实到科研经费总额达 593.58 万元，其中纵向科研经费 469.5 万元，横向科研经费 124.08 万元。

五、国内外合作

学院继续巩固与世界名校合作项目，与荷兰蒂尔堡大学、美国威斯康星麦迪逊分校等 5 所名校续签或新签协议；聘请外籍专家 36 人；教师 56 人次出国进修、访学和参加会议；161 名学生出国交流，其中 80 名本科毕业生出国深造，42.5％申请到世界前 50 名校；学院出资 10 万元设立雅思托福奖学金，本科生获得留学基金委优本项目增至 6 个。

非学历继续教育创新形式、不断提升服务水平，2015 年实现入账额近千万元，再受训率近五成。

六、学生工作

本年度，1 位辅导员获山东省优秀辅导员、2 人获校优秀辅导员、3 人次校就业工作先进个人等各类荣誉称号。一次就业率本科生 94.1％，研究生 100％，获山东大学 2015 年就业先进集体称号。

学院获“创青春”全国大学生创业大赛金奖 1 项、银奖 1 项，深交所燧石星火创业训练营最佳商业计划奖，学院获评 2014 年度学校本科学生思政教育与管理工作先进单位。

学院制定了《研究生综合测评实施办法》《研究生课堂评价实施办法》和《研究生学术记录实施办法》。1 名研究生荣获省级优秀学生称号，2 人获得山东省优秀硕士论文，1 人获得山东省研究生创新成果奖，2 人获得教育部学术新人奖，学院获评 2014 年度研究生思政教育与管理工作先进单位。

七、校友工作

学院积极探索校友工作及筹资工作模式，举办校友工作恳谈会，开通校友微信公众号“山大经院校友”，搭建联络校友新媒体平台；修订学院新版校友名册。学院校友工作获学校表彰，获评“山东大学优秀校友会”。学院在毕业生中开展“捐资母校”活动，培养毕业生校友意识。

（朱子川）

政治学与公共管理学院

政治学与公共管理学院领导班子认真贯彻落实学校党委和行政指示精神，学院工作有序进行。全体师生团结一致、求真务实，较好地完成了工作和学习任务。

2015 年，学院在职人员 75 人，其中教学人员 60 人，教授 24 人。学院毕业本科生 136 人，硕士生 191 人（其中留学生 17 人，公共管理硕士 108 人），博士生 8 人。招收本科生 145 人，硕士生 79 人，博士生 25 人，公共管理硕士 115 人（其中双证 83 人，单证 32 人）。

2015 年 7 月，葛荃同志不再担任学院院长职务；2015 年 11 月，学校任命曹现强同志为学院常务副院长，朱贵昌同志不再担任学院副院长职务。

一、思想政治

（一）抓好学院领导班子思想政治建设，认真开展“三严三实”专题教育，进一步增强了领导班子的战斗力和凝聚力

狠抓整改落实，针对查摆出的突出问题，建立问题清单，开展专项整。学院管理制度化建设进一步推进，学院领导班子作风建设进一步深化，干部责任意识显著增强，为学院事业发展提供了坚强的政治保障。

（二）狠抓学院基层党建工作，促进学院整体发展

紧紧围绕抓好基层党建工作七个方面的重点内容，着眼于发挥基层党委的政治核心作用、党支部的战斗堡垒作用和党员的先锋模范作用，狠抓学院基层党建工作，以党建促院建，推动学院整体发展。组织党员师生参观考察孟良崮战役纪念馆、沂蒙红嫂纪念馆，考察济南新农村建设，学习农村党支部书记干事创业和奉献精神，重温入党誓词，进行党的革命传统教育，加强了社会主义核心价值观教育和师德师风建设。

（三）加强学院领导班子党风廉政建设

学院领导班子高度重视党风廉政建设工作，认真制定学院 2015 年党风廉政建设工作计划，认真开展党风廉政建设责任考核制工作，通过认真制定学院年度党风廉政建设工作计划等方式，把党风廉政建设要求贯彻于日常工作。

二、学科建设

（一）学科建设取得较大进展

组织完成了政治学理论、国际政治两个省级重点学科的建设验收工作。编制出炉《政治学一级学科“十三五”规划》和《政治学学科与双标杆学科对比分析报告》。以“国家治理与中国特色社会主义政治发展”为研究导向的政治学学科入选山东大学“学科高峰计划”的特色学科，为学院学科长远发展搭建了新的平台。与中央社会主义学院合作建设的全国首个统一战线学二级学科博士点首次面向全国招收硕博研究生并开课，使学院的学科建设有了新的生长点。智库建设取得新成就：亚太研究所被批准为中国“一带一路”智库合作联盟理事单位；“地缘政治与‘一带一路’”国际学术研讨会在山大举行；当代社会主义研究所意识形态智库建设和山东大学政党政治研究中心当代中国特色政党政治发展智库建设取得新进展；城市发展与公共政策研究所举行“山东大学城市公共服务数据库”专家论证会；推动“山东城镇治理与规划协同创新中心”工作稳步前进。

（二）科研工作稳步提升

学院全年共发表 CSSCI 刊论文 78 篇，获批项目 29 项，实到经费共计 360.3 万元，其中国家社科基金项目立项 6 项，位列全校文科单位立项数第一；4 名教师获 2015 年山东高等学校优秀科研成果奖三等奖。

（三）对外交流频繁活跃

共聘请流动岗教授两名，邀请境外学者短期访问举办学术讲座 4 次。共有 6 批境外高校访问团来访并开展工作会谈，11 人次出境参加学术会议，举办一次国际学术会议。

三、人才培养质量进一步提升

（一）研究生培养取得一定成绩

把制度建设作为突破口，推进研究生教育管理制度的改革与创新，建立起结构合理、配置科学、制约有效的工作运行机制，推进了研究生教育的科学化、民主化、制度化；2015 年，在由中国科学评价研究中心（RCCSE）、武汉大学中国教育质量评价中心和中国科教评价网（www.nseac.com）发布的中国研究生教育分学科排名中，山东大学政治学研究生学科在总计 98 个一级学科的综合排名中位列第五，进入全国一流行列。

（二）本科生培养开启崭新探索

启动了本科生导师制工作，进一步发挥教师在学生培养中的主导作用和学生的主体作用；成功举行中国政治思想史课程师资培训班，同时选派青年教师参加全国公共政策本科生课程培训和全国行政管理本科课程培训；以“服务国家全球发展战略，构建国际政治专业复合型应用人才培养体系”为题申报山东大学教育教学综合改革立项并获准重点立项；成功举行了国际政治专业人才培养体系改革研讨会。

2015 年，学院有 20 余名本科生被清华大学、浙江大学和人民大学等国内知名高校录取攻读硕士学位，多名学生赴国外高校攻读硕士学位，1 名学生清华大学公共管理学院录取直接攻读博士生学位。

（三）MPA 培养获得长足进步

2015 年，招收 MPA 学生 115 人，MPA 招生规模继续保持；严格按照培养方案要求，切实落实教学管理相关规定，严谨细致地做好了课程安排、课堂考勤、考试管理、论文开题等各项工作，保证了各个培养环节顺利、规范运行；初步制定了 MPA 优秀论文奖励规定；开通试运行了“山大 MPA”官方微信公众平台；组织了管理类联考模拟考试。

2015 年，学院有 1 位教师获全国 MPA“优秀教师”荣誉称号，1 位教师获全国 MPA 优秀管理者荣誉称号，共有 170 名 MPA 学生顺利完成学位论文答辩，其中李翔宇撰写的学位论文获评第六届全国优秀公共管理硕士专业学位论文，使山东大学成为省内所有 MPA 培养院校中首次获此殊荣的高校。

（四）学生教育管理积极创新，保持优势

开展一系列思想政治教育活动。学院全年共举办“我为核心价值观代言”成才大讲堂活动 128 场，引导学生深刻领会社会主义核心价值观的丰富内涵，积极践行社会主义核心价值观。

促进学院学风建设。本年度学院协同学校共同资助了 21 支社会实践团队开展暑期实践活动，其中 1 支获得山东省优秀实践团队，学生社会实践参与率达到 100%。学院学生有 4 件作品获得山东大学科技创新基金支持，其中 1 项获重点资助；在全国“挑战杯”竞赛中，学院选送的三件作品分别获得全国二等奖、山东省特等奖项和山东省一等奖。

加强管理服务育人。继续组织“职等你来”求职能力提升训练营，对本科三年级的学生进行求职能力提升训练，帮助学生增强就业竞争力；2015 年，学院博士研究生就业率达 100%，硕士研究生就业率达 98.85%，本科生就业率达 88.97%，位居学校文科学院前列。

学院校园文化活动活跃，涌现出多个优秀集体和先进个人，本科生获评全校“十佳团支部”“校先进班集体”“校长奖学金获得者”“十佳班长”“省级优秀学生”“省优秀学生干部”等各类荣誉称号。研究生有 41 人次获校、院各类优秀奖学金，1 人荣获校长奖学金，如期举办了“稷下风”“海右”博士生论坛等校级学术文化品牌活动，在全校研究生大合唱、啦啦操、篮球赛等各项比赛中获得较好成绩。

四、学院保障服务工作执行力不断提升

配合学校及学院完成了大型活动和会议的筹备组织工作。组织完成了学院领导用房和办公用房的调整和整改工作。全力配合学院搬迁青岛校区的启动运行工作，进行了搬迁工作财务预算。

（李汉烨　鲁振环　高山）

法学院

2015年，在学校党委和行政的领导下，法学院全体师生员工团结协作，开拓进取，各项工作稳步推进并取得了显著成效。

一、思想政治

（一）从严从实抓好“三严三实”专题教育活动

把严与实贯穿专题教育活动始终，扎实落实各个环节的要求。组织班子成员围绕三个专题开展了学习研讨，并通过自学、党课、观看专家讲座视频、集中专题发言与讨论等，切实增强学习实效。通过多次座谈查找问题。并结合学院工作实际和师生的思想实际，把从严从实要求融入教学、科研和学院的各项工作过程中，努力形成共同促进学院发展的局面。

（二）完善党员和教职工的政治理论学习

始终把理论学习摆在重要位置，加强理想信念教育和形势政策教育。为保证党员的学习，结合理论学习和时政热点，使用学校的党建经费为各支部和党员购买300余册图书。4个研究生党支部组织了主题读书研讨活动。

（三）加强班子建设和支部建设

完善党政联席会制度，重要事情会议讨论决定；班子成员带头遵守廉洁从政各项规定。注重与班子成员的经常性的沟通交流，用好批评和自我批评武器，以此加强学院班子建设。加强党支部建设，选拔党性强、服务意识强的党员担任党支部书记。2015年，学院4个教工支部有3个进行了改选，有2位年轻教师担任支部书记。严格党员发展标准。2015年，共培训入党积极分子120名，新发展党员41名。

（四）学院坚持将解决思想问题与解决实际问题紧密结合

围绕学院教职工普遍关心的青岛校区建设和学院搬迁准备，先后组织3次座谈会，听取教职工的意见，积极沟通解决一些疑问。关心教职工特别是青年教师的成长，促进教师思想政治素质和业务能力全面提升。学院以学生需求为出发点，在困难资助、心理健康、就业服务等方面为学生提供服务。

（五）努力创新方法，提升思想政治教育工作科学化水平

通过微信等方式、通过社团建设、社会实践、校园文化建设等多种载体，构建立体化教育平台。2015年，“法学社”和“法律援助中心”组织了6场不同主题的普法宣传

活动，承接法律援助案件40余起，有效地增强了学生的社会责任感。特别是学生党支部的宪法日宣传活动，收到了较好的效果。

2015年12月，法学院党委被评为山东省高校思想政治教育工作先进集体。

二、学科建设

（一）师资队伍建设不断加强

学院成立人才工作小组，以青岛校区建设为契机，延揽高层次人才。2015年，学院引进了毕业于加州大学伯克利分校郑栽骏教授（韩国籍），以及来自于台湾地区的戴宗翰副教授，进一步增强了我院诉讼法学、国际法学学科的师资力量。周长军教授获批享受国务院政府特殊津贴，张海燕教授入选“山东大学青年学者未来计划”。

2015年，学院继续开展与法律实务部门人员互聘。鼓励支持具有丰富实践经验和较高理论水平的法律实务部门专家到学院任教，鼓励支持学院专业教师到法律实务部门挂职，积极探索建设一支专兼结合的法学师资队伍。依托山东省“双百计划”，学院派出王丽萍教授、张海燕教授、黄士元副教授和侯艳芳副教授4名教师到实务部门挂职，山东省高级人民法院民事庭副庭长付本超、山东省公诉一处副处长郭琳2名实务部门专家来院任教。

2015年，聘请境外中长期专家3名，2～4周的流动岗专家7名，教师出访交流10余人次。

（二）学术平台建设取得新进展

2015年，学院已有研究基地及重点学科进一步稳固发展，同时学术平台建设取得新的进展。2015年10月，中国法学会批准在山东大学设立“中日韩高端法律人才培养基地”和“中日韩法律研究中心”，利用山东半岛为中日韩交流前沿的有利条件以及山东作为中日韩自由贸易先行区的契机，争取建设成为中国法学界研究日韩法律问题的重镇以及对日韩法律界进行中国法培训的重要基地。2015年12月，山东省人大常委会山东大学立法研究服务基地正式挂牌成立。立法研究服务基地不仅是学院服务社会的重要平台，也是实现学科创新发展的重要契机。学院将通过优化和整合师资研究力量，在人员配备、办公场所、支撑条件等方面给予充分保障，以高水平的研究成果和高标准的服务质量承担起人大立法智库的角色，为山东省地方立法事业做出贡献。

（三）有影响的研究成果数量得到提升

2015年，学院有影响的研究成果数量得到显著提升。学院教师在《法学研究》《中国法学》发表论文5篇，在三大刊上发表论文数量是学院历史上最多的一年。发表SSCI论文6篇，权威期刊论文20余篇。新增国家社科项目2项，教育部项目2项，新增科研经费近200万元。

（四）高层次学术交流营造良好科研氛围

2015年，学院组织或者参与举办了中日韩法律论坛、《法学研究》青年公法论坛专题讨论会、“中国民法典编纂与婚姻家庭编”学术研讨会、依法治国与地方立法理论实践座谈会等重要学术会议，主办中宣部人权事务局中央媒体人权知识培训班等多个培训班，举办境内外知名学者学术报告30余场。

三、人才培养

人才培养模式改革不断深化。完成本科生和研究生培养方案的修订工作；举办多次青年教师教学研究沙龙和青年教师讲课比赛；获立校级教改、教师发展基金、慕课课程改革项目 6 项。推进全英文、双语教学建设，开设全英文课程 11 门、双语课程 12 门。

第一批“教育部卓越法律人才教育培养规划教材”5 本案例研习教材即将出版，第二批 3 本案例研习教材的编写工作已启动。

完善了研究生推免遴选办法，生源质量明显提高；成功举办“海右”全国法学博士生路论坛及全国优秀大学生暑期夏令营。

注重通过实践培养学生社会责任感，完成法律援助案件 41 件，在全国高校中排名第二。荣获 2014 年普莱斯英文模拟法庭亚太赛区第二名；国际刑事法庭大赛一等奖；“挑战杯”省级一等奖；2 名学生获得校长奖学金。学生就业率达 90%以上。

（江小荃）

文学与新闻传播学院

截至 2015 年 12 月，学院在职人员 100 人，其中专任教师 85 人，在岗教授 41 人，副教授 27 人。现有学生总数 1279 人，其中本科 703 人、硕士 413 人、博士 163 人。学院下设汉语言文学与新闻传播学两个一级学科，均为博士学位授予点；拥有 1 个国家重点学科（文艺学）、4 个省级重点学科（中国古代文学、汉语言文字学、中国现当代文学、比较文学和世界文学）、1 个省级文化艺术科学重点学科（设计艺术学）和 1 个国家级人才培养基地班（汉语言文学）。

学院现任院长郑春教授，院党委书记王德胜教授。2015 年，文学与新闻传播学院领导班子认真贯彻落实学校党委和行政指示精神，团结一致，锐意创新，较好地完成了学院本年度各项工作。

一、党建工作

1. 深化群众路线教育实践活动整改措施，建立整改台账，逐项落实整改措施，新制定《学院青年教师成长支持计划》《学院实验室设备借用规定》和《学院实验室管理规定》3 项规章制度，以制度化的成果推动作风建设常态化长效化。

2. 按照学校要求，结合学院工作的实际开展“三严三实”专题教育活动，院领导班子成员通过专题党课、交流研讨、撰写学习心得等方式进行了学习讨论；坚持问题导向，梳理不严不实问题清单共 8 项，制定工作时间表和路线图。

3. 召开了学院党委换届大会，选举王德胜、甘险峰、刘悦坦、李剑锋、沈文、张帅、郑春为新一届委员会委员；改选了教工党支部并为每个支部增设两位委员。

4. 党委带领学院师生认真学习贯彻党的十八届三中、四中、五中全会精神和习近平总书记系列重要讲话精神，开展丰富多彩的主题教育活动。在山东大学党委组织部基层立项中，学院 2 个支部立项在 2014 年山东大学基层组织活动方案立项验收中分别获二、三等奖，另有 3 个支部项目获得 2015 年全校基层党组织立项。

二、学科建设

1. 以学科建设为核心，强化中文学科优势发展，推进新闻学科部校共建。学院充分研讨并制定学院“十三五”学科规划，中国语言文学学科申报并入选山大“学科高峰计划”优势学科；新闻传播学科召开多次学科建设研讨会，加强学科规划，扎实推进部校共建新闻学科工作，力争形成明显的学科优势，申报学校新兴交叉学科。学院新增教育部社科委语言文学、新闻传播学和艺术学3个学部的召集人和国务院学位办中文学科评议组召集人，作为中文学科教指委秘书长单位组织全国性学科会议2次，召开国务院学位委员会中国语言文学学科评议组2015年度工作会议。

2. 加强师资建设，采取有力措施引进青年教师和学术骨干。李欣人、杨建刚两位老师入选山东大学首批青年学者未来支持计划，新引进中国人民大学任媛媛老师、香港中文大学叶杨曦两位优秀青年老师，师资水平和结构得到进一步完善提高。

3. 科研项目申报取得重大突破，科研成果和获奖稳居全国同类院系最前列。2015年新增国家社科基金项目2项，山东省社科规划项目6项；甘险峰作为首席专家之一承担的教育部"马工程"教材《新闻编辑》的编写任务已经完成；陈炎、谭好哲、屠友祥、王汶成等共获全国高校科研优秀成果奖4项。樊庆彦、黄万华、李剑锋、果娜等共获省社科成果奖4项，另有马龙潜获省社科突出贡献奖1项；孔令顺、史建国获山东高校优秀科研成果奖2项；张树铮获第九届省教学名师称号；唐子恒、邹宗良分获山大"我心目中的好导师"和"我最喜爱的老师"称号。葛本仪先生由商务印书馆出版的著作《现代汉语词汇学》（第三版）被列为英国Routledge出版公司版权引进项目，相关版权协议已正式签署。

三、教学和人才培养

1. 完善课程平台，建设精品课程。2015年度新增1门精品资源共享课，即"轴心时代的思想家"（署名负责人陈炎）。学院有核心通识课12门，为全校该类课程最多者，其中有10门建有网站。共建成山东大学教学网站187门，在数量上名列前茅；有校级精品课程网站近10个，在质量上不断推进。2015年，2门课程被评为课程中心优秀课程网站，学院被评为"2015年度课程中心建设优秀组织单位"。另外，有3门进入爱课程网，录制21个超星学术视频，同时与智慧树慕课平台合作录制14门课程，拟向东西部高校课程共享联盟推荐。

2. 实验室建设方面，学院继续加强教学经费的利用和教学硬件的建设，新建设大数据与精确传播实验室。

3. 优化学生培养模式，重视理论与实践相结合。完善创新中文基地班培养模式，开设"10种经典通读"课，编辑《闻一多班学集》；打通新闻理论教学与实践应用相结合的桥梁，聘任了11名新闻媒体的领导或活跃一线的编辑和记者，开设"新闻名家讲堂"；开设"国情教育课程"，并将其纳入新闻传播学本科生必修课体系。恢复了《未来记者报》的编刊，自主评论、发稿、校对编辑，至今已经出了两期成果。

4. 研究生招生的生源质量不断提升。在下半年的推免生工作中，拟录取的"985""211"院校生源达100%。

四、海内外学术交流

1. 组织筹办学术会议及论坛。2015年1月，由学院新闻、传播两个研究所和新闻专业学生共同筹办的"新闻观察站"第一期活动举行；4月，学院举办以慕课建设为主题的青年学者沙龙、《平凡的世界》专题研讨会；6 月，山东省语言学会第九届会员代表大会暨第十八次学术年会在文学与新闻传播学院举行；7 月，学院召开由温儒敏教授主持的国家社科基金重大项目“当前社会文学生活调查研究”专家咨询会。此外，还举办了“生态美学与生态批评的空间”国际研讨会、“山东省语言学会第九届会员代表大会暨第十八次学术年会”“文学生活与当前文学新视野”学术研讨会、“首届高校艺术院校院长教育研讨会”等重大学术活动，举办“文学大讲堂”“新杏坛”“儒家思想与当代创意”“新闻名家讲堂”“环球大讲堂”等品牌学术 20 余场，有力地加强了学院与海内外学者的联系。

2. 参加多种形式的学术交流活动。学院多名教师先后参加参加“全国重点大学中文发展论坛第十七次会议”“全国中文基地建设经验交流研讨会议”“纪念蒲松龄诞辰学术讨论会”“‘中国学’项目的师资培训”“200 年来新闻事业研讨会”“美国圣荷西国际艺术节”等学术会议，就学科建设、教学科研等问题与各高校同行进行广泛的学术交流与业务探讨。李欣人、孔令顺、邱凌三位老师先后入选国家“高校与新闻单位从业人员互聘千人计划”，到山东广播电视台、大众日报社等单位挂职交流；徐爱梅、于晓风老师先后在美国、加拿大等国的各大学任访问学者，进一步加强了学院与各著名大学的教学、科研的联系。

3. 吕玉华老师受邀主讲《百家讲坛》2015 暑期特别节目《唐宋八大家》，借力校外平台，提升学院形象。

五、学生工作

1. 加强学生党支部建设，重视学生党员培育。文学与新闻传播学院在 2015 年度基层党组织活动立项活动中报送“立足文学，走进生活——山东大学‘文学生活馆’主题活动”“加强就业指导，助力党员成长”“新媒体时代下的社会主义核心价值观传播”三项。学院本科生 2013 级党支部举办“叩问未来，触摸梦想”毕业生党员成长交流会。

2. 开展具有学院特色的学术活动与学生活动。2015 年，学院举办 18 期新杏坛、21 期文学生活馆经典讲座，1 场“讲人生”系列演讲，7 期作家讲堂，1 场新闻名家讲堂，丰富的讲座对于学生视野的开拓较有裨益。同时依托学院特色，举办“文墨山大”系列主题活动，在弘扬和宣传文化活动的同时，有效地提高了学生的实践能力，该系列活动包含新生杯辩论赛、“诗酒年华青春作伴，峥嵘岁月共谱风华”文学院 2015 年度迎新晚会、“青春读书处　好书伴我行”读书月活动、“山河故人家国”文学院师生主题摄影展等活动。再者，针对就业问题，举办了“就业与职业规划大赛以及简历设计大赛”“美丽我有，职场我走”职场礼仪培训会，帮助学生合理规划就业目标，切实提高学生就业能力。印行 2015 届本科毕业生《闻一多学集》，为学院基地班建设开拓了新方向，增强了学院学子对新鲜事物的认知与了解，同时体现了学院文化建设的感染力与影响力。

3. 高度关注学生心理健康，认真进行心理排查工作，完善“心理中心—学院—学生班级—学生个人”心理危机干预网络。2015 年，学院对心理危机重点学关注生 7 人进行了及时有效的危机干预和帮扶，确保了 7 名学生的安全和最大限度的发展。

六、社会服务

1. 定期举办公益讲座。2015年，由新闻学研究所谢锡文教授等组织的文学生活馆开展了一系列以“通识核心”“名著欣赏”“经典细读”公益性文化传播系列讲座40余期，观众反响热烈，影响广泛。“文学生活馆”在山东大学第二届“礼敬中华优秀传统文化”系列活动评选获一等奖，并最终荣获全国特色展示项目。

2. 成立“山东省新闻人才培训中心”筹备办公室，多次举办面向全省宣传系统及社会各界从事新闻宣传、新闻发布、舆情调控等人员的业务培训班，以前沿学术知识助力全省宣传事业的发展。2015年6月，东营市人民政府办公室山东大学宣传文秘工作培训班开班；10月，山东大学中共潍坊市委宣传部文学创作骨干研修班开班。此外，学院联合中共山东省委对外宣传部和山东省人民政府新闻办公室编写《新闻发言人资料卡片》4期，编写《山东省人民政府新闻办公室2014年新闻发布工作研究报告》，系统分析了2014年山东省人民政府办公室组织的新闻发布行为与效果，对进一步做好新闻发布工作提出了对策和建议，为日后相关工作的持续开展提供了可借鉴参考的资料。

（杨俊娇）

艺术学院

2015 年，艺术学院下设 2 个系（音乐系、美术系）。有教职工 69 人，其中教授 10 人，副教授 12 人，讲师 33 人，助教 2 人，行政人员 12 人。在校学生 626 人，其中本科生 509 人，硕士研究生 104 人，博士研究生 13 人。名誉院长范曾，院长李晓峰，院党委书记史永志，副院长安宁、高迎刚、李平，院党委副书记姜楠，办公室主任孙亚娣。

一、教学与艺术实践工作

2015 年，学院进一步加强教学管理，研究制定关于加强本科生、研究生教学管理的规章制度。为进一步完善学院课程中心网站的建设，学院采用了多种方式加强课程网站的建设。经过一段时间的努力，学院上传授课视频的课程由上学年的 3 门课增加至本学年度的 6 门。安宁主持的国家精品视频公开课顺利上线。据此，经过三年建设学院已有《中国音乐十讲》《西方音乐十讲》两门国家级精品视频公开课，及《音乐导聆》一门中国大学慕课在这些网站向校内外广大师生和社会人士开放。这些网络课程的先后上线开放，必将推动学院专业教学工作的进一步开展，给学生们的专业学习提供极大的便利。

完成了教学楼内小剧场、展厅、设计实验室以及美术画室的改造，保障了教学工作的开展。2015 年被评为学校教育拓展工作先进单位。

秦川受聘全国艺术最高奖“金钟奖”评委，李晓峰受聘教育部艺术教育委员会委员，当选中国高等教育学会美育专业委员会副会长、山东省文化艺术科学协会会长。

举办各种教学音乐会、美术作品展、学术讲座 100 多场次，促进了实践教学，增加了校园的艺术气氛。美术系师生积极参加各种形式的学术展览及艺术实践活动，很多教师、学生在省级、全国美展中参展并获奖，取得了可喜的成绩。除校内的课堂实践教学外，外出写生、艺术考察、城市考察及毕业展览是实践教学的重要方式。一年来，美术系举办各种形式的校内课堂习作展、户外写生展、艺术考察展、城市考察展、师生美术作品展、教师美术作品展、校内外、国内外交流展 40 多次；收藏国画、油画、艺术设计等方面的优秀毕业作品 5 件，收藏优秀课堂习作 30 余件。这些艺术实践活动，不仅有力地促进了美术教学的发展，而且还增加了校园的艺术气氛。美术学科教师积极进行艺术创作，参加各种形式的学术展览，取得了可喜的成绩。如姚榕华、房静、董晓丽、袁宙飞、王鲁光等多位教师多次在全国、全省美展参展并获奖。

音乐专业比赛方面取得了不俗的成绩：范雅婷在第四届全国高校音乐教育专业声乐比赛中获得美声教师组一等奖。山东省第六届高校音乐舞蹈专业师生基本功比赛都有很好成绩。第八届山东省“泰山文艺奖”，姜楠的论文《论音乐美学的学科综合性》获评艺术评论类二等奖。

学院交响乐团、民乐团在过去一年里举办了大量专业音乐会和社会实践演出活动，如在省会大剧院举行的《欢乐颂》2015 新年音乐会、纪念抗战胜利 70 周年音乐会《黄河大合唱》，尤其是后者由是省会大剧院第一次上演学生交响乐团的专场音乐会。此外，乐团连续多年承担了我校毕业典礼暨学位授予仪式的文艺演出、现场配乐任务。2015 届本科生与研究生毕业典礼暨学位授予仪式分别举行，两场学校的重大活动均由我院声乐师生以及交响乐团的同学们承担演出任务。暑假期间，圆满完成第 22 届国际历史科学大会开、闭幕式音乐会演出任务。

二、科研与对外交流工作

科研工作取得了较好成绩，2015 年度共获山东省社会科学规划项目 2 项、教育部人文社会科学重点研究基地重大项目 1 项、地方政府委托项目 1 项、企业合作项目 2 项，发表 CSSCI 论文 7 篇。

一年来除了完成研究生院布置的招生、培养、答辩、毕业等日常工作外，还完成了硕士和博士部分招生初试题库调整、招生导师资格审核等工作。在所有毕业论文答辩前均需通过外审的基础上，继续开展预答辩工作。

先后邀请了 30 位国内外著名学者来院举办学识讲座，开展学术交流。邀请著名艺术家范曾先生等国内外专家到学院进行交流访问和学术讲座。受惠于学校各种针对海外专家引智项目的重新启动，今年学院先后计划邀请了美国俄勒冈大学艺术管理学者 Eleonora Redaelli 教授、美国辛辛那提大学音乐学院舞蹈系主任蒋齐教授以及德国德国奥格斯堡大学美术学教授 Freund Urs 教授等三位流动岗特聘教师来院授课，取得了良好的教学效果，加深了学院师生与海外相关专业教师之间的相互了解，促进了彼此之间的密切交流。

应布里顿一皮尔斯基金会邀请，艺术学院安宁赴英国进行访学活动；李笑梅受猎人谷文法学校邀请参加了“澳大利亚猎人谷地区学校文化节”；高迎刚应美国瓦尔帕莱索大学邀请，赴该校举办了以“中国传统艺术精神”为主题的系列学术演讲。

10 月 14～20 日，山东大学艺术学院邀请俄罗斯新西伯利亚国立格林卡音乐学院和法国土伦国立音乐学院艺术家联合举办山东大学首届国际音乐节。在持续一周的时间里，学院在圣昆仑音乐厅举行了多达五场的音乐会，在学院举办了四场大师班活动。民乐团的演出活动也十分丰富。十月份，由山东大学艺术学院师生组成的山大艺术团赴加拿大 6 所孔子学院进行巡回演出，受到当地观众热烈欢迎。

与奥格斯堡大学的学术交流开展深入，学院在派遣青年教师姚榕华、邢小震、王文灏、董梅及部分研究生前往奥格斯堡大学进行访问交流同时，邀请奥格斯堡大学的部分专家、学生来我院访问、讲学，举办学术讲座、工作坊十余次，内容涉及传统艺术、当代艺术、绘画、设计以及多媒体应用等课题，为推动我院艺术教育的发展起到了积极深化和拓展作用。

三、服务社会与文化培训工作

文化部的培训基地工作有重要进展。近年来，文化委托的培训项目逐渐递减，客观上要求学院加大与地方文化部门合作的力度，尽最大努力开拓培训业务。2015 年度共举办了 6 期培训班，其中文化部委托的 3 期，广西壮族自治区文化厅委托的 2 期，深圳市文体旅游局委托的 1 期。通过开展培训工作，一方面基地积累了丰富的经验，形成了自己的风格，另一方面也积累了丰富的人脉资源，为今后的培训和科研工作打下了基础。学院还应中联办九龙办事处的要求，为香港来访的 20 余位设计专业师生举办了短期培训活动。

在参与社会、服务社会方面，进行了多项社会实践活动，例如："新市民，新课堂"济南弱势群体公益艺术服培训、"深入矿山，情暖矿工"慰问演出、"丝绸新世界，青春中国梦"赴成都"一带一路"探索实践活动。在莱钢建立山东大学学生实践基地。

山东大学艺术学院负责完成并申报的"综合性大学艺术学科服务地方文化建设的模式创新与实践"获奖，被评为第二届山东省文化创新奖获奖项目，受到山东省人民政府通报表彰。

四、党建与思想政治工作

2015 年，进一步加强领导班子自身建设，抓好党委理论学习中心组的学习，组织开展党性党风党纪和廉洁从政教育，落实学院领导班子成员深入教学一线听课制度、贯彻落实中央"八项规定"，增强了领导班子的团结。

开展了"三严三实"学习教育活动，按照中央部署和学校党委要求，针对学院特点和实际，谋划和组织好专题教育活动，安排好每一次专题研讨、查摆问题和整改工作，完成各项规定动作。2015 年 5 月成立山东大学校友会艺术学院分会。12 月顺利召开学院第一届教职工代表大会第二次会议。

针对师德师风建设，深入基层、调查研究，研究、制定关于教职工请假、考勤、机关作风以及加强本科和研究生教学管理方面的规章制度 8 项。完成教学场所消防安全责任制度，全体教师签订了《消防安全责任书》并上墙张贴，保护师生生命财产安全，为学院事业的发展提供安全、稳定、和谐的保障。

积极开展社会主义核心价值观教育，发挥学科特点开展青年志愿者服务社会活动、文化下乡及社会调研活动。志愿者服务活动中，学院社会实践团队和志愿者个人表现突出，荣获山东大学 2015 年社会实践优秀团队和先进个人奖 9 名。2015 年，实践团以坚持"办实事，做贡献，受教育，长才干"的原则，以"活跃、繁荣、发展文化；关注、改善、服务民生"为主题，开展了一系列志愿服务、调研活动，受到了学校及社会各界的一致肯定，取得了良好的社会效应。姜楠获山东省首届高校思想政治理论课教学比赛一等奖。

2015 年，在学院党政的正确领导和就业指导中心的指导帮助下，大学生就业工作坚持以服务为宗旨，以就业为导向，深化教育教学改革，不断创新人才培养模式，受到用人单位的普遍好评和社会的广泛认可。本科、研究生毕业生就业率再创新高，2015年学院本科毕业生共125人，升学23人，占毕业生总数的18.4%；出国6人，占毕业生总数的4.8%；创业10人，占毕业生总数的8%；签约86人，本科生一次就业率达96%，在全校各学院排名第8位，研究生毕业生33人，升学2人，签约30人，研究生一次就业率达97%，在全校各学院排名第16位。被评为学校就业工作创新先进单位。

（孔　南）

外国语学院

2015 年，外国语学院全体师生员工不懈努力、学院领导班子精诚合作，学院瞄准一流大学目标，坚持“大外语”“国际化”“创一流”的战略思路，落实“内涵发展，特色发展，协同发展”的实施计划，在立德树人、队伍建设、平台搭建、合作交流等方面取得了可喜成绩。

一、思想政治

（一）扎实推进党的群众路线教育实践活动和“三严三实”活动

学院党委深入开展党的群众路线教育实践活动和“三严三实”专题学习。集合全院教职工力量，聚焦“四风”逐一查找问题，并严格剖析，确保两项活动卓有成效。4 月 2 日，学院召开领导班子党的群众路线教育实践活动专题民主生活会；6 月 11 日，学院党委中心组召开了“三严三实”专题学习会。

（二）依据统一部署，落实党委日常工作

依据学院党委统一部署，每月两次召开全院职工大会推动师生员工认真学习、领会和贯彻党的十八届四中、五中全会精神。积极推进党组织工作。严格按照组织程序发展学生党员，圆满完成党员发展计划。

二、学科建设

2015 年，在全院师生员工的共同努力下，外国语学院在学科建设、科学研究、人才培养和社会服务等方面取得了良好成绩。

（一）学科建设

学院制定了《外国语言文学一级学科“十三五”发展规划》，各项规划目标明确、步履清晰、可操作性强，为学科建设发展厘清了思路，指明了方向。中日韩合作研究中心正式揭牌，该中心将加强对中、日、韩关系及交流合作的研究，并为三国全方位合作建言献策，成为中日韩合作领域的高端智库。

（二）科学研究与学术交流

学院教师新申请立项项目 6 项，其中国际级 1 项、国家级 4 项、校级 1 项；发表论文 30 余篇，其中 CSSCI 论文 21 篇、SSCI 论文 1 篇；出版专著 8 部。在职考取博士生 8 人，引进海外博士 2 人。另聘流动岗特聘教授 1 名，短期专家 5 名，院系资助境外教授讲学 2 名；邀请海内外专家讲学近 20 人/次，教师外出参加学术会议近 30 人/次、外出讲学 10 人/次。举办国际学术会议 1 次、国内学术会议 3 次。

（三）所获荣誉及人才培养

学院荣获 2015 年“全国五一巾帼标兵岗”荣誉称号；学院校友会荣获“山东大学优秀校友会”称号；高弟荣获“第七届全国高校辅导员年度人物”称号；青年教师张延飞入选首批“山东大学青年学者未来计划”培养人选；青年教师董艳丽荣获 2015 年山东大学“我最喜爱的老师”称号；2011 级翻译专业学生王献泽和 MTI 学生王翔宇分获第四届全国口译大赛（英语）华东大区赛一等奖。学生就业质量继续提高，本科生一次就业率为 96%，研究生一次就业率为 97%。

（四）社会服务

8 月 23～30 日，在第 22 届国际历史科学大会召开期间，学院选派了十位业务精湛的教师与研究生参与大会相关的笔译和口译活动，为此次大会提供语言支持，保证了会议的顺利进行。另外，学院还有 51 名学生分在 9 个小组，参与了第 22 届历史学大会的志愿服务工作。他们用专业的水准服务大会，用忘我的精神兑现承诺，展现了山大人、外院人良好的素质和精神风貌，得到了与会嘉宾、学者和学校组委会的一致认可。

外国语学院将以取得的良好开局为基础，认真践行“三严三实”，凝心聚力，乘势而上，奋力推动学院创新发展。

（陈　曦）

历史文化学院

一、党建工作

1. 加强班子建设，发挥党委的政治核心和监督指导作用

推动全面落实民主集中制，完善党政联席会议制度和“三重一大”制度、反腐倡廉制度，发挥党委的政治核心和监督指导作用，充分发挥学术委员会和教代会的作用。优化配置教工支部书记，本年度17个党支部书记全部调整到位，本科生支部书记由辅导员担任。学院党委在发展党员过程中始终把政治标准放在首位，严格发展程序和纪律，2015年我院共发展学生党员41人，其中本科生30人，研究生10人，教工党员1人。

2. 结合“三严三实”专题教育活动，推动学院中心工作

学院党委结合“三严三实”专题教育活动，在做好规定动作的同时，围绕中心工作发挥党委、支部和党员的模范带头作用。全员参与并认真筹备第22届国际历史科学大会。第22届国际历史科学大会筹备工作立足从严从实要求，财务支出实行跟踪审计，党员干部的努力是确保大大会成果的重要条件。

3. 开展形式多样的党员教育活动

组织党员干部到费县“三同”党员干部教育基地进行党性教育，共建党员干部教育培训基地和大学生实践基地。基层党建经费主要用于支部建设和党员教育活动。研究生支部和本科生支部都组织开展了不同形式的活动。

4. 积极组织开展基层党建研究工作

2015年结项、申报山东地方党史研究专项课题各一项，校级党建立项获得一等奖一项、三等奖一项。学生党史研究会2004年5月由党委指导成立已经11年，在学生党建方面发挥了积极作用，多次获评校级精品理论社团。

5. 扎实开展思想政治工作，积极服务师生员工

把强化师德师风和教风学风建设作为加强思想政治工作的重要途径；推动机关支部提高服务意识，将知新楼10层1006室建成教师休息室；为全院女教职工购买了人身意外保险；对存在心理问题、家庭经济困难的教职员工，指派专人定期联络；每年主要节假日走访离退休教职员工；关心家庭经济困难学生、就业困难学生。

二、学科建设

2015年度，历史文化学院在学科建设方面的成绩突出。具体工作如下：

1. 考古学专业。制定了学科的“十三五”规划；完成山东省“十二五”重点学科、山东省“十二五”高校科研创新平台、山东省“十二五”高校重点实验室、山东省“十二五”高校人文社会科学研究基地的评估；完成教育部文物与博物馆专业硕士点的评估，并取得了全国第二名的好成绩。

考古学现为山东省“十二五”重点学科、山东省品牌专业，考古研究中心入选山东省“十二五”高校科研创新平台，中华文明起源研究中心入选山东省“十二五”高校人文社会科学研究基地（强化建设），环境考古实验室入选山东省“十二五”高校重点实验室。考古学目前为考古实验教学中心为国家级实验教学示范中心。“环境与社会考古创新引智基地”被教育部和国家外专局列为“111 计划”资助项目。2012 年 5 月，依托考古学科建立了文化遗产研究院。2014 年，成立“山东大学环境与社会考古实验室”，为学科发展构建起了新的支撑平台。

2. 中国史专业。制定了中国史学科的“十三五”规划；完成山东省“十二五”重点学科中国近现代史、专门史的评估。在山东大学“学科高峰计划”的申报中，与考古学、世界史三个一级学科整合为“考古学与历史学”，入选首批特色学科。现有 1 个国家二级重点学科：中国古代史；4 个省级重点学科：中国古代史、考古学、中国近现代史、专门史。

3. 世界史专业。世界史学科于 2015 年制定了较为详细可行的学科发展“十三五”规划，从学科建设的实际出发，以提升师资力量为前提，以提高本科生的培养质量为目标，从而促进学科的长足和优势发展。在撰写和完善“十三五”规划的基础上，世界史学科积极参与山东大学“学科高峰计划”的申报，最终与本院考古学和中国史一起成为山东大学首批特色学科，这是 2015 年世界史学科建设取得的重要成就。

4. 档案学专业。制定了学科发展“十三五”规划。赵爱国教授、刘旭光教授入选中国档案学会第八届档案学基础理论学术委员会委员，其中赵爱国教授任副主任委员。

5. 文化产业管理专业。制定了学科发展“十三五”规划。根据本学科特点，依托山东大学的人才优势、资源优势和学术优势，自觉谋划和规划一些大的研究课题，特别是注重在历史文化资源的开发与整合、区域文化产业、数字文化产业方面的力量整合和聚集。

三、人才培养

1. 考古学专业。本年度本科共招生 34 人（含考古学、文物与博物馆学两个专业），硕士研究生共计 21 人（其中学术型 9 人，专硕 12 人）。博士研究生招生 5 人。在校本科生合计 109 人，硕士研究生 65 人，博士研究生 14 人。本科毕业 18 人，其中继续进行研究生阶段学习的 15 人，升学率为 83%，其中北京大学 1 人，吉林大学 1 人，山东大学 6 人，南京大学 1 人，中国人民大学 2 人，四川大学 1 人，中国科学技术大学 1 人，南开大学 1 人。这些学校全部为 985 重点高校，3 所 7+2 高校（其中 1 所国际一流大学，2 所国际知名高水平大学）。另外还有 3 人就职于市级博物馆等事业单位，就业率为 17%。研究生就业率一直位列全校前列。硕士研究生 2015 年就业 5 人，就业率 80%。博士方面，2015 年就业 5 人，就业率 80%。其中吴文婉的《中国北方地区裴李岗时代生业经济研究》（导师栾丰实）获 2015 年山东省优秀博士毕业论文。

2. 中国史专业。招收本科生51人，现有在校生人数为128人。中国史学科招收硕士研究生30人，现有在校生人数为90人。中国史学科招收博士研究生16人，现有在校生人数为55人。本年度毕业本科生共27人，截至2015年底，就业率达96.3%。其中升学12人，占44.4%，分布于中国社会科学院、北京师范大学、南京大学、复旦大学、厦门大学、陕西师范大学、东北师范大学、天津大学及山东大学；出国5人，占18.5%，前往伦敦大学、伦敦政治经济大学、爱丁堡大学；企事业单位9人，占33%，就业于中铁十二局、青岛联通公司、湖北省荆州市荆州区人社局、长春市实验中学等。

3. 世界史专业。2015年，世界史学科积极探索和创新本科生培养模式。在充分论证的基础上，实行了学业导师制度。本年也是世界史本科生个人发展成绩显著的一年，如2012级世界史滕菲同学先后获得山东大学臧克家奖学金和校长奖学金，并以优异的成绩被保送至北京大学攻读硕士学位。

4. 档案学专业。2015年，档案学专业共培养本科毕业生41名，其中继续攻读硕士学位者11人；硕士研究生毕业生11名，其中1人考入中国人民大学继续攻读博士学位。

5. 文化产业管理专业。本专业已经形成了一个相对完整的梯队，共计11人的学科队伍中，教授1人，副教授6人，讲师4人，其中，具有博士学位的9人，博士后经历的6人，学科背景涉及历史、中文、哲学、经济、工商管理等。

四、师资队伍建设

本年度全院共有教职员工108人，其中：(1) 考古学专业有国务院学位委员会学科评议组委员1人、国家社科基金评审委员2人、中宣部"马工程"首席专家2人、教育部新世纪优秀人才2人、泰山学者2人，全国性学会副会长以上学者2人，山东大学青年未来计划1人。2015年，新进博士1人（李力，1982年生人，中国科技大学毕业，研究方向为有机文物保护）。(2) 中国史专业有国家级教学名师1人。教育部历史学类专业教学指导委员1人，国家社科基金评委1人，享受国务院特殊津贴专家1人，教育部新世纪优秀人才2人，国家一级学会副会长以上专家5人。山东大学终身教授1人，齐鲁青年学者1人。(3) 档案学专业新进博士1名，专任教师达到8人，其中教授2人，副教授3人，讲师3人，其中具有博士学位者6人，占教师总数的75%。(4) 文化产业管理专业已经形成了一个相对完整的梯队，共计11人的学科队伍中，教授1人，副教授6人，讲师4人，其中，具有博士学位的9人，博士后经历的6人，学科背景涉及历史、中文、哲学、经济、工商管理等。

五、学术研究

1. 考古学专业。2015年新增国家社科基金青年项目1项，中国博士后科学基金1项，并取得了一系列具有标志性意义的科研成果：

栾丰实等主编：《考古学概论》，高等教育出版社，2015年。该著作是"马克思主义理论研究和建设工程教育部高等学校哲学社会科学重点教材编写专项"（同时是教育部哲学社会科学研究重大课题攻关项目）的成果。该成果以马克思主义为指导，在综合国内外发展成就的基础上，以学科基本内容和中国考古学的基础知识为主要线索，贯彻从形象思维向逻辑思维、抽象思维逐步深化的教学理念，力求突出考古学的认知途径与研究方法，系统而扼要地揭示考古学的学科结构体系、综合性研究特点，以及与其他相关学科的联系与区别，尽可能凸显考古学的科学价值和社会价值。

方辉教授作为第一作者的英文论文 Imperial expansion，public investment，and the long path of history：China's initial political unification and its aftermath（《帝国扩张、公共投资与长时段历史之路——中国早期的政治统一及其影响》）发表于 *Proceedings of the National Academy of Sciences of the United States of America*（《美国科学院院报》，July 28，2015. Vol. 112，no. 30，9224-9229.）。论文基于考古调查发现的第一手资料，结合历史地理学和资源控制理论，揭示新石器时代的中国在地理环境、文化传统、生活方式、生业系统和领导模式等方面存在着明显差异，而在之后的青铜时代政治上日趋整合，这种趋势在东周时期的诸侯纷争中达到了顶峰，导致了公元前 3 世纪秦国结束诸侯分治的局面，率先实现政治上的大一统。

方辉教授等著《鲁东南沿海地区系统考古调查报告》（文物出版社 2012 年版）2015 年获第七届高等学校科学研究优秀成果奖一等奖。该报告是对 1995～2007 年共 13 个工作季在鲁东南沿海地区进行区域系统考古调查成果的汇总，对 1400 平方公里范围内 2000 余处的史前至汉代的各类遗址及聚落形态进行了详细描述及阐释。学术界称其为“我国开展区域系统调查以来最具有代表性的成果之一，也是中外合作考古调查领域一部里程碑式的作品”（《中国文物报》2012 年 9 月 21 日发表书评）。

2. 中国史专业。新增国家社科基金一般项目 2 项，出版发表了一批具有重要影响的科研成果：

2015 年，《历史研究》发表我院教师论文 2 篇，分别是赵兴胜教授的《近代以来华北乡村研究中的惯性表述及困境》及博士后杜立晖副教授的《元代勘合文书探析》。赵兴胜教授的文章认为：百余年来的华北乡村研究，已经形成一套惯用话语体系。要解决现代性话语困境问题，需要坚持正确的历史观，特别是要从长时段视野下考察，重视历史的整体性与连续性，凸显基层社会实践活动在历史发展中的重要作用。

范学辉教授的专著《宋代三衙管军制度研究》，中华书局 2015 年版，入选 2014 年度“国家哲学社会科学成果文库”，系作者历时 14 年完成的 130 万字的力作。该书采用制度史、军事史、政治史相结合的研究方法，对宋代的“根本性制度措置”三衙管军制度进行了系统、全面的动态论述，对宋代的统兵体制等宋代政治、军事史的重要问题亦提出了诸多新的见解，将极大推进学界对宋代军事制度的研究。

王育济教授等《中国文化发展史·宋元卷》获 2015 年全国高校人文社科优秀成果一等奖（集体奖）。范学辉教授的《宋代三衙管军制度研究》获山东省第二十九次社会科学优秀成果重大奖，陈尚胜教授的《徐寿朋与近代中韩关系转型》、石少颖副教授的《“丁卯之役”中金鲜间“纳质”、“岁币”问题由来考辨——兼论后金首次征朝期间的外交策略》获山东省第二十九次社会科学优秀成果二等奖；徐畅教授的《日军“十八秋鲁西作战”中国人死亡人数商榷》、王建峰副教授的《唐代刑部尚书的出身阶层与入仕途径》获山东省第二十九次社会科学优秀成果三等奖。

3. 世界史专业。2015 年，顾銮斋教授的专著《中西中古封建税制比较研究》入选年度“国家哲学社会科学成果文库”。该书将由社会科学文献出版社于2016年出版，是运用比较方法研究中西中古赋税制度的重大成果。

白雪峰副教授的专著《美国司法审查制度的起源与实践》，已由人民出版社于2015年8月出版。本书对国内外学术界在美国司法审查制度问题上的研究成果和观点进行了系统梳理和总结。

关于第22届国际历史科学大会的4篇总结性成果于2016年1月分别发表于《世界历史》和《史学理论研究》。它们分别是：顾銮斋教授的《历史学的走向和史学家的未来·概评》、郑群副教授的《全球视野下中国历史的重构》、孙一萍副教授的《“法国大革命史”专场会议述评——兼评主题会议“世界史中的革命：比较与关联”》（这三篇发表于为《世界历史》）以及孙丽芳的《现代讨论中的西方古代世界》（《史学理论研究》）。以上文章梳理了此次国际历史科学大会的一些史学研究新成果，并介绍了此次大会所展现的史学发展新趋势。

4. 档案学专业。2015年新增国家社科基金一般项目1项，出版发表各类著作20余部（篇），其中在学科权威期刊《档案学通讯》发表5篇。

5. 文化产业管理专业。新增国家社科基金一般项目1项，获得山东省第二十九次社会科学优秀成果奖三等奖1项（杨东篱《伯明翰学派的文化观念与通俗文化理论研究》），出版学术著作3部，分别是刘玉平《周易智慧》（上海古籍出版社，2015年）、唐建军《从旅游城市到休闲城市：基于青岛城市建设实践的研究》（金琅学术出版社，2015年）、付晓青《文化产业新业态研究》（福建人民出版社，2015年）、韩英《文化投资学》（福建人民出版社，2015年）、昝胜锋《创意中国调研报告》（山东大学出版社，2015年），发表学术论文16篇。

六、国际交流

以第22届国际历史科学大会的召开为契机，2015年历史文化学院的国内国际学术交流活动创历史最高峰，其中重要活动如下表：

时间	活动名称	活动人员
2015. 08	第22届国际历史科学大会	来自世界76个国家和地区的2077位史学家出席会议，其中外籍学者785人
2015. 08	教育部历史学类专业教学指导委员会2015年年会（第22届国际历史科学大会平行会议）	担任教育部高等学校历史学类专业教学指导委员的34位历史学专家学者出席会议
2015. 08	全国高校历史系主任联席会议（第22届国际历史科学大会平行会议）	来自北京大学、清华大学、中国人民大学、南京大学、复旦大学、南开大学等全国高校的历史系主任（院长）150余名学者开展交流
2015. 08	历史学与当代中国社会：2015年全国历史学博士后论坛（第22届国际历史科学大会平行会议）	来自中国社会科学院、北京大学、清华大学、南京大学、复旦大学、中山大学、武汉大学等高校和科研院所的50名学者出席会议
2015. 08	比较视野下的龙山文化与早期文明国际学术研讨会（第22届国际历史科学大会卫星会议）	来自美国、英国及国内北京大学、中国社会科学院、中国国家博物馆、南京博物院等高校和科研院所的60名学者出席会议

续表

时间	活动名称	活动人员
2015. 08	青岛的城市化与国际化国际学术研讨会（第22届国际历史科学大会卫星会议）	来自美、英、俄、日、德及中国的50多位历史学界专家学者参加会议
2015. 08	蹴鞠与齐文化国际学术研讨会（第22届国际历史科学大会卫星会议）	来自英国、韩国、日本及中国大陆和台湾地区的65名专家学者与会交流
2015. 08	儒家文明与当代世界国际学术研讨会（第22届国际历史科学大会卫星会议）	来自韩国、新加坡及中国大陆和港澳台地区的近60名学者参加研讨
2015. 08	全球视野下的泰山文化国际学术研讨会（第22届国际历史科学大会卫星会议）	来自美国、日本、韩国及中国的学者共47位出席会议并交流
2015. 08	运河文化与世界遗产保护利用国际学术研讨会（第22届国际历史科学大会卫星会议）	来自美国、澳大利亚及中国的70余位专家学者参加研讨
2015. 04	舞阳贾湖墓葬实验室发掘处置问题座谈会	来自中国社会科学院、中国科技大学、河南省文物考古研究所等10余家单位的28位专家学者出席会议
2015. 05	第四届发现中国李济考古学奖学金颁奖仪式暨青年考古论坛	来自中国社会科学院、北京大学、吉林大学、西北大学、浙江大学、南京大学等高校和科研院所的54名学者出席会议

第22届国际历史科学大会于8月23～29日成功举办，充分彰显了我校考古与历史学科的学术地位及影响力。大会期间，来自全世界76个国家和地区的2000余名史学家出席会议，国家主席习近平专门发来贺电，国务院副总理刘延东到会致辞，在海内外产生极大的影响。与会学者及海内外媒体对大会的成功召开给予高度评价，《人民日报》(海外版)、《中国日报》、中央电视台等国内外主要媒体进行了持续关注和报道。

科研项目的对外合作与交流。考古学科保持长期合作关系的高水平大学和科研机构主要有美国芝加哥自然历史博物馆、耶鲁大学、哈佛大学、英国雷丁大学、荷兰莱顿大学、日本九州大学等。主要的科研项目有：

学者	时间	项目名称	项目合作方
方辉教授	1997年至今	“鲁东南区域系统考古调查”	美国国家自然科学基金会、国家地理学会、鲁斯基金会资助项目
方辉教授	2012年至今	“山东济南大辛庄遗址2003年度考古发掘报告”	美国Shelby-White考古报告出版基金资助项目
栾丰实教授	2010年至今	稻作农业的东传	日本九州大学宫本一夫教授合作项目
栾丰实教授	2001年至今	山东日照两城镇遗址考古发掘与研究”	美国国家自然科学基金会、鲁斯基金会资助项目
方辉教授	2012～2015	古代东北亚地区的历史生态学	加拿大人文社科基金国际合作发展项目
靳桂云教授	2014年至今	山东地区地质考古研究	英国科学院资助，和英国雷丁大学合作项目
王芬副教授	2009年至今	鲁东南地区龙山文化陶器研究	和耶鲁大学、南佛罗里达大学合作

此外，唐仲明副教授 2014.7～2015.7 在哈佛大学从事访问研究；解玉军副教授于 2015 年 8 月赴英国东盎格利亚大学进行为期一年的学术交流。方辉先后赴以色列拉特维夫大学、美国芝加哥自然历史博物馆、香港中文大学、香港城市大学访学。栾丰实、方辉、王强，参加 2015 年美国考古学年会。靳桂云、王芬 2015 年 4 月赴英国雷丁大学学术访问。

谭必勇副教授在 2015 年 7 月 11～17 日年间应邀赴美国马里兰大学克里奇帕克分校，参加国际档案理事会档案教育指导委员会及美国档案教育与研究协会 2015 年会，并在国际档案理事会档案教育指导委员会 2015 年年会上作了题为“留守儿童数字档案馆：概念、框架及其教育意义”的专题报告。唐建军、邵明华老师 2015 年 12 月 5～6 日，参加由暨南大学、美国宾夕法尼亚州立大学和深圳华侨城集团联合主办，暨南大学深圳旅游学院承办的“2015 都市休闲与旅游国际论坛”；接收培养来自卢旺达的留学生卡特拉攻读硕士学位；与澳大利亚南澳大学签订了本科生 3＋1 合作办学协议。

七、学术委员会工作

历史文化学院学术委员会根据《山东大学章程》，在历史文化学院范围内开展相关学术评价、学术咨询服务、学风维护以及学院学科建设方面开展工作。学术委员会会议根据情况，在院长或分管副院长提出具体商讨任务后，与学术委员会主任协商具体行使职能形式，重要问题安排专门会议并形成决议，应急却不重要的问题以电子文件形式让各位委员发表意见，再汇总形成决议。2015 年度，学术委员会主要做了以下工作：

2015 年 1 月 9～11 日，电子信件通讯征求各位学术委员对历史文化学院行政制订的《韩连琦基金评审细则修改意见》的建议。

2015 年 3 月 23 日，电子信件通讯征求各位学术委员对校人事部起草的《山东大学青年教师未来计划实施办法（征求意见稿）》。

2015 年 4 月 30 日，通讯评议通过李巍教授博导资格问题，上报学校审批。

2015 年 5 月 20 日下午，院学术委员开会讨论通过 2015 年拟招聘人员名单，讨论未来计划遴选问题，通过王芬、韩吉绍、贾国静为推荐人选。

2015 年 6 月 29 日，院学术委员会通讯评议方辉教授申报长江学者特聘教授问题，通过推荐。

2015 年 9 月 14 日，电子信件通讯征求各位学术委员校人事部制订的《关于山东大学教师岗位申报条件修订工作的通知》（山大人字〔2015〕93 号）意见。

2015 年 11 月 2 日上午，院学术委员会开会，讨论并通过职称及岗位评审条件（竞聘业绩）修改方案，查找和分析本院师生在学风方面可能存在的问题。

2015 年 11 月 14 日，院学术委员会举行扩大会议（扩大到各系主任和院党委副书记、副院长），讨论“十三五”学科建设规划问题。讨论结果：以考古学和中国史为主，并凝练世界史的部分师资，冲击优势学科（全校 5 个），具体方向为：中国文明的早起起源及国家形态、古代中国的国家与社会治理、中华文明的近代转型、全球史与跨国史研究、科技考古等。

（赵兴胜）

数学学院

一、思想政治方面

（一）全面落实从严治党各项要求，扎实推进“三严三实”专题教育

1. 认真开展“三严三实”专题教育活动。按照中央部署和学校党委安排，扎实开展三个专题教育学习活动。首先召集领导班子进行“三严三实”专题教育党课学习，本年度根据三个专题“严以修身”“严以律己”“严以用权”分别召开了专题学习讨论会。班子成员通过学习习近平总书记系列重要讲话精神，切实提高了思想认识，并表示将以身作则，牢记宗旨，严守纪律，严明规矩，坚守信念，保持定力，在工作实践中坚决践行“三严三实”，对党忠诚，对人民务实，努力做求真务实、严于律己的表率。

2. 开好学院领导班子民主生活会。按照学校要求，学院党委高度重视、精心组织，经过充分准备，领导班子以“严格党内生活，严守党的纪律，深化作风建设”为会议主题，召开了学院党员领导干部民主生活会。在召开民主生活会之前，通过召开座谈会、个别访谈、发放征求意见表等形式，广泛征求意见建议。安排充足时间，班子成员谈心谈话、互相交流。真正做到把问题谈开、思想谈深、意见谈好，消除隔阂、形成共识。班子成员逐一查摆，反复修改，细致锤炼，认真撰写个人对照检查材料。最后对领导班子“两方案一计划”整改任务落实情况进行了一次全面梳理，重点审核落实整改任务、开展专项整治、建立长效机制、公开整改结果等情况，提出改进意见，并进一步修改完善，形成了整改落实情况报告。

3. 召开党风廉政建设专题学习会议。根据学校党风廉政专题学习会议暨贯彻落实教育部对违反中央八项规定典型案例通报会议的有关精神，传达了相关典型案例，带领班子全体成员认真学习了《中国共产党廉洁自律准则》《中国共产党纪律处分条例》以及李守信书记在会上的讲话。会议指出对党风廉政专题的进一步学习和贯彻落实，体现了中央全面从严治党的要求，对于深入推进高校党风廉政建设和“三严三实”贯彻实施具有十分重要的意义；党员干部一定要做到“八个严禁”，学院要落实好“两个责任”，即主体责任和监督责任，在工作中严把重要关口。深入领会学校党风廉政专题学习会议精神，并对学院党风廉政建设工作进行了安排和部署。

4. 认真执行贯彻中央八项规定精神“回头看”和财经纪律大检查工作。在领导班子和全院教职工范围内通报高校四起违反中央八项规定精神等违规违纪问题，认真对照

教育部、山东大学关于贯彻落实中央八项规定的有关要求，开展自查自纠。对各类资金账户逐条对照，认真检查、重点检查了自2013年1月1日以来，执行中央八项规定和财经纪律的情况。检查工作做到责任明确，全面覆盖，不留死角、不留空白。学院彻底根绝“小金库”，针对重点检查内容，进行梳理和特殊情况的说明汇报。

（二）积极落实党委各项日常工作

1. 坚持理论学习。为深入理解领会“三严三实”精神，班子成员坚持读原著、学原文，重点研读了《习近平谈治国理政》《习近平关于党风廉政建设和反腐败斗争论述摘编》《习近平用典》等著作。学院为加强“三严三实”学习，专门为领导班子和学院全体党员购买了相关书籍，除上述书籍外，号召党支部组织加强日常读书读报读资料的学习，订阅相关学习材料。

2. 积极开展党建活动。组织全体党员参观淮海战役纪念馆，提升了全体党员的革命主义精神，使大家接受了一次精神洗礼。为充分发扬共产党员先进性和模范带头作用，组织开展了“数学学院优秀共产党员”评选活动，制定了《数学学院优秀共产党员评选办法》，评选出优秀党员52人，其中教工党员22人，学生党员30人，并于7月9日召开全院大会，对优秀党员进行表彰，颁发了荣誉证书。充分发扬党支部的战斗堡垒作用，通过学生支部与教工支部的联合立项和支部组织建设开展丰富的党员活动，切实打好党建工作的牢固基础。

3. 落实年度党员发展计划。2015年发展教工党员2人，其中35岁以下青年教师1人，行政教职工1人，学生党员30人，共32人，完成年度党员发展计划。

二、学科建设方面

（一）学科建设方面

1. 制定了《数学一级学科“十三五”发展规划》，全面、深入分析了数学学科与标杆学科的差距，找到了学科新的增长点，并提出了针对性的建设举措，同时提出了“十三五”期间各重点建设学科方向的遴选设置方案，明确了建设目标。

2. 全力做好“学科高峰计划”重点学科遴选答辩工作，数学一级学科以优异成绩通过了“山东大学学科高峰计划”优势学科的评审。

3. 在2015年U. S. News公布的2016全球最佳大学排名中，数学排名全球学科第47名。

（二）人才建设方面

1. 彭实戈在第八届国际工业与应用数学大会（ICIAM 2015）上作一小时邀请报告，为获得此殊荣的首位华人数学家，极大地提高了学科的国际声誉。国际工业与应用数学大会（ICIAM）每四年举办一次，是国际工业与应用数学领域水平最高、规模最大、影响最广的盛会，也是在数学界与“国际数学家大会”齐名的大会。

2. 吴臻入选2015年“国家百千万人才工程”，蒋晓芸获“大众报业杯”山东高校十大师德标兵。

3. 2015年，学院泰山学者海外特聘专家王宏、梁栋通过山东省聘期考核，其中王宏被评定为优秀，并同山东省签订了2015～2020年的续聘合同。

4. 2015 年，数学学院共招聘 6 名新进教师，其中 3 名海外博士、3 名国内博士，均来自国内外知名大学和研究机构。高等研究院招聘 2 名新进教师均为国内知名大学博士。

（三）科学研究方面

1. 陈增敬作为独立完成人完成的项目“资产定价理论中的非线性期望方法”荣获国家自然科学二等奖，蒋晓芸、芮洪兴分获山东省自然科学二等奖，李国君获教育部高等学校自然科学二等奖。

2. 2015 年，学院科研新立项共 22 项，总经费 979 万元。其中国家自然科学基金 17 项：重点项目 1 项，资助经费 230 万元，面上项目 11 项，资助经费共 520 万元，青年基金项目 4 项，资助经费共 76 万元，专项基金项目 1 项，资助经费 8 万元；山东省自然科学基金项目 3 项，杰出青年基金 1 项，面上项目 2 项，资助经费共 87 万元；横向项目 3 项，资助经费共 73 万元。

3. 数学学科在 2015 年中信所公布的 2014 年 SCI 论文 131 篇、EI 论文 65 篇、CPCIS 论文 10 篇。

（四）学术交流方面

1. 举办了第七届全国数论会议，邀请了清华大学、会议学术委员会主席冯克勤教授，首都师范大学黎景辉教授，同济大学陆洪文教授，台湾大学于靖教授等出席会议并做学术报告。与清华大学丘成桐数学科学中心共同协办了 2015 年泛亚数论会议，会议邀请了英国皇家学会院士、剑桥大学 John Coates 教授和韩国浦项科技大学 YoungJu Choie 教授等国际知名学者参会。学院聘请了美国北伊利诺伊大学 Anton Zettl 教授等共五位知名教授担任短期境外专家为数学院本科和研究生作学术报告。选派大批中青年学术骨干到国外进修、培训或合作研究（35 人）。学院共六位学者组团赴日本熊本大学参加第八届中日韩三校（日本熊本大学、韩国亚洲大学、中国山东大学）工科研讨会。

2. 继续加大国际交流合作的力度，开展了与美国威斯康星大学数学院“3＋1＋1”联合培养项目，共有 10 名同学赴威大继续深造。与英国曼彻斯特大学数学院签订“2＋2”联合培养项目和加拿大西安大略大学签订“3＋1＋1”联合培养项目。同时学院与美国威斯康星大学数学院、加拿大西安大略大学数学院、法国巴黎综合理工、德国乌尔姆大学、英国利兹大学数学院均进行了联合培养合作讨论工作，拟开展联合培养、学生互换、教师交流等方面的合作。

三、人才培养方面

（一）研究生培养方面

1. 积极做好研究生招生工作，招收博士研究生 38 名；硕士研究生 154 名。生源质量有明显改善。

2. 在山东威海校区成功举办了由山东大学、上海交通大学主办，北京大学、复旦大学、南开大学、同济大学、苏州大学等协办的七校联合《金融数学与金融工程》研究生暑期学校。实现了七校相互合作、优势互补、形成合力、打造品牌、强强联合培养与国际接轨并具有中国特色的金融高级应用型人才。

3. 创新研究生培养模式，提高学术研究氛围。举办了“博士高端论坛”系列活动，为学院博士生提供了与专家学者、与不同专业同学交流沟通的平台。

4. 研究生培养取得新成绩。学院研究生获得山东省2015年度优秀博士论文1篇、硕士论文1篇；获山东省优秀研究生科技创新成果奖2项。

（二）本科生培养方面

1. 除本学院专业教学外，还承担全校26个学院53个专业14000余名学生的公共数学基础教学，共约有220课程，本科教学工作稳步有序。

2. 2015年，重点支持“慕课”建设，已上线4门课程，单门选课人数过3万～5万人。2015年新增4门优秀课程网站，A类网站4门，B类网站3门，并积极推动“翻转课堂”建设。

3. 蒋晓芸获得山东省教学名师称号。

4. 2015年组织7名教师参加“全国高校数学微课程教学设计竞赛，取得了很好的成绩。

5. 拔尖人才培养稳步进展。2011级学生有1名考入巴黎高师、3名考入巴黎高工、1名考入牛津大学。

6. 2015年度获得国家级大学生科技创新项目3项，获得“山东省优秀学士毕业论文”1篇、“山东大学优秀毕业论文”3篇，获得山东大学拔尖人才培养项目资助25万元，并持续4年。

7. 积极推动国际化建设，赴英国拉夫堡大学4人、美国威斯康星大学9人、加拿大西安大略大学3人。今年，与美国威斯康星大学、英国曼彻斯特大学、利兹大学积极探讨，建立稳定的联合办学模式，加强学生和师资方面的合作交流，已经初步拟订了协议，近期正在签署。

（三）继续教育方面

本年度学院自考班学生招生人数为229人，学费收入总计为89万元，人数和学费相比去年均有较大幅度增加（去年学费总额为40多万元）。承担自学考试计算机信息管理专业（本）与计算机网络专业（本）的实践考核与毕业论文答辩工作，445人次。

（四）学生教育管理方面

1. 研究生教育管理方面

积极推进学生党建和思想政治教育工作，建立了切实有效的思想政治教育领导体系和工作机制；面对研究生全面收费的新变化，在学生综合测评和奖学金评选过程中，及时补充管理制度和评选要求，使奖学金评选工作有序开展；在学术道德与规范教育工作方面，学院常抓不懈，建立了科学完善的学风监督管理评估体系；学院致力于建设符合数学学院特色的学术品牌和文体活动，形成了学术与文体活动齐头并进的良好局面；在众多知名企事业单位架设实习平台，同时在新生入校便进行相关的就业知识、择业理念的培训教育，使研究生的专业应用服务水平不断提高。2015届毕业生一次就业率达到98.07%，实现了历史的突破。

2. 本科生教育管理方面

紧密围绕学校和学院的中心工作，重点在学风班风建设、安全稳定教育、心理健康教育、奖助勤贷帮扶、就业创业指导、宿舍文化建设、学生党团建设、学生干部培养、学生制度建设、辅导员队伍建设等10个方面扎实推进，开展了以“听先生讲那过去的故事——数院学子百名数学家老党员老教授寻访”“第二届大学生青春读书会”“第四届迎新青春歌会”“数院学子学习沙龙”“赴沂蒙山革命老区留守儿童志愿支教”“学习励志型主题班会视频展评”“心理趣味运动会”、宿舍文化节等为代表的56场次品牌化系列化学生自选式校园文化活动，精心分类指导和一对一跟进帮扶学习困难、心理不稳定等方面的学生达132人次，在全院本科生中切实营造出了“刻苦学习，拼搏进取，诚实守信，团结互助，身心健康，全面发展”的良好的学习和生活氛围，确保了学生的安全和稳定。

（罗　超）

物理学院

2015年，在学校党委和行政的正确领导下，物理学院领导班子以党的十八大精神为指导，认真学习贯彻习近平总书记的重要讲话，凝心聚力，团结协作，紧紧围绕学院教学、科研、学科建设等中心工作，带领学院全体师生员工共同努力，圆满完成了全年各项工作任务。

一、“三严三实”专题教育与班子廉政建设

学院领导班子，把“三严三实”专题教育当作重大政治任务，进行了认真谋划，精心组织，扎实开展了专题教育活动。学院领导班子中的党员干部每人负责一个专题教育工作，使专题教育主题明确。班子成员深入教学科研一线实验室进行调研，对照党的“三严三实”，联系思想、联系工作实际，进行对照检查和交流，增强了班子成员实事求是、干事创业的思想自觉和行动自觉。学院主要领导与学校签订了学院党风廉政建设责任书，明确班子成员责任分工，涉及学院的教学科研、学科建设、人事财务等重大事情实行集体研究、决策。组织科研经费管理专项检查，根据学校精神，认真落实《关于开展贯彻执行中央八项规定精神“回头看”和财经纪律大检查工作的通知》要求，开展了自查自纠工作，规范经费支出，强化责任落实。

二、科研、学科与教师队伍建设

1. 在充分调研、论证的基础上，扎实做好物理学科“十三五”规划的编制和学校“学科高峰计划”的组织申报工作，遴选进入了学校十三五重点发展的15个主流特色学科。

2. 组织完成了“十二五”省级重点学科、重点实验室建设项目终期评估；完成科研组织建设项目的实施、科研平台及科研实验室危险品安全自查工作；陈峰教授申请的“基于离子束辐照纳米材料的新型介电晶体光波导的基础研究”获国家自然科学基金重点项目资助，资助总金额357万元；黄性涛教授申请的“高性能离线数据处理与物理分析综合平台的研究”项目获国家自然科学基金委大科学装置科学研究联合基金重点支持，资助总金额316.4万元；徐庆华教授领衔申请的“RHIC/STAR时间投影室的升级和能量扫描二期的实验研究”获国家自然科学基金重点国际合作项目资助，资助总金额345.2万元；立项国家自然科学基金、省部级项目近20项，总经费超过2000万元。

发表SCI论文近200篇，亮点论文分别在《自然—通讯》发表、入选中国百篇最具影响国际学术论文，两位教授入选中国高被引学者榜单；获得国家发明专利7项。

3. 作为世界最具影响力的全球性大学排名之一的《QS世界大学学科排名》，2015年最新的发布，山大物理学科成功进入世界大学物理前400位，在“物理与天文”学科中排名第“301～400”位，位居中国大陆高校第13名，亚洲高校第106名。在分项评分中，“学术声誉”以37.1分居中国大陆高校第14名；“雇主声誉”以62.6分居中国大陆高校并列第7名；“单篇论文引用”以78.4分居中国大陆高校第5名；“高被引用”以73.0分居中国大陆高校第6名。

4. 教师队伍建设方面，周健是2015年我院新引进的“青年千人计划”教授，我院的戴瑛教授获聘山东省泰山学者。

三、本科教育

1. 开展物理基地、泰山学堂等人才培养工作；完成示范中心建设，执行各类经费170多万元，新增教学设备370多台件，增开新型实验近60个；承担实验室软件建设项目12项。

2. 开展了力学课程的全英语教学；《物理学》国家精品课在线访问量达21700次，更新资源75个，更新率14.91%，顺利完成国家级验收；《大学物理》MOOC，超过15000人在线学习；开展基于大学物理MOOC、SPOC的“翻转课堂”教学；完成“物理与文化”通识课程网站建设；出版教材2部；国家及校级科技创新立项35项，150人次参与，获国家、省级竞赛奖项数十项。

3. 积极推进学生海外交流，20多人参与“2＋2”“3＋2”等海外交流、培养项目；被985高校和研究所录取研究生59人，被美国哈佛大学、英国曼彻斯特大学等海外大学录取研究生31人。

四、研究生教育

实行博士研究生指导教师遴选改革，36人获得下一年度招生资格；举办了“2015年物理学院未来研究生夏令营”活动，使报考研究生人数有所增加；加强制度建设，修订了学院研究生奖学金、助学金等评价体系评定细则；3名研究生与国外知名研究机构联合培养，2名国外研究生在我院学习。博士就业率达94.74%；硕士生就业率达97.83%；获得山东省研究生教育创新计划项目立项，

五、国际交流与合作

邀请境外专家7人次，举办国际学术会议、报告40多场次。教师出访、合作研究73人次，外方院级代表（团）来访4次，7名本科生成功申请国际项目赴国外知名学校学习，新增1名外籍学生攻读硕士学位，新增3名外籍博士后；与英国利兹大学签署本科生联合培养协议。

六、GAC 项目的涉外培训

本着“积极发展、规范管理、保证质量、提高效益”的原则，开展了物理学院的涉外 GAC 项目的培训工作。2015 年招生培养工作顺利开展，实现创收收入 64.5 万元。

七、宣传工作

加大了学院科学研究等学术方面的宣传；组织学院所属 14 个网站的安全、涉密等检查工作。

八、党委工作

1. 加强党建工作。召开了全院党员大会，进行了党委换届。积极做好青年教师、学生的培养和发展工作，发展年轻教职工党员 1 名；发展学生党员 20 名。

2. 开展了主题党日活动，组织了近百名党员和积极分子赴莱芜战役纪念馆参观学习、接受爱国主义教育，合理规范地使用了 2015 年校拨 27900 元党建经费。

3. 加强研究生思想政治教育工作。以纪念抗战胜利 70 周年为契机，从新生入学教育入手，首次设立《研究生基本素养通识课》，使新生入学教育扎实有效。2015 年有 294 名研究生分获 6 大类奖学金。

4. 创新本科生思想政治工作，选聘教工党支部书记、和一名“985 工程”平台学术骨干担任新一届学生班主任；构建“五个一”教育体系；通过开设通识课、主题班会、团队辅导等加强学生教育，40 多名师生受到省、学校表彰；近 427 人次获得各类奖学金，608 人次获得助学金；获得学生就业工作创新先进单位，教育拓展先进集体等荣誉。

（于新好）

化学与化工学院

2015 年，学院现有教职工 193 人，专任教师 122 人，教授 70 人，博士生导师 60 人；在校全日制本科生 710 人、研究生 620 人、继续教育在职学生 1046 人。学院领导班子紧紧围绕学校的中心工作，在党风廉政建设、学科建设、制度建设、人才培养等各方面开展工作，探索创新，稳步推进学院的发展。

一、思想政治建设

1. 积极开展“三严三实”专题教育。学院将专题教育融入领导干部经常性学习和教育中，通过开展专题党课、专题学习研讨、组织调研、征求意见、查找不严不实问题、召开专题民主生活会、整改落实和立规执纪等活动，切实增强了党员领导干部践行“三严三实”要求的思想和行动自觉。

2. 开展爱国主题教育、党性修养主题教育。教工、学生各支部组织了形式多样的纪念中国抗日战争暨世界反法西斯战争胜利 70 周年主题纪念活动。学院全体党员通过手机加入中组部设置的“共产党员”微信群。先后围绕党性教育、社会主义核心价值观教育、安全教育等开展了以“唱响国际歌”、毕业生“最后一课”“安全你我他”等 6 项影响力较大的主题教育活动。

3. 加强党组织建设。学院充实、调整了部分党支部，本年度有两项校党委组织部立项结题，一项获三等奖，新增 1 项。抓住新生入学教育等关键节点，引导学生坚定理想信念，2015 年 87.5％的新生递交了入党申请书，本年度共发展学生党员 34 名，转正 45 人。

4. 加强党风廉政建设。加强师德师风建设，以“我心目中的好导师”“我心目中的好老师”等评比活动为契机，面向教师开展廉洁从教、学术纪律教育。加强监督，强化追究制度，2015 年重点开展了执行落实中央八项规定精神回头看和财经纪律自查工作。

5. 领导班子建设。一是完善制度，修订了《学院岗位绩效工资分配方案》、制定了《化学与化工学院财务工作管理规定的补充规定》，规范财务公示流程，明确了学院教职工考勤管理措施。二是加强安全稳定工作。以“大安全”意识抓好安全稳定工作，通过全院大会、个别谈心、消防演习、推广“平安山大”微信平台等方式加强对师生的实验室安全和人身及财务安全意识的培养，确保学院工作的良性运行。

二、学科建设

1. 学科建设。2015年，制定化学学科、化工学科“十三五”建设规划。开展山东省泰山学者优势特色学科建设，组建领军人才团队，组织学院化学学科申报“山东大学化学学科高峰计划”并确定为特色学科。学院仪器平台购置X射线衍射仪等20万元以上仪器设备7台，总价达226万元。

2. 师资队伍建设。2015年，引进到岗齐鲁青年学者3人、普通师资4人；推荐并入选国家青年千人2人，推荐并通过泰山学者（领军人才、特聘教授）评审2人、推荐并通过齐鲁青年学者评审4人；2人入选首批“山东大学青年学者未来计划”。清理学院KTP室，整合317平方米科研空间，用于人才引进科研用房，修缮了学院学术报告厅。

3. 科研工作。2015年，学院获国家自然科学基金项目16项，资助总额919万元，获军工项目资助总额为1035万元，各类项目资助总额达3744万元。本年度学院共发表SCI论文312篇，其中IF＞3以上论文220篇，IF＞6以上论文53篇，IF＞9以上论文8篇，高于去年同期水平。

4. 学术交流与合作。邀请各类高水平专家来学院报告共计30余次，学院教师有近20人参加国际学术会议或交流访学，在国际国内学术会议作特邀报告3人次。2015年，启动了首届青年教师学术论坛。

三、人才培养

1. 学生教学与培养工作。组织修订了泰山学堂化学取向、国家基地、化学专业、化工专业、应用化学专业的培养方案。承办了教育部高等学校化学类专业教学指导委员会和大学化学课程教学指导委员会联席会议。建设了虚拟仿真实验中心。制定了《招收博士研究生人员审核认定实施办法》和《招收硕士研究生人员审核认定细则》。获得山东省、山东大学优秀博士、硕士学术论文奖各1项，山东大学“优秀生源奖励基金”5项，“研究生优秀学术成果奖”24项等多种奖励。

2. 学生教育管理。2015年，举办“化时代”学术讲座、“晨曦杯”学术论文评比活动，承办“稷下风”研究生学术论坛、“海右”博士论坛；获得全国“挑战杯”大学生课外学术科技作品银奖；获得红旗团委、学生思政教育与管理工作先进单位、学生资助工作先进单位等荣誉称号；有600余名学生在奖学金、社会实践、科技创新、志愿活动、校园文化等各项评比中获得校级以上奖励。2015年本科生与研究生就业率均达到90％以上。

（季书豫　刘　红）

信息科学与工程学院

2015年，信息学院按照学校总体部署和学院的工作计划，围绕学校“十三五”规划和综合改革方案，以党群工作为支撑，以人才培养为基础，以科研创新为主导，深化改革，锐意进取，积极推动学院各项工作的顺利开展。

一、党建工作

2015年，学院党委以开展“三严三实”专题教育活动为切入点和着力点，深入学习贯彻党的十八大和五中全会精神，以及习近平总书记系列讲话精神，把党风廉政建设与学院中心工作紧密结合，积极探索党建工作和思想政治工作新思路。

1. 学院党委积极拓展多种渠道，通过组织生活会、座谈研讨、讲党课、参观考察等多种方式深入推进“三严三实”专题教育活动，推动践行“三严三实”要求制度化、常态化、长效化。

2. 扎实开展了形式多样、内容丰富的党建活动。2015年9月，学院开展“品味经典，理解三严内涵，提升修养”的读书月活动；10月10日，学院与中共济南市委党史研究室、中共山东省党史陈列馆联合在学校举办了纪念中国抗日战争胜利70周年暨世界反法西斯战争胜利70周年的“铭记历史烛照未来——济南抗战图片巡展”活动，布展一周受到全校师生的热烈欢迎；10月28日组织党员干部赴长清50余人大峰山革命遗址参观学习，缅怀革命先烈，开展传统革命教育活动。

3. 深化廉政风险防控机制，修订完善了《党政联席会议议事制度》《三重一大”事项决策规定》《党风廉政建设责任制实施方案》等规章制度；形成了学校重大事项通报制度、学院重要事项党政联席议事制度等信息公开、通报机制。

4. 加强党组织建设，完善基层组织结构。规范学生党员培养发展程序，坚持“成熟一个发展一个”的原则，全年共发展学生党员158名（党员审批70人，党员转正88人）。2015年，在学校党支部立项活动评比中，“写在联建共育上的中国梦”荣获一等奖，并有三项支部活动提案通过审批成功立项。

二、人才引进与教师队伍建设工作

1. 大力引进高层次人才，提高师资力量和科研实力。学院成功引进激光器领域的知名学者“千人计划”专家李洵教授；引进信息领域高层次人才周洪超博士，申请并获批青年“千人计划”；引进光学领域高层次人才孙宝清博士，申请并获批青年“千人计划”。

2. 加强教师队伍建设。2015 年，学院承办山东大学青年教师理工组讲课比赛；完成实验室建设项目的设备购置和实验室建设工作，同时获得校级实验室软件项目立项两项。

三、科研与学科建设工作

（一）积极采取多项措施，进一步提高各学科在其领域的话语权和影响力

1. 电子科学与技术学科：规划和组建了光电子与微电子学科交叉的研究方向，积极推动该研究方向的发展；参加“十三五”国家重点研发计划光电子集成等重点专项指南论证 3 次；举办总装预研光电子专家组论证会议 2 次，规划学科在军口“十三五”的项目布局，申请并获批探索项目一项（507 万元）；建立青岛信息产业技术研究院，推进学科研究内容和方向与产业化需求的结合（信息学院申请到 42 万元经费）；布局青岛学科建设，申请到青岛市科技局重大专项 80 万元；参与中国光学工程学会的相关工作，进入微纳光电子集成技术专家委员会；积极与本领域中的优势单位：中科院微系统所、半导体所、微电子所开展合作，达成了联合建立实验室的意向。

2. 信息与通信工程学科：建立了以大数据驱动的特殊群体大数据智能技术这一新兴交叉研究方向，积极推动该研究方向的发展；由山东大学牵头，联合中国社科院、中国国家图书馆和中磁视讯公司，共同成立“中国特殊群体社会治理大数据联合实验室”。

3. 光学工程学科：在青岛和北京多次召开讨论会，论证光学工程相关领域的研究发展方向、产业化应用和军方需求；邀请光学工程知名校友，组织了光学工程学科发展研讨会。

（二）不断提升科研水平，科研成果持续增长

组织了山东省科技奖励申报，有两项进入答辩；组织申报并获得国家自然科学基金申报立项 6 项；申报国家自然科学基金委优秀青年基金获批 2 人，获得某部重点计划项目 1 项；组织申报并获得 2015 年度山东大学交叉学科培育项目立项 3 项；组织签订 2015 年度山东省重点科技计划项目（第一批）任务书，获得立项 1 项；获批山东省重点实验室建设项目 1 个；组织十二五重点学科和重点实验室验收考核；协助济南市公安局成功申报组织公安部重点实验室实践基地；组织申报十三五信息与通信工程学规划和高峰计划项目。

2015 年，信息学院到位科研经费总计 1778.08 万元，创建院以来最高记录；发表 SCI 论文 160 余篇，EI 收录论文 80 余篇；获得发明专利 60 余项、实用新型专利 40 余项，授权专利数量全校第一。

四、教育教学工作

（一）本科教学

人才培养从本科生抓起，对本科教学培养方案进行了修订和完善，实施“基于 OBE 的创新创业人才平台建设”项目；以成立“崇新学堂”、创新创业教育课程、模拟

训练、活动实训等形式，进行创新创业意识、知识、技能的培养；与中科院上海光机所、上海技术物理所联合设立“尚光英才班”“技术物理英才班”，建立了科教协同育人的长效机制。

申请并获批国家级教改专项资金（100万元）的支持；邀请企业界创业成功典范和技术总监等高层次人才为学生开展讲座并聘任为学生创新创业导师。

2015年学院积极组织学生参加“山东省大学生电子设计竞赛”“全国大学生电子设计竞赛”等多项赛事并获奖。

学院与神戎公司携手举办了首届山东大学“神戎”杯光电设计大赛，与德鲁泰公司联合举办“德鲁泰”杯电子大赛，与Digilent公司联合举办了信息学院Digilent杯科技创新暨EDA比赛，为广大同学提供专业学习和交流的机会，搭建自我展示的平台，为校企合作的长远发展奠定基础。

（二）研究生教育管理

坚决执行学校政策，从入学、开题、中期考核和毕业等环节严格把关，在学校分配研究生数量逐年下降的情况下，学院2015级研究生招生的数量和质量没有受到明显影响。目前，在校全日制硕士、博士人数为500余人，在职硕士人数300余人。

2015年，公派留学中“联攻读博士”3人，“联合培养博士”5人，“2015年山东大学研究生优秀学术成果奖获奖”获奖8人，“2015年山东省优秀硕士学位论文”1人，“2015年山东省优秀博士学位论文”1人，“2015年度山东大学优秀硕士学位论文”2人，“2015年度山东大学优秀博士学位论文”1人，“2015年山东省研究生优秀科技创新成果奖”1人。“2015年山东大学示范性研究生学位课程”获资助立项2项。

五、学术交流与合作

学院积极贯彻“以国际交流与合作带动和促进学科发展”的战略思想，大力拓展国际交流合作渠道，在引进国际化人才，主办国际会议、申请国际合作项目、进行国际合作探讨与互访、接待流动岗特聘教授及短期境外专家、进行学生层次的国际交流等方面都取得了新的成绩。

1. 牵头承担科技部国家国际科技合作专项——“5G移动通信系统关键技术研究”，经费为110万元，由中国及英国多家科研院所协作承担，其中山东大学为中方牵头单位；承担2015年中韩国际科技合作项目——“5G移动通信能效、频效和干扰消除合作研究”，项目经费总共60万元，山东大学为参与单位。

2. 2015年12月28日科技部国家国际科技合作专项“5G移动通信系统关键技术研究”项目2015年度总结大会在山大中心校区知新楼第二讲学厅举行。

3. 先后与德国乌尔姆大学、不来梅大学，法国国立高等电信工程布列塔尼学院（Telecom Bretagne），法国雷恩国立应用科学院（INSA），英国赫瑞瓦特大学（Heriot-Watt University），韩国仁荷大学（Inha University）、以色列（希伯来大学）、美国（Virgin Tech）等多个国家的8个大学进行了多次合作交流探讨、互访及学生交流。韩国亚洲大学等6所大学进行了多次合作交流探讨及学生交流。

4. 接待流动岗特聘教师及短期境外专家：共接待流动岗特聘教师3人次，短期境外专家 4 人次，开展了 20 余场前沿学术讲座和 30 余场师生见面会。

六、学生工作

1. 坚持育人为本、德育为先，加强学生党支部的基础建设。认真执行党员发展计划，严格发展程序，按照“坚持标准，保证质量，改善结构，慎重发展”的工作方针，全年发展学生党员 158 名，发展入党积极分子 212 名。

2. 开展丰富多彩的校园文化活动，营造和谐向上的育人环境。2015 年，学院以“运动无限，激扬青春”为主题，举办了女双羽毛球比赛、五球系列比赛、山大杯乒乓球赛以及与控制学院的篮球比赛等，并在活动中取得佳绩；成功举办“新生杯”趣味辩论赛，十佳歌手大赛、十院联合演讲赛等；开展了宿舍文化节条幅签名活动、奔跑吧兄弟等活动；11 月，隆重信举办院迎新晚会及概伦、大爱光学奖助学金颁奖典礼，为我院新生开启了大学生活的新篇章；学生党支部以“强思想建设、树道德新风”为主题创建了“政治学习图书角”，投放了“政治理论”“时事政策”“传统文化”等各类书籍，成为学院文化建设的一道亮丽风景线。

3. 重视学生社会实践能力与科技创新能力的培养。2015 年，学院学生科技创新成绩突出。获得全国大学生电子设计设计竞赛全国二等奖；STC 杯首届山东省单片机应用设计大赛，获特等奖 1 项，一等奖 4 项，二等奖 7 项以及三等奖 5 项；中国机器人大赛暨 Robo Cup 公开赛全国一等奖（季军）；全国大学生节能减排社会实践与科技竞赛二等奖；第四届全国大学生光电设计大赛一等奖、三等奖；DIGILENT 杯第九届科技创新大赛—EDA 大赛一等奖 2 人、二等奖 4 人、三等奖 8 人，多项优秀奖。

不定期举办规划交流会、就业经验座谈会、面试模拟等活动，加强对学生就业指导。2015 年，学院本科毕业生整体就业率达到 91.26%，升学学生比例为 38.5%，出国学生比例为 12.6%。

4. 学生工作屡获佳绩。2015 级新生军训期间，学院新生荣获十佳方阵和军训优秀连队双荣誉称号。2013 级通信工程二班、2013 级电子信息工程一班、2013 级光信息科学与技术班荣获校级优秀班集体。

（王卿璞　赵　萍）

计算机科学与技术学院

2015 年，计算机科学与技术学院在校党委、校行政的正确领导和统一部署下，深入贯彻落实党的十八大和十八届三中、四中、五中全会精神，努力践行“三严三实”，紧紧围绕中央“四个全面”战略布局，进一步解放思想，转变观念，全面深化综合改革。学院全体师生员工共同努力、学院领导班子团结协作，在学科建设、科研工作、人才培养、国际交流合作、人才引进等各方面都取得了重要进展，圆满完成了各项任务。

一、思想政治

扎实推进党的群众路线教育实践活动。学院党委把深入开展教育实践活动作为首要政治任务来抓，集合全院教职工力量，聚焦“四风”逐一查摆问题，找准问题根源，严格归纳剖析，确保教育实践活动卓有成效。学院领导班子把群众路线贯穿于工作中，使活动目标得到进一步提升，主要体现在，第一广大党员的思想认识和宗旨意识明显强化。党员的思想得到了一次深刻的洗礼，思想和行动自觉性得到了明显提高。第二是领导班子工作作风与精神风貌得到提升，党员干部通过对“四风”问题的认真审视对照，全心全意为人民服务的使命感和责任感进一步增强。第三是领导班子与群众的关系进一步改善。通过活动促进学院领导班子求真务实、真抓实干、艰苦奋斗、谦虚谨慎的作风，干群关系融洽，工作氛围和谐，将为学院的建设做出更多的努力和实现更好的发展。

按照学校的统一部署，落实党委各项日常工作。采取形式多样的学习方式，推动师生员工认真学习、贯彻党的十八大及十八届三中、四中、五中全会精神。积极推进党组织建设，组织各教工、学生党支部开展内容丰富的党组织活动。严格按照组织程序发展学生党员，圆满完成年初指定的党员发展计划。

二、学科建设与科研工作

2015 年，学院学科建设的重点是：发展特色学科方向，进一步加强传统优势学科和建立新型交叉学科；加强学科队伍建设，一方面制定完善高水平人才引进和培养政策和机制，另一方面加强对青年教师的培养；营造良好学术氛围，加强学术交流与宣传，提升学术影响力；加强学院科技活动，提升学院师生的研究热情。

2015 年，科研管理的宗旨是：做好科研管理与服务，力争外部、优化内部科研资源配置，为学院师生的科学研究提供良好的平台和环境。

经过一年的努力，在全院教师的努力下，在学科建设与科学研究方面取得了显著的成绩。人才方面取得突破，学院教师获得长江学者 1 名，获得泰山学者产业领军人才 1 名，学校未来学者计划入选者两名，引进预聘制教师 4 名，大大充实了学科实力。科研方面，2015 年发表重要学术论文方面取得较大进步，在 CCF A 类系列会议和期刊发表论文 10 篇；科研项目方面成绩显著，2015 年获得 1 项国家自然基金委国际合作重点项目资助，参与国家自然基金重点项目 3 项，获批 8 项面上项目、1 项青年基金项目；申请山东省自主创新项目，承担或与其他单位联合承担项目达 5 项。2015 年，顺利启动了学院承担的“973”计划项目，组织了各承担单位开展了项目研讨，保证了项目的顺利实施与进行。科研平台建设方面，进一步完善了电子商务交易技术国家工程实验室和数字媒体技术教育部工程实验室科研环境，完善了运行体制机制。

除上述成果外，学院大力开展学科组织工作。学院分别于 6 月 23 日、9 月 4 日组织了两场学科建设与发展研讨会，分别邀请 10 名学术指导委员会委员、9 名国内各领域专家学者作为讲者参加，就学院教师招聘、人才培养、国际合作交流、产学研合作等方面的问题进行探讨。学院召集网络空间安全方向学科带头人和学术骨干传达了学校关于申报网络空间安全一级学科的相关精神和指导思想，组织承担了网络安全、应用安全两个二级学科方向的申报工作。积极组织学科“十三五”规划工作，申报了学校“学科高峰计划”，并初步被学校纳入高峰计划中的交叉学科建设。

学院在进行学术交流和宣传方面做了大量工作。以承办单位身份举办了 WAIM 2015、2015 年安全协议进展国际会议等国际会议、研讨会，开展科技活动周，面向本科生进行学科方向宣传，进一步提升了学院科研水平和学术影响力。

在科研平台建设方面，学院推动数字媒体技术教育部工程研究中心建设，完成了研究中心实验室的调整与装修，建设了动漫渲染中试平台、飞翔影院中试平台、三维建模与打印中试平台、数字媒体内容与服务平台以及与企业联合建立了影视制作中心与动画工作室，开展微电影、三维动画的联合拍摄与研发。电子商务交易技术国家工程实验室成功召开了国家工程实验室第一届理事会；完成了实验室云计算基础设施平台建设；与加拿大 UBC、美国 MIT 等国内外高校发起组建了众智科学与工程国际联盟。

二、本科教育教学工作

在本科教学方面，坚持“以学生为中心”，重点围绕学生提出的实验课程安排不合理、重理论轻实践等具体问题，以问题为导向，进一步开展和落实教育教学综合改革。

在人才培养模式方面，针对拔尖人才，进一步加强泰山学堂、精英班的创新性和国际化培养。针对计算机科学、软件工程、数字媒体、电子商务等专业的培养，建立起以就业为导向，突出综合能力为核心，理论与实践相结合，课堂教学与实训相结合，校企培养相结合和校内培养与国际化培养相结合的人才培养模式。

在培养方案改革方面，努力实现教学与学科的一体化发展，完成各专业的培养方案修订和校对。

在课程体系建设方面，进一步优化课程内容，整合课程体系，以课程设计、项目实训等实践教学为主线，增加实践教学比例，改革实践教学成绩评定办法，突出实践实训教学成绩的权重，提高学生自学能力、创新创业能力以及综合运用所学知识解决复杂系统问题的能力等。引进专业认证课程5门，企业课程4门。围绕实践能力培养与创新创业教育，完善了认识实习、项目实训、生产设计、毕业设计等实践类课程。

在教材建设方面，孟祥旭教授的《人机交互基础教程（第三版）》、张彩明教授的《计算机图形学》、杨承磊教授的《计算机动画技术基础》、郝兴伟教授的《大学计算机实验》获评山东大学第一批精品教材建设立项项目。

在创新创业教育方面，成功举办首届山东大学、山东省“互联网＋”大赛，建成山东大学西格玛众创空间，开展Fab-Lab分享会，设立山东大学数学建模创新实验班，“互联网＋”创新平台，组织了“IT文化大家谈”主题论坛、泉城创客路演活动。通过创新创业教育，学院涌现出一批创新思维活跃，动手实践能力较强的学生群体。戴鸿军教师指导的OfficeCoder项目获评2015年国家级大学生创新创业训练计划。五项学生项目获评2015年校级创新基金立项支持。

在教师团队建设方面，参加新增专业认证专家培训，组织教师参加学校翻转课堂及网络直播观摩和研讨会，组织3名教师参加中国计算机学会《计算机课程导教班》。与教学促进与教师发展中心合作，面向青年教师开展“BOPPPS教学模式与微格教学”培训，为教师创造教学能力提升的机会。组织召开项目实训校企座谈会、山东省高校数字媒体专业建设研讨会等多个校际联合论坛，共同探讨互联网新形势下人才培养的新模式。

在教学管理和质量工程方面，进一步规范本科教学工作，加强专业认证中发现的薄弱环节，就本科生毕业设计、实验教学等工作进行了研究，并制定了《毕业设计管理规范》《实验教学管理规定》《实验中心实验安排管理规范》等，完善实践教学质量保证规范。根据本科生院期中教学检查的统一部署，2015年度，学院逐条开展自查自检工作：组织课堂教学督查小组，抽查听课16场，及时发现和解决课堂教学过程中出现的问题；召开本科教学中期检查交流工作会议，就学院中期教学检查情况进行总结，并围绕提高教育教学质量、加强人才培养和科研创新等工作进行研讨规划；分年级召开了师生见面会，收集学生意见超过50条；针对三年级学生召开实训经验分享会，为进一步提高实践环节的教学水平提供第一手资料；通过辅导员和学工部门，收集学生评价信息，并及时反馈给相关任课老师。

三、研究生培养教学工作

在学术型研究生培养方面，提高研究生招生、培养质量始终是研究生管理的宗旨。学院出台了优秀生源奖学金政策，对来源于“985”高校的学生给予优秀生源奖励，同时加大宣传，吸引“985”高校学生来我校攻读博士或硕士研究生。鼓励学院老师开展暑期学校活动，以吸引更多国内其他高校学生来学院攻读研究生。学院制定研究生优秀成果奖励政策，奖励中国计算机学会列表中的高水平论文，鼓励研究生开展高水平研究。

本年度研究生工作的另一个重点内容是，进一步加强学术交流，加大邀请海内外高水平专家来学院交流的密度，使学生有机会与高水平学者接触并交流。以此拓展学生的学术视野，提高学生的学术追求和目标，提高学生的科研兴趣。

经过一年的努力工作，研究生管理工作取得了较大的成绩。在2016年学术型硕士研究生招生中，推免生比例达到70%以上，保持稳定增长。学院对优秀成果的激励政策起到明显作用，博士、硕士研究生发表CCF-C类以上论文数量明显上升。同时，学院组织了多个学科前沿研讨会（workshop），并邀请国内外著名学者30余人次进行学术讲座，博士、硕士研究生与国内外学者交流的机会大大增加。

新常态下，研究生教育管理工作更加科学化、规范化，研究生整体素质不断提升。学院进一步健全完善了研究生综合测评体系，出台了研究生学业奖学金、国家奖学金等评定细则，顺利完成涉及每个研究生切身利益的研究生学业奖学金等评定工作，研究生海佑博士论坛、学生科技周、文体活动百花齐放，在学校组织的“用青春为中国梦点赞”研究生大合唱比赛中荣获校一等奖。在IBMpower技术应用大赛取得全国第四名的好成绩。一人获得2015年度校长奖学金。以100%的高就业率被评为就业工作先进单位、就业创新工作先进单位。2015年5月被评为研究生教育管理工作先进单位。2015年12月被评为研究生教育工作先进单位。

四、国际交流与合作、人才引进及人事工作

学院积极推进国际合作交流工作。3名学生通过与美国密苏里大学（哥伦比亚校区）2+2本科生联合培养项目赴美学习；来学院做学术交流的大陆以外学者约30人次，其中包括美国工程院院士James Foley等著名学者；参加国际学术会议50余人次，多名教师受邀国际学术会议上作大会邀请报告；主办了两场学院学科建设与规划研讨会等，承办了第十六届网络时代信息管理国际学术会议（WAIM2015）、“2015年安全协议进展国际会议”等由国内外高水平专家参加的学术会议。

学院积极探索人才引进新模式，在与学校充分沟通的基础上，制定了《计算机科学与技术学院预聘制教师聘用办法（试行）》（业经学校2015年第三次校长办公会研究通过），在学校率先探索预聘制，以进一步创新用人机制，建立与学科发展相适应的薪酬体系，提升人才引进竞争力。学院成立了教师招聘领导小组，负责预聘制教师招聘的一系列工作。2015年受理申请30余份，并成功引进了清华大学软件学院万志国、中科院深圳先进技术研究院副研究员汪云海两名预聘制副教授，香港城市大学博士赵梦莹、新加坡国立大学研究员李峰两名预聘制助理教授。

学院施行了新的岗位职责考核与岗位津贴分配办法，指导思想是对学院全体教师进行分类管理和考评；进一步强化岗位职责，将岗位考核和岗贴分配相统一；通过对教师的综合考核，择优对教师进行奖励。

组织申报“千人计划”创新人才长期项目、“外专千人”项目、“长江学者”“泰山学者”“山东大学外专引智助飞计划”“国家外专局高端外国专家项目”等各类人才计划项目。组织一次短期境外专家项目申报，美国伊利诺伊大学芝加哥分校Philip Shilung Yu教授、捷克西波希米亚大学Vaclav Skala教授、以色列特拉维夫大学Daniel Cohen-Or教授获批；一次教学流动岗项目的申报，维恩州立大学Xuewen Chen教授获批。史

玉良获泰山产业领军人才。

五、实验室建设与管理工作

根据学院安排对实验中心进行改造建设，完成了计算机组成原理实验系统50套的申请与购置，完成了250套商用计算机的申请与购置，更新改造了二层、三层四个大机房的网络布线、交换机等。

计算中心参与了学校的“青岛校区公共实验环境建设”论证与规划，为新生入学后的实验教学环境奠定了良好的基础。进一步落实了实验室管理、实验室值班和指导实验三大岗位责任，圆满完成了计算机学院、软件学院、泰山学堂、菁英班计算机上机和实验课，为各单位提供高性能计算服务。

六、学生思想教育与管理工作

学院致力帮助学生树立感恩思想、稳定专业思想、开拓创新思想，通过系列教育活动使学生懂得自己所肩负的使命，增强事业心和责任感，更加明确大学期间的主要任务，树立远大的奋斗目标，用实际行动回报学校、回报社会。坚持“以人为本”的工作理念，周密安排、多措并举，积极引导毕业生树立“成长思源，毕业思进”的理想信念，将毕业教育内化为感恩教育、关爱教育。毕业生就业工作稳步推进，学生就业质量和市场竞争力有所提升，毕业生就业工作再创佳绩。计算机科学与技术学院在2014～2015年度就业工作方面成绩显著，被学校授予“学生就业工作先进单位”荣誉称号。

学院2015年社会实践活动成果显著，社会实践团队获两项省级立项、两项国家级立项，一项省级优秀团队表彰，社会实践工作再上新台阶。学院学期内的社会实践也一直在进行，并向规律化、规范化不断发展。计算机学院志愿服务包揽学校两项省级金奖，“互联网+”志愿服务新模式获好评，志愿服务项目化发展促进志愿服务可持续发展。学生创新能力的培养一直是学院人才培养目标的重要方面。学院学生工作围绕如何有效培养学生创新能力进行不断尝试和改进，依托“一个创新平台，一个实验室，一个俱乐部”，充分调动学生创新积极性，激励学生全方面参与专业学术活动、专业学术竞赛。在2015年全国大学生数学建模竞赛中，两位同学获得全国一等奖、三位同学获得全国二等奖，获奖人数创历年新高。在第八届“英特尔杯”全国大学生软件创新大赛中，来自计算机和软件学院的三支队伍斩获两项二等奖、一项三等奖，获奖项目数量同样创历年最高水平。在ACM竞赛中，荣获亚洲区预选赛金奖一项、银奖三项、铜奖两项、优胜奖一项，第六届山东省程序设计竞赛金奖两项、银奖两项、铜奖一项。同时，计算机学院的同学在挑战杯课外科技作品竞赛、节能减排大赛等诸多重量级赛事中均取得优异成绩。

（杨现航）

生命科学学院

生命科学学院按教学体系下设四个系：生物科学系、生物技术系、生态学系、生物工程系，一个本科实验教学中心，两个教学基地：国家生命科学与技术人才培养基地、国家生物学基础科学研究与教学人才培养基地，一个拔尖人才培养试验班：泰山学堂（生物取向）。

科研机构设五个研究所：微生物学研究所、发育生物学研究所、细胞与遗传学研究所、生物化学与分子生物学研究所、生态学与生物多样性研究所。

科研平台有微生物技术国家重点实验室、国家糖工程技术研究中心、植物细胞工程与种质创新教育部重点实验室、山东省动物细胞与发育生物学重点实验室、山东省植被生态工程技术研究中心、山东大学海洋生物技术研究中心。学院设有公共实验中心，仪器设备全院共享，并开展对外服务。

目前拥有两幢教学科研大楼，总建筑面积约27000平方米。

拥有仪器设备总值1.5亿余元，其中价值20万元以上的设备百余台（套）。

一、人事管理及人才队伍建设

截至2015年底，学院在职教职工211人（含7位学校人才办直接聘用人才、2名外籍博士后）。教授65人（博导57人，其中含学校人才办直接聘用人才6人），副教授39人，副研究员4人，讲师23人，助理研究员2人，全职博士后31人，外籍博士后2人，其他人员2人（在编不在岗及校直接聘），合计168人。工程类及管理人员合计43人。2015年引进人才8人。

二、学科建设工作

（一）编制完成了生命学院“十三五”学科规划

以学校创建世界一流大学战略目标为指导，以提升自主创新能力为目标，围绕国家需求和生物科技发展趋势，发挥现有优势，突出重点，实事求是，认真梳理学科方向，凝练出生命学科未来五年发展方向：生物学一级学科下设微生物学、植物学、动物学和生态学四个二级学科，其中前两个学科为重点建设学科，动物学和生态学为特色培育学科。每个二级学科确定三个重点发展方向，微生物学科：微生物资源及其改造技术、资源与环境微生物技术、医药与工业微生物技术；植物学科：植物发育调控、植物逆境适应性调控、植物种质创新与新品种培育；动物学科：模式动物重要发育过程的分子调控机制、动物激素及动物免疫调控的分子机理及应用研究、细胞分化、凋亡与肿瘤发生机制；生态学科：植被生态方向、植物生理生态方向、微生物生态方向。

（二）入选“学科高峰计划”首批特色学科

年底，生物学科组织参加学校高峰计划评选，被确定为学校“学科高峰计划”首批重点学科项目之特色学科。

三、青岛校区搬迁工作

组织各专业专家教授对青岛校区实验用房、辅助用房的参数和需求方案进行了进一步完善和更新，并提交给青岛校区建设指挥部和启动运行办，为青岛校区生命楼提供设计依据。编制了《生命学科青岛校区学科发展计划》及《搬迁经费预算》。组织各专业专家，在登记摸清学院房屋、设备等资源基础上，制定了《2016～2018年生命学院青岛校区学科发展项目计划书》，编制了《生命学院2016～2018年预算搬迁经费预算》，并报送青岛校区运行办公室，为学校搬迁工作总方案提供依据。

四、重点实验室建设和科技创新平台建设

1. 与德国亥姆霍兹感染研究中心（HZI）和药物科学研究所（HIPS）合作共建山东大学中德学院。

2. 根据国家科技部要求，5月份主办了科技周开放活动。面向济南外国语学校等学校的1900名中学生开放微生物技术国家重点实验室进行参观等活动，加深中学生对生命科学认知程度，提高了实验室社会影响力，同时也为生命科学领域的后续人才储备打下基础。

3. 重新修订了重点实验室经费管理办法和开放课题管理办法等，强化了预算和过程管理。

五、本科教学工作

在校本科生595人，2012级138人，2013级141人，2014级149人，2015级167人。承担骨干课程69门，专业基础课28门，专业必修课33门，通识核心必修课8门。选修课97门，专业限选课73门，通识选修课24门。

1. 教学管理。成立本科教学指导委员会（1月），对学院本科教学工作进行指导、评估和管理。

2. 课程平台。截至2015年11月，生命学院课程网站建设数量达到245个，为全校第一位。10位课号课程建设数量达179门，居全校第3位。

3. 创业创新训练。8个国家大学生创新创业项目顺利结题，学院自主择优资助了共计80项大学生科研训练项目。

4. 教材建设。王仁卿教授主持的《生态学与人类未来》获批国家级精品资源共享课程；韩贻仁教授主编的《分子细胞生物学》进入“十二五”国家级规划教材推荐名单；生命学院开创的通识实验课程《趣味生物学》已规划出版电子教材；《中国大百科

全书》(第三版)生态学卷陆地植被分支由王仁卿教授负责编写。

5. 国际化。与瑞典乌普萨拉大学、英国曼彻斯特大学等多所国外名校签订联合培养协议并有多名学生派出联合培养。

六、研究生教育与培养工作

2015 年，硕士研究生招生专业 11 个，硕士生毕业 130 人，硕士生招生 169 人，硕士生在校 462 人。博士招生专业数 11 个，博士生毕业 45 人，博士生招生 57 人，博士生在校 218 人。在校硕士博士研究生共计 680 人。组织和邀请了十多位国内外知名专家学者为我院研究生讲授学位课程《生命科学研究前沿进展》。本年度 7 名博士生和 1 名硕士生分别获得山东省优秀博士论文和山东省优秀硕士论文奖；2 名博士生获得山东大学优秀博士论文奖，2 名硕士生获得山东大学优秀硕士论文奖。有 85 名研究生获得各类奖学金。

七、科学研究工作

2015 年，生命科学学院共承担科研项目 194 项，实到经费 4786 元。其中，新上项目 73 项，合同经费 3355 万元，实到 2158 万元；新上纵向项目 68 项，其中国家级项目 45 项，实到经费 1650 万元；横向项目 5 项，合同经费 121 万元，实到经费 84 万元。在研项目 121 项，实到经费 2628 元。苗俊英教授申请的“一种新的长编码 RNA 抑制血管内皮细胞凋亡的分子机制”项目获国家自然科学基金重大研究计划培育项目资助。

微生物技术国家重点实验室专项经费实到 780 万元。

全院 2015 年共发表论文 175 篇，其中 SCI 论文 157 篇，影响因子 10.0 以上的论文 1 篇，5.0 以上的论文 31 篇，3.0 以上的论文 102 篇。

授权发明专利 20 项。

八、国际交流工作

继续深入开展与乌普萨拉、俄罗斯人民友谊大学、卢森堡大学、曼彻斯特大学、熊本大学、亚利桑那州立大学的国际合作与交流，本科生联合培养项目 2015 年开始派学生出国学习。邀请多位国外教授来院讲学。

九、学生管理和思想工作

1. 继续做好基层党组织活动立项工作。2012 级本科生党支部《山东省生态文明村建设情况调研活动》项目获得山东大学 2014 年基层党组织活动立项三等奖。

2. 深入开展学生分类指导及就业工作。截止 9 月份，2015 届本科生就业率为 82.47%，其中升学率为 58.4%，出国率为 12.3%，签约率为 9.7%，灵活就业率为 1.9%。

3. 学生社会实践。2015 年新建 6 个社会实践基地；学生社会实践立项 37 项，60% 的社会实践团队的实践内容与专业相结合；“生命彩虹”支农支教调研团获 2015 省级优秀社会实践团队

4.2015 学院获校级红旗团委、学生科技创新教育工作先进集体称号。全院获校级先进班集体 2 个，省级优秀学生 1 名，省级优秀学生干部 1 名，十佳班长 1 名，校长奖学金 1 人。国家奖学金 8 人，优秀学生奖学金 136 人，社会奖学金 6 人，校优秀学生干部 14 人。168 名学生得到各类资助 432000 元，58 人得到学期以及暑期勤工助学岗位。

5. 加强研究生生源拓展，举办暑期夏令营，研究生优秀生源比例较往年显著提升，“985”高校营员比例占到 50%以上，“211”高校营员占比 43%。

6. 研究生思想政治教育，形成了独具学院特色的七位一体“生命引航”研究生新生教育体系，坚持每周一次的政治学习制度，“抓诚信教育促学风建设”“法纪安全教育”“新生入学教育”“人身安全教育”“奖助贷教育”“走进心灵健康系列讲座”等。

7. 修订完善了《研究生德育考核及奖学金评选细则》，顺利完成 2015 级研究生新生学业奖学金评选工作。

十、党委、行政后勤工作

1. 加强基层组织建设。全院党员人数 450 人，其中教职工党员 110 人，占教工人数 54.6%；本科生党员 38 人，研究生党员 302 人。全院设党支部 20 个，教职工党支部 8 个；研究生党支部 10 个，本科生党支部 2 个。

2015 年按照专业调整了教职工党支部，分别为动物学 1 个、植物学 1 个、微生物学 3 个、生态学 1 个、糖工程 1 个、学院行政 1 个。

2. 积极发挥党组织政治核心作用。在学校党委领导下，坚持党政联席会议制度，提高领导班子民主决策的质量和执行政策的水平；坚持党风廉政建设专题会议制度，加强党风廉政建设。

3. 认真开展“三严三实”专题教育。严格按照学校开展“三严三实”教育活动的要求和步骤开展工作，取得了良好效果。严格按照学校要求开展了“八项规定回头看和财经纪律检查”工作，在全院范围进行了 100%全员覆盖的工作部署，严格按照要求进行了自我对照和自我检查，认真进行了整改。

4. 认真落实安全责任制。高度重视实验室安全工作，努力提高师生安全意识，年度无重大安全事故发生。完善安全责任制，层层签订安全责任制，各实验组建立了安全责任人及应急小组，制定了安全操作规程和安全管理制度，开展了内部安全巡视和记录工作。加强教职工、研究生安全消防教育，通过开展安全自查、检查，消防安全培训演练等，提高了师生对安全工作的重视程度，树立了安全第一的观念。

5. 认真做好工会和教代会工作。充分发挥工会的桥梁纽带作用。积极拓展工会小组工作职能，在院行政管理工作中发挥了工会小组长的管理节点作用，起到了沟通交流、为师生们服务的作用。发扬生命学院重视和关爱离退休老同志的优良传统，为老同志办实事，在健康查体、生病住院治疗及其他生活方面，及时给予关心和帮助。3 月份，召开了学院成立以来的第一届教职工代表大会，这标志着学院民主管理、民主监督机制已建立起来。12 月份，认真组织学院评选学校教代会和工代会代表、议题申报和参会工作。

（曲　刚）

材料科学与工程学院

2015 年，学院在校党委、校行政的正确领导和大力支持下，紧紧围绕学院中心工作，团结带领全体党员和广大师生员工，解放思想、与时俱进，克服各种困难，凝心聚力，材料学院各项事业取得了明显进步。

一、党的建设与思想政治工作

学院领导班子认真学习贯彻十八大精神和习近平同志系列讲话精神，把严守党的政治纪律和政治规矩作为思想和行动的基本准则。自觉按照党的组织原则和党内政治生活准则办事，切实做到纪律面前人人平等，执行纪律没有例外。学院党委高度重视党员干部的理论学习，坚持党政联席会议制度、民主生活会制度、党风廉政建设责任制度及领导班子学习研讨制度等，深入基层听取群众意见，自觉接受群众的民主监督。

定期开展专题党课和党风廉政建设会议等学习教育活动，努力把思想和行动统一到中央的要求上来。制定并完善了《学院关于实行党风廉政建设责任制的规定》，自觉做到按制度办事、按制度用权。从调整办公用房、规范公务接待、严格出差和会议管理规定等入手，规范了党员干部的行为。

通过组织青年教师、专家、学生座谈会，广泛征求师生意见，坚持二级教代会议制度，2015 年召开了学院四届一次教代会，完善了各项规章制度建设，对学院的改革、发展、建设和民主化建设起到了重要的推动作用。

在教师中开展了师德师风教育、青年教师讲课比赛、学术道德教育等活动十余次，实现了党风与院风、教风、学风的良性互动。健全了学院基层党支部理论学习制度，动员和鼓励党员带头参与服务师生、服务教学科研活动，教工党员起到了很好的模范带头作用。在学生党员中开展了“一对一”帮扶活动，受到了学生家长和师生的好评。

搭建成长平台，加大青年教师培养力度。学院党委和各基层党支部及时跟进青年教师工作，建立支部书记谈话制度，采取一对一帮扶。将学院基本科研业务费支持青年教师科研启动；成立了学院青年教师联合会，举办了青年教师论坛、海外博士论坛，搭建了青年教师交流平台；组织召开了师德师风、学术道德、科研财务及基金政策、科研沙龙等主题教育活动。

二、学科、平台与队伍建设工作

认真执行“985”和“211”工程建设规划，积极进行专项资金购置、安装和验收等科研硬件平台建设工作，完成了国家重点学科年度建设任务。完成了“十三五”学科建设规划、双标杆学科对比分析报告、优势学科建设论证报告，材料科学与工程学科入选山东大学“学科高峰计划”优势学科。

2015 年，学院按照学校“引育并举，内外并轨，目标导向，动态管理”人才队伍建设方针，统筹国家、部（委、省）及学校各类人才计划、人才项目，不断完善高层次人才培养体系，不断探索与学科发展相适应的人才队伍建设模式，大力提升人才队伍质量，在人才引进与培养方面取得明显进展。获批中组部青年千人计划特聘教授 1 人、海外泰山学者特聘教授 1 人，获批山东大学齐鲁青年学者 2 人，招聘优秀教师 6 名，入选学校青年学者未来计划 2 人。学院教师队伍的学历、学缘结构有了明显的改善，教师队伍规模不断扩大。教职工总人数达到 154 人，其中，专任教师人数达到 107 人。

三、本科教学和研究生培养工作

学院积极推进教育教学和课程体系改革，教学质量稳步提高。制订、修订了理论课程教学规范、实践教学工作规范、毕业设计工作实施细则等教学管理制度文件，申请了工程教育专业认证，启动了新版培养方案教学大纲的制订工作，将创新创业教育的实施措施和课程对培养目标和要求的支撑评价落实到教学大纲中，完成了 7 个专业人才培养状况报告的撰写，40 余名本科生参与的 9 个项目获批国家级大学生创新创业训练计划立项。招收海外研究生 5 名，海外博士后 1 名；获省优秀硕士论文 1 篇，优秀博士论文 1 篇；获校长奖学金 1 人，获学校优秀生源奖励基金 11 名；公派出国攻读博士学位 9 人，联合培养 5 人；举办了“材料科学海外论坛”研究生暑期学校、“求才论坛”等学术论坛。完成了工程博士点的评估报告。招收博士生 40 名，硕士生 152 名。本科生、研究生就业率为 98.1%和 100%。

四、科学研究与学术交流合作工作

2015 年，在国家、军工、省部级各类计划基金项目立项方面取得显著进展，纵、横向科研项目立项数达 100 余项，到位总经费达 3865 万元，较 2014 年增加 790 万元，其中自然科学基金共立项 13 项，其中重点基金 1 项、面上项目 9 项、青年基金 3 项，合同总金额 1167 万元，较 2014 年有较大提高。其他政府资金资助 1023 万元；国防军工项目的学科领域有所增加，到位经费 569 万元，与 2014 年基本持平。本年度学院进一步拓展横向合作，通过科研组织建设经费积极引导各系所开展横向合作调研和业务交流，横向科研经费约 1073 万元。发表 SCI/EI 论文 280 篇，数量上比 2014 年减少 25 篇，从发表论文的影响因子来看，高影响因子的论文数量有所上升。申请专利 55 项，授权专利 37 项，出版专著 4 部，获国家科技进步二等奖 1 项。

加强与国际知名院校的学术交流和科技合作，举办了碳纳米材料的国际会议，成立了山东大学—莱斯大学碳纳米材料联合研究中心，与德国乌尔姆大学和东南大学举行了生物与纳米材料学术研讨会，与国外7所大学的有关学院进行了合作交流。学院国内合作工作继续保持良好的发展态势，与禹城县政府、通裕重工股份有限公司、裕航特种合金与装备有限公司、汇丰铸造有限公司等单位建立了产学研合作基地和联合实验室等，接待辽宁北票市开发区、枣庄市科技局、淄博市科技局、江苏丰县科技局等以及山东、河南、河北等企业来访30余次，组织100余人次教授与企业对接，部分对接工作已开始出现成效，为学院教师产学研合作拓展了空间。

五、实验室建设与管理工作

按照专业认证的标准完成了实验室硬件和软件建设项目任务，完成了兴隆山校区实验室信息化建设的规划与论证工作，建成了“国际化焊接教育综合创新实验及操作实践培训平台”“材料新型热处理工艺与表面改性综合实验体系平台”以及“功能材料综合与创新实验室”等实验平台。完善了大型仪器设备共享制度和主副岗管理制度。积极争取经费对大型仪器设备进行维修和维护，保障了学科建设和科研工作有序进行。进一步建立健全了实验室安全管理制度，定期开展了实验室安全检查工作，增强了师生的实验室安全防范意识，有力地保障了学院师生的生命和财产安全。配合学校有关部门，完成了学院公有用房的普查和统计工作，建立和完善了公有资产的管理制度和绩效制度。

六、学生思想教育工作

学院制订了系列“时事主题讲座”“主题党日”“前沿讲座”等主题教育活动计划，定期深入各党支部，参与指导活动，了解师生需求。组织专家、海外青年教师及班子成员在兴隆山校区开设“材料名家讲堂”“海外优秀人才讲座”“博士生论坛”等主题讲座20余场。组织了师生共同参与的“趣味运动会”和排球赛，校运会团体总分连续四年获得第一的成绩。

进一步梳理和完善了辅导员与班主任工作的协作配合关系，辅导员负责日常的事务管理，班主任主要负责学生的学习兴趣、科创意识的培养，对学生做好“三涯”规划指导和学业指导等。加强与班主任老师的沟通，形成了辅导员与班主任工作的一体化工作机制。目前学院共有3名教师担任辅导员、39名教师担任班主任。

七、校友、工会、离退休工作

2015年，学院继续推进校友工作，巩固和发展校友联络渠道和联系成果，发挥校友在推进学院工作方面的积极作用，先后邀请5名从事人力资源管理工作的校友为在校生做职业生涯指导和就业工作辅导，受到学生好评。组织评审和发放了材料学院教育发展基金（保本基金）2014年度学生奖助学金，包括莱芜金雷风电本科学生奖学金、压79班模具专业奖学金、临沭奖助学金、学院教育发展基金奖助学金等分项共计7.2万元，共80名研究生和本科生获得资助。

2015年，学院工会以“三严三实”专题教育为契机，认真履行工会职能，充分发挥工会组织的职能和作用，积极参与学校、学院的民主管理和监督，维护教职工合法权益，学院工会信息公开的制度机制和程序逐步完善，管理人员公开意识进一步增强。组织教职工开展了丰富多彩的校园文化体育活动。

学院工会关心离退休教职工的生活，积极帮助困难教职工解决实际的生活困难，一方面积极寻求学校工会支持，一方面发挥自身的积极性，2015 年为 3 人次申请了困难补助。坚持学院为逢五逢十的老同志祝寿活动，2015 年共计为 11 名离退休职工过了生日，2015 年春节期间走访慰问生活困难党员和老干部活动 7 人次。

2015 年，学院荣获“山东大学网络新闻宣传工作优秀组织单位”“山东大学优秀校友会”等荣誉称号。

（吕宇鹏）

机械工程学院

机械工程学院位于山东大学千佛山校区。学院党政办公地点在教学6号楼，各系、所、室等主要分布在教学6号楼、教学8号楼、先进制造技术中心楼、主楼等。

2015年，学院设有制造工程、车辆工程、过程装备与控制工程、工业设计系四个系和机械设计及理论、数字化技术两个研究所。制造工程系下设机械制造及其自动化、CAD/CAM、机电工程三个研究所；车辆工程系下设车辆工程研究所；过程装备与控制工程系下设过程装备与控制工程研究所；工业设计系下设现代工业设计研究所。学院还拥有高效洁净机械制造教育部重点实验室，精密制造技术与装备、CAD两个省级重点实验室，高效切削加工、特种设备安全、生物质能源、CAD、石材、冶金设备数字化等6个省级工程技术中心和1个省级工业设计中心；先进制造技术、可持续制造技术、先进射流工程技术、虚拟工程、建材与建设机械、数控技术、特种设备安全保障与评价、产品生命周期管理（PLM）技术等十余个校级研究中心；振动冲击与噪声控制研究室、CIMS研究室、生物质能源技术开发中心、制造业信息化研究中心、数字化制造技术研究中心等科研室。学院机械基础实验教学示范中心为国家级机械基础实验教学示范中心。

学院设院长1人，副院长4人，黄传真教授任院长。学院党委设书记1人，副书记2人，仇道滨教授任书记。学院设办公室主任1人。学院在职教职工160人，专任教师123人，其中中国工程院院士3人、国家“千人计划”学者2人、“长江学者”特聘教授2人、国家杰出青年基金（A类）获得者2人、山东省“泰山学者”特聘教授4人、国家“青年千人计划”学者1人、“百千万人才工程”国家级人选2人、享受国务院政府特殊津贴专家5人、山东省有突出贡献的中青年专家4人和教育部“新世纪优秀人才支持计划”7人，博士生导师33人，教授55人，副教授42人，具有博士学位者96人、硕士学位者43人。

学院有博士后科研人员31人，在校博士研究生150人，硕士研究生452人，工程硕士569人，本科生1373人；其中2015年进站博士后8人，招收博士研究生34人，硕士研究生170人，工程硕士114人，本科生321人。

一、加强了学院党建工作

一是开展了“三严三实”专题教育活动，聚焦不严不实的突出问题，开展了“师德教风建设年”活动。二是加强党支部建设和党员教育管理，开展了党支部立项活动，组织党员到焦裕禄纪念馆、沂蒙革命纪念馆等参观，发展党员 60 名。三是加强教职工理论学习和思想政治工作，把教职工思想政治工作融入日常教学科研的全过程，开展了师德教风专题教育，深入宣传贯彻党的十八大和十八届三中、四中和五中全会精神。四是构建完善学生人格培育体系，加强了对学生的思想教育、事务管理和成长指导，通过加强师德教风督导，设立教授开放日，实施本科学生导师制、班主任、本硕联动培养计划、新入职青年教师担任辅导员等措施，把立德树人这一根本任务落到实处。五是拓展学院发展空间，做好在职教育和社会服务工作，启动了学院校友会、机械工程教育基金的筹备和院史的编撰工作。

二、学科建设

制订了机械工程一级学科十三五规划和学科对比报告，申报了学校学科高峰计划。制订了研究所负责人、学科和学位点负责人及系主任的职责及管理暂行办法。学院出台多项科研工作制度、办法，配合学校进行了 2015 年科研经费审计及财经大检查自查自纠等工作。新批国家自然科学基金 7 项。学院实到科研经费 3000 余万元。

引进副研究员 2 人，助理研究员 2 人，其中 3 人为国外博士。派出 5 名教师去美国等国进行合作研究。组织开展短期专家交流访问项目 10 余人次；流动岗特聘教师项目 1 人；聘请外籍教师 5 人。继续开展美国弗吉尼亚理工大学 3＋2 项目、德国采埃孚 3＋1 项目、韩国斗山 3＋1 项目。

三、本科教育

新增增材制造本科专业方向和机械电子工程专业全英文教学试点班。完成了部分专业教学大纲的修订工作。推进了“机械设计制造及其自动化”卓越工程师计划实验班建设。加强专业国际化建设，立项资助 16 门全英语课程，选派 2 名教师赴美国美国弗吉尼亚理工大学参加全英语教学培训。获得 2014 年度省级教学成果奖二等奖 1 项、三等奖 2 项。推进了 MOOC 课建设。研究生培养：修订了学院优秀博士论文培育计划实施方案。制定学院招收博士生人员审核认定科研基本要求。1 人评为校优秀研究生指导教师，1 人获上银优秀机械博士论文奖，1 人获省优博，1 人获省优硕。新增省研究生优秀创新成果奖 2 项，山东大学示范性研究生学位课程建设项目 2 项。社会服务、继续教育和培训工作：新拓展走访企业 10 余家，工程硕士新增 114 人。

国家级虚拟仿真实验室“山东大学数字化设计与制造虚拟仿真实验教学中心”申报工作取得突破，以山东省第一名的成绩进入国家评审。先进制造共享平台管理制度正式实施。实验室软硬件建设顺利推进。配合学校做好西配楼、8 号楼的修缮改造。做好消防安全工作，建立消防安全员制度。做好用房、用电有偿使用，加强办公室整体工作的管理科学化和运行规范化，加强了调查研究、信息沟通、文件材料管理、会议服务、走访慰问和综合协调等各项工作。

（李建勇）

控制科学与工程学院

截至2015年底，控制学院共有教职工147人，其中教授37人，博士生导师25人，副教授42人。学院还有双聘院士0人，长江学者讲座教授2人，国家杰出青年基金获得者2人，教育部长江学者特聘教授2人，山东省“泰山学者”4人，山东省海外学者“泰山学者岗”3人，山东大学“齐鲁青年学者”1人。共有在校生2225人，其中本科生1249人，硕士研究生427人，博士研究生549人。

学院设院长1人，副院长4人，王玉振任院长，学院党委设书记1人，副书记2人，王志明任党委书记。

一、党建与教职工思想教育

学院党委发扬传统，认真做好教职工的思想教育，按照学校党委、宣传部的安排要求，认真部署，抓好落实，丰富内容，将教职工的思想统一到建设世界一流大学上来。

学院党委组织处级党员干部开展了“三严三实”专题教育，通过书记讲党课，开展专题学习研讨等活动，大家的认识进一步提高，充分认识到现实情况下开展“三严三实”专题教育的必要性、及时性、重要性。

将教职工思想教育与学院的实际工作，包括加强教学工作、提高教育教学质量、培养创新型人才结合起来，与出高水平的科研成果结合起来，积极开展党组织活动立项。广大党员在学院教学、科研和各项活动中较好地发挥了先锋模范作用。

院工会2015年秋天组织了第七届登山趣味运动会，教职工踊跃参加，受到大家的好评；积极参加学校运动会及各项文体活动，今年又一次被评为工会工作先进单位。学院还争取学校资金，暑期对四号教学楼走廊墙面进行了粉刷，对六个卫生间进行了全面改造，改善了办公环境。

二、人才培养（本科生、研究生教育）

学院“面向国际化的理工复合型自动化精英人才探索与实践”获山东大学教育教学综合改革重大项目立项和山东省本科高校教学改革研究项目立项；成立了首届“面向国际化的理工复合型自动化专业拔尖人才培养试验班”；承办第十届全国大学生“飞思卡尔”杯智能汽车竞赛全国总决赛和2015年山东大学“宏晶杯”单片机应用技术竞赛，并获圆满成功；与中兴通讯股份有限公司签订了“自动化专业卓越工程师国家级工程实践教育中心”建设框架协议，并共建“卓越工程师”计划国家级工程实践教育中心。

获 2015 年度教学质量（教学管理与改革奖励）一等奖；荣获山东大学 2015 年度课程中心建设优秀组织单位；《自动检测技术》课程中心网站建设获 A 级标准；成功组织学院青年教师讲课大赛，以强化教师授课技能，推进教学方法改革；在淄博、济南建立 3 处学生实践基地；指导学生积极参加各项竞赛，全国大学生电子设计竞赛获全国一等奖 1 项、二等奖 3 项，山东省一等奖 9 项；智能车竞赛获全国一等奖 4 项（含技术方案一等奖）、省一等奖 2 项，创历史最好成绩；挑战杯竞赛获国家二等奖 1 项；全国虚拟仪器设计大赛获国家三等奖 1 项；单片机应用设计大赛获省特等奖 1 项、一等奖 2 项、二等奖 1 项；省物联网大赛获二等奖 1 项。

一年来，控制科学与工程学院紧紧围绕立德树人这一根本任务，以服务型学生工作体系建设为重点，不断深化学生思想政治教育工作的系统化，不断细化学生发展指导的个性化，不断实现学生事务管理的规范化，收到了良好的育人效果，控制学院荣获山东省志愿服务项目大赛银奖，被评为山东省暑期“三下乡”社会实践活动优秀服务队。另外学院 2015 级新生被评为山东大学新生军训优秀连队；山东大学就业工作先进集体；荣获山东大学阳光体育一等奖，山东大学运动会男子团体第一，男女团体总分第四，体育道德风尚奖，“山大杯”男篮亚军等一系列好成绩。刘春生、王昕同学荣获 2015 年度山东大学“校长奖学金”，王昕同学被评为“山东省三好学生”等个人荣誉称号。

2015 年，学院继续加强研究生培养和教育教学工作，研究生培养质量继续提高，促进了研究生质量工程建设；加大推免保送研究生的招生比例，积极开展“985”院校研究生招生宣传工作，生源质量得到进一步提高；加强研究生课堂教学的检查和管理，保证课堂教学的质量和秩序。

加强研究生培养的国际化建设。研究生全英文教学和课程建设取得重要进展；根据新形势下的人才培养和社会需求的变化，组织学科负责人和相关老师全面修订了研究生（硕士生、博士生）培养方案，积极做好研究生招生制度改革工作，部分高层次学者实行博士生招生的申请审核制，增加高层次学者招生的自主性；认真组织研究生毕业和论文答辩工作，严格学位论文的要求和审查，学位论文质量明显提高，有 1 篇博士论文被评为中国自动化学会优秀博士论文（原全国优秀博士论文），2 篇博士论文被评为山东省优秀博士论文。2015 年，控制学院被评为山东大学研究生工作先进单位。

三、科研与获奖

在科学研究方面，2015 年学院实到科研经费 4449.082 万元，在学校各学院中名列前茅，是学院历史上科研经费总量最高，也是增长率最高的一年，成功获得国家基金课题立项 14 项，在论文收录方面，2015 年公布的 SCI 收录论文 80 篇，其中 1 区论文 6 篇、2 区论文 15 篇；EI 收录 123 篇。

刘允刚教授作为第二位人员完成的成果“不确定性系统的辨识与控制”荣获 2015 年度国家自然科学二等奖，是学院近年来获得的第一个重要国家级科研成果。

四、人才工作与国际合作交流工作

在国际交流与合作工作中，学院有二十余人次出国参加国际学术会议或到大学访问，有十余次境外专家到访学院进行学术交流和合作研究工作。其中，美国阿拉巴马汉茨维尔大学 James E. Smith 教授作为山东大学 2015 年度“教学流动岗项目（课程类）”专家暑假期间为控制学院自动化系 2012 级卓越工程师计划班的学生开设了 32 学时的《先进过程控制》课程，其他来院交流的专家均为本学院的教师和研究生作了精彩的报告，并对合作开展的研究项目进行了洽谈和规划。

学院持续跟进中外联合培养项目的相关工作，目前已经立项的有英国邓迪大学一山东大学“3＋1＋1”本硕联合培养项目，山东大学—加拿大渥太华大学的联合培养项目，美国弗吉尼亚理工大学一山东大学电气与计算机工程专业“3＋2”联合培养计划；澳大利亚纽卡塞尔大学一山东大学控制学院的本硕联合培养项目正在推进过程中，进入培养体系的互认论证阶段。

五、实验室建设

实验室建设方面，2015 年圆满完成了“面向工程教育专业认证的测控技术与仪器实验室建设”和“《自动检测技术》课程新增实验项目”两个实验室建设项目，并且顺利通过学校组织的专家验收。在两个实验室建设项目中，购置了“实验过程监控自动化管理软件”1 套；新建了“测控网络实验设备”18 套、“创新与实训设备”1 套、“工业自动化仪表实训平台”1 套；配置了相应文件橱柜、实验桌椅，极大地改善了学院测控技术与仪器专业实验室的硬件实验环境，为培养学生的创新能力、综合运用知识的能力及工程实践能力创造了条件。修改并颁布了《山东大学控制学院本科生实验教学管理规定（试行）》，认真组织了“山东大学教学实验室建设软件项目”申请，并获 1 项资助；科研工作取得长足进步，获得国家发明专利 3 项。

在创新实验教学方面，“电子设计创新”和“嵌入式系统与智能控制”两大创新平台分别承担了学校“全国大学生电子设计竞赛”和“全国大学生智能车竞赛”的培训和组织工作，其中获国家特等奖 1 项、国家级一等奖 4 项、国家级二等奖 3 项；联合山东大学其他兄弟院系等相关单位首次成功组织承办了“第三届全国虚拟仪器设计大赛山东大学选拔赛”，并获得良好的成绩。

（辛　帅）

能源与动力工程学院

学院已具备本科一硕士一博士一博士后构成的完整的人才培养体系。设有“能源与环境系统工程”校级人才培养基地班、“热能动力工程”和“交通运输”3个本科专业，“热能与动力工程”专业为国家级特色专业；设有“动力工程及工程热物理”一级学科博士学位和硕士学位授予点，热能工程、工程热物理、动力机械及工程、制冷及低温工程、流体机械及工程五个专业均具有博士和硕士学位授予权，交通运输专业的载运用具运用工程具有二级学科硕士授予权；设有“动力工程及工程热物理”博士后科研流动站。“动力工程与工程热物理”学科是“211工程”“985”的重点建设学科之一。“动力机械及工程”“工程热物理”和“热能工程”3个学科为山东省重点学科，学院现有燃煤污染物减排国家工程实验室；环境热工过程教育部工程技术研究中心；能源碳减排技术与资源利用山东省重点实验室；热交换、节能工程、工业生态、能源与环境4个山东省工程技术研究中心。

学院专任教师队伍中有教授24人，博士生导师19人，副教授及相应职称专业技术人员30人。其中，有国家“973”计划首席科学家1人，“长江学者”特聘教授1人，“国家级有突出贡献的中青年专家”1人，入选国家“百千万人才工程”第一、二层次的2人，山东省“泰山学者”特聘教授1人，入选教育部“新世纪优秀人才支持计划”2人，享受国务院特殊津贴的专家5人。

一、本科生教学

1. 能源与环境系统工程专业国际化特色建设取得进展。基本建成全英文和双语教学的专业主干课程组，专业课程师资海外经历比例超过70%，连续三年毕业生出国比例超过1/3。《能源环境交叉学科国际化特色人才培养模式创新与实践》获省教育厅重点项目立项。

2. 基本形成以“节能减排”为主题的创新创业教育体系。建成“低碳经济与节能减排”大学生创新平台、系列科研平台和“节能减排创新训练”课程网络共3个平台。2015年国赛荣获优秀组织奖，作品获一等奖2项、二等奖5项。

3. 教学基本条件建设有了新突破。完成了标准视频教室建设，新增课程网站72个，对应专业课程增加到122门，学院新增5个A类课程网站，被评为2015年度课程中心优秀组织单位。

二、研究生培养

1. 生源数量、质量都有提升。硕士招生数量增加了 21 人，达到 97 人。其中“7+2”高校生源 14 人，“985”高校生源比例达到 85%，居全校首位。

2. 打造研究生暑期学校、能动学术论坛两大品牌。推行博士学位论文双语写作，1 人获得山东省优秀博士论文。硕士生论文首次被 SCI 收录的 1 区期刊录用发表。

3.《立足校企协作，有效提升工科研究生专业素养水平——以山东大学与潍柴校企合作为典例》获山东省研究生教育创新计划项目。

三、学科建设与科研工作

1. 完成动力工程及工程热物理学科建设“十三五”规划、山东大学“学科高峰计划”特色学科申报工作，并成功入选山东大学“学科高峰计划”特色学科。

2. 年度科研经费总量 3825.9 万元，基金经费 471.5 万元，重点项目 1019 万元，横向 1895 万元，军工经费 439.8 万元。经费总量列全校第五名，人均经费排名全校第一。

3. 获国家自然基金 7 项，省基金项目 6 项、高新技术项目 17 项。在重大项目申报方面，申报了 4 项国家重点研发计划试点专项 2016 年度第一批项目。

4. 统计论文总数 81 篇，SCI 论文 34 篇，EI 论文 40 篇，ISTP 论文 7 篇。授权专利总数 81 项，其中发明专利 44 项，实用新型专利 37 项。

四、对外合作交流

1. 分别邀请英国杜伦大学等 8 所大学的专家教授进行了学术交流，其中 5 项获得国际处短期专家项目资助。

2. 参加了山东大学与德国乌尔姆大学、美国弗吉尼亚理工大学两校的联合培养项目。

五、学生工作

1.2012 级能动 5 班团支部被团中央授予“示范团支部”荣誉称号；2012 级交通运输班被评为省级先进班集体。

2. 朱晓同学荣获全国“百佳团支书”称号。有 9 名研究生、15 名本科生荣获国家奖学金。

3. 本科生、研究生就业率达 100%，第 10 次获就业工作先进单位。

六、党政管理

1. 不断巩固深化群众路线教育实践活动成果，认真做好“三严三实”专题教育有关工作。做好统战、离退休、综合治理、工会等工作，获山东大学工会工作先进单位。

2. 召开了第一届教职工代表大会，修订并实施了《学院岗位津贴实施细则》。

（刘灿伟）

电气工程学院

电气工程学院下设电力工程、电机工程、电力经济3个系，设电力系统研究所、继电保护研究所、电机与电器研究所、电力电子研究所、电工理论与新技术研究所、高电压与绝缘技术研究所、电气工程实验中心和可再生能源与智能电网研究所（校级）。拥有“电网智能化调度与控制”教育部重点实验室、“特高压输变电技术与装备”山东省重点实验室和“电动汽车”山东省工程实验室以及四个省级工程中心。

学院现有教职工135人，专任教师101人，其中博士研究生导师22人、硕士研究生导师66人、教授32人、副教授47人。现有教师中有国务院政府特殊津贴专家5人，国家百千万人才工程第一、二层次1人，省级有突出贡献的中青年专家3人，教育部“新世纪优秀人才”2人，“长江学者”特聘教授和讲座教授各1人，“泰山学者”特聘教授1人，“泰山学者”海外特聘专家1人。

学院设院长1人，副院长4人，刘玉田教授任院长；学院党委设书记1人，副书记2人，王钧研究员任书记。

学院现有在校博士、硕士研究生455人，本科学生1250人。

一、党建和思想政治工作

1. 进一步巩固和深化党的群众路线教育实践活动成果。在前期整改落实的基础上学院党委召开了高质量的民主生活会，深入查找问题，分析原因，提出了今后的努力方向和改进措施。

2. 深入开展“三严三实”专题教育。坚持问题导向，建立了“不严不实”台账。认真查摆梳理出了存在的三个方面11个“不严不实”的问题，并制定了切实可行的整改措施，明确了责任人和完成时限。认真组织专题党课，开展专题研讨，切实加强领导班子建设。

3. 不断加强思想政治建设，采取多种形式深入学习贯彻十八大和十八届四中、五中全会精神以及习近平总书记系列讲话精神，组织青年教师和大学生开展了以培育和践行社会主义核心价值观为核心的主题教育实践活动。

4. 注重加强基层组织建设，2015年学院共发展党员67名，学院有一项支部立项活动获得三等奖，并有两项活动获得学校党委资助。

5. 进一步抓好党风廉政建设。采取多种形式加强《准则》和《条例》学习，进一步落实了党风廉政责任制，进一步完善了学院廉政风险防控体系和相关制度建设，认真开展了八项规定回头看和财经纪律自查自纠工作。

二、人才培养工作

1. 本科教学。紧密围绕电气工程卓越工程师人才培养体系建设，学院教育教学水平不断提升。“面向国际化的卓越电气工程人才培养综合改革”项目获得省级重点立项。积极做好新一轮专业认证的准备工作。

2. 研究生培养。研究生招生继续保持良好势头，成功举办了研究生招生夏令营，进行了细致的组织和宣传工作，确保生源质量名列学校前茅。获山东大学优秀博士学位论文 1 篇、山东大学优秀硕士学位论文 2 篇。

3. 学生教育管理工作。在本年度先后获得山东大学红旗团委、学生教育管理工作先进单位、就业工作先进单位等荣誉称号，本科生一次就业率达到 98%以上，研究生一次就业率达到 100%。

三、学科与科研工作

1. 人才队伍建设。2015 年学院从英国诺丁汉大学、清华大学、华中科技大学等国内外著名电气工程学科引进优秀青年教师 3 人；丹麦科技大学吴秋伟博士受聘学校“薛禹胜讲座教授”。

2. 科研与学科建设。完成了“电气工程”学科“十三五”规划的论证、编制工作。积极响应国家能源革命战略需求，与国家电网公司共建“全球能源互联网（山东）协同创新中心”，4 月 29 日该中心在山东大学挂牌成立。5 月 17～20 日“电网智能化调度与控制”教育部重点实验室召开了首届“智能电网方法、工具和技术国际学术研讨会”，提升了学院在智能电网领域的国际影响力。新获批国家自然科学基金等国家级项目 6 项；刊出 SCI 论文 23 篇，授权发明专利 45 项。

3. 国内外交流与合作。对外学术交流活跃，参加境外召开的国际学术会议 20 余人次，参加境内召开的学术会议 100 余人次。国内外知名学者来学院讲学 30 余人次，对学院科研发展和学术交流起到很好作用。

四、社会服务工作

1. 继续教育工作。扩大在职工程硕士研究生的规模。2015 年，202 名工程硕士研究生入学。研究生继续教育的收入超过 400 万元。

2. 成果转化。充分利用现有成果转化平台，进一步加强了故障录波器、小电流接地装置等产品的研发力度，确保了产品利润的提升。

（王晓龙）

土建与水利学院

2015 年，土建与水利学院围绕立德树人的根本任务，坚持“世界一流学院”的建设目标，不断推进学科建设、教学科研、对外交流、人才培养等方面的工作，取得了较好成绩。

一、思想政治工作

（一）主题教育实效突出

扎实开展党的群众路线教育实践活动和“三严三实”专题教育活动，统一领导班子成员的思想认识，凝心聚力，推动学院发展迈上新台阶。学院党委分别召开了不同层次人员座谈会十余次，听取师生员工对学院建设发展的意见和建议，建立了解决问题台账，重点解决工作中的实际问题。组织全体党员干部认真学习习总书记系列讲话精神，统一党员干部的思想认识，坚持立德树人，把促进学生健康成长作为工作的出发点和落脚点；坚持把改革作为根本动力，创新人才培养机制，努力提高教育教学质量；坚持把加强教师队伍建设作为最重要的基础工作，把“三个牢固树立”作为教师队伍建设根本要求。通过学习，广大党员干部进一步坚定了理想信念，强化了纪律观念，增强了政治意识、大局意识、核心意识、看齐意识，全身心地投入到教学科研工作中，为学院事业发展做出了新贡献。

（二）按照学校部署，落实党委日常工作

扎实推进学习型党组织建设，坚持党员双周四下午政治学习活动，邀请专家为党员作十八届五中全会精神学习报告；组织全体党员去红旗渠和焦裕禄纪念馆参观学习；关心离退休老教师，增加他们的节日慰问金，逢年过节登门拜访看望；加强教工党员培训，购买书籍《中国触动》《先放一把火》《中国共产党廉洁自律准则》等学习书籍；加强学生党建工作，组织全体研究生党员赴聊城孔繁森纪念馆参观学习，进行了“三严三实”教育和廉政教育；重视青年骨干教师入党工作，开设了青年教师党课，发展了两位教授博士教师入党。本科生成立了国防生临时党支部，组织开展党员带动、学生参与的晨跑活动；加强师德建设，从理论学习、典型选树及事迹宣传、青年教师培养等多个角度入手，广泛开展群众性的师德建设系列活动；积极组织一届二次教代会筹备工作，成立了筹备工作机构，完成了提案征集及整理工作，各项筹备工作正有序进行等。

二、人才培养

(一) 本科生培养方面

2015年度，学院多措并举，进一步加强本科教学工作，取得了良好的效果。

重视青年教师培养，5名一线教师被评为土建学院优秀教师；加强青年教师培训，从青年教师岗前培训、指定教学指导教师、助课、任课前试讲等方面制定了规章制度，不断提高青年教师的教学水平和教学质量；举办青年教师讲课比赛等系列活动，获奖教师11人，提高了教师队伍尤其是青年教师的教育教学能力，提升了学院本科教学质量。

2015年，学院修订了本科培养方案，提高实践学分，推进小班教学工作。截至2015年10月网站覆盖课程数量为163门，覆盖率为82.32%，已建网站数量209门。

2015年完成土木工程专业本科教学评估自评工作，已向住建部、教育部提交土木工程本科教学评估申请；学院推动教学改革和教学研究，土木工程卓越工程师培养方案已被教育部批准；学院获山东省重点教育教学综合改革立项1项、山东大学精品教材建设项目1项；设立学院教改立项22项；获评山东大学我最喜爱的好老师1人、山东大学课堂教学质量优秀奖10人。

2015年，学院为教学系划拨2000元/每人的经费，支持开展交流活动，增加凝聚力；为各教学系教师外出参加教学、科研学术交流活动提供经费支持，支持人数为各教学系总人数的1/3。

(二) 研究生培养方面

2015年，学院招收全日制博士研究生20人、硕士研究生130人；为研究生提供各类学术活动30多次，极大地提高了研究生参与学术活动的积极性。

2015年，学院获山东省研究生教育创新计划项目立项、山东大学博士研究生高端学术讲坛立项、山东大学示范性研究生学位课程建设项目立项，六名同学获山东大学研究生优秀学术成果奖，1人获得山东大学优秀硕士论文，1人获得山东大学优秀指导教师称号。

(三) 继续教育方面

2015年，学院在校在职研究生共计326人；网络教育在校人数6152人，函授教育在校人数59人；山东大学安哈尔特大学预科项目在校人数150人。

(四) 学生教育管理方面

研究生教育管理方面，积极推进学生党建和思想政治教育工作，健全研究生党组织，选好党支部书记，配好党支部班子，组织好政治理论学习。2015年共发展13名研究生党员；组织全体研究生党员赴聊城孔繁森纪念馆参观学习，开展了"为党旗增辉，向母校献礼"主题教育活动；制定了《土建学院研究生国家奖学金奖学金评选办法（试行）》等六项新规定，修订了《土建与水利学院研究生推优入党细则（试行）》等三项规定；举办了"稷下风"讲坛报告6场，其他高水平研究生学术报告8场；承办全国海右博士生学术论坛1次，山东大学海右博士生学术论坛2次；举办学院硕士研究生学术报告竞赛1次，学科研究生论坛9场等；2015年毕业生一次就业率达到96.46%。

本科生教育管理方面，紧紧围绕立德树人这一根本任务，积极进取，改革创新。以核心价值观教育、诚信教育、礼仪教育、传统文化教育等为主题，组织了经典诵读、主题演讲比赛、征文比赛、辩论比赛、国学知识竞赛、专题讲座等活动，扎实做好思想政治教育工作；加强学生党员教育和管理，成立国防生党支部，学生党支部获学校基层党组织活动立项1项，基层党组织活动立项获学校评比三等奖1项；积极推进落实本科生培养创新举措，有83名学生参加大学生讲堂比赛，10名同学进入决赛，大学生讲堂入选教育部辅导员工作精品项目；2015年获得第十四届“挑战杯”全国大学生课外学术科技作品竞赛三等奖1项、山东省“挑战杯”比赛特等奖和一等奖各1项、第九届全国大学生结构设计竞赛三等奖1项、国家级大学生创新创业训练计划2项、校级创新创业训练计划30项、申请发明专利100人次等；2015年度1人获得校长奖学金，1人获省级优秀学生称号；2015年毕业生一次就业率达到96％。

三、学科建设

2015年，在学院全体师生员工共同努力下，学院在科学研究、学术交流等多方面取得了突出成绩。

（一）学科建设方面

2015年，学院土木工程专业入选山东大学“学科高峰计划”首批重点学科；与山东公路建设集团合建研发基地；成立山东大学—中铁工程装备大数据科学中心；王书刚教授成功入选国家“青年千人”计划。

（二）科学研究方面

2015年，学院加强了科研制度建设，制订了《土建学院科研管理章程（试行）》《土建与水利学院科研奖励办法（试行）》《土建与水利学院科研团队建设管理办法（试行）》《土建与水利学院科研项目绩效评价办法（试行）》等文件，推动了学院科学研究工作的制度化和规范化，科研工作成绩斐然，综合学术排名列全校第二位。

2015年，学院荣获省部级科技奖励12项，其中李术才教授获山东省科技最高奖1项、省部级一等奖7项、二等奖4项。

2015年，学院到位纵向科研经费2254万元、横向科研经费3473万元，共计5691万元。国家基金立项2015年13项；山东省基金5项，其中省杰青1项；科技部科技支撑计划课题1项，科技部973课题1项，全球环境基金淮河流域海域污染防治项目1项等。

2015年申请发明专利109项，实用新型专利85项，美国授权国际专利1项，共计194项；学院出版专著6部；发表SCI论文48篇、EI论文105篇、ISTP论文23篇。

（三）学术交流方面

2015年，学院邀请世界各地的国际知名学者23人次来学院进行学术交流；学院有关领导和老师赴美国辛辛那提大学、英国的剑桥大学、南安普顿大学、杜伦大学和邓迪大学等开展了交流与合作。

2015年，学院在山东大学威海校区承办了“第五届中俄矿山深部开采岩石动力学高层论坛暨中俄深部岩石力学与工程科技联合常设论坛”，中俄共有7位院士参会；在湖北恩施举办了全国隧道及地下工程不良地质超前预报与突水突泥灾害防治学术会议等。

2015年，学院与美国奥克拉荷马大学联合举办了第一届暑期夏令营，共18名师生参加了该项活动；成功申请了日本樱花科技计划，资助11名师生到日本长崎大学进行学习与考察；学院本科生出国留学率上升到10%以上。

（四）实验室建设方面

2015年学院获得实验室建设经费69.2万元。顺利完成了2015年度实验教学工作；与山东高速合作的山东大学—山东高速集团购置了先进的MTS系统，为科研提供了更高的实验设备平台等。

（宋尧玉）

环境科学与工程学院

截至2015年底，学院在职教工共65人，其中专任教师42人。在专任教师中有教授18人、副教授16人、副研究员3人、讲师7人；其中有博士生导师15人（含兼职2人），硕士生导师21人，有山东省泰山学者特聘教授2人（2015年高宝玉教授被评为山东省泰山学者特聘教授），教育部新世纪优秀人才5人，国家“优秀青年科学基金”获得者1人，国家创新人才推进计划1人。教师队伍中具有博士学位者，占专任教师总数的88%。陈建民教授任院长，王曙光、刘汝涛、李玉江任副院长；赵永新任学院党委书记，王斌任副书记。2015年拥有环境科学与工程一级学科博士学位授予权，设环境科学与工程博士后流动站，环境工程为山东省重点学科。学院拥有“山东省水环境资源污染控制与资源化”重点实验室、“山东省水污染控制工程技术研究中心”和山东省中美环境与健康技术合作研究中心。环境工程专业为国家特色专业，环境科学专业为山东省品牌专业。设环境科学、环境工程和资源循环科学与工程三个本科专业。

到2015年底，学院有全日制在校本科生430人，全日制在校博士、硕士研究生304人。2015年招收本科生101人，招收博士生14人、招收硕士研究生97人；有94名本科生毕业，有16名博士研究生毕业，有63名全日制硕士研究生毕业。

一、党委工作

（一）教工工作方面

1. 重视政治思想建设，加强新形势下党建工作。结合学院实际认真抓好全院教工的思想政治教育和政策的学习工作交流。2015年注重学习了习近平总书记的系列讲话、十八届五中全会的学习及新学期工作会议精神的传达和十三五规划的学习研讨，确保中央精神和学校党委要求得到正确贯彻和执行，促进学院又好又快地发展，维护了学科的科学发展、学院学校的稳定、促进了和谐校园的建设。

2. 抓好党委一班人的政治思想建设、组织建设、作风建设和党风廉政建设，坚持学院党委会、党政联席会议集体学习交流和集体决策制度、贯彻执行“三重一大”制度、信息公开制度，狠抓了制度的落实和工作研讨经验交流，结合学院的实际情况，基本上做到两至三周一次全院教工学习和工作交流或各所中心、支部学习，做好信息传达和通报及经常性的思想教育、安全稳定工作，保证信息畅通、院务公开和工作落实。

3. 按学校要求组织实施好“三严三实”专题教育活动，做好群众路线专题教育活动发现的问题的整改和贯彻落实工作。

4. 抓好各党支部的学习交流、以学校党支部立项为抓手，加强教工与学生党支部的活动交流联合，2015 年，学院有两个项目获批立项。

5. 对教职工党员进行党性和革命传统教育。组织全体教工党员学习了中央新颁布的《中国共产党廉洁自律准则》和《中国共产党纪律处分条例》。在纪念抗战胜利七十周年之际，联系沂水县委党校，组织教工党员利用党员学习活动日，到沂蒙红嫂祖秀莲纪念馆和红色教育基地“沂蒙山根据地”进行 2 场现场教学学习，并在沂蒙山根据地纪念碑园，举行党员宣誓重温入党誓词。

6. 结合学院实际组织调研。充分利用召开教代会、工代会的机会，组织代表积极调研撰写四份提案。在关心教职工利益包括家属工作的同时，更侧重环境学科未来发展、学院搬迁问题，结合青岛校区建设和蓝黄经济发展战略撰写完成部分提案，符合学校要求并在学校予以立案。

7. 进一步加强宣传工作，体现学院风采和水平。组织的大事件和重要学术活动在山大网站主页上“山大要闻”“最新动态”和“学院工作”及学院网站上得到体现；2015 年，在学校新闻网、青春山大、学生在线等网站发表各类稿件 300 余篇；及时做好学院网站、学生网站的更新、维护、备份等工作，学院网站被评为山东大学优秀网站。

8. 组织好招生拓展工作。按学校要求，完成学院负责的河北省和山东泰安莱芜的招生拓展、招生咨询任务，录取分数和生源质量稳定提高，而且被学校评委 2015 年度招生拓展先进单位。

（二）学生工作方面

1. 充分发挥形势政策课、党课、心理健康教育课作用，积极开展面向学生的以十八大五中全会精神、安全教育、入学教育、毕业教育、职业规划为主要内容的思想政治教育和发展指导等工作。

2. 重视学生党建工作。以学校党支部立项为抓手，加强学生党支部建设，2015 年，学院有两个项目获批立项。全年发展党员 22 人，转正 31 人。

3. 完善规章制度。制定了《环境学院关于进一步做好学生工作的实施办法》，继续修改完善《环境学院研究生新生学业奖学金评审办法》《环境学院本科生“让我们共同成长”项目实施方案》等规章制度，制定《环境学院关于立项开展学生工作的实施办法》；制定《环境学院贯彻落实学校文件精神推动就业工作的措施》《环境学院关于加强学生职业生涯发展指导工作的实施方案》等。

4. 搭建工作平台。成立环境学院学生职业生涯发展咨询室、学生心理健康咨询室、党课教研室、形势政策与社会实践课教研室和心理健康教育课教研室，明确了各室负责人，为进一步做好学生思想政治教育、日常事务管理及发展指导等工作打下基础。

5. 学生教育管理、社会实践、创新创业等成绩斐然。2015 年，学生获大学生创业计划竞赛国家级铜奖 1 项、省级金奖 2 项，获全国大学生节能减排社会实践与科技竞赛一等奖 2 项，获国家级大学生创新创业训练计划项目立项 5 项，获山东省大学生科普作品创意大赛二等奖 1 项；获评“山东省优秀学生志愿者”“山东大学优秀班集体”“山东大学十佳班长”等荣誉称号；多名同学获国家奖学金、校长奖学金等。获山东省“三下乡”大学生社会实践活动优秀团队一支，获山东大学学生志愿服务工作先进集体。

6. 文体活动等也取得了新突破。本科生方面，2015 年获评山东大学阳光体育运动三等奖、山东大学阳光体育运动优秀组织奖。研究生方面，在山东大学第十二届研究生篮球赛中首次进入八强并获评“优秀组织奖”，合唱比赛获一等奖。

7. 学生就业工作。积极组织学生参加“双选会”，在学院老师的支持下，组织了专场招聘会；在“华为杯”山东大学第五届职业生涯规划大赛中，获得二等奖 1 项，学院获评“优秀组织奖”。2015 年度，学院有一位老师被评为山东大学就业工作先进个人。2015 年，本科生、研究生就业率均在 93%以上。

二、行政工作

1. 集思广益，做好搬迁到青岛校区的准备工作。2015 年，围绕学院整体搬迁到青岛校区如何发展问题，学院组织多种形式的会议，进行了认真研究和讨论，克服多种困难，圆满完成前期住宅选购、教学科研用房对接、本科教学实验室建设规划、学生管理等各项工作，没有出现大的反复和波动。

2. 加强学术交流，积极筹划招聘和引进优秀人才。学院组织了 4 位流动岗位特聘教授、3 位短期教授的交流活动。16 位国内外专家到学院进行学术交流活动。

2015 年有海外经历申请加盟学院的教师有 3 人，1 人被聘为齐鲁青年学者特聘教授、2 人被聘为副研究员，因材料评审后还要经学校审批，入职要在 2016 年。2015 年，到国外著名大学做访问学者的教师有 4 人，新增 1 名泰山学者特聘教授 1 名、齐鲁青年特聘教授 1 人。有 20 多人次参加了国内外的学术会议，20 多位国内外专家到学院进行学术交流活动。实施了与法国奥尔良大学研究生合作交流协议，组织了三年来入校年轻教师的教学培训。

3. 重视科研和学科建设、项目资助较多。有 9 项国家基金和 4 项省部级研究课题获得立项资助，实到科研经费 2300 万元。收录的 SCI 和 EI 论文达近 200 篇，环境工程与生态学首次进入 ESI 前 1%。获得省部级科技成果奖励 2 项，获得授权专利 29 项。利用学校制定“十三五”发展规划和实施学科高峰计划的机会，与环境研究院加强了讨论沟通和论证，统一了对学科发展的认识。

4. 人才培养渐成特色，学生创新创业能力不断提升。与中科院生态环境研究中心联合创办的首届“环境与健康菁英班”顺利毕业，首届学生 36 人，由 34 人继续在国内读研或出国深造，有 1 人要准备出国，有 1 人放弃保研资格参加工作。招生培养形成鲜明特色，受到中科院和学校的广泛好评，也受到在校生的欢迎。2015 年，加强了菁英班的实习教学环节，深受学生喜爱和好评，争取创出品牌。获得了 2015 年度山东省教学研究重点项目 1 项，研究生创新能力受到社会好评。

5. 继续加强服务地方和社会合作。碧水蓝天有限公司、山东国舜集团公司为学院各捐赠 10 万元，用以奖励环境学院的教职工。

（赵永新）

公共卫生学院

2015年，公共学院全体师生员工共同努力、学院领导班子团结协作，学院在党建工作、学科建设、科学研究、人才培养等各方面都取得了重要进展，圆满地完成了各项任务。

一、党建工作

1. 加强理论学习和党建制度建设。集中学习《习近平谈治国理念》，学习《中国共产党党员领导干部廉洁从政若干准则》《中国共产党廉洁自律准则》《中国共产党纪律处分条例》，学习李守信书记讲话精神和张荣校长“三严三实”辅导报告。制定党委工作年度计划和工作要点，完善党组织活动规章制度，健全党支部组织建设。完善会议制度和议事制度，全面落实“一岗双责”和“三重一大”制度，学院重大问题必须经党政联席会讨论通过，涉及学院发展及全院职工的问题由教代会讨论通过。

2. 巩固党的群众路线实践教育活动成果，严防“四风”，改变工作作风，加强服务意识。进一步加强民主集中制教育，使班子成员熟悉民主集中制的规矩，懂得民主集中制的方法，在工作中把民主集中制真正落到实处。针对党风廉政建设防控体系不完善的问题，按照廉政准则和高校领导干部十不准的要求，成立公共卫生学院廉政风险防范管理工作领导小组，加强廉政风险防控体系建设，严格落实中央八项规定，梳理学院廉政风险点，针对风险点制定防控措施，责任到人。

3. 开展社会主义核心价值观教育活动，加强“三严三实”专题教育，举行“守纪律、讲规矩”专题党课，定期开展中心组学习专题研讨会，深化党的理论学习，深化党性党风党纪教育，围绕确定的重点题目，联系思想、工作、生活和作风实际，深入交流学习体会和收获，达到了相互启发、共同提高的效果。

二、学科建设

1. 学院积极参与山东大学一级学科“十三五”规划，以“整合公共卫生学”申报山东大学“学科高峰攀登计划”特色学科，借此机会，学院积极整合各方资源，凝聚力量，为学科发展规划新的思路和方向。

2. 继续推进了山东大学卫生研究基地建设，进一步推进了“山东多中心慢性病队列”的建设力度。完成了11个基地县队列人群的追踪随访，新建立了黄岛糖尿病、高血压病例随访队列，样本规模达到6000人，覆盖黄岛区的75个自然村。与2015年相比，无论是学科构建建设还是学科平台建设均有了显著提高。

3. 积极参与申报“2011”协同创新项目，山东大学作为三个核心单位之一，参与了复旦大学牵头组织的“健康领域重大社会问题预测与治理协同创新平台”协同创新项目的组织和申报，申报工作正在积极有序地推进。

4. 推进食品安全监测管理与风险评估工程中心工作，为山东省食品安全委员会办公室、省财政厅制定了《山东省省级食品安全监督抽检和风险监测项目绩效评价办法》，并每年定期进行绩效评估。

三、科学研究

承担各级科研项目80余项，总经费达1000余万元。其中，国家自然基金4项。共发表SCI、SSCI、CSSCI论文111篇，发表的多篇论文成为具有国际影响力的高水平论文。其中影响因子10分以上的2篇，与2015年相比，新上国家级科研项目的数量和获得资助经费额度有所降低，但发表的SCI论文数量和高水平SCI数量有较大幅度提高。

四、本科教学

圆满完成2015年度本科理论及实习教学任务；多举措加强青年教师教学能力；加强实践基地建设，为专业实习模式改革铺垫基础；积极组织教学改革项目申请及在研项目管理；加强学生创新创业能力培养；加强山东大学平台课程建设。

五、研究生培养

硕士研究生76人，博士研究生19人。招收MPH学员123人，同等学力在职申请硕士学位人员9人。2名2015级硕士研究生获得优秀生源奖学金。1名学生获得省优秀硕士论文，发表27篇SCI收录文章，其中3分以上的11篇，1学生获得校长学金，8名学生获得国家奖学金，培养质量不断提高。完善规章制度，严格开题、预答辩和答辩程序，严控论文质量。

六、学生教育管理

以立德树人、践行社会主义核心价值观为中心，创新政治学习形式，积极引领学生思想教育；以文化建设为抓手，文体活动为依托，加强学生规划指导；立足专业，发挥优势，在服务社会与健康中培养学生；严格公开透明奖助勤贷体系，助力学生成长成才；积极开展工作研究，以制度落实和考核为杠杆，抓好辅导员队伍自身素质建设。

七、国际合作

共接待国外大学和学者访团组11个，共计57人次。稳定和扩大了学院与国际一流公共卫生学院的交流与合作。学院作为筹办方之一，与北京大学、中山大学和澳大利亚昆士兰科技大学、格林菲斯大学以及悉尼大学等一起建立了“中澳健康研究促进中心”国际合作平台；在学生交流层面，与阿德莱德大学公共卫生学院签订了为期3年的暑期学生交流项目；举办了“山东大学气候变化与健康国际学术研讨会”“中国心理卫生协会危机干预专业委员会会员代表大会暨第十一届学术会议”等国际会议；接待的来访院校有范德堡大学、美国犹他谷大学、美国弗吉尼亚联邦大学、密歇根大学、新西兰奥塔哥大学、荷兰海尔德兰省副省长一行、昆士兰科技大学及澳大利亚精英保健中心等。梳理并完善部分学院关于国际合作与交流的规章制度。

八、继续教育工作

继续教育在校生为1213人，其中成人教育学生763人，网络教育学生450人。2015年度继续教育招生人数为410人，其中成人教育招生201人，比2014年减少103人，网络教育招生209人，比2014年减少32人。

九、实验室建设及相关工作

完善《实验室生物医疗固体废弃物处理》等6项加强实验室安全的规章制度，更换补充学院平台仪器约150余万元。学院SPF动物实验室获得2015～2020年度的《实验动物使用许可证》。社会服务成效较好。全年无实验室事故发生。

（王　庆）

医学院

2015 年，医学院党政领导班子认真贯彻落实党的十八大和十八届三中、四中、五中全会精神，认真学习习近平总书记有关重要讲话精神，确保学校党委和行政的各项决策有效实施，狠抓党的群众路线教育实践活动“回头看”整改落实和“三严三实”专题教育活动，严格执行党的政治纪律和组织纪律，坚持民主集中制，严格请示报告制度和个人重大事项报告制度，全体领导班子成员齐心协力，精诚合作，锐意进取，推动了学院全面、科学、快速地发展。

一、党建和思想政治工作

1. 发挥党委的中心作用，加强基层党组织建设。全年召开 8 次党委会研究学院党建工作。分别安排部署“三严三实”专题教育活动，制定学院党委年度工作计划，党风廉政建设年度工作计划，安排党支部活动立项及表彰，研究部分学系负责人、支部书记以及管理干部的选拔和任用、研究党员发展等问题。召开 1 次民主生活会，3 次“三严三实”专题研讨会加强领导班子自身建设。大力抓好党支部建设。学院现有 27 个党支部，其中 13 个教工党支部、9 个本科生党支部、2 个硕士生党支部、1 个博士生党支部、2 个硕士和博士混合党支部。今年新配备了 3 名党支部书记，将学院本部本科生党支部调整为 4 个。学院党委进一步严格规范了党支部理论学习、“三会一课”、民主生活会等工作程序，科学设计党支部工作时间流程，提高工作效率。党委今年拿出 4.5 万元专款，支持党支部活动立项，以党支部立项活动为抓手提升支部的凝聚力。22 项党支部活动方案获得院级立项，《薪火相传，主动学习，成为一名优秀的大学教师》《传承爱国志，共叙杏林情——抗战史、院史学习实践主题系列活动》2 项活动方案获得校级立项。学院对在 2014 年党支部活动立项工作中做出突出成绩的 6 项活动给予奖励。其中《以〈全科医学〉课程学习为基础的社区医疗卫生志愿服务活动》获得校级党支部立项活动一等奖。

2. 建设高素质党员队伍，保持党员的先进性和纯洁性。全院现有党员 933 人，其中教工党员 143 人，硕士生党员 380 人，博士生党员 145 人，本科党员 252 人。分布在 27 个党支部，28 个学系和 8 家临床教学医院。学院党委严格按照《发展党员工作实施细则》发展新党员，制定了《医学院发展党员工作规程及注意事项》指导支部工作。加强对入党积极分子、重点发展对象以及预备党员的培养、教育和考察工作，严格党员发展质量，全院现有678名入党积极分子，培训80名重点培养考察对象，发展学生党员71人，转正预备党员99人，转出党员291人，转入党员133人，与71名新党员进行了组织谈话，76名新党员参加了入党宣誓活动。加强党员信息库建设，根据党员信息情况变化及时更新系统数据，党员管理实现规范化、信息化、动态化、程序化。开展了1次发展党员工作大检查，并将检查结果进行通报，限期整改。

3. 注重从思想上建党，思想政治教育常抓不懈。党委采取有效措施，利用多种载体，创新党员和教职工思想教育的途径和方法。学院党委下发了学习贯彻十八届五中全会精神、条例和准则的学习通知。购买5套1200余份理论学习资料发放到各党支部、其中《条例》《准则》每个党员人手一份。坚持党委委员联系党支部制度，每位党委委员联系4～5个教工和学生党支部，全体委员深入到所联系党支部11次，听取意见建议，指导支部利用“三会一课”和多种载体抓好政治理论学习，加强授课纪律教育。医学部侯俊平书记为全体教职工上党课1次，党委书记为全院党员上党课2次，党支部书记为党员上党课30次。学院举办了“遵守财经纪律、规范使用科研经费”“学习十八届五中全会精神辅导报告会”等讲座2次。召开教工支部书记会议6次，学生支部书记会议25次，开展支部书记培训4次，参训人员100人次。召开青年教师、管理人员、座谈会、民主党派及无党派代表、学生等各类座谈会5次，通过各种形式和途径倾听师生的意见和建议，解决师生困难。做好1965级校友毕业50年返校活动，做好1951级、1985级等校友奖学金的评奖活动，培养在校学生的热爱母校的校友情怀。党委重视学院网站建设，以正确的舆论导向引导和鼓舞师生。利用学院新闻通讯员网络，积极收集新闻线索，全年发稿140余篇，外树了形象、内聚了人心，推进学院文化建设。

4. 严格落实党风廉政建设责任制，加强反腐倡廉建设。按照要求，学院党委狠抓群众路线教育实践活动“回头看”整改落实以及“三严三实”专题教育活动，开展了财经纪律大检查活动，加强领导班子自身建设。学院领导班子定期开展党风廉政专题学习活动，严格执行政治纪律和组织纪律，坚持民主集中制，严格请示报告制度和个人重大事项报告制度。实行信息公开，凡是需要教职工参与、了解和知情的事项、涉及学院发展的“三重一大”事项、一律公开，接受群众监督。规范重点岗位、关键环节权力运行，在职称评审、学籍管理、研究生招生、科研经费使用、“三公”经费支出、财务管理、资产管理、学生工作评优、各类奖学金的评定等领域，加大监督检查力度，保证工作有序开展，构建了党风廉政建设的制度体系和规范的领导干部权力运行机制。

5. 高度重视安全稳定工作，建设和谐学院。高度重视安全稳定工作，确定每个月第一个工作日为学院安全检查日，进行安全自查10次，党委开展安全大检查4次，举办安全教育讲座1次，举行消防工作安全演练1次。实行安全工作一把手负责制，建立了通畅的信息反馈平台，落实各项安全防范措施，明确责任，防患于未然，确保和谐学院建设。

2015年，学院获评“网络新闻宣传优秀组织单位”，“本科生思政教育与管理工作先进单位”，院团委获评“山东大学红旗团委”，学院网站获评学校“十佳网站”。我院教师马春红当选山东大学“三八红旗手”，张岫美被评为“我最喜爱的老师”，孙钰被评为山东大学“先进教育工作者”。

二、人才培养、教学科研、合作交流工作

1. 大力加强人才引进和培养。易凡、高成江教授获得国家杰出青年基金，马春红入选科技部中青年科技创新领军人才，高鹏入选山东省泰山学者特聘教授、首届中国杰出青年病理医师，迟洪波入选长江学者讲座教授。薛冰获得第四届全国高校辅导员职业能力大赛二等奖，李振中获评“第九届山东省教学名师”，8 位教师在“第二届山东省微课教学比赛”获奖，其中一等奖 3 项。目前在站博士后 200 人，获各项博士后基金 347 万元。

2. 学科建设和科研工作成效显著。获国家自然科学基金 27 项，其中国家杰青 2 项，经费 2527 万元。获省自然科学基金项目 7 项、其中杰出青年基金项目 1 项，获省科学技术项目 11 项，经费 722 万元。发表 SCI 论文 174 篇，其中 IF≥10 论文 3 篇，拿出专款奖励高水平论文 11 篇。

3. 教学改革和学生培养质量稳步提高。《局部解剖学》获学校首批本科“翻转课堂”教学方法改革试点项目，2 门课程在中国大学慕课平台上线，4 门在智慧树平台上线，选课人数超过 1 万人。58 门课程网站建设达到 A 级标准，占学校 A 级达标课程的 51.3％；新增一门优秀课程网站；召开一次 PBL 教学培训班，一次在线开放课程建设启动会。获山东大学教育教学综合改革重大项目 1 项，获第十四届“挑战杯”全国大学生课外学术科技作品竞赛一等奖 1 项，获国家级“大学生科技创新基金”11 项。2 人获评省优干、省优秀学生称号，2 人获“校长奖学金”，1 人获“十佳班长”称号。

2015 级专业学位硕士研究生成为整体纳入住院医师规范化培训第一批学生。毕业研究生共发表 SCI 论文 644 篇，IF≥10 论文 3 篇，10＞IF≥5 论文 57 篇，高水平论文自主产权率为 90.58％。4 篇博士论文入选山东省优秀博士论文、2 篇硕士论文入选山东省优秀硕士论文。27 名研究生获得“国家建设高水平大学公派研究生项目”资助，139 人获得“山东大学研究生海外留学基金”项目资助。

4. 国际合作与交流取得长足进展。继续巩固与美国内布拉斯加大学、加拿大多伦多大学等已有友好院校的合作，积极拓展与美国亚利桑那州立大学、加拿大阿尔伯塔大学等国际其他优秀医学院校的合作。举办第四届山东大学－熊本大学医学研讨会，挪威卑尔根大学、美国圣乔治大学等 7 所国外大学来访，邀请 6 名国外短期专家来访。4 名学生赴加拿大多伦多大学、5 名学生赴美国内布拉斯加大学医学中心进行为期 3 个月的科研实习/医院轮转。学院接收了来自加拿大多伦多、英国圣乔治伦敦、日本和歌山县立医科大学等大学的 10 名本科生，他们分别进入各基础实验室及齐鲁医院进行短期科研实习和临床见习。

5. 留学生教育和在职教育规模稳定。招收留学生 70 人，录取在职申请临床医学专业学位博士 692 人，同等学力申请硕士学位 144 人，在职申请临床医学专业学位硕士 99 人。

（李玉蓉）

口腔医学院

2015 年，是“十二五”规划的收官之年，口腔医学院深入贯彻落实党的十八大和十八届三中、四中、五中全会精神，严格按照学校党委行政的整体工作部署，开拓创新，锐意进取，不断深化综合改革，加强学科建设，扎实推进学院各项事业全面发展。

一、党建工作

（一）党建思政工作扎实推进

1. 加强领导班子建设。依托党政联席会开展好政治理论学习，重点围绕“三严三实”专题教育活动开展了集中学习与专题研讨，按照党风廉政建设、“讲规矩，守纪律”等学校有关通知要求组织集中学习，并通过观看视频、配备书籍等方式丰富学习内容，强化学习效果，切实提高了领导班子的政治素养和理论水平。

2. 加强基层支部建设。突出以问题为导向，根据基层支部组织活动不够积极的情况，以焕发活力为重点，注重发挥优秀支部带动效应，重点支持在基层党建工作中表现突出的口腔内科支部，为学院基层支部建设树立蓝本；积极组织召开支部书记专题会议，学院党委书记参与指导支部活动，研究制定党建专项经费分配使用方案，不断增强基层支部活力。

（二）党风廉政建设持续加强

1. 加强机关作风建设。在组织开展的“三严三实”教育活动中，学院坚持以问题为导向，把发现问题、解决问题作为教育活动的主线，全面梳理教育部巡视整改、职工教代会、行政值班和民主生活会征求意见座谈会等不同渠道反馈的问题，根据领导班子分工明确责任领导、责任部门、完成时限，举行了中层干部、教代会代表和问题提出者参与的集中反馈会，向职工介绍问题解决落实情况，以此形式不断改进工作作风，加强解决职工反映问题的主动性与积极性，进一步融洽干群关系与学院氛围。

2. 开展反腐倡廉教育。学院围绕“三严三实”专题教育活动，扎实开展反腐倡廉教育，组织党员干部观看学习《条例》和《准则》的视频，召开了专题座谈会，安排赴历城区检察院开展廉洁警示教育，邀请了反贪局领导作专题报告，通过多种教育形式不断强化广大党员干部的思想认识和宗旨意识。

二、学科与人才队伍

（一）人才队伍建设取得成效

1. 产生首位泰山学者特聘专家。按照省人才工作办公室的要求，经过积极申报与层层选拔，学院徐欣教授成功入选新一批泰山学者特聘专家，成为口腔医学领域首位泰山学者，填补了学院杰出人才的空白，增强了学院在学科评价方面的综合实力。

2. 引进哈佛大学杰出专家。哈佛大学吴训伟研究员正式加盟学院，同时组建了组织工程和再生实验室并积极开展有关研究。吴训伟是泰山学者海外特聘专家，他的入驻标志着学院高端人才引进取得了实质性进展，也进一步增强了学院杰出人才队伍的整体实力。

（二）学科、科研建设不断增强

1. 举办全国口腔生物医学学术年会。10 月 9～12 日，学院承办了由中华口腔医学会口腔生物医学专业委员会主办的全国口腔生物医学学术年会，年会分为特邀报告、专题报告、大会发言和口腔医学青年研究奖评选等环节，来自国内外 300 余名专家学者参加了年会，为口腔生物医学研究者们提供了学术交流、分享科研成果的良好平台，充分展现了学院在口腔生物医学研究方面的实力和成果。

2. 与济南高新区药谷达成合作联盟，启动共建实验室。为了有效解决实验室发展空间受限的问题，学院积极对外联络，加强院企、院地合作，5 月份与济南高新区药谷初步接洽，8 月份达成合作意向，目前合作共建的实验室正在装修中，建成后重点实验室面积将增至 2600 平方米，从根本上解决制约实验室发展的核心问题，为实验室未来发展提供了良好保障。

3. 凝练学科研究方向，培育发展优势学科。进一步整合、凝练科研方向，重新组建科研团队，形成了 4 个新的研究方向并实施 PI 制管理；制定临床重点科室评审办法，广泛征求意见建议，科学组织评审选拔，确定口腔种植科和正畸科为临床重点科室。同时，学院制定了针对科研团队和临床重点科室的建设方案，实现了学科建设机制的改革创新，对促进学科实力快速提升具有重要意义。

4. 学术研究实力稳步提高。组织科研成果、奖励申报培训，加强科研项目管理，激发科研成果产出。2015 年，获国家自然基金项目 2 项、省科技计划 3 项、省自然基金 2 项、省博士基金 2 项、学校交叉项目 1 项，发表 SCI 文章 30 篇，获得专利 3 项。

5. 国际学术交流保持活跃。选派 2 名人员赴日本大学进行短期学术访问交流，选派 2 人赴奥地利参加 IADR 年会、4 人赴日本参加牙周修复年会、1 人赴美国参加 AADR 年会；邀请维也纳大学范晓惠教授、高丽大学权钟縉教授、美国俄亥俄州立大学简化宏教授、韩国首尔大学医药学院金凤玉教授来学院进行学术交流。

三、人才培养

（一）青年教师培养成果显著

1. 举办青年教师大赛，促进相互学习与交流。积极组织教师参加校内外各类比赛，荣获 2015 年全国口腔院校青年教师授课技能展示优秀奖 1 项，山东省第二届本科高校微课教学比赛二等奖2项、三等奖3项，齐鲁医学部2015年青年教师课堂教学比赛特等奖1项、二等奖2项；6名教师获评山东大学2014～2015年度课堂教学质量优秀教师，1名教师获评山东大学优秀研究生指导教师。

2. 承办华东六省一市口腔医学学术大会。突出“加强区域合作，促进学科发展”主题，举办了首届口腔医学教育教学高峰论坛和青年教师临床病例大赛，促进了师生对于教育教学的重视，加强了区域间的沟通交流，促进了教育教学合作。

（二）教育教学管理稳步推进

1. 举办全国海右博士生论坛。学院首次举办了全国海右博士生论坛，来自上海交通大学、浙江大学、南京医科大学等知名高校的博士生参加了论坛，论坛的举行对博士生开阔研究视野、加强学术交流、提高科研素质具有重要作用。

2. 本科教育改革扎实推进。依托分院推进山东省口腔临床技能培训基地建设，打造区域化的口腔实践教学中心；完成实验室建设硬件项目验收，获得软件项目结题优秀奖1项；加强课程网站建设，获评山东大学2015年度课程中心建设优秀组织单位；加强专业国际化建设，邀请美国俄亥俄州立大学教授开展全英文授课，完成了BDS六年制留学生全英文培养方案制定，完成了2016年教育部万人计划项目的申报。加强学生创新能力培养，2015年获国家级学校大学生科技创新计划项目5项，校级项目10项。

3. 研究生培养机制逐步完善。认真做好学位授权点专项评估工作，按照有关要求完成自评报告；完善专业学位研究生临床轮转管理制度，使专业学位研究生临床技能培养趋于科学化、制度化和规范化；举办了首期全省住院医师规范化师资培训班，首次对各基地医院师资进行培训。2015年度，获山东大学优秀硕士论文1篇、山东大学优秀学术成果奖1项、山东大学示范性研究生学位课程建设项目1项。

4. 学生管理水平不断提升。依托“添翼工程”开展经济困难学生医患沟通能力培养活动；完成了中国牙防基金会社会实践项目2项并荣获三等奖和最佳团队奖；完成了中华口腔医学会口腔医学生科普实践项目1项；加强社会实践工作，获评省级社会实践先进个人1项、省级社会实践优秀指导教师1项、省级优秀团队1项；加强就业指导，学院获评就业先进集体，研究生就业率达100%，本科生就业率达92.45%，七年制学生就业率达96%。

四、医疗工作

（一）医疗管理更加规范

1. 成功获评山东省重点专病专科医院。成功通过三级甲等医院评审后，医院围绕国家深化公立医院改革的政策要求，以保障医疗质量与安全为核心，以提升诊疗服务能力为抓手，扎实提高医院综合实力。2015年底，成功获评山东省首批重点专病专科医院，进一步提升了医院的品牌形象，巩固了医院在山东省的龙头地位，为医院未来发展获得了更多的社会资源。

2. 完善医疗质量安全体系建设。强化科室月度上报制度；开展季度质控检查，定期反馈并公示检查结果，落实奖惩机制；开展新技术中期考核与结题验收，对新一轮申报的新技术进行了评定审核，新立项资助新技术4项；对住院病历与门诊病历开展定期抽查，病历质量得到显著提高，电子病历使用率达到90%；组织开展了跨学科临床病例研讨、医疗质量安全知识竞赛、急救演练等内容丰富、针对性强的培训活动，增强了医务人员的医疗风险意识。

3. 护理服务质量得到提升。不断丰富优质护理服务内涵，签订了护士长目标管理责任书，推进护理管理重心下移，出台了护理人员绩效改革方案，提高了护理人员工作积极性；加强护理人员梯队建设，实现了岗位目标管理；口腔四手操作取得实质性进展，重点科室覆盖率达到了60%；注重提升护理人员专业水平，荣获全国口腔护理技能大赛一等奖。

4. 院感、药事管理持续改进。开展了现患率调查与环境卫生学监测，全面掌握医院感染现状；制定《医院感染消毒隔离管理工作专项推进行动方案》，加强了职业防护；落实了传染病疫情管理，配合完成了创卫工作任务。加强药事管理，规范了药品招标采购流程，严格执行采购及验收制度，保障了药品的质量与价格；贯彻执行抗菌药物临床应用的有关规定，保证用药安全。

（二）公益服务深入开展

1. 首家分院成功开诊运营。7月，医院首家分院——城西分院正式开诊，目前城西分院运营良好。城西分院是医院建成三级甲等口腔专科医院后对持续推进标准化建设的重要探索，也是实现高水平、优质口腔医疗服务资源共享，提高区域居民就医便利度和口腔健康水平的重要举措。

2. 丰富公益活动形式。针对妇女节、儿童节、重阳节、全国“爱牙日”等节日开展主题活动；踊跃参与“西部行”活动，组织口腔专家到西部讲学和志愿帮扶，为西部贫困地区捐赠口腔医疗设备，获得中华口腔医学会的表彰；组织专家团队开展对口帮扶与义诊交流活动，选派人员开展了社区义诊、“健康E路行”等公益惠民活动，安排口腔健康讲师深入银行、企业、学校开展口腔健康知识大讲堂活动，塑造了医院良好的公益形象。

五、管理服务

（一）综合管理得到提升

1. 创新工作思路，提升工作效率。探索实施岗位目标责任制管理，尝试行政部门绩效考核；成立了设备科，改进了物资采购流程和供应管理；加强了应急管理，规范了应急事件上报流程。图书档案管理工作进一步规范，服务医教研职能发挥良好。加强财务人员业务学习，规范了预算编制管理，严格执行预算，有效地控制了医院支出成本；丰富财务分析内容，改进了分析方法；规范了招标流程，加强了招标与经济合同管理工作。加快推进信息平台建设，加强了网络设备配置，保证医院网络平台和各软件系统安全稳定运行。

（二）后勤保障与民生工程

1. 后勤基建稳步推进。完成了分院装修建设工程，实施了对牙体牙髓科装修改造、手术室装修改造、六楼病房区专项改造等工程，扩展了医疗空间，改善了医疗环境；完成了东楼四层顶防腐木阳光房工程、门斗装修改造项目，美化了医院整体环境。强化卫生管理，定期开展卫生检查；加强了物业监管力度，确保了水、电、气、暖正常供应；不断加强维修管理，加大了设备使用培训力度，保障了临床工作正常运行。

2. 教代会制度与民生工程逐步落实。学院召开了一届四次教职工代表大会，出台了提案管理办法和教代会组织实施细则等具体制度，规范了教代会的工作。工会积极工作，不断推进事业编制人员与聘用制人员趋同化管理，为聘用制职工发放了校园卡，开通了聘用制职工校园停车门禁系统，与幼教服务中心合作，加快解决子女入托等关乎职工切身利益问题。

（夏逸群）

护理学院

2015 年，学院深入学习贯彻党的十八大和十八届三中、四中、五中全会精神，认真学习习近平同志系列重要讲话精神，坚持“立德树人”的根本任务，牢牢把握“提高质量，加快发展”的工作主线，认真做好群众路线教育实践活动整改工作，践行“三严三实”，大力推进人才培养、科学研究、学科建设、人才队伍建设、党建与思想政治工作，学院各项事业快速发展。

一、教学与人才培养

教学质量稳定提升。学院全面落实四年制人才培养方案；建立健全教学质量监控体系，将教学检查和监督常规化、制度化；加快课程资源建设，新添 1 门山东大学优秀课程，在中国大学 MOOC 平台开设 1 门课程，2 门国家精品资源共享课更新教学资源。积极推进实验室建设与管理，实验室智能化信息管理系统通过验收；完成 6 门课程 10600 人时数本科实验教学任务，本科生开放实验室 334 学时 5994 人时数，研究生开放 27060 学时 52980 人时数，教师开放 5000 学时。加强研究生中期考核，强化培养过程管理；举办研究生学术论坛 32 期，文献报告 128 人次；举办国内外知名专家学术报告 10 余场；1 名同学获山东大学优秀硕士学位论文；完成了全国医学专业学位研究生教育指导委员会组织的护理专业学位授权点专项评估工作的自评和同行专家评审工作，国内同行专家给予了高度评价。

学生培养过程中不断完善《天使成长引航工程》与《天使成长人格培育实施方案》，以社会主义核心价值观教育为主题，逐步实现学生信息化管理和服务，不断加强对学生的指导和培训。举办各类文体活动 40 余次，学术交流、各类培训实践活动 20 余次；拓展就业市场，应届毕业生就业率达到 100%；荣获本科学生思政教育与管理工作先进单位、学生资助工作先进单位、就业先进集体等荣誉。

二、人才队伍与学科建设

学院坚持以学科建设为龙头，以人才建设为关键，以科学研究为重点，抓好院本部学术型、临床专业型和顾问专家型三支教师队伍建设，新成立了“老年健康研究所”“健康心理研究所”“慢病管理与护理教育研究所”；继续推进和深化人才苗圃工程，启动学院科研基金项目，首批资助项目 10 个；审核通过 2016 年招生资格的硕士生导师

28人，博士生导师4人，举办导师培训班和专业教师学术论坛、学术报告会20余次；一名教授进入Elsevier评选的高倍引学者排行榜，一名教师获校十佳教师、宝钢优秀教师奖励；学院教师发表SCI、SSCI论文20篇（其中SSCI论文16篇），成功申报山东省自然科学基金3项。4位教师申请获聘人民卫生出版社第六轮教材主编、副主编和编者，2位教师参加2015年度医学部青年教师讲课比赛，均获得一等奖。

顺利通过“山东省十二五重点学科”和“山东省十二五重点实验室”的评估验收工作。完成了护理学科“十三五规划”的论证工作，确立了“一个中心，两个跨越的办学理念，即以健康为中心，实现从传统护理学向健康护理学的跨越和从临床护理学向社会护理学的跨越”；凝练出了三个具有特色的二级学科，即老年护理学、护理心理学、临床护理学；提出了未来学科建设的目标和具体实施的措施。

三、对外交流与合作、社会服务

进一步拓展深化国际合作网络，扩大了港台合作规模，师生互换交流30余人次，多渠道邀请境海外知名专家学者十余人次来院讲学、教学科研合作及英文论文协作，有力地推进了以脆弱关怀为焦点和以高级护理专才培养为重心的学科发展工作。

学院继续教育实现函授学历教育与网络学历教育并轨，不断强化网络教育内涵建设，完成护理本科网络教育培养方案。不断拓展学院高级培训，举办1期培训班。2015年在校成人函授、网络学生1万余人，社会服务能力不断提升。

四、党的建设与思想政治工作

学院党委认真组织广大师生员工学习十八届三中、四中、五中全会精神，做好群众路线教育实践活动整改工作和“三严三实”专题学习研讨工作，在全院教职工中开展师德师风建设大讨论；加强党员干部的思想建设，发挥党员的先锋模范作用。积极组织各党支部申报学校基层党组织活动立项，立项1项。

（曹　源）

药学院

2015 年药学院以“十三五”规划为着力点，在学科建设、科学研究、人才培养等方面都取得了突出成绩，学院整体工作再上新台阶。

一、党委工作

院党委认真落实班子成员理论学习制度和基层党支部学习制度，做好领导班子廉洁自律教育；围绕学院中心工作，重点抓好党风廉政建设、“三严三实”专题教育活动；加强党建工作，完成基层党支部换届调整，2015 年发展新党员 45 名，57 名预备党员转正；不断完善学院民主管理和民主决策，顺利完成学院二届教代会换届工作；积极推进学院安全管理规章制度建设，实行安全监督员制度，全员签署了安全责任书，在研究生中以课程化形式进行实验室安全教育。选派 1 名专业教师参加省委组织部基层挂职工作。

二、学科建设

（一）学科建设

完成了药学学科“十三五”规划，药学学科被确定为“山东大学学科高峰计划”特色学科；学院与山东大学附属千佛山医院进行合作，在医院药学部设立临床药学双聘岗位，实现了院内教师在临床医院的岗位双聘管理模式；为加强青年教师人才梯队建设，设立“药学院青年学者培育基金”，赵维教授、沈涛副教授入选“山东大学青年学者未来计划”；“天然产物化学生物学教育部重点实验室”进入重点实验室验收工作阶段，“微生物与生化药学”“药理学”及“药剂学”三个省级重点学科顺利完成评估验收。

（二）科学研究

2015 年度获国家自然科学基金重点项目 1 项、基金面上项目 4 项、青年科学基金项目 3 项。获山东省科技重大专项及重大关键技术新兴产业项目各 1 项、山东省重点研发计划项目 4 项、山东省自然科学基金 4 项。与企业签署横向药物研发课题 17 项。本年度学院科研项目合同经费总计 3419 万元，其中纵向课题经费 1629 万元，横向课题经费 1790 万元。当年科研实到总经费 2568 万元，纵向经费 2084 万元，横向经费 484 万元。

2015 年，发表科研论文 240 余篇，其中 SCI 收录论文 200 余篇，影响因子大于 5

的文章21篇。获国家授权发明专利30余项。

获得国家科技进步奖二等奖1项（刘新泳，第三位）、山东省科技进步奖二等奖1项（臧恒昌，第七位）、山东高等学校优秀科研成果奖三等奖2项（王磊、李敏勇）。

（三）学术交流

承办了“两岸四地免疫学研讨会”；举办了国家重点实验室第一届学术委员会第二次会议；举办了第二届中澳健康科学研究中心联合论坛；参加了“山东省一南澳州合作发展论坛”，签署了中澳细胞治疗协同创新中心合作备忘录和“3.5＋0.5＋1.5”药学专业本硕连读项目协议；聘请佛罗里达大学肖红教授为流动岗特聘教授，完成“药物经济学”课程教学工作，并获山东大学暑期学校优秀项目二等奖；本年度获学校5个短期境外专家项目，海外来访学术专家17人次；学院出国参加国际学术会议教师20余人次，出国访学教师2人，结束国外访学工作的教师2人；接收2名南澳大学药学专业本科生进行为期2周的生产实习，派出1名博士生赴南澳大学进行为期3个月的科研合作。

三、人才培养

（一）研究生培养方面

截至2015年12月在校全日制博士研究生123人，硕士研究生312人（含专业学位硕士研究生）；2015年招生博士研究生32名、硕士研究生112名，招收优秀高校推免生24名；获国家留学基金委资助海外联合培养博士2人、攻读博士学位4人；孟欣获山东省及山东大学优秀博士学位论文，代爽、张丽获山东省及山东大学优秀硕士学位论文，赵兰霞获山东大学优秀硕士学位论文；侯旭奔与刘希功获2015年山东省研究生优秀科技创新成果奖。

2015级硕士研究生获山东大学优秀生源一等奖学金1人、二等奖学金2人、三等奖学金5人，8名研究生获药学院首届优秀生源奖励基金。2名研究生荣获山东大学校长奖学金，1名学生荣获山东省优秀学生称号，2人获山东大学研究生优秀学术成果奖一等奖、5人获二等奖、8人获三等奖。

2015年完成全国药学硕士教指委调研课题1项，获山东大学示范性研究生学位课程建设项目1项，圆满完成研究生院暑期学校和博士论坛项目；完成药学硕士、生物与医药工程博士专业学位授权点专项评估工作；博士研究生导师招生资格审核首次实现按需设岗；学院获2014～2015年度山东大学研究生教育先进单位，郑华老师获研究生教育管理工作先进个人荣誉称号。

（二）本科生培养方面

2015年药学院本科教学工作稳步提升，顺利完成全年的本科教学计划。2015年度获山东大学教改重点项目1项、学院设立青年教师教改课题8项；发表教研论文2篇；我院教师主编或参编国家级规划教材26本；“药物分析课程群”被评为校“课程中心优秀课程网站”、4位教师获“山东大学课堂教学质量优秀教师”称号。

本科生发表学术研究论文4篇。获第八届全国大学生药苑论坛创新成果特等奖1项、一等奖1项、优秀论文奖1项。第四届全国医药院校大学生实验技能竞赛中获一等奖和二等奖各1项。张获同学在2015年中国药学大会上作分会发言，其论文获得优秀论文三等奖。本年度获得国家级大学生创新创业训练计划项目立项 9 项、校级立项项目 30 项。获山东大学优秀学士论文 3 篇。3 人获山东大学校长奖学金。

2015 年完成实验教学中心网站建设 1 个；获实验室软件项目立项 2 项，结题 1 项；获学校实验室建设项目经费 60.27 万元，更新了部分教学实验室实验台，维修了通风设备；学院出资对药剂与制药工程本科教学实验室进行了环境改造，购买中药材标本充实了生药标本实体库。

（三）继续教育方面

药学成人教育专业目前本、专科在籍学员有 20748 人。2015 年度成人教育招生 9438 人。《执业药师能力与学历提升计划》已在 16 个省、市、自治区设立了 19 个学习中心，已基本树立了在全国的继续教育品牌影响力。2015 年成人教育学生毕业 4038 人，学士学位统考通过率达 10%。45 名网络教育药学专业毕业生获得“山东大学 2015 届继续教育优秀毕业生”称号。

药学院作为山东大学执业药师培训中心，协助山东省执业药师中心完成 2015 年度执业药师继续教育工作，完成 6 门课程教材编写和网络课件录制工作；协助山东省执业药师协会举办了执业药师继续教育高级研修班，完成卫计委临床药师在岗培训人员的课程教学工作；组织完成了执业药师考前辅导 11 门课程的课件录制及网络教育 18 课程的课件录制工作，完成了网络教育和函授本专科生 6 次面授工作，组织完成成人高等教育 5 部教材编写。

四、学生教育管理

2015 年，学生教育管理工作紧紧围绕立德树人，着重抓好学风建设和学生综合素质培养。本科生、研究生总体就业率达 97%。本科生获省级优秀学生干部 1 人、省级优秀学生 1 人、省级优秀班集体 1 个。举办药学讲坛 97 期，422 人次担任主讲人。暑假期间 37 支学生社会实践团队的出色活动，获省级优秀指导教师 1 名、省级先进个人 2 名、省级优秀团队 1 支。在校运会中学生获女子团体第二名，男女团体总分第七名，学院获体育道德风尚奖，被评为阳光体育运动优秀单位。

学生工作团队成员发表研究论文 2 篇，获第四届全国高校辅导员职业能力大赛二等奖 1 项、山东省高校学生教育与管理工作优秀科研成果三等奖 2 项、山东省高校思想政治教育论文类成果三等奖 1 项。学院获山东大学学生就业工作先进集体、学生思政教育先进单位、资助工作先进集体等荣誉。

（刘丽娟）

管理学院

2015 年，管理学院始终坚持用发展理念统领学院全局，认真学习贯彻党的十八大精神和习近平总书记系列重要讲话精神，紧紧围绕着建设世界一流大学的办学目标和国内一流高水平学院目标开展工作，圆满地完成了各项工作，取得了较好成绩。

一、行政工作

（一）学科规划取得阶段性进展

完成 2 个一级学科的十三五规划，协调完成 3 个山东省“十二五”（特色）重点学科的终期验收评估工作。启动了学院第一批（14 项）原创案例开发与培育的立项建设。

（二）科研管理体系日臻完善

开展科研经费自查自纠，颁布实施了《管理学院科研立项暨国家级科研项目申报支撑计划》；举办学术报告会 37 场；学院获批立项国家社科基金重大项目 1 项、一般项目 3 项、国家自科基金项目 7 项，2 项成果获教育部优秀社科成果奖励；全院师生发表 CSSCI 论文 104 篇、SSCI 论文 8 篇、SCI 论文 5 篇、EI 论文 8 篇，出版学术专著 10 部。

（三）国际化水平上新台阶

启动 39 门全英文课程建设的中期检查工作，组织申报全英文授课留学生招生专业 2 个；开展项目管理专业硕士留学生的招生工作，首批招收 5 人；与海外 4 所知名大学开展合作交流；聘请流动岗教授 3 人，助飞计划教授 3 人。

（四）本科教学课程建设趋于正规

杨蕙馨教授、王兴元教授申报的 2 项教育教学项目获得山东大学教育教学综合改革重大项目资助，同时获山东省教学改革重点项目资助，1 项省级重点教研项目、13 项校级教研项目顺利结题；召开慕课及课程网站建设专题研讨会，管理学课程获评 2015 年度优秀课程网站；12 位老师获学校课堂评估优秀教师奖。

（五）研究生培养质量稳步提高

修订研究生培养方案；加强对 MBA、EMBA 任课教师评估；获山东省优秀博士论文 1 项；组织申报并通过校研究生公共平台课 2 项，组织申报立项研究生示范课程 2 项；通过教育部教指委针对会计硕士、审计硕士、工程管理硕士、旅游管理硕士等等专业学位的学科评估。

（六）实验中心启动升级转化

大力推动虚拟仿真实验教学中心建设，以行业领先的 EMC 存储矩阵为基础建设数据共享中心，引进 VMWARE 先进技术；与厦门网中网公司合作搭建会计学综合实验教学平台，与北京创意信通科技有限公司合作创建旅游行为实验室。

二、党的工作

（一）思想政治工作

学院党委按照学校的部署分两个学期制定了详细可行的理论学习和党组织活动计划。根据学校党委安排，结合学院师生员工思想实际，认真开展了思想政治教育、党风廉政建设教育、法制宣传教育和师德师风建设教育。注重加强教育活动的宣传，在知新楼五楼设立电子宣传栏宣传相关活动，建立了学院微信公众号，发挥网络媒体的平台宣传作用。在组织广大教职工学习过程中，以党支部为单位及时编发学习资料，以学习制度检查检验学习效果，全年共编发了 15 份党支部学习材料。

（二）“三严三实”专题教育活动

在学校党委统一部署下，学院党委组织全院党员师生开展了“三严三实”专题教育活动，学院党委成立了院党委书记吉小青、院长杨蕙馨为责任人的领导小组，及时研究制定出台了学院层面上的实施细则，学院 26 个基层教工、学生党支部也在学院党委的指导下制定了本党支部的活动方案，学院党委将活动方案予以备案并在学院网站公布，细化了活动的指导思想、工作重点、方法措施、工作步骤和责任要求；按照四个“关键动作”要求，谋划组织专题教育；召开院党委会研究党建工作 3 次，党支部书记会议 4 次；主题活动 16 次；支部专题座谈会 40 次，将“严”和“实”的工作精神切实贯彻到党的各项工作中。

（三）党支部立项活动

继续深入开展了党支部立项活动，学院 26 个党支部全部参加了活动，最终形成了 15 个立项，在学校评选 3 个校级立项的基础上，学院将其他个党支部活动方案确定为院级优秀立项并予以经费资助，各党支部在党委领导下制定了详细周密的活动计划，广泛开展了形式多样的教育活动。

（四）党员发展工作

积极做好入党积极分子的培养和教职工、学生党员的发展工作。举办入党积极分子培训班两期，参加党课人数 163 人，发展新党员 67 人。

（五）作风建设

深入完善中央“八项规定”贯彻落实工作，改进机关作风；组织学院党务干部定期学习交流，建立健全院基层党支部管理机制，开展党支部立项活动。

（六）学生工作

以班会、形势政策课为平台开展核心价值观、学风、感恩、规则意识、安全教育等主题活动。2015 届学生一次就业率本科 89.27%、硕士 99.24%、博士 100%，2012 级会计 2 班荣获省级优秀班集体，学生科创团队获国家级奖项 1 项、省级奖项 2 项。

（肖　柯）

马克思主义学院

2015年，在校党委和行政的正确领导下，马克思主义学院师生员工共同努力、领导班子团结协作，圆满完成教学、科研、人才培养等各项任务，申报并入选首批全国重点建设马克思主义学院，这在学校马克思主义理论学科发展史上和马克思主义学院发展史上具有里程碑意义的大事。

一、党建和思想政治工作

（一）扎实开展“三严三实”专题教育

学院党委把开展“三严三实”专题教育作为首要政治任务来抓，不折不扣地落实中央文件和中央专题教育工作座谈会精神，紧扣“三严三实”要求，围绕重点马克思主义学院建设，从课程、学科、人才队伍、管理、民生五大建设方面开展专题研讨，突出问题导向，广泛征求师生意见；坚持从严从实，开好专题民主生活会；强化整改落实，做到立规执纪，取得一定实效。

（二）按照学校党委部署，认真做好学院党委日常工作

1. 深入学习、贯彻落实习近平总书记系列讲话精神，切实加强马克思主义意识形态主阵地建设。注重思想政治教育研究，成果丰硕，徐艳玲、郑敬斌分别获得山东省高校思想政治教育优秀成果一、二等奖。

2. 加强组织建设，做好学院党委换届。2015年1月15日，学院举行党员大会，大会选举产生学院新一届党委委员，并选举产生党委书记和副书记；严格按照组织程序发展党员，2015年发展研究生党员6人，预备党员转正6人。

3. 组织师生开展形式多样的党组织活动，凝心聚力。积极组织党支部立项活动，2015年3个党支部获得立项，1个党支部获得学校党组织活动立项三等奖；组织党员教工赴东营市大王镇刘集村党支部旧址、纪念馆参观学习；组织学生党员到枣庄台儿庄大战纪念馆接受爱国主义教育。

4. 加强群团及离退休工作，获得学校2014年度“三八先进集体”荣誉称号。

二、学术与学科建设

（一）学科建设方面

一是申报并入选首批全国重点建设的马克思主义学院，马克思主义理论学科发展取

得重大突破。二是制定山东大学马克思主义学科“十三五”发展规划，马克思主义理论学科纳入学校“学科高峰计划”首批重点特色学科项目建设。三是获批山东省理论建设工程重点研究基地（政党研究基地）。四是完成了国务院学位办2014年度学科调研工作和省重点学科“马克思主义基本原理”的“十二五”终结验收工作。

（二）科学研究方面

一是发表学术论文实现突破，王韶兴教授《第一国际的共产主义活动与社会主义政党政治逻辑》发表在人文社会科学领域顶级期刊《中国社会科学》2015年第11期。2015年共发表CSSCI期刊论文29篇。二是科研立项取得较大成绩，其中王韶兴团队项目“思想政治理论课重难点问题教学研究”入选教育部2015年“全国高校思想政治理论课教学科研团队择优支持计划”；夏巍副教授的“‘实践化’理念在〈马克思主义基本原理概论〉课堂教学中的应用研究”项目入选教育部2015年度“全国高校优秀中青年思想政治理论课教师择优资助计划”；其他各类课题18项，科研立项经费达140多万元。重点马院等专项经费600万元。

（三）学术交流方面

一是举办了“四个全面”战略思想与中国特色社会主义学术会议。二是邀请国内外著名专家学者30多人次来学院交流、座谈，作学术报告。三是加强与兄弟高校的互动交流，接受兰州大学等10所高校教师来访。四是启动“马院之声SDU”微信公众号，作为思政课教师学术交流平台，将对思想政治理论课综合改革产生积极影响。

三、课程建设

一是不断探索思想政治理论课教学模式，打造“科技与人文面对面”教学品牌。二是加强教材编写与修订，组织编写和修订了《马克思主义基本原理概论学习导读》等多本辅助教材和《“我喜爱的思政课”大家谈》一书。三是全面落实了研究生公共课新课改方案，实施了专题化教学，召开全院研究生思想政治课研讨会。

四、研究生培养与管理

截至2015年12月学院在校研究生博士90人，硕士96人。一是落实“全面提升研究生培养质量工程”，在论文撰写、预答辩、答辩等各个环节均制定了新的规定。二是在改善研究生培养条件建设的基础上，强化了导师负责制。三是加强研究生管理。2015届毕业生实现了100％就业，获得山东大学“学生就业工作创新先进单位”称号。研究生获得校长奖学金1人次、国家奖学金3人次，2名研究生获得山东高校优秀毕业生称号；研究生荣获山东大学研工部组织的“用青春为中国梦点赞”合唱比赛一等奖、最佳人气奖。

五、师资队伍建设

一是创造条件培养学科带头人，周向军教授入选全国十佳“高校思想政治理论课教师2014年度影响力标兵人物”；方雷教授获评“山东省有突出贡献的中青年专家”。二是加大人才引进力度。4名全国重点高校博士来学院工作。三是重视教师的培养培训，支持鼓励教师的再学习。学院选派7人到中共中央党校、国家教育行政学院学习进修，支持1人赴美国访学，1人赴荷兰访学。四是重视教师社会实践，2015年学院80%的教师分5个团队赴西北、东北、西南、东南、井冈山等地区的近10余所高校进行了学习交流。

六、社会服务

一是发挥教师专业优势，积极参与马克思主义理论、习近平总书记系列重要讲话精神、中央重大决策部署宣传宣讲。二是与宁夏医科大学马克思主义学院签订对口共建协议。在师资队伍、人才培养、学科建设、课程建设以及科学研究等方面实现资源共享，促进共同发展。三是依托山东高校思想政治理论课教学研究与教师培训基地，发挥学院在山东省的影响与辐射力。2015年，根据山东省委高校工委的工作部署，按照“经典研修”“科研素养”“新媒体素养”三个专题，组织了三期培训班；完成了“十百工程”建设的年度考核工作；协助启动了山东省本科院校思想政治理论课特聘教授工作；组织了山东省高校思想政治理论课教学指导委员会主任委员、秘书长会议，确定了山东省高校思想政治理论课教师经典文献阅读书目。组织了山东省高校部分骨干教师的暑期考察活动。

（齐子萍　赵英豪）

体育学院

2015 年是学院实行全面规范化管理的第一年，全院全体师生员工共同努力、学院领导班子团结协作，科研工作的规划和管理步入正轨，严格按照学院科研工作管理条例执行。同时，学院在学科建设、人才培养、学校体育工作等各方面都取得了重要进展，圆满地完成了各项任务。

一、思想政治

（一）重视思想工作，巩固群众路线教育成果

根据学校党委群众路线教育实践活动的总体安排，顺利完成“两方案一计划”的整改落实工作，召开学院领导班子民主生活会。开展“三严三实”专题教育活动，召开专题党课以及第一、第二专题的学习研讨，认真查找和解决“不严不实”问题。

（二）加强制度建设，构筑长效机制

学院于 2014 年初启动了规章制度的清理工作，经过一年的努力，各项修订、新建的规章制度的草稿已经完成，初步形成了一套全面、系统的学校体育管理文件，实现了体育学院各项工作有序开展的顶层设计。

（三）建立二级教代会制度

为鼓励全院教职工关心学校、学院事业发展，充分发挥群众参政议政的积极性，加强民主监督、民主管理、民主决策，顺利召开第一届一次教代会，教代会代表、二级教代会主席团的作用得到积极的发挥。

（四）开展多种形式的党员活动

积极推进党组织建设，组织各教工、学生党支部开展内容丰富的党组织活动。2015 年，我院组织教工党员赴焦裕禄纪念馆进行参观学习，组织学生党员赴曲阜“三孔”全国廉政教育基地开展廉政教育、学习儒家尚德思想，以提高学生思想觉悟与道德水平，通过外出学习活动，取得良好效果。同时，严格按照组织程序发展学生党员，完成年初制定的 19 个党员发展计划。

二、学科建设

（一）专业建设

1. 对专业人才培养方案和教学大纲进行了修订。

2. 完成了由省体育局主办的山东省一级社会体育指导员的培训和全省 137 个县、市、区的全民健身宣讲活动。

（二）学科平台建设

加强“山东大学体育产业研究中心”和“山东大学智慧健身协同创新中心”学科平台建设，开展了一系列学术研究和服务政府与地方工作。

1. 山东大学体育产业研究中心，开展了以下几方面的工作：

(1) 承担了山东省政府“社会力量办体育”大型课题的研究，参与了《关于推进我省社会里力量办体育的调研报告》的撰写，得到了省领导的肯定和表扬。在该中心专家团队调研报告的基础上，省政府出台了《关于贯彻国发［2014］46 号文件加快发展体育产业促进体育消费的实施意见》(鲁政发［2015］19 号)。

(2) 承担了日照市体育产业发展规划编制的任务。

(3) 开展了山东省省级体育产业发展引导资金使用政策、使用方法、评价指标体系等研究，并实际参与了山东省体育产业发展引导资金项目评审工作。

2. “山东大学智慧健身协同创新中心”，开展了以下工作：

(1) 与日照市体育局、中大体育产业集团联合申报了国家科学健身示范区建设项目，该项目有可能打造成我国科学健身的样板工程。

(2) 承担了国家体育总局体育信息中心《体育健身休闲服务业定点监测方案设计》。

（三）科研工作

1. 继续大力实施体育学院科学振兴计划方案，采取科研经费配套、科研成果奖励、院级课题立项、院级学术团队建设等措施大力提升体育学院科研实力，初步取得良好效果。

2. 本年度学院纵向、横向科研课题立项数量 13 项，到位立项经费近 170 万元。

3. 学院承办了“全国体育发展学术论坛”等学术活动，扩大了学校的学术影响力。

4. 本年度聘请了六位国内体育学科知名专家教授来学院为师生作了学术报告，为学院师生了解国内外学术前沿创造了条件。聘请专家为学院师生作学术报告已成常态。

三、人才培养

（一）社会实践活动

2015 年，结合各类实事要点和社会热点，学院团委积极组织策划相关主题，组织学生开展以团队为主、个人为辅形式相结合的社会实践活动，其中暑期立项 11 支团队，共有 120 余名学生奔赴 3 省 8 地开展了历时半个月的调研、考察、实习、支教等活动，其中“山东大学体育学院赴临沂蒙阴第三届‘手拉手’军事夏令营”等 4 支团队荣获校级优秀团队，石振国、范泽斌老师荣获优秀指导教师。《山东大学赴孟良崮手拉手军事夏令营社会实践总结报告》《济南六高校足球大环境调研及足球运营情况分析》分别获得优秀社会实践报告一等奖和二等奖。此外，在 2015 年远洋“探海者”第七届全国大学生社会实践奖评选中，“山东大学体育学院赴临沂蒙阴第三届‘手拉手’军事夏令营”荣获全国优秀奖。

本年度在学校阳光体育运动中，学院学生工作队伍继续配合阳光运动委员会，辅助体育文化节的顺利开展，组织学生承担学校田径运动会、各类球赛、健美操比赛等的裁判员、志愿者、后勤保障、赛场宣传报道等工作。

（二）学院学生工作及成绩

2015 年依托体育学院学生会、记者团、青年志愿者协会以及各类社团组织，开展了学院第三届智力运动会、首届“白云山杯”趣味接力赛、“体院杯”演讲比赛等活动，全院学生参加各类学生组织比例达 95%。

在学校层面，学院积极配合省体育局、各部门各兄弟学院的活动策划，鼓励学生走出去多交流，在展示自身特色的同时改进不足。在山东大学承办的中国女子篮球联赛（WCBA）2015～2016 赛季济南赛区的比赛、第三届中信置业杯中国女子围棋甲级联赛、第十二届研究生篮球赛等活动中体育学院的学生作为裁判员和志愿者积极参与，协助活动圆满进行的同时也提升了自身能力。

在学院层面，依托各类大型体育赛事平台，着重加强社会体育专业学生的体育竞技技能，在 2015 年的各类全国、全省和校内的体育赛事中，均组织社体专业的学生参赛：在上海卢湾体育场举行的 2015NFL（中国腰旗橄榄球赛）第七届大学生全国总决赛学院学生代表山大斩获亚军，在威海举行的全国校园铁人三项赛中学院学生代表队获得团体第一名，在江苏常州举行的第一届全国机器人运动大赛中，山大代表队共获得机器人障碍赛铜牌、无人机花样队列赛第四名、机器人马球赛第六名的优异成绩。

在 2015 年网络宣传工作中，通过山大新闻网、学生在线、青春山大等校内媒体以及中国大学生在线、中国学生体育网等社会媒体积极宣传学校学院工作，发稿量达 150 余篇，从而使学生及时了解新闻动态、关注自身发展。

认真开展综合测评、国家奖学金、励志奖学金、校长奖学金、各类社会奖学金、校单项奖学金的申请、评审、发放等工作。2015 年学院 2012 级本科生张嘉欣获校长奖学金，2013 级社体 1 班获校先进班集体。

本年度学院圆满完成 2015 届毕业生的就业工作，就业率达 94.7%（其中社会体育专业就业率达 95.5%，经济学专业就业率达 93.8%），且就业质量高。

四、学校体育工作

（一）公共体育教学

1. 逐步实施新修订的教学大纲，在实践应用中进行修订。修订了部分教学管理文件，拟在下学期实施。

2. 选修课新增了四个新兴项目。

（二）群众体育活动

1. 完成了 2015 年计划中的全部校级山大杯赛事，另外增加组织了三场新兴项目机器人运动的校园展示推广活动。

2. 组织了 7 支普通生运动队参加了山东省大学生体育联赛，并取得较好成绩。组建了两个新兴项目运动队参加了全国比赛并取得较好成绩。

3. 协助校工会组织了山东省教工排舞比赛。

4. 按照国家要求准时完成国家学生体质健康标准测试工作。

（三）高水平运动队成绩

桥牌队荣获第一届晋冀鲁豫“山河杯”高校桥牌邀请赛团体冠军；排球队在2015年中国体育彩票沙滩排球全民健身中国行（银川站）比赛中荣获专业组冠军和亚军；田径队在第十五届全国大学生田径锦标赛中荣获男子1500米金牌、男子10000米竞走金牌、女子撑杆跳高金牌、女子三级跳远银牌、男子20000米竞走银牌，第28届世界大学生运动会田径选拔赛中取得男子组10000米比赛的第一名、男子跳远第一名、男子200米比赛第三名；篮球队取得第十八届CUBA篮球联赛（山东赛区）季军；乒乓球队在第二十届全国大学生乒乓球锦标赛荣获超级组男子团体第五名、男子单打第三名、男子双打第五名。

（四）体育场馆管理

1. 确保教学、训练、群体活动及校内外大型活动安全有序进行。

2. 体育场馆信息化管理系统已初步建成，并率先在中心校区综合体育馆投入使用。

3. 2015年体育场馆对校内外服务稳中有进。

4. 基本设施保障。学校投入300余万元，对中心校区综合体育馆热源项目和洪家楼校区体育馆进行改造。学院另投入经费60余万元，实施了20项修缮项目，与2014年相比学校和学院投入基本持平。

（袁淑娟）

软件学院

2015年，软件学院在校党委、校行政的正确领导和统一部署下，深入贯彻落实党的十八大和十八届三中、四中、五中全会精神，努力践行“三严三实”，紧紧围绕中央“四个全面”战略布局，进一步解放思想，转变观念，全面深化综合改革。以人才培养为根本任务，以学科建设为龙头，以队伍建设为核心，以管理体制改革为突破口，大力推进全方位开放式发展战略、人才战略和教育创新战略的实施。全体师生员工锐意进取、努力开拓，学院各项事业取得了长足的进步。

一、学科建设与科研工作

山东大学软件工程专业按照高层次，工程型，国际化的标准实施教学，培养具有扎实的计算机应用理论基础、熟悉并掌握软件工程领域前沿技术和开发方法、具备较强的软件项目分析、设计、开发和测试能力，能够按工程化原则和方法从事软件项目开发和管理的高层次、具有国际竞争力的技术和管理人才。软件工程专业是教育部批准的国家级特色专业，拥有软件工程一级学科博士点、博士后流动站，培养具有扎实软件基础理论和工程知识的高级程序设计师、软件系统分析师、软件项目管理师和产品经理。本专业建立了鲜明的“2＋X”人才培养模式，设有软件工程技术与方法、媒体与可视化、软件与服务、物联网与嵌入式软件、信息安全、智能软件、数据科学七个专业方向，要求学生在完成基础课和专业基础课后，进入面向专业方向的课程学习与工程训练，引进与国际接轨的培训模式，与国内外知名企业建立了联合校外实训中心和校内实训基地，保证学生直接参加企业课题的研发和实践，强化工程实践动手能力和专业创新能力的培养。毕业生主要就业去向是高新技术企业、高端软件服务企业、科研部门、企事业单位和教育机构，就业质量与薪资水平名列前茅。

山东大学数字媒体专业培养学生具备扎实的专业基础和宽广的知识面，特别是计算机与人文艺术的交叉知识，具备较强的计算机数字媒体软件和系统开发能力或者较强的3D动画设计与制作能力，较高的艺术鉴赏和沟通能力，以及初步的艺术创作技能，富有创新精神，面向计算机游戏、数字影视动漫、数字新媒体等领域培养国际化、复合型、创新性人才，或者在数字媒体技术领域继续深造的研究型人才。数字媒体技术专业是信息领域最具创新力、想象力和发展活力的专业之一，培养面向数字媒体与数字内容产业应用需求的人才。专业现有两个专业方向，数字娱乐应用设计与开发方向侧重计算机游戏、移动互联网络下交互式数字娱乐应用设计与开发；动画设计与制作方向侧重影视特效设计、3D动画角色场景建模、运动建模、材质与灯光设计以及动画渲染。毕业生主要就业去向是电视、电影、广告、出版、图书、新闻等文化行业和各类媒体与网络企业。95%以上的毕业生可以实现高质量就业或继续深造。

在科研平台建设方面，学院推动数字媒体技术教育部工程研究中心建设，完成了研究中心实验室的调整与装修，建设了动漫渲染中试平台、飞翔影院中试平台、三维建模与打印中试平台、数字媒体内容与服务平台，以及与企业联合建立了影视制作中心与动画工作室，开展微电影、三维动画的联合拍摄与研发。电子商务交易技术国家工程实验室成功召开了国家工程实验室第一届理事会；完成了实验室云计算基础设施平台建设；与加拿大UBC、美国MIT等国内外高校发起组建了众智科学与工程国际联盟。

二、本科教育教学工作

在教学理念上，“以学生为主体，以教师为主导，充分发挥学生的主动性”已明确列入国家中长期教育改革和发展规划纲要。坚持“以学生为中心”，重点围绕学生提出的实验课程安排不合理、重理论轻实践等具体问题，以问题为导向，进一步开展和落实教育教学综合改革。

在教学综合改革立项方面，“软件工程专业实践能力培养与创新创业一体化平台建设”和“面向产业需求的工程类电子商务专业人才培养体系的构建与实践”分别获得山东省综合教育教学改革重点项目，山东大学综合教育改革重大、重点项目立项，为进一步争取教学成果奖奠定基础。郝兴伟教授主持的《高等学校大学计算机课程教学团队建设》国家产学合作立项；杨兴强教授主持的《操作系统课程设计》入选“教育部一英特尔产学合作专业综合改革项目”；软件学院2013级本科生、嵌入式实验室负责人邢加荣主持的*E-contacts*入选“教育部一谷歌国家大学生创新创业训练计划联合基金项目”。

在培养方案改革方面，努力实现教学与学科的一体化发展，完成各专业的培养方案修订和校对，制定并申报了山东大学软件工程专业“卓越工程师教育培养计划”培养方案。

在课程体系建设方面，进一步优化课程内容，整合课程体系，以课程设计、项目实训等实践教学为主线，增加实践教学比例，改革实践教学成绩评定办法，突出实践实训教学成绩的权重，提高学生自学能力、创新创业能力以及综合运用所学知识解决复杂系统问题的能力等，引进专业认证课程5门，企业课程4门。围绕实践能力培养与创新创业教育，完善了认识实习、项目实训、生产设计、毕业设计等实践类课程。

在教材建设方面，软件学院倡导全面开放共享知识的理念，积极申报精品课程、双语示范课程，建成112门课程网站，覆盖课程73门。所有精品课程、精品资源免费向所有师生开放共享，使学生足不出户就可以享受高质量的教育。郝兴伟教授的《大学计算机基础》获评国家级精品课程，石冰教授主持申报的《数据库系统》被评为山东省精品课程，崔立真教授主持申报的《软件项目管理》、李学庆教授主持申报的《J2EE应用开发基础》、刘士军教授主持申报的《面向服务的应用整合实践》入选“教育部-IBM精品课程”建设项目。《高级程序设计语言》《软件工程》两门课程网站的点击量大，获我校课程中心优秀课程网站，其中，《高级程序设计语言》的师生访问率排全校前三名。学院共出版、再版教材6部，获得国家“十一五规划教材”建设立项6项，国家“十二五规划教材”建设立项1项，有1部教材被评为教育部国家级精品教材。

在校企、校地协同育人方面，与IBM共建了“IBM企业计算中心”和“IBM大数据及分析技术中心”。依托山大地纬等校办产业基础，共同探索面向产业动态，协同进行课程建设，动态进行课程资源的更新，以适应软件产业发展的快速变化。与济南市商务局、服务外包行业协会共同运营及维护济南服务外包行业人才培训公共平台，为济南服务外包行业搭建了一个基于公共互动、专业培训的人才培训公共平台。

在教学方法教学方式改革方面，推进MOOC教学方式改革，建成了MOOC录制室，组织教师参加全国示范性软件学院慕课课程建设研讨会，进行经验交流分享。

在创新创业教育方面，成功举办首届山东大学、山东省“互联网＋”大赛，建成山东大学西格玛众创空间，开展Fab—Lab分享会，设立山东大学数学建模创新实验班，“互联网＋”创新平台，组织了“IT文化大家谈”主题论坛、泉城创客路演活动。通过创新创业教育，学院涌现出一批创新思维活跃，动手实践能力较强的学生群体。戴鸿军教师指导的OfficeCoder项目获评2015年国家级大学生创新创业训练计划。五项学生项目获评2015年校级创新基金立项支持。软件学院2011级学生张鹏2015年初创立的“叶子公司”获得5000万元风险投资。2015年8月，软件学院2013级本科生李昱辰团队的“路上”项目获得全国第六届大学生服务外包创新创业大赛实践组二等奖。

在教师团队建设方面，参加新增专业认证专家培训，组织教师参加学校翻转课堂及网络直播观摩和研讨会，组织3名教师参加中国计算机学会《计算机课程导教班》。与教学促进与教师发展中心合作，面向青年教师开展“BOPPPS教学模式与微格教学”培训，为教师创造教学能力提升的机会。组织召开项目实训校企座谈会、山东省高校数字媒体专业建设研讨会等多个校际联合论坛，共同探讨互联网新形势下人才培养的新模式。

在实习基地建设方面，为强化“高层次、工程型、国际化”软件人才培养目标，实现受众知识体系与产业需求之间无障碍对接，加强实践教学，软件学院下设专业类实验室、新技术类实验室、工程训练类实验室和创新类实验室共计4大类24个实验室，拥有国内领先的高性能计算系统、大规模数据中心、高端基础软件平台和数字媒体技术平台。学院先后与IBM、Intel、HP、微软、美国Infor、E5 system、花旗软件技术服务（上海）有限公司、NEC等国际知名公司开展了良好的合作，与神州数码（中国）有限公司、海信集团、浪潮集团、山大地纬等80余家国内外著名公司合作建立了校外实训基地。为学生参与实际项目的开发，熟悉软件企业的生产流程和软件市场，学习和运用软件开发、管理方面的知识，提升创新能力提供了条件和保障。

三、研究生培养教学工作

2015年是国家示范性软件学院专业学位工程硕士自主招生政策取消后，学院大力开拓GCT招生的最后一年，学院GCT联考招生规模稳步增长，在2015年录取232人的基础上，2016年预计实现软件工程专业学位在职研究生GCT招生400人左右，较好地完成了年初制定的招生计划。继续与 Oracal 等跨国公司、浪潮等国内知名公司、国外知名高校的合作，在大数据、SAP、数字新媒体、互联网营销等领域与行业进行了更为深入的合作，引进了多门工程类课程和十余名资深专家授课，弥补了领域间的差异，提高了教师队伍的工程背景，完善工程型课程体系和加强了师资建设。2015 年新增与青海省互联网信息办公室的合作项目，选拔部分信息安全领域专家联合行业高级工程师设计了 10 余门针对性较强的课程，同时我院引进了 8 位业界专家开展高新技术讲座。基于信息化平台的专业学位研究生精细化培养体系和培养质量控制体系得到进一步严格、细化和落实，论文质量进一步得到了有效提高。

围绕着 2015 年初制定的各项工作目标与计划，研究生培养部门从招生、培养、学位各环节认真发现问题、解决问题，完成了以下工作：

1. 积极开拓 GCT、职业培训等新的招生、培训模式

2015 年是国家在职研究生 GCT 统考招生政策的最后一年，学院结合招生政策，对 GCT 招生模式进行了有效拓展，对应届毕业生、行业需求进行分析，在北京、河北、山西、云南、新疆等地均拓展效果良好。2016 年预计实现软件工程专业学位在职研究生 GCT 招生 450 人左右，较好地完成了年初制定的招生计划。

2. 面向社会需求，服务行业，继续创新人才培养模式

继续与 Oracal 等跨国公司、浪潮等国内知名公司、国外知名高校的合作，在大数据、SAP、数字新媒体、互联网营销等领域与行业进行了更为深入合作，引进了多门工程类课程和十余名资深专家授课，弥补了领域间的差异、提高了教师队伍的工程背景，完善工程型课程体系和加强了师资建设。

2015 年，依托与青海省互联网信息办公室的合作项目，选拔部分信息安全领域专家联合行业高级工程师设计了 10 余门针对性较强的课程，同时我院引进了 8 位业界专家开展高新技术讲座。培养方案、课程建设、师资建设方面取得了较好突破。

3. 依托信息化系统，学位控制流程与论文质量监控体系更加完善

“细致服务与严格管理”相结合的管理模式在学院专业学位工程硕士学位管理得到了进一步的完善和强化。2015 年针对学位论文培养工作中出现的新问题，学院进一步规范了论文开题答辩、论文预审、学术不端行为检测、学位论文作假认定及处理等环节，对有效提高在职硕士论文质量方面发挥了巨大的作用。2015 年全年，两院共毕业专业学位工程硕士 624 人。

4. 专业学位研究生管理信息化平台进一步完善

2015 年，更新完善了硕士论文查重稿、评审稿、最终稿的提交与审核管理子系统、答辩公告管理子系统、毕业答辩管理子系统、授位人员数据管理子系统等，使得学院论文流程和质量控制体系更加完善、精准，也使学生、导师、研究生秘书的交互和协作更加顺畅，极大地提高了管理的准确度和效率，同时有效降低了管理成本。

四、实验室建设与管理工作

学院拥有专业实验室 24 个，高档微机 1052 台、各类服务器十余台，19 个多媒体教室、4 个 80 座的语音听力室，为现代化教学提供了保障；投资 1540 万元建设的“山

东省高性能计算中心”，系统的聚合计算能力为 1.3 万亿次/秒，存储容量为 18TB，是教育部首批“中国教育科研网格”12 个主节点之一，为学院的教学和科研提供了性能优越的计算平台。每年实验中心基础课教学实验仪器设备的更新率达 20%，设备完好率达 95%以上。

“数字媒体技术教育部工程研究中心”2015 年度完成中心整体建筑安装以及实验用房建设。一楼改装，面积 1000 平方米，包括综合管理部、计算机博物馆、培训咨询部、会议室、接待室。二楼改装，面积 1000 平方米，包括高性能集群环境以及测试环境。三楼改装，面积 1000 平方米，包括媒体渲染研究室、交互技术研究室、服务计算研究室。四楼改装，面积 1000 平方米，包括前瞻技术研究室。地下一层改装，面积 1000 平方米，包括媒体设计与三维打印工作室、群体交互与动画制作工作室、媒体分析与服务平台工作室。动漫设计圆楼改装，面积 400 平方米，包括媒体设计与制作中心。根据工程中心建设的需要，购置一系列仪器设备，建设有如下中试平台：

1. 三维建模与打印

该平台可进行 3D 建模、打印、高度真实感渲染、视频与图像处理。已有设备如下：三维扫描仪 Handyscan；三维打印机 Projet660pro、Zprinter 650；高档图形工作站 HP z800。

2. 高度真实感渲染中试平台

该平台支持 MIC 架构、GPU 架构的并行真实感渲染方法验证；可提供影视级别 3D 渲染服务。已有设备如下：曙光 GPU 机群系统，14Tflops，90TB 存储；浪潮机群系统，10Tflops，50TB 存储；英特尔 Knights Corner，MIC SE10P；索尼投影仪，VPL-VW1100ES 4K 投影机。

3. 自然交互与互动影院中试平台

该平台为新型交互设计、自然交互方法提供实验环境。已有设备如下：

Kinect，14 个 k1，2 个 k2；穿透式头盔 Arvision 3D；立体显示屏 HTC；自定制环幕、球幕等；动感座椅等。

4. 媒体内容管理与服务平台

该平台为海量媒体内容特色服务、数字媒体内容交易服务提供支撑。兼顾数据中心与服务功能。已有设备如下：

核心三层交换机、负载均衡器；数据库服务器集群（3 台）；4 台应用服务器+2 台门户服务器；FC SAN 存储 20T。

五、学生思想教育与管理工作

2015 年，软件学院本科学生思想政治教育围绕学校人才培养目标和工作重心，适应新形势、新任务的要求，促进大学生全面发展。

学院党支部、学生组织、班级团支部等积极学习十八届五中全会精神，深入探讨开展“我为社会主义核心价值观代言”主题教育活动，通过主题教育宣传活动、论坛讲座、主题演讲比赛、主题实践活动以及放映红色革命教育片等形式，寓教育于活动，理论与实践相结合开展思想政治教育工作。

学院高度重视学生形势政策教育工作，按照学工部形势政策教研室的统一安排部署，每个学期初认真组织任课老师学习通知要求，开展集体备课，同时结合阶段性思想政治教育的需要，对同学们开展主题教育，在讨论课中将课堂交给同学们，大胆创新课堂教学方式，通过话剧表演、小组辩论、课件展示、微电影等形式，让学生在活动过程中加深对所学内容的思考和认识。

2015 年，软件学院学生共计参加国内外科技竞赛活动十几余项，其中在“Inter杯”全国大学生软件创新大赛中获得两个全国二等奖；在“齐鲁大学生软件设计大赛”中获 4 项一等奖；ACM 亚洲预选赛获得金奖 1 项、银奖 5 项、铜奖 9 项；美国数学建模竞赛有 2 人获一等奖，16 人获得二等奖、全国服务外包大赛创业组全国二等奖；“互联网＋”全国大学生创业大赛二等奖。

六、校区运行和服务管理工作

利用暑期对教学楼所有多媒体设备以及供水、供电、供暖方面进行了维护和整修，确保了日常教学工作的正常进行；购置 mooc 设备并积极配合教学录播使用，新建了一个 mooc 课程录播室；对实验楼部分门窗和静电地板进行了维修和更换；对数媒中心卫生间进行了改造；对学生公寓楼和餐厅楼进行了防水维修，对浴室太阳能设备进行维护，增设了恒温水箱，增加了新衣橱；在教学楼六区楼下增设了舞台和高速摄像同步播放设备，为学生大型文娱活动提供了新的场所，受到广大师生的好评。

在安全工作方面，积极联系高新区交警，在校园前舜华路中间道路设置拐弯虚线，并预留拐弯出口，增设了红绿灯，既方便通行又确保安全；对校园 260 多个治安监控探头进行了维护保养。加强消防知识的宣传，开展经常性的消防安全检查，特别是对各部门的用电安全加强管理；对消防设备进行维护，更换了公寓消防隔离门；在宿舍原防盗网上开设了逃生窗口；及时对 700 多具灭火器冲粉，在“11 · 9”消防日活动期间，组织 1179 名师生开展了实地灭火演练，活动受到积极响应和广泛好评。

（杨现航）

科研机构

儒学高等研究院

2015年，儒学高等研究院继续去年的良好发展势头，认真贯彻落实学校各项工作部署，进一步抓好教学科研和社会服务工作，围绕学院发展目标开拓进取，取得了显著成绩。

一、研究生教学

本年度，儒学院新招收21名博士研究生、60名硕士研究生。13名博士生和57名硕士生申请论文答辩，顺利毕业。全院在读博士研究生、硕士研究生计277名，另有留学生硕博士、同等学力硕士、在职博士近20人。

日常教学方面，《人文科学方法论》改名为《人文学术概论》，成为全校通选课程。下半年进行了研究生课程库建设工作，各专业确定了2016级培养方案所需的课程。抓紧研究生平时的专业学习和科研能力训练，严格中期筛选和毕业论文答辩环节，开展学术道德和学术规范教育，把培养质量放在第一位。

注重教学模式的创新，不断探索人才培养新路径，继续实行以项目带人才的教学方式，各年级研究生在导师带领下，参与到各类科研项目中去，在科研实践中锻炼科研能力。鼓励研究生参与院内外的各种学术会议、论坛、讲座，扩大学生学术视野。聘请众多知名学者前来讲学，促进了学生科研能力的提高。

上半年，新增列何朝晖教授为中国古典文献专业博士生导师。下半年，新增列孙微研究员为中国古代文学专业硕士生导师。

获奖方面，共有3名博士生参加“国家建设高水平大学公派研究生项目”，11名博士生获得山东大学优秀学术成果奖。5名博士生在中期考核中评为优秀。儒学院被评为山东大学2014～2015年度研究生教育先进单位。

二、本科教学

2015年4月24日，尼山学堂举行第四届招生考试，来自10个院系的24名同学，通过自愿报名、国学基础笔试、专家面试的模式，成为第四届学生。进一步完善培养方案，将游学考察、学年论文、人文高端讲座等学术实践列入培养方案的实践教学环节，明确了毕业实习和毕业论文的具体形式和要求，新增《修身课》。师资队伍建设方面，除继续聘请上年度的导师外，增聘王震作为尼山学堂导师，导师队伍达到48人。

注重尼山学堂的实践活动。4月21～22日，尼山学堂举行第三届学术论文报告会，聘请六位老师作为评委，2012级、2013级48位同学依次上台宣读论文并接受评委点评。在报告会中涌现出张怡雯《对民国时期粮食集散市场供销格局的微观考察——以硖石米市为例》、赖岩《清代木鱼书作家——“闲情居士”探论》、杨胜祥《滇密系统的火葬礼仪考》、张鸿鸣《〈说文解字〉省声字举例类说》等优秀论文。11月，尼山学堂全体学生赴西安、北京进行考察活动。11～12月，尼山学堂48位同学参加庞朴先生《儒家学案》审校工作。编辑出版了2015年度四期《国学茶座》，并筹备创办《国学季刊》。

本年度，第一届23名学生顺利毕业，其中14位同学继续攻读硕士研究生，1位同学出国留学，3位就业，1位同学自主创业。第2届22名学生中12名获得推荐免试攻读硕士研究生资格，均被985高校录取。

三、科学研究

2015年，学院在研科研项目153项，其中国家社科基金重大项目3项，国家社科基金重点项目2项。本年度学院新增科研项目3项，其中国家社科基金项目4项、全国高校古委会项目2项、山东省社科规划办项目3项、山东省厅级项目2项、校外合作项目5项，5个项目获山东省传统文化研究项目经费支持。

学院纵向科研项目到账经费400.6万元，横向科研项目到账经费20.5万元。共发表科研论文96篇，其中CSSCI论文49篇；出版学术专著、古籍整理、编著共17部。获得省部级科研奖励8项，其中获第七届高等学校科学研究优秀成果奖（人文社会科学）三等奖2项；山东省社会科学优秀成果一等奖1项、二等奖3项、三等奖2项。

邀请海内外知名专家学者开展学术讲座30余次，开设了高端学术报告系列“尼山国学大讲堂”。学院举办“儒家研究现状检讨与未来展望研讨会”“国学学科建设暨‘尼山国学教本’编纂启动学术研讨会”“儒学的人文资源与科学”等高端学术会议7次。

四、学生教育管理

努力创新学生工作体制，以“内涵化协同培养”为学生管理工作宗旨，整合构建研究生协同工作系统。注重网络思想政治教育和网络舆论引导，通过微信、微博、飞信等网络信息工具及时掌握学生思想动态，网络在线回答学生咨询问题。高度重视学生的人身安全和防火防盗安全，高度重视政治安全，牢牢把好学生工作底线。

聘请多位社会杰出人士为社会实践导师。与郓城志愿者协会结为“爱心联盟共建单位”，与德州夏津县旅游局和菏泽郓城郭屯镇林集小学合作、建立院级社会实践基地。与济南市群众艺术馆和济南市非物质文化遗产保护中心联合承办“非物质文化遗产走进山东大学”活动。2015年暑期，组建博士及研究生实践团队，进行“画韵民间——菏泽农民书画艺术调研”活动，该调研实践团被评为“2015研究生创新优秀实践项目”。

组织开展儒学高等研究院精品系列学术文化活动，举办知行讲堂2期，学校“稷下风”研究生学术讲坛1期、海右博士论坛1期。继续编印院学生刊物《励学》，参加“用青春为中国梦点赞”山东大学研究生合唱比赛，获得合唱比赛三等奖；参加山东大学研究生篮球赛、啦啦操比赛，获得山东大学啦啦操比赛三等奖。举办“儒愿风华”学院2016年元旦晚会。参加山东大学第五届“研究生院杯”师生羽毛球比赛，举办毕业生篮球友谊赛、学院研究生羽毛球赛等。组织研究生赴水帘峡春游，与控制科学与工程学院研究生联合开展联谊活动，策划组织清明节主题团日、女生节、双11单身节、圣诞节等趣味节庆活动。

完成了2012级66名博士、硕士研究生的毕业、就业工作。全院毕业生截至12月签约率为：博士100％、硕士研究生90.90％。

五、党务工作

本年度，2015年1月8日，召开了第二届院教代会，全院教职工听取了院行政工作报告、财务工作报告和工会工作报告，无记名投票选举了新的院工会，李鹏程、纪红、赵睿才、蔡祥元、王震成为新一届工会委员，李鹏程被选为工会主席。

2015年，院领导班子进行了群众路线教育实践活动和“三严三实”专题教育活动，按要求进行了各阶段学习研讨。召开教职工座谈会和学生座谈会，征集师生意见，及时采取措施，认真解决师生反映的问题。召开院领导班子民主生活会，进行严肃的批评与自我批评。建立整改台账，进行了各方面整改。认真落实党风廉政建设责任制，严格遵守中央八项规定。本年度，发展党员15人，预备党员转正23人。院教职工党支部和研究生党支部联合申报的“树立青年理想信念，共筑和谐中国梦”基层党支部活动立项，获得校党委组织部立项。全院团结和谐安全稳定。

六、其他工作

本年度，根据学校“十三五”学科规划要求，结合学院特点，论证提出了以儒学为主干的国学学科规划，对国学学科这一新的学科形式进行了符合中国传统学术特点的设计，已经在国内学术界产生了一定影响。

2015年，学校以人文社科研究院牵头组织申报“儒家文明协同创新中心”，儒学院作为主要参与单位全力配合了这项工作，在文本讨论撰写、制度条例起草、落实组织架构、召开相关会议等方面做了很多工作。暑假期间，协助学校举办了“第22届国际历史科学大会济宁卫星会议”。

在为地方服务方面，2015年4～6月，儒学院受山东省文化厅委托为全省尼山书院培训师资，全省各市县文化图书系统近400人参加了培训。培训分为4期，每期9天，时间绵延两个月。协助尼山世界文明论坛组委会筹备召开了“中韩儒学对话会”，承担了会议主题论证、学术组织、论文集编纂等一系列会务。

（刘丽丽　韩悦　温磊　王敏　罗娇　巴金文）

文艺美学研究中心

2015年，文艺美学研究中心建设成效显著，在学术研究、学科建设、人才队伍建设、学术交流、图书资料和基础设施建设等方面都取得了重要进展。同时完成了教育部人文社科重点研究地基评估工作。

一、学术研究方面

2015年，中心共出版学术著作2部（“马工程”教材《西方文学理论》，曾繁仁主编；《生态美学基本问题研究》，曾繁仁等著）；发表学术论文52篇，其中CSSCI论文45篇。4项成果获教育部第七届人文社科优秀成果奖（谭好哲教授的论文《马克思主义文艺理论研究的边界、问题与方法》、陈炎教授的著作《儒、释、道的生态智慧与艺术诉求》、屠友祥教授的著作《索绪尔手稿初检》均获三等奖，王汶成教授的著作《人文博物馆·文学卷》获普及奖）。获得国家社科基金特别委托项目1项（陈炎教授主持的“中华传统文化的创造性转换与创新性发展”，经费60万元），教育部基地重大项目2项（仪平策教授主持的“生态美学与生命美学比较研究”和高迎刚教授主持的“文化转型中的现代中国文艺美学理论进程”）。有1项国家社科基金项目和4项教育部基地重大项目完成结题工作。

二、学科建设方面

在继续推进文艺美学、审美文化和审美教育研究走向深入的同时，重点发展生态美学研究。以本中心为主体申报的山东省人文社科重点研究基地“山东大学生态文明与生态美学研究中心”已获山东省政府批准成立。中心主任谭好哲教授和中心副主任程相占教授分别出任新一届山东省生态文明研究会副会长和常务理事。

三、人才队伍建设方面

2015年，引进2015年度中组部青年拔尖人才支持计划入选者胡友峰教授，目前已经签约，人事关系尚未调入。中心青年教师杨建刚副教授入选山东大学首批青年学者未来计划。

四、学术交流方面

2015 年，召开学术会议 5 次，分别为：(1) 文艺美学高端论坛暨山东大学文艺美学研究中心学术委员会专家会议；(2) 教育部社科委语言文学、新闻传播学和艺术学学部 2015 年度工作会议暨学术研讨会；(3) 国务院学位委员会中国语言文学学科评议组 2015 年度工作会议暨学术研讨会；(4) 教育部“马工程”教材《马克思主义文艺理论》编写工作研讨会；(5)“生态美学与生态批评的空间”国际学术研讨会。邀请多位国内外著名学者来中心进行学术讲座，中心名誉主任曾繁仁教授赴澳门等地进行学术交流，并在澳门大学和澳门科技大学分别作了题为“关于生态美学的几个问题”和“敦煌石窟艺术——由天的形象到天人形象的历史嬗变”的专题讲座。

五、基地刊物建设、图书资料方面

2015 年，出版《文艺美学研究》1 期，《生态美学与生态批评通讯》12 期。

图书资料和信息化建设方面，购置中外文图书 3000 余册，中心数据库和网站进行了更新。图书资料室由知新楼 A 座 9 层搬迁至 5 层，空间进一步扩大，安全性也得到了保障。

（杨建刚）

经济研究院

2015年度，经济研究院在科研、人才引进、对外交流、学科建设、研究生培养等各方面的工作总结如下：

一、科研工作

学术专著、研究报告与论文发表：经济研究院教师2015年度共出版著作5部，完成课题研究报告9项；共发表论文59篇，在CSSCI来源期刊上发表论文36篇，其中发表在《经济研究》2篇，SCI来源期刊发表论文7篇，SSCI来源期刊发表论文7篇。

课题立项：2015年度学院教师立项课题27项，其中国家社科基金项目2项，国家自然科学基金项目2项，山东省自然科学基金项目2项，其他20余项。2015年的立项课题总经费为761.7万元。

论文获奖：教育部高校科研优秀成果三等奖1项，入选国家哲学社会科学成果文库项目1项，山东省社科优秀成果一等奖1项，山东省社科优秀成果奖二等奖1项。

二、学科建设

（一）师资队伍建设

学院黄凯南教授入选国家“万人计划青年拔尖人才”。

该计划是经中央批准，2012年9月由中央组织部、人力资源和社会保障部、中央宣传部等11部委联合出台的“国家高层次人才特殊支持计划”的简称，也称“国家特支计划”。该计划准备用10年时间，面向国内分批次遴选1万名左右自然科学、工程技术和哲学社会科学领域的杰出人才、领军人才和青年拔尖人才，藉以形成与“千人计划”相互衔接的高层次创新创业人才队伍体系。其中，“青年拔尖人才项目”计划重点扶持一批青年创新人才，把他们培养成为本专业领域品德优秀、专业能力出类拔萃、综合素质全面的学术技术带头人，形成我国各领域高层次领军人才的重要后备力量。

2015年，学院引进了厦门大学杜克锐博士，促进了学院能源经济学的团队建设。

修订了教师职务及岗位聘用申报条件。

（二）办好《制度经济学研究》，打造该领域学术研究的国内权威期刊

由院长黄少安教授主编的《制度经济学研究》（季刊）杂志按期出版发行，学术水平不断提高，受到了同行的一致好评；目前该刊已经出版发行至第46辑（修改到第50

辑），已经成为我国研究制度经济学的最为权威的期刊。

三、学术交流与合作

（一）主办或承办的学术会议

1. 新年学术报告会。山东大学经济研究院 2015 年新年学术报告会于元月 17～18 日举行。经济研究院的全体师生、全国兄弟院校的实力型学者、省内高校代表以及一些重要学术杂志和媒体的代表参加了会议。中共山东大学党委常委、总会计师曹升元同志代表学校在报告会致辞。经济研究院院长黄少安教授致辞，表达了对经济研究院学术研究的高度重视和殷切期盼，希望借此次报告会鼓励学院师生深入进行学术探究，同时加强各界的学术交流。

2. 中国计量经济学教学与人才培养研讨会于 2015 年 7 月 6～7 日在威海召开。来自中国社会科学院、中国人民大学、厦门大学、上海交通大学、华中科技大学、对外经济贸易大学、首都经济贸易大学、上海财经大学、西南财经大学、东北财经大学等高校的专家学者以及山东大学经济研究院部分师生参加会议。山东大学经济研究院院长黄少安教授致开幕词，国际著名计量经济学家、国家“千人计划”入选者肖志杰教授主持了本次研讨会。

3. 中国近代经济专题研讨会。2015 年 10 月 10～11 日，由山东大学经济研究院主办的中国近代经济专题研讨会在山东大学召开。本次会议邀请了中央财经大学经济学院院长李涛、中国经济史学会秘书长魏明孔、中国社会科学院经济所研究员高超群；广东外语外贸大学教授刘巍、河南大学经济学院教授彭凯翔等国内著名经济学家。此次会议的组织加强了该领域的学术交流，密切了与国内高水平大学的合作，在经济史学界产生了较好影响。

4. 山东省经济史研究理事会成立暨学术研讨会。2015 年 12 月 8 日，山东省经济史研究理事会成立暨学术研讨会在山东大学思源报告厅举行。李伯重、仲伟民和龙登高等 30 多名省内外专家学者参加本次成立大会和研讨会。会议由山东大学经济研究院副院长、县域发展研究院院长黄凯南教授主持。会议宣告山东省经济史研究理事会成立，并宣布第一届理事和学术委员成员。黄少安任理事长、刘玉峰、陈新岗和宋士云任副理事长、陈争平任学术委员会主席、郭艳茹任秘书长。学术委员包括：马驰骋、刘玉峰、赵兴胜、陈强、陈争平、陈新岗、陈尚胜、孙圣民、顾銮斋、宋士云、郭艳茹、黄少安、徐畅和李增刚。

5. 实验与行为经济学研讨会。2015 年 10 月 24 上午 9 点，由山东大学经济研究院主办的 2015 山东大学实验与行为经济学研讨会在山东大学举行。山东大学经济研究院林晨副院长出席并致辞，山东大学经济研究院蒋金山副教授主持了开幕式。来自山东大学、复旦大学、厦门大学、西交利物浦大学、武汉大学、上海财经大学的多位学者参加了此次研讨会。

（二）学术交流

1. 积极参加国内外学术交流：学院老师被邀请参会或讲学 30 余次，参加国内外重要学术会议 10 人次，有效地加强了与国内外高等院校及其他相关科研单位的合作与交流。在全国性学术会议论文征集中，学院师生的论文入选数量和质量也在不断增加，入选中国经济学年会、中国制度经济学年会和中国青年经济学者论坛的论文数量位居全国前三。

2. 2015 年 6 月 26 日～7 月 13 日，经济研究院蒋金山副教授与李菁萍博士一同访问了加拿大哥伦比亚大学，会见了哥伦比亚大学管理学院的部分学者；并与西蒙弗雷泽大学的名誉教授 Jack Knetsch 进行了深入的沟通。双方就目前正在开展的一些研究课题互通有无，并就未来的合作计划展开讨论。蒋金山副教授与李菁萍博士同时受到 Jack Knetsch 邀请参加今年 11 月在泰国举行的国际商务经济研讨会并将在会上发言。访问期间，蒋金山副教授听取了哥伦比亚大学的举办的相关讲座与报告，基于出新的观点，开始着手研究与撰写 15 世纪教改如何影响亚当·斯密《国富论》思想的经济史学文章。李菁萍助理教授将在利他性偏好与公平观念等课题上开始新的课题研究。

3. 2015 年 8 月 5～7 日，学院三位教师和一位博士研究生参加 2015 新加坡经济评论会议。林晨副教授宣读了题为“Render unto Hotelling and Knight What Belongs to Them: Equilibrium Exhaustible Resource Price Dynamics with Ambiguity”的工作论文；李菁萍博士宣读了论文“Reciprocity and Altruism: Intra-social Preferences”；Kevin Chua 博士宣读了文章“Overlapping-Generation Model and the Optimal Household Saving Rule in China”；博士研究生王素素宣读了题为“Do Fertility Choices Increase the Survival of Widows? Evidence from a Large Dataset of China，1971～1909 (CMGPD-LN)”的文章。

4. 举办经济研究院博士研究生学术论坛及 seminar：经济研究院博士研究生学术论坛和 seminar 今年继续邀请一批有实力、有学术水平的国内外知名学者前来讲学，如华夏基金督察长、千人计划国家特聘专家汤晓东；清华大学建筑学院教授顾朝林；中国科学院数学与系统科学研究院研究员汪寿阳；台湾大学管中闵教授；日本贸易振兴机构亚洲经济研究所高级研究员孟渤等。

四、海外合作

1. 经济研究院教师访问日本早稻田大学。2015 年 3 月 6～8 日，山东大学经济研究院院长黄少安教授等一行六人访问了日本早稻田大学经济研究科，与早稻田大学政治经济学部长须贺晃一教授、经济研究科长船木由喜彦教授、经济研究科长教务长田中久稔教授等举行会谈，就加强双边合作举行了卓有成效的深入探讨。

2. 黄少安院长访问俄罗斯圣彼得堡高校。经济研究院黄少安院长、韦倩教授等于 2015 年 4 月 12～15 日期间，赴俄罗斯参加了圣彼得堡国立文化与艺术大学举行的主题为“社会文化活动的管理：传统和创新”的国际学术会议。

3. 黄凯南随山东大学代表团访问俄罗斯部分高校及学术机构。2015 年 6 月 23～27 日，黄凯南随团访问俄罗斯国立圣彼得堡大学、俄联邦总统直属国民经济与国家行政学院（简称总统学院）、俄罗斯人民友谊大学、俄罗斯国立图书馆以及中国驻俄罗斯联邦大使馆教育处，积极向上述高校及学术机构介绍研究院的科研和人才培养情况。

4. 黄少安教授参加中国学 2015 年春季韩国联合学术大会。2015 年 5 月 29 日到 31

日，山东大学经济研究院院长黄少安教授、万俊斌博士参加了由韩国大韩中国学会、韩国中国人文学会、韩国中国文化学会、韩国岭南中国语文学会、韩国东西大学孔子学院、韩国东义大学人文学院在釜山联合举办的“2015 年春季韩国联合学术大会”。

5. 教学流动岗项目：法国国家科学院 Marie Claire Villeval 教授 2015 年 11 月来学院进行了短期教学工作，做了 The behavioral approach of dishonesty。

6. 台湾大学管中闵教授访问经济研究院。2015 年 9 月 7 日上午 9：00～11：30，台湾大学管中闵教授学术座谈会在邵逸夫科学馆顺利举行。座谈会分为两个部分：第一阶段是计量经济学学科发展；第二阶段是经济研究“千人计划”计量经济学团队成员成果汇报。2015 年 9 月 7 日下午 3 时，管中闵教授在知新楼为学院师生作了题为“Large-Scale Multiple Testing without Data Snooping Bias：Methods and Applications”的专题讲座。

五、研究生培养

（一）创新教学模式，推进教学改革

学院积极参与申报山东大学博士研究生学术论坛，获得“经济研究院博士研究生学术论坛”项目支持，并认真开展各项内容丰富的学术讲座活动，邀请到了上海财经大学经济学院教授、长江学者孙宁；北京大学国家发展研究院经济学教授、“长江学者”赵耀辉等知名专家学者为学院师生讲座，进一步开拓学院研究生的视野。

（二）研究生生源情况

招生：硕士 102 人（推免生 38 人；学硕 54 人，专硕 49 人；男生 50 人，女生 52 人），博士 13 人（硕博连读 7 人，3 名巴基斯坦留学生）。2015 年学院硕士研究生生源情况如下，“985”高校学生 56 名，其中非山大“985”高校 36 名；占到 2015 级硕士总人数的 54%，比 2014 年有所下降。

（三）一年一度的旨在提高研究生科研水平的研究生论文比赛本年度共收到投稿 60 篇（历年最多），硕士投稿 43 篇，评出硕士一等奖 1 名、二等奖 3 名、三等奖 20 名、鼓励奖 19 名；博士投稿 17 篇，博士一等奖 1 名、二等奖 3 名、三等奖 13 名。

（四）研究生获奖情况

2015 年度各类研究生优秀奖学金通过学院、及学校奖学金评审委员会公开公正评审后，具体获奖名单如下：国家奖学金 8 人；浦发银行奖学金 5 人；研究生优秀奖学金 3 人；科研成果奖学金 1 人；社会实践奖学金 2 人；优秀干部奖学金 8 人；光华奖学金 4 人；潍柴动力奖学金 3 人。2014 级 5 名博士，65 名硕士获得 2014 年度研究生学业奖学金。2015 级 9 名博士，103 名硕士获得研究生新生学业奖学金。

六、资料室等条件建设

资料室继续发挥服务教学、服务师生的作用，保障图书资料借阅流通，定期开展数据库培训。为了方便师生登陆数据库查询下载资料，现学院大部分老师已开通了相应账号，通过开通学生宿舍 IP 段的形式逐步升级学生用户数据使用权限。为了丰富学生的金融实践经验，在中国银河证券及 wind 资讯的共同主办下，发动学生积极参加“中国银河杯”全国大学生金融挑战赛，已成功举办了两届。及时检查维护服务器网络及查询终端，保障其正常运行。及时搜集师生图书期刊、数据库及统计软件等资料的需求信息，做到按需采购、及时采购。

七、服务经济社会发展

服务社会经济发展需要，结合学院教学特色，积极拓展培训工作，成功举办了省人社厅立项的“金融与人力资源管理”以及“山东区域经济研究”两个高级研修班、济南市现代服务业对外开放培训班、中国建设银行山东省分行中层人员信息化管理培训班等。另外，也与培训机构合作，招收同等学力人员申请学位，目前进展比较顺利。2016年将加强与省人社厅已经山东发展研究院理事单位的联系，按照他们的需求开展多样化高级培训班。

（田　川）

国家糖工程技术研究中心

2015 年，国家糖工程技术研究中心（以下简称“糖中心”）瞄准国际前沿热点和国家重大需求，开拓创新，加强人才队伍建设，开展糖科学研究，培养糖科学后备人才。在学校各部门支持下，经过全体教职工共同努力，主要完成以下工作：

一、科学研究

糖中心科研工作紧紧围绕能源资源糖、糖类药物及功能糖三大研究方向展开。2015 年度共承担各类纵向科研项目 64 项，横向科研项目 17 项，累计到位经费 1927 万元（包含生命学院和药学院部分糖研究相关团队）；申请国家发明专利 11 项，授权专利 16 项；糖中心署名单位国内外论文共发表 53 篇，其中 SCI 论文 48 篇，影响因子 10 以上的 2 篇。糖中心承担的“863”项目、“973”项目、国家重大专项等各类科研项目均进展顺利。

二、师资队伍建设

2015 年度糖中心学术委员会对应聘本单位科研教师人员进行了 4 次相对集中的面试。最终中心接收研究员 1 人，助理研究员 2 人，已获校人事部审批通过待报到研究员 2 人，申报等待结果 2015 年度千人计划教授 1 人。

三、实验平台建设及对外服务

2015 年 7 月获批筹建山东省糖化学与生物学省级重点实验室，将山东大学糖科学研究纳入了重点实验室的轨道。2015 年糖中心入库仪器设备共计 75 台，金额累计 299.96 万元，包含高分辨质谱仪、高效液相色谱仪、荧光分光光度计等一系列大型仪器设备，进一步增强了糖中心科研条件水平。糖中心核磁、质谱、激光多角度散射仪等大型设备对外开放服务，为多家高校、研究单位和企业提供测试服务，发挥了糖中心实验设备和实验技术服务社会的经济效益和社会效益。

四、研究生招生与培养

糖中心 2015 年招收硕士研究生 22 人，博士研究生 8 人，招生人数逐年递增。目前在读硕士研究生 54 人，博士研究生 18 人。研究生培养方面，本年度糖中心组织和邀请了近十位国内外知名专家学者为中心研究生作学术报告，拓展了研究生的科研视野；2名博士研究生申请中外联合培养并获批；3名研究生获得了研究生优秀奖学金，其中2名研究生获得了国家奖学金，1名博士研究生获得了2015年度校长奖学金。

（丰贵花）

晶体材料国家重点实验室

一、研究水平与贡献

2015年，本实验室共承担国家重点基础研究计划“973”项目9项（其中参与2项），国家863计划项目4项，国家科技重大专项1项，国家重大科学仪器设备开发专项1项，国家自然科学基金75项，其中重点基金2项，基金重大课题参与项目1项，国家重大工程项目4项，国家级其他项目15项，省部级项目30项，国际合作2项，横向26项，合计167项。

今年，实验室共发表学术论文305篇，其中SCI收录293篇，EI收录7篇，80篇论文影响因子在4以上。实验室在本学科领域1区发表的论文35篇占总论文数的比例11.4%，本年度共获得授权专利24项。

（一）代表性工作进展

方向1　功能晶体材料及其制备技术的探索和研究

大尺寸KDP/DKDP晶体：从晶体生长机理出发，对晶体生长相变和氘分凝问题进行了深入研究，并提出了相应的解决方案，优化生长工艺，实现了中等口径高氘DKDP晶体的快速生长，晶体最大尺寸达到120mm；利用快速生长的高氘DKDP晶体实现了非临界相位匹配四倍频，转换效率最高达到64%，确定了非临界相位匹配温度与晶体氘含量和基频光波长的关系，为DKDP晶体在四倍频领域的应用打下了基础；研究了高氘DKDP晶体的热学性能，明确了DKDP晶体高温相变的存在和晶体的热分解过程，在此基础上发明了一种新型的晶体退火方法，可实现120℃高温下的高氘DKDP晶体热退火。退火后，晶体质量得到明显提高。相关研究成果发表在（CrystEngComm 17 [3] pp. 4705-4711）上。

KTiOAsO4（KTA）晶体是重要的非线性光学晶体，其光学参量振荡器件在3～5μm中红外高功率激光方面有重要的应用。但是，由于其多畴结构，难以获得大尺寸器件。通过详细研究KTA晶体的生长过程，我们解决了KTA晶体生长的多畴化问题，生长了重量达500克的单畴KTA晶体，成为世界上唯一可以提供大尺寸KTA OPO器件的单位，满足了有关项目的需求。

GaN单晶生长：首次提出了利用二维材料作为位错阻断层生长高质量GaN单晶的新思路。利用制备的二维纳米片具有优异的分散性的特性，将二维纳米片均匀涂覆到衬底表面作为位错阻断层，成功生长了高质量的 GaN 单晶，其（002）和（102）面半峰宽较普通衬底生长的晶体降低超过了 60%，位错密度也降低了一个数量级以上；并以其为衬底制备了蓝光 LED 器件，LED 芯片发光效率在 60mA 电流下提高了 1.3 倍。相关研究成果发表在 ACS Appl. Mater. Interfaces 上（2015，7，4504-4510）。

Nature Materials 将这一研究成果进行了 Research Highlights，以“A 2D barrier to defects”为题进行了评述，认为“采用石墨烯和氮化硼等二维材料阻断了晶体缺陷的延伸，采用这种方法使二维材料下方的缺陷不会影响在其上方生长的氮化镓的晶体结构，制备的 LED 芯片光功率的提高也证明了氮化镓晶体质量得到了明显改善”。

方向 2　晶体物理性能及相关器件的研究

基于双轴晶的偏光器件：目前，线性光学材料的应用全部集中于单轴晶体。由于双轴晶体中光传播的复杂性，人们普遍认为双轴晶体不适用于线性光学。针对 α-BTM 晶体大的双折射特性，设计了格兰一泰勒棱镜，突破了线性光学材料局限于单轴晶体的限制，首次在双轴晶体中实现了偏光器件应用。对于 α-BTM 晶体偏振棱镜的研究，不仅寻找到了一种大的双折射材料，而且还是唯一在 3～5μm 有实用前景的偏光材料。(OPTICS EXPRESS 23（4）3851-3860，2015)。

新型拉曼激光变频晶体：硼酸盐晶体通常具有高的抗光伤阈值和短的紫外边，传统的非中心对称的硼酸盐晶体如 LBO、BBO、YCOB 由于增益太小不适合拉曼应用，而 $Ca_3(BO_3)_2$ 晶体具有与典型拉曼晶体 $CaCO_3$ 相似的晶体结构，有望实现较强的拉曼激光变频，根据晶体结构计算拉曼谱发现最强拉曼频移 947cm^{-1}，采用提拉法生长了 $Ca_3(BO_3)_2$ 晶体。测试研究表明 $Ca_3(BO_3)_2$ 晶体最强频移 927cm^{-1}来自于 BO_3 基团伸缩振动，采用 263nm，355nm，532nm，1064nm 的激光进行拉曼散射实验，实现了从深紫外 270nm 到近红外 1800nm 多阶拉曼光谱。该工作被 Journal of Materials Chemistry C 杂志选为当期的外封面重点介绍。

方向 3　低维材料的制备及相关器件的研究

缺陷对二维材料电子结构的调控规律：单层氮化硼具有与石墨烯相似的结构，具有更高的热稳定性和化学稳定性。在量子力学第一性原理计算的基础上，提出了通过对硼原子的氟化可以在氮化硼中诱发产生电子的自旋极化并形成稳定的铁磁序。这一理论结果为氮化硼在纳米自旋电子器件领域的应用奠定了基础。发展了氟化氨溶液剥离六方氮化硼的方法，成功制备出包含氟原子吸附缺陷的氮化硼单层和多层结构。随后的磁性测量表明：氟化的氮化硼具有室温铁磁性。磁性随温度的变化符合自旋波理论（低温）和 Ising 模型（高温），表现出与石墨烯相似的规律。在排除了原料和制备过程中可能的磁性杂质污染后，结合拉曼等表征手段，证明了该磁性来源于氟原子吸附缺陷，验证了我们的理论预言。上述研究结果发表在 *Nano Letters* 上。

宽光谱光催化材料和内建电场：有效利用太阳光进行光催化反应的基本要求是拓展太阳光利用的光谱范围。我们首次发现 WS2 纳米片具有近红外光催化性质，并通过多种研究手段证实并解释了近红外光作用下的光催化过程，证实了具有适当能级结构的窄禁带半导体材料吸收近红外光之后，能够产生载流子分离，并且形成一定的自由基，实现对有机分子的降解。该发现为设计利用宽谱太阳光材料提供了新的思路。上述研究结

果发表在 *Advanced Materials*，27（2015），363-369。

方向 4　晶体生长基本过程及晶体材料基础研究

微/纳尺度上原位观察有机化合物晶体的形成过程：利用高温扫描探针和热台显微镜等设备，在无溶剂环境下对化合物 8-巯基喹啉镍从薄膜到单晶转变进行了实时原位的研究。发现了 8-巯基喹啉镍结晶过程中“分子吸管”的特异现象，并在微/纳尺度上揭示了该晶体相变、成核和生长过程中前驱体纳米颗粒长程迁移一取向吸附的非经典机制。这也是国际上首次在微/纳尺度上原位观察有机化合物晶体的形成过程。本工作在 *J. Am. Chem. Soc.* 杂志发表后，JACS Spotlights 以“Organic Crystals Gobble Up Nanoparticles”进行了报道。(*J. Am. Chem.* Soc. 137，4972-4975，2015)。

晶体生长过程的实时观察：目前的晶体生长理论中关于热力学相平衡和相变的机理研究已经比较成熟，但涉及到动力学过程的生长形态、热量和物质输运以及界面结构变化等问题，仍然建立在许多假设的基础上，离完备的理论模型相差甚远。我们基于一类有机半导体材料特殊的荧光性质（无定形和晶态下具有明显不同的荧光），根据样品在晶化过程中各部位荧光的不同判断结晶情况和界面变化，利用荧光信息反映相变进程，对处在自然状态下的样品进行三维无损观察，实现了对真实晶体生长过程的实时记录，提出了分子材料从中心结晶的晶化机理。该工作得到了 Angew. Chem. 审稿人的高度评价，被杂志主编直接接受。(*Angew. Chem. Int. Ed.* 54，7976-7980，2015)。

（二）标志性成果（奖励）

奖种和等级：教育部自然科学二等奖

获奖名称：新型含碲钼/钨酸盐光电功能晶体的设计、生长和器件研究

完成人：陶绪堂（山东大学）、高泽亮（山东大学）、张卫国（山东大学）、张俊杰（山东大学）、孙友轩（山东大学）。

陶绪堂课题组以含重金属氧化物基团的含碲钼/钨酸盐体系为研究对象，旨在拓展单晶的中红外透光特性，在国际上首次开展了以 BaTeMo2O9（BTM）为代表的一类新型光电功能单晶的合成、结构、生长、相变、晶体物理特性及光电器件应用等系统研究，取得了一系列原创性成果。(1) 引入含孤对电子的碲，使化合物中钼/钨氧多面体畸变形成非中心对称结构，指导合成了以 BTM 为代表的一系列非中心对称化合物，在国际上首次获得了大尺寸、高质量单晶。(2) 系统研究了此类化合物的晶体物理性能，并结合理论计算揭示了晶体结构与性能之间的关系。(3) 以高质量单晶和优异的物理特性为基础，设计了几种具有实用价值的光电功能器件，尤其是基于 α-BTM 晶体设计了目前唯一可以覆盖可见一中红外波段的棱镜，消光比大于 30000：1（达到高品质冰洲石棱镜指标），突破了偏振材料局限于单轴晶体的限制。本项目涉及材料设计、合成、单晶生长、性能研究、器件应用和理论创新，是一个复杂的系统工程。研究工作在 *Chem. Mater.*，*Cryst. Growth Des.*，*Appl. Phys. Lett.* 等期刊发表论文 30 余篇；性能优异的光电器件有望填补国际空白；应邀在国内外学术会议上做邀请报告 10 余次；美国、波兰、法国、巴西、澳大利亚及国内相关研究机构进行了跟踪研究。总体而言，陶绪堂课题组在此领域的工作处于世界领先水平，引领此研究方向的发展。

奖种和等级：教育部自然科学二等奖

获奖名称：表面等离子体光催化材料

完成人：黄柏标（山东大学）、戴瑛（山东大学）、王朋（山东大学）、王泽岩（山东大学）、程合锋（山东大学）、郑昭科（山东大学）、张晓阳（山东大学）、秦晓燕（山东大学）。

黄柏标教授课题组基于贵金属的表面等离子体共振效应，首次将具有高光敏性的卤化银引入光催化，将其同银纳米颗粒结合，提出并制备了卤化银表面等离子体光催化材料，开辟了表面等离子体光催化研究的新领域，取得了系列创新性的研究成果。(1) 提出了卤化银表面等离子体光催化材料概念，拓展了光催化材料的可见光响应范围，拓展了光催化材料体系，引领了银基光催化材料的研究热潮。(2) 结合半导体异质结和纳米材料微结构调控技术，设计制备了卤化银表面等离子体复合光催化材料，在拓展材料可见光响应的同时，促进了光生载流子的有效分离，提出了一条制备高效可见光光催化材料的新途径。(3) 将表面等离子体光催化材料体系拓展至贵金属一氧化物半导体体系，并创新性地提出了原位还原负载贵金属纳米颗粒的制备方法，将表面等离子体光催化材料应用于选择性光和成，开辟了表面等离子体光催化研究的新领域。本项目的 10 篇代表性论文，总引次数达到 1898 次，其中 Angew. Chem. Int. Ed. (2008，47，7931) 文章被选为热点论文，引用次数达到 641 次，7 篇论文进入 ESI 学科前 1% (ESI 高引用论文)。

奖种和等级：建筑材料科学技术奖（基础研究类）二等奖

获奖名称：氮化物半导体材料的制备及其位错和应力控制机理研究

完成人：郝霄鹏（山东大学）、吴拥中（山东大学）、张雷（山东大学）、邵永亮（山东大学）、戴元滨（山东大学）、田媛（山东大学）。

采用远平衡态气相外延生长 GaN 单晶（氢化物气相外延，HVPE），研究了原子的扩散和迁移速率的影响机制，揭示了 GaN 单晶宏观应力一微观原子扩散一外延生长模式一晶体质量之间的关系，发现了应力状态对表面势垒的影响作用，通过单晶生长实验和流体动力学模拟相结合的方法优化了气体流量和输运；通过背散射电子衍射 (EBSD) 技术建立了晶格畸变与微区应力分布之间的关系，研究了位错、空位等缺陷的演变与湮灭机制；在基础理论研究的基础上创新性地设计了腐蚀衬底技术、减薄一金属键合衬底技术等关键技术，控制了贯穿位错的延伸；首次提出了利用二维材料作为位错阻断层生长高质量 GaN 单晶的新思路，大大降低了 GaN 单晶中的位错密度，成功生长出了高质量的 GaN 单晶，为 GaN 基器件制备奠定了材料基础。

二、队伍建设和人才培养

（一）实验室队伍的总体情况

重点实验室现有固定人员 77 人，其中教授 46 人、副教授 16 人、副研究员 4 人、讲师 6 人、助理研究员 1 人、技术人员 3 人、专职管理人员 1 名，实验室一贯重视年轻科研人员的培养。通过设立面向青年科研人员的人才培育课题鼓励年轻科研人员的创新研究，派出多名年轻的科研人员赴美国等地进行学习深造和科研交流。在研究生培养方面，实验室采取增加研究生基金、加强校（境）外联合培养研究生、健全导师负责培养机制，发挥研究生的积极性、拓宽基础知识、扩大选题自由度、增强科研素质、提高科研能力，培养博士、硕士研究生更加注重质量，培养博士、硕士研究生的人数较 2014 年有所增加。2015 年实验室在读硕士生 216 名，博士生 201 名；毕业硕士生 28 名，博士生 42 名，在站博士后 34 名，进站 5 人出站 4 名。

（二）人才培养

本年度实验室新增青年千人一人，王朋，山东大学“齐鲁青年学者”特聘教授。主要从事新型半导体光催化材料、光电极材料、纳米晶体材料以及半导体发光材料的研究，在 *Journal of American Chemical Society*，*Nano Lett*，*ACS Nano*，*Angew Chem Int Ed*，*Inorg Chem*，*Chem Eur J* 等国际知名期刊上发表论文 30 余篇，总引用次数超过 2400 次。2015 年入选中组部第十二批国家“千人计划”青年人才。

三、开放与合作交流

（一）学术交流

2015 年，重点实验室学进一步加强了国际学术交流工作。继续派遣青年教师、研究生出国、出境学习及参加各类学术会议。邀请国内外专家学者访问、讲学。2015 年 9 月美国工程院院士 Kenneth A. Jackson 教授应邀来晶体材料国家重点实验室进行为期一月的访问，并就“晶体生长理论与基础”进行了系统讲学。来自山东大学晶体所、材料学院以及化学院的部分师生聆听了相关讲座。

本年度还邀请了德国马普固体物理研究所林成天教授，法国国家科学研究中心 Romain Gautier 博士，德国 Würzburg 大学 Frank Würthner 教授，意大利国家研究中心 Stefano Veronesi 教授，澳大利亚 Wollongong 大学王晓临教授，台湾交通大学光电工程研究所郭浩中教授和台湾中山大学光电工程学系李晁逵教授等来实验室访问讲学。

2015 年，重点实验室还组织了多次国际、国内会议。10 月 30 日至 11 月 2 日，由山东大学主办、宁波大学协办、晶体材料国家重点实验室和物理学院共同承办的第十届全国压电和声波理论及器件应用研讨会（SPAWDA 2015）在济南召开。这次会议由中国力学学会、中国声学学会和 IEEE UFFC 分会发起，晶体材料国家重点实验室的主任陶绪堂教授担任大会主席。来自中国、美国、加拿大、日本、俄国、德国、韩国七个国家的 230 余位教授、专家、公司和学生代表加了会议。

2015 年 11 月 20～22 日，承办了第五届全国凝聚态物理青年科学家论坛（The 5th Chinese Forum for Young Scientists in Condensed Matter Physics），论坛是由国家自然科学基金委员会数理学部物理Ⅰ处和中国电子学会应用磁学分会共同主办，山东大学晶体材料国家重点实验室承办。

（二）实验室公众开放活动

晶体材料国家重点实验室于 5 月 16～24 日举办科技活动周。活动周及山东大学校园体验月期间，来自济南、青岛、潍坊、泰安、烟台、淄博、滨州、泰安、济宁等地的 600 余户学生及家长来到山大做客，亲身体验山大的学习和生活。中学生们走进大学里的国家重点实验室，近距离的感受晶体材料在国防和国民经济建设中的关键作用，领略科学的魅力与力量。6 月 29 日至 7 月 6 日重点实验室还接待了来自北京 22 中、福建泉州培元中学、香港培正中学的共近 200 名师生，参观了晶体所展室和部分晶体生长与测试设备。一直以来晶体材料国家重点实验室在面向广大中小学生和科技爱好者在开展科普教育、宣传科学思想等方面做了大量工作，产生了良好的社会影响。

（三）大型仪器设备的开放与共享情况

重点实验室拥有完备的单晶和粉末X-射线衍射仪、X-射线荧光光谱仪、X-射线光电子能谱仪，X-射线定向仪、高分辨透射电镜、扫描电镜、原子力显微镜、热分析、热导率测试仪等。所有测试设备均有专人负责，对外开放共享。

四、专项经费执行情况与效益分析

本年度为2014年初部署的自主课题结题年度，全部自主研究课题共26项，包括团队重点课题4项，自主探索课题14项，青年人才课题8项。各课题严格按照重点实验室自主课题的要求开展工作，2015年底召开了重点实验室全体人员学术会议，并进行了结题汇报。

五、依托单位的支持

（一）依托单位在人、财、物条件方面的保障和支持

类别	2014年度	2015年度	增长数	增长比率
专职管理人员（人）	1	1	0	0
专职技术人员（人）	4	3	－1	－25%
硕士研究生招生（人）	87	91	4	4%
博士研究生招生（人）	36	57	21	58%
单位配套运行费（万元）	100	0	－100	－100%
单位配套设备费（万元）	30	0	－30	－100%
实验室总面积（平方米）	16080	16080	0	0%
实验室总资产（万元）	15010	18474	3464	23%

（二）依托单位给予的其他支持

依托单位山东大学一如既往地在人力、物力等方面支持实验室的发展，在人才引进、“211”学科建设和“985”工程平台建设项目等方面给予了一定支持。

（蒋宛莉）

易学与中国古代哲学研究中心

在 2015 年间，易学与中国古代哲学研究中心紧抓科学研究这个重心，针对新形势新任务新要求，注重基础理论特别是重大理论问题的研究，努力促进高水平创新成果的产出；积极开展学术交流，加强科研队伍和运行机制建设，在理论研究、书刊编辑、学术交流诸领域工作成效明显。

一、理论研究

在学术研究方面，主要围绕《周易》经传以及易学史方面的问题展开研究，中心科研人员获教育部基地重大项目 1 项，在权威期刊发表论文 14 篇，出版著作 6 部，获得山东省第二十八次社会科学优秀成果奖三等奖 1 项。国家社科基金重大项目“百年易学精华集成”以及国家社科基金重点项目“象数易学史”也在继续研究当中。目前“百年易学菁华集成”已基本完成民国时期易学资料的汇编整理，台湾地区易学文献目录整理等工作，并继续对大陆地区易学文献进行汇编整理。另外，由本中心组织研发的易学资料全文数据库今年获得了山东大学资助，目前已初步建成了 5 个数据库，并于年底完成了“易学古籍资料数字化加工服务对 52 种约 500 万字的影印版易学古籍的 PDF 格式文件的全文版式还原”的招标工作。

二、书刊编辑方面

2015 年共出版 6 期中文版《周易研究》，其中所刊发的论文中，有 16 篇文章被人大复印资料全文转载，还有 3 篇文章被《中国社科文摘》全文摘载。由于在 2014 年度《周易研究》转载量，转载率均位列前茅，在 2015 年度被中国人民大学人文社会科学学术成果评价研究中心、中国人民大学书报资料中心评选为“复印报刊资料”重要转载来源期刊。因合理使用国家社科基金资助，年度检查评估取得良好成绩，继续为推动易学的发展，实现哲学社会科学乃至文化的大发展大繁荣贡献自己的力量。

四、学术交流

在 2015 年度共主办了 2 次国际会议，分别为于 2015 年 7 月 14～15 日主办的“第七届海峡两岸青年易学论文发表会”和 2015 年 10 月 24～25 日主办的“中韩易学高端论坛”。除举办会议以外，本中心积极邀请国内外的专家学者到中心讲学，并鼓励中心科研人员参加国内、国际学术会议，于2015年邀请国内外专家学者讲学2人次，赴外参加国际、国内学术会议累计10人次。这对于促进中心的学术交流、扩大中心在海内外的影响起到了重要作用。

另外，山东省人民政府办公厅2015年11月公布了泰山学者特聘专家名单（鲁政办字〔2015〕212号），本中心林忠军教授入选，这一荣誉既是对林忠军教授学术成就的肯定，也是对他在易学事业上所做贡献的肯定。

（董　春）

深圳研究院

2015 年是深圳研究院三年规划中最关键的一年，也是大力发展的一年。一年来，在学校党委、行政的正确领导下，在学校师生和深圳市人民政府、科技创新委等相关部门的大力支持下，努力开拓，担承责任，建章立制，规范工作，重点在以下方面开展工作，并取得一定成绩。

一、人才培养特色彰显，品牌效应凸显

网络教育形成了 1 个面上的 2 个特色的 3 个党政工团公益项目。助推公益项目即广东省“圆梦 100”新生代农民工骨干培养发展计划（简称“圆梦计划”）和深圳市总工会农民工“圆梦计划”，根据深圳产业需求设置专业，对接企业需求开设课程，为产业工人和农民工提供优质服务，助推深圳经济社会发展，招生培养学生 2138 人。执业药师项目在深圳试点基础上，经验推广到广东全省行业招生。研究生教育按照培养计划顺利推进。针对国家“一带一路”战略和自贸区的设立，“新金融 EMBA”项目在全国率先推出。精品培训在护理英语和食品安全两个方向启动，“餐饮服务食品安全示范工程”宣传培训等两个项目，受到委托单位和学员的肯定和好评，项目向现代化国际化创新型需求转型。教育多个项目被深圳电视台、深圳晚报等多家主流媒体采访报道。

2015 年 2 月 3 日，常务副院长王明星一行与广东省执业药师注册中心主任张建浩商讨 2015 年广东省执业药师学历及素质提升计划项目。

2015 年 3 月 11 日，常务副院长王明星一行赴深圳市女财经工作者协会、深圳执业药师协会和深圳市山东商会拜访，围绕研究院主要工作交流合作发展。

2015 年 4 月 26 日，山东大学（深圳）网络教育 2015 年春季开学典礼暨优秀学员表彰大会在罗湖书城举行。

2015 年 5 月 13 日，常务副院长王明星一行应邀参加“深圳全民素质提升计划”2015 年试点工作调研座谈会议。

2015 年 6 月 6～7 日，研究院在南山、罗湖、福田考区举办了山东大学网络教育 2015 春期末考试，此次考试涉及 57 个专业，其中 28 个高起专，29 个专升本，1000 余人参加考试，参考率达 98%。

2015 年 6 月 6 日，由研究院与宝安区人民医院联合举办的护理英语培训班开班仪式在深圳市宝安区人民医院举行。宝安区人民医院常务副院长王立军、护理部主任张友

惠、山东大学护理学院外籍教师程大伟、研究院常务副院长王明星、副院长傅杰等出席了开班仪式。此次开班的宗旨是提高基层护理人员的专业素养和英语表达能力，促进与国际病患的顺畅沟通，打造一支国际化医疗护理队伍。

2015 年 6 月 14 日，EMBA 公益论坛在深圳虚拟大学园二楼报告厅举行，中央二套、第一财经特约连线专家、网易财经特约专栏专家、东吴证券研究所宏观策略总监、高级宏观策略分析师包卫军博士主讲，山东大学管理学院副院长陈志军，研究院常务副院长王明星出席了论坛。来自深圳市山东商会、比亚迪、中广核、中兴通讯、广田集团等单位分管领导及欲报读 EMBA 学习的 200 人余名嘉宾参加了专题公益讲堂。

2015 年 7 月 21 日，由研究院与宝安区人民医院联合举办的护理英语培训班结业典礼仪式在深圳市宝安区人民医院举行，宝安区人民医院副书记刘锦涛、院长助理杨云智、护理部主任张友惠、山东大学护理学院副院长臧渝梨、研究院常务副院长王明星、副院长傅杰出席了结业典礼。通过学习，有 31 位学员顺利结业。

2015 年 8 月 30 日，由广东省团委统筹、深圳市团委等单位联合八所高校主办的“圆梦计划”入学考试在深圳职业技术学院举行，有 500 多名考生参加了山东大学的入学考试。

2015 年 8 月 31 日，山东大学深圳研究院与中国 500 强企业——广田股份共同举办的团省委“圆梦计划”项目——第二届“广田圆梦班”在广田集团总部举行开班仪式。

2015 年 9 月 18 日，深圳市总工会第八届“圆梦计划”开学典礼在深圳报业集团隆重举行，1000 名职工拿到了山东大学等 3 所高校录取通知书，实现了他们的大学梦想。山东大学网络教育学院副院长周庆华、深圳研究院常务副院长王明星出席了此次典礼。

2015 年 9 月 23 日研究院中标创建“餐饮服务食品安全示范”宣传培训项目，为深圳龙华九方购物广场、宝安沙井 KKMALL 购物广场 130 家餐饮单位及光明新区学校食堂示范区 100 家食堂进行食品安全方面的培训，参训人员为 346 人，同时参与组织了龙华九方购物广场大型食品安全知识竞赛，有 800 人参加初赛、复赛直至决赛。

2015 年 9 月 24 日，山东大学为中国服务贸易协会商业保理专业委员会量身定制的新金融 EMBA 研究生班正式启动。常务副院长王明星、副院长傅杰、商务部市场秩序司原巡视员温再新、商务部外国投资管理司原巡视员刘作章、商务部研究院信用与电子商务研究所所长、中国服务贸易协会商业保理专业委员会常务副主任兼秘书长韩家平、广东省商业保理协会会长张闽、深圳市前海深港现代服务业合作区管理局投资推广处主任陶鹏、中国服务贸易协会商业保理专业委员会常委、深圳联络处主任、深圳市商业保理协会会长尹江三共同按下启动球。深圳商业保理、融资租赁、银行、证券、基金公司、电子商务、互联网金融企业代表等四百多位嘉宾参加启动仪式。

2015 年 10 月 21 日，为了支持深圳养老事业，给深圳老年人培养更多、更专业的护理工作者，美国俄亥俄大学国际教务长 Lorna Jean Edmonds 和山东大学齐鲁医学部副部长贾继辉、研究院常务副院长王明星、副院长傅杰等一行访问、调研，并参观深圳有代表性的养老机构和医疗机构。

2015 年 10 月 24 日，山东大学（深圳）一网络教育 2015 秋季广东省执业药师开学典礼在佛山举行。广东省食品药品监督管理局执业药师认证中心主任张建浩、佛山市食品药品监督管理局副局长王培星、山东大学网络教育学院院长靳光华、研究院常务副院长王明星等出席了开学典礼。

2015 年 10 月 25 日，山东大学网络教育深圳学习中心 2015 年秋“圆梦计划”新生开学典礼在虚拟大学园举行，山东大学继续教育学院院长靳光华、研究院常务副院长王明星、副院长傅杰、深圳市共青团员会社区与权益部杨凤仙、深圳虚拟大学园管理服务中心副主任戎雪亚、深圳市药师协会秘书长李建英以及深圳地铁物业、中兴通讯、创维集团、中电等企业领导出席了典礼。

2015 年 10 月 31 日～11 月 1 日，深圳团市委圆梦办联合山东大学在内的八所高校 186 名网络教育“圆梦计划”学员骨干组织了主题为“奋斗的青春最美丽”的拓展培训活动。共青团深圳市委员会社区与权益部副部长朱润酥，山东大学网络教育王力坚、束秋节等 19 名优秀学员骨干代表、班主任李晨然老师参加了此次活动。

2015 年 11 月 9 日，2015 深圳餐饮食品安全示范工程食品安全管理员培训及考核在宝安沙井维也纳酒店和龙华维也纳酒店同步举行。本次示范工程是由深圳市食品药品监督管理局主办，山东大学深圳研究院承办。

2015 年 12 月 5～6 日，研究院举办了山东大学网络教育 2015 年第二学期期末考试，此次考试共设立 25 个考场，涉及 52 个专业，其中高起专 25 个专业，专升本 27 个专业，参考人数达到 1109 人，参考率达到 98.13％。

二、精心组织，科技项目立项再创佳绩

研究院积极响应深圳市的号召，组织学校 32 位专家教授申请了深圳科技创新委员会基础研究项目、南山和宝安区政府横向项目，并获准 12 个项目立项。分别是：王佃刚《新型掺硅磷酸钙骨修复材料的制备及固化机理研究》、陈传忠《关节软骨组织缺损修复用聚磷酸钙梯度生物陶瓷的研发》、王睿《以生物藻类和废弃生物油脂为原料制备生物柴油的新型高效催化剂及其性能研究》、陈宝权《面向环境探索的机器人建模与协同技术研究》、杜林《基于大气自清洁原理的 VOCs 污染控制技术研究》、刘磊《基于天然产物（＋）-deoxyfrenolicin 的抗真菌和抗病毒药物发现研究》、孙秀莲《基于微小 RNA Let-7c 设计的小核酸药物治疗阿尔茨海默氏病的研究》、王焕亮《HMGB1 诱导 PASMC 表型转化在肺血管重构中的作用及分子机制研究》、郑成云《间充质干细胞（MSCs）分化的胰岛素分泌细胞（IPCs）治疗糖尿病的应用基础研究》、苑存忠《GADD45A 基因家族与卵巢癌分子分型及作用机制》、徐凌忠《深圳市南山区卫生事业发展策略研究——基线研究》、刘冰《深圳市宝安区实施素质工程“十三五”规划编制》。

2015 年 4 月 8 日，研究院一行赴山东大学培训学习，调研专家教授的科研情况，为研究院 2015 年的项目申报打好基础。

2014 年 4 月 15 日～5 月 30 日，计算机学院院长陈宝权、血液肿瘤生物治疗研究所所长郑成云、材料学院、环境学院、化学院、齐鲁医院等老师来深圳研究院考察指导工作，分次分批参加了深圳市科技创新委员会组织的 2015 年基础研究项目答辩。

2015 年 5 月 15 日，深圳市科技创新委员会生物与生命科技处副处长陈献梅到研究

院考察指导工作。双方就深圳市科技项目的申报进行了座谈，并表示，通过山东大学深圳研究院的项目申报及成果转化工作，进一步密切山东大学与深圳市的合作，为深圳市的建设做出更大的贡献。

2015 年 12 月 9 日，环境研究院“千人计划”教授杜林到深圳研究院考察并交流座谈深圳项目申报事宜。

三、发挥政府和市场优势，建设科学研究和成果转化平台

取得政府支持和市场化运作，获取社会资源，投入 150 万元装修了山东大学晶体材料国家重点实验室深圳基地、山东大学国家糖工程技术研究中心深圳研发中心和山东大学城市大数据联合实验室，面积共计 1760 平方米。

2015 年 8 月 16 日，深圳研究院产学研基地落户深圳鑫科商业保理有限公司。合作发展部部长王飞在“山东大学深圳研究院成立三周年暨 2015 新校友欢迎会”上向深圳鑫科商业保理有限公司董事长尹江三授予牌匾。山东大学深圳研究院与鑫科保理公司主要在与大数据实验室合作研发“保理综合业务大数据平台”、山东大学校友创业企业进行股权融资服务、合作推出全国商业保理新金融 EMBA 高级工商管理研究生总裁班课程等方面进行合作。

四、学校领导、师生和校友来研究院考察和指导工作，有力地支持了研究院的发展

研究院组织开展了山东大学与深圳市数十次专题对接和调研活动，学校及部院领导、专家教授、校友和学生近千余人次来研究院指导工作或合作项目，有力地支持了研究院的发展。

五、学校领导和专家出席深圳虚拟大学园成立十六周年联席会议，推动了校地合作

2015 年 11 月 15 日，深圳虚拟大学园 2015 年联席会议在博林诺富特酒店举行。会议期间，常务副校长王琪珑会见了深圳市常务副市长张虎，就校地合作交换了意见。合作发展部部长王飞、校友工作办公室主任兼合作发展部副部长王宗义、技术转移中心主任李勇、深圳研究院常务副院长兼合作发展部副部长王明星、合作发展部副部长兼国内合作办公室主任王海华、深圳研究院副院长、深圳校友会副会长傅杰等代表出席会议。响应大会“创新创业，技术转移”主题，山东大学深圳技术转移中心在深圳授牌。在深圳市科技创新委员会主任陆健、副主任邱宣等见证下，常务副校长王琪珑向深圳研究院常务副院长王明星授牌。

2015 年 11 月 14 日，常务副校长王琪珑一行到研究院考察调研，并考察了虚拟大学园、晶体材料国家重点实验室深圳基地、国家糖工程技术研究中心深圳研发中心及大数据联合实验室。王明星就研究院的发展历程、工作回顾、存在问题、未来规划、体会及三个实验室的工作开展情况进行了汇报。王琪珑对研究院的工作给予了肯定和赞扬，并对研究院未来在深圳的可持续发展作出明确指示。

2015 年 11 月 14 日，常务副校长校王琪珑与深港校友进行了座谈。山东大学深圳校友会常务副会长、深圳东华集团实业总经理王立新代表山东大学深圳校友会就服务校

友发展工作的内容、与深圳研究院和香港校友会联手开展的工作、未来的设想等做了汇报。山东大学香港校友会副会长张建文介绍了香港校友会的发展历程、工作重点及未来规划。王琪珑对在这里见到许多校友感到高兴，听完大家的交流很是振奋，很受鼓舞，很震撼，感受到了山大校友对母校的赤子之心、拳拳之心。他希望校友们把山东大学看成是全体山大人的山东大学，为扩大山东大学的影响力，为学校的发展提供支持。

2015 年 11 月 16 日，王琪珑出席了深圳市第十七届中国国际高新成果交易会开幕式，并对山东大学的展出工作进行了指导。

六、山大文化在深圳快速传播，学校在珠三角的影响力不断加强

为了快速提高学校在珠三角的社会响影力，研究院邀请学校专家教授到深圳讲学，传播山东大学文化。2015 年 5 月 24 日，副校长、研究生院院长、博士生导师、长江学者陈炎教授，以中国传统文化以及中西方文化差异为主题，在深圳市女财经工作者协会报告厅为深圳市财经工作者带来了“论儒墨道法”和“中国西方文明的结构性比较”两场精彩的专题讲座。

2015 年，山东大学全日制本科招生录取线在粤实现新突破，文科高于一本投档线 31 分，理科高于一本投档线 45 分，学校在珠三角的影响力不断加强。

七、“新校友，心关爱”活动如期举行，为校友创业创新发展提供了支持

2015 年 8 月 16 日，“新校友　心关爱“——山东大学深圳研究院成立三周年暨 2015 新校友欢迎会系列活动在深圳虚拟大学园一楼演示厅举行。会议由深圳研究院副院长、山东大学深圳校友会副会长傅杰主持。深圳东华实业集团董事长、山东商会会长王维星，山东大学合作发展部部长王飞，广东省执业药师注册中心主任张建浩，广东省商业保理协会秘书长宋彦民，山东大学教育基金会理事梁绍庄，山东大学香港校友会会长时伯荣，深圳虚拟大学园管理服务中心副主任陈阿莹，山东大学深圳校友会会长、深圳出版发行集团党委书记总经理尹昌龙，山东大学深圳校友会常务副会长、东华集团总经理王立新，深圳鑫科保理商业有限公司董事长尹江三，北京天诚盛业科技有限公司总经理周军，合作单位代表，新校友代表、华为技术有限公司傅瑶，山东大学 2015 届深圳新校友等 150 余人参加了会议和欢迎活动。

王飞代表学校及合作发展部对大家的到来表示感谢；王明星向与会代表报告了深圳研究院成立以来的工作情况和未来发展的设想；尹昌龙介绍了山东大学深圳校友会一年来的工作；时伯荣介绍了山东大学香港校友会一年来的工作；陈阿莹代表虚拟大学园管理服务中心讲话。山东商会会长王维星、学校教育基金会董事梁绍庄、合作单位代表张建浩、驻地校友代表王立新、异地校友代表周军、新来深港工作学习的校友代表傅瑶等先后发言。

八、响应大众创新，万众创业号召，创新创业工作起航

为相应“大众创业，万众创新”的号召，推动学校“2025 创新创业联盟”工作的开展，与深圳科技创新部门及创新团体对接，开展活动。

2015 年 3 月 26 日，合作发展部部长王飞、副部长王海华等一行考察了深圳大学生创客空间、深圳市南山六洲创业带动就业孵化基地、南山软件自主创业孵化基地、深圳虚拟大学园比克孵化基地、开放制造创客空间及深圳市伞友咖啡创业服务平台等创新创业孵化基地。

2015 年 5 月 23 日，推动校友组织开展了山东大学深圳 MBA2015 校友“孵化未来，联盟共赢”主题联谊会。

2015 年 6 月 2 日，以山东大学深圳研究院为依托单位，虚拟大学园管理服务中心为孵化基地的创业苗圃项目申请答辩会在虚拟大学园三楼会议室举行。经过答辩筛选，山东大学 2008 届 MBA 高影同学的“存储芯片的设计与研发”及 2009 届新闻传播专业周亦楣同学的“寻路记”两个项目成功入驻虚拟大学园相关孵化器。

2015 年 7 月 14 日，常务副院长王明星、晶体材料国家重点实验室深圳基地李树强到龙华新区科技企业孵化器考察，推进创新创业工作。

2015 年 10 月 22 日，合作发展部部长王飞来深推动“2025 创新创业联盟”工作。在深期间，王飞与深圳虚拟大学园主任王宁就“2025 创新创业联盟”工作进行了两次深入的交谈，双方就“大众创业，万众创新”的新常态下进行了座谈交流，并达成了共同推动的共识。

九、研究院自身建设全面加强，健康可持续发展局面初步形成

本年度，成立了院务委员会等组织，强化了决策机制。研究院依据规范管理、科学管理的要求，加强了建章立制工作，完成了《山东大学深圳研究院制度汇编》。其内容包括研究院文化、部门职责、人事管理、财务管理、科研项目管理和项目管理等 20 多个方面，并将汇编交至主管部门合作发展部等单位审查备案。按照 2014 年学校的审计工作报告进行了整改，落实了教育部巡视“回头看”和财经纪律大检查，进行了自查自纠，保证了研究院在新常态下健康可持续运行。2015 年，研究院荣获虚拟大学园创新创业推荐奖、人才培养奖、大型学术会议及论坛组织奖及获得市级科技项目奖等，受到了深圳市科技创新委员会的表彰和奖励。

2015 年 4 月，学校审计部对研究院建院以来的情况进行了为期一周的审计，审计部的审计报告中肯定了研究院的工作并提出改进意见。研究院根据审计报告进行了审计整改，并出具整改报告。

2015 年 11～12 月，根据学校下发的《关于开展贯彻中央八项规定精神“回头看”和财经纪律大检查工作的通知》，研究院积极学习通知，开展自查自纠，如期向学校提交汇总情况报告。

2015 年 12 月 29 日参加虚拟大学园首届体育节，分别荣获两个单项第一和两个单项第二名的好成绩。

（王明星）

苏州研究院

2015 年对于研究院来说是富有转折意义的一年，结束了苏州地方政府的政策支持期，一年中面对生存的压力和困难，研究院勇于接受挑战，稳健中求创新，创新中求发展，围绕创新创业主线的各类平台建设和项目成功落地。研究院实现自我造血能力提升和跨越发展的双丰收。

一、领导关怀

2015 年，学校和苏州工业园区领导的关心支持和正确指导，为研究院发展指明了方向并且提供了强大动力。1 月 28 日，校长张荣在中心校区会见苏州独墅湖科教创新区常务副主任蒋卫明一行，就苏州研究院的建设发展工作进行了交流。5 月 28 日，校长张荣率团访问苏州工业园区，与园区党工委书记王翔会谈，进一步推进双方合作，加快研究院的发展。5 月 29 日，张荣校长视察研究院纳米技术国家大学科技园办公区，听取研究院工作汇报并给予充分肯定。4 月，研究院当选苏州独墅湖高校发展联盟轮值主席单位，8 月组织联盟高校代表到山大访问，并召开联盟暑期工作研讨会，校长张荣、常务副校长王琪珑、校党委副书记兼威海校区党委书记仝兴华、总会计师兼苏州研究院院长曹升元出席了相关活动。7 月 26 日，副校长胡金焱到研究院视察，并出席山东大学—独墅联盟产学研合作对接会暨合作签约仪式。8 月 16 日，校党委副书记兼威海校区党委书记仝兴华一行，到苏州独墅湖科教创新区考察调研，并到研究院指导工作。9 月 10 日，苏州工业园区管委会副主任、科教创新区管委会主任夏芳带队到研究院走访慰问，在研究院召开区内 26 所高校教师节座谈会。

二、研究院建设

2015 年 10 月，研究院聘任郝立群同志担任山东大学苏州研究院副院长，完善了研究院领导班子。截至 2015 年 12 月，围绕研究院事业发展的团队达到 195 人，其中本地聘用人员 77 人。根据研究院工作开展的需要，研究院新增物理空间面积 1775 平方米，目前教学用房 716 平方米集中在苏州工业园区公共学院，办公区（475 平方米）及孵化器（1300 平方米）集中在苏州纳米技术国家大学科技园。

三、党建工作

2015 年，研究院加强党支部建设，建立党员档案管理制度，推进党支部日常管理工作。全年预备党员转正 1 人，2 人参加独墅湖高教区党委联合党校发展对象培训班培训，并考核合格。同时定期组织支部党员学习校内和工业园区内党建工作材料，不断加强理论武装，全面推进党风廉政建设，推进民主科学决策，严明党的纪律，适应党内政治生活新常态，引导研究院事业健康有序发展。

四、教育培训

2015 年，研究院初步建立了从网络教育本科、在职硕士研究生到博士研究生的学历培养体系，并坚持开展特色培训项目。学历教育与非学历教育全年培训人数达 660 余人，实现教育培训收入 220 余万元。

五、科研平台建设

2015 年研究院重点围绕大健康产业领域建设生物医药及医疗器械研究中心，生物医药重点实验室、医疗器械重点实验室初步建成，其中生物医药重点实验室获批科教创新区重点平台建设及提升项目，配套经费每年 100 万元。移动互联网技术研究所实现了跨越式发展，团队规模由 2014 年底的 5 人发展为 2015 年底的 54 人。

六、科研项目与成果

2015 年 11 月，研究院成功获得国家自然基金委依托单位资格。2015 年，研究院共申报江苏省、苏州市科技计划 22 项，立项 7 项。“创新霉素的生物合成机理研究”和“关于电致变色显色机理的探索及大面积柔性智能显示的研究”项目获 2015 江苏省基础研究计划（自然科学基金）青年基金项目立项；“大面积柔性电致变色智能调光与显示薄膜的研制”和“益生菌中表达抗肿瘤化合物埃博霉素的应用研究”获 2015 苏州市应用基础研究计划工业部分立项；“水产畜产废弃油脂资源高效转化为生物柴油的新技术研究”获 2015 苏州市应用基础研究计划农业部分立项；“创新创业信息化公共服务平台”获 2015 年度苏州市市级加快信息化建设专项资金项目立项；“江苏省太阳能光伏逆变器系统工程技术研究中心（欧姆尼克）”获江苏省工程技术中心立项。

截至 2015 年 12 月，研究院共有发明专利 9 项，实用新型 7 项，发表高水平学术论文 18 篇。

七、人才工作

2015 年，研究院有 1 人获得姑苏领军人才，4 人选金鸡湖双百人才，其中苏州工业园区科技领军人才 1 人、科教领军 3 人。另有 12 人获得科教创新区高端人才集聚工程项目，其中科教杰出人才 2 人、科教骨干人才 7 人、科教柔性人才 2 人、企业家兼职教授 1 人。

八、产学研合作

2015 年，研究院新增 2 人获得江苏省技术经济人资格证，组织 10 场产学研对接活动，校企联合组织召开环保节能学术会议 1 次。全年建立产学研联盟合作基地、大学生创新创业实践基地 1 个，共建科研平台 2 个，达成合作项目 11 项，2015 年横向科研合作经费合同金额 300 余万元。

九、创新创业工作

2015 年，研究院创新创业学院成立。5 月，与独墅湖图书馆共建创新创业阅览室，7 月，创新创业学院举办了“2015 山东大学苏州创新创业暑期学校”。历时 14 天，近 30 个创业项目、90 位学员、16 位创业导师参与，获得山东大学暑期课程一等奖。创新创业学院协办独墅湖大学生创业夏令营，其中参赛创业 3 项目分别获得一等奖及三等奖。学院成立以来已开展活动、讲座 26 场，与多家单位共建教学实践基地，为校内学生提供良好的创新创业教育资源和丰富的校外教学实践基地。

2015 年，研究院孵化器建设工作有了跨越式的发展。自 2015 年 5 月份正式入驻，先后接待近 600 余人次参观考察。山大 e 禾南湖梦孵化器获批省级孵化器、市级众创空间称号；研究院获批苏州工业园区云彩服务商；举办云彩创新创业相关活动或讲座 26 场；孵化器新入驻项目 20 余项，创业团队人员过百人，孵化项目获得天使投资总额过千万元。研究院引进孵化的“多功能细胞再生人类皮肤”项目获“第三届中国江苏创新创业大赛”决赛二等奖。

十、文化交流与校友活动

2015 年，研究院为扩大学校在地方的影响力，通过论坛、沙龙、讲座等多种形式继续加强对外合作交流工作。4 月研究院承办“爱在慧湖，放飞梦想——独墅湖科教创新区首届风筝节”；5 月与独墅湖图书馆共建创新创业阅览室，同时连续第三年向图书馆捐赠价值万元的图书；6 月山大品牌学专家孙曰瑶在湖畔论坛，解析“从增产到增值”的品牌价值奥秘；6 月承办金鸡湖创业长廊云彩飞项目路演；7～8 月，承办独墅湖首届大学生创业夏令营活动。8 月组织苏州独墅湖高校发展联盟工作研讨会到山大召开。

2015 年，研究院积极组织校友活动，增强校友凝聚力，为母校建设贡献力量。5 月 28 日，校长张荣、总会计师曹升元在苏州与苏州及周边地区部分校友代表召开座谈会，共叙校友情谊，畅谈学校发展。7 月 26 日下午，研究院与校友企业苏州艾隆科技股份有限公司共同组织山东大学与苏州独墅联盟产学研合作基地及大学生创新创业基地揭牌签约仪式，副校长胡金焱出席。本次活动促进了校企产学研合作，推进学校科技成果向现实生产力转化，提升当地企业创新能力，谋求共同发展。7 月 26 日晚，研究院协助苏州校友会组织 2015 年苏州校友年会，近百名校友参加。研究院员工及与会校友响应母校及苏州校友会的号召，积极为青岛校区建设捐款，合计捐款金额超过 5 万元。10 月 31 日，校长张荣到苏州考察走访校友企业，与校友代表交流座谈，探讨加强校企合作，推动校企创新创业。期间，张荣校长还到苏州研究院视察，参观了山大 e 禾创客空间、移动互联研究所，对研究院在创新创业方面所取得的成绩给予充分肯定。

（孟昭敏）

东营研究院

2015年，山东大学东营研究院紧紧围绕市委、市政府和山东大学的中心工作，充分发挥政府、学校两个方面的优势和积极性，通过协作创新、成果转化、资金引入等行动，推动科技和经济紧密结合、构建以企业为主体、市场为导向、产学研相结合的技术创新体系，为促进黄蓝国家战略实施、建设生态文明典范城市、推动东营经济社会又好又快发展做出了积极贡献。

一、加强人才服务平台建设，优化人才发展环境

先后推荐李伟明、魏天迪等优秀人才参与“泰山学者”“泰山产业领军人才”“千人计划学者”“黄河三角洲学者”申报。

经山东省教育厅批准，正式设立山东大学现代远程教育山东大学东营研究院校外学习中心，2015年新增学员172人，累计在校生人员达到464人。

开展多次培训工作，包括山东省兴业发展有限公司“明智讲坛”培训班、山东省女子监狱培训等。

二、加强科研项目合作，积极开展学术文化交流

积极参与申报省科技重大专项、省重点研发计划、开发区汇智学者、市技术转移示范机构、东营市科技合作奖等项目。

与山东建大建筑规划设计研究院的专家合作，共同推进东营市“十三五”市政公用事业发展规划项目编制；与山大癌症研究中心、新发药业有限公司、垦利县人民医院决定合作共建精准医疗合作中心；与东营恒达农业开发有限公司签署合作协议，共建“山东大学东营研究院生命科学教学科研基地”；与山东天启元生物科技有限公司签署框架合作协议，共同建设“蒜素生物制品研发中心”，进行蒜素生物制品的研发与市场推广。

为进一步推动能源工程与技术的发展，举办第一届国际能源工程与技术研讨会。

三、提供科技服务，搭建公共服务平台，推进创新创业

响应《国务院办公厅关于发展众创空间推进大众创新创业的指导意见》及《山东省人民政府关于贯彻国发［2014］19号文件加快发展科技服务业发展的实施意见》，发挥山东大学的资源优势，结合东营地区发展实际，组织参与“青年博士助力县域发展利津

行”“12341县域科技行”等活动，对接企业需求，并接待能动学院暑期调研团等。

借助微信公众号、互联网平台，搭建技术转移公共服务平台，进行项目信息、需求信息、政策信息等各类信息的展示，提供协同交流的平台、丰富的交易资源和商业机会，依托山东大学和东营市各单位开展深层次技术转移服务项目，围绕技术转移服务链的各个环节为企业提供个性化服务。

四、积极配合学校进行产权整改与制度建设

根据山东大学经营性管理资产办公室要求，对我院下属公司进行产权整改，补充完善东营山大科技投资有限公司成立及增资的审批程序，并配合学校准备整改资料。

（崔　捷）

2015届毕业生名单

本科毕业生名单

哲　学

李佳琳　胡彦增　戴明伟　杨晓彤　田媛媛　魏传珂　张　珍　谢楚丽　王　悦
王贵明　张殿卿　吕兆熙　张　荷　司佳丽　徐成尚　彭　阁　李晓含　张　翔
于　硕　张　豪　黄　历　王　璇　周　锋

宗教学

张月青　张翼大　杨晶贻　熊　辉

社会学

杨雪晴　王　雪　乔　雨　赵　彤　张　旭　李晓童　朱佳俊　高雪莲　王新林
张　东　杨一纯　米　欣　潘　哲　曾晓燕　赵永安　孙楚楚　向　维　吴绍敏
彭梦华　汪思倩　高韶峰　贾文博　陈沙沙　毛琼瑶　关富鹏　孙屹山　范莹雪
温　馨　徐思雨　赵　晋　李　越　洪　奎　刘镓齐　张文琦　张若晗　贾思茗
余　翏　张　倩　王立汉　田雨禾　侯培宇　李玉花　李晨宇　李杭耘　贺　杨
胡绍璇　张　畅　张亮亮　谢艾迪　徐佩力　陈敬国　其勒木格　马莹　高佳悦

社会二作

占丰林　周心宇　高　宇　宁　哲　李　冰　李振玮　田　莹　赵万林　陈祥龙
杨康奇　彭程鸿　王鹏程　张鑫宇　吴秋君　孙逸航　浦雪玙　陈应超

人学

彭书婷　陈菁菁　杨恩辉

经济学

赵　驰　管芳艺　贾梦洋　李昱岍　黄汝南　冯海悦　徐彤彤　李雨彤　宋　扬
周　圆　曹　驰　张云飞　王晨耕　张　洁　胡佳玥　刘　捷　王　景　江　珊
刘美岑　马嘉睿　贾　薇　董育菡　李　明　邵一丹　朱　迪　崔梦琦　檀沂燊
张梦珂　肖维维　黄　孜

国际经济与贸易

刘海婷　苏　蕾　刘梦婕　常　宁　孟庆乾　樊　洁　宋　蕾　胡晓瑜　万佳佳
代阳阳　于　超　杨　杨　欧阳林　都　晓　程　诺　冉　顺　王若林　岳容羽
蔡　维　陈俊楠　柯　镝　聂结兵　朱　莹　李文轩　黄开义　王祖达　丁雨婷
侯婷艳　李　俊　郭志华　张　艳　徐嘉琪　张　华　余凯迩　金　婷　郑煦晨
刘慧青　袁　艺　张晨硕

财政学

布　穷　崔雪艳　汤静茹　宁　梅　郝智伟　魏　超　金　鑫　吴　辰　朱玲轩
苗　珊　梁献之　陈　睿　崔　婧　刘　聪　吴实瑞　杨雅颖　蒋　帅　华　挺
涂晓静　李羽佳　格桑德吉　次仁曲珍　孙梦媛

金融学

赵　倩　宋丹青　黄　千　赵欣楠　孙颖辉　王　璇　李圣凯　冯秋瑶　高阳颢
谷新涛　田　峰　张梦莹　张垒垒　于　颖　颜泽宇　孙磬璐　葛晓东　史耀庭
宋　宇　胡慧丰　纪慧美　陈传美　闫婉姝　王　然　翟鑫昱　董天宇　宋晨星
周建泽　宋　翔　范子玉　李　超　司志彬　桑浩然　孙城梁　王梦晴　曹　钰
常苏玉　孙　晨　刘文华　赵倩颖　周慧敏　王梦梦　高　尚　赵文彦　王　皓
王家齐　孟祥勇　丁　运　赵　赫　刘海燕　薄其增　徐　瑶　冷　爽　李　情
王旭光　张　晗　邢孟冉　崔　悦　张　宁　秦远跻　高博雅　胡今昭　袁洁明
李　俏　朱　君　叶冰汝　刘方舟　刘　念　徐博文　陈颖莹　曲一申　张彦斌
杨沐蓉　石逸杨　李明鑫　罗　雨　周默非　张曦月　吴佳琦　代　娜　何兆峰
王家宁　王欣沫　李　响　孙　衡　刘　佳　杜冰沁　王韬慧　康　宇　任玉坤
白庸平　袁婧涵　徐渐垚　管　力　崔　杰　郭昊一　张　策　李嘉璇　许阳凌子
赵　洋　曾剑宇　赖文君　倪小雅　陈亚龙　王安贤　郑皓云　赵　悦　李淑钰
肖赟林　尚新宇　修海婧　白英磊　王　榕　张　燕　徐　磊　高长春　高林彤
殷学枝　徐伟佳　云　帆　史　婕　吴　杰　毛月丹　杨思宇　姜晓真　曹禹禾
孙　涛　王　肖　崔　珏　李嘉伟　徐珊琳　郭浩铭　吕　悦　张　正　于　可
王婧玉　徐　萌　刘博楠　汪梦珂　邵　华　秦丽岑　孙常蕾　成　达　孟庆嵩
武玉琼　镡晓艳　刘　芸　张　琪　魏琳轩　王　彤　赖栩佳　江英杰　牛冬晓
谷　佳　任云霄　黄冬晴　王诗雨　李　琦　谢嘉屿　唐晓蕾　张杨杨　陈昊东

张怀天

保险学

邱　迪　于　晴　孙雪艳　杜　萍　刘　恒　黄　松　常家伟　澹台乐天
李世文

金融工程

顾园洁　孙龙龙　朱　聪　岳梦斐　林　枫　韩　震　王嘉辰　刘牧谦　赵雪莹
徐沁雪　张泽栋　李海东　刘　浒　张原硕　李承龙　杨泽惠　陈礼清　杨璐瑶
吴　桐　姜文剑　王　楠　郭　迪　李诗杰　魏　涵　王琳琪　贾淑敏　李若涵
韩孟君　尹文超　付　聪　陈　众　张　垚　周　颂　许　乐　关　峰　田希蒙

金融工程（金融数学与金融工程）

阮　山　卢　晶　李易璇　张　栋　尚大鹏　苏九卉　刘惠敏　杨博文　杜慧慧
索海宁　曹立群　张姝君　张烙僮　姜　晖　姚　欣　郭志昂　潘梦瑶　何玉有
滕紫薇　张韶阳　宋珊珊　陈欣怡　李若冰　汪一涵　王英杰　王庆瑜　孙一鸣
管培君　张　磊　邱怡燕　龙　腾　孙志峰　王文静　刘俊炜　刘　睿　宋　泽
赵春雨　杨靖峰

科学社会主义

邹迅羽　郑国平　夏敬芝　孙海峰　宋　壮　陈芳东　郑翔瑜　刘　玉　程　耀
李　琴　陈春根

政治学与行政学

张笑眉　屈建泮　李　政　王一淳　田　听　徐玉娟　靳　斌　王雪杰　范晓宁
于晓辉　胡　庆　周　旸　刘艳艳　贺加琦　赵宏月　范爱琳　李　楠　庄文慧
袁　梦　王浩田　安思媛　艾尼瓦尔　叶尔努·哈

国际政治

圣国兵　贾佳美子　陈云鹏　陈贤杰　隋广艺　徐　放　何宇航　孙　阁
吴卓倩　陈若新　李　聪　孟维亚　安慧玲　刘　妮　戴一帆　虞　璟　缪琳娟

行政管理

韩　婷　鲁振环　孙文程　李莹莹　隋金星　柏　琳　张　赛　王丽华　姜　斌
付会芳　张师慧　尚路芳　邹凯凯　田永虎　原晓画　张入文　马美娜　王亚东
黄丽影　崔喜娟　王　瑶　赵　凯　周　颖　刘慧琴　程梦玉　孙晨语　黄志武
刘国芳　马思思　路　桥　王任栋　王　硕　周刘欢　谢艳萍　文香花　李　怡
熊明义　余有斌　徐翠雪　乔　磊　欧　丹　洪卓玉　张　武　张继文　苗　丽

孙　鑫　桂永珍　李建芬　苏德国

公共事业管理

李贝贝　张　姗　吕　洋　杨国帅　王嘉伟　纪媛媛　刘　莹　唐欣乐　单宝刚
于梦非　陈婉莹　刘祖玲　康凯兵　尹梦洋　夏天佑　赵杰伊　金　亮　张松青
李　静　沈莉花　程　祺　曹可君　赵倩楠　李彤辉　徐悦轩　潘　多　白　央
孙惠琳　王淏凌　夏天宁　虎　薇　贡嘎索朗　扎西旺加　尚　笑　尼玛卓嘎
卓　玛

法学

达　珍　殷　彤　荆　鸣　冯长勇　王源明　李　盖　李瑶菲　谢　薇　丁西歧
邵　璇　李世明　赵雅楠　倪　琳　孔佳薇　张振玲　李学伟　张语心　张国栋
韩茂莉　高　敏　王　迪　夏令炎　王　震　王心怡　孙梦阳　赵姝丽　刘明乐
贾莉莉　连雪晴　隋　禾　张嘉怡　张　琪　王泊宁　刘　敏　张海涛　王晟昔
李亚琼　韩雪峰　王续颖　杨志京　王行毅　陈　晨　唐　晴　张留波　李　飞
王晓月　苏婉叶　娄　阁　王倩倩　张嘉汶　司帅领　于晓嵩　吴　晶　栾晓姣
赵健竹　周　莹　武　浩　王雪锦　张天力　韩靖人　吕珺玥　徐　昕　李　漫
马芳琳　张涛涛　张艺帆　赵祥宇　徐晓婷　熊　珺　郭锦瑾　秦娜斯　韩小西
陈　乔　张　訸　黄默海　王治东　何嘉男　张　星　吕　品　吴　琼　彭小天
李淮杨　倪娴侠　赵巴奥　金静娴　吴巧灵　黄子为　刘　瑶　田崧燕　王立峰
崔　翔　胡子涵　肖　莹　于晓航　任霄璐　刘以如　马瑞丰　陈思莹　郭　翔
秦智颖　娜迪热·穆　苏叶　热沙来提　帕太姆·阿　李秀峰　李得华

法学（法学与英语双学位）

顾童桐　何腾新　姜民真　李培根　梁　晨　裴思泽　史晓琪　王文卿　王　欣
魏晓萌　肖雯钾　许　唱　薛风明　由　璐　陈迪宇　郭　珍　胡　雪　魁　达
李一田　刘炳轩　刘泽霖　袁静雯　张芙嘉　赵晓彤　周　璐
阿迪拉·奥　穆海霞　张秋莹　冯　晨　曹敏敏

法学（本硕连读）

段振波　彭　琼　薛人伟　宋晓阳　张　琳　宋超妮　徐帅杰　刘海飞　潘会帅
林聪聪　肖　丽　邵玉娟　夏一凡　李陆达　李思然　姚远方　陈博雅　张泽嵩
汪　盈　王艺霏　庞路伟　张雨晴　王淑佳　艾　敏　王　雪　李忠柱

中国语言文学

熊昕昕　范艺萍　刘嘉伟　苗　月　徐莎莎　范婷婷　王雪荔　张梦瑶　张　琰
刘　琨　刘　青　左新新　王惠庆　李凤腾　张雪原　周璐璐　史亚楠　杨　瑞
张　悦　王书境　李　钰　王　俨　宋　欣　曲天泽　冯春晖　王宝玉　魏甜甜

崔　劼　陈俊洁　李子春　刘新瑶　孙嘉慈　冯琪茹　葛若佳　宋忻怡　苏啊青
陈　璐　张佳贺　张雨苗　何佩鸿　孙瑛琦　黄　蓉　赵子薇　任宇岂　李茜博
王妍思　杨柳青　张春丽　曲亭亭　骆美成　张山川　王　洋　刘　璐　刘祺航
梁思淇　任李博　杨　晨　王静文　赵宇琪　田　阳　韩　煦　雷　全　高　爽
鲜　林　潘晨诚　李华臣　陈诗佳　彭庆雄　张焕昀　张　原　李　妍　孙荣榕
石　荣　高　溪　何晓婷　张　芳　陈肖丽　蔡　萌　丛　玮　陈欣欣　程文楚
马利君　马彩娟　吴益威　王帅颀　李伯文　马喆美来　赵　晔　吴宁卉
许　芃　方　言　赵文卿　李梦露　何欣怡　韩宇瑄　云　帆　张　婧　格桑玉珍
次仁吉　扎西央措　李昭禹　吕　娜　张明珠　郝伟栋　张鲁阳　冯　豆
姜　焱　王冬梅　赵怿李　王诗艺

新闻传播学

杨　俊　滕晓娅　周慧芳　刘亭亭　丁　超　徐　易　董　雪　苗　晖　孙　雷
王　瑞　丛晓泉　于　露　冯童童　王　通　高　伟　劳嘉祺　赵祎琦　闫东鸽
陈雪薇　苏颖君　柳　聪　刘　畅　林棋婷　姜　楠　何　畅　叶静怡　苑兴浩
赵君竹　吕怡然　王晓冬　迟　磊　张露中　房立俊　杞　行　高惟忆　何明敏
王　鸽　张雅妮　赵诗卉　王晟尧　齐　敏　耿毓童　张舒怡　郑裕倩　何艳艳
白嘉懿　马涟漪　马　朋　努热色拉　艾合麦提　阿斯古丽　姜含章

音乐学

王　帅　许枫翼　张　毅

美术学

吉　煜　赵廷泽　孔令强　芦　东　刘　莉　刘　影　马广跃　郭振邦　赵雅梦
黄晴晴　汪丹丹　苏海涛　王丽霞　黄子娟　肖思雯　狄辉辉　夏雨婷　蒋佳宁
李希和　刘　萍　宋　晨　房现富　卢兴钱　王　超　刘叶莹　王成上　舒春韶
刘旭红　张冬梅　许婉妮　芦　莹　周学进　金芷乔　杨亚烈　王乙慧　蔡妙甜
徐　丹　梅小霞　朱梦轩　余茜玮　郭星辰　陈柯豪

音乐学（键盘方向）

魏　羚　李　楠　王梦涵　李靖雯　冯方茗　程媛媛　王　尧

音乐学（民族器乐表演方向）

赵晓璐　曹葳蕤　王静怡　李祎璇　郑筱筱　郑　浩　赵　鹏　韩　扬　张笑瑜
刘　坤　王媛媛　张　鹏　张圣基　孙　源　王文静　李璟慧

音乐学（声乐表演方向）

孔一铭　付璐瑶　左　馨　钱宇晗　张　彤　周现民　高胜男　张倩榕　孟广超

刘泰旭 李明玉 秦绪择 傅东煜 于 洋 刘 强 周 涛

音乐学（舞蹈方向）

祖 玮 李 飞 张行行 李 琳 周华溢 史忠璇 王雨嫣 王正勇 刘 强
戴 敬 侯冯幸子 徐美玲 郝晓晨 张一水 李 雪 李东阳 陈 芳
窦安琪 张露元 邢 力

音乐学（西洋器乐表演方向）

陈佳旭 梁玉琪 赵婉茹 于沛鑫 侯方圆 田睿思 周惠泽 杨 帆 马晓静
赵英姿 刘晓璇 王振均 胡子正 雷梦婷 牛文男 党钰奇 迟 琳 王奕之
辛李笑颖 王艺园

英语

李 双 邓 敏 郑颖仪 徐中秀 王晓琳 王晓雪 高 琪 石 慧 李小楠
李 雪 李泰泽 黄瑞萍 王欣欣 杨新云 宋一军 许珊珊 邵嘉川 薄文丹
赵浩雨 张 琦 李紫薇 李 如 于 洋 韩 璐 龚中良 高志杰 覃冬俊
郑中华 卢凤薇 罗浩月 刘 欢 马 娜 俞筱月 姜伟红
加那尔·努 米娜依·米 哈依尼亚 杜 佳

俄语

盛 誉 徐明晗 赵 璐 郭建萍 王 琪 李 瑶 薛 玲 刘 红 李 楠
谭 强 王 强 常 圣 尹 君 台庆飞 景 显 刘 丽 陈 颜 史晓黑
鲁一鸣 倪望舒 张 颖 马新然 初潇琳 赵 瑞 张 蕾 白婧伊 曹觉心

德语

赵艳漂 唐菀佳 赵 琪 张 敏 张蓉蓉 高树翠 马征文 王 淇 程 芸
郭风华 商辉丽 崔文昕 马晓云 于金晓 李媛媛 杜雨茜 郎爱慧 张振兴
陈 晨 徐绍锋 钱小飞 宋 健 蔡 镇 韩静雯 童 欣 田杨俊婕
朱 凯 雷 音 张 放

法语

刘建华 李昊琪 柏玉莹 潘雪雪 姜锡腾 王本如 李宝云 王晓靓 姚 珊
杜若洲 王昭文 苗 娜 王小敏 姜雪琪 杨 晓 李 云 韩丹丹 武 琼
陈巧蓉 张 琪 王清玄 张 丹 李璐玥 刘雅楠 赵秋燕 朱彦如 李 祯
刘晓宇 李雨佳 陈 琳 王若澜

日语

蔡 甜 王艺玮 符开女 陈文茜 于小茜 吴昌翠 付真玉 伊新新 栾 肖

鲁中昌　尚杨杨　李若楠　刘晓宇　丛萌萌　李靖敏　邱嘉佳　黄瑜杰　薄遵琦
孙冠男　朱白羽　郑广存　李　想　张　琳　叶　璇　李砚君　刘泽众　蒋　浩
孙丽丽　田　瑾　韩　莉　陈鑫凝　解姗姗　赵慧玲　龚祥齐　尹　婕　陈宇婕
刘　言　毛若愚　张景怡　赵　悦　沈金鸣　张　洁　温　洁　白　蓉　尹丽莎
彭元赓　李文佳

朝鲜语

李毅杰　卢　尧　李美妮　傅　友　陈　蕾　郑　棪　赵　萌　高松林　程言波
柳　杨　张　杰　甘　露　杨劲晖　刘思雨　石竹君　张　楠　于海婧　张碧莹
李天琪　薛　爽　尚新奇　刘辉文　张　博　闫世宽　张　草　谈小利

英语（英语与国际政治双学位）

崔恩缔　韩吉婷　韩　鑫　坎朱明　王东震　王天娇　谢皇薇　张茹安　甄浩楠
曹丹阳　丁德玲　王须晟　吴　优　杨　慧　郝曦妍　侯乔松　师　蓉　孙学志
王金梦　王书平　魏　丽　张　亚　张　玥　张　越　赵亚茹　周晓宇　马　蕾
张咪娜　马　鸣

英语（科技英语方向）

陈美灵　李　杨　燕灵芝　陈雨晨　霍春悦　唐　敏　罗　西　李智慧　李家悦
潘颖超　袁亚楠　张树霞　刘　硕　孟德欢　刘思琦　陈雨维　赵　文　鹿馨月
朱紫薇

西班牙语

袁　芳　韩文逸　陈　墨　王月皎　李昊炎　殷凌霄　曲佳林　梁嘉艺　朱岱君
刘康宁　郭慧敏　焦　云　张瑞雪　张　格　曲博文　任曼妮　任妍秋　张祥云
郭水清　林宇恒　韦　喆　李　璇　周　珩　付淑芬　丁　然　耿昱静　蒋尚莉
袁　粒　郭亚斌　孟冰冰　沈恒睿

翻译

王　坦　郭　晴　尚永梅　王倩文　刘　潇　王伟红　任潇潇　郭丁瑜　燕　鸽
张亚洼　贺　琳　崔承启　林燕楠　黄嘉颖　王献泽　仲　夏　郭蓓蕾　朱爱文
刘松岩　和旭雯　童　玥　马苗苗　沈心仪　叶蓓露　周尚思　王楚婕　陈千慧
张睿君

英语（商务英语）

王诚诚　李蓓蓓　王瑞琦　李　乐　赵　越　王千千　王甜甜　赵志坤　刘文辕
谢　允　郭若怡　孟　帅　刘靖雯　刘　肖　田　迎　雷昕芸　张诗悦　王嘉玥
杨盼盼　柳　晨　李　雪　徐慧敏　赵　爽　包　悦　陈瑞升　朱嘉慧　刘　心

张　亢

历史学

杨　涛　陈一飞　郄孟阳　张烨凯　于佳灵　王奕斐　王仁建　李志鹏　景凯东
康婉盈　李　蕾　梁　伟　李凯凯　郑彦宁　龙　威　徐　灿　于经尚　陈　冲
牛漫青　唐　陆　曹　石　魏佳羽　王　彬　高远新　吴　琼　唐　璐　赵兵兵
柒小平　唐　卓　马新月

考古学

苑　旺　蔡　宁　陈美林　宋晓航　侯婧怡　刘艳菲　王子婵　毛代炜　高　军
张　森　朱　鹏　田　川　郑佐一　李　琪　郭东珺　向婷婷　唐　莉　李程浩

档案学

张　雯　丁琳倩　向怡泓　王　倩　逄晓玲　张华艳　乔琳钧　王　卓　郭蒙蒙
卢东庆　吕彩霞　李瑞敏　魏筱颜　黄如熠　赵秦露　朱子文　姚　迪　李　涵
孙晓东　郭风迪　韩永明　张泽宇　高可荣　杨　帆　范慧婷　韩　桐　陈　旭
冯　娜　李思瑶　向玮玮　宋美英　黄艳华　黄君霞　唐　敏　孙婷婷　王冬茹
何　芮　楚艳娜　王许升　国艺箫　王翩翩

文化产业管理

屈子珍　李　桦　郭海婷　王振仕　王晓玲　王新记　宋翎丹　朱倩茹　李佳静
邓方起　陈家振　谢洪浩　王琪琪　薛　敏　王富林　曲若理　李怡心　张思宇
史晓敏　耿文仙　安阳洋　杨中慧　李　姗　戴　冰　安　妮　王心怡　孙　超
葛宇婷　张　瑶　刘军君　周　然　王　喆　于　岚　恰勒哈尔　　王　融
古丽皮艳　桑杰次旺　次仁拉珍　曲吉卓玛　平措江措

数学与应用数学

王恬茹　杨　杰　张　点　李晓彤　周正德　刘　畅　王子豪　陆　昌　张兆昂
袁　硕　傅　凯　荆　飞　王小青　孟祥羲　代　昊　王桂礼　公维康　王瑞华
陈鹏宇　李淑婷　赵路明　张嗣昌　贾贝琳　孙经天　王思远　宋圣晗　梁慧聪
张乐园　李可新　关明雨　刘　洋　彭　靖　张冠林　傅柯韦　焦　熹　朱　旭
廖雨豪　刘儒锋　张鸿捷　王立鹤　陈颖谷　李林涵　赵洪鑫　石文力　徐玲风
刘建坤　袁少洲　黄　涛　黄乃鑫　王大山　黄汪旸　赵晨宇　王佳楠

信息与计算科学

盛任之　张磊磊　李景洋　张代超　梁云翔　耿邵军　张　亮　杜　骋　诸葛文章
闫　申　许　畅　张志鑫　刘　启　孙达程　于汉唐　魏哲旭　方翌舟　何丽薇
曹　晟　杨舒晨　张天佳　张耀达　王思颖　蒋靖威　龚汉杰　龚圣滢

统计学

景泳霖 张吉臣 马池坤 蔺 平 刘姚睿 许建伟 赵 磊 张 岩 刘 赫
张 琪 曾 骞 鞠 咪 谭文米 刘君敬 于海荣 张佩清 温家玮 石建栋
李文睿 江 爽 于智涛 李煜鸣 王 岑 杜朋元 王嗣超 李莞欣 谭 臻
张亓伊雯 焦 雯 刘晓晶 张 峰 徐佳薇 孙晓伟 阚 黎 宋元卓
罗 凡 陈艳芳 张新悦

信息安全

王煜坤 孙海峰 刘晓磊 高 源 蔡斌思 刘秉坤 乔英汉 夏广越 张 丰
赵博鑫 许毅衡 郭 珺 王清霞 程 舰 刘 茹 邵王镇 乐乔佳 张 哲
贺荣鑫 林 飞 李 璐 马学成 王旭姿 侯 林

数学（金融数学与金融工程）

谈立科

物理学

胡家伟 来屿安 邵晓斐 黄文昊 李 鑫 管从森 孙 浩 王 雨 苏 明
陈忠浩 陈彩云 张 鹏 张 绍 侯鲁文 张 越 张 琦 徐毅轩 于皓丞
李宗峰 王丙虎 马春光 高 鑫 陈晓彤 靳亚云 宋 杨 孙大帅 孙宪法
王杨润乾 李 让 蔡永青 贾小雨 陶 立 沈一楠 李文龙 贾树沣
宋航宇 林磊鑫 冯 岭 贺丹丹 胡承林 黑 泽 董 镇 王荣堃 雷松炬
孙榕阡 叶雪琰 赵经纬 罗玉峰 李 直 李 楠 王 轩 张 涛 周 凯
徐 畅 郑文凯 刘 秀 肖 睿 刘思宇 魏 争 张哲恺 谢茂洲 段 鹏
葛鹏飞 龙国飞 陈隽德 骆 堃 李宇鲲 刘 畅 顾成琪 王 磊 徐 辉
柳盛东 王一辉 牛丹丹 任宝明 刘 垚 徐 海 梁广大 黄 韬 陈泓颖

应用物理学

巩澍嵘 李 伟 罗书钰 王 迪 宋世奇 杨 佳 陈 雄 孙宁宇 刘金珂
杨婷婷 张 江 臧少川 徐子青 吴啸天 杨梓业 吴存存 何 雯 刘 明
周涉宇

微电子科学与工程

张永伟 李继华 王 健 张久鑫 徐 欣 孙 丰 王 晖 董风鑫 隋庆先
吴一丰 王梦奇 马海涛 吴学乾 华 振 孙仕潇 贾兆虎 陈连宏 吕宏瑞
许俊辉 凌昊天 李秀丽 王玲玉 谭敬丰 陈贵宝 刘兴旺 唐 妮 赵 煜
包 力 常 清 蒋雨轩 潘佳佳 杨 锦

化学

谢科锋 杨雯皓 郭 栋 李淑一 刘国栋 王南山 袁 勋 陈 义 赵言嘉
张 珊 彭莎莎 陈江山 张俊彦 杨梦周 杨茜茜 王正焜 陈 莹 岳 扬
韩 旭 张 瑾 李富东 葛鲁浩 吕 强 吕瑞源 蒋 超 张 娜 黄 帅
靳晓光 刘晓林 肖正光 肖 琪 吕 喆 王雅杰 宋飞辉 谷洪垚 王庆荣
杜云杰 王雪婷 王海露 苏 鹏 朱楚林 夏佳睿 王雨曦 陈怡沐 储向龙
朱乐东 张荣荣 王薪淋 张馨艺 范宝强 张会正 郭瑞莹 张一白 和玉鹏
闫 涛 马 鑫 王 瑶 万明响 林建送 王冰洁 杨志涛 林 峰

应用化学

吕晓光 苗成双 洪礼坤 王新改 任红阳 韩 旭 黄 欣 刘海宁 徐敏蕾
王晓晴 周桂财 李胜勇 孙 娜 宋保国 高 玮 陈永宁 房金笛 李忠辉
罗 标 付 杰 王树伟 周 敏 王 宇 聂锦辉 李梦琬 黄 俊 谭 菲
张庆书 何佳祯 邹翔霄 刘海祥 周一格 高佳琦 马 峥 李 韵 王雪松
黄照单 孙艺卿 茹昊阳 刘惠中 金思辰 贾秋会 瞿笑蕾 程延龙 何佐亮
洪 月 沈利波 苏一然 张 冰 江俄丽·塔 穆合塔尔 努尔比耶 孜乃提古

化学工程与工艺

杨 伟 周颂阳 丛 滨 赵少甫 张小飞 姚新月 刘可华 谢聪鑫 修陆洋
王腾飞 王 欢 王 帅 王广宝 刘丽冰 孔文蓬 孙荣娇 孙九洲 李凯鹏
蒋志昌 侯玉琦 张 纲 闫 妍 徐 琪 刘迎春 徐麒麟 马宇慧 焦建凯
樊丽丹 刘 莘 褚鸿举 武小栋 夏鸿鹄 刘一鹤 秦佳刚 魏光煜 房彦宇
何 斌 孟祥宇 叶成荫 王 铎 张 行 杨亚强 刘 贺 任雨晴 石春颖
杨凯伦 谢增春 谭江华 牛 肖 刘 悦 周楚青 孙 娜 邱雨娇 徐 闻
赵晓玲

化学基地班

曹雪莹 赵鹏超 李慧鹏 孙 燕 黄春程 梅 开 杨 周 张芳丽 姜 山
刘 航 魏姗姗 逄 越 史天文 李 帅 卫 帅 张文玉 陈 坤 张诗舒
徐 辉 闫旭鹏 王华艺 韩 振 王家成 邹仕慧 朱思谕 王瑞星 于 越
何寰宇 陈国君 于 川 黄 健 王增资 于 飞 史伟阳

电子信息工程

柴 超 李文涛 王宝玥 赵 铭 程广琛 房保成 王 娜 张 庄 林燕清
潘从祥 林 栋 赵鑫冉 张琛露 焦 珊 张 森 吴雪梅 侯俊玲 张亚培
张玉琪 张精瑞 刘彤彤 孙 超 张海霞 矫腾章 刘维嘉 胡晓东 单雪晴
赵联东 杨思敏 王 威 周旭阳 李 响 陈 曦 谢颂杨 桑 柳 肖青秀

刘晓亮　谢　哲　谭　洋　郭昊帅　李　琦　李柏泉　张健博　秦智康　张瑞玲
周　苾　陈　赫　肖依凡　单鹏旭　段　鸣　来紫函　危　桐　冉晨宇　卢进兄
梁杰林　王　丹　熊启琛　李　越　周　媛　何　莉　杨雪菲　冯　帆　王　琰
潘　登　张心怡　靳道宝　张　洁　雍　昀　史晓霜　刘伟佳　吕志伟　刘天鹏
毛自洁　何军林　宋　宇　张昊林　吴雨林　常　龙　汤　博　王　睿
阿孜古力　阿斯古丽　穆合塔尔

通信工程

孙亚华　杨　泰　潘安劼　田志浩　刘泽众　贾耕云　张国栋　刘　洋　艾正阳
亓　航　吕　振　贾步云　张大宗　孙小凡　王　敏　宗　颖　任秋晨　付华勇
刘培成　刘尊宁　孙鸿儒　李毅辉　李　进　郭　畅　郭静明　王　松　辛雨航
江　嵩　刘芳蕾　孙真真　颜　刚　隋建威　刘祥勇　孙静平　申　晨　韩德隆
高梦真　杨君程　李景龙　顾　杰　闵　睿　韩　科　王　涛　贾希彤　亓海凤
陈远春　周凡琨　刘佳贝　韩凯琳　孙晓琳　李　千　张梓琳　张小红　高　钦
牟振文　吕建君　高天牧　高　飞　韩霄天　郭文彬　张雪琦　吴志鹏　胡志薇
李战胜　王　朔　车通达　张兆瑞　王建兴　张银玲　江　硕　熊莉娟　王克珩
徐　丹　陈倩倩　邱　宏　郑　权　张文育　张　旭　范晓楠　刘曦蔓　王赵鹏
冯雨歌　曹佑龙　刘晨光　薛　锐　崔宇飞　贾　健　李　静　翟健翔　李俊儒
张晓霞　石恬静　余佳佳　李二帅　管年丰　艾　伦　张晓敏　李梦宇　孙博远
卓建森　李喆慧　吕正阳　张道晟　饶　俊　蒋　金　张　磊　周　鹏　朱泽政
王玉琪　祝胜男　黄　鑫　金　天　孙冬航　陈亨望　郑凯佩　骆兴廷　王　帅
庞建华　朱　政　贾鹏飞　张欣然　李苏雪　徐盛豪　杨　航　王天琦　于　盟
于浩洋　姜在民　王　鑫　王艳超　刘伟松　周　彬　郑亚昌　赵　阳　郭震豪
沙正宇　丁西峰　石司磊　吴　昊　赵　阔　盛石渊

光电信息科学与工程

马志豪　秦　琦　张文欢　孙志刚　成　龙　蔡　璐　李汝森　胡琼宇　关　晨
李崧睿　吴倩文　郭劲英　朱明亮　徐善成　宋思雨　耿　燚　周庆吉　程一航
龙　涛　陈　欣　张博扬　季立茹　周雯佳

电子科学与技术

许　涵　黄福城　吴靓婧　曾婷婷　李晓芳　张庭发　王　洁　田桂霞　王晓丹
杨俊宇　赵飞飞　刘栩彤　冯　宇　徐　伟　徐　芮　王潇瑾　程起森　陈　龙
刘晋焱　李善明　宋　健　刘怡然　杨　凯　杨　奕　周家胜　刘宇翔　米　乐
马　含　赵志伟　李　昂　周广召　段一凡　冯宇翔　曾紫怡　李　睿　顾嘉诚
袁　媛　王海翔　薛　峰　刘　洋　丁晓君　陈　辉　沈　涛

集成电路设计与集成系统

段文锴　吴　珂　李　琰　欧　婷　赵　鑫　高永康　丁振东　任伯聪　崔　涵
李亚萍　翁子清　张　羽　陶永纲　郭晓宇　商小宝　张国金　余　璐　马发江
孙娟娟　王　莹　田思梦　赵　杨　赵　晶　罗伟杰　崔　浩　刘振力　王志铎
宫玉昕　黄嘉慧　王思翔　黄家波　张　珂　刁　绅　方　舟　何刘佛　马　霞
冯支霞　刘　权　俞向荣　杨　进　苏晓丽

物联网工程

张逸凡　魏紫威　洪剑晖　王志德　江云鹏　孙云鹏　李　毅　项志峰　王金震
王国聪　刘　龙　秦发成　刘璐璐　马逸衡　冯冬双　姜　华　葛国栋　赵秋红
刘浩坤　夏之森　赵功名　张明慧　石　钱　台启飞　杜伟健　陈希文　赵炳燚
赵长真　孙洪悦　张愉婧

计算机科学与技术

王文华　杜其飞　张　健　柳绪文　马宇晴　张　潇　宗腾飞　张三芳　李傲男
赵宝琦　徐正文　陈晓曦　潘　翔　林海宁　苏宏凯　张　霖　陈　光　李志光
崔双华　夏鹏飞　于畅泳　孟　慧　王新灵　王　浩　高俊杰　曲佳利　丁一明
杨伯宇　陈彤晖　张小泉　刘　伦　韩林玉　郎贤美　藤　茼　张雅勤　马　瑞
刘　栋　纪莉莉　于继芳　侯小斌　王鹏飞　张传伟　梁　广　张淑庆　陈　凤
程明斐　刘晋榕　金荣梅　胡晓花　林青川　薄志涛　崔静静　张心悦　柳园园
魏文静　曹宇坤　韩　璐　车肖宇　王　帆　赵　鉴　丁　杰　唐强华　张乐园
徐　晨　鲁培其　陈　玺　王得磊　于洪洋　秦　睿　聂卫平　李　霜　吕华富
张斐倩　王峰军　李羽昕　王双斌　马亦驰　李　享　兰天翔　雍耀光　宋　杰
廖海军　林树畅　成嘉慧　马文慧　贾雨晨　冯睿卿　李　宇　张中一　顾　昀
韦能演　张　昊　陆　瑶　杨　旭　张　晔　田佳鑫　杨　鹏　杨　斌　张　翼
闻志玮　陆　毅　顾　霖　马慧贞　戚家恒　姚曲平　王　迪　王　狄　陈建彬
索朗拉珍　达娃卓玛　段晓辉　王立鹏　刘宇晨

电子商务

于　健　杨　辉　刘亚婷　管聪聪　张继来　尹志萍　袁明证　孙志豪　张桓铭
马冠宇　米少泽　袁永刚　沈倩子　李　凯

生物科学（生物基地）

宋　宁　王　烁　李慧林　秦　琪　仪修南　雷思聪　陈思颖　钱兴洋　刘希伟
曹平平　刘　艺　刘欣怡　周　楠　汤艳楠　赵　曦　商倩倩　泮力菁　李　龙
吴　彤　谢博洋　降雨沛　刘本法　李志乾　刘　璐　张　弛　刘婷婷　钟天白
喻心仪　关事成　钱丹丹

生物科学

陆俊材 于　乐 葛广飞 苏厚谊 刘　梦 车春静 赵　菲 崔岩岩 潘　颖
蔡幸雅 周爱玲 刁晓彤 张雪萌 刘梦迪 姚雪瑞 袁寒玉 王长万 刘文达
胡斯琪 吕周畅 彭震宇 刘司美云 解鸿瑶 王冠宇 丁盛琪 易婧妍
高　泽 倪龙麒 石雪涵 王　曦 朱　韵 刘　琳 任安然 孔祥菲 唐明浩
郑小煜 高　瑞 刘乐乐 马存英 闫晓桐 刘晓宇 温　言 张俊辉 田　雨
周　茜 夏士博 郝子谦 冯宇坤 罗阳君 和羲恒 崔　涵 李亚洁 温建丽
尹　畅 卜凡云 杨世明 应剑波 李　睿 何　腾 王文广
阿胡·米肯 佐合日古 叶尔扎提

生态学

李雨桐 解　伟 郑丕博 芮　菲 宋彦洁 汪　洋 田玉兰 兰欣然 王　玲
高文婕

生物工程

王丹萍 张劲松 陈少坤 杨雅南 刘　倩 刘志献 何新愿 李小龙 王　辉
高　瑞 刘　壮 王洪善 李方周 周　敏 张　倩 欧海晗 陈苑媚 孙晓伟
宿智新 韦展毅

生物技术（生命基地）

李亚群 王天宁 梁　材 王永会 刘静霖 王曾茜 孟丽莹 肖撷玥 张雅静
陈祖斐 周　超 高　佳 刘炳煜 温　馨 苏子君 迟王菲 卫敏利 宋加瑞
王　珂 胡青青 郝　熠 胡曼东 刘　翠 汪　荻 王　勇 覃丽明 郑　静
曹晓磊 潘甜甜

无机非金属材料工程

吕媛媛 杨　凯 林　杰 吴　琳 陈　赟 马　群 吴海坤 李剑锋 张垚鑫
姚晓梅 周广杰 占　丰 谭梓豪 朱霨亚 霍翰宇

高分子材料与工程

陈　锐 武雪杉 崔　翱 王　亮 董志瑞 马连茹 谢志康 姜奥雷 吴修明
李京民 张丹凤 高　超 宋　璐 高琳琳 张鸿昊 薛文超 姜振康 周岩良
李拶龙 苏　昊 张文晓 杨　铭 王君易 史　森 唐少雄 张广凤 李昊轩
陈　赛 周舒婕 徐　新 刘　娜 莫江洋 王月友

包装工程

谢　勇 于俊杰 李秋瞳 李常玲 杜　娟 彭丽霞 高　源 谢　颖 徐福圣

马　玉　冯家文　郑裕天　鲁蔻子　李赛楠　段　凯　陈烨新　刘雪莹　刁青芳
朱燕平

材料物理

赵　宁　刁方圆　王申雨　巩桐兆　史春昌　陈平燕　张　乐　孟森宽　李洁如
葛晓丽　马文盛　李肖音　黄　彦　周怡安　马　倩　仇　韧　宋　琳　王翠雪
亓　佳　陈向昱　翟　伟　吴　冰　马　琳　王梦桥　安秀瑞　刘　康　王舒遥
张　庆　罗　文　姜成功　詹继晔　蔡　灿　杨　康

材料成型及控制工程

王　皓　肖　遥　王天琪　王　珂　邢智强　任立全　李　博　谢芳洁　牟元忠
陈孝学　屈晨曦　单宝鑫　朱丽雪　陈　阳　王　涛　毛祥新　张　鹏　刘　硕
朱亮亮　王　正　邵安辰　李家浩　王丹晖　张美慧　白代平　隋富花　李凯同
张　辉　屈苗苗　王道升　甘志伟　徐晓磊　赵　翔　盖冠廷　许　华　龙军磊
王银光　刘格冬　许　涛　赵志洲　赵　茜　郝　伟　谢凡凡　陈　栋　曹滢文
张　建　苏明雪　龚　洁　张海鹏　胡　全　杜明徽　王俊人　高延峰　秦海洋
李　晨　谢顺成　李子洋　陈　波　张　浩　杨　燕　胡宗海　吴　睿　李佳涛
贾存贵　吕彦龙　文清浩　陶建芬　段佳余　毛小辉　何　晶　贾　粒　张兴润
徐　昆　王义辉　刘益波　徐鼎鼎　徐　飞　刘洪建　吴志杰　文　顺　冯雪清
王龙辉　何佳绰　蔡泽瑶　史春亮　黄凌举　吕静静

金属材料工程

韦华德　薛龙飞　赵俊翰　许环江　魏斌斌　于　燕　刘金蕊　赵　琳　朱文龙
王　资　高冠卿　綦锐杰　牛少帅　孙　浩　孙秀蕾　张　月　陈广炎　迟立鹏
李易臻　闫　凯　李　斌　田　蓓　迟一鸣　范媛媛　蔡笑樱　郭婧仪　刘传金
王西源　于　杰　张姗姗　周　波　刘璐伟

材料化学

张中溉　李鹏飞　丛　浩　邵宗普　陈欣妍　苏月宾　梁天予　王宏宽　房　振
孙沛然　丁冠群　张友建　管寿梁　李　博　吴甲甲　顾　帅　张　拓　孙云开
张　宇　朱　力　周　涛　危　诚

材料成型及控制工程

鲍鹏程　武佳琪　朱　凯　刘　肖　张　辉　王文东　胡　芳　王玉宝　李　燕
葛　璇　刘俊海　张安男　马文琪　于孟春　孙　宸　石　文　刘　杨　王志鹏
王天鸽　刘　通　张　晨　王文霞　李圆媛　郭颖霖　郑　健　王　娜　丁　伟
曹征征　赵洪阳　王　琳　卢雪珂　杨刘芳　赵筱群　胡恺琪　段云瑞　张　琦
但佳栋　乔璐雅　蔡东廷　侯润泽　韩　晋　张宇健　刘文强　叶思航　杜　康

尹华吉 张云茜 史俊超 俞 佳 朱富慧 陆 皓 臧文娟 朱志超

工业设计（文）

乔茜茜 赵晓利 李卓尔 袁 航 罗启敏 林 莹 潘晨辉 赵凯琪 李 萌
李奕慧 彭 倩 许德建 王 会 郑 毅 温群英 罗永含 逯龙龙 马 辉
郭立波 王意翔 韩 超 李先易 崔玉轩 卞 敏 鞠建坤 樊 兴 李 港
刘冠男 李春丽 龚月娥 苏坤典 李 晰 陈舒琪 邱 余 刘慧璐 黄 蕾
孔凡敏 张梦嫣 黄金铭 韩嘉璇 鲍银刚 方星宇 朱程飞 史哲梦 林佳欣
王 菲

工业设计（理）

张梦娇 柏 静 张 辽 李 莹 邵瀚瑶 刘兴达 孙 莹 刘 鸽 魏尧祥
杨春柱 孙琪建

机械设计制造及其自动化

王吉庆 刘 頔 李 恺 刘庆坤 韩章辉 刘佳彬 刘易坤 罗 凯 宋宇晗
宋武华 赵延强 周洪遵 孙文栋 范少魁 张 晗 梁晓亮 张 顺 王宾骆
李树锋 曹 潇 刘海滨 于松森 丁洪鹏 潘心冰 都 涛 洪克勤 董 昊
郭晓阳 马金磊 侯法涛 赵泽辉 郑开元 王朝辉 李 锴 刘方超 贾广彪
杜金波 徐孟飞 王佳遥 崔国凯 洪志攀 田敬国 赵连方 赖传灿 张肖男
李 凡 刘 赞 孙 文 李 超 张永福 崔炳伟 于东超 张志朋 马晓康
刘 鹏 王泓皓 燕盼弟 楚海传 张焕强 张 杰 于凯航 苑承燕 张 政
李瑞祥 杨 正 王昌杰 徐立朋 张洪滔 毕世生 张明东 张伟志 王少凡
王 帅 徐 涛 付廷强 胡昊宗 陈时光 陈洪凯 宋才伟 叶 超 王 鹏
张锐杰 许 浩 史新波 潘永军 夏丰贵 潘鹏鹏 徐华磊 韩通根 何宇伟
张名扬 张艳明 谢宝莹 蒋洪贺 郭天旭 高 波 和焕斌 张培月 张 凯
杨尚泽 贺 铎 赵凤明 杨晓博 陈 虎 于春顺 王炳钧 董 波 沈卫东
刘科岳 李子扬 王 晨 金 逸 章 洁 柯得军 周志松 卢 超 吴 奇
张 鹏 孙庆宇 孔维明 胡庆宝 刘 东 蔡道光 李海舸 杨 赫 刘馥榕
孙 灏 李炳燃 金久暄 金光锡 孟云竹 陈昭骏 吴 川 王小方 张加平
吴艳杨 陆 铨 王竟宇 莫春晖 任淏宇 马 修 毛 钰 邵敬楠 何思娇
刘 超 徐建德 张 昊 马 洁 冯淑敏 徐孝坤 沈云奔 卫 星 李胜东
朱 鹏 周 晶 袁 月 胡家诚 童俊伟 王军建 许增辉 金 强 丁梁锋
陈 杉 赵 举 简祖宝 白 冰 吕宗善 侯笑雅

过程装备与控制工程

凌家顺 孙士丹 赵安邦 王 康 孙志远 王敬哲 梁鑫鑫 陈 阳 顾德鹏
李 帅 李福鹏 王崇兴 杜佳益 刘志勇 鲍永康 赵德国 郑 健 陈武强

毕英明　惠东林　董华奇　宋伟　谢永鹏

机械设计制造及自动化

张占磊　陈冠宇　马振国　车鸿臣　赵健业　炳　新　王再龙　郝常宏　胡瑞泽
张益明　高存远　李　刚　郑佳强　王晨晨　马海鑫　续文浩　田　炜　康　建
代泽增　蒋维健　杜润本　石银超　王瑞豪　冯健雄　王　博　刘子燊　陈　攀
周锡峰　余天啸　王　标　刘显成　朱永波　万震宇　王发鹏　李　坤　陈彦伟
易群林　曾世琛　洪张滔　柳云鹤　徐鑫炎　王家朗　史浩天　孙忠洲　徐宜才
沙　舟　王一鸣

车辆工程

申云技　孙诒岳　王浩杰　许嘉怀　庄金伟　郝树新　肖亚群　郭辰杰　张桂林
李晨光　张祎巽　崔振华　杭　超　张腾飞　臧鑫运　周继陈　孙　琪　田　恒
刘　浩　曹宇康　周　强　丁　宇　钟佳旺　支罗丹　赵士宜　梁天宇　马　伟
陈方敏　乔文彪

测控技术与仪器

谷家栋　张建波　马毅贤　荆岩松　刘科志　刘玉坤　马　林　杨　欢　刘兆策
陈小斯　黄德威　杨　潇　柴国栋　李政东　韩　仪　魏钧涛　张　扬　周文博
宁　越　田　梅　周洪伟　王元辉　帅　宁　王保岩　占昌红　呼建新　刘孝龙
苏　昊　曹怡恒　孙凤宇　周邦国　段宏亮　杨　浩　刘新洋　仇　慧　张　咪
闫　玉　杨志勇　韩建勋　关焜予　袁　松　阎鑫宇　金　丹　沈珍琪　徐　珊
蒋磊磊　宋　博　马　旭　高　源　程恭亮　杨　晨　王流华　王亚翔　于皓瑞
朱春鹭　高晓迪　蒋卓良　范　昭　李　达　江　岳　刘　醒　杨　桐　曹佳宁
徐　宇　刘易之　杨佳佳　王敬文　张　蒙　陈张瑞　姚东卉　丁岱铭　张　旭
金宇鹏　侯明卿　王　珏　贺卫东

自动化

柯唯翎　卢　超　王　岩　孙寰宇　李鹏程　姚赛赛　贾慧鹏　杨英杰　吕　宁
刘　斌　刘庆斌　郑嘉伟　邹家祥　孙　晨　朱雨晴　王适乾　赵恩波　常　昊
刘艾一　王滕斌　张　凯　刘伟涛　杜晓坤　郭志越　崔少鹏　魏姗姗　颜贻檀
卢　浩　张　潇　程吉禹　李孝训　付　健　柳宗昆　陈晓天　王　强　于　洋
杜　文　周晨阳　王俊峰　李中祥　谢启超　张　昂　陈文颖　郝敬举　高　峰
韩　超　刘浩宇　王　超　梁惠民　杜胜利　张川玉　马守祥　牛景昊　袁　帅
刘浩鹏　朱雨晴　焦良玺　陈二威　黄　镇　田　欢　魏志辉　秦立坤　钟韵松
邓一辰　王　旭　薛晓玉　宋泉良　杨　燕　朱倩雯　马斌洋　焦慧君　秦旭东
吴其华　张鑫伟　杨鸿旭　李　松　薛晓东　姚　亮　秦小娟　滕燕飞　任延泽
由业福　李美燕　张雪松　高　悦　刘　伟　赵　斌　叶弘毅　马世林　窦　骁

周梦婕 刘国波 张嘉文 杜宇恒 李文博 叶超 潘秋宇 何傲林 顾远芳
于综洋 向文全 朱鸿远 申伟 糜凯 桑鹤 徐亚翔 陈蒙召 黄益城
黄宇乾 王慧国 段冠 万璐 赵银帅 刘泽坤 任超 周强 余立
王泽武 熊欣 韩国化 崔彧青 曾飞 常帆 杨起东 冯陆军 刘炎舜
陈书磊 李伟 张辉 王超超 徐兴闯 石家瑞 张中乾 殷雨星 李叶芝
高山 朱孝宽 李天齐 秦康 翟文修 马鼎 陈然

生物医学工程（4+3 制）

张帅 吴可森 王荣煜 夏逸蓉 支运龙 徐士杰 刘超 黄鹏 马志彬
张洁 王岩 穆梦杰 万朝晖 吕晨光 李飞 赵小云 王晓娅 甘颖
赵嫣然 赖家辉 袁涛 孙默晗 单易凡

物流工程

熊肖翔 韩文琦 王桂龙 李壮壮 吕忠梧 刘彬彬 汤钰 孙晶 黎仁旺
汪威 刘伟 刘晓晨 田静 吕洪航 马健 温祖红 钱鹏宇 李珣行
黄佳敏 苏煜 王力锋 柴照东 沙跃 夏俊彦 史官宏

自动化（卓越）

李硕 李文超 孙永斌 白熹微 潘羿威 黄亚雪 韩尧 刘硕 张丹丹
杜敏宁 徐磊 魏兴国 王哲辰 万超 亢延哲 徐健 刘家君 王果庆
陈鹏宇 李刚 程琤 王建坤 刘洁 李安东 杨红岩 李朋 乔旸
余恒 张冰莹 黄韵竹 季策 陈金磊 王康 朱峥嵘 王鹏 赵思
陶欣 吴昊坤 邓玉姣 任昊文 赵浩枫 徐晨翔 何家晟 黄友财 王浩铮

能源与动力工程

张雨佳 冯肖 司明浩 彭湃 祝亚光 王思 苑通 刘春晓 李爽
张佳贝 李伟 李艺雯 刘浩 杨仁同 常洁莹 张烁 刘波 石梦雅
李明宣 黄凯 王国亮 高闯 孙清航 刘焱 张长龙 赵成仕 袁轲
张宇川 马文明 项硕 张思齐 李金晓 张永康 高妍 李京京 李爽
吴晓彤 冯阳 王彪 张铭钊 于圣杰 邓鸿翔 张键 白凤月 马洪洲
王春阳 赵鹏 王晓 荣胜重 袁宝强 王青 王华伟 刘金京 董明辉
陈曦 宋梦梦 洪永强 蒋琼琼 丁浩伟 蔡自强 陈荣祥 魏坤浩 徐贵喜
李超 田慧云 马天行 张铭 梁鹏飞 程晓静 金正瑞 张宝旭 冯普
曲丹 吴黎男 王希明 林海 杜玉浩 柳殿彬 曹群 王延超 蔺海洋
孙艺臻 王晓中 战新晓 翟云楚 刘亚东 商晋 王泽群 李栓成 姬亚飞
马志浩 马晓玲 赵春荣 韩立峰 李彩云 赵明亮 周明辉 郑晨 朱团辉
丁龙威 王睿 张银伟 李亚如 赵凯 姚凡强 苏成林 王庆强 孙帅帅
孙宪达 咸凯 郝志新 杨智超 刘强 张可 张怡 刘佳斌 田瑞超

梁思苑 余代伟 刘　鑫 邓　炜 郝　璐 薛洪涛 周灿然 郭　桥 雷　鹏
黄子候 胡昆鹏 王加敏 葛　浩 王泽林 刘　稳 刘凯迪 林　超 汤　祺
宋永刚 张　宸 张　曦 吴　琪 张　婉 宋　博 徐　聪 张　亢 赵思越
宋佳纯 郭　啸 王　龙 刘龙飞 胡　泊 田　力 梁佳欣 骆律源 赵　毅
范　琪 郑英杰 王烽宇 刘　杰 朱博文 潘贺銮 杜朋举 迟长云 唐一寒
张　飞 李嘉维 蔡　俊 樊哲群 张哲健 王明磊 邓海宇 肖　尧 魏晓丽
牛嘉年 丁菲莉 牛开慧 邓家力 黄　锐 赵九云 李浩燃 张　进 张晨瑞
黄丽娟 李术涵 李华国 朱徐杰 侯乾韬 蔡忠晓 杨洪祥 卢　赟 何姣姣
郭玉芬 郝　华 张　雄 黄　倩 星　晨 黄　悦 谷　瑞 李晓阳 于达之
周心澄 于利亮 杨晓烨 徐田田 徐炳炳 吴　斌 潘　盼 费天皓 钱昕瞳
李依荻 巫爱萍 陈丽娟 史富华 高　扬 章丽萍 胡智睿 徐圣鑫 许　进
李少辉 布阿米乃 潘　民 张　健 马润霞 艾克然木 玛合买提
胡阿提别

交通运输

杜月亭 朱熙康 邸立娟 李博新 尚雪珂 刘　艺 李　娜 孟　竹 姜　敏
杨若白 殷殿杨 曹　璐 孙姝俐 周江华 厉徐军 张　洁 王纳纳 王晓英
崔枭翔 陶宣伊 王佳媚 李文茹 王东兴 王新菊 陈筱璇 林盛梅 樊　澌
何清廉 赵敏慧 刘晋楠

能源与环境系统工程

孙凌晨 段伦成 王　兵 玄晓旭 杨　斐 李鸿如 邹友维 李　潇 徐　昊
张延奇 邵嘉铭 姜凯轩 刘奕彤 张　越 邹佩妙 朱远帅 杨天润 曲　捷
李睿峰 薛　烨 许海源 蔡　恺 应燚标 王丹华 张欢欢 张劲草 王一竹

电气工程及其自动化

王一凡 王成庆 张　凯 孙嘉悦 张浩然 郑培铭 于承鑫 王倩楠 李文龙
张　镒 谭晓琳 李俊杭 焦祥臻 邵常政 王　煜 孙润稼 孙志远 李　玺
高文凯 纪鹏飞 徐现昊 李　帅 耿俊雄 姜力杨 王　喆 翟鹤峰 韩建成
戚　麟 胡　爽 康奇豹 周　颖 齐新雨 郭健羽 薛　冰 汪　鹏 郝夏楠
郑　茂 张舟宁 龚世杰 伍珈乐 李　杏 黄家豪 罗　芳 张岷浩 胡红明
高文举 程宇晓 丁鹏程 刘潇月 伏传杰 董革放 黄　强 夏迎雪 陈志强
蒋　凯 刘天成 徐福祥 秦　鹏 刘天一 李晓宇 王　政 管亿民 刘俊杰
陈仁亮 王红山 单晓禹 吕高阳 来永鑫 张嘉伟 邵宗岳 刘培涛 薛　冰
秦朋超 秦亚琼 刘成磊 朱天昊 王博仑 刘雅男 宁大磊 赵　瑾 王延朔
吕越群 郭晨雨 舒成龙 袁林涛 张　扬 郑　健 朱剑锋 高学强 丁　倩
周广涛 吴　耕 李亚伟 宋　洁 李　欣 张文文 黄斌桦 刘煌宇 王若丞
赵　耀 付永强 朱民强 张天豪 王垂白 王秉旭 韩　帅 李宁康 黄刚毅

云海洋　于　洋　李树荣　段小木　孙晓猛　沈一鸣　封秀振　申莹莹　王　蕊
史瑞楠　张　桐　林　健　王佳音　黄刘晗　郭广乾　纪　忱　马玉伟　赵国鑫
宋亚兵　邓志超　郭庆阳　刘　品　卜　琰　黄　馨　秦浦真　张　成　司　季
张　帆　张　瑶　尚新宇　马向威　冯若宁　郭文铭　李香远　马世越　周德君
沙元珂　胡天宇　任　海　陈富强　刘　敏　刘战捷　黄启彦　齐　奇　高培渊
丁晓萌　邬宇默　田青若　贺彦文　王昭祁　张子衿　杨耸立　郭任奇　刘威鹏
彭　楠　郭　志　资小云　夏炜怡　翟少鹏　张　齐　张慧仪　张　丹　张志强
刘天军　梁正中　姚　越　谭晗卓　主　峰　梁家碧　何少川　李培豪　董相臣
孙　叶　石泽清　陈澧佳　赵昊天　韩　磊　童　涛　罗　洋　冯　玮　刘圣瑜
孙　菁　莫敏柳　马跃洋　朱　江　张世昌　温　妍　李　玲　杜昕松　杨春平
谢露露　王利平　余卓航　薛思雨　田　靖　邓洪顺　田　英　徐　璟　郭　芮
王梦琪　朱　蕾　任更新　吕品优　陈译耘　凌雨璇　郑泽文　邵　政　王晓波
季　越　何梦霞　王翰林　张新生　宋　浩　石　昊　宋懿林　王龙光　王在昌
魏寿坤　柳林志　徐梦林　邢少军　汪文鹏　董　啸　李　伟　邢志刚　梅晓冬
张晓冰　刘　帆　马永圣　焦　鹏　郝晓亮　张增辉　王腾飞　陈映龙　毕克峰
孙　涛　徐清宇　张友军　曾建雄　狄庆艺　戴　研　魏子昂

电气工程及其自动化（卓越班）

李　潇　田贯宇　路晓敏　王日照　丰　伟　董金金　王常欣　刘　祎　于学良
包荣荣　袁振华　郭安琪　鲍威宇　孙　明　高　岩　徐若玢　孙燕丽　闫　凯
戴祖光　朱凤举　刘智杰　翟一唯　孙万珺　鲁晓玲　徐嘉锐　蒋贤强　孙凯祺
贾英喆　乔洋洋　许昌洋　栾悦祎　陈　雷　赵鑫宇　姜自民　黄　瑞　戴振亚
张　鹏　黄家凯　王俊雄　秦贞依　谷　鑫　徐博文　刘文浩　吕　健　李　鹏
何　敏　朱　萌　高望远

建筑学

白　雪　常家宝　丁浩然　韩山强　李　茂　李文凯　刘　晓　彭　程　屈录超
宋　坤　佟巧一　王　衡　王龙飞　王姝宁　王伟健　卫娜娜　肖雷振　辛　颖
徐思远　杨　晓　姚庆丰　于金发　张本纪　张雅文　张益芦　周俊良　冉光焱
王小安　陈欣冉　孙晓旭　江振彦　巴森旦增　江荞休　索朗旺堆　鲜于维骁
贺铭辛　江文津

水利水电工程

李　娜　屈飞强　徐梦珂　刘晓芳　王　国　马　杰　李方雪　李焕杰　刘永康
马恒臻　葛玉琪　聂家岩　张一楠　李思文　黄沁雪　杨看迪　李　强　李弘伟
吴金华　李兴建　刘春彤　王　岩　徐梓芮　李　露　王　鹏　李冰清　姜　原
陈锴洋　王之晗　杨流墨　杨　浩　周榆滨　虞未江　郝慧雨　卞常得　陆嘉棋
袁伟罡　缪顶立　姜军倪　旦增次杰　旺　堆　次吉达瓦

工程力学

刘继续　李　侨　郑　腾　李亚男　蔡　伟　韩赛赛　杨　帅　王广义　李雪艳
杨春晓　高成路　邓振全　白贺之　王　军　陈梦晖　李木均　雷成志　肖　越
刘蓄妍　刘纪阳　刘　银　龚文龙　王李程　吴闻酉　高万盛

土木工程

赵亮杰　杨玉泽　王　丹　郭　涛　刘国强　李新明　许梦娜　胡延服　孙　坤
邵照宇　张孝健　李召龙　陈担玉　许欣娜　崔天宇　孙祥天　李环宇　沈继超
张　凯　郭刘潞　连国东　薛绍斌　李　俊　梅桂旗　王晓萌　付纬琪　楚彦庆
李晨曦　徐宗顺　李学林　谭婷婷　沈福元　李梦琳　孙垂玉　虞　坤　贾晓童
邴　鹏　刘京龙　侯　硕　刘　洁　赵科森　董　磊　张　浩　王朋振　马苏芮
郭东良　种法澄　李　硕　牟银林　常志峰　王炳东　王　宁　尚　进　付红飞
商凯凯　费　翔　李昱莹　韩　潇　张纪燊　成晓阳　李　阳　魏守超　周　灿
闫　丹　李　进　王欣桐　黄超淼　苗　争　顾　敏　朱炼炼　李　信　李胜斌
刘　昌　张　筱　孙浩然　王雅俊　李明男　王　晨　张云溪　顾　策　李　卓
赵晓飞　陈　展　陈　辰　曾　炎　陈丹阳　郭佳骏　黄　振　欧阳志成
冯超林　诸葛顺桥　郝　轩　王　维　张元伟　陈　燕　张银金　高一淇
刘哲源　王定怀　李贵红　石　交　祝君山　李明华　张向阳　夏　禹　卞鑫楠
徐栋华　徐榕桦　郁文磊　梁　景　王　伟　黄亦昀　周　健　李思鹏　易思银
陈寒冰　仇　锦

城市地下空间工程

唐忠柏　何礼佳　牛　健　张振杰　熊　祺　王天一　孟　晗　曲永壮　商　慧
梅　洁　刘佳鑫　李　铭　张岩岩　赵相浩　张凤凯　周　磊　匡　伟　苗雨生
张　宇　李　崴　王　然　牛樱龙　杨弘铿　李博林　周　杰　王浩江　陈应杰
黎煜鹏　陈　琦　蒋子岩　朱　秋

环境工程

张　浩　屈　坤　牛忠涛　邵莹莹　李元镇　李云飞　刘　璐　王树森　孔文倩
陈宝娟　刘子闻　吴彦波　李　凡　张小欢　崔丰文　杨丰春　姜文彬　张　聪
孙雪凤　刘璐璐　苏　屹　刘大伟　王亚浩　任少杰　武小琳　李　彤　王振德
刘　蓓　刘慧敏　王振威　白　雪　杨志刚　胡士猛　王伟骞　杨茹梦　王玉婷
冯艳琳　孙炯明　何海燕　程一倩　俞倩倩　陆　恺　徐明杰　徐苏倩　郭丹丹
陈　立

环境科学

陶佳佳　解成恩　邓婷婷　王　楠　袁　超　陈敏明　陈　玲　张宇航　彭　博

张冰洁　任中飞　王　娟　周　卜　李　政　高镭文　蔡慧平　梁　昱　常嘉敏
吴宇炜　陈崇瑛　任露露　高锦涛　王佳希　魏金雯　石梅嘎桑

资源循环科学与工程

李文乾　王琳琳　李文凯　王　焰　乔丹丹　茹东云　江　荻　郭彤彤　韩　双
魏媛媛　李文龙　郭　嘉　姜婷婷　蒙劲光　张艳妮　吴　琪　郑皓月　李俊霖
王　珊　陈秋燕　郑建国　方　靖

预防医学

付小洋　朱　斌　靳　慧　郑　璐

公共卫生与预防医学

郭华棋　王　宏　曾婷婷　柏　扬　陈春金　陈文志　陈永久　程　诚　初　敏
邓正义　杜世昌　段文厚　范丹丹　冯晨霖　谷灵犀　谷玉祥　关　周　郭倩倩
郭　奕　郭云剑　国　静　国琪伟　韩思琦　杭正明　胡文琦　黄晓敏　吉赛赛
金　瑞　康新宇　李仓廪　李春晓　李沣蓉　李贵兰　李慧文　李宪琪　李　昕
李怡雪　梁　峰　林少筠　凌晓斐　刘　宁　刘　硕　刘　伟　刘小莉　刘晓静
刘欣然　刘娅飞　刘艳军　刘阳洋　刘元义　陆星辰　马　晓　孟　鑫　裴　曌
齐文娟　申亚琦　师　乐　宿元元　孙　瑜　田珂欣　田由甲　王海蓉　王　珂
王莉鸿　王　璐　王　培　王　琦　王天宇　王新科　王　雪　王译苹　王　宇
王　王　王贞懿　王之群　吴冠锐　吴　婳　吴荣山　习小娟　肖　辉　肖　默
谢俊卿　邢念莉　徐菁佩　徐　敏　徐亦平　薛　莉　闫浩田　杨　瑞　杨五英
张　乐　张　莉　张尚武　张甜甜　张媛媛　赵　波　赵子君　周传敏　周　茜
周振伟　周　舟　周滋晶　朱鹏飞　庄莹莹　姜金茹　李佳婧　张灵妲
白玛曲措　和一恒　马丽娟　其美央珍　其美卓嘎　马文康

临床医学（中文班）

顾安琪　张岳峰　毕源杰　高子钦　黄丹梅　李　洋　刘贤良　路　娟　秘宝辰
徐乘骏　叶海峰　张克栋　左袁博教　邱　尧　艾红萍　曹光庆　查斯元
程　垦　崔　颖　董亚男　范　闻　甫尔瓦·才　付　凯　高彬彬　高　思
郭金琬　韩银鹏　贺志爽　季雪琦　康改玲　兰　萱　李春艳　李淑满　李筱椒
李雪岩　零春香　刘　菁　刘　萌　刘肖肖　路　瑶　吕本浩　罗丹丹　逄丽丽
申朔豪　司玲玲　孙　娜　田诗姣　田思男　汪祝乐　王晶宇　王君喆　王文婷
王之龙　吴瑞芝　邢　静　应　莹　余　丹　袁启泽　詹雅琼　张保坤　张梦云
张文星　张潇丹　张晓峰　张曰厚　赵荷露　赵梦圆　朱　泉　朱英壮　林资颖
张　方　郝元海　艾赛提·外　次旦拉姆　贡嘎旺姆　刘建婷　麦地努尔
热依汗·沙　杨　瑞　依热盼江　张　泰　颜刚威　董宇昊　姜　戈　董占文
杜杲航　李晓喻　李煜铭　刘　敏　刘子群　马聪聪　苏维玮　王　宁　魏　晓

于　鑫　张俊昶　赵　晴　甄　涛　付逸文　韩耀鹏　冀寿健　李晓彤　李　岩
李振飞　王　暐　王洪智　王永康　吴冕甲　杨乃鹏　张明昊　张　瑞　张文刚
张雄宝　赵金明　郑文帅　左文涛　李茂源　王渝胜

临床医学（本硕博连读）

程开源　仇　钰　崔滋欣　窦云德　高继伟　高振东　李洪琦　李康帅　梁怡然
刘明浩　刘怡琳　孙晶鑫　孙　镭　孙　琳　孙义远　王　琛　王文富　王　璇
王　哲　夏平钿　徐蕾琪　许卉妍　薛　景　杨重博　曾任雅　张　猛　蔡蔚薇
王玉琼

临床医学（双语班）

贺　飞　付金涛　杨小菁　李雁翔　刘琪琦　王一赫　张　晋　柏钦正　曹　琳
陈鹏翔　陈　倩　陈学炎　陈颖玲　储　庆　崔剑锋　崔　娟　刁　峰　董　伟
窦雪晴　杜娟娟　杜　夏　冯子超　傅燕玲　顾　湘　郭濛濛　韩　杰　侯　臻
李　钏　李昊炜　李雪晴　李宗泽　刘　姜　刘为像　刘晓琳　刘志浩　柳俏然
柳亚慧　罗小彪　毛新荷　孟霖霖　孟维琨　倪岳晖　牛广柱　齐贡花　邱文龙
曲　玥　任　明　阮　方　邵显昊　石　冰　宋海栋　孙聪睿　孙　妍　谭海宁
王科喜　王苗苗　王淑云　王天霄　王炜杰　王晓宇　王　瑜　王羽佳　谢英伟
徐洋洋　许家齐　薛郑泽　杨春林　杨丰菁　杨夏鑫　杨　阳　姚振宇　衣明慧
尤宏钊　于佳琪　张　闯　张　珂　张　丽　张韶彤　张新玥　张永湛　张　瑜
赵仁昌　赵亚楠　郑凤杰　周宋男　邢　骋　张婉璐　陶飞洋　麦麦提·艾
宋　桉　宿敬然　赵心童　陈雨晴　程秀君　杜婷婷　范丽媛　郭云亮　李静宜
李丽丽　刘荆恺　刘辛迪　刘振川　潘　盼　申丛榕　宋立锦　王艳萍　张　娣
张明蕾　朱　敏　迟立杰　崔传鹏　盖盼盼　汤　岩　汪格顿　王润东　杨　宁
于国栋　周毅恒　李晓玲

临床医学（本硕连读一非

曹　楠　柴佳威　陈思雨　崔基雷　崔丽萱　丁　楠　丁润宇　董玲玲　窦传宏
窦晓晓　方晓娟　冯胜男　高艺璇　韩晓蕾　郝晟瑜　黄　婷　金权赫　李　冉
刘天航　刘显英　刘　霄　柳　腾　卢　萌　栾庆浩　马文彪　孟祥永　倪筱静
潘国友　乔　梁　史文新　孙东兴　王　琨　王　莉　王　琼　王闻博　王学庆
王衍泽　王忠凯　蔚海阳　吴余玲　吴王丽　吴　喆　谢　凯　徐　敏　许　谡
许小婷　杨栩鹏　张宝庆　张荣华　赵　婧　赵洋洋　周长红　周　敏　孟新璐

本硕连读（本硕连读一教）

李政军　车俊超　陈　鹏　樊知遥　付志浩　蒋　洁　李彩瑜　刘丽娟　马坤润
牟　丹　濮永祝　山　倩　施梦蝶　覃庆春　王思奇　肖　珊　徐　丹　徐亚瑄
张铭珺　张文通　张　雯　张学海　张自伟　赵　新　朱　亮　邹向云　刘　闯

弭　雪　包亚君　曹柳兆　陈　建　崔春辉　郭发刚　康彦君　李步托　李　婷
李晓艺　刘　婕　刘　莹　梅　丹　潘　雅　宋怀刚　孙振伟　王　超　王　辰
王春亭　王合雷　夏　婧　张旅娇　张　岩　赵杨勇　郑贵文　周兵海　宗　璇
程山山　高　朗　高文君　郭　宇　何春俐　江　泽　李聪聪　李　韬　李天恩
李　媛　林　琳　刘艳艳　芦　山　马芙芙　商国凯　邢　磊　徐支腾　杨馨妍
于洋力　张　强　赵琳丽　公　娉　贾　博　贾文俏　姜艳艳　康　佳　李宝明
李　晔　李志强　刘　奥　刘　璐　刘强强　吕亚婷　罗　洋　马　田　石瑶瑶
宋晶晶　王　攀　王天辰　王　鑫　姚庆宇　姚　媛　余松阳　翟文哲　张庆瑞

口腔医学（本硕连读）

蔡毅志　陈欣慰　范宝婷　郭牧笛　胡　月　黄纯纯　贾凌璐　贾　璐　贾婷婷
匡博渊　李东方　李嘉怡　刘　畅　刘雯华　刘晓菲　刘志浩　刘子嫣　邱雅珊
孙长芸　孙　龙　王瑞芳　王逸飞　吴晓晓　徐　敢　羊正林　张　玮　赵铜超
祝奉硕　赵　波

口腔医学

杜锦秋　彭　瑶　逄丽萍　陈　莹　程冬冬　段冰冰　高小杰　郭晓东　韩　晓
胡利君　华　夏　黄　超　姜　楠　康文燕　李格格　李琳琳　刘晓筱　刘映伶
吕文馨　马驷骎　倪丽英　潘天懋　石姝雯　孙白羽　王　兵　王鸿哲　王　宁
王若琳　王翔宇　王　旭　文　静　邬琼辉　肖妍荻　许梦茹　闫广兴　杨　林
杨宗澄　尹秀男　张天昊　张哲蒙　郑　哲　周　咛　庄嘉宝　刘力榕　梁　琪
张　赛　黄正非　董晓菲　李　丹　刘　杰　罗　磊　杨　彪　张志宾

护理学（双学位）

卜慧慧　曹荣荣　陈秋蓉　陈英华　董鸢媛　房文杰　黄红梅　黄立群　黄霞芬
江　雪　孔亚慧　来翠萍　李盼盼　林萍珍　彭子祺　饶建霞　时文萍　孙瑶瑶
王晋芳　王昕宇　王秀秀　王颖珠　吴梦莲　谢传桃　徐文静　张会会　张　倩
张　庆　张同欣　张晓夏　张友娟　赵　荣　赵晓婧　郑秋惠　丰丽娟　才格措
雷忆寿　卢　毅　罗　瑶　万　勇

药学

吕洪超　曹莎莎　张学伟　孙启超　田文俞　蔡正康　王　丽　毕惠丽　张会苑
郝昭君　曾雨苗　苏　冉　白全喜　李春辉　刘清远　管延辉　翟炜翔　刘晓亭
周强强　张幸真　王　罡　胡　伟　李晓芸　张圣强　苏　超　韩玖均　张　昊
李　醒　庞伟强　王　芸　于子茹　王丽媛　王学顺　王艳婷　李　燕　侯彦宏
王学耀　董中华　张　星　郑祥伟　陈振托　俞秋霞　路振宁　唐　甜　黄春芝
王立国　李晓伟　李晓梅　刘唯唯　史兴鹏　延纪普　禄梦娇　乔亚南　王媛媛
唐春超　周　易　李　莹　何文秀　温　路　黄英豪　徐广森　田怡安　路　璐

石红苗 王佩 聂俊杰 张力扬 倪若璇 罗梦婷 高海涛 宗岩 杨光
庞杰 韩学亮 冯祺慧 张力图 孙溥阳 孙佳惠 朱宇豪 杨威 冯琳晶
刘畅 袁磊 魏爱琳 卢丽 奥布力喀 孙禧 李一木 王亨渊
王婷婷 朱煜 谢佩珍 龚坤 叶晓计 唐嘉婧 彭宁仙 李会英 王一鸣
普莹 赵丹 李敏 曾子余 张群 赵婉竹 赵彤 李晓艳 解帮凤
杰美曲珍 古桑德吉 胥明东 王佳晨 彭晶晶 江凯 吴云飞 周诗意
黄周力 臧立轩

制药工程

解立宇 陶雪 范佳会 刘效军 庄严 刘国 马国强 赵荣荣 朱炳洁
阳艳 胡洋 胡江伟 徐慧 武艳芳 马世超 付凯莉 陈奕名

临床医学（药学本硕连读）

张杰 陈必刚 陈晓康 冯梦雅 宫成霞 胡铭虹 黄华珊 姜建邦 蒋自牧
柯晗昵 孔俊杰 刘毅 刘柱 罗雪婷 罗莹 马小雯 秦金光 曲磊
田李 田琦 王丁丁 许宝林 于亚菲 张建港 赵伟杰

信息管理与信息系统

陈偲 刘佳琳 张媛 张雅琳 黄兰淇 侯晓琳 汤晟 张杨 杜泽坤
蒲钰 董寒凝 张子言 刘一平 付冬阳 周佳祥 陈瑶

工业工程

戴佳琪 游腾飞 冯雪莹 张洞 李彦 刘会娟 颜东伟 吴树林 管山川
姜金妹 诸林林 刘睿智 马丽 关恺 宋策 邓晓欣 朱明敏 刘杨阳
周宸伊 贾珍珍 任秀芬 毕珺瑶 许馨茹 刘胜男 徐微 李世东 张键
王佳璐

工程管理

杨仕达 董英琦 陈丙雪 王利坤 张晓鹏 王媛媛 赵舒婷 尚霞 董轩
吴国滨 杨艳青 林娟 许传帅 张立静 魏思敏 迟梦妍 张文丽 叶杉珊
郑洁 宋晓丹 李亚茹 孙晓昀 王爽 刘璐璐 石帅 李园园 毕罗玮
贾筱雪 范亚文 王振伟 郑杰 钱琛 景欢 薛靖鑫 周楠楠 刘双文
陈亦丛 徐琦 郑悦红 马敏迅 任芃 邹琰 张怡 陈熹 王梓柟
范贤君 张月明 赵欣 吴岳宽

工商管理

左芮 林晓云 钱陆陆 吾兰·叶尔 曾梦捷 李正航 赵益 桑燊
张枥火 李友波 杨莉婷 伍丽 刘上翠 吴伟 李双燕 蒋凯 马文昊

吴学彬 于　帅 胡晨昊 李刚亮 关　娜 孙　斌 王东东 崔苗苗 聂逸萍
刘莎莎 邹　晓 孙　猛 孙婧毅 李伟诚 王志煊 苏玺鉴 王子豪 王　超
吴　迪 樊微微 刘　洋 潘思辰 张　林 杨一鸣 郜鹏宇 曹　丽 陈　维
钱　成 蓝嘉炜 吕俏涵 聂宇潇 杨依柳 朱雪娇 李　聪 张　慧 林　玉
西贝天雨 陈　然 刘振宇 杨燕姗姗 马　宁 黄元艳 李雪涛
王　静 仇家锐 吴臻宇 董琛娴 饶　蕾 黄紫翎 叶丹丹 郭媛媛 于伟哲
孙　聪 江　湛 辛曼云

市场营销

程芙蓉 葛笑梅 芮　琛 吴　蓉 应绍烽 张梦梦 徐　秀 马艳玲 陈　迪
王俊婷 任传宁 郑庆伟 王晓龙 陈晓杰 徐世杰 季　晨 赵欣欣 崔高一郎
王雪平 朱艳杰 隋致远 刘全勇 刘志汉 周鑫林 郑剑铭 顾书尧 王　越
姜岱岩 段宇杰 陈雅婷 陈　琪 贾耀宇 周香君 覃子栩 张振旗 何艳妮
刘芮辰 沈卿亦 冯梓航 潘若玉 张　旭 王　凯 阿克力比 托力木别
安丽君

会计学

张　迎 柯　睿 赵崇光 刘成志 毛玉丽 李艺颖 陈　曦 刘　静 陆　阳
刘　芃 赵艳婷 黄　妤 李俐慧 徐艺玮 孙翔宇 罗莎莎 蔡　文 高晓艺
魏丽花 文晓珍 王志鹏 王晓涵 关翔天 于再冉 李永婷 谢艳雪 石　昕
张雪瑶 王　旭 庞　丰 孙　洁 刘　尚 王月明 杨　洋 赵爱秀 梁翠翠
陆永达 洪珍妮 秦淑倩 闫露露 潘　璇 于烘旦 田　丽 齐贝贝 刘天昊
王　逌 孔维雪 滕　宇 刘怡彬 李林丰 刘一璇 王　欣 李婧媛 张潇文
王瑞凤 刘宁宁 王聪聪 薄　倩 邵　娟 潘若曦 李雨农 王艳宁 李昱成
田　媛 张伟娜 徐　艳 霍　晨 赵明珺 吕新惠 沈　玉 袁　蕾 张　荣
张建臻 王　静 杨丽君 刘绍萍 张鹏冲 董立业 宋　雨 任闻涛 白　楠
刘　畅 李　茹 邓　佳 王胜蓝 薛梦真 高熙浓 夏　烺 雷金金 王琳雅
朱　霖 邳维嘉 韩文玉 吴　芳 谭秀龙 王　梦 杜　黎 安子佳 程继珠
吴　昊 刘文皓 鞠　萍 郝锐敏 贾梦瑶 段玉如 赵怀宇 林　曦 任　杰
董文芳 宋斯佳 曹　迪 焦丹阳 褚　淇 杨凌南 罗　星 尚柯宏 范凯瑞
吕庆兰 李逸然 马　慧 李　潘 许凯黎 缪　雯 殷宪莹 高　翀 张　咪
胡梦姣 吴颖炎 张晓栋 王丹琪 倪　杨 胡佳杰 赵侦蓉 范彬彬 张　欣
芦书洋 杨梦琪 张以轩 杨　瑾 邓丽萍 郭坚豪 苏　浩 陆书宇 李吉园
周晗博 宋　帅 郭世清 赵　畅 仇玉准

人力资源管理

高奉春 高奉春 邢　讷 李丹丹 李　琴 石　晴 王　琳 马润良 李蓉兰
王议雪 姜洁莎 马金鹏 刘　林 丁　楠 周　威 常雯雯 栾益鑫 刘　娟

刘大壮 李雪晨 万翠芬 吴超剑 刘如月 徐璐 李金成 黄雪曼 张博文
刘静 秦然然 张佳琳 于奕萍 张文硕 方旭 刘静雯 黄昭强 向书灵
于斐 何申军 谭美娟 张东枫 郑沛琪 洪竞婷 袁亚萍 余思卓 潘娅
何姣姣 李婧雪 林显彤 王歆悦 刘璐 武强业 陈琳 龙玉立 王彦为
莫玥玥 韦柳宧 汤静宜 姜祎男 郭璟 李生媛 杜珊珊 张荣正 范昊
叶培年 张红梅 魏鹏

旅游管理

李卓群 赵彩虹 曹正芳 贺勋 戈晨光 田正 张强 魏佳琪 岳晓溪
林哲民 黄双 晏庆迪 勾淋 方鋆

国际商务

岳红 于松冉 胡梦瑶 刘正 汪巧妙 刘娇瑶 张倩文 王恺蕾 姜晓男
贾宇轩 徐蕾 闫明琪 周娟 王振中 武蛟 崔家诠 何光基 宋美娜
王欢 王勇 李咏堃 张宇轩 马文洁

物流管理

赵希玮 聂梦娇 宋歌 孙萌萌 方鑫 唐永芳 李丽影 戴栅婷 殷成成
殷姝君 陈元兴 魏海昭 陆林 刘海月 杨贝贝 刘畅 李云萌 杜慧
周云晖 康博 梁达昆 金雨佳

工商管理（实验班）

徐靖凯 芦政权 车宝东 吴展昊 吴奕琳 于冰洁 刘文君 姚嘉文 李清松
李娇 刘骏昊 鲁遥 宫子渌 李越 王金百惠 范月洋 林英帅
魏瑶 李想 许梦娜 郭昌宇 高栩 董斐然 黄威宏 孙潇 孙松
陆佳 袁宇彬 于千翔 林舒农 孙立夫 李斯阳 华诗宜 赵申绅 郑武菡

社会体育指导与管理

陈超杰 费量力 樊研 田径 陈廷美 惠庆迪 贾俊东 王文晓 李洪昌
邢孟军 徐朋磊 郝龙 王纪良 陈青林 刘状 解文龙 魏浩 吴彤
安丰格 徐长玉 于朋 薄春旭 曹麟 季殿林 张友德 丁冠东 王纪跃
高阳 曹玺 尹帅达 娄能会 孟凯利 张秀烘 方江红 曾灿 张圣
谢晖 杨聪 邹杨广 成卓桢 万虹 范凯琳 李玮伦 阳柯 许宏铎
张琼丹 李先斌 李青山 张林 卜洪凯 葛鸿博 林常梓 梁杰 周云鹏
王耀 林村 王帆 邱舒龙 赵晓红 张婵媛 庞佛宝 张迪 魏强龙
张力 符钢 郑栋宝 羊进 蒋唯屹

工商管理

马逸麟　　于万鹏

经济学（体育特招）

张允豪　　徐方舟　　曾　腾　　孙天阳　　陈继南　　王　哲　　张　铸　　彭　煜　　蔡志斌
李梦雅　　丁俊凯　　董吉曜　　张贤尧　　邹娟娟　　赵梓冲　　王子乔　　谭英弘　　聂靖炜
蒋德群　　于　跃　　曹本心　　于文达　　杨煜欣　　冯　帆　　黄　晶　　周添宜　　李营晶
王　迪　　田　琳　　刘　阳　　刘　江　　聂禹杰　　任柏宇　　赵　硕　　姜　楠　　刘昌红
陈　昊　　梁敏珊　　陈壁勇　　吴少姗　　刘　乐　　司　霄　　翟　超　　祝天旭　　赵甜甜
高天慧　　刘　斌　　宫厚财　　陈延博　　孙炜茸　　魏晓萌　　黄风学　　周　洁　　金承昊
马　君　　刘子航　　张　怡　　张泽萌　　冯　阳　　李　荣　　颜云然　　王　彬

软件工程

牛宗辉　　陈宇杰　　李志豪　　邢德阳　　张泽鑫　　张玉杰　　赵全超　　钟　闻　　林志勇
安　东　　张冬冬　　黄宪威　　张成淇　　周季钢　　钟　桓　　王素伟　　贾世昌　　赵玉双
吴雨桐　　陈小佳　　赖俊鹏　　姬新平　　祁业佳　　徐可心　　柴彦孝　　楚计争　　许凯红
刘振光　　郑泊宁　　王龙昭　　张　茜　　颜建海　　李　京　　王尘堃　　黄圣彬　　张鹏飞
万文闯　　陶旭涛　　王　月　　许　凯　　刘　钊　　司　鲁　　赵再让　　张念祥　　冯秀秀
孙晓雯　　陈铭发　　刘　昱　　刘美洋　　戴志强　　刘　杨　　于琳峰　　马广磊　　张风宇
赵振捷　　于连冬　　陈大伟　　宋健健　　秦顺鑫　　刘春磊　　徐凯丽　　杨　光　　张晓东
王晓宁　　苏祥庆　　郭耀文　　赵　峰　　刘文蓉　　胡志言　　任如海　　杜海光　　梁从龙
刘绍健　　柳孟阳　　吴会祥　　李　帅　　刘增敏　　陈　佳　　高　振　　贾世琳　　祝　雪
张　锐　　周世超　　马　凯　　张文浩　　郑杜金　　张　伟　　杨飞利　　宋　林　　王昌圆
刘礼彬　　马　凯　　颜丙政　　李　生　　狄　鑫　　李　乐　　陈思捷　　阙正红　　骆大峰
王　岩　　郝　婷　　王伟伟　　臧会冬　　张家骐　　杨　帆　　韩俊晓　　安玲玲　　李　凯
陈海霞　　陈　超　　邵清世　　唐晓庆　　闵新平　　仲宇烁　　祝新革　　姜鹏程　　曹殿雪
亓　秦　　张　伟　　张文超　　刘桂良　　乐　铭　　王晓飞　　张家浩　　林华清　　张佃磊
宋子文　　吴　迪　　赵　腾　　陈珊珊　　张永震　　张梦琳　　夏一凡　　姚士峰　　尹利媛
陈　耕　　刘翔宇　　马月昕　　王玉龙　　李勤浩　　刘秋杉　　陈　凯　　李香进　　刘昭呈
张冬冬　　孟令涛　　赵旭东　　杨　璐　　李　娟　　赵鑫鑫　　张昱杰　　高本尚　　周广运
绍宗瑞　　王晓林　　刘　桐　　董腾飞　　刘　雪　　邹亚男　　吴　限　　孙　奥　　张晓鹏
穆　青　　张尤优　　周生亮　　朱泽兵　　鉴林杰　　王浩然　　蔡　宇　　韩玉强　　董翔飞
梁家琪　　杨继涛　　秦　灏　　罗雨飞　　范德强　　王凯旋　　王海龙　　陈首新　　杨　宇
王　琦　　王　桐　　玄先乾　　徐　浩　　张京鑫　　崔开元　　张吉凯　　宋　佳　　赵得山
刘小康　　冯　康　　张　妙　　孙云龙　　黄　城　　赵　康　　黄康宁　　李银浩　　李　健
龚高晗　　高　祺　　李鹏飞　　马　方　　王同尧　　史　兵　　葛　彤　　谢俐鹏　　杨　蕾
耿　旗　　余永海　　武文浩　　韦宇轩　　陈　伟　　蒋倩玉　　姚子靖　　曾伟峰　　吴　炜

郭　德　李　威　张金宝　刘道江　邓　翔　范永乾　黄华俊杰　张鹏飞
张正明　张露晨　袁　野　高　阳　戴加明　汪　明　龚　龑　冯姝桦　杜李超
韩　溦　黄晶亮　康　旭　孙海淇　吴圣坤　李　鼎　魏　巍　王旭颖　王子硕
田忠峰　王增智　杜　洋　杜润楠　马春杨　王自然　孟令童　胡广豪　石　艺
孙龙霄　吴子卓　邓方宇　曾从容　刘海龙　叶景亮　田海伦　张祎聪　刘泰玮
林小艺　陈恒欣　张　鹏　张琦佳　张　倩　谭　畅　吴雪瑛　杨子枭　张益箔
刘偲毅　乔荣轩　曹泰宏　徐铭泽　孙　杨　陈　祺　方子乙　蒋稼楠　黄　鹏
夏　岩　苏思悦　赵洪飞　郭　邯　张博伟　李　政　刘沛潭　陈旭峰　王　瑄
巫晓箫　李探洋　侍纪行　李　韬　成　强　储　旭　陈轩昂　刘圣超　陈志浩
钱炜栋　仝公琪　唐红枫　徐学睿　祝凯俊　叶炜斌　方　斌　余贤棋　李继开
胡立平　方潇梁　项昊龙　林诩凯　彭秋芳　郑添余

数字媒体技术

王楚天　贾　周　刘　旸　孙若琪　何文斌　戴子雨　赵　征　赵同飞　魏　勇
房慧弟　陈　佳　蔡苏萍　刘盛世　王以斌　王少儒　王彬辉　雷　霆　王意林
袁　帅　王光明　宫　钊　徐梓舰　尤晓萌　宋立勋　宋天非　刘康丽　朱乘骏
冯浩宇　顾　晶　张　辉　汪海洋　朱绯云　李佩珩　周瑞煊　潘志伟　张昱歆
何　莎　沈冬梅　马文悦　马丽莎

数字与应用数学

李海波　王嘉庆　李　响　许　琨　王　晨　斯可汗　张燕斌　王维佳　肖泰洪
李佳玮　郭禄禄　董自康

物理学

孟　璐　胡徐智　刘辰源　孙元浩　王璟岳　曹端云　沈　磊　徐钟煜坤
崔文强　赵逸秋　侯雅琪　张　鑫　翟唤晨　龙雪豪　袁　睿　沈中原　郑杜鑫

化学

吴云雁　刘锦程　徐悦娇　李昕伟　郑永恺　张格平　于梦虹　李　迪　荆世尧
王文鹏　刘　旭　吴　凡　张　璇

生物科学

吴晓璇　刘雅真　张振宇　殷　军　徐　霖　自振滔　吴显伟　柏捷铭　吴宏宇
石文昊　杨金才　刘馨德　李钰茜

计算机科学与技术

刘志祥　冯　霁　曹　琉　岳　洋　黄兆嵩　蒋家鑫　韩博洋　应建明　张智鹏

汉语言文学

戴宗禄　邓子维　陈　缘　李举创　黄翰希　马小菲　闫梦涵　薛　莉　吕中豪
张　恒　刘晓静　韩博韬　方　超　刘　早　董韦彤　徐晓莉　吴剑修

法学（法学与英语双学位班）

顾童桐　何腾新　姜民真　李培根　梁　晨　裴思泽　史晓琪　王文卿　王　欣
魏晓萌　肖雯钾　许　唱　薛风明　由　璐　陈迪宇　郭　珍　胡　雪　魁　达
李一田　刘炳轩　刘泽霖　袁静雯　张芙嘉　赵晓彤　周　璐
阿迪拉·奥　穆海霞　张秋莹　冯　晨　曹敏敏

英语（英语与国际政治双学位班）

崔恩缔　韩吉婷　韩　鑫　坎朱明　王东震　王天娇　谢皇薇　张茹安　甄浩楠
曹丹阳　丁德玲　王须晟　吴　优　杨　慧　郝曦妍　侯乔松　师　蓉　孙学志
王金梦　王书平　魏　丽　张　亚　张　玥　张　越　赵亚茹　周晓宇　马　蕾
张咪娜　马　鸣

护理学（双学位）

卜慧慧　曹荣荣　陈秋蓉　陈英华　董鸳媛　房文杰　黄红梅　黄立群　黄霞芬
江　雪　孔亚慧　来翠萍　李盼盼　林萍珍　彭子祺　饶建霞　时文萍　孙瑶瑶
王晋芳　王昕宇　王秀秀　王颖珠　吴梦莲　谢传桃　徐文静　张会会　张　倩
张　庆　张同欣　张晓夏　张友娟　赵　荣　赵晓婧　郑秋惠　丰丽娟　才格措
雷亿寿　卢　毅　罗　瑶　万　勇

汉语国际教育（辅修第二学位）

刘建华　乔　雨　孙楚楚　贾思茗　吴卓倩　叶静怡　张梦瑶　赵子薇　刘祺航
潘晨诚　陈诗佳　高　溪　张　博　郭风华　韩丹丹　付真玉　薄遵琦　韩博韬
唐　璐　王心怡　云　帆　张　婧　王　融　李雨佳　赵　悦

国际经济与贸易（辅修第二学位）

张松青　傅　友　陈　蕾　高松林　尚新奇　杨　草　赵　琪　杜雨茜　倪望舒
尚杨杨　蒋　浩　陈　墨　郭慧敏　耿　燚　沈倩子　张　咪　孙姝俐　李友波
苏玺鉴　郑　洁　郑泊宁　朱　凯　张　洁　高树翠　兰天翔

金融学（辅修第二学位）

李一田　刘　颉　张　艳　王月娅　卢　超　施　词　谷玉祥　李惠文　周振伟
王贞懿　赵　波　唐忠柏　邓　敏　李毅杰　郑颖仪　米　欣　贾文博　陈沙沙
毛琼瑶　徐思雨　李　越　余　梦　李杭耘　张亮亮　李佳琳　张　雯　杨晓彤

孙文程　　李莹莹　　张　赛　　姜　斌　　付会芳　　张入文　　刘慧琴　　孙晨语　　徐翠雪
孙　鑫　　王淏凌　　李　政　　段振波　　张　琳　　栾晓姣　　韩靖人　　李　漫　　赵巴奥
赵祎琦　　房立俊　　刘　琨　　李　钰　　张山川　　张　芳　　卢　尧　　李　桦　　李美妮
石竹君　　薛　爽　　闫世宽　　程　芸　　李媛媛　　郎爱慧　　李宝云　　栾　肖　　李靖敏
李砚君　　解姗姗　　赵慧玲　　陈宇婕　　梁嘉艺　　朱岱君　　任曼妮　　任妍秋　　付淑芬
陈雨晨　　张枥火　　刘　硕　　高　琪　　赵志坤　　李紫薇　　马　娜　　魏筱颜　　李　涵
孙晓东　　宋美英　　唐　敏　　送翎丹　　朱倩茹　　楚艳娜　　王琪琪　　曲若理　　李怡心
国艺箫　　王翩翩　　王　岑　　徐毅轩　　柳盛东　　朱　凯　　王　欢　　刘丽冰　　闫　妍
徐　琪　　褚鸿举　　武小栋　　徐靖凯　　周　敏　　田志浩　　刘　洋　　孙　超　　张海霞
周凡琨　　张雪琦　　胡志薇　　桑　柳　　刘曦蔓　　郭昊帅　　李喆慧　　冯　帆　　王玉琪
高俊杰　　丁一明　　刘　伦　　林青川　　张心悦　　冯睿卿　　马逸衡　　王　迪　　张劲松
陈少坤　　王文东　　崔　翱　　董志瑞　　谢志康　　王天鸽　　朱亮亮　　王丹晖　　杨　铭
苏明雪　　高　源　　张广凤　　曹　潇　　杨春柱　　夏丰贵　　谢宝莹　　杜佳益　　金　逸
孙琪建　　孙　晨　　李文超　　颜贻檀　　陈晓天　　田　欢　　滕燕飞　　由业福　　叶弘毅
叶　超　　朱鸿远　　王佳媚　　石梦雅　　王　青　　蒋琼琼　　姜凯轩　　邓　炜　　杨天润
曲　捷　　范　琪　　郭玉芬　　姚　越　　薛绍彬　　王晓萌　　苗雨生　　韩　潇　　张纪燊
王欣桐　　王　晨　　陈敏明　　张小欢　　王亚浩　　高镭文　　李依荻　　孙溥阳　　李俐慧
于冰洁　　丁　楠　　姚嘉文　　周　威　　李　娇　　张潇文　　李雨农　　雷金金　　郅维嘉
潘　娅　　尚柯宏　　孙　松　　李　潘　　许凯黎　　戴佳琪　　宋　歌　　董　轩　　许传帅
林舒农　　叶杉珊　　毕罗玮　　范亚文　　孙立夫　　钱　琛　　邹　琰　　徐　微　　张　怡
陈廷美　　贾俊东　　王纪良　　刘　状　　魏　浩　　吴　彤　　徐长玉　　张友德　　尹帅达
邹杨广　　李玮伦　　祁业佳　　李　京　　于琳峰　　宋　林　　马　凯　　骆大峰　　尹利媛
杨　璐　　李　娟　　刘　桐　　王浩然　　董翔飞　　梁家琪　　杨继涛　　张京鑫　　张　妙
黄　城　　刘军君　　张荣正　　王自然　　张　倩　　巫晓箫　　王　喆　　尤晓萌　　杨　昭
陈志恒　　何艳艳　　温　洁　　白　蓉　　丁　然　　蒋尚莉　　袁　粒　　孟冰冰　　陈瑞升
陈千慧　　李　飞　　王雨嫣　　梁玉琪　　赵婉茹　　袁少州　　张文琦　　张殿卿　　王丽华
赵　凯　　宋晓阳　　宋超妮　　王　震　　杨志京　　赵　萌　　张瑞雪　　潘颖超　　王晓琳
王欣欣　　赵　文　　韩林玉　　刘　昌　　王伟骞　　张力图　　魏　瑶　　高　栩　　郑悦红
高　阳　　汤　博　　童　欣　　李　祯　　刘晓宇　　郭亚斌　　黄乃鑫　　牛嘉年　　朱白羽
郑广存　　张吉臣　　李文龙　　王加敏　　焦祥臻　　戚　麟　　黄家豪　　牛　健　　张振杰
崔苗苗　　曹　丽

法学（辅修第二学位）

张　鑫　　张　宇　　熊昕昕　　唐菀佳　　张允豪　　李雨彤　　杨　俊　　丛晓泉　　陈雪薇
王晓冬　　张　悦　　曲天泽　　丛　玮　　张蓉蓉　　马晓云　　钱小飞　　常　圣　　王清玄
王艺玮　　吴昌翠　　李若楠　　邱嘉伟　　焦　云　　任潇潇　　刘晓静　　李艺颖　　高远新
赵文卿　　于　可　　徐　萌　　吴晓彤　　周心澄　　吴宇炜　　蔡　文　　邹　晓　　吴　昊
姜岱岩　　郜鹏宇　　倪　杨　　黄兰淇　　徐朋磊　　于　朋　　张秀烘　　范凯琳　　林常梓

林　村　王　帆　张　力　米娜依·米吉　张　放　朱嘉慧　刘　心　潘晨辉
孙天阳　曹本心　刘昌红

新闻学（辅修第二学位）

丁　冬　王　玉

文化产业管理（辅修第二学位）

盛　誉　于海婧　王　淇　商辉丽　宋　健　黄瑞萍　孙　娜　田杨俊婕
包　悦　蒋佳宁　赵晓璐　曹葳蕤　李祎璇　郑筱筱　周慧泽　赵英姿　刘晓璇
雷梦婷

金融数学与金融工程（辅修第二学位）

张　乐　徐成尚　黄子为　陈文茜　徐　畅　李　睿　李子杨　管山川　刘睿智
孙晓昀　宋　策　郑　杰　李斯阳　孙　奥　郭　德　叶景亮　付冬阳　李瑶菲

工商管理（辅修第二学位）

曾晓燕　侯培宇　戴明伟　甘　露　王本如　符开女　段一凡　宋　杰　马　琳
张云茜　刘　鸽　刘科显　黄韵竹　孙　晶　范　昭　徐苏倩　薄春旭　李一鸣
许婉妮　周华溢　孔凡敏

市场营销（辅修第二学位）

陈超杰　费量力

会计学（辅修第二学位）

张灵姐　张　东　王　悦　陈一飞　张翼大　熊　辉　孙　晨　高　尚　徐帅杰
隋　禾　金静娴　王惠庆　陈俊洁　任李博　赵宇琪　郑　棪　柳　杨　刘思雨
张　楠　张碧莹　谈小利　崔文昕　伊新新　丛萌萌　黄瑜杰　张　琳　孙丽丽
唐　敏　李佳悦　邵嘉川　刘　欢　王雨曦　毛自洁　任安然　李羽佳　马　玉
孙　莹　魏尧祥　孟云竹　何思娇　黄亚雪　刘　伟　程晓静　李　潇　丁鹏程
葛玉琪　姜　原　姜文彬　李　政　孙炯明　陆　恺　王一竹　唐　甜　曹　玺
方江红　杨　聪　万　虹　张琼丹　郑栋宝　赖栩佳　赵　峰　夏一凡　台启飞
马　方　刘泰玮　李文佳　王楚婕　刘　坤　李　琳　刘　强　侯方圆　袁　航
方星宇　张　铸　赵梓冲　任伯宇　赵甜甜　王诗艺

人力资源管理（辅修第二学位）

付　磊　赵　彤　高雪莲　李　冰　李振玮　张　倩　张　珍　司佳丽　彭　阁
刘亭亭　张雨苗　武　琼　刘雅楠　王月皎　张祥云　李　璇　郭若怡　张诗悦
朱爱文　韩　璐　罗浩月　陈连宏　王晓晴　彭丽霞　张锐杰　朱倩雯　王昭祁

主　峰　田　径　李洪昌　郝　龙　解文龙　季殿林　张婵媛　庞佛宝　赵　腾
苏思悦　张博伟　余贤棋　程媛媛　王媛媛　左　馨　钱宇晗　高胜男　刘泰旭
祖　玮　史忠璇　戴　敬　徐美玲　张一水　李　雪　陈　芳　田睿思　卞　敏
徐方舟　彭　煜　周　洁

山东大学 2015 届本科毕业生辅修双专业学生名单

会计 s13（辅修双专业）

刘上翠　王恺蕾　李双燕　姜洁莎　吴奕琳　马文昊　刘文君　吴学彬　姜晓男
李雪晨　吴超剑　关　娜　贾宇轩　孙　斌　张博文　聂逸萍　徐　蕾　张佳琳
王雪平　张　猛　于奕萍　王志煊　张文硕　杨静雯　向书灵　王子豪　吴　迪
郑沛琪　潘思辰　袁亚萍　聂宇潇　杨依柳　朱雪娇　龙玉立　张　慧　周香君
覃子栩　莫玥玥　西贝天雨　潘若玉　郭　璟　杜珊珊　仇家锐　董琛娴
赵舒婷　尚　霞　魏思敏　郭媛媛　迟梦妍　张文丽　刘海月　李亚茹　范贤君
张月明　辛曼云　安丽君

硕士毕业生名单

哲学与社会发展学院

马克思主义哲学

李　龙　李梦雅　李　清　李　真

中国哲学

秦　洁　郭晓娟　陈海恋　师　征　李　哲　王林栋　陈凤英　徐向成　冯海娇
郭换杰　苏建强　廖一鸣　王志懿

外国哲学

王琳琳　祝　巍　乐旭顺　芦　杰　陈菲菲　王　肖

伦理学

张　燕　李晓冬

宗教学

周　晓　袁嘉惠　沈雅彤　张希茜　张　颖　毛　澍

科学技术哲学

赵　斌　张文俊　曹亚晴

社会学

张　畏　高　巍　方　垒　马金荣　郭　寅　董　然　陶金钰　赵丽芳　段云云

人口学

李忆特　文庆英

人类学

李昕茹　许景新　李巧梅

应用心理

赵　丰　潘　晓

社会保障

曾月阳　栾希艳　葛　霆

经济学院

财政学

黄旭锋

产业经济学

勉静荣

政治经济学

张新云　刘　朏　赵小南

西方经济学

沙　莎　赵展尧　郭玉婷　薛晓玲　张　佳　张晓东　臧成伟

世界经济

王玲珑　吉瑞鸿　惠　子　郭祥利　郭玉晗　刘海荣　张静雨

国民经济学

张　濛　王美晨　刘　滔　张海东　王　涛

财政学

佟　钰　刘蓓蓓　孙　进　刘　见　高　燕　胡金玉　李爱平　张　谦　高焕洪
苏慧慧　赵　霖

金融学

闫　雪　姜斐然　毛肖雯　马晨曦　贺　琳　李　晋　刘鲁超　刘　舒　沙　浩
黄梦哲　曲兆莎　王　坤　杨为志　毕泽丰

产业经济学

吴园园　朱兴珍　南永清　姜岳林　刘潇琳　李天宇　刘志超　高文晓　甄艳锋

国际贸易学

孙子明　冯晓洁　王　慧　王　欣　李晓玲　刘曼琳　曹茂娟　王　玮　冯　栋
李福乾　祝　耀　叶　丽

劳动经济学

田希万　谢红玲

数量经济学

高　原　徐艳娴　毛会贞　宋丹丹

★投资经济学

曹　雪　杨　媛

★保险学

刘凯凯　王　婧　阚兴旺　梁营营　郑　超　李　捷

税务

顾蕾靓

资产评估

曲金睿

金融学

戚睿骅　曹　瑜

国际商务

李　敏　魏庆文　徐　倩　左思明

资产评估

姜学玥

经济研究院

政治经济学

苏　静　明雯雯　赵丽娟　程　雪　李　琰　成福玲　张福宁

经济思想史

邹先军

经济史

耿雪婷

西方经济学

张　哲　杨　迟　倪　佩　杨迤飞　马常栋　丁　颖　张　阳　刘晓瑜

世界经济

顾满中　孙露露

人口、资源与环境经济学

陈　童　刘　明

金融学

颜泽洋　孙　涛　刘宗鹏　张　康　兰志远　张莉兴　宋文娟　彭慧文　林倩文
王　博　翟　艳　孙　寅　曹梦璐　黄　旭　陈　旭　程　欣　颜世敏　姚　坤
王晓蕊　窦丽莹　吴雯雯　王艺瑛

劳动经济学

王素素

数量经济学

苑芳凯　孙　霖　李晓清　姜　蕾　谢凯彦　孙默涵　刘琛琛

政治经济学

宋大朋

金融

李　蕊

法学院

宪法学与行政法学

倪海明　秦　赛　刘晓梅　韩雨雷　范晓强　单险险　白　杨　董　雪　张洪杰
闫映全　李冠华　晋帅崔杨　廖雪云　王姣云

法学理论

彭　宁　施灵运　张洪亮　李　宁　翟慧雪　魏晓东　李安国

法律史

樊　颖　戚艳婷

刑法学

季兰玉　郝　浩　崔　娟　张立鹏　陈馨远　鲁廷振　李　婉

民商法学

魏振华　耿　宁　赵晓琳　马叶楠　瞿灵敏　邓　晗　王龙华　王春芝　刘　芬
张　琦　陈　越　周晓黎　张丹丹　丰　慧　高　杨　张振亚

诉讼法学

袁付娜　赵　凝　于　蕾　郑翔宇　赵津武　刘　莹　林亚琳　高志远　张增菊
李雪燕　姜　博

环境与资源保护法学

刘　凯　张生颖　张留丽　魏争果

国际法学

黄也珞　徐瑞鑫　薛梦溪　王姝娴　宿　培　金鹏远　付　瑶　孙传翠　杨　腾

法律（非法学）

韩　进　刘纾含

法律（法学）

白晨阳　鲍　玮　代二丽　贾　凡　江逸潇　姜田田　林　蒙　刘德跃　刘　琳
倪仲信　孙美莉　唐逸文　王辰晖　吴雪伟　袭　振　徐　瑞　徐一凡　杨文光
张瀚匀　张科新　张青青　朱玲慧　李文雯　金俊婷　张　艳　莫芫清　钱晓莉
韩亚茹　李　刚　周　烨　史晓娇　刘江江　侯小韦　王　雅　吴东尧　苏　逊
任继蓉　余忠全　马　良　柳　阳　时金涛　邓怀明　杨旭娟　杨娜婷　米小红
楚　蕾　王　乐　曹　越　封涛龙　孙轲轲　尹巧洁　李艳琼　陈　斐　徐世春
白迎春　张　力　赵巧峰　刘熠阳　康鹏鹏　王霞霞　郭　云　吕　箫　张烨鹏
李久淼　王昌宸　高　倩　李喜斌　慕　娜　马文茹　董鹏君　李俊茹　谢宏亮
刘合太　任连红　陈艳雪　李晓燕　李　军　柳　飞　王佳丽　薛　超　张彩霞
任　建　陈真平　杨成龙　刘宇荣　张雅梅

政治学与公共管理学院

政治学理论

孙易恒　彭清萍　王灵敏　张　玲　赵　曼　吴明祥　刘晓岫　王义滨　李祥浩
周　鹏　盛积芳　徐　浩　张　帅　王　辉　李毅丹

科学社会主义与国际共产主义运动

冯　丹　杨　德　张　泰　刘　鑫　郝　猛

中共党史

赵　强　傅雅蕾　丁　健

国际政治

周　川　付亚冰　赵蓓蓓　郑　扬　祝晓义　李朝颖　徐海玲　马冉冉　单世悦
李蓬莉　张培伟　谭鹏飞　李国辉　霍文乐　张　琰　洪富江　于敏中

行政管理

褚梓祎　王洪强　张　凡　王　从　卢慧梅　周国梁　王婷婷　张新亮　侯　丽
贾　佳　王　帅　司　南　李　婷　陈晶晶　王　慧　孙　倩　马超俊　张新路
孟晓敏　黄培周　刘　宇　郭晓会　周　昊　王照浩

政治学理论

马晓丹

社会保障

杨　妮

公共管理

张志强　杨　斌　刘成茵　张　霞　闻　冬　刘　宁　张　勇　王　真　王　振
赵　毅　李　妮　牟宣合　王晓琳　尹　翔　郝智泉　张海娜　郑露华　陈　曦
刘　坤　邢　烨　王德静　燕静静　冯雁萍　张宗沙　范　攀　王晓丽　崔晓静
宋　超　张永蓉　宋　川　宋高阳　刘明伟　侯　靖　董连水　黄　萌　史京华
刘雅楠　徐国晖　范文婷　张　涛　庞　磊　毕经超　孙　俊　于　彪　武　涛
王　嵩　高　岩　刘　飞　张　昕　张娜娜　李成亮　肖　璐　范　岑　高廷松
高　琪　曹一鸣　刘　萍　高洪军　宋晓宁　程　亮　王婧卓　李妍妍　王　洋
尹婷婷　陈同同　刘佩佩　冯　豫　李　聪　曹　庄　王先斌　陈　晓　慕乙晓
逯小洁　周明明　程文华　安百杰　刘彦男　鞠典通　荀　懿　张海舒　张　娟

贾俊兴　邩　鹏　张　蕾　郝明辉　韩　旭　倪媛媛　叶凌燕　刘　波　孟　晴
戴晓璐　王　伟　黄敬宗　孙华建　黄　山　陈　丹　王　琼　刘晓琳　韩素洁
邹　见　牟晓彤　杨　林　刘高飞　周立娟　耿　榛　马晓艳　许昭辉　刘　晔
马若愚　杨　清　黄　磊

马克思主义学院

思想政治教育

覃　喆

★学生事务管理与学生发展指导

于　玲　徐姗姗　孙聪聪　李瑞艳　胡　娜　潘玫杏　杨俊娇　李良杰　陈　诚

马克思主义基本原理

李国泉　曲美彩　王倩倩　邓阳阳　王　琳

马克思主义发展史

袁雨田

马克思主义中国化研究

白晓兰　崔晓慧　郭永丰　梁金凤　王慧燕

思想政治教育

王昕程　邓海龙　陈双荣　黄燕玲　冀　姣　姜其沅　张秀萍

中国近现代史基本问题研究

姬文璐　邢　倩

高等教育研究中心

高等教育学

李晓娟　王廷雯　姜　杨　李立娟　杜　富

教育经济与管理

董圆媛　王　薇　房立安

文学与新闻传播学院

文艺学

王燕平 赵凯南 郭立伟 潘慧明 赵 蕾 刘博超 刘明月 惠 帅 刘艺君
李然然 陈 雪 宋 捷 孟 雯 王均会 杨瑞雪 张晓东 孙 瑒

新闻学

李 晓 邵 薇 任 雁 刘 侠 刘 真 周传虎 闫 淼 周 鹏 姜 晨
魏婷婷 张少惠 张 萌 王 鹏 张文燕 刘晓玉 许文倩 王 川

语言学及应用语言学

刘 娜 郭晓丹

汉语言文字学

周 洋 贾珊珊 于 丹

中国古代文学

刘东晓 宫美宁 周 骥 张雨佳 李银梅 鲍非非 赵 鑫 孔鹏音 范丹凝
付力元 郁冲聪 韦珮珮 吕冠南 张少辉

中国现当代文学

孙 婷 吴延强 伦 杰 宋琳琳 李 萌 张铭芳 姚明月 曹淑贤 崔菲菲
王 晴 曹 琦 彭晓檄

比较文学与世界文学

李 俊 夏 晴 范 晓 曹 婷 于沁可 何晓艳

传播学

李子路 李 莎 潘晓荣 王昭钧 张晓瑜 姜琳琳 张倩倩 郭 欣

设计学

张 璐 赵 洋

国际教育学院

汉语国际教育硕士

李卢梅 周 鼎

★对外汉语

孟凡霞　孙　洁　王　琦　孙　悦　杨　番　徐　帅　徐媛媛　陈蕴秋　王　婧
崔　溶　张　蕊

汉语国际教育

董雅静　高忠晓　张蓓蓓　关婷婷　蒋衍玺　单天罡　章　梦　代玉翠　赵晶晶
陈　魏　张燕燕　穆晓彤　王伊璞　李　玲　朱　玲　晁亚若　胡　聪　刘春艳

文史哲研究院

科学技术哲学

吴仕震　闫茂源

民俗学

扈妙章　刘若轩　俞理婷　王伟娜　王梦杰　秦承泽　吕梦茜

文艺学

盖惠娟　付　静　陈家婷　赵亦雅　李　杨　曾　洁

汉语言文字学

王碧玉　张　欣　李　澜　孙旭明

中国古典文献学

张　芳　陈　恳　王晓娟　郭　冲　王荣鑫　许艺光　刘晓丽　姚文昌　葛洪春
巩玉婷　孙　娟　刘谦慧　布吉帅　薛　雨　冯心如

中国古代文学

郑　迪　李聪聪　旭　日　吴玉珊　杨　雪

★中国民间文学

李　辰

中国史

陈　龙　王舒琳　于小曼　陈　闯　刘金颖　张红占　赵　鑫　李自强

外国语学院

俄语语言文学

谭　英　于　淼　崔佳雯　毕　松

英语语言文学

高明英　潘　琛　刘梦琳　王冰昕　曹颖然　麻梦然　田　静　张月萍　王晓婷
韩琳琳　田筱倩　郭彦平　翟　璠　于佳慧　于晓冬　王　航　王　瑞　曹　琪
路琳琳　高　真　李大药　周丽娜　周玉萍　阮照美　仲夏仪　赵　昂　岳　卉
王新清　贾　妮　王　锐　陈世英　张艳霞　杨　旭　翟瑞宵　李红蕾　王　蒙
徐好婧　张　帅　高新刚

日语语言文学

金　凤　林　翔　黄嗦咪　王　曼　刘　莉　余瑶瑶　许静如　李常清　商　倩

亚非语言文学

韩东峻　车成霞　杜　渐　张　旭　王　梅　董南南　裴晓宇　曲敬云

外国语言学及应用语言学

刘新秀　王永斌

英语口译

张春阳

艺术学院

音乐学

牛建文

艺术学理论

李　萌　马　晶　郑海文　毛田惠　王力申　黄　苹　王洪昌　李浩然　王金辉
曹倩倩

音乐与舞蹈学

赵　品　谢思好　刘琦然　朱令仪　薛　慧　郭　琛　马云腾　孟昭龙　赵　壮
付　颖　张玉凤　赵丽瑞

美术学

刘建伟　陈　劲　宋光辉　曹瑞雪　宋玖安　马　欣　杨乐乐

设计学

毛小龙　宋玉玉　孟洋洲

历史文化学院

考古学

龙　啸　陈宗瑞　魏　巍　刘江涛　赵国靖

中国史

韦夏宁　刘亚楠　冯雨晴　鲍海燕　李　煦　张　超　李忠秋　柳　直　江林泽
张庆路　郭　栋　吴晓磊　衣抚生　黄润青　王　珊　周平平　侯贤俊　杨浩烨
李昱昱

★中外关系史

翟正男　张英杰

世界史

刘宏远　郭启利　潘　倩　刘晓晓　赵　静　张德玲　肖世伟

★文化产业管理

孙泽宇　朱　祥　杨　蕾　冯雨乔　文晓菲　余瑞新　雷凤伟

档案学

马克锋　唐　乐　王晓璐　樊树娟　许霭琳　闫　静　牛倩倩　张学斌　高一弘
张　聪　寒　星

宗教、科学与社会问题研究所

中国史

毕研婷　关　霞　郑成磊

数学学院

基础数学

王志韦　李　珅　孟　琦　管　彬　李金蒋　王　宇　张志浩　马广路　马文龙

张平原　刘　敏

计算数学

李国发　张红梅　马焕焕

概率论与数理统计

王　芳　邢立雯　徐玉福　付金龙　宋焕雨

应用数学

刘荣蓬　王　冲　张　帅　陈天舒　樊伟健　庄　峤　朱蒙蒙　王皎洁　高素娟
赵珊珊　刘　斌

运筹学与控制论

许　攸　张晓琳　苏千叶　庄禧超　洪　正　曹丹星　郭孟辉　郭晓燕　常晓玲
董新海　王振刚

★信息安全

程雨芊　侯文平　石颖　刘滋琳　郭延春

★金融数学与金融工程

陈运娟　严　伟

系统理论

边松珍

控制工程

王　晶　李艳斌　宋方勇　吕　璐　马　颖　库兰·朱玛汗　高海潮

金融研究院

概率论与数理统计

彭善琴　张传刚　张　文　郭玉洁　田敬华　郭燕芳　龚俊梅

★金融数学与金融工程

姜程程　王振华　孙　艳　黄淮滨　杨　子　陈春秀　康　聪　张骏驰

物理学院

凝聚态物理

彭宝刚　董文正　李林洋　刘中兴　孔祥儒　李柱杰　曹艳玲　武　镇　王　震
张改燕　许仁博

理论物理

黄文祥　王　超

粒子物理与原子核物理

邵弱宾　赵振兴

原子与分子物理

刘玉娟　宋　卓

光学

栾庆芳

测试计量技术及仪器

黎培培　马　浩　刘同川

材料物理与化学

赵　旭　魏甜甜　张　睿　蒋　佳

微电子学与固体电子学

张　凯　罗　路　王玉堂　师文靖　范继辉　宋　辉　李为国　严林龙

材料工程

王丹丹　武丽伟　赵鸿宪

集成电路工程

李福忞　毛　光　王丹丹　王均超　侯振太　于晓艳　张　帅　梁　辉　李志远
覃耀慰

化学与化工学院

分析化学

刘晓丹　刘恩丽　高　婷　吴　青　李惠惠　荆丽晓　朱　莎　姚培培　王文尉

郭聪聪　李非非　李　佩

无机化学

刘晓萍　赵雅琴　许　丽　张　莹　谢　芳　陈雨菡　郭　瑜　周德燕　韩璐璐
刘翠翠

有机化学

牛晓毅　袁　硕　房　帅　张　曼　乔　银　赵璇璇　陈东美　王　磊

物理化学

王文心　韩晓平　刘新茹　庞新晶　赵才才　熊海岩

高分子化学与物理

李　博　温荣政　王晓藜　魏延泽　吕　妍　赵　倩　张　林　杨文艳　高　远
耿鹏飞

★理论与计算化学

杜　帆　郭　凯　陈顺伟　张艳芳　高士珠　刘　芳　王　琳

★胶体与界面化学

王海乔　刘　梅　杨以霞　宋睿颖　程　妮　朱晓玉　刘潇冰

化学工程

吐尔逊江·马义尔　陶　翔　张宏民　程德竹　刘敬崇　陈义民　崔雪慧
王小金　张　森　鄢克倩　李立国　李　静　孙　楠　于　帅　王夏梦　王晓雷
刘　茹　刘存帅　孙梅杰　杨齐彦　黄乐飞　李　磊　路　建　胡立梅　包文亚
马文庆　周相勇　谢焕玲　张晓攀　王　辉　杨　杰　贾琴琴　谢淑婷

化学工艺

楚丹丹　王倩倩　高　建　宁慧利　邱　凯

应用化学

牛　娜　姜彤彤　王　军　张文静　解安然　于　淼　宋艳朵　王付燕　赵玉萍
姬莉莎　赵　娜

生命科学学院

植物学

位正玉　徐　伟

动物学

朱希旺　毕文杰

微生物学

师　宁　施玉萍　李伟伟　李发慧　黄有贵　吕　敏　赵秋爽　李　丹　崔　翠
赵国蕾　林朝毅　刘莎莎　史文敬　王　帅　骆宁宁　楚文巧　欧阳润泽
石小玉　殷振豪　王进文　孟凡辉　安　莲　刘琳琳　石世强　王志全　李浩然
王萍萍　栗方崎　于晓秋　刘文静　焦春磊　郑裕萍

遗传学

李永久　谢　向　欧文韬　李佳俊　董瑞瑞

发育生物学

刘欢欢　杨　瑞　何乃森　郝广萍　杨　桢　于贝贝　丁玲翠　刘凯兴　赵　斌

细胞生物学

陈　萌　房　强　王　榕　李　强　雷远久　岳宏伟　侯加佳　王福琴　岳　丹
任易婕　杨　丹　崔　静　王保梅　赵　莹　靳　哲　禹文龙　孔丽娜

生物化学与分子生物学

孟德云　曹柳　栗相如　郭付腾　刘　倩　张亚楠　樊恒达　王帅帅

生态学

王开运　袁　熠　汪文韬　武　晶　丁　彬

发酵工程

高晓彤　李　坤　韩传刚　李慧俐

生物工程

霍　恺　彭　颖　倪悦涵　关红杉　李　欢　韩丽娟　王丽霞　钱正一　董艳美
孙美玲　林乐乐　黄梦婷　程　皓　郑连帅　李春芳　常　芬　宋　雪　郭　潇
宫　恺　杨欢欢　杨珊珊　方良艳　马文华　李宇飞　鲁　庆　朱莹莹　张　宁
刘云彦　李　娜　韩东雷　赵　梅　吴清华　马海霞　赵旭红　孙　瑾　刘　潇
廉明政　刘瑞环　刘祺霞　孙　婉　李　方　王　勇　郭　昊　文雪静　王　斌
徐晓晖

信息科学与工程学院

无线电物理

李祥鹏　郭铁军

光学工程

李　宁　孙兆宗　罗　沙　马晓阳　刘敬伟　唐关琦　徐仰惠　黄　哲

物理电子学

高　杨

电路与系统

杨洪敏　韩　晓　张聪聪　刘　皓　孙　凯　徐庆嵩　张清洋　杨　恒　马建朋
徐晓荣　童　桢

电磁场与微波技术

刘思淼　于晓杰

通信与信息系统

高　深　黄绍广　丁少威　王利萍　赵云龙　赵　悦　马翠云　连序全　高　迪
刘　亚　曹广昊　袁　坤　冯　骁　徐海东　卢冰冰　王宏宾　田晓亮　张　旦
高　凯　李　敏　王腾达　代兵云　康向兵　周　舟　李海坤　马　磊　高　鹏
仲　君　孙莉莉　刘　琪　张焕井　李慧恬　王彤彤　李培岭　王建跃　王继来
丁　程　董培浩　刘焕焕

信号与信息处理

于向阳　潘芦苇　蔡楠楠　李铖铖　宋玉川　何孟宁　孙　超　司　陈　伯　君
李　蕾　王增迪　王　娜　宋清华　严爱玉　韩雁彬　郭翠翠　司　凯

★集成电路设计

张　健　高园园

电子与通信工程

先甫克特·阿布来提　曹　彦　吕元娜　陆晓燕　徐文涛　王　梓　王　丹
张　博　梅文杰　刘俊丽　信东东　李凯一　高　婷　丛　文　陈丽玲　高　阳
罗运俊　张　驰　李　晨　刘媛媛　刘军富　王晓明　王　景　谭振兴　李大伟
王冬雪　胡茂晓　侯庆飞　韩文志　贺颖颖　尹鹏程　张伟伟　李彬先　丁　章

孙付超 孟祥鹿 张茂森 宋立涛

集成电路工程

孔海燕 陈 鹏 王 通 陈欣璐 刘 勇 周 赛 高 聪 王 琪 董岱岳
薛旭伟 訾 琪 王 勉

晶体材料研究所

凝聚态物理

张晓彤

材料物理与化学

纪少政 冯晓晓

材料学

华万鸣 林晓煜 孔 鹏 王 欢 席春晓

材料工程

张 茜 刘 伟 冷艳华 刘 琳 施佳伟

环境科学与工程学院

环境科学与工程

徐相超 柳 盼 朱文博 崔 晗 赵启鹏 张 林 李文锋 肖佳楠 李秀青
徐祥玓 韦洁琳 孙翠平 陈 伟 李晓辰 黄德毅 侯雪薇 李 浩 谷倩倩
杨春苗 冯亚威 孙昊宇 王瑞霞 董红钰 张 硕 郭 皓 孙 雷 徐常青
任龙飞 李启蒙 何 随 郭贝贝 梁兆燕 邵倩倩 秦 静 张俊美 苗 领

环境工程

朱留佳 李佳佳 关 瑾 于建林 杨敏敏 胡欣欣 张 斌 韩 绮 胥燕燕
赵洪兵 张 鑫 赵园园 孙晓晶 吴德华 刘 鹏 郑娜燕 马晓龙 鹿时雨
周实际 宋 涛 张清哲 韩 琳 闫 晗 王文然 王瑞鑫 崔海波 夏 超

环境研究院

环境科学与工程

林泳峰 王京敏 张 雪 许 芹 文 亮 王林鹏 刘靖逸 刘 慧 李明月
郭学超

管理学院

企业管理

崔　慧　李俊晓　王　楠

管理科学与工程

张晓琳　史晓丹　高　赛　李慧慧　张金红　李秀鹏　徐国超　姬晓飞　李艳萍
贾红艳　曹　晨　王小伟　张　伟　张　磊

会计学

闫家强　李江娜　李　洋　王淋淋　彭　皎　付延鹏　赵红梅　杨亚珂　谷文超
周世尧　闫　琪

企业管理

车功宏　戴　佳　曹梦雪　段超群　蒲晓芳　陈振龙　韩　旭　秦　盈　易子英
蔺　博　路明磊　赵　惠　胡霄阳　李　华　王文文　张晓田　王春晖　王庆功
刘　祺　赵宵丽　刘萌萌　高宇辰　许　笑　杜　旬　田　颖　刘　威　孟　冉

旅游管理

纪晓君　吴小英　姜红娟　刘英明　葛增莉　李　静

技术经济及管理

杨博杰　孙晓池　王　成　齐乃鑫　贺艳婷

图书馆学

刘　培　李悠然　刘亚男

会计

兰　昊

儒学高等研究院

中国哲学

郭　征　王　硕　张　恒　尹朱研　栗志恒　邝　宁　李亚信　任鹏程

材料科学与工程学院

材料科学与工程

陈东升　刘　杰　邓媛媛　李绍龙　陈德方　刘文成　辛本宝　闫　野　冯君校
郭　峰　仲崇凯　陈爱莲　张皓庭　许　红　王日明　冯　乐　徐笑梅　房冉冉
石　磊　王　进　刘小超　王　静　叶新玉　刘目娟　贾胜凯　李沛沛　国林钊
付邦龙　周　超　曾　丹　傅柏栋　张丙明　田云龙　李乾乾　陈保磊　王绪爱
张鹏飞　崔晓晨　刘治中　马　冉　王春龙　王永刚　陈小婷　白庆国　赵佳星
赵新巧　刘成林　魏丙铀　康鲁浩　王好猛　王照静　李英杰　焦恩理　彭　村
张向宇　付　雅　袁鑫鑫　赵新新　关祥丰　刁绪晗　冀　阳　王恩兆　王仙丽
周长斌　钱法余　李　浩　李晓臣　颜雪娇　谢周昊　李　琰

材料工程

陈　伟　余　蕾　逯心红　宋伟龙　皮寒平　武田田　董彦妮　吴　艳　董　琪
丁佳兴　肖　辉　万海云　崔韶强　王骥腾　李太为　刘晓悌　张永锐　李晓宇
姚　瑶　石君齐　乔　欢　尤琼雅　李玉敏　赵天盖　刘　洋　艾铭杰　王德军
李思功　刘　霄　杨旭彪　纪英杰　薄　海　周珊珊　成　圆　苏　帅　李发展
文　姗　白　瑞　张振鹏　姚永成　李厚义　杨盛龙　张　翔　陈　娟　孙筱辰
李玉荣　王世照　李　涛

机械工程学院

机械制造及其自动化

刘　帅　陈福谦　赵同亮　荆访锦　刘　鹏　闫续范　胡东东　贾兴民　鞠军伟
毕中炜　张婉清　冯　升　门　博　于　鑫　史存伟　王　勇　赵艳哲　袁贝贝
邵为宪　张洪山　赵　凯　李键辉　王乾俸　王永波　高焕焕　孙国艳　郭全杰
许　东　于　超　张国栋　张林青

机械电子工程

刘鹏飞　彭　程　王文莉　李淑颖　黄　炎　王乃飞　米永振　吕昕晖　崔兴可
侯明江　于世杰　张金琪　张　倩　周生良　崔新凯　王新颖　张彦杰　黄　思

机械设计及理论

郑建华　丁　栋　江民圣　郑传栋　王海蛟　梁　骁　杨进殿　刘培培　蔡莉莉
刘雪飞　吕兆川　张　霞　王利梅　范鹏飞　朱宁波　杨帅

★制造系统信息工程

赵莉莉　李宝聚　王利平　程　妍

化工过程机械

汪斌　苏成功　温皓白　安笑辉　刘春武　李文珂

机械工程

刘义辉　曾印平　陈大为　张志冲　杨　浩　刘广凯　余　盛　宫兆超　贺　蒙
董启伟　黄天琪　宋　昊　满　佳　油建彪　李　卫　王怀超　王程霖　聂延艳
朱彦防　张德辉　陈风超　刘翠平　车　通　朱海光　王　琼　杨文豪　马开良
霍洪超

车辆工程

李雪映　韩庆宇　孙　伟　高远金　崔由美　刘　鑫　周亚梅　李文昊　杨明月
谢文龙　黄　硕

工业工程

郭　琦　孟　强　王云飞　李　辰　陈鸿倩　陈　艳　王　乐　闫绪国　李　硕

工业设计工程

张　涛　崔燕燕　赵安宁　张明明　宁　静

设计学

肖永康　陈　曦　任怡霖　李亚飞　栾春晔　韩飞鸿

能源与动力工程学院

工程热物理

宋立鹏　睢　辉　范燕荣　王晓琳　于　洲　赵　超　许文柏　巴清心　郭槛菲
胡淑珍　姚连升　孟　镇

热能工程

张乐乐　武　岳　陈昌贤　齐建荟　张信莉　霍梦佳　吴艳艳　吕瑞杰　宋彦美
王文静

动力机械及工程

郝芳子　史振盛　李柯亮　刘　宇　刘　振　刘　泉　李庆伟

流体机械及工程

王雪艳

制冷及低温工程

吴　涛　岳秀艳　周　然　熊国栋　李文博　宋尚锐

交通运输工程

雷舒蓉　陈永哲

动力工程

丁生平　赵春雷　王　涛　汪　引　赵茗菲　谢　辛　张鲁生　宋甲甲　史汝涛
孙建亭　宋钦钦　李　超　彭建升　邵文彬　贾淇惠

车辆工程

费洪庆　丰程岚　黄泽辉　罗思扬　秦皓晟　梁　聪　刘　康　张伟伟　宫婷婷

电气工程学院

电机与电器

李　悦　石　强　李　响　宋慧慧　宋双翼　张　伟　黎　昊　张泽慧　赵晓敏
赫志远　赵　耀　张学芹　曾海涛

电力系统及其自动化

关少平　李文旦　孙蓬勃　王　臻　夏文强　李　超　缪　苗　徐　志　徐　超
张　旭　牛　睿　史玲玲　房凡秀　刘　思　郝洪震　樊　迪　李鹏波　王　超
刘　申　陈传琦　石云鹏　于　凯　聂树瑞　江心欢　张　曦　龙　淼　国连玉
孙立军　张　磊　张同军　宋圣兰　刘大伟　牟春晓　张发祥　姜玉茹　鲍　乐
唐　怡　赵泓霖

高电压与绝缘技术

杨路明　刘　涛　夏天翔　尨阳阳　刘　冰　朱伯钊

电工理论与新技术

李玉洁　陈百霞　沙　超　章学兵　刘　颖　李　灿

电气工程

妥建军　崔　阳　李佳奇　董攀婷　肖　迈　宋英涛　程凤璐　王所钺　牛志强
吕　昂　王　尚　王晓彤　徐玉刚　郭净天　樊宝龙　明玲玲　王仲哲　刘　旭
史方芳　郭一忱　赵君龙　夏建委　李　冲　苗骁健　耿园园　薛　震　王艺璇
刘晓宇　魏赟豪　胡　姝　刘飞璇　杜健文　李　莹　李　刚　卢　鹤　马　龙

王　锰　彭　苗

电力电子与电力传动

张　路　孙自珂　晏　坤　杨永旭　封　波　董彦彦　王　静　张　勋　谢　姝
王　婷　万玉超　孟　兵

控制科学与工程学院

系统分析与集成

赵培丰　史小龙　黄鹏琰

仪器科学与技术

樊晓军　丁业松

电力电子与电力传动

吕伟龙　周江伟　丁志龙　庄飞飞　刘　鸿　刘新涛　王文森　李玉琢　史永超
石可颂　王　波　石秀岩

控制科学与工程

杨尚霖　乔建梅　陈树芳　李　宁　周晨磊　薛冰霞　张　伟　刘春明　段胜才
张海防　张　勋　韩双连　陈振东　于　静　万冰冰　尹　瑞　孙文健　张胜鑫
赵祖明　袁　通　栾丽娜　周绪贵　赵　扬　葛凯蓉　王开芳　王光君　徐法格
张　伟　孙朝阳　郜鲁政　王荣丽　孙亭亭　谢方方　张海婷　宁龙霄　殷淑霞
程浩宇　江耿红　王晓霞　桑　森　王大明　荣海林　陆　娜　樊建霞　李康康
王建辉　尹瑞东　高发钦　王　伟　徐安宏　于明浩　吴清龙　耿禄博　纪　祥
王恩杰　李国梁　张萌萌　丁四景　娄锦昆　董建华

交通运输工程

郭　晨　范松岩

生物医学工程

陶智仁　于忠瀚　闵　涛　孙凯乐　朱明贤　李亚锦　鲁武警　贾荣峰　龙玉涛
张小亮　范夏彬　刘广宇　丁　倩　李发权　张玉霞

控制工程

庞俊岭　吴国鹏　南永涛　陈　瑶　邓艳娇　刘家东　厉彦杰　张华龙　邢大天
刘晓亮　李思齐　卢　珂　李英姿　袁　丽　赵　翔　王万强　陈　霞　张　旭
刘　鹏　徐广厦　孙少秋　孙　伟　房雪艳　王会卿　李慧敏　吴朋林　张　健

刘佃国　任　波　李振鹏　王　艳　苗　壮　李松磊　张　伟　刘汝华　贾丹丹　徐嘉钧　方纬华

现代物流研究中心

★物流工程

王彬彬　吴盈溢　何　凯　马　斌　刘玉平

物流工程

何嘉健　张　微　韩玉芳　徐光运

土建与水利学院

建筑设计及其理论

黄文进

工程力学

易　立　夏　晗　包春宝　潘成龙

建筑学

欧　婧　邢丛丛　潘晓蕾　刘成林　刘　祥

岩土工程

王　倩　郝亭宇　谢富东　李邦翔　闫茂旺　房　明

结构工程

王春华　王旭东　马　宁　郑玉超　王　涛　赵彦博　单洪翥　周　健　张　柳　李晶晶　张建鹏　张树龙　刘海宁

防灾减灾工程及防护工程

孙晓龙

桥梁与隧道工程

袁亭亭

水文学及水资源

任春凤　王延梅　韩　春　赵喜富　赵　睿

水工结构工程

雒翔宇　杨红林　张国荣　王嘉斌　刘新宇

道路与铁道工程

黄大伟　吴建清　高智珺　金壮　邢庆涛　陈铁付　隋　伟　邹　鑫

交通运输规划与管理

李　旭　谢云侠

建筑与土木工程

孙家龙　吴　星　崔　衡　张玲君　张章一　郭　琦　王庆瀚　周婷婷　颜丙坤
徐咸辉　高　洁　魏姗姗　李梦天　齐广志　张长洋　李相辉　马　超　雷　霆
徐　磊

水利工程

孙元帅　何　奔　官庆朔　吴庆乾

计算机科学与技术学院

计算机科学与技术

孙　迪　任　明　董路梅　王美玲　杜永辉　杨文龙　王国栋　李　睿　王　彤
徐新超　王　迪　韩鲁锋　孔　琪　刘　菲　黄海旸　李岳尊　程　冉　于作霞
史孝国　李　琳　吴　月　王军委　周　璐　梁广会　聂艳平　董　振　马树超
宋元杰　曹文杰　崔连超　吴　昊　李　霞　郑海东　朱　敏　赵志刚　马振宇
杨　栋　徐　磊　孙　兵　路同强　刘子翔　邵雅丽　居佳佳　魏静如　于　瑞
林丽洁　张　群　李延彬　颜　庆　王　叠　王晓明　张佳磊　赵　坤　陈　智
周梓梦　卢相志　康　涛　李仁杰　张耕兴　李　宁　张海波　于洪达　闫晓葳
李　骁　李　婷　曾令博　张　韩　张　勇　杨　松　凡思武　丁相民　郭崇现

软件工程

朱东方　李德民　董　梁　秦　琴　张　霄　张军玲　刘　帅　韩　哲　刘纪遵
张家华　郭爽爽　曹杨毅　易　娟　李兴香　程远才　李冰辉　孙　超　黄方方
李　明

计算机技术

武建亮　徐　也　巩学超　于　海　李晓琳　张　清　章　玲　吕显赫　李　腾
姜　朋　刘　曼　李成新　吴照龙　张云龙　刘培霞　李亚丽　申兆岩　杨如鹏

郭　猛　孙延涛　袁　军　李红艳　胥大有　位大力　靳　鑫　周　强　王新星
刘文荣　庞　琳　徐午旸　袁　硕　魏星雷　邓丽萍　王晓航　张　慧　刘庆杰
王　伟　王　闯　张洋平　马福建

体育学院

体育人文社会学

栾　洁　刘　凯　彭　宝　李新德　马　杰　徐　阳　党　雪

体育教育训练学

王东先　刘　璇　李佳薇　寇　冠

医学院

皮肤病与性病学

张永飞　孔玉龙　康　晶

外科学

李　涛

生理学

罗俊霞　魏传飞　汤俊怡　宋学颖　肖艾琳

神经生物学

李　婷　周文娟

遗传学

许志亮　张淑倩　李昭辉　韩　帅　侯　栋

细胞生物学

关景云

生物化学与分子生物学

胡巧霞　王小岳　詹盼盼　朱　凯　王　晓　王道光　王大伟　张新潮　李禄鹏
刘亚飞

免疫学

王显腾　徐晓艳　王唯　怀婉婉　邵　洁　李　琰　尚倩雯

病原生物学

陈　燕　冯　凡　王　帅　路兴晓　赵　倩　赵玲潇　朱晓丽　王　琳

★医学心理学

余慧慧　张灿灿

★人文医学

张　颖　宁晓路

人体解剖与组织胚胎学

姚　瑶　李　超　刘海莉　白　雪　李　菲

病理学与病理生理学

王镜涵　孙丽丹　郭林林　卢　宁　云海芹　景璇璇　郑　娟　马冉冉　盛　燕
杨木易　陈海丽

内科学

孙希珍　谷　旭　刘　璐　王　蒙　朱　凯　王威严　刘　超　吴秀秀　亓　倩
刘雷雷　孙美玲　王　静　张　欣　李　佳　冯潇雨　宋丽媛　张晓晨　姜芳洁
李丛丛　张祎坤　徐　懿　韩云凤　侯琰琏　王晋竹　李文超　齐文文　刘　蕾
杨志英　石伟伟　陈彬彬　邹佩美　赵　胥　周晓艳　王亚楠　钱　钰　颜世平
纪相芬　白金霞　石文娜　李艳梅　王姗姗　曹　静　刘风燕　张善信　姚冬雪
李　俊　曾彩雨　刘雅炜　孟　娟　张津晶　张光昊　谢　飞　张　庆　徐兴晟
李　戈　程　晶　侯胜男　樊　荣　靳成伟　徐忠阳　沈淑文　谭　蓓　刘　辉
孙聪聪　郑荣立　卢　敏　刘　琼　杨　娟　张培艺　王　敏

儿科学

张　超　靳雨婷　杨洪超　丁国玉　王宗帅　冯　青　王　聪　袁睿莉　高南南
张荣军　王文娟　李媛媛　王凤雪

老年医学

秦瑞婕　马莹娟　刘　敏　姜　蕾

神经病学

范少华　马海波　张瑞雪　游洁冰　许　巍　吕晶玮　乔　珊　张　蓬　朱　瑾
赵雪莲　刘光云　刘　杰　赵振英　李聪聪　马　爽

精神病与精神卫生学

毕晓姣　郭鹏燕

皮肤病与性病学

张永飞　孔玉龙

影像医学与核医学

程赛楠　李金燕　曹　婷　陈佩佩　王姗姗　段崇玲　刘　青　曲倩倩　宋歌声
赵　慧　程大彦　姚　彬

临床检验诊断学

蒋秀梅　戚元英　周萱军　李培龙

外科学

刘志勇　宋择众　李尚志　曹　聪　梁　辰　樊庆凯　刘　义　周　超　黄传旺
杨中雁　王亚鹏　翟红运　孙发海　程翔宇　张　波　任洪波　阙新祥　刘　川
焦明文　牛正川　李登科　刘　鑫　张　斌　鉴　谧　李　哲　孙明娟　代高赛
李延森　陈广响　赵殿堂　张相春　张永虎　任宝鑫　殷　鑫　朱晓东　韩　晓
谢仕刚　梁　宇　成　利　姚　众　唐蒙蒙　张　健　张　凯　李　梓　孙　智
李耀南　王　强

妇产科学

徐晓璇　石茜茜　张晓晖　周　静　杨淑娟　孙艳艳　桑洪爱　梁　莹　刘　娇
刘瑞寒　韩彩霞　杜天奇　吕树卿　王　颉　李善玲　柴明涵　李　钊　朱晓丹
陈　静　田馨莉　姜志军

眼科学

宋　元　张　菊　柴雪荣　栾亚楠　王岩琳　李志伟　张营春

耳鼻咽喉科学

李　越　朱慧涛　段　晨　洒　娜　李茂才　张婵娟

肿瘤学

樊　聪　李星宇　王欣桐　张鹏飞　刘永亮　包慈航

麻醉学

丁　超　郭亚秋　赵　旭　曹鲁宁　赵　菲　赵　涛　苗贵申　刘　洋

急诊医学

李明华

中西医结合临床

成　伟

药理学

石焕英　李凤丽　朱田丰　牛荣荣　刘　康　孔令君　耿　雪

公共卫生学院

流行病与卫生统计学

刘盈君　陈潇潇　张笑爽　张文超　李文凤　刘　佳　朱毓卉　荀换苗　杨　丽
李宜霏　刘贞艳　张鲁燕　孙　源　倪　伟

劳动卫生与环境卫生学

王沙沙　郭　盈　冯德达　王　宁　赵锡鹏

营养与食品卫生学

邹家勇　厉玉婷　郝美伦　赫英英

儿少卫生与妇幼保健学

田　甜　王　硕

★卫生检验学

张　毅　王　瑞　方立竹　乔　梦

公共卫生

黄玲玉　郭　彬　张　曼　胡琼伟　杜兆慧　孙乐乐　刘　平　王　璐　聂淑萍
王浩韦丽　任晓菲　谌红珊　解秋艳　于源浩　安　康　姚　尧　仇冰玉
陈国锋　左慧彬　潘璐璐　师晓林　魏　颖　张　玉　杨　程　袁　云　刘振华
曲　晶　夏军芳　汪心海　卜令寒

社会医学与卫生事业管理

张晶晶　韩　超　杨　科　惠亚茹　魏　萱　于洁琼　许彩芬　丁　玲　莫秀婷

卫生管理与政策研究中心

社会医学与卫生事业管理

李晓露　孙维帅　常　璇　初　庆　闫晓娜　韦　杰　徐喜卿　刘　坤　方玉凤

口腔医学院

口腔基础医学

王艳芝

口腔临床医学

陈雪凌　孙　斌　聂晓萌　刘健伟　杨盈盈　张志华　刘宛鑫　李慧垠　李　亮
朱　勇　徐　景　郑凤娟　周　芹　刘盼盼　刘蒙蒙　孔静静　陈欣宇　褚昊月
肖国宁　吴庆亭　葛堂娜　高　涵

口腔医学

张云鹏　程慧娟　王存伟　王　苹　李　静　李　洋　索岩玲　张淑存　吴海威
李　凯　宫　琪　隋岩军　董　瑞　郭美画　宋韦智　李珊珊　郑　君　王　璇
祝书金　王　娟　韩延钊　狄　婧　张　婷　陈怡憓

护理学院

护理学

马会娟　田　彦　付佳丽　高　雯　刘　茜　王小娟　刘聪聪　赵　阳　郭　伟
李静静

药学院

药学硕士

王海荣　闫春雷

制药工程

王　淼　亓丽司　李晓光　翟英杰　姜　玮　康东伟　韩小娟

药物化学

史宝文　郭子煜　周　楠　顿艳艳　王　仪　王　磊　吴文晓　刘照强　李　昂
白海秀　刘晏娜　郭珍珍　王　明

药剂学

刘新权　栾晶晶　刘婷先　刘　静　张海群　王明芳　左甜甜　刘俊丽

生药学

焦泽沼　刘治华

药物分析学

孙杰威　李新秀　吴李娜

微生物与生化药学

许玲华　张肖冰　陈聪聪　谭晓青

药理学

辛　明　褚佳慧　姚　红　朱珊珊　宋志玉

★天然药物化学

张　瑶　夏宏蕊　赵贵石　张娟利

★制药工程学

杨　彪　柳东明

★临床药学

刘书源　邢晓敏

★免疫药物学

王亚群

药学

龚清格　张　波　吴婧怡　康亚琪　魏　婷　田婷婷　姚文龙　张春梅　尹燕振
韩　阳　张龙龙　梁艳超　张　杰　韩雪梅　管圆圆　鹿玉印　杨　龙　孙中利
高慧丰　王常德　肖　云　王　欢　李　津

山东大学（威海）

西方经济学

刘　冬　邱　洁　赵思聪　王　欢　王学华

财政学

戎姝霖　刘元康　金方媛　李　娟

产业经济学

赵红蕾　赵方圆　王一帆　李　玫　孙春霖　赵亚辉　郭　振　谭　磊

劳动经济学

徐丹丹　郭　婧　高吉星　陈天公

法学理论

邱成梁　尤小龙　葛　群　李　欢　逯金冲

宪法学与行政法学

唐　悦　周慧敏　段勉丽

刑法学

薛文超　王指南　王保战　孟　珍　王雪勤

民商法学

张　燕　戚　娟　郭菲菲　杨亮　田文平

诉讼法学

邵　清　刘园洁　丁红军　时立刚

经济法学

路玉丽　李鑫萍　武庆阳　张　蕾　刘小萌

国际法学

商　莉　倪秀菊　肖　暄　宫惠杰

政治学理论

王雪梅　李　然　王佩云

马克思主义中国化研究

刘　坤　张孟琪　赵亮云

思想政治教育

季莹莹　马　英　田彤彤　冯媛媛　刁秋华　常林杰　刘　芹

语言学及应用语言学

金　倩　黄文征　刘芳芳　段科慧

汉语言文字学

陈龙菲　方颖超　杨　雪　周艳妮

中国古代文学

卢超敏　吴树生　曲　朋

中国现当代文学

刘妍　高鹏　王瑞玉　高丽君　张　茹　于晓晴　杜董洋

比较文学与世界文学

何　敬　刘　芳　王伟丽

英语语言文学

刘　静　刘小星　孙飞帆　张亚宁　马　晓　潘姗姗　张丰华　凌　玲

亚非语言文学

冯　琦　吕志国　孙　畅　丁　艺　冉皑婷　秦亚伟　邵双双　于　静

新闻学

朱丽华　谢萌萌　曾庆雪　常萌萌　杨学舟　刘珊珊　蒋华宁

运筹学与控制论

颜　浩　吴海燕　郭翰橙　苏　岩

理论物理

杜俊举

凝聚态物理

路　光　刘　斌

空间物理学

秦慕荣

微生物学

李东奇　王宗杰　张凤杰

生物化学与分子生物学

张　扬　张　瑞

★海洋生物学

王于玫　王海青　王海博　毕彩红　郑　海

机械制造及其自动化

孟苓苓　张洪洋　张修齐　吕明洋　彭梁梁　周　游

电路与系统

王孟群　王晓艳　张春晓　姚建丽

微电子学与固体电子学

童　杨　王昆仑

信号与信息处理

庞　泳　王　琪　徐　娟　王启勇

检测技术与自动化装置

代　梅　刘　欣　王佳薇　王毓琦　王嵴帆　张栋栋　宋彦峰

计算机应用技术

韩　璐　康　超　曹博焱　周海靖　王　杰　陈俊鹏　王光沛　武红涛

应用化学

高雪川　宋志方　闫既龙

机械工程

肖加海　齐　玉　苏　斌　姬　红　逯　伟　梅桂富　刘　彬　苏　杭

电子与通信工程

黄振强　李　娜　徐　伟　位　宁　孙华魁　李文华　王志超　杨　佩　郭　欣
张玉印　刘一欣　刘　丹　史云飞　史德强　刘志山　张萌萌　郑　峰　孙　文
刘　涛　李珍珍

控制工程

高　文　郑增明　李召卿　任文建　李　晓　张振宇　乔丽娟　解文豪　薛　源

生物工程

陈其超　杨文嘉　刘泽昕　施　超　代应龙　常娟娟　李乐乐　岳　政　刘　姗
李　凯　李　阳

药物化学

王秀杰　郑　阳　李　琳　李光晓

生药学

曹政飞　赵国华

微生物与生化药学

成　龙　王晓晨

企业管理

李　涛　张玉莹　张艳坤　吕志浩　宋璐璐　吴　鹏　候军丽　王道霞　胡明征
李振兴　刘　蒙　林　丹　郭　菲　郝俊秀　班君君　张珍瑜

旅游管理

刘　欢　卢春花　谭如玉　窦尚孝

行政管理

王宗婧　张　凤　王　欢　李　蓉

音乐与舞蹈学

徐美瑶　陈　萌　刘　昊　仇晓莉

美术学

向昭鹤　郑翰墨　王娟娟

MBA 中心

工商管理

张　勇　郑井明　朱金涛　郝利华　王兴良　蔡贞云　陈杰明　李生璋　曹淑霞
刘宗强　谭　通　吴　昊　周　燕　李富权　刘　圆　王丽萍　杨国海　刘淑丽
刘　毅　高天宇　王　项　吴　岳　屈媛媛　朱信弢　刘晓明　张　磊　刘　璇
郑　雷　刘楠楠　侯雪磊　曹　忱　孟凡武　夏广远　王　佳　郭　鹏　吴清松
邹德路　刘　刚　邢昌岭　于振波　李东琳　李秋君　尉志豪　冯晓梅　张允鹏

于开建　张雅雯　孙同山　沈　丛　杜岱峰　庄道通　肖　静　周　超　翟侦飞
刘　涛　苗　蕾　荆裕腾　王德强　魏　芳　祝文婧　张　波　陈　伟　旷美帏
邢希洁　赵艳平　王慧芳　王　楠　吕静楠　曹玉梅　李　鹏　谭业奎　石慧芬
马维超　朱　宁　张丽丽　崔玉娟　候建状　龚振丰　李婷婷　李　昊　郭　勤
杨　菲　李国英　殷智微　姜　琦　李　妍　李燕鲁　丛新法　孙世超　孙　峰
曲　好　蒋　莘　沈兰军　许　健　高晓磊　辛启飞　王　琦　李晓菁　蔡　杰
徐宏伟　刘慧娟　张　贺　王　田　刘　妍　魏　潇　何玉磊　田　勇　刘怡清
徐　琛　吴　丹　王明珠　张杨文　邬松萍　郑　干　陶安进　赵同宝　肖涛琴
郑　蕾　张　宁　刘　博　王　平　李　萍　肖静如　陈玉清　刘相真　徐　翔
徐照邦　傅明霞　张　超　刘　霞　郭　莉　姜金娜　金建荣　邵珠峰　万　海
王　昊　张永建　逄明亮

济宁医学院

内科学

付常宁　王　鹏　郭泽华　孙亚男　张小丽　刘　帅　牛　珩　王　茜

博士毕业生名单

宗教学

陈艳艳　冯传涛

外国哲学

崔　萌

中国哲学

吕相国

科学技术哲学

田　芳　李胜辉

社会保障

吴限红

伦理学

金小燕　晏玉荣

国民经济学

连海霞　刘　强

政治经济学

马凯旋

产业经济学

王海兵　宋　建

数量经济学

吴建华

★公共经济学

李娟娟

金融学

牛晓燕　位　华　赵　红　武　锐　梁巧慧　朱博文

国际贸易学

徐　婧　邓丽娜　幸　炜　刘晓宁　李建萍　汪明珠

财政学

李占一　范辰辰　葛玉御

政治经济学

李进中

西方经济学

任　栋　傅利福

世界经济

孟纹羽

金融学

李成友　赵　阳　李　睿　夏清滨　辛　纳

数量经济学

姜树广

民商法学

周彬彬　邹卫强　周　煜　李　宁　汪丽青

法学理论

李　娟　孟　雯　吕玉赞　王峻峰　张　静

宪法学和行政法学

吴小帅　杨　蕾　赵延聪　董加伟　马玉丽　陈姿含　王翠霞　马驰骋

政治学理论

张　婷　邓　帅　张福磊

国际政治

李　齐　吴　玲　张文杰　邹　琼　周　乔

中外政治制度

郝建国

科学社会主义与共产主义运动

孙　涛　王增剑

中共党史

陈　飞　吕　虹　陈　飞　吕　虹

思想政治教育

辛　莹　朱　莉　丁　燕　郭　鹏

马克思主义中国化研究

庞　睿　林　岩　张宏伟　施秀莉

汉语言文学

吕晓玲　骆牛牛　曾　缇

★文学与艺术传播

张潇扬　刘文文　吕　丽

中国古代文学

刘　坤　付　洁　贺　琴　甄飒飒　周君燕

中国现当代文学

李　伟　于红珍

比较文学与世界文学

胡明华　赵纪萍

文艺学

曹　苗　龚天雁　张彩霞　孙　宁　张玮玮　阴志科　冉祥华　上刘汉林

新闻学

刘　冰

★语言与文化传播

孔　梓　周汶霏

★中国民间文学

李汝宾　李　凡　刘　捷

外国哲学

张利增

中国古典文献学

韦雨涓　徐　溪　赵　晨　刘　宁

中国近现代史

王　坚　黄文丽

英语语言文学

徐庆利　朱海峰　洪　捷

中外关系史

仲光亮

专门史

聂　莺　秦树景　季国良　马　双　李　建　程　绚

中国古代史

陈乐保　尹　承

中国近现代史

王春亮　李　微

中国史

韩若冰　陈　东

中国古代史

向　群

概率论与数理统计

邓　伟　李　娜　苗　杰　穆　蕊

基础数学

裴根华　王玉超　刘　杰　徐家发　丁友征　李　楠　翟　帅　韩　裴　欧昱伟
药艳君　张亭亭

计算数学

杨　蕾　任永强　李宛珊　贾金红　王　颜

应用数学

陈善镇

运筹学与控制论

姚　娟　昝永利　范洪彪　孟　敏　于祥田

★金融数学与金融工程

宗高峰　孔　涛　郑国强

★信息安全

王宗岳　赵静远　王卯宁

概率论与数理统计

张艳丽　肖新玲

金融数学与金融工程

常德健

★金融数学与金融工程

胡琴琴　朱学虎

凝聚态物理

乔士柱　杨福江　秦亚琳　张宝亮　时长民　伊　丁　张　连　祝元虎　项炳锡

理论物理

崔晓东　魏树一

材料物理与化学

杜艳伶

微电子学与固体电子学

王强　赵景涛　袁慧敏

原子与分子物理

张　江　张大剑

声学

何为凯

粒子物理与原子核物理

任祥祥

光学

贾曰辰

高分子化学与物理

朱春莉

无机化学

柏　静　刘　睿　仝　宇　刘玉荣　杨　杰　刘和元　陈　良　王　雁　王晓晴
叶　伟　李　微

有机化学

许士鲁　李尚洋　杨冰川　张　硕　赵　华　周红卫　王　磊

物理化学

朱文彩　江小剑　李志文

★胶体与界面化学

赵珮妮　鲁　飞　宋沙沙　许冠辰　闫　菡　邱晓勇　周洪涛

分析化学

李淑焕　邹飞雪　崔精诚　朱　静

★理论与计算化学

阴化冰　高凤凤　亓媛媛　朱文友

微生物学

陈晓艺　王　婷　庄倩倩　刘　超　范树泉　黄奇洪　张丽丽　张　庆　胡益波
寇艳波　史伟玲　文　晴　翟娅菲　张　聪　赵志龙　吕新星　盛彬彬　苏甜甜
王川东　王俊明

发酵工程

李洪兴　谭丽萍　雷云凤　艾明强

细胞生物学

孙验玲　刘胜浩　王双双　侯书国　马晓艳　邵　婧　王　萌　徐林艳　赵丫杰
孟　晨　柏素云

生物化学与分子生物学

荆玉谱　陈国创　张孝乾

动物学

姜海姗

★海洋生物学

麋自豪

发育生物学

宗　文

生态学

罗玉洁　徐楠楠

通信与信息系统

徐　毅　李素芳　葛　菁　葛　川　万文博

无线电物理

丁庆安　盛世威　王　斌　杨　洁　庄华伟

光学工程

沈洪斌　张海娟　冯天利　王伟涛

光电工程

朱存光　王宗良　张华年

信号与信息处理

赵亚欧　赵艳娜　冯　超　杨　娟

凝聚态物理

韩　硕　柴向旭

材料物理与化学

刘庆波　赵振环　刘小村　孙德辉　杨　昆　潘明艳　张　洋　郝　品

材料学

戴元滨　林贯军　朱丽丽　张　翔　刘广峰　沈　燕　王　刚　杨　磊　周海峰
杜青青　申传英　王文君　范家东　梁庆瑞　蔡宁宁

环境科学

曹照真　于　斐　张　浩　张彦丽

环境工程

孟盼盼　马桂霞　王　倩　田　昌　赵聪聪　马广翔

环境科学

杜远达　李善青　徐　政　袁　琦　韩丹丹　梁纪灵　孙延慧　张凤荣

管理学院

管理科学与工程

高　航　程丽英　杜培林

企业管理

王　宁　李斐斐　方　政　徐　鹏　苏奕婷　刘睿智　利　龑　王　硕

会计学

王洪生

中国哲学

王　彬　姜秉熙　李慧子

材料科学与工程

朱洪立　郭晓斐　燕克兰　魏守征　卢桂霞　王学刚　菅晓霞　卢宝阳　王伟华
史传伟　孟　文　姚　斌　孙晓林　李雄鹰　潘尧坤　翟倩倩　张　辉　张　凯
赵晓林　赵玉军　李　帅　崔雪英　高　通　宿　浩　张国凯　赵圣尧　董桂伟
续晶华　郭恩言

材料加工

杜红燕

机械制造及其自动化

王　祯　刘　玥　仪　维　黄晓明　赵国龙　姜芙林　仲照琳　李国超　李士鹏
吕　哲　田宪华　王高琦　王光存　赵彦华　侯荣国　任秀华　黄爱芹　王　飞

机械设计及理论

杜连明　王德祥

过程装备工程

吴化勇

机械电子工程

卢纪丽　杨静芳　王　伟　李国勇　李东年　孙好春

车辆工程

张万枝

机电产品创新设计与虚拟制造

郭　阳　陈彦钊

★过程装备

隋荣娟　张　明

热能工程

王　坤　任立波　刘　洋　周希正　车翠翠　杜婷婷　于洁玫　唐　蛟

动力工程就工程热物理

毛煜东　刘梦琪　刘晓日　孙楠楠　王丽梅　唐　蛟

电力系统及其自动化

魏　强　周勤勇　梁永亮　何成明　王士柏　刘　萌　朱海南

电机与电器

张宗盛　宫　晓

电工理论与新技术

王晓龙

高电压与绝缘技术

师　伟　王学磊　韩　帅

电力电子与电力传动

梁　玮　张君捧　孙　静　杨仁增　符晓玲

系统工程

刘德宝　杨　凡　刘海青

控制理论与控制工程

袁春华　高焕兵　余卫勇　张方方　王振华　潘述亮　陈甜甜　段　朋　田崇翼　满永超　靳绍礼

模式识别与智能系统

董文会　孟　健

生物医学工程

刘飞飞　张亚涛

物流工程

李　明

工程力学

王德超　刘　波　陈云娟　徐永芝

岩土工程

王洪涛　平　洋　张　骞　李志鹏　付金伟　田　昊　周　毅　张绪涛

计算机软件与理论

张　燕　郭　伟　李晓娜　于自强　王文玉　魏哲学　张　帆　王春萌　王国锋
徐　猛　李幸福

★数字媒体技术和艺术

张　艳　姜新波

计算机系统结构

郭　磊　崔超然　王静莲

计算机应用技术

张　擎

计算机科学与技术

高　帅　袭肖明

软件工程

曾　琼

★体育管理科学

彭金城　夏　青　梁　枢

外科学

王宪强　李玉华　王　舟　徐　磊　孟祥斌　郭　震　闫绍峰　田吉光　杨　宁
李连陵　赵作辉　赵　华　刘　滨　陈　鑫　王明海　张　帆　亓　磊　曲　晨
陈华夏　庄卓男　王　坤　郭明明　李　波　姚立彬　崔现平　孙　亮　郇　铖
郭兆新　孙鼎琪　马　邵　鲁　铭　高会杰　韩海峰　王付海　陈为亮　程传乐
孔祥楠　姜建浩　柴　杰　展如才

妇产科学

王慧丹　董瑞芬　马延慧　刘　婷　郭　婷　刘俊梅　刘晓琳

肿瘤学

刘　帅　沈　丽　王建波　王世坤　邱　晨　赵　鹏　王　健　赵　芬　范秉杰
孟祥姣　胡平平　张　沛　王娜娜　张铁红

麻醉学

王建峰　谷长平　孟　涛

影像医学与核医学

韩　雪　杨光杰　纪晓鹏　刘治玲　李海鸥　刘　波　黄召勤

生理学

陈小娱　王洪梅

神经生物学

于　婷　刘　强

人体解剖与组织胚胎学

吴克良　温明新　史　玮　盖新亭

免疫学

刘　鹏　章桂忠　马洪鑫　孙虎魁

病原生物学

吕　刚

内科学

周　海　王　鹏　刘永娟　于　澈　路　康　马世瞻　刘祥娟　吕林懋　郭　鲁
彭　洁　赵圣强　夏燕飞　陈桐帅　闫　飞　张钟文　刘　瑾　韩　露　刘　娜
邵珊珊　高　帅　李　睿　张玉娇　周敏然　王　川　邱继花　郭　婧　赵　琪
张　瑜　范冠琪　苏国英　李　妍　毕晓磊　王　晓　张勇涛　刘晓倩　杨　萌

儿科学

庄　泳　王　健　密长瑞　侯晓明　付金秋

神经病学

刘付臣　单晶莉　张清华　郑晓磊　胡园园

临床检验诊断学

李泽武　刘义庆　王金凤

耳鼻咽喉科学

于　亮　李霄飞　赵幸国

急诊医学

李传保　邢军辉

中西医结合临床

张　峰　孙媛媛　刘小琼

病理学与病理生理学

王　林　邢爱艳

康复医学与理疗学

王　洁　孟　菲

生物化学与分子生物学

刘永青　庞婧祥

遗传学

韦　钊　辛　倩　钱言言

细胞生物学

刘长青　于　聪　高　鹏　周　娜

老年医学

殷青青　张　珍

药理学

刘　敏　王晓杰　刘　沙

眼科学

吴佳音　赵文娟

人文医学

卜丽娟

医学心理学

李楚婷

流行病与卫生统计学

单晓英　刘丽媛　丁国永　唐　芳　徐春生　吕军城

社会医学与卫生事业管理

孙　龙　梅　林　刘西国　郑　娟　郎　颖　周小园　李　明　路　阳　代树平

★卫生检验学

孙成玺

社会医学与卫生事业管理

王　颖　赵世超　李　昱　马东平

口腔临床医学

孙　静　孙晓迪　吕晟宇　胡立华　郭庆圆

药剂学

郝吉福　刘光璞

微生物与生化药学

宋志刚　廉倩倩　邵华荣　张　燕　张　倩

★天然药物化学

李晓彬　于海娜　韩　勇　谢智宇　陈　旺

★免疫药物学

李　燕

药物化学

张凌子　付焕生　段文文　时方圆

药理学

王　澼　孙翠翠

生物与医药

宋伟国　李　涛

护理学

刘佳佳

山东大学（威海）

通信与信息系统

张德敬　曹祝楼　刘　伟

政治经济学

刘丹丹

人口、资源与环境经济学

薛俊宁

中国现当代文学

李建平

机械制造及其自动化

王延刚

材料科学与工程

林淑霞

信号与信息处理

洪晓英

法学理论

张　芃　李　亮

理论物理

肖　婷　刘　雷

考古学

胡新华　黄凌梅　郭　阳

文艺学

邢楠楠

各类“委员会”“领导小组”名单

山东大学学生资助工作领导小组

组　长：方宏建

成　员：杜言敏　王　浩　王君松　刘洪渭　王　飞　朱德建　李　红　马晓琳　傅艺娜

办公室主任：傅艺娜（兼）

山东大学可移动文物普查领导小组和工作组

组　长：李建军

副组长：张永兵　曹升元

成　员：（按姓氏笔画排序）

王玉莲　王君松　方　辉　刘丕平　刘培平　李剑峰　杜言敏

陈宝权　陈　鑫　邹　难　陶绪堂　崇学文　谭保才

山东大学可移动文物普查工作组负责学校可移动文物的普查工作，组织各有关单位做好文物普查认定、信息采集登录和对外联络等工作。办公地点设在博物馆。成员名单如下：

组　长：方　辉

副组长：李慧竹　胡美琴

成　员：（按姓氏笔画排序）

王　焕　史本恒　沙晓红　郑婷婷　韩敬仕

山东大学研究生招生工作领导小组

组　长：张　荣
副组长：刘建亚　陈向阳
成　员：贾　磊　杜言敏　刘国亮　姚传义
办公室主任：姚传义（兼）

山东大学校园规划委员会

主　　任：李守信　张　荣

副 主 任：李建军　王琪珑　仝兴华　陈向阳　张永兵　韩圣浩　陈子江
　　　　　曹升元　刘建亚　李术才　胡金焱

委　　员：（按所在部门类别排序）
　　　　　王君松　李平生　刘洪渭　赵炳新　王　浩　张　建　邢占军
　　　　　贾　磊　刘丕平　崇学文　刘相宜　殷录民　孔北华　李旭新
　　　　　曲　波　葛连升　孔令栋　郭培良　王祖杰　宁　莜　于新九

专家委员：（排名不分先后）
　　　　　贾玉良　王亚军　都剑光　赵学义　王伯伟　张　杰　方　辉
　　　　　陈建民　宁莜

办公室主任：刘洪渭　刘相宜

山东大学房改工作领导小组

组　长：王琪珑

成　员：王君松　杜言敏　王玉莲　陈宏伟　吕　波　刘相宜　曲　波
　　　　刘丕平　崇学文　殷录民　关　勇

学校房改工作领导小组办公室设在后勤保障部，殷录民兼任房改工作领导小组办公室主任。

山东大学学科建设委员会和工作小组

学科建设委员会组成名单如下：

主　任：张　荣

副主任：刘建亚

委　员：（按姓氏笔画排序）

王凤山　王学典　方　辉　孔令栋　齐延平　李术才　李新钢
张　运　陈子江　陈宝权　陈冠军　郑　春　赵国群　郝京诚
胡金焱　贾　磊　黄卫平　黄少安　龚瑶琴　梁作堂　彭实戈
程　林　傅有德　谭保才

特聘委员：汲培文　陆懋祖

学科建设委员会作为山东大学学术委员会的专业委员会开展工作。办公室设在学科建设与发展规划部。

学科建设工作小组组成名单如下：

组　长：刘建亚

副组长：刘洪渭

成　员：曲明军　陈宏伟　赵炳新　张　建　邢占军　贾　磊　邹　难
黄性涛　李树忱　刘奇迹　王益民　王志鹏

山东大学“十三五”规划编制领导小组

组　长：李守信　张　荣
副组长：李建军　王琪珑
成　员：仝兴华　陈向阳　张永兵　韩圣浩　陈子江　曹升元　刘建亚
　　　　李术才　胡金焱
领导小组下设事业规划工作小组和队伍建设规划工作小组
事业规划工作小组组成名单如下：
组　长：刘建亚
副组长：刘洪渭
成　员：（按所在部门类别排序）
　　　　王君松　王炳学　李平生　王　浩　曲明军　陈宏伟　赵炳新
　　　　柳丽华　张　建　邢占军　贾　磊　鲁统超　邹　难　刘丕平
　　　　崇学文　刘相宜　殷录民　王　飞　孔北华　朱德建　李旭新
　　　　曲　波　李剑峰　葛连升　孔令栋　赵玉璞　王明良　梅　强
　　　　赵玉华
队伍建设规划工作小组组成名单如下：
组　长：韩圣浩
副组长：陈宏伟
成　员：（按所在部门类别排序）
　　　　王君松　王炳学　李平生　王　浩　曲明军　郭春晓　刘洪渭
　　　　袁魁昌　赵炳新　张　建　邢占军　贾　磊　邹　难　刘丕平
　　　　崇学文　殷录民　曲　波　李剑峰　赵爱国　孔北华　栗庆冬

山东大学本科招生委员会

主　任：张　荣
副主任：陈向阳　胡金焱　韩圣浩
成　员：王君松　杜言敏　赵炳新　柳丽华　刘　海　柴月禄　闫涛蔚
教师代表、学生代表、校友代表各 1 人

本科招生工作领导小组（济南）

组　长：胡金焱
副组长：陈向阳
成　员：杜言敏　赵炳新　柳丽华

本科招生工作领导小组（威海）

组　长：韩圣浩
副组长：刘　海　柴月禄
成　员：王迎宾　王福安　闫涛蔚

山东大学基本科研业务费管理工作领导小组

组　长：张　荣

副组长：李术才（执行）　胡金炎

成　员：曹升元　贾　磊　曲明军　陈宏伟　刘洪渭　张　建　邢占军
　　　　邹　难　刘丕平　高　军

山东大学基本科研业务费项目管理办公室设在科学技术研究院，办公室主任由张建兼任。

山东大学学位评定委员会

主　席：张　荣

副主席：刘建亚　彭实戈　张　运　程　林　王学典

委　员：于学杰　王凤山　王玉振　王学典　王俊菊　王韶兴　方　辉
田茂诚　宁继鸣　刘　杰　刘玉田　刘建亚　齐延平　孙晋海
李长英　李术才　李晓峰　李新钢　杨蕙馨　张　运　张　荣
陈　峰　陈子江　陈宝权　陈建民　陈冠军　陈增敬　郑　春
赵国群　赵炳新　郝京诚　胡金焱　贾　磊　贾继辉　徐　欣
陶绪堂　黄卫平　黄少安　黄传真　曹现强　龚瑶琴　彭实戈
韩圣浩　程　林　谭保才

校学位评定委员会常务委员会成员名单（15 人）

委　员：王学典　刘玉田　刘建亚　齐延平　李术才　张　运　张　荣
陈　峰　陈子江　胡金焱　贾　磊　陶绪堂　彭实戈　韩圣浩　程　林

中共山东大学委员会保密委员会

主 任 委 员：李守信　张　荣

副主任委员：李建军　李术才

委　　　员：（以姓氏笔画为序）

马传峰　王玉莲　王君松　王炳学　孔令栋　邢占军　刘升贤

刘丕平　刘明利　杜言敏　李术才　李平生　李守信　李建军

张　荣　陈宏伟　柳丽华　赵爱国　荣晓燕　侯俊平　贾　磊

郭培良　桑晓旻　葛连升

保密工作办公室是学校保密委员会的日常办事机构。

各类先进表彰、奖励名单

2015年山东省优秀博士学位论文

序号	作者	论文题目	导　师	学位授予单位
1	杨淑振	泛函正倒向随机微分方程理论和G一期望下的最优化	彭实戈	山东大学
2	徐明铭	空气湿度对直流电晕放电影响的研究	谭震宇	山东大学
3	李海涛	切换布尔网络的分析、控制及应用	王玉振	山东大学
4	徐　亮	原位一体化制备棒晶增韧陶瓷刀具及其磨损可靠性研究	黄传真	山东大学
5	刘祖明	受控脉冲穿孔等离子弧焊接背面小孔动态行为的视觉检测与控制	武传松	山东大学
6	赵艳侠	钛盐混凝剂的混凝行为、作用机制、絮体特性和污泥回用研究	高宝玉	山东大学
7	代鹏程	P型窄带隙半导体纳米结构的构建、修饰及光电化学分析	占金华	山东大学
8	张晨曦	大气中典型二噁英类物质的氧化降解机理研究	王文兴	山东大学
9	崔　春	“崛起”与“流散”——论北岛及《今天》的文学流变	黄万华	山东大学
10	吴文婉	中国北方地区裴李岗时代生业经济研究	栾丰实	山东大学
11	马衍东	分子纳米链和二维材料的电子结构及相关性质的第一性原理研究	戴　瑛	山东大学
12	胡慧丽	CRL4B催化H2AK119单泛素化并协同PRC2复合物促进肿瘤进程	龚瑶琴	山东大学

续表

序号	作者	论文题目	导　师	学位授予单位
13	徐友强	代谢工程构建2，3-丁二醇高产菌株的研究	马翠卿	山东大学
14	张　凯	动脉粥样硬化大血管和微血管病变的干预靶点研究	张　运	山东大学
15	王允山	CUL4A促进乳腺癌细胞上皮间质转化及侵袭转移的作用机制研究	魏光伟	山东大学
16	都鹏超	NOD2在糖尿病肾病足细胞损伤中的作用及机制研究	易　凡	山东大学
17	孟　欣	双唾液酸化四糖抗原表位的化学酶法合成研究	王凤山	山东大学
18	陈太明	哈贝马斯“道德证立”逻辑研究	傅永军	山东大学
19	王　营	董事网络供求分析与投融资决策研究——基于中国上市公司的证据	曹廷求	山东大学

2015年山东省优秀硕士学位论文

序号	作者	论文题目	导师	学位授予单位
1	朱思萌	风电场输出功率概率预测理论与方法	杨　明	山东大学
2	方　腾	金属固液界面结构及动力学性质研究	王　丽	山东大学
3	王雪坤	二氧化锡基锂离子电池负极材料的研究	尹龙卫	山东大学
4	周辉军	低缺陷Ti（C，N）基金属陶瓷刀具的研制及切削性能研究	黄传真	山东大学
5	刘淑风	CdSe量子点的单色带隙电致化学发光与生物传感	邹桂征	山东大学
6	荣红岩	造纸污泥制备絮凝剂的资源化技术及应用	高宝玉	山东大学
7	张梦晗	西汉诏令称引儒家经传研究	胡新生	山东大学
8	范德胜	基于相移干涉术的光学信息安全系统的设计及软件实现	孟祥锋	山东大学
9	王秀清	恶臭假单胞菌和氧化葡萄糖酸杆菌中2，3-丁二醇脱氢机制的研究与应用	高　超	山东大学
10	宁楠楠	内源性硫化氢信号系统在人输卵管组织中的表达及功能研究	李景新	山东大学
11	闫　靖	GSK3β对Drp1磷酸化调节的机制及其功能的研究	陈哲宇	山东大学
12	代　爽	基于杂交链反应的荧光放大策略及其应用研究	王　磊	山东大学
13	杨　柳	植入期二硫化碳暴露对小鼠子宫组织氧化应激、DNA损伤及甲基转移酶表达的影响	王志萍	山东大学
14	张　丽	用于肿瘤诊断的载钆壳聚糖纳米粒作为磁共振成像对比剂的研究	张　娜	山东大学
15	林　丛	《国语》与先秦地域法律文化研究——以《周语》《鲁语》和《晋语》为中心的考察	武树臣	山东大学
16	杨　丽	中国企业OFDI进入模式选择——基于文化距离的实证检验	綦建红	山东大学

2015年山东大学优秀博士学位论文

序号	作者	论文题目	二级学科名称	指导教师
1	陈太明	哈贝马斯“道德证立”逻辑研究	外国哲学	傅永军
2	王　营	董事网络供求分析与投融资决策研究——基于中国上市公司的证据	金融学	曹廷求
3	范　磊	新加坡族群多层治理结构研究	国际政治	杨鲁慧
4	崔　春	“崛起”与“流散”——论北岛及《今天》的文学流变	中国现当代文学	黄万华
5	布占廷	英汉语言学书评语篇中的负面评价对比研究	英语语言文学	张德禄
6	吴文婉	中国北方地区裴李岗时代生业经济研究	考古学及博物馆学	栾丰实
7	代　鹏	基于双重契约的母子公司财务冲突研究	企业管理	潘爱玲
8	杨淑振	泛函正倒向随机微分方程理论和G－期望下的最优化	概率论与数理统计	彭实戈
9	陶　然	带奇异摄动马氏链的倒向随机微分方程及其应用	金融数学与金融工程	吴　臻
10	马衍东	分子纳米链和二维材料的电子结构及相关性质的第一性原理研究	原子与分子物理	戴　瑛
11	赵永光	新型掺钕钒酸盐与硅酸盐晶体光谱及全固态激光特性研究	凝聚态物理	许心光
12	代鹏程	P型窄带隙半导体纳米结构的构建、修饰及光电化学分析	无机化学	占金华
13	刘金祥	液态介质中溶剂化电子动力学行为的理论模拟研究	物理化学	步宇翔
14	于子超	海洋假交替单胞菌适应海冰环境的机制及其遗传操作体系的建立	微生物学	陈秀兰
15	徐友强	代谢工程构建2，3-丁二醇高产菌株的研究	发酵工程	马翠卿

续表

序号	作者	论文题目	二级学科名称	指导教师
16	孔祥良	太阳爆发中的激波电子加速和辐射研究	理论物理	陈　耀
17	杜　森	氮化硼纳米片的制备及其性质研究	材料学	郝霄鹏
18	张　田	无线通信中高谱效与高能效的功率管理研究	通信与信息系统	曹志刚
19	赵艳侠	钛盐混凝剂的混凝行为、作用机制、絮体特征和污泥回用研究	环境工程	高宝玉
20	张晨曦	大气中典型二噁英类物质的氧化降解机理研究	环境科学	王文兴
21	刘祖明	受控脉冲穿孔等离子弧焊接背面小孔动态行为的视觉检测与控制	材料加工工程	武传松
22	徐　亮	原位一体化制备棒晶增韧陶瓷刀具及其磨损可靠性研究	机械制造及其自动化	黄传真
23	徐明铭	空气湿度对直流电晕放电影响的研究	电工理论与新技术	谭震宇
24	李海涛	切换布尔网络的分析、控制及应用	控制理论与控制工程	王玉振
25	王伊蕾	理性安全两方计算中的公平性研究	计算机应用技术	徐秋亮
26	胡慧丽	CRL4B 催化 H2AK119 单泛素化并协同 PRC2 复合物促进肿瘤进程	遗传学	龚瑶琴
27	阎　芳	促甲状腺激素增加肝脏甘油三酯含量的机制研究	内科学（内分泌与代谢病）	高　聆
28	张　栋	磁性温敏凝胶作为卡介苗载体在膀胱肿瘤灌注治疗中的应用研究	外科学	金讯波
29	王允山	CUL4A 促进乳腺癌细胞上皮间质转化及侵袭转移的作用机制研究	人体解剖与组织胚胎学	魏光伟
30	张　凯	动脉粥样硬化大血管和微血管病变的干预靶点研究	内科学（心血管病）	张　运
31	都鹏超	NOD2 在糖尿病肾病足细胞损伤中的作用及机制研究	医学基础药理学	易　凡
32	张　萌	秋冬型恙虫病疫区扩散的流行病学特征与机制研究	流行病与卫生统计学	赵仲堂
33	孟　欣	双唾液酸化四糖抗原表位的化学酶法合成研究	微生物与生化药学	王凤山

2015年山东大学优秀硕士学位论文

序号	作者	论文题目	二级学科名称	指导教师
1	范　丛	大学生志愿者权益保障研究	社会学	李　芹
2	杨　丽	中国企业OFDI进入模式选择——基于文化距离的实证检验	国际贸易学	綦建红
3	杨少娜	中国通货膨胀持续性研究	金融学	孔丹凤
4	史　越	跨域治理视角下的中国式流域治理模式分析	行政管理	王佃利
5	林　丛	《国语》与先秦地域法律文化研究——以《周语》《鲁语》和《晋语》为中心的考察	法学理论	武树臣
6	赵　月	论2009年《香港公约》及其对中国拆船立法的启示	国际法学	张晏瑲
7	王盛雅	论名誉权的民法保护——兼论英美法的借鉴可能性	民商法学	牟宪魁
8	李　欣	《自主的媒介与自主的情境——网络时代重新认识梅罗维茨的媒介情境理论》	新闻学	冯　炜
9	孔建源	口语语体反问句考察及对外汉语教学应用研究	对外汉语	张艳华
10	杨　凯	中国英语写作者计划过程时间特征研究——英语水平与写作介质	英语语言文学	王俊菊
11	陈广满	论《达洛维夫人》中的凝视与反凝视	英语语言文学	申富英
12	张梦晗	西汉诏令称引儒家经传研究	中国古代史	胡新生
13	尹　奎	领导友好关系管理、儒家传统价值观对员工情感承诺的影响：LMX的作用	企业管理	刘永仁
14	李华龙	平面图的邻和可区别全染色	运筹学	王光辉
15	刘方红	涉及差分算子、移位算子的亚纯函数的唯一性	基础数学	仪洪勋

续表

序号	作者	论文题目	二级学科名称	指导教师
16	孙启龙	几种过渡金属配合物电子结构及催化性质的理论研究	凝聚态物理	戴　瑛
17	刘淑风	CdSe 量子点的单色带隙电致化学发光与生物传感	分析化学	邹桂征
18	王向华	Au/Lewis 酸接力催化的缩醛/缩醛胺的合成	有机化学	徐政虎
19	王秀清	恶臭假单胞菌和氧化葡萄糖酸杆菌中 2，3-丁二醇脱氢机制的研究与应用	发酵工程	高　超
20	任　静	Gαq 亚基在棉铃虫蜕皮激素信号途径中的功能研究	生物化学与分子生物学	赵小凡
21	刘倩倩	海洋沉积物中细菌的富集分离及三株拟杆菌新物种的多相分类	微生物学	杜宗军
22	范德胜	基于相移干涉术的光学信息安全系统的设计及软件实现	光学工程	孟祥锋
23	赖春露	结构磁共振影像特征信息提取方法研究	通信与信息系统	刘　琚
24	荣红岩	造纸污泥制备絮凝剂的资源化技术及应用	环境工程	高宝玉
25	弓晨	典型有机污染物降解机理的理论研究——介质阻挡放电、电化学氧化剂 Fenton 法	环境科学与工程	孙孝敏
26	王雪坤	二氧化锡基锂离子电池负极材料的研究	材料物理与化学	尹龙卫
27	张　勇	Al-Si-Fe 中间合金研制及其促进铝硅合金中硅相形核机制研究	材料加工工程	田学雷
28	周辉军	低缺陷 Ti（C，N）基金属陶瓷刀具的研制及切削性能研究	机械制造及其自动化	黄传真
29	韩泉泉	复杂廓型螺杆类零件的内旋风包络铣削技术研究	机械电子工程	刘日良
30	刘　鑫	不溶性胺一富钙溶液体系 CO2 碳酸化固定试验及理论研究	工程热物理	王文龙
31	聂兰兰	大气压纯氦气和氦氧混合气体的脉冲介质阻挡放电特性研究	电工理论与新技术	谭震宇
32	朱思萌	风电场输出功率概率预测理论与方法	电力系统及其自动化	杨　明
33	张庆宾	智能空间下基于 AHRS 的人体动作识别	控制理论与控制工程	田国会
34	赵　闯	循环荷载作用下花岗岩损伤变形与能量特征分析	岩土工程	李术才
35	王双玲	基于集成学习和深度学习的应用研究	计算机应用技术	尹义龙

续表

序号	作者	论文题目	二级学科名称	指导教师
36	方　腾	金属固液界面结构及动力学性质研究	机械工程	王　丽
37	宁楠楠	内源性硫化氢信号系统在人输卵管组织中的表达及功能研究	生理学	李景新
38	阎文江	Tim-3 在肿瘤相关巨噬细胞极化及肝细胞肝癌进展中的作用及机制研究	免疫学	马春红
39	闫　靖	GSK3β 对 Drp1 磷酸化调节的机制及其功能的研究	细胞生物学	陈哲宇
40	信　建	记忆提取诱发杏仁体基底外侧核的蛋白降解在线索性恐惧记忆擦除过程中的作用	细胞生物学	苏　擘
41	董文灏	中国人群移植抗原特异慢粒白血病表位疫苗制备及免疫活性研究	内科学	纪春岩
42	马　川	慢性睡眠剥夺对大鼠颞下颌关节 ERK 信号通路的影响	口腔临床医学	赵华强
43	杨　柳	植入期二硫化碳暴露对小鼠子宫组织氧化应激、DNA 损伤及甲基转移酶表达的影响	流行病与卫生统计学	王志萍
44	代　爽	基于杂交链反应的荧光放大策略及其应用研究	药物分析学	王　磊
45	张　丽	用于肿瘤诊断的载钆壳聚糖纳米粒作为磁共振成像对比剂的研究	药剂学	张　娜
46	赵兰霞	pH 敏感 mPEG-PCL-PGA 的合成、表征及在药物传递系统中的应用	药剂学	栾玉霞
47	李　阳	精神分裂症遗传高危青少年认知功能特征	护理学	曹枫林

聘用相关专业技术职务及岗位人员名单

2015年聘用相关专业技术职务人员名单

一、高等学校教师系列

教授四级岗：

文学与新闻传播学院：孔令顺　刘悦坦

历史文化学院：孙一萍　韩吉绍

哲学与社会发展学院：李延仓　陈治国（破格）

外国语学院：卢　敏　宁　明　张　征（教学型）

儒学高等研究院：王加华

经济学院：苏春红　钱先航（破格）　王哲伟（破格）

经济研究院：林　晨

管理学院：王晨光　张江华（破格）

法学院：李忠夏（破格）

政治学与公共管理学院：马　奔

马克思主义学院：高　奇

数学学院：王光辉　王鹏辉　于志勇（自2016年8月起聘）（破格）

化学与化工学院：樊唯镏　徐政虎（破格）

生命科学学院：张熙颖　解彬彬（破格）

物理学院：李吉超

环境科学与工程学院：梁　爽

环境研究院：何茂霞

材料科学与工程学院：胡丽娜　秦国梁

土建与水利学院：侯和涛　李利平（破格）

机械工程学院：谢宗法

能源与动力工程学院：辛公明　闫　伟

晶体材料研究所：王善朋　段秀兰　林　娜（破格）

电气工程学院：丁　磊　张远涛（自 2016 年 4 月起聘）
信息科学与工程学院：魏　莹
控制科学与工程学院：魏爱荣　路　飞　马思乐（应用技术开发型）
计算机科学与技术学院：刘　洋
公共卫生学院：马　伟
医学院：丛　华　石永玉　林祥涛
药学院：程爱霞
口腔医学院：张风河
医药卫生管理学院：王　健
生殖医学研究中心：赵　涵（破格）
威海校区：凌宗成（自 2016 年 4 月起聘）（破格）　杨　慧　夏　辉　赵　魏　宋修妮　胡绍明　亓兴勤　宋红强　朱林森

副教授三级岗：

哲学与社会发展学院：李海涛（自 2016 年 8 月起聘）
政治学与公共管理学院：李　广　季丽新
文学与新闻传播学院：高新华　曹成竹
外国语学院：刘玉山　王　勇　张　晶（教学型）　任　丽（教学型）
艺术学院：姚榕华　张爱红
历史文化学院：毕　牧　贾国静　代国玺
国际教育学院：王彦伟　赵　跃　蔡　燕（教学型）
儒学高等研究院：江　曦　李　琳（自 2016 年 3 月起聘）
经济学院：马驰骋　高金窑　张德涛
经济研究院：苏　剑
山东发展研究院：李爱军
法学院：马俊伟　于永宁
管理学院：辛　杰　李　彬
体育学院：李　源
马克思主义学院：郑敬斌　程　英（教学型）
生命科学学院：秦启龙　沈　煜　王　美（自 2016 年 8 月起聘）
数学学院：孙庆华　陈　立（自 2016 年 10 月起聘）
物理学院：邓　建　谭　杨
化学与化工学院：翟淑梅
中泰金融研究院：吴盼玉
国家糖工程技术研究中心：王　倩
材料科学与工程学院：刘　峣　陈　良
机械工程学院：杨富春　宋清华
能源与动力工程学院：刘正刚　于泽庭　土建与水利学院：张　炯　李　勇
环境科学与工程学院：刘　莹

晶体材料研究所：高泽亮　于法鹏
控制科学与工程学院：黄　彬　姬　冰
信息科学与工程学院：吴　强　丛振华
计算机科学与技术学院：刘　磊
电气工程学院：邹　亮　王明强
公共卫生学院：刘云霞（自 2016 年 5 月起聘）　李学文
医学院：李江夏　马雪莲　张魏芳　沈秀芹　张锡宇
护理学院：封丹珺
药学院：厉保秋
医药卫生管理学院：左根永
口腔医学院：张　瑾
威海校区：王艳丽　刘　冰　毕颖达　刘　洋　曲爱宁　齐军领　魏文忠
江志全　闫惠惠　鲁法芹　卜育德　刘　燕　孙　洁　毕云峰
阮桂平　张　伟　孙伟华　曹　晨　李　静（自 2016 年 3 月起聘）

讲师三级岗：

文学与新闻传播学院：侯　滢
外国语学院：张沁园　张　牟
艺术学院：钟云海
国际教育学院：甄　珍
药学院：郝国祥
威海校区：王小敏　曲笛鑫　杜　祎　段　敏　徐　驰　戚玉晶　黄　爱
熊云菲

二、工程、实验系列

应用研究员四级岗：

控制科学与工程学院：荣学文

高级工程师三级岗：

信息化工作办公室：于磊磊

高级实验师三级岗：

工程训练中心：刘甜甜
物理学院：孙晓明
材料科学与工程学院：高学平
机械工程学院：李　慧
土建与水利学院：李景龙
医学院：于　晗
药学院：王姝麒
生殖医学研究中心：李　梅
威海校区：王允山

工程师三级岗：

资产与实验室管理部：王文君

信息化工作办公室：乔　禹

第二医院：李　超

实验师三级岗：

工程训练中心：赵春晖　周海妮　孙　健

外国语学院：张洪刚　赵志刚　刘　斌　周圣添

管理学院：杨海军

化学与化工学院：江翠娟　刘　刚

公共卫生学院：刘　娜　吴艳玲

威海校区：孔令明　沙　沙　彭传校

三、思想政治教育系列

教授四级岗：

历史文化学院：刘　军

副教授三级岗：

管理学院：肖　柯

威海校区：范　蕊

讲师三级岗：

医学院：曲珊娜

护理学院：潘玫杏

政治学与公共管理学院：于　玲

化学与化工学院：吕永胜

土建与水利学院：梁　莹

儒学高等研究院：王　敏

外国语学院：宋玉浩

威海校区：李祥鹏　李　慧　杨　柳

四、卫生技术系列

主任医师四级岗：

口腔医学院：葛少华

生殖医学研究中心：石玉华

齐鲁医院：王东海　王立杰　王建刚　王　敏　王焕亮　刘　宏　刘海英　刘　联　刘新宇　江　蓓　李大庆　李保敏　杨　杰　张士杰　张文东　张立强　张　丽　张良文　邵　毅　罗　霞　姚桂华　高海东　傅善基　焦　健　魏军民

第二医院：马胜忠　刘　平　许顺良　陈国玲　孟　彦　赵　鑫　柳　刚　来庆国（自 2015 年 11 月起聘）

校医院：张成秋

主任技师四级岗：

第二医院：贾红英

主任药师四级岗：

第二医院：王荣梅

副主任医师三级岗：

医学院：吴晓娟

口腔医学院：文　勇　颜世果

生殖医学研究中心：张浩波

齐鲁医院：周　炜　郭　玲　崔　谊　窦慧芹　刘焕涛　李鲁传　贾春玲　颜廷宾　王　磊（神经外）　刘瑞芳　宋立军　李传保　杨君莉　张　凯　岳韦名　彭　涛　李湘新　刘相菊　吕怡静　费剑春　毛洪鸾　李　峰　李瑞建　董孝媛　刘金波　苏雨行　郭　森　江文静　张元凯　夏　青　张泽立　张晓英　武志红　张　帆　郭　慧　乔　云　刘华卫　赵　鑫　王成刚

第二医院：王　欣　吴　梅　李朝霞　赵素红　窦爱霞　刘延鹏　郭卫华　刘海英　巩会平　李铁忻　王涓冬　李晓梅　王　允　李殿国　张　强　任　鹏　罗圣磊　辛　刚　夏　明　刘振中　鲍卫国　李玉阳（自 2016 年 9 月起聘）

校医院：王　磊

副主任技师三级岗：

齐鲁医院：王　涛　闫　实　姜　虹　邢培祥

第二医院：孔　峰

副主任药师三级岗：

齐鲁医院：陈海霞

第二医院：于金龙

副主任护师三级岗：

齐鲁医院：何良爱　宋　琦　王　敏　焦建芬　汪　彤　荆文华

第二医院：刘　红

主治医师三级岗：

校医院：张忠臣　张学梅

主管护师三级岗：

齐鲁医院：何良燕　李青红　李　智　宋　萍　黄　静

第二医院：赵业芳　杜晓玲　姚娜娜　夏　琳　于祝蓉

校医院：孙晓园

药师二级岗：

齐鲁医院：于　洋

药士：

齐鲁医院：韩圣栋

五、教育管理研究系列

研究员四级岗：
人事部：陈宏伟
资产与实验室管理部：朱德建
副研究员三级岗：
离退休工作处：郭举修
公安处：李松涛
文化遗产研究院：孙　强

六、图书、档案、文博系列

研究馆员四级岗：
图书馆：汲言斌
副研究馆员三级岗：
图书馆：王　文
威海校区：师晓青
馆员三级岗：
图书馆：王亚莉　亓靖涛　刘　坤
儒学高等研究院：张　樱
威海校区：宋　梅

七、出版、编辑系列

编审四级岗：
《山东大学学报》（自然科学版）编辑部：周英智
副编审三级岗：
党委宣传部：孙宜山

八、会计、审计系列

高级会计师三级岗：
财务部：王普伟
经营性资产管理办公室：杨春伟
会计师三级岗：
财务部：苏立利
齐鲁医院：郭启秀
审计师三级岗：
审计处：范　晔

2015 年聘用相关专业技术岗位人员名单

一、教学科研岗位

二级岗（杰出人才特别评审）：

物理学院：戴　瑛

控制科学与工程学院：刘允刚

计算机科学与技术学院：陈宝权

医学院：高成江　易　凡

三级岗：

哲学与社会发展学院：谢文郁

外国语学院：李亚洲　王　颖

文化遗产研究院：王　青

儒学高等研究院：沈顺福

经济学院：余东华

管理学院：谢永珍　温德成　孟庆春

生命科学学院：赵　建

物理学院：黄性涛

化学与化工学院：刘永军　苑世领　沈　强　姜　玮

机械工程学院：张　松　林明星

土建与水利学院：李树忱　王广月

晶体材料研究所：孙　洵

控制科学与工程学院：马　昕　蒋　奇

信息科学与工程学院：张海霞

公共卫生学院：王束玫

医学院：王向东　魏光伟　于　晓

口腔医学院：王旭霞

威海校区：史全岐

五级岗：

外国语学院：侯萍萍

儒学高等研究院：李扬眉
体育学院：谢　飞
马克思主义学院：陈桂香
数学学院：张晓燕
物理学院：韩广兵
土建与水利学院：虞　松
计算机科学与技术学院：郭山清　史清华　赵合计　吕知辛　韩芳溪
电气工程学院：侯梅毅　颜世刚
医学院：王建丽　刘志方
口腔医学院：李国菊
威海校区：孙　恒　刘天放　杨在斑　陈绍霞　关成波　梁立凯

六级岗：

哲学与社会发展学院：付立华
外国语学院：赵爱萍　闫秋燕　张彩霞　王　鹏
历史文化学院：曲春梅
国际教育学院：黑　琨　马晓乐
儒学高等研究院：李　浩　刁统菊
经济学院：林　琳
法学院：姜　峰　丁　杰
管理学院：路军伟　郭　妍
体育学院：张世国
马克思主义学院：翟金秀　黄广友
生命科学学院：李爱英　刘树伟　田会玉　刘　红　杨春玉　孙晓阳
数学学院：孙秋梅　王洪英　杜世田
物理学院：焦健斌　蒋　然
化学与化工学院：赵　芳　朱荣秀　魏慧英
国家糖工程技术研究中心：曹鸿志
材料科学与工程学院：张存生　牟　玥　王佃刚　钱　磊　于美杰
机械工程学院：马宗利　王震亚　李学勇　邹　斌
能源与动力工程学院：李英杰　邱　燕　史月涛
土建与水利学院：王少伟　王汉鹏　武　科
晶体材料研究所：王　蕾郭世义　王　波
控制科学与工程学院：刘　剑　李　玮　杜春水
信息科学与工程学院：付永生　王　永　陈江华　南新志
计算机科学与技术学院：栾峻峰　李　新　刘　宏　彭朝晖　李沂滨
电气工程学院：贠志皓　董　洁　安艳秋
公共卫生学院：温红玲　周成超
医学院：王墨林　王　群　王姿颖　于书彦　曾季平　李汶娟　刘招舰

李　丽　牟　坤
护理学院：李　明
药学院：聂　磊
医药卫生管理学院：孙晓杰
威海校区：朱　峰　杨　慧　韩国圣　刘　超　张　乐
王瑞华　李万军　张　剑　高建华　武中臣
张永平　郝书翠　陈　原　郭尊华

八级岗：

外国语学院：万玮敏　曹　苗
法学院：马　一
马克思主义学院：尹翼婷　姜梅英
数学学院：黎　明　刘　杨
计算机科学与技术学院：张国艳
公共卫生学院：刘淑芳　杨丽萍
医学院：田翠环　王婧婧
威海校区：李　楠　陈怀凯　袁亚妹　赵丽华

九级岗：

文学与新闻传播学院：张燕芬　程鸿彬
外国语学院：李　红　张　莉　许培培　曾林姣　李　想　全源海
艺术学院：李文菁　唐绍钧
历史文化学院：李大伟　付晓青　唐仲明
国际教育学院：张　云　连　佳
马克思主义学院：邱　琳
中泰金融研究院：杨维强
国家糖工程技术研究中心：房俊强
机械工程学院：谢玉东　王艳东　薛　强
能源与动力工程学院：赵元宾
土建与水利学院：于　洋
环境科学与工程学院：岳　敏
信息科学与工程学院：王鹏伟　吴　强
计算机科学与技术学院：姚光开蔡晓军
公共卫生学院：袁中尚　杨曦伟
医学院：王　晓　蒋百春　陈　琳
口腔医学院：刘　迪　朱震坤
护理学院：贾　愚
威海校区：陈　欣　李　燕　王小梅　谢清华　于立强　孙文平　韩松涛
梁　远　咸慧慧　孟子艳　李淑康　朱玉堂　唐　正　张　锐
郑　岩　赵　燕　靳雅权　高颖図　李　勃　孙海伟　王金涛

高同进　许庆阳　郭　新

十一级岗：

国际教育学院：矫雅楠　宫　雪　李昊天

医药卫生管理学院：付佩佩

二、工程、实验岗位

五级岗：

齐鲁医学部：史艳秋

六级岗：

管理学院：张惠萍

化学与化工学院：郭玉梅

电气工程学院：王　慧

八级岗：

工程训练中心：李盛年

电气工程学院：李国建

计算机科学与技术学院：王筱婷

医学院：邵　军

本科生院：李爱霞

威海校区：杜新胜

九级岗：

工程训练中心：仪　维

外国语学院：王兰忠

管理学院：张向伟

口腔医学院：岳海涛

药学院：纪建波

医学院：尹金岭　吕丽红　郭　春

医药卫生管理学院：葛人炜

生殖医学研究中心：马水英

化学与化工学院：马　莹

物理学院：管　婧

生命科学学院：朱　敬

机械工程学院：彭伟利

晶体材料研究所：刘雪松

电气工程学院：李　谦

计算机科学与技术学院：李保栋

第一附属中学：李红云

基建部：刘春强

威海校区：刘　芬　张　倩　连海宁　姜学思　郭迪福

十一级岗：

控制科学与工程学院：田　天

本科生院：周　辉　刘　浩

三、思想政治教育岗位

五级岗：

政治学与公共管理学院：董雪梅

九级岗：

艺术学院：姜　楠

生命科学学院：韩春岫

信息科学与工程学院：崔　剑

学生心理健康教育与咨询中心：肖　宏

环境科学与工程学院：王小宁

学生心理健康教育与咨询中心：曹丽丽　高媛媛

外国语学院：朱　蕾

法学院：邹永厚

管理学院：郭　超

生命科学学院：张攀攀

威海校区：时华忠　陶　宏　韩巧霞

四、卫生技术岗位

二级岗：

齐鲁医院：王　凯　彭　军

第二医院：王　磊　许安廷　赵小刚

三级岗：

齐鲁医院：王克来　王苏加　王　青　吕　明　刘少华　刘德山　陈雨信
陈春燕　范医东　钟　明　姜　洁　夏　伟　梁立双　董　亮
潘晓军

第二医院：王　伟　王培荣　张建良　宫明智　隋树建　傅余芹

五级岗：

齐鲁医院：郭　斌　刘春兰　陈　腾　侯跃东　林亚杰　于学军　赖　宏
魏其珍　孙文宇　朱　民　王志刚　彭化海　齐滋华　秦　平
曲　黎　赵　晖

第二医院：孙福敦　吴　涛　王莉华　傅勤烨　刘　斌

张瑞芹　邵明举

校医院：杜卫华

六级岗：

齐鲁医院：吴　伟　晁　岚　朱　磊　胡瑞梅　赵　健　刘大昱　倪石磊

刘培来　董明　黄奇兵　刘恩宇　张鹏飞　殷钢　姜润德
李曙光　邵震宇　李昕　孙磊　杨晓云　宋坤　王文
张寒冰　王永慧　靳斌　刘媛　陈军　李岩　汤占利
张代杰　刘巧慧　周涛　侯勇　于德新　上官红

第二医院：王道清　刘伟红　顿志平　庄向华　董晓鹏　孙金辉　冀勇
张萍　陈雪梅　王萍　周春文　周成军　崔勇　冯颢
江坤尧　亓同钢　孙德清　李晓辉

校医院：邓永华　展凤霞

八级岗：

齐鲁医院：代军　于玲家　李咏梅　吕学民　赵善莲　綦新娜　李明
王超　冯孟林　王荣　刘晓燕　王清燕　孟红　张昕婷
耿传运　辛雪梅　李秋环　于传秀　高蔚　韩萍　遇晓
吴晓燕　韩利岩　陈波　孟明珠　许孔云　刘翠芳　刘慧
李昊　臧绍蕾　徐永豪　张鲁伟　张晓琳　贾琳

第二医院：董兆强　丁璇　吕艳锋　谢兆宏　王晓雷　毕少杰　纪志鹏
邢德国　陈鹏　霍延青　马万里　孟庆虎　禹化龙　焉杰克
高晓林　杨中军　于晓明　张妮　王永静　孙文东　金延武
刘震　亓向群　张海令　孙国勇　王红娟　吴洪磊　李晓博
李学刚　周勇　王熙前　杨勇霞　邓新超　郭庆辉　孙殿水
叶兰　萧畔　孟丽亚　刘瑛　谢坤　法良国　张飞雪
赵磊　郭志芹　姜翠瑛　张旭华　于超　马忠兵　岳春雯
赵恒利　张桂华　王翠玲　厉淑荣　王晓云　马秀明　孙华玮
张其枝　张家香　南士英　张荣梅　邢美华　隋文娟　柳相珍
黄丽君　冯翠玉　上官玉梦　邢介玲

校医院：刘桂兰

九级岗：

齐鲁医院：张建民　李海林　刘燕　陈丰哲　张鹏　李恩刚　刘然
滕娜　刘考　陈安威　张芳　张兆航　马玉杰　尚蔷薇
孙军燕　王舟　于晓宁　王庆杰　张健　刘莉莉　李曼
王建峰　董向毅　耿丽娜　王福芳　王玖玲　葛伟　王芳
李晓星　孙锦堂　曲辉　李亮　李淑英　郝俊萍　郭梁
阎峻　杨强　蒋华　戴廷军　李长青　王志浩　袁桂艳
范玉琛　陈良　安贵鹏　张源　唐悦清　杨建民　彭程
曲忠花　王延磊　周长扩　赵锐　张小磊　李英杰　姜园园
巩丽　刘旭冬　崔晓霈　王海刚　岳公雷　杨博　王建波
孙巧玲

第二医院：孙云　曲云东　高巍　魏胜程　武士清　谯勇　王志仑
戚晓良　于伟华　由清涌　周慧　张太娥　苏献双　阮正敏

李　艳　刘　婷　张万明　赵昌盛　张　珑　陈克勤　常　堃
王　会　刘　琪　王殿辉　宋才举　蒋　宝　吴　燕　剪京芬
石荣纪　李玲华　杨　玉　梁颖韫　郑百红　孔桂香　万正坤
杨海燕　吴新春　孟　华　王淑慧　曹德燕　叶国美　马延霞
刘悦梅　赵俏静　王笃兰　齐　霞　李新英　闫翠花　邵　华
李　霞　赵　静　郭连荣　赵忠红　张　蕾

校医院：李肖红　李大志　李　静　赵　敏

耳鼻喉重点实验室：刘　梅

十一级岗：

第二医院：赵　杰　张　程　王　倩　陈兆生　蒋雅丽　张　朋　焦谢佳
谷万里　王　军　徐加龙　吴　鹏　杨燕菲　孙　强　李　跃
姜春节　王珊丹　闫秋霞　郝　秀　宋　玮　王季华　丛　伟
郝战宇　王　斐　关　慧　闫　姮　郝小蕊　董　艳　侯妮妮
杨　慧　周　倩　胡俊霞　韩　敏　郭　静　李红彦

五、图书、档案、文博岗位

六级岗：

档案馆：李彦英　楼蔚文

图书馆：董晓华　王　颖　何长清

法学院：吴　红

数学学院：杨　谦

威海校区：王振妘

八级岗：

档案馆：孙　华

九级岗：

档案馆：常　杰　张庆美

图书馆：刁为民　周　琳　任秋环　韩爱先

威海校区：徐秀春　郭学娟

十一级岗：

图书馆：王观友　潘星舟　刘　坤　姜丽岩

六、出版、编辑岗位

五级岗：

《山东大学学报》（哲学社会科学版）编辑部：牟　进

六级岗：

《山东大学学报》（自然科学版）编辑部：陈　斌

七、会计、审计、统计岗位

五级岗：
财务部：王延太
六级岗：
审计处：金燕北
八级岗：
青岛校区建设办公室：李广勇
九级岗：
财务部：李忠杰　张国莉
出版社：管永礼
威海校区：万　辉
十一级岗：
财务部：苏　娟　徐　琛
体育学院：杨海鸣

八、管理岗位

五级职员：
纪律检查委员会办公室：刘　珂
党委组织部：罗建军
后勤保障部：殷录民
齐鲁医学部：李　蕾　姜文丽　王明良　王晓林　张欣平
生命科学学院：曲　刚
医学院：牟道玉　赵福昌
公共卫生学院：李士保　王永杰
护理学院：李　峰
药学院：李雨嘉
六级职员：
纪律检查委员会办公室：刘　华
党委宣传部：赵　海
齐鲁医学部：张乃亭　刘仁芝　蔡清香　李晶晶　王巍巍　徐延宝　张　浩
新闻传播学院：王　欣
化学与化工学院：孙国翠
医学院：孙　钰
七级职员：
审计处：孙　盈
党委办公室、校长办公室：牛玉国　马颖颖
党委宣传部：孟　丽

人事部：崔　慧
学生工作部：崔　杨　庄子华
离退休工作处：牛艳华
本科生院：马金平　张　强　赵启鹏
财务部：焦朝辉
后勤保障部：刘　岩　徐　勇　张　兵
学科建设与发展规划部：曹一斐　黄冉冉　李良杰
青岛校区综合办公室：荆子罂
青岛校区启动运行办公室：于　茜
信息化工作办公室：张　袁
学生就业创业指导中心：常海峰　吴　俊
兴隆山校区管理办公室：孙蓓蓓
国际事务部：张佳琦
科学技术研究院：张　琳　盛　楠　王焕杨
党委学生工作部：司汝壮李　磊　刘　卉　董仲尧
资产与实验室管理部：郭庆祥　郭士明　张平清
哲学与社会发展学院：蒋　霞　许赛英
外国语学院：董　然
数学学院：鲁　皓
化学与化工学院：张　鹏
计算机科学与技术学院：孙玮茄
历史文化学院：杨　杰
机械工程学院：韩　伟
能源与动力工程学院：崔　喆
工程训练中心：张功国
胶体材料工程技术研究中心：公茂霞
齐鲁医学部：李　丹
校医院：安晓霞
威海校区：宋修静　李　丁　李世康　李　齐　赵笑菊

八级职员：

党委办公室、校长办公室：高　岑
党委学生工作部：李腾龙
后勤保障部：韩　民　卢安兴　苗利民　马玉泉　刘士强　傅全喜　王春美
兴隆山校区管理办公室：刘建宗
青岛校区启动运行办公室：李海洋
信息化工作办公室：李舒锐　马玲玲
数学学院：郑柔澄
土建与水利学院：张　军

校医院：张春莲

九级职员：

外国语学院：李　泉

第一附属中学：于海英

后勤保障部：曹志芳

新聘研究生指导教师名单

2015年新聘博士生指导教师名单

（不含齐鲁医学部）

序号	所属培养单位	姓名	二级学科名称
1	哲学与社会发展学院	王华平	科学技术哲学
2	哲学与社会发展学院	邓联合	中国哲学
3	哲学与社会发展学院	卞绍斌	伦理学
4	经济学院	陈　强	数量经济学
5	经济学院	陈　东	财政学
6	经济学院	解　垩	财政学
7	经济学院	李　华	财政学
8	经济学院	李一花	财政学
9	经济学院	孔丹凤	金融学
10	经济研究院	韦　倩	西方经济学
11	法学院	张海燕	诉讼法学
12	法学院	许庆坤	国际法学
13	法学院	魏治勋	法学理论
14	政治学与公共管理学院	王　成	政治学理论
15	政治学与公共管理学院	马　奔	行政管理
16	当代社会主义研究基地	黄登学	科学社会主义与国际共产主义运动
17	政治学与公共管理学院	姜　杰	行政管理
18	政治学与公共管理学院	滕玉成	行政管理

续表

序号	所属培养单位	姓名	二级学科名称
19	马克思主义学院	张士海	马克思主义基本原理
20	马克思主义学院	张志泉	思想政治教育
21	马克思主义学院	陈家付	马克思主义中国化研究
22	文学与新闻传播学院	边家珍	中国古代文学
23	文学与新闻传播学院	孙学堂	中国古代文学
24	文学与新闻传播学院	李开军	中国古代文学
25	儒学高等研究院	何朝晖	中国古典文献学
26	外国语学院	韩　梅	亚非语言文学
27	外国语学院	李亚洲	俄语语言文学
28	外国语学院	李保杰	英语语言文学
29	外国语学院	王　颖	英语语言文学
30	数学学院	王明强	信息安全
31	数学学院	陈　章	基础数学
32	数学学院	秦　静	基础数学
33	数学学院	王光辉	运筹学与控制论
34	物理学院	陈延学	凝聚态物理
35	物理学院	刘建强	微电子学与固体电子学
36	化学与化工学院	樊唯镏	无机化学
37	化学与化工学院	孙　頔	无机化学
38	化学与化工学院	孙　绚	无机化学
39	化学与化工学院	张晓梅	无机化学
40	化学与化工学院	邹桂征	分析化学
41	化学与化工学院	王文光	有机化学
42	化学与化工学院	徐政虎	有机化学
43	化学与化工学院	赵翠华	有机化学
44	化学与化工学院	李钟号	物理化学
45	化学与化工学院	宋爱新	物理化学
46	化学与化工学院	许效红	物理化学
47	化学与化工学院	于　丽	物理化学
48	化学与化工学院	刘鸿志	高分子化学与物理
49	化学与化工学院	张　洁	高分子化学与物理

续表

序号	所属培养单位	姓名	二级学科名称
50	生命科学学院	刘相梅	微生物学
51	生命科学学院	凌建亚	微生物学
52	生命科学学院	石　梅	微生物学
53	生命科学学院	徐　海	微生物学
54	生命科学学院	陈　敏	微生物学
55	生命科学学院	高　超	微生物学
56	环境研究院	刘　建	生态学
57	信息科学与工程学院	孙丰荣	信息与通信工程
58	信息科学与工程学院	李德春	光学工程
59	信息科学与工程学院	李　平	光学工程
60	晶体材料研究所	吴拥中	材料学
61	晶体材料研究所	于浩海	材料学
62	晶体材料研究所	刘　阳	材料学
63	国家糖工程技术研究中心	曹鸿志	有机化学
64	环境科学与工程学院	洪静兰	环境科学
65	环境科学与工程学院	李　力	环境工程
66	环境研究院	孙孝敏	环境科学
67	环境研究院	李卫军	环境科学
68	管理学院	王德胜	企业管理
69	材料科学与工程学院	于美杰	材料学
70	材料科学与工程学院	石元昌	材料物理与化学
71	材料科学与工程学院	白玉俊	材料物理与化学
72	材料科学与工程学院	司鹏超	材料加工工程
73	材料科学与工程学院	陈茂爱	材料加工工程
74	材料科学与工程学院	周传健	材料学
75	材料科学与工程学院	胡丽娜	材料加工工程
76	材料科学与工程学院	秦国梁	材料加工工程
77	材料科学与工程学院	龚红宇	材料学
78	材料科学与工程学院	楼　峻	材料加工工程
79	机械工程学院	姜兆亮	机械制造及其自动化
80	机械工程学院	陈颂英	化工过程机械

续表

序号	所属培养单位	姓名	二级学科名称
81	机械工程学院	刘日良	数字化设计与制造
82	机械工程学院	万　熠	机械制造及其自动化
83	机械工程学院	邹　斌	机械制造及其自动化
84	机械二程学院	李　苏	机械电子工程
85	能源与动力工程学院	董　勇	工程热物理
86	能源与动力工程学院	赖艳华	热能工程
87	能源与动力工程学院	张冠敏	工程热物理
88	能源与动力工程学院	宋占龙	热能工程
89	能源与动力工程学院	韩奎华	热能工程
90	能源与动力工程学院	李英杰	热能工程
91	电气工程学院	王洪涛	电力系统及其自动化
92	控制科学与工程学院	蒋　奇	检测技术及自动化装置
93	控制科学与工程学院	高　瑞	控制理论与控制工程
94	控制科学与工程学院	王光臣	控制理论与控制工程
95	土建与水利学院	薛翊国	防灾减灾工程及防护工程
96	土建与水利学院	刘　健	结构工程
97	土建与水利学院	宋修广	岩土工程
98	计算机科学与技术学院	许信顺	计算机软件与理论
99	计算机科学与技术学院	郭　炅	计算机软件与理论
100	计算机科学与技术学院	崔立真	计算机软件与理论
101	医学院	李景新	生理学
102	医学院	韩丽辉	免疫学
103	医学院	高立芬	免疫学
104	医学院	史　丽	耳鼻咽喉科学
105	医学院	李明江	妇产科学
106	医学院	姜　洁	妇产科学
107	医学院	张友忠	妇产科学
108	医学院	王　剑	肿瘤学
109	医学院	苏国海	急诊医学
110	医学院	管庆波	内科学（内分泌与代谢疾病）
111	医学院	完　强	内科学（内分泌与代谢疾病）

续表

序号	所属培养单位	姓名	二级学科名称
112	医学院	朱　强	内科学（消化疾病）
113	医学院	左秀丽	内科学（消化疾病）
114	医学院	周盛年	神经病学
115	医学院	刘相燕	外科学（胸外）
116	医学院	孙　水	外科学（骨外）
117	医学院	刘　军	外科学（普外）
118	医学院	张成琪	影像医学与核医学
119	医学院	刘德山	中西医结合临床
120	医学院	韩明勇	肿瘤学
121	医学院	王秀问	肿瘤学
122	医学院	姜淑娟	内科学（呼吸）
123	医学院	杨向东	内科学（肾病）
124	医学院	刘花香	内科学（风湿）
125	医学院	郭　媛	全科医学
126	医学院	范医东	外科学（泌尿外）
127	医学院	马道新	内科学（血液）
128	医学院	王谢桐	妇产科学
129	公共卫生学院	赵秀兰	卫生毒理学
130	公共卫生学院	高希宝	卫生检验学
131	公共卫生学院	王志萍	劳动卫生与环境卫生学
132	公共卫生学院	王束玫	流行病与卫生统计学
133	公共卫生学院	马欣（兼）	社会医学与卫生事业管理
134	医药卫生管理学院	孙　强	社会医学与卫生事业管理
135	口腔学院	吴训伟	口腔基础医学
136	护理学院	王克芳	护理学
137	药学院	郭秀丽	药理学
138	药学院	赵　维	药理学
139	药学院	臧恒昌	微生物与生化药学
140	山东大学（威海）	王守宇	粒子物理与原子核物理
141	山东大学（威海）	杜宗军	微生物学
142	山东大学（威海）	潘景昌	计算机应用技术

续表

序号	所属培养单位	姓名	二级学科名称
143	山东大学（威海）	孔海燕	企业管理
144	山东大学（威海）	薄振杰	外国语言学及应用语言学
145	山东大学（威海）	王瑞君	法律方法论

2015 年新聘硕士生指导教师名单（不含齐鲁医学部）

序号	教师编号	姓名	出生日期	所在培养单位	招生专业	招生类别	专业技术职务	最高学位
1	200099800017	魏文忠		山东大学（威海）	工程管理	专业硕导	讲师	博士
2	200199800033	宋　勇	1978.9.9	山东大学（威海）	控制理论与控制工程	学术硕导	副教授	博士
3	200199800045	乔　威		山东大学（威海）	控制工程	专业硕导	高级工程师	博士
4	200199800084	闫惠惠	1976.4.18	山东大学（威海）	马克思主义中国化研究/思想政治教育	学术硕导	讲师	博士
5	200299800012	张　锐	1980.12.3	山东大学（威海）	音乐	专业硕导	讲师	博士
6	200399800004	梁立凯	1968.9.10	山东大学（威海）	电路与系统/电子与通信工程	学术硕导/专业硕导	副教授	博士
7	200399800045	刘　卓	1974.10.25	山东大学（威海）	美术	专业硕导	副教授	硕士
8	200399800051	郑冬梅	1972.9.19	山东大学（威海）	亚非语言文学/朝鲜语口译	学术硕导/专业硕导	讲师	博士
9	200499800037	康钦马	1967.1.26	山东大学（威海）	计算机科学与技术	学术硕导	副教授	博士
10	200499800057	赵瑞杰	1978.3.7	山东大学（威海）	控制理论与控制工程	学术硕导	副教授	博士
11	200599800056	毕云峰	1980.7.4	山东大学（威海）	控制理论与控制工程/控制工程	学术硕导/专业硕导	讲师	博士
12	200699800025	刘春利	1980.7.1	山东大学（威海）	生物工程	专业硕导		
13	200699800050	崔文韬	1980.4.20	山东大学（威海）	电子与通信工程	专业硕导	讲师	博士
14	200699800053	王艳丽	1973.11.27	山东大学（威海）	中国现当代文学	学术硕导	讲师	博士
15	200769800021	王允山	1981.7.6	山东大学（威海）	微生物与生化药学/药学	学术硕导/专业硕导	实验师	博士

续表

序号	教师编号	姓名	出生日期	所在培养单位	招生专业	招生类别	专业技术职务	最高学位
16	200799011222	李慧竹	1967.11.5	历史文化学院	文物与博物馆	专业硕导	副研究馆员	博士
17	200799012083	刘增文		机械工程学院	机械制造及其自动化/机械工程	学术硕导/专业硕导	高级工程师	博士
18	200799012246	王美玲	1967.2.25	经济学院	国际贸易学/国际商务	学术硕导/专业硕导	副教授	博士
19	200799012578	郭原奇		外国语学院	德语语言文学	学术硕导		博士
20	200799012632	宁　明	1973.3.6	外国语学院	英语语言文学/英语笔译	学术硕导/专业硕导	副教授	
21	200799012633	庄新红	1971.9.6	外国语学院	英语语言文学	学术硕导	副教授	博士
22	200799012665	穆宝清	1963.4.4	外国语学院	英语语言文学/英语笔译	学术硕导/专业硕导	副教授	博士
23	200799013433	马丕明	1970.9.11	信息科学与工程学院	电子与通信工程	专业硕导	副教授	博士
24	200799013570	李　晖		软件学院	软件工程	专业硕导	副教授	
25	200799013691	李雪芝	1971.3.31	生命科学学院	微生物学/生物工程/发酵工程	学术硕导/专业硕导	高级工程师	硕士
26	200799014378	侯梅毅	1963.4.9	电气工程学院	电气工程/电力系统及其自动化	专业硕导/学术硕导	副教授	
27	200799014396	仲　慧	1975.9.10	电气工程学院	电工理论与新技术/电气工程	学术硕导/专业硕导	副教授	博士
28	200799014491	王　薇	1971.10.24	土建与水利学院	建筑与土木工程	专业硕导	副教授	博士
29	200799014507	傅志前		土建与水利学院	建筑设计及其理论	专业硕导/学术硕导	副教授	博士
30	200799014543	马秀媛		土建与水利学院	建筑与土木工程	专业硕导	副教授	博士
31	200799014895	王云岭	1974.4.6	医学院	人文医学	学术硕导	副教授	博士
32	200799015032	甄军晖	1974.12.25	医学院	病理学与病理生理学	学术硕导	副主任医师	博士
33	200799015083	王晓静	1973.6.29	医学院	细胞生物学	学术硕导	副教授	博士
34	200799015171	才晓君	1970.7.16	医学院	内科学	专业硕导	副主任医师	博士
35	200799015237	陈　欧	1977.12.4	护理学院	护理学/护理	学术硕导/专业硕导	副教授	博士
36	200799015710	蔡卫忠	1973.5.9	马克思主义学院	思想政治教育	学术硕导	副教授	博士
37	200799016910	郑春梅	1974.5.5	体育学院	体育学/体育教学/社会体育指导	学术硕导/专业硕导	副教授	硕士
38	200799017026	常英杰		机械工程学院	车辆工程	专业硕导	副教授	

续表

序号	教师编号	姓名	出生日期	所在培养单位	招生专业	招生类别	专业技术职务	最高学位
39	200799017080	王艳艳	1978.9.13	现代物流研究中心	物流工程	学术硕导/专业硕导	副教授	博士
40	200799017105	牛淑萍	1963.8.15	历史文化学院	文化产业管理/中国史/世界史	学术硕导	副教授	硕士
41	200799017137	程殿梅	1970.2.16	外国语学院	俄语语言文学	学术硕导	副教授	博士
42	200799017743	王元亮	1969.2.19	政治学与公共管理学院	行政管理/公共管理硕士	学术硕导/专业硕导	副教授	博士
43	200799017850	宋艳波	1981.3.15	历史文化学院	考古学/文物与博物馆	学术硕导/专业硕导	副教授	博士
44	200799018038	林春金	1980.4.4	土建与水利学院	建筑与土木工程	专业硕导	讲师	硕士
45	200799018056	于泽庭	1979.9.1	能源与动力工程学院	动力工程及工程热物理/动力工程	学术硕导/专业硕导	讲师	
46	200799018138	褚晓东	1978.3.12	电气工程学院	电力系统及其自动化/电气工程	学术硕导/专业硕导	副教授	
47	200799018169	颜军昊	1977.12.4	医学院	妇产科学	学术硕导/专业硕导	副主任医师	博士
48	200799018292	秦莹莹	1977.11.1	医学院	妇产科学	学术硕导/专业硕导	副主任医师	
49	200799018413	武　科	1978.4.10	土建与水利学院	岩土工程/建筑与土木工程/防灾减灾工程及防护工程/结构工程	学术硕导/专业硕导	副教授	博士
50	200893000004	刘　琳	1980.2.11	政治学与公共管理学院	政治学理论/公共管理硕士	学术硕导/专业硕导	讲师	
51	200893000009	石少颖	1981.1.2	历史文化学院	中国史	学术硕导	副教授	博士
52	200893000025	李红伟	1979.8.22	电气工程学院	电工理论与新技术/电气工程	学术硕导/专业硕导	讲师	博士
53	200893000034	刘秀美	1978.1.5	药学院	药物分析学/制药工程/药学	学术硕导/专业硕导	副教授	博士
54	200899000036	兰　晶	1971.1.19	口腔医学院	口腔医学/口腔临床医学	专业硕导/学术硕导	副教授	博士
55	200899000101	王志峰	1977.3.15	口腔医学院	口腔临床医学	学术硕导	副主任医师	博士
56	200899000114	吴峻岭	1977.10.28	口腔医学院	口腔医学/口腔临床医学	专业硕导/学术硕导	副主任医师	
57	200899800018	陈明涛		山东大学（威海）	基础数学	学术硕导		
58	200993000014	史建国	1981.2.10	文学与新闻传播学院	中国现当代文学	学术硕导	副教授	博士
59	200993000021	屈　宁	1981.11.3	历史文化学院	中国史	学术硕导	副教授	博士
60	200993000028	张　帆	1979.11.25	法学院	法学理论	学术硕导/专业硕导	讲师	博士

续表

序号	教师编号	姓名	出生日期	所在培养单位	招生专业	招生类别	专业技术职务	最高学位
61	200993000055	赵元宾	1981.4.14	能源与动力工程学院	动力工程及工程热物理/动力工程	学术硕导/专业硕导	讲师	博士
62	200993000057	沈　涛	1982.3.15	药学院	生药学	学术硕导	副教授	博士
63	200993000078	孙　华		管理学院	项目管理	学术硕导/专业硕导	讲师	
64	200999000038	林　娜	1981.7.13	晶体材料研究所	材料物理与化学	专业硕导	讲师	博士
65	200999800004	梁俊伟	1980.2.6	山东大学（威海）	西方经济学	学术硕导	讲师	博士
66	201093000007	黄潇婷		管理学院	旅游管理	学术硕导/专业硕导	副教授	博士
67	201093000009	孙　波	1981.10.20	控制科学与工程学院	控制科学与工程/控制工程/电力电子与电力传动	学术硕导/专业硕导	副教授	博士
68	201093000012	魏普文	1981.11.6	数学学院	信息安全	学术硕导	副教授	博士
69	201093000018	邵明华	1975.10.14	历史文化学院	中国史/文化产业管理	学术硕导	副教授	博士
70	201093000040	张魏芳	1979.1.7	医学院	病原生物学	学术硕导	讲师	
71	201093000053	王　倩	1983.2.15	国家糖工程技术研究中心	生物化学与分子生物学	学术硕导	讲师	博士
72	201093000058	王彦伟	1983.2.7	国际教育学院	汉语国际教育	专业硕导	讲师	博士
73	201093000060	李　彬		管理学院	会计学	学术硕导/专业硕导	讲师	
74	201099000016	王浩鑫	1979.12.6	生命科学学院	微生物学	学术硕导	讲师	博士
75	201193000001	肖桂勇	1980.7.19	材料科学与工程学院	材料科学与工程	学术硕导/专业硕导	讲师	博士
76	201193000007	谢玉东	1981.6.15	机械工程学院	机械产品数字化设计	学术硕导	讲师	博士
77	201193000027	王玉涛	1970.1.1	生命科学学院	生态学	学术硕导	讲师	博士
78	201193000034	徐　宁	1982.5.3	管理学院	企业管理	学术硕导/专业硕导	讲师	博士
79	201193000035	陈媛媛	1982.10.30	经济研究院	国际商务/金融	专业硕导	讲师	
80	201193000036	王亚楠	1981.6.20	机械工程学院	车辆工程	学术硕导	讲师	
81	201193000040	彭勇刚	1981.10.30	物理学院	原子与分子物理	学术硕导	讲师	博士
82	201193000045	朱　磊	1979.8.5	历史文化学院	考古学/文物与博物馆	学术硕导/专业硕导	讲师	博士
83	201193000061	宫晓琳	1975.8.14	经济学院	金融学/金融	学术硕导/专业硕导	副教授	博士

续表

序号	教师编号	姓名	出生日期	所在培养单位	招生专业	招生类别	专业技术职务	最高学位
84	201199000025	胡树军	1981.7.15	物理学院	凝聚态物理	学术硕导	副教授	博士
85	201199000034	常景彩	1977.4.7	能源与动力工程学院	动力工程/动力工程及工程热物理	专业硕导/学术硕导	高级实验师	博士
86	201199000052	唐仲明	1974.4.20	历史文化学院	文物与博物馆/考古学	专业硕导/学术硕导	讲师	
87	201199000064	程文雍	1981.2.1	信息科学与工程学院	光学工程	学术硕导/专业硕导	副教授	
88	201199800006	于京一		山东大学（威海）	中国现当代文学	学术硕导	副教授	博士
89	201199800010	李自雄		山东大学（威海）	文艺学	学术硕导	副教授	博士
90	201199800012	鲁法芹	1974.2.27	山东大学（威海）	马克思主义中国化研究	学术硕导	讲师	博士
91	201199800018	崔　英	1983.2.6	山东大学（威海）	英语语言文学	学术硕导	副教授	博士
92	201199800019	许庆阳	1981.3.3	山东大学（威海）	控制理论与控制工程/控制工程	学术硕导/专业硕导	讲师	博士
93	201293000001	李永富	1983.1.1	信息科学与工程学院	光学工程	专业硕导	讲师	博士
94	201293000003	张伟欣	1984.11.16	生命科学学院	微生物学	学术硕导	讲师	博士
95	201293000007	史振宇	1984.1.3	机械工程学院	机械制造及其自动化	学术硕导	讲师	博士
96	201293000015	刘人太	1984.7.15	土建与水利学院	建筑与土木工程	专业硕导	讲师	博士
97	201293000016	冯俊伟	1983.2.17	法学院	诉讼法学/法律硕士	学术硕导/专业硕导	讲师	博士
98	201293000018	周啸天	1984.10.13	法学院	刑法学/法律（非法学）/法律（法学）	学术硕导/专业硕导	讲师	博士
99	201293000020	夏永振	1984.12.11	生命科学学院	微生物学/生物化学与分子生物学/发酵工程	学术硕导	讲师	博士
100	201293000022	崔　峥	1985.3.5	热科学与工程研究中心	动力工程及工程热物理	学术硕导/专业硕导	讲师	博士
101	201293000032	吴盼玉	1986.1.21	金融研究院	概率论与数理统计/★金融数学与金融工程	学术硕导	讲师	博士
102	201296000004	Konstantinos Zormpas	1977.3.31	哲学与社会发展学院	人类学	学术硕导	讲师	博士
103	201299000020	高泽亮	1983.9.16	晶体材料研究所	材料物理与化学	学术硕导	讲师	博士

续表

序号	教师编号	姓名	出生日期	所在培养单位	招生专业	招生类别	专业技术职务	最高学位
104	201299000030	张延飞	1979.5.27	外国语学院	外国语言学及应用语言学/英语语言文学/英语笔译/英语口译	学术硕导/专业硕导	副教授	博士
105	201299000032	孙　锲	1982.5.12	热科学与工程研究中心	动力工程及工程热物理	专业硕导/学术硕导	讲师	博士
106	201299000048	李瑶瑶	1982.11.11	药学院	天然药物化学	学术硕导		博士
107	201299000060	姬　冰	1983.4.4	控制科学与工程学院	控制科学与工程	学术硕导	讲师	博士
108	201299800005	张　中	1973.12.1	山东大学（威海）	文艺学	学术硕导	讲师	博士
109	201299800007	李　克		山东大学（威海）	英语语言文学/英语笔译	学术硕导/专业硕导	副教授	博士
110	201299800009	郭春生	1983.2.16	山东大学（威海）	机械制造及其自动化/机械工程	学术硕导/专业硕导	讲师	博士
111	201299800014	高　翔	1983.8.22	山东大学（威海）	电子与通信工程	专业硕导	讲师	博士
112	201299800015	陈　媛		山东大学（威海）	亚非语言文学	学术硕导	讲师	博士
113	201367800023	连子如	1982.6.17	山东大学（威海）	海洋生物技术	学术硕导	讲师	博士
114	201376000003	周洪涛		经济研究院	金融学	学术硕导		
115	201393000002	张颖杰	1984.2.22	药学院	药物化学	学术硕导		博士
116	201393000017	李安海	1984.12.31	机械工程学院	机械制造及其自动化	学术硕导	讲师	博士
117	201393000026	陈　言	1983.9.16	经济研究院	西方经济学	学术硕导	讲师	
118	201393000027	张子栋	1986.1.24	材料科学与工程学院	材料学	学术硕导/专业硕导	讲师	博士
119	201396000001	苏庆辉	1977.9.29	哲学与社会发展学院	科学技术哲学	学术硕导	副研究员	博士
120	201396000005	Kevin Chua	1981.6.23	经济研究院	西方经济学	学术硕导	讲师	博士
121	201399000008	金　钊	1986.1.27	化学与化工学院	无机化学	学术硕导	讲师	博士
122	201399000022	刘　梅	1978.1.16	土建与水利学院	结构工程	学术硕导	讲师	博士
123	201399000030	王孟夏	1983.6.22	电气工程学院	电力系统及其自动化/电气工程	学术硕导/专业硕导	讲师	博士
124	201399000032	杨　磊	1982.5.25	土建与水利学院	建筑与土木工程	专业硕导	讲师	博士
125	201399000038	张　雷	1980.5.16	经济研究院	西方经济学	学术硕导	讲师	

续表

序号	教师编号	姓名	出生日期	所在培养单位	招生专业	招生类别	专业技术职务	最高学位
126	201399000042	王灯旭	1987.6.21	化学与化工学院	材料物理与化学/化学工程	学术硕导/专业硕导	讲师	博士
127	201399000048	王雅芳		计算机科学与技术学院	计算机科学与技术	学术硕导	副研究员	
128	201399800002	朱新林		山东大学（威海）	汉语言文字学	学术硕导	副教授	博士
129	201399800006	洪　静		山东大学（威海）	亚非语言文学	专业硕导	讲师	博士
130	201399800021	邓晓玲	1983.10.1	山东大学（威海）	语言学及应用语言学	学术硕导	讲师	博士
131	201399800028	周　晓	1982.4.1	山东大学（威海）	信号与信息处理	学术硕导	讲师	博士
132	201399800029	张文祥		山东大学（威海）	新闻学	学术硕导	副教授	博士
133	201399800037	李英秀		山东大学（威海）	微生物学	学术硕导	讲师	博士
134	201399800039	姜云国	1980.12.24	山东大学（威海）	理论物理	学术硕导	副研究员	博士
135	201493000005	刘洪顺	1981.7.14	电气工程学院	高电压与绝缘技术/电气工程	学术硕导/专业硕导	讲师	博士
136	201493000009	陈　健		电气工程学院	电力系统及其自动化	学术硕导		
137	201499000001	郝全睿	1984.11.22	电气工程学院	电力系统及其自动化/电气工程	学术硕导/专业硕导	副研究员	
138	201499000006	谷国超	1982.8.2	材料科学与工程学院	材料学	学术硕导	讲师	博士
139	201499000007	胡雪元	1985.1.1	信息科学与工程学院	光信息科学与技术	学术硕导/专业硕导	副研究员	
140	201499000009	王　琦	1985.10.16	材料科学与工程学院	材料科学与工程	专业硕导/学术硕导	讲师	博士
141	201499000011	张　亮	1985.2.26	物理学院	粒子物理与原子核物理	学术硕导	讲师	博士
142	201499000024	钱　钊	1984.12.1	材料科学与工程学院	材料加工工程	学术硕导/专业硕导	副研究员	博士
143	201499000025	林　军	1986.1.11	材料科学与工程学院	材料科学与工程	学术硕导	助理研究员	博士
144	201499000026	李菁萍	1984.2.23	经济研究院	西方经济学	学术硕导	助理研究员	博士
145	201499000027	王成福	1984.1.8	电气工程学院	电力系统及其自动化/电气工程	学术硕导/专业硕导	助理研究员	博士
146	201499000029	王高望	1980.9.24	经济研究院	西方经济学	学术硕导		博士
147	201499000033	李延伟	1987.11.5	环境研究院	环境科学与工程	学术硕导	助理研究员	博士
148	201499000034	马嵩华		机械工程学院	机械制造工业工程	学术硕导	助理研究员	

续表

序号	教师编号	姓名	出生日期	所在培养单位	招生专业	招生类别	专业技术职务	最高学位
149	201499000041	王海宁	1982.1.26	经济研究院	劳动经济学	学术硕导	讲师	博士
150	201499000043	韩　林		信息科学与工程学院	电子科学与技术/电子与通信工程	学术硕导/专业硕导	副研究员	
151	201499000049	王　挺	1982.6.5	化学与化工学院	材料物理与化学	学术硕导	副研究员	
152	201499000057	屈媛媛	1985.11.1	物理学院	凝聚态物理	学术硕导	助理研究员	博士
153	201499000063	张百涛	1985.11.5	晶体材料研究所	凝聚态物理	学术硕导	副研究员	博士
154	201499000066	聂利超	1987.7.9	土建与水利学院	建筑与土木工程	专业硕导	助理研究员	博士
155	201499000068	孙　峰	1980.7.17	生命科学学院	植物学	学术硕导	助理研究员	博士
156	201499000069	钟　爽	1985.2.11	卫生管理与政策研究中心	社会医学与卫生事业管理	学术硕导	副研究员	博士
157	201499000071	李妍璐	1985.3.24	晶体材料研究所	材料学	学术硕导	副研究员	博士
158	201499000072	李玉军		信息科学与工程学院	电子与通信工程	专业硕导	研究员	
159	201499000075	贾传宝	1983.11.18	材料科学与工程学院	材料科学与工程	学术硕导/专业硕导	副研究员	博士
160	201499800004	吕新芳		山东大学（威海）	生态学	学术硕导	讲师	博士
161	201499800008	穆大帅	1987.4.1	山东大学（威海）	微生物学	学术硕导	讲师	博士
162	201499800013	王　曦	1985.5.31	山东大学（威海）	药物化学	学术硕导	讲师	博士
163	201499800017	崔　春	1975.3.2	山东大学（威海）	中国现当代文学	学术硕导	讲师	博士
164	201576000002	李　苏		机械工程学院	机械工程/机械电子工程	专业硕导/学术硕导	研究员	
165	201596000002	戴宗翰	1975.4.28	法学院	国际法学	学术硕导/专业硕导	副教授	博士
166	201599000004	石少帅	1987.9.3	土建与水利学院	建筑与土木工程	专业硕导	助理研究员	博士
167	201599000014	王洪超	1983.8.30	物理学院	凝聚态物理	学术硕导	副研究员	博士
168	201599000019	赵茉莉		土建与水利学院	工程力学	专业硕导	助理研究员	博士
169	201599000021	王显伟	1986.8.27	生命科学学院	生物化学与分子生物学	学术硕导	副研究员	博士
170	201599000025	王黎明		机械工程学院	机械制造工业工程	学术硕导	副研究员	
171	201599000030	吴训伟	1971.6.1	口腔医学院	口腔基础医学	学术硕导	研究员	博士

续表

序号	教师编号	姓名	出生日期	所在培养单位	招生专业	招生类别	专业技术职务	最高学位
172	201599000032	殷永凯	1984.12.20	信息科学与工程学院	光学工程	学术硕导/专业硕导	助理研究员	博士
173	201599000039	董晓明	1980.4.5	电气工程学院	电气工程	专业硕导	副研究员	博士
174	201599000063	张进涛	1981.3.2	化学与化工学院	物理化学	学术硕导	教授	博士
175	201599000065	刘刚利	1981.2.5	口腔医学院	口腔临床医学	学术硕导	助理研究员	博士
176	201599000067	何锁盈	1987.8.12	能源与动力工程学院	动力工程及工程热物理/动力工程	学术硕导/专业硕导	副研究员	博士
177	201599000068	万志国	1977.11.1	计算机科学与技术学院	计算机科学与技术/计算机技术	学术硕导/专业硕导	副教授	博士
178	201599000070	王　瑶	1984.10.25	化学与化工学院	有机化学	学术硕导	教授	博士
179	201599000074	孙　微	1971.4.24	儒学高等研究院	中国古代文学	学术硕导	教授	博士
180	201599000076	李燕乐	1989.5.1	机械工程学院	车辆工程	学术硕导	副研究员	博士
181	201599000077	蔡　峰	1978.11.23	国家糖工程技术研究中心	有机化学	学术硕导	研究员	博士
182	201599000080	王官锋	1979.1.26	生命科学学院	植物学/生物工程	学术硕导/专业硕导	教授	博士
183	201599000083	赵梦莹	1990.8.8	计算机科学与技术学院	计算机技术/计算机科学与技术	专业硕导/学术硕导	助理研究员	博士
184	201599000088	李　峰	2015.11.30	计算机科学与技术学院	计算机科学与技术/计算机技术	学术硕导/专业硕导	讲师	博士
185	201599000089	韩　璐	1982.10.8	生命科学学院	细胞生物学	学术硕导	副教授	博士
186	201599800001	侯俊峰	1981.7.16	山东大学（威海）	微生物与生化药学	学术硕导	讲师	博士
187	201599800006	宋凯凯	1982.8.7	山东大学（威海）	材料科学与工程	学术硕导	副教授	博士
188	201599800020	张德敬	1982.5.19	山东大学（威海）	电子与通信工程	专业硕导	讲师	博士
189	WP0010047	王玉香	1965.1.4	哲学与社会发展学院	社会工作	专业硕导	教授	硕士
190	WP0670033	贾珊珊	1982.6.17	口腔医学院	口腔临床医学	学术硕导	副主任医师	博士
191	YP0460001	曲　冰	1978.11.28	土建与水利学院	结构工程/建筑与土木工程	学术硕导/专业硕导	教授	博士
192	060112	孙钦建		医学院	神经病学	学术硕导/专业硕导		
193	060W0012	程　梅	1965.2.22	医学院	老年医学/全科医学	学术硕导/专业硕导	主任医师	博士
194	060W0016	李　昕	1970.1.5	医学院	外科学	学术硕导/专业硕导	副主任医师	博士

续表

序号	教师编号	姓名	出生日期	所在培养单位	招生专业	招生类别	专业技术职务	最高学位
195	060W0061	宋现让	1965.12.8	医学院	临床检验诊断学	学术硕导/专业硕导	研究员	博士
196	060W0069	李　胜	1969.2.3	医学院	外科学	专业硕导	研究员	博士
197	060W0073	于甬华	1963.2.5	医学院	肿瘤学	学术硕导/专业硕导	研究员	博士
198	YP0600046	贺　燕	1972.2.29	医学院	神经病学	专业硕导	副主任医师	博士
199	YP0600047	王志民		医学院	外科学	专业硕导	主任医师	
200	YP0600060	符　江		医学院	妇产科学	学术硕导	研究员	博士
201	YP0600062	贾欣永		医学院	内科学	专业硕导	主任医师	学士
202	YP0600063	王小元	1972.2.27	医学院	妇产科学	专业硕导	副主任医师	博士
203	YP0600067	宁　斌		医学院	外科学	学术硕导	副主任医师	博士
204	YP0600070	张迎春		医学院	妇产科学	专业硕导	主任医师	博士
205	YP0600073	袁双虎		医学院	肿瘤学	学术硕导/专业硕导	主任医师	博士
206	YP0600075	王永胜		医学院	肿瘤学	学术硕导/专业硕导	研究员	博士
207	YP0600076	盛修贵		医学院	肿瘤学	学术硕导/专业硕导	研究员	博士
208	YP0600077	朱　慧		医学院	肿瘤学	学术硕导	副主任医师	博士
209	YP0600078	胡旭东	1975.10.28	医学院	肿瘤学	学术硕导	副主任医师	博士
210	YP0600079	孟　雪	1981.1.23	医学院	肿瘤学	学术硕导	副主任医师	博士
211	YP0600082	王哲海		医学院	肿瘤学	学术硕导/专业硕导	研究员	硕士
212	YP0600083	郭其森	1963.8.17	医学院	肿瘤学	学术硕导/专业硕导	研究员	硕士
213	YP0600085	刘　杰	1969.10.12	医学院	肿瘤学	学术硕导	副主任医师	博士
214	YP0600087	于志勇		医学院	肿瘤学	学术硕导/专业硕导	主任医师	博士
215	YP0600088	胡　漫	1972.9.14	医学院	肿瘤学	学术硕导	副主任医师	硕士
216	YP0600089	邢力刚	1972.10.1	医学院	肿瘤学	学术硕导	副主任医师	博士
217	YP0600091	张　述		医学院	肿瘤学	专业硕导	主任医师	博士

续表

序号	教师编号	姓名	出生日期	所在培养单位	招生专业	招生类别	专业技术职务	最高学位
218	YP0600092	杨文锋	1967.2.20	医学院	外科学	专业硕导	主任医师	博士
219	YP0600093	赵　磊		医学院	外科学	专业硕导	主任医师	博士
220	YP0600094	郭洪亮		医学院	外科学	专业硕导	研究员	硕士
221	YP0600100	孙晓蓉		医学院	影像医学与核医学	学术硕导	副主任医师	博士
222	YP0600101	杨国仁	1960.3.1	医学院	影像医学与核医学	专业硕导	研究员	硕士
223	YP0600103	谢　丽		医学院	临床检验诊断学	学术硕导	副研究员	博士
224	YP0600108	徐忠法		医学院	外科学/肿瘤学	专业硕导/学术硕导	研究员	学士
225	YP0600109	宋丽华		医学院	肿瘤学	专业硕导	研究员	硕士
226	YP0600110	王少莲	1971.7.10	医学院	内科学	专业硕导	副主任医师	博士
227	YP0600112	李雷		医学院	妇产科学	学术硕导		博士
228	YP0600113	王义国		医学院	内科学	学术硕导/专业硕导	主任医师	硕士
229	YP0600114	杜文军		医学院	内科学	学术硕导	副主任医师	硕士
230	YP0600115	李　文		医学院	影像医学与核医学	专业硕导	副主任医师	硕士
231	YP0600155	马效恩		公共卫生学院	公共卫生	专业硕导	教授	博士
232	YP0600159	王凯国		医学院	麻醉学	专业硕导	副主任医师	硕士
233	YP0600162	郭伟		医学院	妇产科学	专业硕导	主任医师	硕士
234	YP0600163	王　剑	1969.5.1	医学院	肿瘤学/外科学	学术硕导	研究员	博士
235	YP0600164	张文程	1981.6.8	医学院	内科学	学术硕导	教授	博士
236	YP0600165	曹爱华		医学院	儿科学	学术硕导	副主任医师	博士
237	YP0600170	张爱军		医学院	儿科学	学术硕导	副主任医师	博士
238	YP0600172	杜广中		医学院	康复医学与理疗学	专业硕导	副主任医师	博士
239	YP0600173	张　杨		医学院	康复医学与理疗学	学术硕导	副主任医师	博士
240	YP0600174	庄学伟	1973.4.11	医学院	临床检验诊断学	学术硕导	副主任技师	博士

续表

序号	教师编号	姓名	出生日期	所在培养单位	招生专业	招生类别	专业技术职务	最高学位
241	YP0600175	杨咏梅		医学院	临床检验诊断学	学术硕导	副主任技师	博士
242	YP0600176	董召刚	1979.8.28	医学院	临床检验诊断学	学术硕导	主管技师	博士
243	YP0600177	吴剑波	1971.3.26	医学院	麻醉学	学术硕导	副主任医师	博士
244	YP0600178	孙　宇		医学院	内科学	学术硕导	副主任医师	博士
245	YP0600179	范晓鹏	1972.11.18	医学院	内科学	专业硕导	副主任医师	硕士
246	YP0600180	江　蓓		医学院	内科学	专业硕导	副主任医师	博士
247	YP0600181	高　飞	1977.10.23	医学院	内科学	学术硕导	副主任技师	博士
248	YP0600182	姜　虹	1973.10.6	医学院	内科学	学术硕导	主管技师	博士
249	YP0600183	王可新	1978.9.2	医学院	外科学	学术硕导	副主任医师	博士
250	YP0600184	刘恩宇	1976.2.10	医学院	外科学	专业硕导/学术硕导	副主任医师	博士
251	YP0600185	马增山	1964.4.13	医学院	外科学	专业硕导/学术硕导	主任医师	博士
252	YP0600186	阎　磊		医学院	外科学	学术硕导	副主任医师	博士
253	YP0600187	孟祥水	1971.7.23	医学院	影像医学与核医学	专业硕导	主任医师	博士
254	YP0600188	杨晓云	1978.6.10	医学院	内科学	专业硕导	副主任医师	博士
255	YP0600192	李海峰	1972.10.25	医学院	神经病学	专业硕导	主任医师	博士
256	YP0600197	周成军		医学院	病理学与病理生理学	学术硕导	副主任医师	博士
257	YP0600198	张秀琳	1965.2.12	医学院	外科学	学术硕导	研究员	博士
258	YP0600199	董晓鹏	1979.6.23	医学院	外科学	学术硕导	副主任医师	博士
259	YP0600200	冯　颢	1971.10.3	医学院	麻醉学	专业硕导	副主任医师	硕士
260	YP0600201	蒋卫东	1968.2.3	医学院	内科学	专业硕导	主任医师	博士
261	YP0600202	盛　林	1961.8.1	医学院	内科学	专业硕导	主任医师	博士
262	YP0600203	马天加	1965.9.19	医学院	外科学	专业硕导	副主任医师	硕士
263	YP0600204	刘双德	1972.9.1	医学院	外科学	专业硕导	副主任医师	博士

续表

序号	教师编号	姓名	出生日期	所在培养单位	招生专业	招生类别	专业技术职务	最高学位
264	YP0600205	顿志平	1972.10.20	医学院	外科学	专业硕导	副主任医师	博士
265	YP0640004	赵金星		公共卫生学院	公共卫生	专业硕导	主任医师	硕士
266	YP0640006	高汝钦	1963.12.20	公共卫生学院	公共卫生	专业硕导		硕士
267	YP0640007	翟慎永	1962.1.18	公共卫生学院	公共卫生	专业硕导	主任医师	其他
268	YP0640008	王家林	1966.8.1	公共卫生学院	公共卫生	专业硕导	研究员	学士
269	YP0640009	秦敬民		公共卫生学院	公共卫生	专业硕导	教授	博士
270	YP0640010	郝晓宁		公共卫生学院	公共卫生硕士	专业硕导	研究员	博士
271	YP0680006	刘春兰	1964.2.13	护理学院	护理	专业硕导	副主任护师	其他
272	YP0680007	初剑英	1973.11.22	护理学院	护理	专业硕导	副主任护师	硕士
273	YP0680008	史德焕	1964.4.11	护理学院	护理	专业硕导	副主任护师	学士
274	YP0690005	赵丽霞	1975.6.5	药学院	药剂学/制药工程/药学	学术硕导/专业硕导	副主任药师	博士
275	YP0690006	刘　萍	1979.8.22	药学院	药剂学/制药工程/药学	学术硕导/专业硕导	副主任药师	博士

组织机构与干部任职名单

中共山东大学委员会

单 位	职 务	姓 名
山东大学	书记	李守信
	常务副书记	李建军
	副书记兼威海校区书记	仝兴华
	副书记兼纪委书记	陈向阳

校长、副校长

单　位	职　务	姓　名
山东大学	校长	张　荣
	常务副校长	王琪珑
	副校长	张永兵
	副校长兼威海校区校长	韩圣浩
	副校长	陈子江
	副校长	刘建业
	副校长	李术才
	副校长	胡全焱
	总会计师	曹升元

校长助理

单　位	职　务	姓　名
山东大学	校长助理	贾　磊

处级领导干部

单　位	职　务	姓　名
党委办公室 校长办公室	主　任	王君松
	副主任	荣晓燕
	副主任	王明良
	副主任	付岩志
	副主任	陈安彪
保密工作办公室	主　任	荣晓燕
	副主任	林　萍
	副主任（兼）	赵明晟
	副主任（兼）	林　飞
法律事务办公室	主　任	
会议服务中心	主　任	孙　虹
高等教育政策研究室 （原高等教育研究中心）	主　任	
	副主任	王建国
	副主任	刘志业
	副主任	傅红涛
	副主任	梅　强
纪委办公室 监察处	纪委副书记兼监察处处长	杜言敏
	纪委办公室主任	
	纪委办公室副主任	
	监察处副处长	程永庆
	监察处副处长	陈国军
	正处级纪检员	崔秀芳

续表

单　位	职　务	姓　名
纪委办公室 监察处	副处级纪检员	刘建刚
	副处级纪检员	史正勇
巡视工作办公室	主　任	孙长俊
	副主任	王善举
党委组织部	部　长	王炳学
	副部长	刘　珂
	副部长	张海波
组织员办公室	副处级组织员	龙力超
	副处级组织员	江　红
党　校	副校长	罗建军
	办公室主任	李学禄
党委宣传部	部　长	李平生
	副部长	张欣平
	副部长	鞠　晗
新闻中心	主任（兼）	李平生
	副主任	张　青
	副主任	李　欣
山东大学报社	社长（兼）	李平生
	副社长、主编	孙宜山
党委统战部	部　长	戴智章
	副部长	王晓林
	副部长	朱文增
党委学生工作部	部长兼武装部部长	王　浩
	副部长	宋作标
	副部长	傅艺娜
武装部	副部长	纪荣顺
学生心理健康教育与咨询中心	主　任	吴少怡
学生公寓管理服务中心	主　任	窦志强

续表

单　位	职　务	姓　名
离退休工作处 离退休党委	处长兼书记	吕　波
	副处长	赵平海
	副处长	郭举修
	副处长	邵明石
人才工作办公室	主　任	曲明军
	副主任	于向明
	副主任	张　权
人事部	部长兼编制工作办公室主任	陈宏伟
	副部长兼编制工作办公室副主任	郭春晓
	副部长	王小平
人力资源开发中心	主　任	李洪龙
学科建设与发展规划部	部　长	刘洪渭
	副部长	王志鹏
	副部长	赵玉华
本科生院	院　长	赵炳新
	副院长（兼）	张树永
	副院长兼教学研究与基地建设办公室主任	王宪华
	副院长兼综合管理办公室主任	王丰晓
	教务管理办公室主任	齐炳和
教学促进与教师发展中心	主　任	张树永
	副主任	李赛强
	副主任	王彩霞
泰山学堂	院　长	彭实戈
	副院长	吴　臻
	专职副院长	刘振美
本科招生办公室	主　任	柳丽华
	副主任	姜令嘉
科学技术研究院	院　长	张　建
	副院长	刘　杰
	副院长	朱纪聪
综合管理办公室	主　任	张希华

续表

单　位	职　务	姓　名
科研管理办公室	主任（兼）	张　建
	副主任	栾维东
	副主任	张玉生
平台与成果管理办公室	主　任	傅茂笋
国防科学技术研究院	常务副院长	刘升贤
	副院长	赵明晟
技术转移中心	主　任	李　勇
	副主任	董春杰
国家大学科技园管理办公室	主任（兼）	李　勇
	副主任	李永顺
	副主任	王立民
人文社科研究院	院　长	邢占军
	副院长	张荣林
	副院长	王　涛
学术委员会办公室	主　任	黄　波
研究生院	院长（兼）	刘建亚
	常务副院长（兼）	贾　磊
	副院长	张文玺
	副院长	鲁统超
	副院长	刘国亮
办公室	主　任	王桂林
招生办公室	主　任	姚传义
培养办公室	主　任	信春雨
学位办公室	主　任	薛佩军
在职教育中心	主　任	段吉群
党委研究生工作部	部长（兼）	鲁统超
	副部长	程翠玉
国际事务部 港澳台事务办公室	部长兼主任	邹　难
	副部长	宋春玲
	副主任兼副部长	姬　锐
	副部长	刘明利

续表

单　位	职　务	姓　名
外事服务中心	主任（兼）	刘明利
财务部	部　长	
	副部长	刘丕平
	副部长（兼）	王延太
	副部长	何维兴
	副部长（兼）	艾　量
	副部长	孙　栋
	副部长（兼）	刘竞虹
会计服务中心	主　任	王延太
招标采购管理中心	主　任	艾　量
资产与实验室管理部	部　长	马传峰
	副部长	崇学文
	副部长	李　蕾
	副部长	郁　鹏
	副部长	胡美琴
审计处	处　长	王玉莲
	副处长	余　红
	副处长	霍新喜
公安处	处　长	桑晓旻
	副处长	李修荣
	副处长	李松涛
	副处长	栾希新
	副处长（兼）	胡长玉
	副处长（兼）	类淑毅
“610”办公室	主任（兼）	桑晓旻
	副主任	胡长玉
校卫队	队　长	类淑毅
基建部	部　长	刘相宜
	副部长	薛建斌
	副部长	韩治林
	副部长兼总工程师	于振国
	副部长（兼）	张敬明

续表

单　位	职　务	姓　名
后勤党委	书　记	刘学祥
	副书记	王景山
	副书记	崔玉红
后勤保障部	部　长	
	副部长兼房改办公室主任	殷录民
	副部长兼综合管理办公室主任	罗司军
	副部长兼洪家楼校区管理办公室主任	彭恒军
	总工程师	王明山
能源与物业管理办公室	主　任	苏保玲
趵突泉校区管理办公室	主　任	杨汝元
千佛山校区管理办公室	主　任	郑延民
饮食管理服务中心	主　任	徐　健
交通通讯管理服务中心	主　任	王奉合
房改办公室	副主任	关　勇
合作发展部	部　长	王　飞
	副部长（兼）	王宗义
	副部长兼综合办公室主任	艾　斌
	副部长兼国内合作办公室主任	王海华
	副部长（兼）	吕明新
	副部长（兼）	王明星
校友工作办公室	主　任	王宗义
	副主任	李湘军
	副主任	于德宁
学生就业创业指导中心	主　任	朱德建
	副主任	肖　祥
	副主任	徐洪民
	副主任	王铁英

续表

单　位	职　务	姓　名
青岛校区建设发展管理委员会	副主任兼秘书长、党工委书记兼综合办公室主任	孔令栋
	建设指挥部副总指挥兼综合办公室副主任	李振奎
	建设指挥部基建计划处负责人	张敬明
	建设指挥部基建计划处负责人	闫忠明
	建设指挥部基建管理处负责人	薛建斌
	建设指挥部基建管理处负责人	李延成
	建设指挥部住宅建设处负责人	周加强
	建设指挥部住宅建设处负责人	王维桥
	综合办公室副主任	郭邦礼
	启动运行办公室主任兼综合办公室副主任	韩明涛
	启动运行办公室副主任	侯兴合
	启动运行办公室副主任	王纪磊
	学科平台队伍建设工作组组长	于向明
	学生工作组组长	宋作标
	后勤与保障工作组组长	苏保玲
	安全保卫工作组组长	李修荣
	财务与招标工作组组长	刘竞虹
	财务与招标工作组副组长	张　灵
	监察审计工作组组长	霍新喜
机关党委	书　记	张桂珍
	副书记	姜玉琢
直属单位党委	书　记	李　红
	副书记	赵希波
经营性资产管理办公室	主　任	朱效平
	副主任	沈宝杰
产业党委	书　记	朱效平
	副书记	郑　波
	副书记	刘永新

续表

单　位	职　务	姓　名
工会 妇委会	主　席	曲　波
	妇委会主任兼工会副主席	朱桂英
	副主席	鲍　红
	副主席	丁培卫
团　委	书　记	马晓琳
	副书记	张　熙
	副书记	李一楠
信息化工作办公室	主　任	葛连升
	副主任（兼）	陈　军
	副主任	李永在
	副主任	林　飞
网络信息技术与服务中心	主　任	陈　军
兴隆山校区管理办公室	主　任	李旭新
	副主任	李延成
	副主任	赵　龙
辅导员培训和研修基地办公室	主　任	夏晓虹
	副主任	王海宁
继续教育学院	院　长	靳光华
	副院长	徐文忠
	副院长	沈　翔
	副院长	姜文丽
	副院长	周庆华
档案馆	馆　长	赵爱国
	副馆长	楼蔚文
	副馆长	耿德良
校史办公室	主任（兼）	赵爱国
	副主任	李彦英
博物馆	馆　长	方　辉
	副馆长	李慧竹

续表

单　位	职　务	姓　名
图书馆	馆　长	李剑峰
	党委书记	刘相金
	副馆长	杨锦先
	副馆长	姜宝良
	副馆长	程　蓓
	办公室主任	汲言斌
工程训练中心（机械厂）	主　任	朱瑞富
	党总支书记	高建军
	副主任	宋思利
	副主任	刘　新
	副主任兼办公室主任	刘　健
《山东大学学报》（自然科学版）编辑部	主　任	
	副主任	陈　斌
	副主任	周英智
《山东大学学报》（哲学社会科学版）编辑部	主编、主任	魏　建
	副主任	姜百健
校医院	院　长	谢英慧
	副院长	田　旭
	副院长	李　玉
	副院长	姚海燕
	办公室主任	刘宝泉
卫生与健康服务中心（计划生育委员会办公室、爱国卫生运动委员会办公室）	主　任	赵增科
出版社	社长兼党总支书记	于良春
	总编辑	马　新
第一附属中学	校　长	赵　勇
	党总支书记兼副校长	庄晓迎
	副校长	申桂华
	副校长	陈立军

续表

单　位	职　务	姓　名
第二附属中学	校　长	王春玲
	党总支书记兼副校长	李玉亮
	副校长	王继萍
	副校长	刘成军
经济研究院	院　长	黄少安
	副院长	黄凯南
	副院长	林　晨
	办公室主任	石　莹
晶体材料研究所	所　长	陶绪堂
	党总支书记	黄柏标
	副所长	徐现刚
	副所长	张怀金
	副所长	郝霄鹏
	党总支副书记	程秀凤
	办公室主任	曾　斌
晶体材料国家重点实验室	办公室主任	蒋宛莉
国家糖工程技术研究中心	主　任	
	副主任	肖　敏
	副主任	王凤山
儒学高等研究院	党委书记	巴金文
	副院长	杜泽逊
	办公室主任	李鹏程
《文史哲》编辑部	主编兼主任	王学典
	副主任	周广璜
	副主任	刘京希
	英文版编辑部主任兼《文史哲》编辑部副主任、副主编	李扬眉
金融研究院	院　长	陈增敬
	副院长	贾广岩
	副院长	林　路
	办公室主任	赵　伟

续表

单　位	职　务	姓　名
文化遗产研究院	办公室主任	孙　强
哲学与社会发展学院	院　长	刘　杰
	党委书记	杨　斌
	副院长	王新春
	副院长	宋全成
	副院长	牛建科
	党委副书记兼副院长	阚　铮
	党委副书记	毛永强
	办公室主任	何立光
经济学院	院　长	李长英
	党委书记	王秀丽
	副院长	綦建红
	副院长	曹廷求
	副院长	余东华
	副院长	石绍宾
	副院长	陈新岗
	党委副书记	李维林
	党委副书记	齐山华
	办公室主任	马　燕
政治学与公共管理学院	党委书记	高　山
	常务副院长	曹现强
	副院长	王　成
	副院长	马　奔
	党委副书记	刘　军
	党委副书记	彭　展
	办公室主任	蒲业虹
法学院	院　长	
	党委书记	盖玉强
	副院长	周长军
	副院长	姜　峰

续表

单　位	职　务	姓　名
法学院	副院长	张海燕
	副院长	李忠夏
	党委副书记	齐向东
	党委副书记	王苗雨
	办公室主任	江小荃
文学与新闻传播学院	院　长	郑　春
	党委书记	王德胜
	副院长	廖　群
	副院长	甘险峰
	副院长	李鲁宁
	副院长	李剑锋
	副院长	刘悦坦
	党委副书记	张　帅
	办公室主任	沈　文
外国语学院	院　长	王俊菊
	党委书记	郑　倩
	副院长	刘振前
	副院长	申富英
	副院长	李建刚
	副院长	崔校平
	党委副书记	曾志英
	党委副书记	高　弟
	办公室主任	周俊基
艺术学院	院　长	李晓峰
	党委书记	史永志
	副院长	安　宁
	副院长	高迎刚
	副院长	李　平
	党委副书记	姜　楠
	办公室主任	孙亚娣

续表

单　位	职　务	姓　名
历史文化学院	院　长	方　辉
	党委书记兼副院长	赵爱国
	副院长	张友臣
	副院长	赵兴胜
	副院长	杨加深
	副院长	刘家峰
	党委副书记	董雪梅
	党委副书记	朱　伟
	办公室主任	薛辰兵
数学学院	院　长	陈增敬
	党委书记兼副院长	吴　臻
	副院长	芮洪兴
	副院长	黄华林
	副院长	吕广世
	党委副书记	徐晓霞
	党委副书记	李　勇
	办公室主任	罗　超
物理学院	院　长	陈　峰
	党委书记	李建平
	副院长	王雪林
	副院长	黄性涛
	副院长	戴　瑛
	副院长	郝晓涛
	党委副书记	张　倩
	党委副书记	吴天柱
	办公室主任	于新好
化学与化工学院	院　长	郝京诚
	党委书记	姜　玮
	副院长	陈代荣
	副院长	苑世领

续表

单　位	职　务	姓　名
化学与化工学院	副院长	孙宏建
	副院长	宋其圣
	党委副书记	刘　红
	办公室主任	彭　彤
信息科学与工程学院	院长（聘）	黄卫平
	党委书记	王卿璞
	常务副院长	李　康
	副院长（聘）	王承祥
	副院长	刘　琚
	副院长	李德春
	党委副书记	张东升
	党委副书记	卢士涌
	办公室主任	马桂兰
计算机科学与技术学院、软件学院	院长（聘）	陈宝权
	党委书记	潘国栋
	计算机科学与技术学院副院长	贾智平
	计算机科学与技术学院副院长	杨承磊
	计算机科学与技术学院副院长	屠长河
	计算机科学与技术学院副院长	禹晓辉
	软件学院副院长	李学庆
	软件学院副院长	崔立真
	党委副书记	贺　平
	党委副书记	董　兴
	办公室主任	吕　刚
生命科学学院	院长（聘）	谭保才
	党委书记	
	副院长	林建群
	副院长	高建刚
	副院长	李越中

续表

单　位	职　务	姓　名
生命科学学院	副院长（聘）	张友明
	副院长	郭卫华
	党委副书记	李海燕
	党委副书记	韩春岫
	办公室主任	曲　刚
材料科学与工程学院	院　长	赵国群
	党委书记	秦承涛
	副院长	田学雷
	副院长	王新洪
	副院长	吕宇鹏
	副院长	周传健
	党委副书记	张　强
	党委副书记	王丽君
	办公室主任	张力勇
机械工程学院	院　长	黄传真
	党委书记	仇道滨
	副院长	王　勇
	副院长	李方义
	副院长	杨志宏
	副院长	万　熠
	党委副书记	刘　琰
	党委副书记	吕　伟
	办公室主任	贾存栋
控制科学与工程学院	院　长	王玉振
	党委书记	王志明
	副院长	陈阿莲
	副院长	常发亮
	副院长	田新诚
	副院长	高　瑞
	党委副书记正处级辅导员	徐　波
	党委副书记	张振山
	办公室主任	管延新

续表

单　位	职　务	姓　名
能源与动力工程学院	院　长	田茂诚
	党委书记	史良君
	副院长	李国祥
	副院长	董　勇
	副院长	王乃华
	副院长	辛公明
	党委副书记	滕玉军
	办公室主任	刘灿伟
电气工程学院	院　长	刘玉田
	党委书记	王　钧
	副院长	韩学山
	副院长	王秀和
	副院长	张恒旭
	副院长	高　峰
	党委副书记正处级辅导员	夏　威
	党委副书记	赵　罡
	办公室主任	薛　辉
土建与水利学院	院　长	李术才
	党委书记	胡　岩
	副院长	宋修广
	副院长	李树忱
	副院长	刘　健
	副院长	贾　超
	党委副书记	孙玉玲
	党委副书记	周作福
	办公室主任	宋尧玉
环境科学与工程学院	院　长	陈建民
	党委书记	赵永新
	副院长	王曙光
	副院长	刘汝涛
	副院长	李玉江
	党委副书记	王　斌
	办公室主任	宋红明

续表

单　位	职　务	姓　名
齐鲁医学部	部长（兼）	陈子江
	常务副部长	孔北华
	副部长	贾继辉
	副部长	王凤山
齐鲁医学部党工委	书　记	侯俊平
	副书记	陈　鑫
综合管理处	副处长	张海燕
	副处长	李　泉
组织人事处	处长	王秋生
教学科研处	处　长	易　凡
	副处长	张爱国
	副处长	王振光
	副处长	李　力
实验动物中心	主　任	
公共卫生学院	院　长	
	党委书记	李士雪
	副院长	薛付忠
	副院长	孙　强
	副院长	赵秀兰
	副院长	周成超
	副院长	王　健
	党委副书记	王永杰
	党委副书记	李士保
	办公室主任	侯淑军
医学院	院　长	
	党委书记	陈　鑫
	副院长	刘传勇
	副院长	马春红
	副院长	高　鹏
	党委副书记	牟道玉
	党委副书记	赵福昌
	办公室主任	马金耀

续表

单　位	职　务	姓　名
口腔医学院（口腔医院）	院　长	徐　欣
	党委书记	赵华强
	副院长	葛少华
	副院长	孙钦峰
	副院长	张凤河
	副院长	熊世江
	党委副书记	吕光平
	办公室主任	张春河
护理学院	院　长	贾继辉
	党委书记	
	副院长	李　峰
	副院长	曹枫林
	副院长	臧渝梨
	副院长	王克芳
	党委副书记	张　慧
	办公室主任	曹　源
药学院	院　长	王凤山
	党委书记	
	副院长	刘新泳
	副院长	方　浩
	副院长	张　建
	副院长	张　娜
	党委副书记	李雨嘉
	党委副书记	马宏峰
	办公室主任	刘丽娟
管理学院	院　长	杨蕙馨
	党委书记	吉小青
	副院长	卞　江
	副院长	戚桂杰
	副院长	潘爱玲

续表

单　位	职　务	姓　名
管理学院	副院长	陈志军
	副院长	王益民
	党委副书记	石清云
	党委副书记	石　岩
	办公室主任	毕建增
体育学院	院长（聘）	孙晋海
	党委书记	任若强
	体育场馆管理中心主任兼副院长	黄晓明
	副院长	石振国
	副院长	徐剑波
	副院长	王　飞
	党委副书记	郭学庆
	办公室主任	范　方
马克思主义学院	院　长	王韶兴
	党委书记	刘明芝
	副院长	孙世明
	副院长	徐艳玲
	副院长	方　雷
	党委副书记兼副院长	周金龙
	办公室主任	齐子萍
国际教育学院	院　长	宁继鸣
	党总支书记	徐关众
	副院长	黄历鸿
	副院长	马晓乐
	副院长（兼）	王丽萍
	办公室主任	孙鹏程
孔子学院工作办公室	主任（兼）	宁继鸣
	副主任	王丽萍

基本情况综合统计

山东大学2015年度统计公报

一、各类在校生数（单位：人）

学生类别		合计	其中：威海
本科及研究生数	本科	40822	13998
	硕士研究生	13894	980
	博士研究生	4090	90
	小计	58806	15068
成教生	成人本专科生	19901	910
	网络本专科	74489	746
	小计	94390	1656
留学生	学历生	1374	417
	非学历生	2033	828
	小计	3407	1245
在职硕士、博士		4406	134
其他学生	普通预科班	87	0
	研究生课程班	857	0
	进修及培训生	5564	59
	小计	6508	59
在校生数总计		167517	18162

四、学科规模（单位：个）

分类	数量
中国科学（工程）院院士	8
“千人计划”入选者	33
“长江学科奖励计划”特聘（讲座）教授	44
博士学位授权一级学科点	40
博士学位授权二级学科点	5
硕士学位授权一级学科点	55
硕士学位授权二级学科点	8
博士后科研流动站	41
国家级重点学科（一级）	2
国家级重点学科（二级）	14
国家重点（培育）学科	3
省（部）级重点学科（一级）	3
省（部）级重点学科（二级）	67
国家级重点实验室	2
国家工程实验室	1
国家工程技术研究中心	3
省部级设置的研究院实验室	98

续表

二、教职工数（单位：人）

分类			合计	其中：威海
（一）	教职工总数		7557	1218
	1	专任教师	4213	800
		行政人员	1175	193
		教辅人员	964	166
		工勤人员	480	14
	2	科研机构人员	470	0
	3	校办企业职工	115	0
	4	其他附设机构人员	140	45
（二）	聘请校外教师		980	109
（三）	离退休人员		4674	243

三、职称情况（单位：人）

分类	职称	合计	其中：威海
教职工	正高级	1312	132
	副高级	2294	287
	中级及以下	3951	799
	小计	7557	1218
其中：专任教师	正高级	1174	119
	副高级	1489	222
	中级及以下	1550	459
	小计	4213	800

五、校舍情况（学校产权）（单位：m^2）

分类			合计	其中：威海
（一）	学校占地面积		5198577.42	875628.2
（二）	校舍面积		2717854.72	470961.29
	1	教学及辅助用房	921446.48	143725.56
	2	行政办公用房	77165.86	16305
	3	生活用房	742567.62	197335.03
	4	教工住宅	899130.67	98561.7
	5	其他用房	77544.09	15034

六、学校其他情况

分类	合计	其中：威海
固定资产总量（万元）	921613	116467
教学科研仪器设备资产（万元）	278912	13487
信息化设备资产（万元）	53515	3724
图书（万册）	619.6	145.5
数字资源量（GB）	147243.1	25706.1
网络多媒体教室数（间）	510	138
管理信息系统数据总量（GB）	1788.63	213.65
上网课程数（门）	3998	261

大事记

山东大学大事记

1 月

1 日　山大新闻网发表中共山东大学党委书记李守信、山东大学校长张荣 2015 年新年献词——《勇于担当，开拓奋进》，总结 2014，寄语 2015，要以更远的战略视野、更强的拼搏精神、更高的工作热情，全面推进世界一流大学建设，为努力实现“中国梦·山大梦”做出更大贡献！

5 日　《山东大学本科学生海外学习经历管理办法》《山东大学本科生第二校园学习经历管理办法》经学校研究通过，即日起执行。

6～8 日　首届 CES-iCAN-SHOW 自主创新作品展评与第 48 届 CES 国际消费类电子产品展览会——教育创新专场在美国拉斯维加斯同期举行。来自山东大学信息科学与工程学院李鹏、张波同学率领的两个创新团队分别荣获赛事颁发的“国际青年创新人才奖”，这是山东大学目前为止在大学生物联网竞赛方面获得的国际最高荣誉和奖项。

7～8 日　山东大学校长张荣到青岛市调研，与中共青岛市委书记李群、市长张新起座谈，并到青岛校区调研指导工作，推动校区建设。

8 日　《山东大学人文社会科学重点研究基地管理办法》《山东大学信访工作规定》经山东大学 2015 年第一次校长办公会研究通过，即日起执行。

同日　为整合多方优势资源，加强考古遗址保护和利用研究，提高环境与社会考古科研与教学水平，经研究，决定成立山东大学环境与社会考古实验室。方辉任实验室主任。该实验室为依托历史文化学院的非实体性科研机构。

同日　为整合技术力量、共享优势资源，提高我校大数据技术与应用研究水平，经研究，决定成立山东大学－IBM 大数据分析研究中心。刘允刚任中心主任。

该中心为依托控制科学与工程学院的非实体性科研机构。

9 日　中共中央、国务院在北京召开 2014 年度国家科学技术奖励大会，中共中央总书记、国家主席、中央军委主席习近平等党和国家领导人出席奖励大会并为获奖人员颁奖。山东大学共获得三项国家科学技术奖，其中数学学院刘建亚教授等完成的“自守形式与素数分布的研究”项目荣获国家自然科学二等奖，这是山大自 2008 年王小云获自然科学二等奖之后，时隔六年再次获得国家自然科学奖；土建与水利学院李术才教授等完成的“隧道与地下工程重大突涌水灾害治理关键技术及工程应用”项目荣获国家科技进步二等奖。此外，山东大学齐鲁医院作为第二完成单位参与完成的“肝胆胰腹腔镜手术技术体系及应用”项目获得国家科技进步二等奖。

同日　中国共产党党员、中国社会科学院荣誉学部委员、山东大学终身教授，著名哲学家、中国哲学史专家、文化史专家、儒学泰斗庞朴先生在济南逝世，享年 87 岁。

10 日　由《山东大学学报》（哲学社会科学版）编辑部和山大人文社会科学研究院联合召开的“哲学社会科学前沿问题暨 2015 年选题研讨会”在中心校区举行。

11 日　按照中央部署和中央督导组安排，山东大学党委常委班子 2014 年度民主生活会在中心校区知新楼校董厅召开。教育部党组副书记、副部长杜玉波，中央督导组组长祝家麟到会指导并讲话教育部巡视办主任贾德永，教育部人事司副司长魏士强，中共山东省委组织部副部长、省国资委党委副书记时培伟，中共山东省委高校工委副书记齐秀生等出席会议。山东大学党委书记李守信主持会议，代表党委常委班子作对照检查并作总结讲话。校长张荣通报了学校党的群众路线教育实践活动整改落实情况，党委常务副书记李建军通报了民主生活会前征求意见情况。会议以“严格党内生活，严守党的纪律，深化作风建设”为主题，以认真贯彻中央八项规定精神、坚决反对“四风”、持续抓好整改落实为重点，围绕党委常委班子落实管党治党责任、履行党风廉政建设主体责任情况，以及常委落实从严治党要求、履行抓党风廉政建设“一岗双责”情况作对照检查，开展批评和自我批评，深入查摆问题，认真剖析原因，进一步明确努力方向和改进措施。

14 日　《山东大学应届本科生推荐免试硕士研究生管理办法》经学校研究通过，即日起执行。

15 日　2014 年度山东大学“十佳（优秀）网站”评选结果揭晓。山大文化网等 10 个网站被评为“2014 年度山东大学十佳网站”，山东大学本科生院等 19 个网站被评为“2014 年度山东大学优秀网站”，孟丽等 40 人获得“2014 年度山东大学网络文化建设与管理先进个人”称号。

同日　山东大学 2014 年度网络新闻宣传优秀组织单位、先进个人、优秀（十佳）通讯员、优秀（十佳）作者、优秀学生记者评选揭晓，共有 34 个单位被评为网络新闻宣传优秀组织单位，34 人被评为先进个人，田玉清等 10 人被评为十佳通讯员，28 人被评为网络新闻宣传优秀通讯员，王欣等 10 人被评为十佳作者，26 人被评为网络新闻宣传优秀作者，30 人被评为优秀学生记者。

同日　著名华人经济学家、美国耶鲁大学管理学院金融经济学终身教授、北京大学经济学院千人计划教授、中国金融博物馆首席顾问陈志武教授访问山东大学，并做客经济学院“高级经济学系列讲座”，为山大学子带来两场学术讲座。

16 日　由山东大学新闻中心主办的山东大学“2014 年度十件大事”评选揭晓。山东大学“2014 年度十件大事”评选活动旨在进一步深入学习贯彻党的十八大，十八届三中、四中全会精神和习近平总书记系列重要讲话精神，落实《国家中长期教育改革和发展规划纲要（2010～2020 年）》要求，回顾和总结 2014 年山东大学重要工作，进一步提升学校影响力，激励广大师生振奋精神，总结经验，团结进取，为创建世界一流大学努力奋斗。评选活动自 2014 年 12 月 16 日开展以来，全校各单位（包括威海校区、青岛校区、齐鲁医院、第二医院等）本着事件“重要性”“影响力”“关注度”“真实性”的原则进行了推荐；新闻中心对推荐结果进行了汇总和整理，广泛征求有关职能部门意见并将候选大事提交学校审议；经学校研究，综合评定出山东大学“2014 年度十件大事”。他们是：（1）《山东大学章程》获教育部核准颁布，学校综合改革及“三定”工作启动；（2）学校获三项国家科学技术奖，“973”计划项目获得新突破，2013 年度 SCIE 收录论文数列全国高校第 8 位，自然科学研究实力再上新台阶；（3）尼山世界文明论坛首次在山东大学举办，学校获 42 项国家哲学社会科学年度项目，立项数量全国高校排名第二，人文社科研究取得新进展；（4）举行纪念登州文会馆 150 周年系列活动，山大办学传统得到进一步确认和传承；（5）校友企业家、知名学者、校友班级等纷纷捐资助学，捐赠文化呈现新态势；（6）青岛校区首批学科布局和科研机构设置确定，启动运行进入实质阶段；（7）威海校区建设三十周年，校区发展稳步推进；（8）七名专家入选国家第十批“千人计划”，人才队伍建设取得新进展；（9）山大参与的 AMS 太空粒子实验取得重要进展，学校与世界顶尖高校和研究机构深入开展科学研究，对外合作进入新阶段；（10）教育实践活动和教育部巡视整改落实工作取得阶段性成效，党建工作扎实推进。

17 日　《中国民俗文化发展报告 2014》发布会在山东大学中心校区举行。文化部民族民间文艺发展中心主任李松，政策法规处处长王学文，华中师范大学副校长、国家文化产业研究中心主任黄永林，华中科技大学特聘教授兼中国乡村治理研究中心主任贺雪峰，山东大学人文社科一级教授刘铁梁，山东省文化厅副厅长王廷琦，齐鲁师范学院副校长刘德增，山东省民俗学会副会长张从军，济南市历城区人大常委会党组书记、常务副主任阴波等领导专家出席发布会并发言。

18 日　山东大学与海易集团全面合作暨山东大学海易研究院揭牌仪式在日照举行。山东大学党委常务副书记李建军、海易集团董事长付崇文等出席揭牌仪式。

20 日　中共山东省委宣传部与山东大学共建新闻学院座谈会在山东大学中心校区举行。会议共同研讨了部校共建新闻学院相关事宜，这标志着中共山东省委宣传部与山东大学共建新闻学院正式启动。

21 日　第 22 届国际历史科学大会新闻发布会在山东大学中心校区举行。国际历史学会主席玛丽亚塔·西塔拉、中国史学会会长张海鹏、山东大学校长张荣出席发布会并分别致辞。山东大学副校长陈炎主持会议。

同日　中共山东大学第十三届纪律检查委员会第二次全委会讨论通过《山东大学关于加强重点部位、关键环节监督工作的暂行办法》，即日起贯彻实施。

22 日　山东省科学技术奖励大会在济南召开，会议表彰了山东省荣获 2014 年度国家科学技术奖和省科学技术奖的单位和个人，省委书记姜异康，省委副书记、省长郭树清等领导出席会议并为获奖代表颁奖。山东大学副校长韩圣浩作为获奖单位领导出席大会，荣获国家自然科学二等奖的数学学院刘建亚教授、荣获国家科技进步奖二等奖的土建与水利学院李术才教授以及荣获山东省科学技术奖的部分代表上台领奖。2014 年度，山东大学荣获国家科学技术奖 3 项，其中自然科学二等奖 1 项，科技进步二等奖 2 项；获山东省科学技术奖 33 项，其中一等奖 4 项、二等奖 22 项、三等奖 7 项。

23 日　根据与美国莱斯大学国际合作工作需要，决定将山东大学碳纳米材料工程研究中心更名为山东大学－莱斯大学碳纳米材料工程应用研究中心。慈立杰任中心主任。

同日　为整合多学科的研究力量，促进糖科学协同创新的开展，提升糖工程技术研究水平，决定成立山东大学糖科学协同创新中心。郭忠武任中心主任。

同日　为整合多学科的研究力量，促进金融风险量化研究的协同创新，提升金融风险度量、防范研究水平，决定成立中国金融风险量化研究的协同中心。彭实戈任中心主任。

同日　为整合多学科的研究力量，提升风险治理与应急管理研究水平，决定成立山东大学风险治理与应急管理研究中心。马奔任中心主任。

同日　为整合多学科的研究力量，提升企业文化研究水平，决定成立山东大学企业文化研究中心。王德胜任中心主任。

24 日　经第二十八次党委常委会研究决定：

王浩同志任党委学生工作部部长兼武装部部长。
魏建任《山东大学学报》（哲学与社会科学版）主编、编辑部主任；
臧旭恒不再担任《山东大学学报》（哲学与社会科学版）主编、编辑部主任职务；
张琳仙不再担任威海校区艺术学院常务副院长职务。
邢占军任人文社科研究院院长；
黄波任学术委员会办公室主任；
李勇任技术转移中心主任。

28日　由教育部新闻办、新闻宣传中心主办的全国教育系统新媒体工作推进会举行。会议对获2014年度教育系统“新媒体宣传综合力十强”“新媒体宣传应用奖”“官方微信创新奖”“官方微博创新奖”的单位进行了表彰，山东大学荣获“2014年度教育系统新媒体宣传综合力十强”称号。该奖项是教育部新闻办在全国教育系统新媒体建设方面颁发的最高奖项。

本月　由教育部财务司组织编写了2013年度《高等学校校办企业统计概要》，该统计概要涉及全国550余所普通高校，5270余家校办企业纳入统计范围，通过校办企业资产、所有者权益、收入与利润等财务指标对全国高校校办企业进行了统计排序。山大企业效益在全国高校企业排名中位列第五。

本月　山大校办企业资产总额28.22亿元，负债9.44亿元，所有者权益18.78亿元，营业收入19.76亿元，净利润3.99亿元。资产排名全国高校第14位，所有者权益排名第11位。在资产、所有者权益与2012年度相比保持基本不变的情况下，营业收入排名第9位，比2012年度上升了三位；净利润排名第5位，比2012年度上升1位。

本月　由教育部思政司指导、中国大学生在线网站承办的“第七届全国高校百佳网站网络评选”活动落下帷幕，山东大学学生就业与发展信息网（www.job.sdu.edu.cn）成功入选。

本月　山东省省直机关精神文明建设委员会发布了《关于命名表彰2014年度省直文明单位的通报》，齐鲁医院被授予2014年度省直文明单位称号。

本月　山东省自然科学学术创新奖评选揭晓，第二医院妇科主任朱琳荣获2014年山东省自然科学学术创新奖人才类一等奖。

本月　山东省第三批齐鲁文化英才评选揭晓，共有理论、新闻、出版、文艺、文化经营管理、文化专门技术等领域32名优秀专业人才入选。山东大学刘培教授、贺仲明教授位列其中。

本月　教育部下发《教育部办公厅关于批准清华大学数字化制造系统虚拟仿真实验教学中心等100个国家级虚拟仿真实验教学中心的通知》，山东大学管理学科虚拟仿真实验教学中心榜上有名。

本月　山东省人民政府公布了2014年度山东省有突出贡献的中青年专家名单，

山东大学材料科学与工程学院朱波教授、物理学院司宗国教授、齐鲁医院陈玉国教授、经济学院胡金焱教授入选。至此，山大获得山东省有突出贡献的中青年专家称号的学者已达到59人。

2月

1日　山东大学—莱斯大学碳纳米材料联合研究中心揭牌暨两位碳纳米材料专家受聘山东大学客座教授授予仪式在中心校区举行。参加“碳纳米材料工程应用国际研讨会”的中国科学院院士解思深教授出席授予仪式。山东大学副校长韩圣浩参加活动，并为莱斯大学 Pulickel M. Ajayan 教授和楼峻副教授颁发了山东大学客座教授聘书。

1～2日　由山东大学和美国莱斯大学共同主办的“碳纳米材料工程应用国际研讨会”在中心校区举行。1月31日，山东大学校长张荣会见了与会的部分专家学者代表。本次大会由中科院物理所解思深院士和中科院物理所成会明院士担任名誉主席，莱斯大学校方代表 Pulickel M. Ajayan 教授担任学术主席，山东大学“千人计划”特聘教授慈立杰担任执行主席。

2日　为整合海内外的研究力量，促进全球汉籍合璧与传播工程开展，提升国际汉学合作研究水平，决定成立国际汉学研究中心。郑杰文任中心主任。

同日　山东大学在美国首个孔子学院——加州大学圣芭芭拉分校孔子学院揭牌仪式在美国加州圣芭芭拉市举行。山东大学党委书记李守信与加州大学圣芭芭拉分校校长杨祖佑共同为孔子学院铜牌揭幕。国家汉办主任、孔子学院总部总干事许琳发来贺信。中国驻洛杉矶总领事刘健、圣芭芭拉市代理市长 Gregg Hart，加州大学圣芭芭拉分校师生及有关社会人士出席此次活动。

12日　山东大学校长张荣受邀访问英国约克大学，与该校校长 Koen Lamberts 会面并就推动两校紧密合作进行会谈。约克大学副校长 John A Robinson 出席活动。

13日　山东省委、省政府领导才利民、夏耕、季缃绮等分别走访慰问山东大学老同志。山东大学常务副校长王琪珑、副校长张永兵一同走访。

本月　教育部公布2013、2014年度“长江学者奖励计划”特聘教授、讲座教授名单，山东大学陈炎、吴臻、彭军三位教授入选2013、2014年度“长江学者”特聘教授，迟洪波和张平两位教授入选“长江学者”讲座教授。截至目前，山东大学共有28位“长江学者”特聘教授，16位“长江学者”讲座教授。

本月　山东省公布第二批“泰山学者攀登计划”专家名单，山东大学陈代荣、张怀金两位教授入选。至此，共有6位山大学者当选“泰山学者攀登计划”专家。

本月　山东省人民政府办公厅公布了新一批山东省引进海外高层次人才名单，山东大学 7 人入选，被授予“泰山学者海外特聘专家”称号。截至目前，已有 79 名专家通过山东大学申报并荣获泰山学者称号。此次山东大学入选泰山学者海外特聘专家的是：生命科学学院谭保才教授，计算机科学与技术学院引进的德国萨尔大学郭炅教授、以色列耶路撒冷希伯来大学 Daniel Lischinski（达尼·里奇斯）教授，齐鲁证券金融研究院引进的美国西北大学蒋文新教授，材料科学与工程学院引进的美国莱斯大学楼峻副教授，齐鲁医院引进的瑞典卡罗林斯卡学院曹义海教授、挪威卑尔根大学王剑研究员。

本月　由山东大学肖金明教授任首席专家投标的《推进党内法治建设理论与实践创新研究》获研究阐释党的十八届四中全会精神国家社科基金重大项目立项。

本月　全国高校“礼敬中华优秀传统文化”系列活动评选结果揭晓，山东大学“中华文化体验与教育活动”获评全国十佳示范项目。

本月　中国科协发布“关于公布 2014 年度优秀全国科普教育基地的通知”，山东大学威海天文台（暨威海市天文台）获评 2014 年度优秀全国科普教育基地。

3 月

3 日　山东大学新学期工作会议在中心校区明德楼二层报告厅召开。

4 日　山东大学在趵突泉校区召开纪念方春望同志诞辰一百周年座谈会，缅怀纪念原山东医科大学校长、名誉校长方春望教授。副校长张永兵，原山东医科大学校长王琰璧，原山东医科大学部分老领导、老专家、方春望同志子女及生前友好出席座谈会。

6 日　山东大学在中心校区举行庆祝“三八”国际劳动妇女节暨表彰大会，会上对 2014 年度山东大学“三八红旗手”“三八红旗集体”“妇女工作先进个人”进行了表彰。校党委书记李守信出席大会并致辞，校党委常务副书记李建军、总会计师曹升元出席大会。医学院马春红、物理学院戴瑛、管理学院杨蕙馨、校医院李玉、护理学院张慧、化学院孙国翠、就业发展中心王铁英、口腔医学院王旭霞、电气学院陈青、图书馆袁晓红 10 人当选“三八红旗手”，财务部、第一幼儿园、第二附属中学、中华传统文化研究与体验基地、马克思主义学院 5 个单位当选“三八红旗集体”，机械学院刘琰、材料学院王丽君、政管学院兰华、口腔医学院石海英、经济学院马燕 5 人当选“妇女工作先进个人”。

3～6 日　美国心脏学会 EPI/Lifestyle2015 科学年会在巴尔的摩召开，会上颁布了“2014 年度十佳论文”奖。山东大学公共卫生学院教师王霞在 BMJ（英国医学杂志）发表的论文“Fruit and vegetable consumption and mortality from all causes，cardiovascular disease，and cancer：systematic review and dose－response meta－analysis of prospective cohort studies” 入选，并被邀请为美国心脏学会 Fellow。

5 日　根据《山东大学关于开展第一批精品教材建设立项工作的通知》（山大教字［2014］67 号）的要求，学校认真组织了推荐评审工作，共评出 45 本（套）教材为山东大学第一批精品教材。

11 日　根据学科发展需要，学校决定将山东大学中国软实力研究所更名为山东大学社会稳定风险评估研究中心，姜杰任中心主任；决定成立山东大学传播与媒介研究中心，刘明洋任中心主任；决定成立山东大学税务经济研究中心，李华任中心主任；为整合多学科的研究力量，提升政府预算管理研究水平，经学校研究，决定成立山东大学政府预算绩效评价研究中心，李齐云任中心主任。

12～13 日　应奥地利维也纳大学邀请，山东大学党委书记李守信率团访问该校，并参加维也纳大学 650 周年校庆庆典及校庆系列活动。

17 日　为整合多学科研究力量，加强足踝部疾病诊断和治疗的新技术、新理念研究，提升踝部疾病及相关领域的研究及治疗水平，决定成立山东大学足踝外科研究中心，胡勇任中心主任；为整合海内外科研力量，加强南亚政治、经济、历史等领域研究，提升南亚研究水平，决定成立山东大学南亚研究中心，张淑兰任中心主任；为适应国家海洋发展战略需求，加强海洋权益保护研究，提升海洋法、海商法研究水平，决定成立山东大学海洋海事法研究所，张晏瑲任研究所所长。

18～19 日　山东大学副校长陈子江应邀率团访问以色列希伯来大学，全面拓展两校合作关系。访问期间，代表团分别会见了希伯来大学科研副校长 Isaiah（Shy）Arkin、国际事务副校长 Aharon Friedman。

20 日　山东大学（威海）第五届教职工代表大会暨工会会员代表大会开幕。山东大学党委副书记、山东大学（威海）党委书记仝兴华致开幕辞，山东大学副校长、山东大学（威海）校长韩圣浩作威海校区工作报告，山东省教育工会主席宋志明应邀出席会议并讲话。

21 日　儒家文明协同创新中心理事会 2015 年度会议暨中心主任联席会在山东大学召开。山东大学校长张荣，国际儒联秘书长牛喜平，中国孔子基金会理事长、秘书长王大千，中共山东省委宣传部副部长、山东省文化厅厅长徐向红，以及来自各协同单位的理事代表清华大学副校长谢维和、浙江大学副校长罗卫东、四川大学副校长晏世经、华东师范大学副校长汪荣明等出席会议。山东大学副校长陈炎主持会议。

21～22 日　由儒家文明协同创新中心主办的儒学文献整理与研究高端论坛在山东大学中心校区举行。山东大学副校长陈炎出席论坛开幕式并致欢迎辞。

23 日　诺贝尔物理学奖获得者、山东大学特聘教授、德国于利希研究中心 Peter Grünberg 教授学术报告暨交流音乐会在山东大学中心校区圣昆仑音乐厅举行。

同日　经第三十次党委常委会研究决定：因年龄原因，陈晓阳同志不再担任齐鲁医院党委副书记职务；免去刘树伟的生物医学研究院筹备小组副组长职务；免去孙晋浩的医学院副院长职务。

同日　为进一步联合海内外相关研究力量，汇聚融合创新资源，经学校研究，决定将儒学与中华文化复兴协同创新中心更名为儒家文明协同创新中心。陈炎任中心主任。

24 日　由山东大学、山东省结核病防治中心、山东省胸科医院共同承办的“世界防治结核病日”主题宣传活动在山东大学中心校区举行。山东省副省长王随莲出席活动，山东大学校长张荣会见了王随莲一行。济南市副市长巩宪群、山东省卫生和计划生育委员会副主任左毅、山东大学副校长张永兵参加活动。

25 日　山东大学校长张荣会见美国芝加哥大学校长 Robert J. Zimmer。芝加哥大学负责国际交流事务的协理副校长 Michael Kulma 参加会见。

27 日　“我们共同的价值观”四德工程进校园首场活动走进山东大学，山东卫视《新杏坛》栏目邀请台湾大学哲学系傅佩荣教授为山大师生讲述“遇见最好的自己”。中共山东省委宣传部副部长林建宁，山东广播电视台副总编辑潘士强，中国孔子基金会副秘书长邢成湖，山东大学党委副书记陈向阳出席讲座。

28 日　山东大学 2015 届毕业生就业春季双选会在中心校区体育馆举行，本次双选会是今年上半年学校举办的最大的一场双选会，共有来自 20 多个省份的 630 多家用人单位和来自山大及省内外其他高校的 9800 多名学生参加。山东大学校领导方宏建出席双选会。

本月　国家留学基金管理委员会公布了 2015 年优秀本科生国际交流项目（以下简称“优本项目”）的评审结果。山东大学有 16 个项目获得批准，其中包括与加州大学伯克利分校、昆士兰大学以及曼彻斯特大学等高校合作的项目，56 名本科生将获得中国政府奖学金出国留学，创山大国家公派留学本科生人数新高。

本月　物理学院赵明文课题组在二维拓扑绝缘体研究方面取得新进展，相关研究成果以“Giant topological nontrivial band gaps in chloridized gallium bismuthide”为题发表在 Nano Letters 15，1296－301（2015）上。Nano Letters 是纳米领域的著名期刊，影响因子为 12.94。

本月　晶体材料国家重点实验室刘宏教授课题组材料光催化性能提升方面研究又获新进展，相关研究成果以“Enhanced Ferroelectric－Nanocrystal Based Hybrid Photocatalysis by Ultrasonic Wave Generated Piezo－phototronic Effect”为题发表在材料领域著名期刊 *Nano Letters*（IF 12.94＝）（2015，DOI：10.1021/nl504630j）上，这是刘宏教授课题组在光催化研究方面获得的又一重要研究成果。

本月　第六届全国大学生数学竞赛总决赛在华中科技大学举行，山东大学共有五名学生参加了本次决赛。其中，电气学院本科生王应谦获非数学类全国一等奖，泰山学堂本科生刘克刚、张世垚获数学类全国二等奖，电气学院本科生朱长春获非数学类全国二等奖，材料学院本科生李传召获非数学类三等奖。同时，山东大学荣获优秀组织奖。

本月　齐鲁医院副院长胡三元教授、普外科副主任张光永副教授和中国人民总医院、天津南开医院共同完成的“肝胆胰腹腔镜手术技术体系及应用”项目荣获2014年国家科学技术进步奖二等奖。

本月　科技部公布了2014年创新人才推进计划入选名单，山东大学医学院马春红教授、环境科学与工程学院张建教授入选中青年科技创新领军人才。截至目前，山东大学共有6位专家入选国家创新人才推进计划。“创新人才推进计划”由科技部等八部委组织实施，旨在贯彻落实《国家中长期人才发展规划纲要（2010～2020年）》，通过创新体制机制、优化政策环境、强化保障措施，培养和造就一批具有世界水平的科学家、高水平的科技领军人才和工程师、优秀创新团队和创业人才，打造一批创新人才培养示范基地，加强高层次创新型科技人才队伍建设，引领和带动各类科技人才的发展，为提高自主创新能力、建设创新型国家提供有力的人才支撑。

本月　教育部公布了直属高校（单位）2014年享受政府特殊津贴人员名单，山东大学共有13位教授入选。此次入选的专家分别是：计算机科学与技术学院陈宝权教授、张彩明教授，历史文化学院陈尚胜教授，齐鲁医院陈玉国教授，晶体材料研究所何京良教授，经济研究院黄凯南教授，机械工程学院刘战强教授，威海校区韩国学院牛林杰教授，数学学院吴臻教授，口腔医学院徐欣教授，控制科学与工程学院张焕水教授，生命科学学院张玉忠教授，法学院周长军教授。国务院政府特殊津贴是国务院对于高层次专业技术人才和高技能人才的一种奖励制度，政府特殊津贴人员选拔工作由人力资源和社会保障部组织，每两年评选一次。

4月

2日　中共中央统战部六局在山东大学千佛山校区召开部分驻济高校统战部长座谈会，就高校统战工作进行调研。中共中央统战部六局副局长张明、山东大学党委副书记陈向阳出席座谈会，中共山东省委统战部巡视员王晓炜主持座谈会。

同日　为落实国务院关于推进大众创新创业要求，进一步完善关于支持“大众创业，万众创新”的相关政策措施，山东省科技厅在山东大学召开“大众创业，万众创新”座谈会。座谈会前，山东大学校长张荣会见了山东省科技厅厅长刘为民。刘为民、山东大学副校长韩圣浩出席座谈会。

3 日　经学校研究，决定将医学 MBA 学院和卫生管理与政策研究中心合并成立山东大学医药卫生管理学院。该学院为学校直属独立建制的教学科研机构。学院的管理模式、人员编制、干部职数依据学校医学学科总体改革情况另行核定。因学科建设等工作需要，对外可继续使用卫生管理与政策研究中心的名称。

7～8 日　“一带一路”智库合作联盟理事会成立会议暨专题研讨会举行。会上，山东大学亚太研究所被批准为中国“一带一路”智库合作联盟理事单位，山东大学亚太研究所所长杨鲁慧教授被聘为“一带一路”智库合作联盟理事会理事。

10 日　山东高等学校优质课程共享联盟成立大会暨第一届理事会在山东大学中心校区举行。山东大学发起联盟是为了解决高等教育发展的不均衡和优质教育资源相对缺乏等问题，希望通过推进线上线下相结合的混合式教学模式，推进高校在教学理念和教学方法方面进行大规模、深层次改革。会议审议通过了“山东高等学校优质课程共享联盟章程”，召开了联盟第一届理事会，推举山东大学为联盟理事长单位，选举中国海洋大学、中国石油大学（华东）、山东师范大学、山东农业大学和曲阜师范大学作为副理事长单位。第一届联盟理事会还包括山东中医药大学、山东财经大学、山东青年政治学院、齐鲁工业大学、青岛大学、青岛理工大学、济南大学、临沂大学、聊城大学、鲁东大学等 16 个理事单位。联盟秘书处设在山东大学。会议还讨论了共享平台建设问题，讨论修改了委托运营协议。会议决定由山东大学牵头制订 2015 年工作计划和今后 3 年的发展规划，经理事会讨论后执行。

10～12 日　第六届全国高等医学院校大学生临床技能竞赛（华东赛区）在浙江大学紫金港校区举行。由山东大学 2009 级临床医学七年制专业的韩盼盼同学和 2010 级临床医学五年制专业的潭海宁、薛郑泽、张文星同学组成的山东大学代表队发扬沉着应战、团结协作的精神，凭借扎实的理论知识、娴熟的技能操作、出色的临场发挥，在华东六省一市 29 支参赛队伍中脱颖而出，以优异战绩荣获特等奖，并将于 5 月份参加全国总决赛。

12 日　由山东大学计算机学院与软件学院院长陈宝权教授担任首席科学家的国家重点研发计划（“973”计划）“城市大数据计算理论和方法”项目启动会在山东大学软件园校区举行。山东大学副校长韩圣浩出席启动会。

13 日　第 22 届国际历史科学大会领导小组会议在北京中国社会科学院会议中心举行。中国社科院院长、党组书记王伟光，党组成员、副院长李培林，中共山东省委常委、常务副省长孙伟，山东大学校长张荣，教育部国际合作司参赞罗平等出席会议。

14 日　第 22 届国际历史科学大会山东省支持保障工作协调小组第一次会议在山东大厦召开。中共山东省委常委、常务副省长孙伟主持会议。山东大学校长张荣出席会议。

15 日　山东大学 2014 年度研究生科汇奖学金颁奖仪式在山东大学千佛山校区举行，共有 29 名研究生获得 2014 年度研究生科汇奖学金。校领导方宏建出席仪式并致辞。

同日　由儒家文明协同创新中心（以下简称“中心”）主办的“儒家文明与当代中国”学术研讨会在北京举行。中心管理委员会主任、山东大学副校长陈炎出席会议。

16 日　山东大学物理学院孙振东教授等对分子基本存在形式的研究取得了重要进展，相关论文“Separation and conversion dynamics of nuclear－spin isomers of gaseous methanol”在线发表于《自然－通讯》（*Nature Communications*，6：6877，DOI：10.1038/ncomms7877）。

17 日　国家重点基础研究发展计划（“973”计划）青年科学家专题项目“复叶发育的分子调控网络研究”项目启动会在山东大学中心校区举行。该项目由山东大学生命科学学院周传恩教授担任首席科学家。

18 日　由山东大学化学与化工学院承办的 2013～2017 年教育部高等学校化学类专业教学指导委员会和大学化学课程教学指导委员会联席会议在中心校区举行。中科院院士、化学类专业教学指导委员会主任、厦门大学郑兰荪教授，中科院院士、大学化学课程教学指导委员会主任、北京大学副校长高松，山东大学总会计师曹升元出席开幕式并致辞。

20 日　为整合海内外研究力量，加强中外宗教与文化研究，提升宗教学研究水平，经学校研究，决定成立山东大学饶宗颐宗教与中国文化研究所。聘饶宗颐教授为研究所名誉所长，李炽昌任研究所所长，傅有德任执行所长。该中心为依托于犹太教与跨宗教研究中心的非实体性科研机构。

同日　经第三十二次党委常委会研究决定：龚瑶琴不再担任医学院院长职务。

21 日　山东省首批签约文艺评论家聘任仪式在济南举行。山东大学丛新强、马兵、贺仲明、甘险峰等四人受聘山东省首批“签约文艺评论家”。首批签约文艺评论家共 30 人，聘期为三年。

22 日　《山东大学申请招收博士生人员认定工作实施办法（试行）》经学校研究通过，即日起执行。

同日　为加强企业品牌策划、传播、管理等研究，提升品牌科学研究水平，经学校研究，决定成立山东大学品牌管理研究中心，王兴元任中心主任。

同日　为了调动广大教师参与本科教学和人才培养的积极性，确立学生在教学评估中的主体地位，引导教师加强师生沟通，不断提高课堂教学效果和人才培养质量，形成尊师重教的良好氛围，根据《山东大学进一步提高本科教学质量实施办法》（山大字［2012］17 号）和《山东大学关于落实教师本科教学基本工作量制度的实施办法（试行）》（山大教字［2012］91 号）精神，经学生课堂评教、督导员听课、学院推荐和公示、本科生院审核，最终评选出哲学与社会发展学院周逾等 222 人获得

“2014 年度课堂教学质量优秀教师”称号。

23 日　为整合多学科研究资源，服务地方经济发展，促进产学研深度结合，提升区域经济的规划和研究水平，经学校研究，决定成立山东大学规划与发展研究中心。余东华任中心主任。该中心为依托于经济学院的非实体性科研机构。

同日　经研究生培养单位申报、学校研究，决定资助哲学与社会学学院等 22 个培养单位实施 2015 年“山东大学博士研究生高端学术讲坛”项目。

24 日　由山东大学数学学院与控制科学与工程学院联合举办的随机系统状态估计与最优控制学术研讨会在中心校区举行。中国科学院院士、山东大学彭实戈教授，教育部“长江学者”特聘教授、控制学院张焕水教授等知名专家学者出席活动。

同日　由山东大学党委学生工作部、研究生工作部、团委和图书馆联合举办的山东大学图书馆文化节在中心校区举行启动仪式。副校长陈炎出席仪式并宣布图书馆文化节开幕。2015 年山东大学图书馆文化节以“品读、视野、创意、分享”为主题，将持续一个月，旨在激发同学们的读书热情，倡导大家多读书，读好书，热爱图书馆，争做文明读者。文化节期间将举办“青春·探索”书展、文学作品征文比赛、真人图书馆、“say you · say me”图片讲述比赛、优秀影片展播、出版“山东大学图苑”文化节专刊，并开展以体现学生检索能力为主题的“书山有路”找书比赛、检索知识比赛等多项活动，还有针对读者如何利用图书馆资源和服务以及提高检索技巧等方面的专题讲座。

24～25 日　山东大学 2015 年田径运动会在兴隆山校区体育场举行。材料科学与工程学院获得学生组团体总分第一，外国语学院、管理学院分列第二、第三。控制科学与工程学院获得男子学生组团体总分第一，外国语学院获得女子学生组团体总分第一。后勤工会获得教工组团体总分第一，齐鲁医院工会、机关工会分列第二、第三。护理学院等 10 个学院获得体育道德风尚奖。

25 日　山东大学第十三届全国重点中学校长论坛在中心校区举办。本次论坛以“改革、发展与合作”为主题，吸引了来自全国各省市的近百所重点中学的校长参加。山东大学校长张荣出席开幕式并致辞，校领导方宏建主持开幕式。

25～26 日　由山东大学中国诠释学研究中心、山东大学犹太教与跨宗教研究中心主办，山东大学哲学与社会发展学院协办的“经典与东西方解经传统”国际学术研讨暨中国现代外国哲学学会诠释学专业委员会成立大会在山东济南举行。

29 日　法国国家图书馆馆长 Bruno Racine 一行访问山东大学。校长张荣会见了 Bruno Racine 一行，并与 Bruno Racine 签署了《山东大学与法国国家图书馆合作框架协议》。

29 日　由山东大学和国网山东电力公司共同发起组建的“全球能源互联网（山东）协同创新中心”（以下简称“中心”）合作协议签约暨揭牌仪式在山东大学举行。山东大学校长张荣出席仪式，并同国网山东省电力公司总经理蒋斌一起为中心揭牌。山东大学副校长张永兵、韩圣浩，国网山东省电力公司总工程师李荣出席相关活动。

30 日～5 月 2 日　由山东大学《文史哲》编辑部发起组织的“‘性本善’还是‘性本恶’：儒学与自由主义的对话”人文学术高端论坛在济南举行。论坛期间举行了“2014 年度人文学术十大热点”发布仪式。

本月　山东大学晶体材料国家重点实验室郝霄鹏教授课题组在氮化镓单晶生长方面取得新进展，相关研究成果发表在 *ACS Appl. Mater. Interfaces*（2015，7，4504-4510）上，该研究成果对于拓展二维材料在晶体生长领域方面的应用具有重要意义。

本月　机关党委召开会议研究决定，对获得一、二、三等奖的 24 个党支部进行了表彰。去年以来，为巩固拓展党的群众路线教育实践活动成果，充分发挥机关党员在整改落实中的先锋模范作用，机关党委在各支部开展了以“服务师生，转变作风”为主题的特色党日活动。各党支部高度重视，紧扣整改方案，组织党员参与，践行党的宗旨，切实转变作风，真诚服务师生，整个活动循序渐进、扎实深入，取得了明显成效。

本月　从中华全国总工会文件《中华全国总工会关于表彰全国五一巾帼奖状（奖章）、全国五一巾帼标兵岗（标兵）的决定》中获悉，外国语学院荣获 2015 年“全国五一巾帼标兵岗”荣誉称号，这是该集体继 2014 年荣获“山东省直属高校三八红旗集体”称号之后取得的又一殊荣。

本月　材料学院边秀房教授课题组在高性能锂电池负极材料研究方面取得突破性进展，其相关研究成果“Nanoporous Germanium as High-Capacity Lithium-Ion Battery Anode”发表在能源材料领域高学术水平期刊 Nano Energy（IF＝10.211）（2015，DOI：doi：10.1016/j.nanoen.2015.03.039）。

本月　《文史哲》杂志和《中华读书报》联手，首度开展了“2014 年度中国人文学术十大热点”评选活动。与在济南召开的发布会同时，本号现揭晓评选结果。（1）马克思主义与儒学的关系引起空前关注；（2）皮凯蒂《21 世纪资本论》中译本出版，以《资本论》为代表的马克思主义重回学界视野；（3）习近平在文艺工作座谈会上的讲话：文学艺术发展出现方向性转折；（4）从“燕京学堂”事件到“新清史”论争：西方学术话语体系能否准确呈现中国？（5）民国学术评价问题引发热议；（6）简帛文献等新材料的整理与研究进一步深入；（7）政治儒学与陆台新儒家之争；（8）明清钓鱼岛文献与甲午战争诗歌研究；（9）“历史虚无主义”概念引发普遍关切；（10）汤一介、庞朴、田余庆等著名学者辞世，古典学术传承问题备受瞩目。

本月　2015 年度美国大学生数学建模竞赛（MCM/ICM）评审结果正式公布，

山东大学共有来自数学、计算机、软件、物理、化学、信息、材料、机械、控制、电气、土建、管理、经济等学院的101支参赛队报名参赛，最终获得一等奖（Meritorious Winners）8项、二等奖（Honorable Mentions）39项。参赛规模、获奖等级和数量均创历史新高。

本月　第七届“全国高校辅导员年度人物”评选结果揭晓，共评选出年度人物11名。山东大学外国语学院辅导员高弟名列其中。

5月

4日　《山东大学研究生课程建设试点工作方案》经学校研究通过试行。

同日　根据《山东大学关于开展教育教学综合改革立项工作的通知》（山大教字［2015］17号）要求，在个人申报、学院推荐的基础上，学校组织专家对申报项目进行了评审，确定《国学拔尖人才培养机制创新项目》等36个项目为2015年度山东大学教育教学综合改革立项项目。其中重大项目10个、重点项目20个、培育项目6个。

同日　《山东大学青年学者未来计划实施办法》业经学校2015年第七次校长办公会研究通过，现印发给你们，请遵照执行。

5日　全国“高校思想政治理论课教师2014年度影响力人物”推选活动结果正式揭晓，山东大学马克思主义理论研究中心主任、马克思主义学院博士生导师周向军教授入选全国十佳“高校思想政治理论课教师2014年度影响力标兵人物”。

同日　根据《关于评选山东大学2014年度优秀辅导员、班主任和学生工作先进个人的通知》，经个人申请、单位推荐、学校评审，并在全校范围内公示无异议，评选出于沂仟等20位同志为山东大学2014年度优秀辅导员，于洋等29位同志为山东大学2014年度优秀班主任，吕岚等11位同志为山东大学2014年度学生工作先进个人（名单附后），现予以表彰。

希望受表彰人员珍惜荣誉，再接再厉。全体学生工作者要向受表彰的人员学习，进一步增强做好工作的责任感、使命感，充分发挥主动性和创造性，扎实工作，积极进取，努力开创我校学生工作的新局面。

同日　根据《山东大学学院学生工作评价体系》等有关规定，结合日常工作开展、年度工作总结情况，经学院互评和学校综合评定并公示无异议，决定评选土建与水利学院等10个学院为2014年度本科学生思政教育与管理工作先进单位，化学与化工学院等10个学院为2014年度研究生思政教育与管理工作先进单位，护理学院等10个学院为2014年度学生资助工作先进单位，现予以表彰。

表彰名单如下：

（1）本科学生思政教育与管理工作先进单位

土建与水利学院、电气工程学院、经济学院、化学与化工学院、护理学院、医学院、外国语学院、历史文化学院、药学院、文学与新闻传播学院

（2）研究生思政教育与管理工作先进单位

化学与化工学院、经济学院、信息科学与工程学院、机械工程学院、计算机科学与技术学院（软件学院）、外国语学院、土建与水利学院、电气工程学院、公共卫生学院、管理学院

（3）学生资助工作先进单位

护理学院、化学与化工学院、土建与水利学院、法学院、电气工程学院、经济学院、生命科学学院、药学院、数学学院、文学与新闻传播学院

7 日　按照《山东大学竞争上岗选拔副校长工作方案》确定的选拔工作程序，中共山东大学第十三届委员会第三次全体会议在中心校区举行。出席这次会议的党委委员 29 人，列席 1 人。会议听取了校党委书记李守信代表常委会所作的竞争上岗选拔副校长工作报告，审议并通过了副校长拟任人选。

8 日　《山东大学研究生担任学生辅导员助理管理暂行办法》经学校研究通过，即日起遵照执行。

8～10 日　由历史文化学院、文化遗产研究院承办的“第四届发现中国李济考古学奖学金颁奖仪式暨青年考古论坛”在山东大学举行。本次奖学金共评选出获奖者 10 名，入围奖 14 名。山东大学历史文化学院 2 名同学获奖，其中高军同学是唯一获此殊荣的本科生；另有 2 名同学获得入围奖，山东大学青年考古人协会入围公众考古奖。

11 日　经学校研究通过《山东大学杰出人才专业技术岗位特别聘用办法》，即日起执行。

12 日　在日前公布的 ESI 数据中，山东大学进入 ESI 前 1%排名的学科数达到 12 个，在国内高校学科数排名第八。这 12 个学科分别是：化学、物理、临床医学、材料科学、生物学与生物化学、工程学、药理学与毒理学、神经科学与行为、数学、环境工程与生态学、植物与动物学、社会科学总论。山东大学被引论文 27360 篇/210670 次，其中，高被引论文（Top Papers）204 篇/2098 次，平均被引数 7.7 次/篇，论文被引数在 4678 个被统计机构中列第 409 名，在国内高校排名第九。环境工程与生态学、社会科学总论两学科首次进入 ESI 前 1%排名中，环境工程与生态学被引论文 400 篇/3191 次，平均被引数 7.98 次/篇。社会科学总论被引论文 197 篇/1073 次，平均被引数 5.45 次/篇。

9～12 日　山东大学校长张荣访问香港和澳门地区，与香港特区行政长官、山东大学名誉博士梁振英先生一起出席山东大学香港校友会成立十周年庆祝活动，访问香港城市大学、香港科技大学、澳门大学等友好高校，并看望

港澳地区的校董会校董、基金会理事及友好人士。

14 日　为深入贯彻落实党的十八大和十八届三中、四中全会精神，深入学习贯彻习近平总书记关于文化建设的重要讲话精神，深化社会主义核心价值观和中华优秀传统文化宣传教育，培育校园文化品牌，推进校园文化建设，学校开展了首届校园文化建设优秀成果评选活动。经专家评审委员会评议，共评出 36 项优秀成果，其中特别奖 1 项、一等奖 5 项、二等奖 10 项、三等奖 20 项。

15 日　为贯彻落实全国科技创新大会精神，探索科教结合协同育人新模式，根据山东大学与中国科学院上海技术物理研究所签署的“科教结合协同育人”战略合作协议，经学校研究，决定由山东大学信息科学与工程学院与中国科学院上海技术物理研究所联合设立“技术物理英才班”（以下简称英才班）。

16 日　第 22 届国际历史科学大会百日倒计时新闻发布会暨国际历史科学大会与中国历史学研讨会在山东大学中心校区举行。新闻发布会主要是向社会各界通报第 22 届国际历史科学大会近期会务筹备进展情况。截至 5 月份，共有来自 79 个国家和地区的近 1800 人报名参会，在参与国家数目上创历史新高。

20 日　以色列驻华大使马腾（Matan Vilnai）及耶路撒冷希伯来大学常务副校长 Asher Cohen 率团访问山东大学。山东大学校长张荣会见了马腾和 Cohen 一行，为马腾大使颁发山东大学顾问教授聘书，并与希伯来大学签署校际合作备忘录。山东大学常务副校长王琪珑、副校长陈子江出席相关活动。

22～24 日　第十四届“挑战杯”·鲁信山东省大学生课外学术科技作品竞赛决赛在山东师范大学举行。山东大学共获得 8 项特等奖、5 项一等奖，6 件作品入围国赛，以团体总分第一名的优异成绩捧获本届赛事最高荣誉“挑战杯”，并荣获优秀组织奖。

22 日　山东大学校长张荣率团访问国家深海基地管理中心，与国家深海基地管理中心主任于洪军、党委书记刘保华，就进一步推进双方深化合作展开座谈。山东大学总会计师曹升元出席座谈会。

同日　山东大学与中科院海洋所在青岛签署战略合作协议。山东大学校长张荣与中科院海洋所所长孙松代表双方签署合作协议。山东大学总会计师曹升元、中科院海洋所副所长王辉出席签约仪式。

23 日　山东大学校友会第三次代表大会在青岛举行。大会选举产生了校友会第三届理事会，山东大学校长张荣当选会长。山东大学党委常务副书记李建军，校友会第二届理事会副会长、山东大学常务副校长王琪珑，中国海洋大学党委副书记、副校长、校友会常务副会长陈锐，山东大学总会计师曹升元出席大会。第二届校友会副会长李鸿阶主持大会。

24 日　山东大学与中科院生态环境研究中心联合创办的首届“环境与健康菁英

班”毕业典礼在中心校区举行。山东大党委书记李守信，中国科学院院士、中科院生态环境研究中心主任、山东大学环境学院名誉院长江桂斌，中国工程院院士、山东大学终身教授王文兴出席毕业典礼。

28 日　首届“微生物感染与药物”中德学术研讨会期间，山东大学校长张荣会见了德国亥姆霍兹联合会感染研究中心主任 Dirk Heinz 一行，并就进一步加深合作进行座谈。

29 日　由共青团中央发起的 2014 年度“中国电信奖学金·天翼奖”暨“践行社会主义核心价值观先进个人”评选落下帷幕，全国共有 50 名学子入围。山东大学医学院 2008 级临床医学七年制学生霍强获此殊荣。

本月　国家第十一批“青年千人计划”入选者名单公布。山东大学新增六位“青年千人计划”入选者，分别是物理学院周剑教授，生命科学学院张亮然教授、周传恩教授，材料科学与工程学院闫政教授，土建与水利学院曲冰教授，信息科学与工程学院周洪超教授。

本月　全国妇联、中国妇女研究会组织的第三届中国妇女研究优秀成果评选活动结束，由山东大学妇委会报送的两个成果获得一等奖。其中，外国语学院肖霞教授所著《元始女性是太阳——“青鞜”及其女性研究》（山东人民出版社 2013 年 6 月出版）荣获专著类一等奖；哲社学院王鹏副教授的论文《初婚年龄的影响因素分析——基于 CGSS2006 的研究》（《社会》2013 年第 3 期）荣获论文类一等奖。这是山东大学首次在该项评选中获奖。

本月　山东大学作为项目组织单位，由体育学院伊向仁教授牵头，联合北京大学、浙江大学等单位申报的 2015 年度国家科技基础性工作专项《老年人健康评估工具与参数规范研制》获得立项支持，项目的研究时间为 5 年，预算总额为 1100 万元。这是山东大学首次在该专项计划获得项目级别国家资助。

本月　山东大学校长张荣率团访问国家电网公司，推动校企合作。山大校友、国家电网公司董事长刘振亚会见了代表团一行。山东大学副校长张永兵、总会计师曹升元参加座谈。

本月　晶体材料国家重点实验室陶绪堂教授课题组在分子材料固相晶化过程与机理研究方面又取得新的重要进展，相关研究成果以“In Situ Microscopic Observation of the Crystallization Process of Molecular Microparticles by Fluorescence Switching”为题发表在著名期刊《德国应用化学》上（Angew. Chem. Int. Ed. 2015，DOI：10. 1002/anie. 201503052；Angew. Chem. 2015，DOI：10. 1002/ange. 201503052. IF＝11. 336）。

本月　孙冶方经济科学基金会在北京举行颁奖典礼，对首届（2014 年度）孙冶方金融创新奖获得者进行奖励，山东大学经济学院钱先航、曹廷求两位老师获得论文奖。此次获奖是学校银行治理研究取得的又一项重要成果。

6月

1日　根据《关于评选2015年山东大学研究生优秀学术成果的通知》要求，经个人申请、培养单位推荐、研究生院组织专家评审，共评选出2015年山东大学研究生优秀学术成果奖372项（含威海校区10项），其中一等奖21项，奖金额度为20000元/项；二等奖60项，奖金额度为10000元/项；三等奖291项，奖金额度为5000元/项。

5～6日　“黄河大合唱”山东大学纪念中国人民抗日战争暨世界反法西斯战争胜利70周年音乐会分别在山东大学圣昆仑音乐厅和山东省会大剧院上演。山东大学校长张荣、党委副书记陈向阳出席音乐会。

7日　经第三十六次党委常委会研究决定：

王君松同志任党委办公室主任，不再担任党委研究生工作部部长职务；

孙长俊同志任巡视工作办公室主任，不再担任党校专职副校长职务；

罗建军同志任党校副校长（副处级），不再担任党委组织部副部长职务；

李　红同志任直属单位党委书记，不再担任工会主席职务；

鲁统超同志兼任研究生工作部部长；

刘学祥同志任后勤党委书记；

曲波同志任工会主席，不再担任第二医院党委书记职务；

袁魁昌同志任第二医院党委书记，不再担任护理学院党委书记职务；

李居忠同志不再担任纪委副书记兼纪委办公室主任职务；

李旭新同志不再担任后勤党委书记职务；

王宗义同志不再担任基建直属党支部书记职务。

同日　经第三十六次党委常委会研究决定：

王君松任校长办公室主任，不再兼任研究生院副院长职务；

刘洪渭任学科建设与发展规划部部长，不再担任财务部部长职务；

王玉莲任审计处处长，不再担任监察审计部副部长职务；

刘相宜任基建部部长，不再担任兴隆山校区管理办公室主任职务；

桑晓旻任公安处处长，不再担任后勤保障部副部长职务；

吕波任离退休工作处处长，不再担任离退休职工服务中心主任兼人事部副部长职务；

朱德建任学生就业创业指导中心主任，不再担任学生就业与发展指导服务中心主任职务；

李旭新任兴隆山校区管理办公室主任；

王宗义任校友工作办公室主任兼合作发展部副部长；

李勇兼任国家大学科技园管理办公室主任；

杜言敏不再兼任监察审计部部长职务；

孔令栋不再担任发展规划部部长职务；

梁作堂不再担任学科规划建设办公室主任兼发展规划部副部长职务；
张宇不再担任基建部部长职务；
刘培平不再担任档案馆馆长职务；
龙世立不再担任高等教育研究中心主任职务；
刘学祥不再担任校友工作办公室主任兼合作发展部副部长职务。

8日　海洋环境模拟实验体系（Marine Environmental Chamber System，以下简称 MECS）国际咨询委员会第一次会议在山东大学举行。

9日　经学校党委第36次常委会议研究决定，第三批“三定”单位机构调整设置如下：

党委办公室、校长办公室
纪委办公室（与监察处合署办公）
组织部
统战部
机关党委
直属单位党委
学科建设与发展规划部
学生工作部、武装部
研究生院
研究生工作部
财务部
监察处（与纪委办公室合署办公）
审计处
资产与实验室管理部
基建部
后勤保障部
后勤党委
公安处
离退休工作处（离退休党委）
学生就业创业指导中心
兴隆山校区管理办公室
信息化工作办公室
辅导员工作研究会与培训基地办公室
工会、妇委会
团委
档案馆
博物馆
继续教育学院
《山东大学学报》（自然科学版）编辑部

《山东大学学报》(哲学社会科学版) 编辑部

附：有关机构调整变化情况

1. 原高等教育研究中心更名为高等教育政策研究室，挂靠党委办公室、校长办公室

2. 成立巡视工作办公室，挂靠纪委办公室

3. 撤销监察审计部，分设监察处和审计处

4. 原发展规划部、学科规划建设办公室合并为学科建设与发展规划部

5. 原挂靠资产与实验室管理部的实验动物中心调整为挂靠齐鲁医学部

6. 撤销基建直属党支部，党的工作划入机关党委

7. 公安处、校医院由后勤保障部的内设单位调整为独立单位，原后勤保障部的卫生与健康服务中心（计划生育委员会办公室、爱国卫生运动委员会办公室）调整为挂靠校医院

8. 原离退休职工服务中心更名为离退休工作处

9. 原学生就业与发展指导服务中心更名为学生就业创业指导中心

10. 挂靠在原学生就业与发展指导服务中心的学生心理健康教育与咨询中心、学生公寓管理服务中心调整为挂靠学生工作部

11. 设立网络信息技术与服务中心，挂靠信息化工作办公室

同日　山东大学和山东省档案局联合举办的“国际档案日”进校园宣传活动暨“档案与校园文化展”在中心校区举行。展览以档案法制宣传、档案人才培训与学科建设、档案与校园文化、档案资源建设为主要内容。中共山东大学党委书记李守信，中共山东省委副秘书长、省档案局局长杜文彬出席相关活动并观看展览。

13 日　山东大学与海尔集团在兴隆山校区签署战略合作协议，共同宣布发起成立“2025 创新创业联盟”。中共山东省委副书记、省长郭树清，海尔集团董事局主席、首席执行官张瑞敏，山东大学党委书记李守信、校长张荣出席活动。山东大学总会计师曹升元、海尔集团副总裁王筱楠分别代表双方签署战略合作协议。山东省政府秘书长蒿峰、山东省科技厅厅长刘为民、共青团山东省委书记张涛、山东省教育厅副厅长王坦、山东省科学技术协会副主席纪洪波参加活动。

15 日　经第三十六次党委常委会研究决定：

薛施贞同志任威海校区纪检监察审计办公室副主任。

免去亓庆国的齐鲁医学部组织人事处副处长职务。

16 日　在 2015 年山东大学学位评定委员会第一次会议上，由国际事务部牵头，依托政治学与公共管理学院申报的全英文交叉学科——“中国学”硕士课程项目论证方案获得全票通过。自此，历经多年酝酿和近两年的筹备，山东大学“中国学”学科终于揭开了崭新的一页。之后，经教育部“中国学位与研究生教育信息网”公示及国务院学位办备案后，山东大学中国学学科将正式设立。

17 日　由中国博士后基金会组织的第五十七批中国博士后科学基金面上资助评审结果公布，山东大学孙华臣等 25 位博士后获一等资助金资助，每人资助金额 8 万元；杨宏力等 59 位博士后获二等资助金资助，每人资助金额 5 万元。山东大学共获基金资助额 495 万元，列全国高校第 2 位，创学校历史新高。

18 日　首届中华学子青春国学荟启动仪式在山东大学中心校区举行。共青团中央书记处书记傅振邦，山东大学党委书记李守信，山东省政府副秘书长、办公厅主任王华，共青团山东省委书记张涛出席仪式。

同日　威海校区 2015 年毕业典礼在图书馆广场举行。山东大学党委副书记、山东大学（威海）党委书记仝兴华主持典礼，山东大学副校长、山东大学（威海）校长韩圣浩出席典礼并讲话。威海校区全体校领导、校学位委员会成员、各院（部）党政主要负责人、职能部门负责人、教师代表、家长代表、校友代表和 2015 届全体毕业生参加了毕业典礼。

21～22 日　中美大学校长论坛在美国休斯敦莱斯大学举行。国务院副总理刘延东、教育部部长袁贵仁出席论坛并致辞。山东大学校长张荣参加论坛。

25 日　2015 年度国家社会科学基金年度项目和青年项目立项名单公布，山东大学 37 项课题获准立项，在全国高校中排名并列第三位。其中重点项目 1 项、一般项目 29 项、青年项目 7 项，一般项目立项数位列全国高校第一位，三类项目立项经费总额为 755 万元。

26 日　山东大学 2015 年本科生毕业典礼暨学位授予仪式在中心校区体育馆隆重举行。山东大学学位评定委员会成员依次为全体本科毕业生颁发了学位证书。

同日　中日韩合作研究高端论坛暨山东大学中日韩合作研究中心揭牌仪式在山东大学中心校区举行。揭牌仪式前，山东大学校长张荣在明德楼会见厅会见了参加揭牌仪式的各位嘉宾。山东大学副校长韩圣浩出席会见和揭牌仪式，并在仪式上致辞。

27 日　山东大学 2015 年研究生毕业典礼暨学位授予仪式在中心校区体育馆隆重举行。5151 名山东大学研究生毕业生一起奔赴毕业盛典，唱响毕业颂歌。山东大学学位评定委员会成员依次为博士毕业生、硕士毕业生授学位并与毕业生合影。

29 日　日本著名政治评论家森田实访问山东大学，受聘山东大学名誉教授并演讲。校长张荣出席聘任仪式并为森田实教授颁发聘书，副校长韩圣浩主持仪式。

7 月

2 日　华东地区大学出版社协会第八届二次理事会议在山东大学出版社召开。31 名理事及理事单位代表出席会议。山东大学党委常务副书记李建军、国家新闻出版广电总局图书出版管理司副司长许正明、教育部社科司出版管理处处长林丽出席会议。版协理事会会长、上海交通大学出版社社长韩建民主持会议。

2～3日　由山东省海外联谊会、台湾夏潮联合会主办，山东大学、台湾师范大学东亚文化与汉学研究中心承办的第一期鲁台中华教育论坛在山东大学中心校区举办。中共山东省委常委、统战部部长吴翠云，山东大学校长张荣，中华两岸和平发展联合会副主席、台湾夏潮联合会评议长陈福裕等参加开幕式并致辞。中共山东省委统战部常务副部长孙传宏主持开幕式，中共山东省委统战部巡视员亓同秋主持闭幕式，台湾夏潮联合会会长许育嘉全程参加论坛。

3日　中国航天科技集团公司第九研究院第十三研究所（航天十三所）所长、中国科学院院士王巍访问山东大学。山东大学校长张荣会见了王巍院士一行。

6日　根据工作需要和考察情况，经部党组研究，拟任命刘建亚、李术才、胡金焱3位同志为山东大学副校长（试用期一年），现予公示。

7日　中国全面深化体育改革理论研讨会在山东大学举行，会议由国家体育总局主办，山东大学承办。会议主题为“全面深化体育改革：新机遇、新挑战、新常态”。国家体育总局政策法规司司长刘岩、群众体育司司长刘国永、经济司司长刘扶民、人事司副司长李业武、竞技体育司副司长刘爱杰、甘肃省体育局局长杨卫、山东省体育局副局长李政等出席会议。

8日　山东大学济南港华奖学基金捐赠仪式在中心校区举行。仪式前，山东大学校长张荣会见香港中华煤气有限公司常务董事、行政总裁陈永坚一行。副校长张永兵代表学校接受捐赠，并向济南港华燃气有限公司董事长郑岩颁发捐赠证书；总会计师曹升元主持捐赠仪式。

10日　由济南市人民政府、山东大学、山东省科学技术厅共建的山东工业技术研究院签约暨揭牌仪式在山东大学中心校区举行。中共山东省委常委、济南市委书记王文涛，山东大学党委书记李守信，校长张荣出席仪式。

12日　山东大学召开党委理论学习中心组（扩大）会议，围绕“三严三实”专题教育进行第一专题集体学习。校党委书记李守信主持会议并讲话。校长张荣出席会议。

13日　山东大学召开党委理论学习中心组（扩大）会议，围绕“严以修身，加强党性修养，坚定理想信念，把牢思想和行动的‘总开关’”这一主题，进行“三严三实”专题教育第一专题研讨。校党委书记李守信主持会议并作发言交流。校长张荣出席会议。

同日　山东大学2015年暑期学校在各校区正式拉开序幕。2015年暑期学校以“国际化、创新性、开放式、综合性”为导向，重新设计暑期学校项目和内容，凝练特色，提高水平。今年全校共开设了151个课程（项目），涵盖了创新创业训练、实践实训、通识教育、双学位教育和专业国际化课程五大模块。

13 日　经第三十八次党委常委会研究决定：

免去武传刚的人事部副部长职务。

14 日　山大经济系校友、全国政协常委、全国政协港澳台侨委员会副主任杨衍银，港澳青年工商界代表团，省政协副主席孙继业一行访问山东大学，并参观中华传统文化研究与体验基地。山东大学党委书记李守信会见了来访客人，党委副书记陈向阳主持会见。

同日　根据《高等学校重点实验室建设与管理暂行办法》（教技［2003］2 号文）有关规定，为更好地促进实验室发展，加强实验室管理，经密码技术与信息安全教育部重点实验室推荐，学校研究决定，增补王明强教授担任密码技术与信息安全教育部重点实验室副主任。

15 日　为整合海内外研究力量，促进美国经济和中美经贸关系研究，提升世界经济和国际贸易学科研究水平，经学校研究，决定成立山东大学美国经济研究中心，张丽娟任中心负责人；为整合多学科的研究力量，加强我校信用理论与信用实践问题研究，助推社会信用体系建设，经学校研究，决定成立山东大学信用研究中心，陈新岗任中心负责人；为整合多学科的研究力量，加强管理案例库建设，提升管理案例开发、案例教学和案例研究水平，经学校研究，决定成立山东大学管理案例中心，杨蕙馨任中心负责人；为进一步提高我校纳电子产业自主创新能力，提升纳电子工程研究水平，经学校研究，决定成立山东大学纳电子工程研究中心，宋爱民任中心主任；为整合多方优势资源，以山东电网为依托进行能源互联网研究实践，提升能源互联研究水平，经学校研究，决定成立山东大学全球能源互联网（山东）协同创新中心，刘玉田任中心主任。

18～19 日　山东大学党委常务副书记李建军一行赴菏泽市进行考察调研，与中共菏泽市委书记、市人大常委会主任孙爱军，菏泽市委常委、常务副市长段伯汉，菏泽市委常委、市委秘书长尹玉明进行座谈，并赴山大附中实验学校（定陶）进行了工作调研。

19 日　为更好地促进学校事业发展，搭建与地方合作发展平台，促进我校科技创新和成果转化，推进创新创业教育，培养学生的创业意识、创业精神和创新创业能力，提高人才培养质量，提升服务校友水平，对接优质社会资源，经学校研究，决定成立山东大学北京研究院。该研究院挂靠合作发展部。

21 日　江西省教育厅厅长叶仁荪一行来山东大学调研工作。山东大学党委常务副书记李建军与叶仁荪一行进行座谈，山东省教育厅副厅长王坦参加座谈。

同日　2015 年青少年高校科学营山东大学分营开营仪式在中心校区举行。中国科协青少年科技中心副主任单长勇、山东省科协巡视员林兆谦、山东大学校领导方宏建出席活动。

24 日　山东大学校长张荣赴济南市高新区管委会洽谈合作事宜，并与济南市高新区党工委书记马玉星进行座谈。山东大学副校长张永兵、韩圣浩，高新区管委会副主任崔志强出席座谈会。

同日　山东大学校长张荣在中心校区会见中共禹城市委书记张安民、市长张磊一行，双方进行了座谈交流。

27 日　新疆喀什大学党委书记、副校长徐源智一行来山东大学调研工作，山东大学副校长张永兵与徐源智一行进行了座谈。新疆喀什大学党委副书记胡明一同来访。

21～27 日　2015 年全国大学生桥牌锦标赛在湖北工程学院举行，经过激烈角逐，山东大学桥牌队最终荣获女子组团体冠军、男子组第七名，综合男、女两个组成绩列全部参赛 57 所高校第一名。此外，山东大学桥牌女队还获得了代表中国大学生参加 2016 年在波兰举行的第八届世界大学生桥牌锦标赛的资格。

28～29　第四届中国一东盟大学校长论坛在新加坡国立大学举行。中国一东盟中心秘书长杨秀萍、东盟大学联盟执行副主任 Choltis Dhirathiti 出席论坛并致辞。山东大学常务副校长王琪珑参加论坛。

28 日　山东大学合作建设的新加坡南洋理工大学孔子学院举办成立十周年庆典活动。山东大学校长张荣在活动前专门致贺信，祝贺孔子学院成立十周年，常务副校长王琪珑应邀率团出席活动。

6 月 25 日～7 月 28 日　首届中国“互联网＋”大学生创新创业大赛山东大学选拔赛（以下简称“选拔赛”）在软件园校区举行，31 日上午在中心校区举行颁奖仪式。山东大学副校长胡金焱出席颁奖仪式并代表竞赛组委会讲话。

29 日　经第四十次党委常委会研究决定：

侯俊平同志任齐鲁医学部党工委书记；

陈鑫同志任齐鲁医学部党工委副书记；

杨汝元同志不再担任后勤党委副书记职务。

经第四十次党委常委会研究决定：

陈子江任齐鲁医学部部长（兼）；

孔北华任齐鲁医学部常务副部长，不再担任齐鲁医院副院长、医学院副院长职务；

贾继辉任齐鲁医学部副部长；

王凤山任齐鲁医学部副部长；

殷录民兼任房改办公室主任，不再兼任后勤保障部综合办公室主任职务；

罗司军兼任后勤保障部综合管理办公室主任；

彭恒军任后勤保障部副部长兼洪家楼校区管理办公室主任，不再担任后勤保障部总工程师兼绿化与修缮管理办公室主任职务；
王明山任后勤保障部总工程师，不再担任后勤保障部后勤资产管理中心主任职务；
杨汝元任后勤保障部趵突泉校区管理办公室主任；
郑延民任后勤保障部千佛山校区管理办公室主任，不再担任后勤保障部社区工作办公室主任职务；
陈哲宇不再担任齐鲁医学部常务副部长职务，另行安排；
葛荃不再担任政治学与公共管理学院院长职务；
齐延平不再担任法学院院长职务；
李振奎不再兼任房改办公室主任职务。
薛丽坤任环境研究院副院长。

本月　山东大学校长张荣率团访问亚利桑那州立大学，与亚利桑那州立大学校长 Michael Crow、分管知识产业发展的副校长 Sethuraman Panchanathan、分管科技和工程科学的校长助理 William Petuskey、分管国际科研合作的校长助理 Stephen Feinson、亚利桑那州立大学基金会主席 Rick Shangraw 等进行了座谈。

本月　山东大学物理学院纳电子中心对基于柔性薄膜超高频电子器件的研究取得重要成果，相关论文“Flexible indium-gallium-zinc-oxide Schottky diode operating beyond 2. 45 GHz”于 7 月 3 日在线发表于 *Nature Communications*（doi：10. 1038/ncomms8561）。

本月　山东大学团员青年 2015 年暑期“三下乡”社会实践活动全面启动。全校 1330 支立项团队主动践行社会主义核心价值观，以“勤学、修德、明辨、笃实”为纲，坚持“四进四信”，深入生活，扎根人民，直面时代，勇担重任，在“中国梦”的实践中谱写着青春最华美的乐章。

本月　山东大学 2015 年本科招生录取工作圆满结束。学校高度重视 2015 年招生录取工作，对招生录取工作提出高标准、严要求。山东大学校长张荣到招生录取现场看望工作人员，指导录取工作，校党委副书记陈向阳、副校长陈炎全程参与、领导招生录取工作。

8 月

1 日　第 22 届国际历史科学大会新闻网正式上线。该网站旨在配合大会官方网站，全面展现、记录大会盛况，搭建新闻宣传集中展示平台，为大会营造良好的舆论氛围。

6～7 日　第五届中俄矿山深部开采岩石动力学高层论坛暨中俄深部岩石力学与工程科技联合常设论坛在山东大学（威海）举行。中国工程院院士钱七虎、周丰峻、蔡美峰，中国科学院院士宋振骐、何满潮，俄罗斯科学院院士 Oparin V. 、Guzev M. A，中国工程院二局副局长阮宝君，中国岩石力学与工程学会主席冯夏庭，辽宁大学校长潘一山等出席论坛，论坛开幕式由山东大学副校长李术才主持。

17 日　芝加哥大学校长 Robert J. Zimmer 访问山东大学，山东大学校长张荣会见来访客人，双方举行了谅解备忘录续签仪式。

19 日　经第四十次党委常委会研究决定：
王涛任人文社科研究院副院长；
齐炳和任本科生院教务管理办公室主任；
刘振美任泰山学堂专职副院长；
张玉生任科学技术研究院科研管理办公室副主任；
董春杰任技术转移中心副主任。

23 日　第 22 届国际历史科学大会在山东济南正式拉开帷幕。国家主席习近平发来贺信，向会议的召开表示热烈祝贺，向国际历史学会主席玛丽亚塔·希耶塔拉女士等与会的历史学家表示诚挚的欢迎。国务院副总理刘延东出席开幕式，宣读习近平贺信并致辞。习近平在贺信中说，历史研究是一切社会科学的基础，承担着“究天人之际，通古今之变”的使命。重视历史、研究历史、借鉴历史，可以给人类带来很多了解昨天、把握今天、开创明天的智慧。

27 日　为纪念抗日战争胜利七十周年，“抗战中的山大人”图片展在中心校区举行。山东大学党委书记李守信、校长张荣，副校长胡金焱出席活动；校党委常务副书记李建军也专程观看了图片展。

28～29 日　由教育部高校自动化类专业教学指导委员会主办、山东大学承办、飞思卡尔半导体公司协办的第十届全国大学生“飞思卡尔”杯智能汽车竞赛全国总决赛在山东大学体育馆举行。第十届全国大学生“飞思卡尔”杯智能汽车竞赛全国总决赛组委会主任、山东大学副校长胡金焱出席开幕式并致辞，教育部高校自动化类专业教指委主任委员、山东科技大学副校长周东华教授，教指委副主任、上海交通大学李少远教授等参加活动。

29 日　第 22 届国际历史科学大会闭幕式在山东大学中心校区圣昆仑音乐厅举行。国际历史学会主席（2010～2015）玛丽亚塔·希耶塔拉教授、国际历史学会秘书长（2010～2015）罗伯特·弗兰克教授、新任国际历史学会主席（2015～2020）Andrea Giardina 教授、新任国际历史学会秘书长（2015～2020）Catherine Horel 教授、中国史学会会长张海鹏、山东大学党委书记李守信、山东大学校长张荣出席闭幕式。中国史学会秘书长、中国社会科学院近代史研究所所长王建朗教授主持闭幕式。

30～31 日　山东大学 2015 年学校领导暑期读书班在青岛校区举行。李守信、张荣出席并分别主持会议。

本月　全国高校实践育人暨创新创业现场推进会在湖北黄冈举行，教育部、人社部、国资委等三部委联合为山东大学等 50 家首批“全国高校实践育人创新创业基地”授牌，教育部党组副书记、副部长杜玉波出席会议并致辞，山东大学校领导方宏建参加会议。

本月　国家科技基础性工作专项重点项目“老年人健康评估工具与参数规范研制”实施方案论证暨项目启动会在山东大学中心校区举行。山东大学为项目承担单位，体育学院伊向仁教授担任项目负责人，项目总经费1100余万元。项目责任专家组组长、中国人民解放军总医院李小鹰教授，专家组副组长、山东省立医院赵家军教授出席会议。

9月

1～2日　加拿大新斯科舍省省长 Stephen McNeil 先生及达尔豪斯大学副校长 Martha Crago 女士一行访问山东大学。山东大学校长张荣、常务副校长王琪珑分别会见来访代表团一行。副校长张永兵、刘建亚参加相关活动。

2日　山东大学召开党委理论学习中心组（扩大）会议，围绕“三严三实”专题教育，以“严以律己，严守党的政治纪律和政治规矩，自觉做政治上的‘明白人’”为主题，进行第二专题集体学习，将中央近期查处的严重违纪违法案件为反面教材，以警示教育党员干部从中吸取深刻教训，引以为戒，警钟长鸣。校党委书记李守信主持会议并讲话。

3日　2015年是中国人民抗日战争暨世界反法西斯战争胜利70周年。为隆重纪念抗战70周年，中共中央、国务院以“铭记历史、缅怀先烈、珍爱和平、开创未来”为主题举办了一系列抗战胜利70周年纪念活动。山东大学教师响应中央号召，积极投身各级政府和学校组织的抗战纪念活动，并通过广播电视、报纸、网络、微博、微信等平台，收听收看了9月3日上午举行的抗战70周年纪念大会和阅兵典礼盛况，聆听了习近平总书记的重要讲话。总书记在纪念大会上的重要讲话和盛大的阅兵典礼，在教师中引起强烈反响。

4日　是山东大学2015级新生报到的第一天，山东大学党委书记李守信、校长张荣分别到洪家楼校区、软件园校区迎新现场检查指导工作，详细了解新生报到情况，并为“农村贫困地区专项计划”录取考生赠送书籍。

同日　经第四十二次党委常委会研究决定：

王善举同志任巡视工作办公室副主任；

赵希波同志任直属单位党委副书记，不再担任化学与化工学院党委副书记职务；

卜祥秀同志不再担任工会副处级调研员职务。

经第四十二次党委常委会研究决定：

刘建亚兼任研究生院院长；

陈哲宇任研究生院副院长；

赵炳新任本科生院院长，不再担任继续教育学院（网络教育学院、职业技术学院）院长职务；

靳光华任继续教育学院院长，不再担任《山东大学学报》（自然科学版）编辑部主任职务；

胡金焱不再担任本科生院院长职务。

经第四十二次党委常委会研究决定：

林飞兼任保密工作办公室副主任；

王志鹏任学科建设与发展规划部副部长，不再担任发展规划部副部长职务；

赵玉华任学科建设与发展规划部副部长，不再担任发展规划部副部长职务；

王延太任会计服务中心主任兼财务部副部长；

艾量任招标采购管理中心主任兼财务部副部长；

于振国任基建部副部长兼总工程师；

类淑毅兼任公安处副处长；

赵平海任离退休工作处副处长，不再担任离退休职工服务中心副主任职务；

郭举修任离退休工作处副处长，不再担任离退休职工服务中心副主任职务；

邵明石任离退休工作处副处长，不再担任离退休职工服务中心副主任职务；

卜祥秀任兴隆山校区管理办公室副处级调研员；

陈军任网络信息技术与服务中心主任兼信息化工作办公室副主任；

张秀华不再担任法律事务办公室主任职务；

王善举不再担任审计处副处长职务。

6 日　由中共山东省委高校工委、中共山东省委老干部局主办，新华网山东频道、老干部之家杂志社、山东大学党委宣传部承办的“一百个家庭抗战故事”高校巡展在山东大学中心校区启动。中共山东省委高校工委副书记黄琦、山东大学党委常务副书记李建军、中共山东省委老干部局副局长吕德义出席启动仪式。

8 日　山东省文物局在山东大学组织召开行政审查会议。山东大学校长张荣、省文物局局长谢治秀、济南市规划局总工程师牛长春出席会议并致辞。山东大学副校长张永兵出席会议。省文物局副局长由少平主持会议。

10 日　山东大学庆祝 2015 年教师节暨优秀教师表彰大会在中心校区知新楼报告厅举行。2015 年“山东大学优秀教师”“山东大学先进教育工作者”、第七届“我心目中的好导师”“我最喜爱的老师”获得者分别登台接受表彰并发表获奖感言。在中共中央党校学习的山东大学党委书记李守信委托大会表达对获奖教师的祝贺，并向全校广大教职工致以最深切的节日问候。校长张荣、党委常务副书记李建军出席大会并为获奖者颁奖。常务副校长王琪珑主持大会，副校长韩圣浩，总会计师曹升元，副校长李术才、胡金焱等出席大会。

12 日　山东大学作为牵头单位和首席专家单位的国家“863”计划重点项目“四足仿生机器人”项目启动会在济南召开。科技部高技术研究发展中心副主任王琦安出席活动并致辞。会前，山东大学校长张荣会见了王琦安一行。

12～15 日　2015 年全国大学生电子设计竞赛经过答辩、全国测评、复测、公示，山东大学共获得全国一等奖 2 项，全国二等奖 5 项，山东省一等奖 19 项，山东省二等奖 14 项，山东省三等奖 8 项。其中，王晓然、刘嘉琦、亓晓雯《短距视频信号无线通信网络（G 题）》，申俊志、侯林、王经纬《风力摆控制系统（B 题）》分别获得全国一等奖。

16 日　为整合多学科的研究力量，加强职业经理人建设研究，提升职业经理人职业化管理、培训研究水平，经学校研究，决定成立山东大学职业经理人研究中心，罗新华任中心主任；

18 日　在武汉举行的中国期刊交易博览会暨 2015 全国百强报刊新闻发布会上，公布了 2015 年全国百强报刊名单，《山东大学学报（理学版）》入围。这是《山东大学学报（理学版）》继荣获由山东省人民政府评选的首届及第二届山东省新闻出版精品奖“报纸期刊奖”（是唯一获奖的自然科学学术期刊）、2014 年获第二届山东省新闻出版奖优秀集体奖之后，获得的又一项殊荣，标志着《山东大学学报（理学版）》在全国学术界和期刊界的地位和影响又迈上了一个新台阶。

23～24 日　第三届中信置业杯中国女子围棋甲级联赛山东大学站在山东大学中心校区举行。本次比赛由中国围棋协会主办，山东大学承办，旨在发展中国传统文化，使围棋文化进一步地融入到校园文化中。中国围棋协会主席王汝南，山东大学党委副书记仝兴华、副校长胡金焱出席相关活动。

24 日　“山东大学—青岛高新区共建大学生创新创业基地合作协议”签约仪式暨山东大学项目路演活动在青岛高新区盘谷创客空间举行。签约现场还举行了“青岛高新区—山东大学蓝贝青苹果孵化基地”和“山东大学—青岛高新区大学生创新创业实践基地”揭牌仪式。山东大学副校长胡金焱出席活动并致辞。

同日　为鼓励优秀新生继续刻苦学习、早日成才，根据《关于评选山东大学 2015 年优秀新生奖学金的通知》，经学校研究，决定对 2015 级郝高扬等 28 名高考成绩优秀学生颁发山东大学“优秀新生奖学金”。

25 日　山东大学 2015 级新生开学典礼在中心校区体育馆举行。中国工程院院士、山东大学终身教授王文兴、张运，山东大学终身教授赵明义，校党委书记李守信，校长张荣，校党委常务副书记李建军，常务副校长王琪珑，党委副书记仝兴华，副校长韩圣浩，总会计师曹升元，副校长刘建亚出席活动。副校长胡金焱主持开学典礼。

28 日　“维岳崧高——纪念蒋维崧先生诞辰一百周年”系列活动在山东博物馆开幕。中国书法家协会副主席、山东省书法协会名誉主席张业法宣布纪念活动正式开幕。中国书法家协会副秘书长张陆一、中共山东省委宣传部副部长李建军、山东大学副校长胡金焱、省文联党组书记于钦彦、省书协主席顾亚龙等出席开幕式并讲话。

29 日　山东大学校长张荣访问荷兰莱顿大学，与莱顿大学校长 Carel Stolker 进行座谈，推动校际合作。

同日　山东大学老教授协会召开会议，回顾总结了协会成立以来的工作，通过产生了新一届老教授协会。校党委常务副书记李建军到会祝贺。

同日　山东省“中国梦·我们的价值观”百姓宣讲团巡回宣讲活动山东大学专场在中心校区举行。百姓宣讲团成员讲述了他们亲身经历的事情，与山大师生分享了他们的人生感悟。

本月　全国哲学社会科学规划办公室公布 2015 年度《国家哲学社会科学成果文库》入选名单，山东大学经济研究院王凤荣教授、哲学与社会发展学院林聚任教授、历史文化学院顾銮斋教授的 3 项成果入选，入选数量与北京大学、复旦大学等并列高校第一。

本月　山东省教育厅发布了“关于公布第九届山东省本科高等学校教学名师的通知”，山东大学哲学与社会发展学院李芹教授、生命科学学院王仁卿教授、数学学院蒋晓芸教授、文学与新闻传播学院张树铮教授、医学院李振中教授榜上有名。至此，山东大学共有 29 位教师先后获得“山东省教学名师”荣誉称号。

本月　山东省第二十九次社会科学优秀成果奖获奖名单公布，山东大学 38 项成果获奖，其中重大成果奖 2 项、一等奖 3 项、二等奖 15 项、三等奖 18 项。哲学与社会发展学院高鉴国教授的《中国慈善捐赠机制研究》和历史文化学院范学辉教授的《宋代三衙管军制度研究》因入选 2014 年度《国家哲学社会科学成果文库》获重大成果奖。

本月　山东省社科联公布第九届山东省社会科学突出贡献奖、山东省社会科学学科新秀奖获奖名单，山东大学文学与新闻传播学院马龙潜教授获得山东省社会科学突出贡献奖，可持续发展研究中心袁学良副教授获得山东省社会科学学科新秀奖。

本月　在日前公布的 ESI 数据中，山东大学免疫学（IMMUNOLOGY）首次进入 ESI 前 1%排名中，被引论文 447 篇/3747 次，平均被引数 8.38 次/篇。至此，山东大学进入 ESI 前 1%排名的学科数达到 13 个。这 13 个学科分别是：化学（CHEMISTRY）、物理（PHYSICS）、临床医学（CLINICAL MEDICINE）、材料科学（MATERIALS SCIENCE）、生物学与生物化学（BIOLOGY & BIOCHEMISTRY）、工程学（ENGINEERING）、药理学与毒理学（PHARMACOLOGY & TOXICOLO-

GY）、神经科学与行为（NEUROSCIENCE & BEHAVIOR）、数学（MATHEMATICS）、环境与生态学（ENVIRONMENT/ECOLOGY）、免疫学（IMMUNOLOGY）、动植物科学（PLANT & ANIMAL SCIENCE）、社会科学综合（SOCIAL SCIENCES，GENERAL）。目前，山东大学进入 ESI 前 1%排名的学科数在国内高校排名第八。

本月　根据 2015 年度教育部公布的人文社会科学研究一般项目的评审结果，山东大学 24 项一般项目获准立项，其中规划基金项目 14 项，青年基金项目 10 项，立项数量在全国高校中居第八位，到账经费达到 214 万元，与去年同期的 140.25 万元相比有大幅提升，也反映出山东大学大力实施人文社会科学研究繁荣发展计划取得实效。

10 月

2 日　山东大学校长张荣赴德国访问萨尔大学、亥姆霍兹联合会药物科学研究所并与亥姆霍兹感染研究中心签署正式合作协议，与萨尔大学、亥姆霍兹感染研究中心签署三方合作备忘录。根据合作协议，山东大学与亥姆霍兹感染研究中心将共同管理和发展山东大学—亥姆霍兹联合生物技术研究所。根据备忘录，山东大学与萨尔大学、亥姆霍兹感染研究中心将在药物研究、生物技术研究等领域加强合作，开展联合科研，促进人员交流。

9 月 28 日～10 月 2 日　2015 年 IEEE\RSJ 国际智能机器人与系统会议（IROS 2015）在德国汉堡会议中心举行。山东大学水中机器人团队受邀参加相关活动，并在同期举行的 2015 水中机器人国际邀请赛中夺得亚军。

6 日　U. S. News 公布了 2016 全球最佳大学排名，山东大学以总得分 54.0 分排名全球第 272 名，中国高校第 11 名，比 2015 全球最佳大学排名（第 343 名、第 14 名）分别前进了 71 名和 3 名，体现了良好的上升势头。

10 日　首批“山东大学青年学者未来计划”培养人选启动培训会在山东大学召开，54 位“未来计划”入选者参加了培训。山东大学副校长韩圣浩出席会议并讲话。

同日　山东大学机关作风领导小组成员及机关党委委员在中心校区明德楼召开会议，研讨《山东大学机关作风考核办法》，校党委副书记、纪委书记陈向阳参加会议并讲话。

11 日　山东大学举行 2015 年度薛禹胜教育基金颁发仪式。仪式后，山东大学校长张荣会见了基金设立者、中国工程院院士、全球能源互联网（山东）协同创新中心学术委员会主任、杰出校友薛禹胜。国网山东电力研究院院长苏建军、副院长刘洪正，山东大学副校长李术才出席仪式。

14 日　山东大学首届国际音乐节在中心校区圣昆仑音乐厅开幕。校党委副书记仝兴华、俄罗斯新西伯利亚国立格林卡音乐学院院长古琳·康斯坦丁·

米哈依诺维奇教授出席开幕式并致辞。

15 日　在山东大学建校 114 年的校庆纪念日，臧克家先生诞辰 110 周年纪念大会暨学术研讨会在山东大学中心校区知新楼校董厅隆重举行，标志着纪念臧克家先生 110 周年诞辰系列活动在山东大学正式拉开帷幕。著名诗人、原中共中央宣传部副部长、文化部代部长贺敬之先生向山东大学发来贺信，表达对臧克家先生的怀念和敬仰之情。山东大学校长张荣，中国作协副主席、书记处书记吉狄马加先生出席会议。会议由山东大学副校长胡金焱主持。

19 日　由山东大学和青岛市高新技术开发区共建的山东大学中美科技创新国际产业园签约仪式在青岛举行。中共青岛市委常委、副市长王广正，山东大学副校长李术才，青岛市高新技术产业开发区管理委员会副主任尚立群，青岛市教育局局长邓云锋出席仪式。

18～20 日　第九届国际大学生 iCAN 创新创业大赛中国总决赛在北京举行。山东大学获 4 项全国一等奖、15 项全国二等奖，4 项企业创新专项奖和 1 项优秀征文奖，获奖总数名列全国所有参赛学校的首位。

21 日　2015 中国科技论文统计结果发布会在北京举行。会议公布了 2014 年度中国高校及科研机构在国内外刊物上发表科技论文数量、被引用情况以及各学科领域论文分布和影响等统计结果。山东大学 2014 年科学引文索引扩展版（SCI）收录文献 3341 篇，其中，论文 3222 篇，在全国高等院校排名中列第 8 名，收录文献增加 910 篇，其中论文增加 850 篇，排名与去年相同。

24～25 日　由中国法学会主办，山东省法学会和山东大学共同承办的中日韩法律论坛在山大举行。论坛开始前，山东大学党委书记李守信、校长张荣会见了前来参会的中国法学会党组书记、常务副会长陈冀平，中共山东省委常委、政法委书记张江汀，山东省副省长王随莲等嘉宾。陈冀平、王随莲、张荣等在论坛上致辞。

28 日　山东大学—兰陵县人民政府产学研合作协议签约仪式在山东大学中心校区举行。山东大学常务副校长王琪珑，中共临沂市委组织部副部长、人才办主任李业荣出席会议并致辞。

同日　因合作方齐鲁证券有限公司更名为中泰证券股份有限公司，根据工作需要，经学校研究，决定山东大学齐鲁证券金融研究院更名为山东大学中泰金融研究院。

29 日　山东大学首个国际学生企业奖学金签约仪式在中建八局举行，双方共建的“山东大学管理学院项目管理硕士教学实践基地”正式揭牌。山东大学副校长陈子江，中建八局一公司董事长李永明，山东大学客座教授、国际项目管理协会前任主席 John Rodney Turner 出席仪式并致辞。

30 日　山东大学第十五届国际文化节暨国际学生迎新晚会在中心校区体育馆举行。山东大学副校长陈子江出席晚会。

本月　经国家自然科学基金委相关专家通讯评审和会议答辩，教育部长江学者、“电力电子节能技术与装备”教育部工程研究中心主任张承慧教授牵头申请的2015年度国家重大科研仪器研制专项“动力电池综合测试与智能模拟仪器研制”获立项资助，资助金额815.5万元，其中直接经费695.61万元。这是山东大学2015年度在国家自然科学基金委获资助经费最高的项目。

本月　经过国家自然科学基金委员会相关专家的通讯评审和二审答辩，山东大学医学院易凡、高成江两位教授获得2015年国家自然科学基金杰出青年基金资助。生殖医学研究中心秦莹莹副主任医师获得优秀青年科学基金资助。

11月

2日　乌克兰国家科学院通讯院士、乌克兰国家科学院超硬材料研究所第十三研究室主任谢·阿·伊万赫年科教授受聘山东大学客座教授。山东大学校长张荣会见了伊万赫年科院士一行，并为伊万赫年科院士颁发聘书。

同日　山东大学召开党委理论学习中心组（扩大）会议，传达学习党的十八届五中全会精神，并就学校学习贯彻党的十八届五中全会精神工作进行部署。校长张荣主持会议并讲话。校党委常务副书记李建军就下一步学习贯彻党的十八届五中全会精神有关工作进行了部署和安排，校党委副书记陈向阳领学了《中国共产党第十八届中央委员会第五次全体会议公报》。

6日　山东大学召开学科建设工作会议。校长张荣出席会议并讲话，中国科学院院士、校学术委员会主任彭实戈，副校长陈子江、刘建亚出席会议。

7日　山东大学2016届毕业生就业双选会（秋季）在中心校区体育馆举行。这是今年下半年学校最大一场毕业生招聘会，也是“驻鲁‘211工程’高校就业联盟”2016届毕业生双选会的第一站。山东大学总会计师曹升元出席双选会。

11日　山东大学2015年度昱鸿助学金颁发仪式在中心校区举行。山东省教育厅副厅长郭建磊、山东大学副校长刘建亚出席仪式，并为本年度受助学生颁发证书。

12日　为深入学习贯彻党的十八届五中全会精神，帮助全省高校广大师生正确理解、准确把握会议的精神实质，进一步把思想和行动统一到中央的决策部署上来，学习宣讲党的十八届五中全会精神座谈会在山东大学中心校区召开。党的十八届五中全会文件起草组成员、中央宣讲团成员，中共山东省委副书记、省长郭树清作宣讲报告。山东大学党委书记李守信出席宣讲报告，校长张荣出席有关活动。

14日　山东大学饶宗颐宗教与中国文化研究所成立典礼在中心校区知新楼举

行。山东大学校长张荣，饶宗颐先生的代表、荷兰皇家科学院院士、莱顿大学中国历史学讲座教授、法国巴黎高等研究院著名汉学家施舟人教授，中央文史馆馆员、山东大学终身教授刘大钧，山东大学终身教授曾繁仁，山东大学人文社科一级教授李炽昌等出席典礼。张荣和施舟人教授共同为“饶宗颐宗教与中国文化研究所”揭牌。施舟人教授代表饶宗颐先生和饶清芬女士分别接受了由张荣颁发的名誉所长和顾问证书。

16 日　美国著名经济学家、2013 年诺贝尔经济学奖获得者 Lars Peter Hansen 教授访问山东大学，并作了题为 *Confronting Uncertainty in a Changing Environment* 的报告。报告会前，山东大学校长张荣会见了 Lars Peter Hansen 教授。报告会由中国科学院院士、山东大学彭实戈教授主持。

同日　经第四十七次党委常委会研究决定：

陈增敬任数学学院院长；

赵爱国任档案馆馆长兼校史办公室主任；

刘建亚不再兼任数学学院院长、威海校区数学与统计学院院长职务；

刘培平不再担任校史办公室主任职务；

张树永不再担任泰山学堂副院长职务。

免去陈哲宇的研究生院副院长职务。

经第四十七次党委常委会研究决定：

曹现强任政治学与公共管理学院常务副院长；

王小平任人事部副部长；

朱贵昌不再担任政治学与公共管理学院副院长职务。

18 日　两岸四地 32 所高校代表齐聚香港中文大学，参加“中文学术评鉴与发展高峰论坛”，共同商讨协力提升中文学术期刊国际影响力之大计。山东大学副校长胡金焱出席论坛，并代表山东大学签署“两岸四地大学关于推动提升中文学术期刊地位合作协议”，加入合作联盟。

同日　山东大学召开校党委理论学习中心组（扩大）会议，深入学习贯彻党的十八届五中全会精神。校党委书记李守信主持会议并讲话，校长张荣出席会议并作专题发言。

19～20 日　山东大学在中心校区召开深化巡视整改工作落实情况专题会议。山东大学党委书记李守信主持会议，校长张荣，校党委常务副书记李建军，常务副校长王琪珑，校党委副书记仝兴华、陈向阳，副校长张永兵、韩圣浩、陈子江，总会计师曹升元，副校长李术才出席会议。

20 日　第十四届“挑战杯”全国大学生课外学术科技作品竞赛决赛在广东工业大学落幕，山东大学在主体赛事中获一等奖 1 项，二等奖 2 项，三等奖 2 项，并在“智慧城市”专项赛中获二等奖 1 项。

同日　以“用青春为中国梦点赞”为主题的山东大学研究生合唱比赛在圣昆仑音乐厅举行。

23 日　以李延保为组长、马钦荣为副组长的教育部第六巡视组一行来校开展巡视整改落实回访检查，在中心校区明德楼召开汇报会。山东大学党委书记李守信在会上作学校巡视整改落实工作情况汇报；校长张荣，校党委副书记、纪委书记陈向阳参加会议。教育部巡视工作办公室副主任牛燕冰一同听取汇报。

26 日　英国 QS 全球教育集团公布了《QS 全球毕业生就业力排名》。山东大学排名全球第 175 名、中国大陆高校第 8 名。

同日　2015 年度山东省政府“齐鲁友谊奖”颁奖仪式暨外国专家建言会议在山东大厦举行。山东大学国际交流首席顾问、原澳大利亚阿德莱德大学副校长约翰·泰彼林教授（John E. Taplin）获奖并参加颁奖仪式。省委副书记、省长郭树清为获奖专家颁发获奖证书和奖牌。

本月　《山东大学综合改革方案》顺利通过国家审核程序并获得正式备案，标志着学校综合改革工作进入到一个新阶段。

本月　经国家自然科学基金委相关专家通信评审和会议答辩，2015 年山东大学九个项目获得国家自然科学基金重点类项目资助，立项总经费 2828.2 万元，立项领域涉及数学、物理学、工程材料科学、信息科学、医学等领域。其中，六个项目获得国家自然科学基金重点项目资助，另外有三个项目分别获得国家自然科学基金委大科学装置科学研究联合基金重点支持、国家自然科学基金重点国际合作项目资助、国家自然科学基金委员会与以色列科学基金会国际（地区）合作研究项目资助。

本月　全国哲学社会科学规划办公室公布了 2015 年度国家社科基金重大项目（第二批）立项名单，山东大学三课题获准立项，分别为哲学与社会发展学院洪汉鼎教授为首席专家投标的《伽达默尔著作集汉译与研究》、管理学院张玉明教授为首席专家投标的《科技型中小企业融资征信平台和数据库建设研究》、威海校区韩国学院牛林杰教授为首席专家投标的《二十世纪东亚抗日叙事文献整理与研究》。每个课题资助经费约为 80 万元。

本月　山东大学 2016 年推免工作结束。按照严格的推荐程序，山东大学有 1689 名优秀应届本科毕业生获得免试攻读研究生资格，其中 232 人为直博生。

本月　2015 年全国大学生数学建模竞赛获奖名单揭晓，山东大学推荐 10 个项目全部获奖，其中一等奖 4 项、二等奖 6 项，一等奖获奖数量创造学校最好成绩。

本月　山东省人民政府办公厅公布了泰山学者攀登专家和泰山学者特聘专家名单。山东大学 17 位教授入选新一批泰山学者，入选人数再创新高。

12 月

2 日　教育部和国家外国专家局联合发布《关于高等学校学科创新引智计划新建基地立项的通知》，山东大学“微生物基因组工程”学科创新引智基地获国家“111 计划”项目批准立项，这是山东大学获批的第六个“111计划”学科创新引智基地。2015 年度全国共有 47 个项目获得立项。

3 日　山东大学召开党委理论学习中心组（扩大）会议，以“严以用权，真抓实干，实实在在谋事创业做人，树立忠诚、干净、担当的新形象”为主题，进行专题教育第三专题集体学习，传达学习中央有关文件精神和领学部分重点学习篇目，集体观看电视专题片和教育警示片。校党委书记李守信主持会议并讲话。校长张荣出席会议。

同日　经第四十七次党委常委会研究决定：

李振奎不再担任后勤保障部部长职务；

韩明涛不再担任齐鲁医学部综合管理处处长职务；

郭邦礼不再担任威海校区合作发展规划处处长职务；

侯兴合不再担任资产与实验室管理部副部长职务；

王纪磊不再担任学生就业创业指导中心副主任职务；

经第四十九次党委常委会研究决定：

因年龄原因，刘玉殿同志不再担任威海校区党委副书记职务。

同日　为进一步加强对学校山东省重点实验室和山东省工程技术研究中心的管理，经相关单位推荐，学校研究，决定：聘任高成江教授为山东省免疫学重点实验室主任；聘任裴海燕教授为山东省环境科学工程技术研究中心主任。

为更好地推动我校脑科学研究的发展，经山东大学齐鲁医院推荐，学校研究，决定聘任上海复旦大学附属华山医院周良辅院士、首都医科大学附属北京天坛医院赵继宗院士为名誉所长，山东大学齐鲁医院“泰山学者海外特聘专家”王剑研究员任常务副所长，齐鲁医院神经外科主任李刚教授、神经内科主任焉传祝教授任副所长。

4 日　山东大学召开党风廉政专题学习会议暨贯彻落实教育部对违反中央八项规定典型案例通报会议精神工作会议，深入学习贯彻新修订的《中国共产党廉洁自律准则》和《中国共产党纪律处分条例》，贯彻落实教育部通报会议精神，教育引导广大党员领导干部进一步加强作风建设，提高廉洁自律意识，为学校改革发展稳定和创建世界一流大学提供坚强纪律保证。山东大学党委书记李守信出席会议并讲话。校长张荣参加会议。

19 日　山东大学召开“学科高峰计划”重点学科评审会议，来自国内高校、科研院所的 28 位院士和著名学者组成专家委员会，对“学科高峰计划”申报学科进行了评审。会议分专家委员会预备会、学科答辩评审会和专家意见反馈会三个环节，校长张荣全程出席会议并讲话。

同日　由山东大学县域发展研究院、经济研究院、山东发展研究院共同主办的县域发展研讨会暨“中国县域居民发展指数”发布会在山东大学中心校区举行。会前，山东大学党委书记李守信会见了参加会议的有关专家。山东大学总会计师曹升元出席会议。

21日　山东大学学生就业工作会议在中心校区举行。山东大学校长张荣出席会议并讲话。副校长刘建亚、胡金焱出席会议。

同日　为做好儒家文明协同创新中心建设、尼山世界文明论坛的筹备等相关工作，经学校研究决定成立山东大学尼山世界文明论坛办公室（以下简称办公室）。办公室为非实体性机构，挂靠儒学高等研究院，编制不单列，人员采用劳务派遣方式招聘。办公室主要承担并仅限于儒家文明协同创新中心、尼山世界文明论坛、跨文明对话研究中心的相关工作。巴金文任办公室主任。

22日　经第五十一次党委常委会研究决定：

沈宝杰同志不再担任纪委办公室副主任职务；

经第五十一次党委常委会研究决定：

朱效平任经营性资产管理办公室主任；

沈宝杰任经营性资产管理办公室副主任；

王秀丽不再兼任威海校区人事处处长职务。

24日　山东省关工委常务副主任、省人大常委会原副主任崔曰臣一行到山东大学调研指导关心下一代工作。调研前，山东大学党委书记李守信会见了崔曰臣一行，山东大学党委常务副书记、关工委主任李建军参加调研。

26日　全国妇联副主席、北京知识产权法院副院长宋鱼水访问山东大学，并做客山东大学“育贤讲堂”。校党委书记李守信会见宋鱼水，校党委副书记、纪委书记陈向阳参加会见。

27日　为促进疝与腹壁外科专业发展，提高疝与腹壁外科疾病的研究和诊疗水平，决定成立疝与腹壁外科研究中心，胡三元任中心主任；为提高胸部疾病的研究和诊疗水平，经学校研究，决定成立胸部疾病研究中心，赵小刚任中心主任。

28日　经第五十二次党委常委会研究决定：

邹难不再担任国际事务部部长、港澳台事务办公室主任职务，另行安排。

29日　按照中央部署和学校“三严三实”专题教育总体安排，学校领导班子利用一天时间召开了专题民主生活会。教育部发展规划司副司长刘昌亚到会指导并讲话，中共山东省委高校工委副书记齐秀生，中共山东省委组织部副巡视员、干部四处处长周春艳出席会议。山东大学党委书记李守信主持会议。张荣同志等全体常委参加会议，陈子江列席会议。

30日　中国工程院院士王浩“兼职特聘教授”聘任仪式在山东大学千佛山校区

举行。副校长李术才向王浩院士颁发聘书。

同日　山东大学与菏泽市人民政府在菏泽市签订战略合作协议。山东大学党委书记李守信、中共菏泽市委书记孙爱军出席签约仪式，中共菏泽市委副书记、市长解维俊主持仪式，山东大学常务副校长王琪珑与菏泽市常务副市长段伯汉签署合作协议。

31日　《山东大学2015届毕业生就业质量报告》发布。这是山东大学第三次向社会公开发布毕业生就业质量年度报告。

同日　全国政协常委、青海省政协副主席马志伟带领青海师范大学一行访问山东大学，与学校签署合作意向书。山东大学党委书记李守信出席签字仪式并讲话，青海师范大学党委书记张银生、校长刘同德，青海省教育厅副厅长杨发玉出席签约仪式。山东大学常务副校长王琪珑主持仪式，并代表学校与对方签署合作意向书。

同日　山东大学2015年度校长奖学金暨国家奖学金颁奖典礼在中心校区举行。校长张荣出席典礼并为本年度校长奖学金获得者颁奖。

本月　中共中央组织部办公厅发布了《关于印发2014年“万人计划”青年拔尖人才入选名单的通知》，通报了2014年“万人计划”青年拔尖人才入选名单及经费支持意见。山东大学威海校区空间科学与物理学院张清和教授入选“万人计划”自然科学类青年拔尖人才，经济研究院黄凯南教授入选“万人计划”哲学社会科学、文化艺术类青年拔尖人才。截至目前，山东大学共有4名青年学者入选“万人计划”青年拔尖人才。

本月　山东省人民政府发布通报，公布了30项第二届山东省文化创新奖获奖项目。山东大学申报的“综合性大学艺术学科服务地方文化建设的模式创新与实践”获奖。

本月　截至2015年12月28日，山东大学课程中心平台（http：//course.sdu.edu.cn）网站数量已突破4000个，总点击量突破3372万人次。这表明，山东大学在2012年提出的建设4000个课程网站的任务已初步完成。学校推进网络课程建设、课程资源建设、线上线下相结合的教学模式改革等工作取得重要阶段性成果。

（张立华）

威海校区

威海校区概况

2015 年，威海校区全体师生员工团结一致，奋发进取，深化教育教学改革，着力抓好学科、科研、人才队伍和国际化建设，基本完成了“十二五”规划确定的主要目标任务。

一、教学改革与人才培养

1. 深化人才培养模式改革。不断探索科教协同育人新模式，与中国科学院国家天文台联合开办山东大学“天文与空间科学菁英班”，培养天文与空间科学领域的高水平人才；与台湾中原大学联合开办“数学与金融实验班”，培养金融学和数学理论专业基础扎实、知识面广、具有创新意识和国际视野的复合型人才；开办“国际法务”特色班。3 名同学入选山东大学“泰山学堂”拔尖人才培养项目。第二校园学习经历派出学生 75 人，涉及 10 所高校、24 个专业；接收云南大学来校访学学生 18 人，涉及 7 个专业。海外学习经历派出学生 507 人。

2. 加强本科教学工程建设。5 个项目获评山东省本科高校教学改革研究项目，其中重点项目 1 项，面上项目 4 项。结合教学改革需要，确定 32 个校级教学改革项目立项建设，其中重点项目 7 项、一般项目 25 项。完善了培养方案和课程介绍，新建 58 门课程试题库。举办青年骨干教师教学能力提升研修班，开展了青年教师教学竞赛。生源质量稳步提高，普通文史类有 19 个省份录取线高出当地一本线 40 分以上，理工类有 23 个省份录取线高出当地一本线 50 分以上。

3. 学生创新创业能力进一步提高。在首届“互联网＋”大学生创新创业大赛中获国家银奖 1 项、铜奖 1 项，山东省金奖 2 项、铜奖 3 项及优秀组织单位称号；在“挑战杯”、数学建模等赛事中获得国家级奖项 20 个、省级奖项 92 个；有 20 个项目获评国家级大学生创新项目，为近年来最多。2 个在校学生创业项目共获得 600 万元天使投资。毕业生就业竞争力显著增强，2015 届毕业生就业率达到 90.5％。

4. 研究生教育取得新进展。招生进展顺利，生源质量明显提升，2015 级新生中有 57 人获得山东大学“研究生优秀生源奖励基金”。加强课程库建设，有 4 门课程获得山东大学研究生课程建设立项。学术创新能力不断增强，有 63 项硕士研究生优秀学术成果受到表彰，其中 SCI 及 EI 收录期刊近 50 篇。3 篇硕士学位论文获评“山东大学优秀硕士学位论文”，其中 1 篇同时荣获“山东省优秀学位论文”称号。

5. 继续教育打开新局面。继续教育和预科班招生均有了大幅增加。年内举办在职培训 19 期，累计培训 1800 余人。

二、学科建设与科学研究

1. 特色学科发展势头强劲。空间学科入选山东大学“学科高峰计划”。由学校教师带领的科研团队在国际顶尖学术期刊《自然—通讯》发表研究成果，引发美国《华盛顿邮报》等全球主流媒体广泛关注。与北京大学共同主办的“第 14 届国际太阳风大会”在我校举行，这是该国际空间物理学界顶级学术会议首次在欧美之外举办。海洋学科完成了“海洋牧场综合实验平台”功能设计工作。韩国学科“二十世纪东亚抗日叙事文献整理与研究”获得国家社科基金重大项目立项资助，实现了我校人文社科领域的新突破。举办了第一届中韩关系论坛、首届中韩青年学者论坛等高水平学术会议。

2. 科学研究能力不断增强。全年共获得各类项目立项 178 项，其中国家级项目 28 项（国家自然科学基金 21 项，人文社科 7 项）、省部级项目 65 项，横向科研项目总立项 100 项，立项总经费超过 3500 万元。在国家社科基金重大项目、国家自然科学基金项目等方面都有新的亮点。参与重大军工项目的研究能力有了突破，获得 2015 年山东省军民融合科技创新项目专项立项，以及军工“863”计划项目 2 项、国防科工委项目 1 项。全年到账科研经费达到 4531 万元。

3. 服务地方工作效果显著。紧密对接地方企业需求，与地方企事业单位签订多项校地、校企合作协议，搭建了刘公岛历史文化研究中心等多个合作平台。学校教师与大连海洋岛水产集团股份有限公司签订的“新西兰鲍与皱纹盘鲍高产、抗逆新品种培育及家系建立研究”单个项目合同经费突破 400 万元。承担的 2015 年省软科学重大项目《“一带一路”战略与山东对外开放研究》及《山东省旅游局全省 17 市旅游市场秩序调查测评项目》，为山东省经济社会发展提供了有力的智力支持。韩国学院与商学院联合承担的《威海市与仁川市地方经济合作对策研究报告》，为威海市参与中韩自贸区建设的先行先试提供可资借鉴的智力成果。

三、师资队伍建设

1. 高层次人才工作取得新突破。全年引进青年教师 22 人，其中齐鲁青年学者特聘教授 1 人。外籍专家考夫曼通过“外专千人”项目评审，1 人入选“万人计划”青年拔尖人才项目，2 人进入长江学者特聘教授和国家杰出青年基金项目答辩环节，2 人入选“泰山产业领军人才”。

2. 加大师资队伍培养力度。实施“青年学者未来计划”，15 名优秀青年教师成为首批培养人选，在学科建设经费、岗位补贴、海外研修等方面给予优先支持，积极创造条件促其快速成长。鼓励教师到国内外重点高校、科研院所攻读学位、访学交流。全校具有一年以上海外经历的教师占专任教师总数的 24.6%，具有博士学位和在读博士的教师已占到专任教师的 65.5%，较“十一五”末提升了 34%。全年新入站博士后 28 人，在站人数增至73人。2015年，获中国博士后科学基金会面上资助14项、特别资助1项、国际交流计划资助3项，山东省博士后创新项目专项资助1项。

3. 强化师德师风建设。1人荣获“山东大学优秀教师”称号，15人获评山东大学（威海）“优秀教师”和“先进教育工作者”。2人荣获“2015年度山东大学优秀研究生导师”称号。

四、对外合作交流

1. 拓展校际合作项目。年内新开辟合作院校9所，签署合作协议13项。与澳大利亚斯威本科技大学签署了“先进制造业联合研究中心合作备忘录”，双方共同建设的“3D联合实验室”顺利揭牌。2015年，三个中外合作办学项目专业招生共招生275人，生源质量进一步提高，其中金融学专业合作办学项目为首次招生。

2. 学生海外经历工作成绩突出。继续实施“名校访学计划”，有78名同学赴加州大学伯克利分校等世界名校学习。全年向美、英等11个国家和地区的47所高校外派学生500余人。有281名本科毕业生赴美国哥伦比亚大学等一流大学攻读研究生，出国读研人数占毕业生总数的8.1%。全年共有266名学生受益于“海外经历校长专项奖（助）学金”项目。

3. 国际学生教育工作稳步发展。年内有来自13个国家、近1000人次的长期国际学生在校学习，有近400名国际学生来校参加“国际课堂”短期学习交流项目。

五、党建与思想政治工作

1. 认真开展“三严三实”教育。坚持领导带头示范，抓好关键环节，全校共举行30余场次专题党课。以问题为导向，坚持边查边改，取得明显实效。

2. 做好群众路线教育活动整改和教育部巡视整改“回头看”工作。学校“两方案一计划”确定的80余项整改任务均已按照整改时限要求完成。落实“两个责任”，改进工作作风，有力推动学校各项工作稳步开展。

3. 加强干部队伍建设。年内举办干部培训专题报告会8场次，开展“加强高校基层党组织建设”专题网络培训。加强干部考核，突出量化比重。认真做好领导干部个人有关事项报告和处级干部人事档案专项审核工作。

4. 坚持依法治校。贯彻落实党委领导下的校长负责制，充分发挥学术委员会、教代会、工会、妇委会、共青团、民主党派、离退休教职工、校友会等作用，推动各项工作开展。

5. 加强党风廉政建设。严格落实“一岗双责”，对12个教学院（部）党政联席会议制度和“三重一大”制度落实情况进行了检查。党风廉政建设责任书由四年一签改为每年一签。加强纠正“四风”整改落实和执行“八项规定”的监督检查。

6. 加强和改进宣传工作。以突出亮点、彰显特色为工作重点，不断加强学校宣传思想阵地建设。学校官方微博、微信的影响力与关注度得到大幅提高，新浪微博影响力进入全省政务系统微博前20名。

六、条件建设

1. 扎实改善民生。40 岁以下教职工体检改为每年一次。为所有学生宿舍安装了电风扇，在学生宿舍区安装了热水器。在教职工住宅区实施物业社会化管理。学生宿舍楼、体育训练馆开工建设。

2. 狠抓财务管理。科学编制并严格执行财务预算，各项收入指标均呈现逐年递增的良好态势，货币资金充裕，财务运行状况良好。进一步规范财务报销工作，严格控制“三公经费”支出，实行违规风险警示记录制度。加强合同审计，着力监督基建工程项目资金和科研经费使用情况，提高资金使用效益。

3. 加强资产和实验室管理。进一步优化公房布局，公房调配向教学科研一线倾斜。加强实验室建设，审议确定了“生物综合实验教学中心”等 15 个实验室建设项目。建立校际仪器设备共享平台，强化大型仪器设备管理工作，开展效益追踪和考核工作。

4. 信息化建设迈出新步伐。OA 办公系统投入使用，进一步提高了管理效能。校园无线网开通，部署 2600 余个各类室内外 AP，覆盖校内楼宇 57 栋，面向所有校内师生开放使用。部署 TrustLink 生物识别统一身份认证平台。完成了教学办公楼门禁系统和校门智能通行系统的建设，超级计算中心投入使用。大力加强文献资源建设，新增中外文图书近 7 万册，图书馆信息共享空间受到师生欢迎。

5. 后勤保障有力。狠抓精细化管理，全年共完成大小修缮改造工程 140 余项。为部分学生宿舍封闭了阳台，为部分学院增加了双层门窗，为所有教学楼安装了保温门帘。厉行勤俭节约，节能监管平台建设进展顺利。

6. 推进“平安校园”建设。对监控室、消防中控室进行改造升级，加强对大学生的安全法制教育，提高广大师生的安全防范意识。

（顾炜　赵林林）

威海校区大事记

1 月

6 日　学校召开民主党派与无党派人士新年座谈会，党委副书记刘玉殿、赵玉璞出席会议。学校各民主党派负责人、无党派人士代表、威海市政协委员参加会议。

7 日　学校向社会发布《山东大学（威海）2014 届毕业生就业质量报告》。

同日　学校举办处级以上领导干部专题报告会，邀请全国政协委员，中国社会科学院学部委员、国际研究学部主任，山东大学人文社科一级教授张蕴岭作题为“如何认识我国周边的新形势”的报告。

11 日　威海校区首届“挑战杯”竞赛冬令营开营。

14 日　学校召开本科教学工作座谈会，副校长刘海主持会议并讲话。

16 日　“威海校区建设三十周年，校区发展稳步推进”入选山东大学“2014 年度十件大事”。

17 日　由澳大利亚教育管理集团与我校联合举办的“深化中外高校关系与合作威海高峰论坛”在闻天楼报告厅举行。校长韩圣浩、副校长陈冠军出席论坛。来自中国矿业大学、澳大利亚西澳大学等国内外 50 所高校和教育机构的 150 余名代表参会。

本月　学校李娟教授获“2014 年度宝钢优秀教师奖”。

本月　学校获 2014 年全国大中专学生志愿者暑期“三下乡”社会实践先进单位荣誉称号。

2 月

5～11 日　校长韩圣浩应邀对澳大利亚国立大学、新南威尔士大学和斯威本科技大学进行工作访问，并顺访了澳大利亚麦克米伦教育集团、莫纳什大学和新加坡南洋理工大学。在新南威尔士大学，双方签署《山东大学（威海）与新南威尔士大学学生互派协议》。

本月　校团委获 2014 年度“山东省红旗团委”荣誉称号。

本月　学校韩国学院牛林杰教授获批享受国务院政府特殊津贴。

本月　山东大学威海天文台（暨威海市天文台）获评 2014 年度优秀全国科普教育基地。

3 月

1 日　学校召开中层领导班子民主生活会督导工作会议，对督促指导全校中层领导班子 2014 年度民主生活会工作作出部署安排。

2 日　校党委副书记赵玉璞率团访问西霞口集团，进行校地校企合作对接洽谈。

4 日　威海火炬高技术产业开发区党工委书记刘伟率团访问我校，校党委书记仝兴华会见了来访客人。

7 日　学校举行 2015 年春季学生就业实习双选会。

13～15 日　由学校中韩关系研究中心主办的“中韩 FTA 地方合作研讨会”在威海举行。本次研讨会的主题是“威海市与仁川市经济合作交流先行先试的重点领域及思路对策”。中国社科院学部委员、山东大学人文社科一级教授张蕴岭，国家发改委外经所研究室主任张建平，商务部研究院研究员袁波，中国社会科学院亚太研究院研究室主任沈铭辉，山东大学（威海）中韩关系研究中心研究员刘文等专家学者出席了研讨会。

14～17 日　美国东田纳西州立大学教育学院院长 Angela Lewis 博士、课程与教学系主任 Norma Hogan 博士以及课程与教学系教授 Rosalind R. Gann 博士访问我校。期间，副校长陈冠军会见来访客人并签署交流协议。

20 日　学校第五届教职工代表大会暨工会会员代表大会在闻天楼报告厅开幕。校党委书记仝兴华致开幕辞，校长韩圣浩作题为《凝心聚力·深化改革·科学发展·共创学校事业新辉煌》的学校工作报告，山东省教育工会主席宋志明应邀出席会议并讲话。

23～27 日　校党委书记仝兴华率团赴台湾中原大学、世新大学和暨南国际大学进行工作访问，并看望我校赴台访学师生。访问期间，我校数学与统计学院与中原大学商学院共同签署《合作举办数理金融实验班协议书》。

25 日　比利时前驻华大使、永久荣誉大使 Patrick Nijs 先生和比利时博优国际集团行政总裁 Geert Roelens 先生等访问我校，副校长陈冠军会见来访客人。

同日　学校举行首届辅导员职业能力大赛决赛。

28 日　学校足球队获得全国大学生足球联赛山东省预选赛校园组甲组冠军。

本月　山东大学空间科学研究院地磁台正式投入常规运行。该地磁台经纬度为 122°02′58″E 和 37°32′09″N，于 2014 年 12 月底在玛珈山南侧东天文台附近建成。主要观测设备为乌克兰空间研究所利沃夫中心研制的三分量高精度通门式磁力计（型号：LEMI-018），可连续实时记录地磁场三分量

（Bx、By 和 Bz）的变化情况，数据分辨率为 1Hz。该地磁台已实现远程视频监控和观测数据实时网络传输。

4 月

1 日　学校举行 2015 年学生工作交流研讨会。校党委书记仝兴华出席会议并为先进集体和优秀个人颁奖。

同日　中共威海市委常委、组织部长田治颖来我校调研党建和人才工作。学校党委书记仝兴华会见田治颖一行。中共威海市委组织部常务副部长于东海，我校党委副书记周慧如，校党委组织部相关负责人参加座谈会。

3 日　学校邀请山东省政府参事、博士生导师田建国教授围绕“努力提高高校管理干部素质”作主题讲座。全校副处级以上领导干部、机关及直属单位科级干部聆听讲座。

同日　学校与刘公岛管理委员会全面合作框架协议签约仪式暨“威海市刘公岛历史文化研究中心”及“台湾动物繁育与生态驯化研究中心”揭牌仪式在刘公岛举行。威海市副市长张波，我校党委书记仝兴华出席签约仪式并共同为“威海市刘公岛历史文化研究中心”揭牌。校党委副书记赵玉璞和刘公岛管委会主任王京伟代表合作双方签署了全面合作框架协议并共同为“台湾动物繁育与生态驯化研究中心”揭牌。

7～10 日　澳大利亚国立大学校董事会成员、物理与工程研究院教育副院长 John Close 教授访问我校，副校长陈冠军会见来访客人。

10 日　学校与西霞口集团全面合作框架协议签约仪式在西霞口集团举行，双方进行了校企合作对接洽谈并为“海洋学院科研与教学基地”揭牌。

13～14 日　澳大利亚皇家墨尔本理工大学国际事务副校长 Andrew Maclntyre 教授率团访问我校。校长韩圣浩、副校长陈冠军会见来访客人并举行座谈。

15 日　学校党委召开 2014 年度领导班子民主生活会，山东大学纪委副书记、第二督导组组长李居忠到会指导并讲话。我校党委书记仝兴华主持会议，校长韩圣浩出席会议。山东大学第二督导组成员、历史文化学院党委副书记董雪梅、监察处副处长陈国军，山东大学（威海）校领导班子全体成员参加会议。

19 日　山东大学（威海）聊城校友会成立。

21 日　学校 2016 年“创青春”大学生创业竞赛暨领航者大学生创业培训启动仪式在玲珑学堂举行。

23～24 日　副校长刘海应邀率队赴西安对三星（中国）半导体有限公司进行工作访问。

27 日　学校召开 2015 年就业创业工作会议。学校党委书记仝兴华、党委副书记赵玉璞、副校长陈冠军出席会议并为 2014 年度就业工作先进单位和个人颁奖。

5 月

4 日　学校纪念“五四”运动 96 周年暨 2014 年度优秀学生表彰大会在玲珑学堂举行。校党委书记仝兴华出席大会并讲话，党委副书记赵玉璞、副校长刘海出席活动并为获奖师生颁奖。

5 日　校党委理论学习中心组召开学习会议，专题学习“三严三实”精神并就“三严三实”专题教育进行工作部署。学校党委书记仝兴华出席会议并讲话。党委理论学习中心组全体成员参加会议。

10 日　山东大学（威海）淄博校友会成立。

14～15 日　学校举行第二十七届田径运动会。

22～23 日　学校召开第十五次学生代表大会、第六次研究生代表大会和第六次学生社团代表大会。

24 日　第十四届“挑战杯”鲁信山东省大学生课外学术科技作品竞赛决赛落幕。学校有 4 件作品获山东省特等奖，6 件作品获山东省一等奖，我校团体总分位列本次比赛第二名，再次捧得“优胜杯”。

28 日　山东大学（威海）“三严三实”专题教育党课在知行楼举行。校党委书记仝兴华作专题党课报告，并对我校开展“三严三实”专题教育进行动员部署。

30 日　第十四届山东省大学生科技文化艺术节校园短剧大赛决赛在威海校区举行。

6 月

3 日　校长韩圣浩到新建的超级计算中心调研工作。

4 日　学校召开研究生教育工作会议，副校长陈冠军出席会议并讲话。

同日　校党委书记仝兴华率队赴山东大学力学与机电装备联合工程技术研究中心调研指导学校承担的国家海洋能专项科研项目。

10 日　山东大学空间科学研究院在闻天楼召开发展规划会议。会议邀请国家自然科学基金委数理学部常务副主任汲培文研究员，国家天文台党委书记、副台长赵刚教授，中科院云南天文台首席研究员韩占文参加。校长韩圣浩主持会议。

同日　由中科院国家天文台和山东大学共同创办的“天文与空间科学菁英班”首届学生毕业典礼在闻天楼报告厅举行。校长韩圣浩，中科院国家天文台党委书记、副台长赵刚，国家自然科学基金委员会数理部常务副主任汲培文，中科院云南天文台首席研究员韩占文，副校长陈冠军、刘海出席毕业典礼。

11～12 日　国家自然科学基金委重大项目“LAMOST 银河系研究”科学研讨会在

闻天楼举行。来自中国科学院国家天文台、中国科学院云南天文台、山东大学（威海）的 30 多位学者参加研讨会。校长韩圣浩，国家自然科学基金委员会数理部常务副主任汲培文出席开幕式。中科院国家天文台党委书记、副台长郭守敬，望远镜运行发展中心主任、山东大学空间科学研究院院长赵刚主持开幕式。

12 日　　校长韩圣浩作题为《深化改革，从严务实，推进学校科学发展》的专题教育党课报告。副校长陈冠军、学校各教学单位负责人、教授代表和有关职能部门负责人参加党课学习。

同日　　共青团山东省委学校部部长郑思洁率领山东高校互观互检观摩团来我校观摩大学生创业工作。

15～17 日　副校长陈冠军率队赴华侨大学参加《中美人才培养计划》2015 年度工作会议暨第十二届学生毕业典礼。毕业典礼上，陈冠军为我校 12 名《中美人才培养计划》毕业生颁发毕业证和学位证。我校获由美国州立大学与学院协会、中教国际教育交流中心联合颁发的“特别贡献奖”。

18 日　　学校举行 2015 届毕业生毕业典礼。

22～26 日　由学校和北京大学共同主办，中科院国家空间科学中心、中国科学技术大学、北京航空航天大学等单位协办（联合承办）的“第十四届国际太阳风大会”在我校开幕，共吸引了 200 多名国内外的专家学者参会。会议开幕式由北京大学涂传诒院士和山东大学（威海）空间科学与物理学院常务副院长夏利东教授共同主持。会议还特别邀请了国际著名空间物理学家、美国 Colorado 大学 John Gosling 教授就近年来太阳风的研究进展作了大会报告。

本月　　学校空间科学研究院特聘专家 Hermann Kaufmann 教授入选国家第十一批“外专千人计划”创新短期项目。这标志着我校高层次人才队伍建设“外专千人”平台实现零突破。

本月　　学校获 6 项国家社科基金项目资助。

7 月

2 日　　学校举行 2015 年“学生海外学习经历”启动仪式，校长韩圣浩出席仪式并讲话。

6～7 日　学校党委书记仝兴华，副校长陈冠军在学术中心分别会见应邀来校授课的台湾中原大学余章钧教授，陈冠军为余章钧颁发我校就业创业导师聘书。

7～16 日　学校举办 2015 年“创青春”竞赛夏令营。

9 日　　由山东大学（威海）中韩关系研究中心、山东大学东北亚研究中心和山东大学韩国学院主办的第一届中韩关系论坛在威海举行。韩国驻青岛领事馆总领事李寿尊，校党委书记仝兴华，中国社科院国际学部委员、山东大学人文社科一级教授、山东大学（威海）中韩关系研究中心理事长张蕴岭，中国前驻外大使、中韩建交谈判中方代表张瑞杰，中韩友好协会副会长、中国首任驻韩国大使张庭延，韩国高等教育财团事务总长、韩国前驻联合国大使朴仁国出席了论坛。来自北京大学、复旦大学、中国社科院、山东大学、天津师范大学和韩国国立首尔大学、延世大学、成均馆大学、仁荷大学、仁川大学、韩国济州发展研究院等高校及科研院所的专家学者参加了论坛。

10 日　山东大学东北亚研究中心情况说明会在知行楼召开。校党委书记仝兴华，中国社科院国际学部委员、山东大学人文社科一级教授张蕴岭出席会议，校党委副书记赵玉璞主持会议。来自中国社科院、复旦大学、天津师范大学的“研究中心”课题组专家、学者，“研究中心”全体成员，各教学院部教师代表及科研处相关负责人参加了会议。

10～11 日　由学校文化传播学院与中国社会科学院文学所联合承办的“中国社会科学院第二届马克思主义文艺理论论坛暨马克思主义文学批评的理论与实践”学术研讨会在学校召开。中共中央委员、中国社会科学院院长王伟光，山东大学党委副书记、山东大学（威海）党委书记仝兴华，中国社会科学院文学所所长陆建德出席开幕式并致辞。中国社会科学院党组成员、副院长张江到会并作大会主题发言。来自中国社会科学院、山东大学、中国人民大学、南京大学、华东师范大学、四川大学、中国传媒大学、上海大学等全国各地科研院所的马克思主义文艺理论家及文学批评家 50 余人参加了本次会议。

11～12 日　校长韩圣浩率队出席在云南师范大学举办的第二届国际教育管理会议并致辞，副校长陈冠军作主题发言。

13 日　台湾暨南国际大学国际及两岸事务处处长洪政欣率团访问我校，副校长韩建新会见来访客人。

14 日　2015 年“三星梦想课堂”威海开班仪式在我校举行。中国三星副总裁王幼燕，中国青少年发展基金会副秘书长姚文，共青团山东省委副书记陈必昌，中共威海市委副书记赵熙殿，我校副校长刘海，以及中国青少年发展基金会、省希望工程办公室、我校团委等相关单位负责人出席了开班仪式。

16 日　学校与威海市联桥国际合作集团有限公司校企合作签约仪式在联桥集团举行。校党委副书记赵玉璞与威海市联桥国际合作集团有限公司董事长慕镕键代表双方签署《山东大学（威海）与威海市联桥国际合作集团有限公司校企合作协议书》。

19 日　学校举行 2014 级学生军训阅兵式。

19～23 日　学校举办青年骨干教师教学能力提升研修班。

21～27 日　学校开展“齐鲁文化与民族精神体验营”活动，营员由来自台湾国立暨南国际大学和东吴大学的 8 名同学及我校 7 名志愿者共同组成。期间，学校举行孔子学堂揭牌暨齐鲁文化与民族精神体验营开营仪式。

22 日　学校 2015 年本科招生录取工作结束。2015 年我校面向全国 30 个省（市、自治区）计划招生 3800 人，实际录取 3800 人，比 2014 年增加 300 人。

23 日　围绕“严以修身，加强党性修养，坚定理想信念，把牢思想和行动的‘总开关’”这一主题，学校召开会议进行“三严三实”专题教育第一专题研讨。校党委书记仝兴华主持会议并作发言交流。

27 日　依托于山东大学的微生物技术国家重点实验室“海洋微生物资源中心”挂牌仪式在我校举行。微生物技术国家重点实验室主任张友明教授、副校长刘海出席挂牌仪式并为“海洋微生物资源中心”揭牌。

30 日　校长、校学术委员会主任委员韩圣浩教授主持召开校学术委员会会议，评选出 15 名青年教师为“山东大学（威海）青年学者未来计划”培养人选（其中，人文社会科学学科 8 名，自然科学学科 7 名）。威海校区“未来计划”的目标是利用 10 年时间，在校内支持培养一支 100 人左右、具有较大学术发展潜力的青年学术骨干队伍。

8 月

1 日　学校承办的“传统文化与道德治理”学术研讨会在威海开幕。

1～4 日　受教育部委托，山东大学接待了俄罗斯 200 名中学生来华夏令营代表团，我校承办了该夏令营在威海的相关活动。

6～13 日　校长韩圣浩应邀对澳大利亚国立大学、斯威本科技大学、塔斯马尼亚大学、新西兰奥克兰大学进行了工作访问，并顺访了澳大利亚联邦科学与工业研究组织。访问期间，与斯威本科技大学签署科研合作框架协议。

7～17 日　学校党委书记仝兴华率团赴浙江、江苏等地进行合作拓展，期间应邀参加了在苏州召开的华为集团与山东高校合作交流会。

22 日～1C 月 13 日　新疆农信社岗前培训班在我校举行。

27 日　学生宿舍楼（高层）动工建设。该工程项目总占地 7416 平方米，总建筑面积 25615.68 平方米，建筑规模为地下一层，地上主体分 14 层及 17 层两部分。

27～29 日　第三届“中国—南非核物理联合研讨会”在我校举行。来自南非 iThemba 国家实验室、Stellenbosch 大学、Zululand 大学，以及北京大学、清华大学、北京师范大学、北京航空航天大学、兰州大学、山东大学、中国石油大学、华北电力大学、河南师范大学、中国科学院理论物理研究所、中国科学院近代物理研究所等高校及研究所的四十余位专家学者参加了本次研讨会。本次研讨会开幕式由我校“原子核与核天体物理”研究团队负责人王守宇教授主持。副校长陈冠军出席开幕式并致辞。

9 月

3 日　学校举行纪念中国人民抗日战争暨世界反法西斯战争胜利 70 周年升旗仪式。

8 日　根据山东大学文件（山大人字〔2015〕85 号），我校数学与统计学院郭新伟教授获评 2015 年“山东大学优秀教师”荣誉称号。

10 日　学校召开庆祝 2015 年教师节暨优秀教师表彰大会。校党委书记仝兴华出席大会并致辞。

11 日　汲培文受聘为我校兼职特聘教授、空间科学与物理学院名誉院长仪式在闻天楼举行。校长韩圣浩出席聘任仪式并为汲培文颁发聘任证书，副校长陈冠军主持聘任仪式。

12 日　学校举行 2015 级新生开学典礼。

13～20 日　校长韩圣浩应邀对丹麦技术大学、芬兰奥卢大学和坦佩雷大学进行工作访问，并顺访了旅丹华人专业人士协会、中国驻丹麦大使馆教育处和中国驻芬兰大使馆教育处。

18～20 日　山东省当代文学研究会第十三届学术年会暨第七次会员代表大会在我校举行。山东省当代文学研究会会长、山东大学文学院博士生导师张学军教授，山东省当代文学研究会副会长、山东师范大学博士生导师王万森教授，山东省当代文学研究会副会长、泰山学院副校长刘克宽教授，山东作家协会副主席、日照市文联主席赵德发先生，山东作家协会副主席、《百家评论》杂志社主编、山东师范大学博士生导师李掖平教授及我校文化传播学院院长、博士生导师张红军教授等出席开幕式。来自省内各大专院校从事现当代文学教学与研究的专家、学者及我校师生共 60 余人参加了此次盛会。

20 日　2015 年全国校园铁人三项赛（威海）暨山东大学（威海）第二届校园铁人三项赛在我校举办。

20～23 日　“教育部 2015 年俄罗斯美术大师班”在我校开班授课。俄罗斯艺术科学院油画艺术委员会主席、艺术科学院院士、俄罗斯人民艺术家、功勋艺术活动家马克西莫夫教授，俄罗斯人民艺术家、俄罗斯艺术科学院院士布里奥克教授，俄罗斯人民艺术家、俄罗斯艺术科学院院士苏和维茨基教授，俄罗斯美协会员、苏里科夫美术学院尤丽娅教授，俄罗斯艺术科学院荣誉院士、列宾美术学院荣誉教授、中国艺术研究院郑光旭教授等五位艺术家来我校开班授课。

21～24 日　副校长陈冠军应邀对俄罗斯布拉戈维申斯克国立师范大学、远东国立交通大学、阿穆尔国立大学进行工作访问。

21～25 日　副校长刘海率团赴韩国访问美国乔治梅森大学仁川国际校区、韩国延世大学仁川国际校区、仁川大学、建国大学四所学校。

26 日　全校师生举办为法学院病困同学唐妮娜爱心募捐活动。截至当日19：30,共收到来自社会各界的爱心捐款355949.83元。

29 日　学校召开新聘青年教师入职培训会议。学校党委书记仝兴华、副校长陈冠军出席会议并讲话。

同日　山东大学（威海）爱心超市揭牌仪式在知行楼举行。威海东方福爱心联盟会长、东方福珠宝集团董事长王辉，我校党委副书记赵玉璞、副校长刘海出席本次仪式。仪式上，刘海和王辉共同为爱心超市揭牌。王辉代表东方福爱心联盟向爱心超市捐赠价值6万元的7000余件生活用品，赵玉璞向东方福爱心联盟发放了捐赠证书。

本月　学校获9项教育部人文社会科学研究项目立项。

10 月

12 日　美国科罗拉多大学丹佛分校国际处处长 John Sunnygard 先生访问我校。副校长陈冠军会见来访客人。

13 日　美国加州大学欧文分校夏季学期学分项目负责人 Michael M. Lyons 先生访问我校。副校长陈冠军会见来访客人。

14～15 日　英国伦敦大学皇家霍洛威学院副校长 Rob Kemp 教授，招生与合作关系部总监 Sheryl Simon 女士和东亚区主管高奭女士一行访问我校。副校长陈冠军会见来访客人并举行工作会谈。会谈结束后，陈冠军代表学校与 Rob Kemp 教授共同签署了两校“3＋1＋1”本硕连读项目合作协议。

14～19 日　副校长刘海率团访问澳大利亚国立大学、皇家墨尔本理工大学、斯威本科技大学和西澳大学。访问期间，学校与西澳大学签署了《西澳大学与山东大学（威海）海外访学项目协议备忘录》。根据协议，我校学生可赴西澳大学进行一或两学期的访学交流，西澳大学将为我校学生提供一定的学费减免。

16 日　学校召开青年学者未来计划培训会，校长韩圣浩出席会议并讲话。

16～19 日　副校长郭培良应邀率团访问台湾中原大学，出席该校六十周年校庆活动。

19 日　台湾世新大学终身教育学院院长邱志淳、资讯管理系主任李坤清、大陆研究生服务中心曾崎泓一行访问我校。副校长陈冠军会见来访客人。

同日　韩国圆光大学韩中关系研究院副院长金珍炳教授率团访问我校，副校长陈冠军会见来访客人。会见结束后，双方共同签署合作协议。

23～25 日　由中国朝鲜史研究会主办、山东大学韩国学院承办的中国朝鲜史研究会2015年学术年会在我校召开。副校长陈冠军、中国朝鲜史研究会会长金成镐、韩国学院院长牛林杰出席开幕式并致辞。来自全国近四十所大学和科研机构的80多位学者专家参加了年会。

26 日　学校党委理论学习中心组召开会议，围绕“三严三实”专题教育，以

“严以律己，严守党的政治纪律和政治规矩，自觉做政治上的‘明白人’”为主题，进行第二专题集体学习研讨。学校党委书记仝兴华主持会议并讲话。

28 日　葡萄牙波尔图大学天文台台长、理学院首席研究者、海洋研究中心主任 Luísa Bastos 访问我校并受聘为我校客座教授。副校长陈冠军出席聘任仪式并为 Luísa Bastos 颁发聘书。

同日　由中共威海市委宣传部和我校共同主办的首届中国（威海）海洋油画学术研讨会在我校召开。

30 日　学校举行 2015 年度乐天奖学金颁奖仪式。乐天集团从 2012 年开始在我校捐资设立奖学金，旨在奖励商学院和韩国学院学习刻苦、成绩优异、德才兼备的优秀学生，每人奖金人民币 6000 元。

11 月

1 日　学校在溯园举行爱心亭奠基仪式。奥康集团董事长、王振滔慈善基金会创始人王振滔，校党委书记仝兴华、党委副书记赵玉璞出席奠基仪式，仪式由副校长刘海主持。王振滔为我校捐赠爱心款，刘海为王振滔颁发捐赠证书。这是继 2013 年以来，王振滔慈善基金会连续第三年为我校捐款 100 万元开展爱心接力活动。

3 日　体育训练馆开工建设，该工程项目总占地 8340 平方米，总建筑面积 20750.90 平方米。

10 日　美国北密歇根州立大学校长 Fritz Erickson 教授、副校长 Steve Vanden Avond 博士，文理学院院长 Michael Broadway 教授、国际项目负责人 Kevin Timlin 先生以及社会学教授 Yan Zhao Ciupak 女士访问我校，副校长陈冠军会见来访客人。会见结束后，双方签署了校际合作备忘录。

11 日　韩国仁川大学对外协力处处长李钟烈率团来我校访问，副校长陈冠军会见来访客人。

14 日　山东省 2015 年秋冬季高校毕业生就业集中招聘服务“蓝黄”两区专场暨我校 2016 届毕业生秋冬季双选会在海洋学院大厅和风雨操场举行。

17 日　学校在国际学术交流中心举行就业创业导师聘任仪式，副校长刘海为我校 2003 级电子系校友、赤子城科技（北京）有限公司创始人兼 CEO 刘春河颁发就业创业导师聘书并进行交流座谈。

18 日　2015 年度山东大学校长奖学金暨山东大学（威海）第十届十佳大学生演讲报告会在玲珑学堂举行。

20 日　第十四届“挑战杯”中航工业全国大学生课外学术科技作品竞赛决赛落下帷幕，我校获得全国二等奖 1 项，三等奖 2 项。

22 日　校长韩圣浩主持召开“空间科学与技术”学科发展咨询会。中国科学院国家天文台台长严俊研究员担任咨询专家组组长，来自国家自然科学基金委员会、中国科学院国家天文台、中国科学院国家空间科学中心、南京大学等单位的 11 名专家担任咨询专家组成员。副校长陈冠军及学校相关部门工作人员参加会议。

29 日　由山东大学东北亚研究中心和中国社会科学院地区安全研究中心联合主办的第一届东北亚地区形势发展研讨会在我校举行。中国社科院国际学部主任、山东大学一级教授、山东大学东北亚研究中心理事长张蕴岭教授，山东大学副校长胡金焱出席研讨会并致辞。来自中国社科院、中国人民大学、山东大学、南京国际关系学院等科研院校的 60 多位专家和学者参加了此次会议。威海联桥集团总裁慕镕键作为特邀嘉宾参加研讨会。

本月　学校 24 项课题获 2015 年度山东省社科规划项目立项。

本月　学校韩国学院牛林杰教授为首席专家申报的“二十世纪东亚抗日叙事文献整理与研究”获国家社科基金 2015 年（第二批）重大项目立项，课题资助经费 80 万元。

本月　山东大学 2016 届本科毕业生推免研究生工作全部结束，威海校区共有 401 名优秀应届本科生被成功推荐到各类高校和科研院所，占应届本科毕业生人数的 11.91%，其中硕士生 372 名，直博生 29 名。

12 月

3 日　根据山东大学文件（山大党任字［2015］7 号），因年龄原因，刘玉殿同志不再担任威海校区党委副书记职务。

5 日　中国科学院院士、中国地质科学院研究员、区域地质学家李廷栋应邀做客我校第十四期“行知讲堂”，为全校师生作题为“漫话地球三极”的报告。

6 日　学校空间科学研究院召开“月球表面岩石分类”专题研讨会。会议邀请中国科学院地球化学研究所欧阳自远院士、中国地质科学院李廷栋院士等 9 名国内深空探测与行星科学领域专家成立专家组，对于我校承担的国家科技基础性工作专项《月球地质图编研》课题三《月球表面岩石类型分布图编研》进行专题研讨和论证。副校长陈冠军出席研讨会。来自中科院地化所、中科院国家天文台、中科院地质与地球物理所、中国地质调查局国土资源航空物探遥感中心、中国地质科学院、吉林大学、中国地质大学（北京）等单位的 30 余名代表，学校空间科学与物理学院、科研处等单位工作人员参加了研讨会。

同日　中国科学院院士、著名天体化学与地球化学家、中国月球探测工程首席科学家欧阳自远应邀做客我校第十五期“行知讲堂”，作题为“中国的探月梦”的报告。

8 日　澳大利亚西澳大学国际事务副校长 Iain Watt 先生一行访问我校，副校长陈冠军会见来访客人并举行座谈。

11～13 日　学校中韩关系研究中心主办的“第一届中韩青年学者论坛”在北京召开。论坛的主题为“一带一路背景下的中韩关系”。中国社科院学部委员、国际学部主任、山东大学（威海）中韩关系研究中心理事长张蕴岭，外交部亚洲司公参姚文，山东大学（威海）党委副书记赵玉璞，中国留学人员联谊会朝韩分会会长王林昌分别在开幕式上致辞。来自中韩两国的 50 余位青年学者出席本届论坛。

14 日　澳大利亚斯威本科技大学分管未来制造业副校长 Geoff Brooks 教授和分管国际合作副校长 Melissa Banks 女士率团访问我校。校长韩圣浩、副校长陈冠军会见来访客人并举行座谈。韩圣浩与 Geoff Brooks 教授共同签署了“先进制造业联合研究中心合作备忘录”，并共同为两校“3D 联合实验室”和“先进制造业联合研究中心”揭牌。

16 日　2014～2015 学年国际学生“校长奖学金”暨“海外经历项目专项校长奖学金”表彰会在闻天楼报告厅举行，副校长陈冠军出席活动并致辞。

17 日　学校在知行楼举行三星奖助学金捐赠发放仪式。三星电子（山东）数码打印机有限公司副总经理赵国栋，副校长刘海出席仪式。刘海、赵国栋共同为获奖学生发放了三星奖助学金。此次捐赠共有 40 名学生获得每人 3000 元的资助。

25 日　山东大学校长张荣来我校听课、调研，并与各教学院（部）的教师代表开展座谈交流。

本月　学校马克思主义教学部马秋丽教授、郝书翠副教授入选山东省理论人才“百人工程”。

本月　学校法学院团总支获得“2013～2014 年度全省高校思想政治教育工作先进集体”荣誉称号。马列教学部郝书翠、艺术学院王鹏飞获得“2013～2014 年度全省高校思想政治教育工作先进个人”荣誉称号。

本月　学校空间科学与物理学院张清和教授入选 2014 年国家“万人计划”自然科学类青年拔尖人才。

本月　由山东大学空间科学研究院凌宗成副教授带领的行星科学团队有关嫦娥三号“玉兔号”月球车月表就位探测数据分析的研究论文在《自然一通讯》（*Nature Communications*）杂志发表。

学校建筑面积：470961.26 平方米

在校全日制本科生 13998 人，博、硕士研究生 1070 人，留学生 1245 人，成人教育及网络教育学生 1656 人。

在职教职工 1218 人，其中专任教师 800 人，副高以上职称 419 人。

2015 年招收本科生 3769 人，本科毕业生 3359 人。

附属医院

齐鲁医院

山东大学齐鲁医院是国家卫生计生委预算管理医院，也是山东大学的附属医院。作为集医疗、教学、科研、预防保健、卫生应急、指导基层为一体的大型综合性三级甲等医院，山东大学齐鲁医院已经成为国家重要的区域性医疗中心之一。

2015年是“十二五”收官之年，也是医院继往开来、阔步前进的一年。医院全面贯彻落实党的十八大和十八届三中、四中、五中全会精神，深入开展“三严三实”专题教育活动，努力创新运行管理机制，扎实推进业务内涵建设，积极担承社会责任，推动医院各项事业取得显著进步。青岛院区初步形成了与中心院区同质化的管理、学科和技术体系，医教研等各项事业顺利起步并不断加速发展，呈现出蒸蒸日上的强劲势头。

一、主要业务工作和医疗工作

全年完成门诊服务317.2万人次、住院服务16.8万人次、手术7.9万台次（中心院区以上三项数据同比分别增长2.34%、3.49%和4.08%），医疗服务整体规模位居全国三甲医院前列，“十二五”规划提出的主要业务指标均已顺利完成。

在复旦大学医院管理研究所发布的2014年度中国最佳医院综合排行榜上，医院全国排名第22位；在分区排行榜上居华东区第3位。2015年度外埠病人占比达58.55%，来院就医患者遍布全国所有省份，显示了医院医疗业务辐射能力的不断提升。

青岛院区在胶东半岛的影响力不断提升，全年共完成门急诊服务70万人次、住院服务3.2万人次、手术1.6万台次，同比均有大幅增长。东院区保持良好发展势头，增开ICU、普外科等多个病房，床位使用率达到84%。

实施信息网络改造，采取多种预约和支付方式，有效地缓解了门诊就医“三长一短”问题；正式成立山东省首家医疗援助基金会，针对“三无人员”等弱势群体开展医疗救助；成为中国首都红十字999航空医疗救援分中心，是全国第一家设在京外的航空救援分中心；医院与山东省标准化研究院协作，全面推进医疗服务标准化试点工作，提高了服务标准化水平；构筑以干部保健科为核心主体、全院各部门密切协作配合的大保健体系，全年完成重要保健任务共48次，保健门诊86118人次，出院8545人次。

优化护理人员配置，本科及以上学历人员占比达74%；积极开展品管圈项目，在全国医院品管圈大赛中获得一等奖和三等奖，医院成为“中国医院品管圈联盟培训基地”；开展护理人员多层级培训，提升护理队伍素质，全年开展理论和技术培训考核100余场，参加人员6000人次；参加全省卫生计生系统护理岗位女职工技能大赛，荣获团体一等奖；举办首届齐鲁国际护理学术高峰论坛，在山东省护理学会牵头成立9个专业委员会并成为主委单位；举办护士节庆祝活动、授帽仪式、PPT设计大赛等，成立男护联盟，加强了护理文化建设。

积极加强临床药物应用管理，优化抗菌药物管理结构，规范抗菌药物临床应用，将药占比控制在42.44%，低于国家卫生计生委质控指标2.56个百分点；东院区正式启用全球首台BVIAS（移动静脉用药调配中心）；推进处方点评标准化，促进临床合理用药；依法依规采购省招标网中标或挂网药品，药品质量抽检合格率达100%。

顺利实施城乡居民医保并轨，各项指标均控制在协议范围之内；完成省直医保、异地医保住院病人出院结算的前置审核；大力开展费用控制与质量控制、分层医保政策培训和大额费用备案等工作，有效地遏制了医保费用超支。全年中心院区医保总收入25.6亿元，出院医保病人10.2万人次，占院区出院病人的75.24%；其中联网结算8.2万人次，占医保病人出院人次的80%；医保住院收入23.5亿元，占住院收入的79.06%。各类医保人群就诊人次、医保医疗收入同比均有增长。

二、人才学科建设和科研工作

在复旦大学管理研究所发布的“2014年度中国医院最佳专科声誉排行榜”上，医院15个专科跻身全国十强或取得十强提名。新增双聘院士1人，新增国家卫生计生委有突出贡献中青年专家、泰山学者特聘专家9名；选拔接收毕业生115名，其中博士研究生82名，占比达71%。

医院新增“脑功能重构重点实验室”和“血液免疫学重点实验室”两个省级重点实验室；获批国家自然科学基金项目75项，创院史新高；获得各级各类科研立项263项，资助经费达6210.9万元；发表SCIE论文448篇，表现不俗论文211篇，均居全国医疗机构第5位，Medline数据库收录论文数量列全国第6位。

三、教学工作

完成理论授课和见习6506学时；培养实习生占医学院总数的55.4%；根据临床教改要求和国家政策调整，实现对7年制和“5+3”学生的因材施教；严格实施临床教学督查、教师教学能力培养和学生临床技能培训；2015年共录取研究生543名，有34人次获得校长奖学金等各类奖学金，占医学院临床医学类研究生获奖总数的53.1%；毕业研究生共发表科研论文287篇，其中SCI收录论文191篇；举办继续医学教育国家级项目68项，省级项目43项，举办率、合格率达100%。

四、医师规范化培训工作

成为国家首批24家住院医师规范化培训示范基地之一；全年完成住院医师技能培

训 4000 余人次，增加困难气道处置等新训练项目；实施美国心脏协会 2015 年心肺复苏新标准全员培训，成功举办住院医师急救技能大赛；全年完成师资培训 1200 余人次，新招录住院医师及临床药师 419 人，举办各类培训班 70 余期，完成各类考核 4200 人次；圆满地完成了山东省住培中心工作任务，组织实施了对全省 27 家培训基地医院（协同医院）的现场督导评估。

五、国际合作与交流工作

深化国际合作交流，在内容和深度上实现了新拓展，与挪威卑尔根大学签署《中挪脑科学研究合作协议》，联合成立了中挪脑科学研究所；境外专家来访交流大幅增加，共接待挪威、美国、日本等国来访外宾近百人次，举办专业讲座 30 余场。

六、突发应急事件及卫生支援工作

加强对桓台县人民医院等基层医院的对口支援工作，提升受援医院的整体水平；赴甘肃、西藏、新疆等地开展巡回医疗和定点帮扶工作；积极参与国家卫生应急处置，完成蒙阴特大车祸、平邑石膏矿矿难等 6 起突发事件的应急救助；积极开展志愿服务工作，志愿者服务时长累计达 10677 小时。

七、医院公益性工作

积极开展各类社会服务活动，义诊和志愿者活动累计服务时间 1.3 万余小时，受益群众近 10 万人次；发起成立“山大齐鲁医院医疗援助基金会”，社会反响良好。

八、医疗保障工作

认真开展“三严三实”专题教育活动，组织处级干部系统学习党的十八大和十八届四中、五中全会精神，严格贯彻执行中央“八项规定”精神，始终与党中央保持高度一致；强化问题导向，深入查找“四风”问题的具体表现，开展对办公经费、公务接待、公务用车、办公用房等方面的专项整治。12 月中下旬，医院对贯彻执行中央“八项规定”情况开展了“回头看”活动，进一步加强了作风建设。

进一步规范大型医疗器械购置预算的规划论证和编制执行；加强医疗器械的风险管理和质量控制，充分发挥医学工程专业的设备养护和风险预警功能；推进耗材采购管理全过程一体化管理；进一步完善国有资产管理体系，强化对齐鲁医疗投资管理有限公司的监督。

启动医院云平台和大数据平台搭建工作，力争建成医院信息集成平台（一期）、后勤服务信息化管理平台和 IT 运维管理平台；积极推进门户网站及电子邮件系统改造；全面启动 HRP 系统。

全面实现后勤管理工作的信息化、标准化、精细化；完成中心院区燃气锅炉项目建设，加强中心院区污水处理系统管理，实现全方位达标排放；加强与省市区政府协调，力争重启并推进中心院区剩余拆迁工程。

全年发展转正党员 37 名，青岛院区完成了首届基层党组织选举工作，成立了 6 个党总支，17 个党支部，中心院区决定成立齐鲁医疗投资管理有限公司党支部；进一步健全选人用人机制，扎实推进业务科主任和职能部门负责人聘任考核工作，共任免业务科室主任（副主任）41 名，聘任科级干部 5 名；加强党建经费支持，财务预算中单列基层党建专项经费；完成 2014 年度党组织立项的验收工作，获校级二等奖、三等奖各 1 项，2015 年度新立项 23 项，其中校级 3 项。

九、平安医院建设

加强“三防”建设，实施警医联动工作机制，切实保障院区安全；开展消防控制室安全标准化建设，安装“物联网”管理系统和“二维码”巡查系统；创新推行医患纠纷处置三个“提前介入”，探索建立“1·1·2”长效工作机制，及时有效地化解各类医患纠纷；对医院重大法律服务实行联合办公，切实保障医院权益；进一步完善合同联审制度，全年联审各类合同 1687 份。

十、党建工作

进一步完善权力运行监督制约机制，认真落实党委主体责任和纪委监督责任；深入开展了党员干部理想信念和廉洁自律教育，严格执行管理干部述职述廉、领导班子诫勉谈话、领导干部个人事项报告等制度；深入开展廉政风险排查，健全内控机制，加大查办违纪违法案件力度，全年共接受投诉 29 件，审结 18 件；加强纪检监察部门“三转”工作，建立了向学校纪委报告工作制度；监督项目招标、竞争性谈判 138 次，涉及金额 2.38 亿元。

邀请历下区检察院预防犯罪学专家来院讲座，组织观看警示教育专题片；与各科室负责人重新签订党风廉政建设责任书，开展职能部门党风廉政建设责任制考核；完善行风管理机制，调整充实了行风建设领导小组和纠风办公室，严格落实医务人员医德考评制度；完善风险防控机制，共查找廉政风险点 160 个，有针对性地制定防控措施 271 条；医院顺利通过省直文明单位复审。

十一、行业文明建设

办好院报，扩大交流，不断健全医院网站，开通医院微博、微信等多种对外宣传渠道，全年刊发（播）对外新闻宣传稿件 600 余篇；深入挖掘医院文化底蕴，构建医院文化建设体系，编辑出版《媒体眼中的齐鲁医院》《齐鲁文萃》等文化丛书；举办医院首届文化节和建院 125 周年庆典，拍摄医院形象宣传片、院庆沙画等；不断进行医院文化建设研究工作，中标省级以上科研课题 2 项；加强侨台与党派工作，农工党支部被农工党中央授予“全国先进基层组织”称号；致公党支部被评为省级“社会服务先进集体”。

（张　啸　连雪洪）

第二医院

山东大学第二医院是国家卫生与计划生育委员会直管医院，坐落于历史文化名城泉城济南北部，由国家卫生部投资兴建，筹建于1987年，1997年5月18日正式开诊，是百年老校山东大学的附属医院，是集医疗、科研、教学、预防保健为一体的现代化大型综合性三级甲等医院。

医院占地面积12.67万平方米。设有67个临床医技科室、107个医疗组、60个护理单元，拥有职工2700余人，其中卫生技术人员2266人、主任医师86人、副主任医师96人、泰山学者4人。拥有头部伽玛刀、PET－CT、混合动力碎石清石系统等大批先进仪器设备。

一、主要业务工作

全年实现总收入11.61亿元，其中业务收入11.03亿元。门诊量97.23万人次，同比增长8.37%，出院病人数5.09万人次，同比增长6.99%。医院总资产达14.91亿元，各项工作量指标均达历史最高水平。

二、医疗服务

医疗特色优势突出。脑血管病的介入治疗、肾移植、产科、泌尿微创手术、妇科微创手术、消化内镜等专业或特色技术在国内或省内处于领先水平，神经系统疾病、泌尿系统疾病、外科微创治疗的“神肾微”特色优势初步形成，并在全省声誉鹊起。

医疗服务创新。医疗质量与安全是医院工作的“核心”，围绕这个“核心”和“病人”这个“中心”，医院继续加强临床能力建设，新增神经内科、眼科、康复医学科、胸外科4个省级临床重点专科建设项目，新增全科医学科、肝胆外科，推进神经内、外科等7个科室开展或调整医疗分组。临床医技科室广泛开展复杂手术、新技术及新服务项目，不断提升诊疗能力和疑难危重抢救水平。心外科、关节外科等先后开展复杂手术达国内领先，胸外科、耳鼻咽喉头颈外科、普外科开展全腔镜微创治疗再上新台阶，脊柱外科、心内科、呼吸科、影像科、消化科等获新技术奖。儿内科/新生儿监护、重症医学科、脊柱外科、干部保健/老年病、耳鼻咽喉头颈外科等获得疑难危重抢救奖，儿内科成功救治国内最低出生体重儿引起广泛社会反响。

全年危重患者占比11.58%，提高了1.54个百分点；三四级手术率为50.85%，提高了 4.41 个百分点；“非计划二次手术” 17 台，同比减少 41.67%；住院患者死亡率、治愈好转率与去年基本持平。也就是说，在医院的服务体量逐步扩大、危重患者占比、三四级手术率逐步提高的情况下，住院患者死亡率和治愈好转率保持稳定，医院的救治能力显著提升。同时，落实诊疗指南和操作规范，临床路径与单病种平稳开展，规范合理用药及高值耗材使用，药品收入占比 40.01%，耗材收入占比 16.39%。

在做好专科能力建设的同时，加强学术互动和交流。新增国家级、省级学（协）会副主任委员、副主任委员、委员共计 179 人。支持参加学术会议，鼓励大会发言，举办妇科“泰山论坛”等高层次学术论坛等共话学术前沿，学术交流的维度和范围不断扩大。

以“改善服务行动计划”为契机，开通支付宝、微信等 8 种预约方式；调整皮肤科、心脏特检等门诊布局，增设妇产 B 超缩短检查时间，引进自动发药机优化取药流程；成立网络医疗中心，升级院长热线功能，上线官方微信服务号等；开展“孕妇学校”等特色服务，优质护理服务覆盖率 100%；督导落实“医疗服务标准化流程与规范”，建立“医院质量管理园地”；制定完善《关于择期手术开台时间的规定》《病理标本送检规范》等；强化手卫生等感控管理，住院患者平均院感发生率下降 0.2%；及时调停预警和投诉事件，调解成功率达 94.25%。在改善服务行动中，“无围墙医院”和“内分泌慢病随访平台”当选健康界传媒全国“月度十大价值”案例。

三、医院管理

机关后勤开展了“效率年”活动，以“效率和作风”为统领，顺利通过国家卫生计生委大型医院巡查。完成了办公平台 II 期建设，实现了 99 项办事流程的网上审批流转。定期公示职能部门工作开展情况，落实交办督办制度（交办督办 757 项，完成率达 96.10%）。

完善三级预算管理体系，实施信息系统项目，财政预算执行率达 98.86%；完善了三级资产管理体系，完成国有资产的清查、核对和分析；实施并完成部分预算管理、全成本核算、国有资产管理、财务核算、物流管理等模块；开展大量成本、物价数据的提取、测算和分析，为适应新医疗收费政策做好准备；严肃财经纪律，修订差旅费、科研经费等管理规定，“三公”经费同比下降 35.90%；配合国家卫生计生委完成财务专项审计及大型医院巡查工作；争取 2016 年度财政资金 9094 万元，同比增长 66.76%。修订了《绩效考核与奖金分配方案》，争取医保支持，城镇职工定额总量可实现 1.6 亿元。严格招标程序，审计经济合同，落实《招标监督工作实施细则》。经济运行规范，管理精细，在国家卫生计生委组织的“2014 年度医院经济绩效评价”中位列 14（44 家委预算管理医院），荣获“2014 年度全国卫生计生财务年报编制工作三等奖”“国家卫生计生委 2014 年度部门决算工作考评优秀单位”。

后勤服务深入临床，编制实施《后勤保障工作手册（第一版）》；梳理房产、家具资产并维护 HRP 固定资产信息；百元能耗支出 1.54 元，同比下降 12%，荣获国管局“国家节约型公共机构示范单位”。先后完成“汽改水工程”等 22 项重大项目的采购、改造工作。房产证办理取得突破性进展。

美贷设备全部投入使用，常规采购医疗设备及办公设备 688 台，设备资产达 5.32 亿元；梳理设备资产并维护 HRP 固定资产信息，开展大型设备使用效益分析，节约设备维修成本 130 余万元；物流管理实现信息化，严格耗材采购、审批、医保库维护、二级库等关键环节管理，耗材价格同比下降 7%。

加大信息化硬件投入，HIS、LIS、电子病历及 OA 等系统的运行速度和安全性能得到极大提升；配合完成 HRP 相关子模块、人力资源管理模块及办公平台 II 期的上线实施；启用全院级 PACS、输血管理、移动急诊、内分泌随访等软件；完成 Wifi 门诊楼布设及明德楼、至善楼试点布设工作。

加速基本建设，完成能效管理监测平台项目、学生宿舍楼项目等 13 项建设工程，其中，学生宿舍楼的建成使用极大改善了学生住宿环境。医院总规获批、医技综合楼通过现场评审、至善楼获得国家优质工程奖。

联动开展“医圈”整治，医院南门“脏、乱、差”情况得到彻底整治。优化停车资源，满足患者就医需求。建立消防责任体系，集中开展“五个治理”，荣获“济南市消防先进单位”。

四、科研教学

目前，医院拥有 3 个国家临床重点专科（泌尿外科、肾脏内科、临床护理学），14 个省级临床重点专科（小儿内科、急诊科、产科、骨科、心血管内科、消化内科、内分泌科、妇科、普外科、神经外科、神经内科、眼科、康复医学科、胸外科），6 个依托山东大学的省级重点学科（内科学、外科学、耳鼻喉科学、影像医学与核医学、口腔临床医学、护理学），5 个省医药卫生重点学科（泌尿外科、肾脏内科、神经外科、神经内科、肾移植科），1 个山东省级重点实验室（肾脏再生医学省级重点实验室）、4 个山东省医药卫生重点实验室（血液学、医学分子肝病学、肾脏病、血管生理与治疗），3 个山东省“十二五”高校重点实验室（肾脏组织工程实验室、神经系统变性病转化医学实验室、消化系统肿瘤实验室），1 个山东省卫生科技创新联盟项目牵头单位、8 个山东省卫生科技创新联盟项目成员，1 个国际干细胞研究合作实验室（山东大学—卡罗林斯卡医学院干细胞研究合作实验室），1 个干细胞与再生医学专项临床研究基地（山大二院—中国科学院干细胞与再生医学研究战略性科技先导专项临床研究基地）以及 8 个山东大学研究院、所、中心（山东大学泌尿外科研究所、山东大学血液肿瘤生物治疗研究所、山东大学组织工程研究所、山东大学神经病学研究所、山东大学肾脏病研究所、山东大学眼科中心、山东大学足踝外科中心、山东大学胸部疾病研究中心）。制定《PI 实验室管理暂行办法》，建立 8 个 PI 实验室。制定《重点实验室建设管理办法》《专职科研人员科研绩效量化评估管理暂行办法》，成立“精准医学工作组”，制定《精准医学临床诊疗技术孵化专项支持办法》。院基金立项 83 项，与中科院签约成立“干细胞与再生医学专项研究基地”，继续与美国、瑞典、新加坡及加拿大开展学术交流。拨付 214 万元专项经费支持青年人才开展科研工作，评选青年基金 59 项，种子基金 24 项。2015 年度，申报各类课题共计 383 项，立项 69 项，新增立项经费 990.8 万元。发表 SCI 论文 130 篇（较 2014 年增长 10.1%），影响因子总计 246.161 分（较 2014 年度增长

8.7%)。科研成果实现新突破，胸外科赵小刚教授荣获山东省科学技术进步奖一等奖。

新增学术型博导1名，硕导9人，招收博士45人、硕士31人，接收实习生526人；博士毕业29人、硕士毕业30人、实习生毕业602人。全年完成理论授课1089学时、见习教学837学时。2015年顺利通过山东省住院医师规范化培训基地督导评估工作，面向全省招收住院医师规范化培训学员，2015年共招收学员196名，其中本单位职工74名，单位委派学员100名，社会化学员4名，并轨研究生18名，分别来自枣庄、德州等市，覆盖24个培训专业。通过设备升级改造，实现院内远程视频教学。临床技能培训中心全年完成10818人次的技能培训及7977人次的技能考核工作；加强图书馆和电子阅览室人员配置，提升管理服务水平，在保证面向全院师生开放的前提下，全年完成了700余人次国家医师执业技能考试上机考试任务及900人次住院医师规范化上机考核工作。全年共组织举办了两期山东省高等医学院校临床教学基地临床教师培训班（总第九、第十期），对来自全省5个地市12家临床教学基地医院的130余名学员进行了系统培训。

五、人才队伍建设

医院现有在职职工2705人，其中卫生技术人员2266人（医疗763人、护理1147人、医技245人、药剂111人），主任医师86人、副主任医师96人。余之刚荣获泰山学者特聘专家，医院泰山学者及海外特聘专家增至4人。继续落实高层次人才支持计划，引进学科带头人、技术骨干3人，新增博导2人、硕导17人，新增主任医师6人、副主任医师11人；“卓越医师培养计划”支持51位医师外出进修学习；支持符合条件的15位中青年医师取得博士学位；优先招聘选留海外或国内重点大学研究生68人。积极调整机构组成，填补学科空白，成立了全科医学科、肝胆外科，耳鼻喉科更名为耳鼻咽喉头颈外科。

六、干部队伍和基层党建工作

结合“三严三实”专题教育，领导班子坚持把自身建设作为首要工作抓严抓实，落实《关于进一步加强医院领导班子自身建设的实施意见》，强化领导班子自身的责任意识、担当意识和岗位意识，不断提高领导水平。首先着力在加强班子思想作风建设方面下工夫，认真贯彻执行医院《关于加强领导班子思想政治建设的实施意见》，不断提高班子的思想政治素质；其次着力在转变学风方面下工夫，认真落实党委中心组集中学习制度，积极参加学校组织的处级领导干部培训，加强个人自学，不断提高领导班子成员理论水平，政策水平；第三着力在转变工作作风方面下工夫，认真落实院领导联系党支部制度、查房制度和接待日制度等，广泛开展调查研究，听取意见，解决问题；第四着力在加强领导作风建设方面下工夫，认真贯彻执行民主集中制，进一步完善决策机制，严格落实医院《“三重一大”制度实施办法》《党委会议制度》《院务会议管理制度》，推进党务公开、院务公开，提高医院决策的透明度。加大干部教育培训力度，开通干部在线学习平台，组织管理知识讲座，努力提高干部队伍的综合素质；加强干部队伍作风建设，坚持并完善中层干部联系临床科室制度和每月汇报交流工作制度，开展员工满意度调查活动，进一步转变机关作风，提高工作效率和服务质量。2015 年根据工作需要，补充调整职能部门和临床医技科室负责人 11 名，干部队伍的年龄结构、知识结构、专业结构进一步改善。

院党委坚持围绕中心抓党建、抓好党建促发展，以改革创新精神切实抓好基层党建工作。组织各党支部开展了纪念抗日战争胜利 70 周年知识竞赛、社区义诊、走访慰问、联谊比赛等多种多样的主题实践活动，提高了支部的凝聚力。积极参加山东大学基层党组织立项活动，一立项荣获三等奖，三立项获支持。认真组织党员的学习教育、年终考核、评优评先、党员发展等工作，充分发挥基层党支部在医院各项工作中的政治核心和战斗堡垒作用。积极稳妥地做好党员发展工作，2015 年共发展党员 15 人。

七、党风廉政建设

医院认真贯彻落实党的十八届四中、五中全会及十八届中纪委四次、五次全会精神，认真落实党风廉政建设党委主体责任和纪委监督责任，不断强化“一岗双责”意识，通过不断完善医院党风廉政制度建设，开展反腐倡廉与廉洁行医教育活动，抓好制度落实监督检查三个环节，大力加强党风廉政建设，并落实卫生行业“九不准”要求，助推医院快速发展。

制定《贯彻落实〈建立健全惩治和预防腐败体系 2013～2017 年工作规划〉实施办法》,《招标监督工作实施细则》和《机关后勤职能部门负责人问责暂行规定》，推动医院党风廉政与行风建设的制度化水平。通过组织全院党员学习《中国共产党廉洁自律准则》《中国共产党党员纪律处分条例》，开展“守纪律，讲规矩”知识竞赛，开展廉政书法漫画散文诗歌征集活动，观看反腐倡廉教育片，定期通报违反中央八项规定和“九不准”的典型案例，以及做好针对性普法教育工作等，加强干部职工党风廉政教育。院领导班子同中层干部、临床医技科室主任进行廉政谈话，签订廉政协议书，开展医务人员医德考评等，加强廉洁自律教育。注重文化引领，通过及时更新医院廉政网，播放廉政宣传片等，营造廉洁自律氛围。

八、宣传与文化建设

认真做好宣传工作，为和谐医院建设良好的舆论环境。“成功救治菏泽早产五胞胎”“光明行手足情——抗战老区健康公益行”等重大救治和活动分别得到央视 12 台《道德观察》、北京卫视《生命缘》等 26 家主流媒体的跟踪报道。建设自媒体“两微一网”，网络新闻宣传工作获山大表彰。与蒙阴县人民医院等 11 家县级医院签订合作协议，继续对昌邑市人民医院等开展对口帮扶，派出医师 153 人次、接诊病人 1698 人次、开展手术 362 台次；组织参与“齐鲁名医下基层”等义诊、下乡活动达 30 余次。

医院高度重视文化建设，及时更新《医院文化手册》，规范医院标识系统管理和使用，《医院文化手册》获山东大学首届校园文化建设优秀成果评选三等奖。开展“我的阳光家园”科室文化建设暨展示活动等系列活动，展示医院文化建设成果。

九、群团与统战工作

完善和发展职代会制度，维护职工合法权益，继续开展“暖心工程”活动，进一步完善困难职工帮扶档案，积极开展“送温暖”活动，走访慰问特困职工和患大病职工19人；在“三八”节、中秋节等节假日，为工会会员发放福利。组织开展医院第四届科技文化艺术节的系列活动——读书征文比赛、十佳歌手大赛、纪念抗战胜利70周年合唱比赛等，丰富了职工的业余文化生活。积极组织申报“工人先锋号”，新生儿监护病房荣获山东省“工人先锋号”荣誉称号。加强青年文明号建设，两个科室获山东大学青年文明号荣誉称号；急诊科获山东省青年文明号荣誉称号。

不断学习统战工作理论，了解统战工作的政治性、政策性、全局性，提高政策把握能力，增强工作的主动性和有效性。支持民主党派加强自身建设，支持各民主党派根据医院情况开展活动。协助做好相关信息统计、组织发展工作。推荐济南市侨联特聘专家1人。

（韩　双）